中国大宗与专营商品流通体系规划与建设政策文献汇编（第十五辑）
北京物资学院　北京现代物流研究基地　资助出版

我国药品流通体系规划与建设

孙前进　曾　渝　主编

中国财富出版社

图书在版编目（CIP）数据

我国药品流通体系规划与建设/孙前进，曾渝主编．—北京：中国财富出版社，2014.12

（中国大宗与专营商品流通体系规划与建设政策文献汇编）

ISBN 978-7-5047-5459-2

Ⅰ.①我… Ⅱ.①孙…②曾… Ⅲ.①药品—商品流通—流通体系—经济规划—中国 Ⅳ.①F724.73

中国版本图书馆 CIP 数据核字（2014）第 269313 号

策划编辑	葛晓雯	责任印制	何崇杭
责任编辑	葛晓雯	责任校对	杨小静

出版发行	中国财富出版社		
社　　址	北京市丰台区南四环西路 188 号 5 区 20 楼	邮政编码	100070
电　　话	010-52227568（发行部）		010-52227588 转 307（总编室）
	010-68589540（读者服务部）		010-52227588 转 305（质检部）
网　　址	http://www.cfpress.com.cn		
经　　销	新华书店		
印　　刷	北京京都六环印刷厂		
书　　号	ISBN 978-7-5047-5459-2/F·2272		
开　　本	710mm×1000mm　1/16	版　　次	2014 年 12 月第 1 版
印　　张	38.75	印　　次	2014 年 12 月第 1 次印刷
字　　数	803 千字	定　　价	120.00 元

前　言

本书《我国药品流通体系规划与建设》是《中国大宗与专营商品流通体系规划与建设政策文献汇编》第十五辑，主要包括国务院、国务院办公厅，商务部、国家卫生和计划委员会、国家药品食品监督管理总局等制定发布的，药品管理法及其实施细则、药品流通、药品流通监管、药品电子监管等有关医药卫生体制改革、药品采购机制等相关方面的政策文件、发展规划、重要文献等。

1984 年 9 月 20 日，《中华人民共和国药品管理法》在第六届全国人民代表大会常务委员会第七次会议通过公布，之后于 2001 年 2 月 28 日第九届全国人民代表大会常务委员会第二十次会议修订重新公布。

2002 年 8 月 4 日，《中华人民共和国药品管理法实施条例》（国务院令第 360 号）公布，自 2002 年 9 月 15 日起施行。

2009 年 11 月 25 日，商务部、国家食品药品监督管理局联合发布了《关于加强药品流通行业管理的通知》（商秩发〔2009〕571 号）。明确药品流通行业管理的职责分工为：商务主管部门作为药品流通行业的管理部门，负责研究制定药品流通行业发展规划、行业标准和有关政策，配合实施国家基本药物制度，提高行业组织化程度和现代化水平，逐步建立药品流通行业统计制度，推进行业信用体系建设，指导行业协会实行行业自律，开展行业培训，加强国际合作与交流。食品药品监督管理部门负责对药品经营企业进行准入管理，制定药品经营质量管理规范并监督实施，监管药品质量安全；组织查处药品经营的违法违规行为。商务主管部门和食品药品监管部门要互相支持、配合，建立工作机制，在行业发展规划、企业经营发展和信用状况、企业市场准入基本信息和监督检查执法信息等方面相互交流，实现信息共享，共同做好药品流通行业管理工作。

2011 年 5 月 5 日，商务部发布了《全国药品流通行业发展规划纲要（2011—2015）》，《纲要》的指导思想为：按照国民经济和社会发展“十二五”规划的总体要求，以科学发展观为指导，坚持以人为本，贯彻落实中央医药卫生体制改革精神，以加强政府政策引导、发挥市场机制基础性作用、强化现代科学技术和新型管理方式应用为基本原则，以深化体制机制改革、加快转变发展方式、形成全国统一市场为主线，充分发挥药品流通行业在服务医疗卫生事业发展、维护人民群众健康权益和促进经济社会和谐发展等方面的作用。

2013 年 4 月 10 日，国务院下发了《关于地方改革完善食品药品监督管理体制的指导意见》（国发〔2013〕18 号）。《意见》确定：为了减少监管环节，保证上下协调联动，防范系统性食品药品安全风险，省、市、县级政府原则上参照国务院整合食品药品监督管理职能和机构的模式，结合本地实际，将原食品安全办、原食品药品监管部门、工商行政管理部门、质量技术监督部门的食品安全监管和药品管理职能进行整合，组建食品药品监督管理机构，对食品药品实行集中统一监管，同时承担本级政府食品安全委员会的具体工作。

商务部于2012年和2013年发布了《药品批发企业物流服务能力评估指标》、《零售药店经营服务规范》、《药品流通企业诚信经营准则》、《药品流通行业职业经理人标准》、《药品流通企业通用岗位设置规范》、《药品物流设施与设备技术要求》、《医药商业企业对医疗机构的服务规范》7项行业标准。这些行业标准的推广与实施，将极大地推进我国药品流通的现代化、标准化进程。

为了全面而系统地了解与掌握我国大宗与专营商品的流通体系建设过程，更好地推进我国流通业的健康发展，忠实地记录其历史发展足迹，我们挑选了十九种大宗与专营商品，策划编撰了这套《中国大宗与专营商品流通体系规划与建设政策文献汇编》系列丛书。丛书主要收录了国务院及相关部委、地方政府、行业协会所公开发布与公布的，与物流业相关的政策法规、专项规划等重要文献，旨在对从事流通政策制定、学术研究、专业教学的专家、学者、教师以及从事企业管理与实践的广大相关人士提供一部具有参考与收藏价值的历史文献丛书。

本书所使用资料来自于文献原件、政府公报、正式报刊、政府网站等公开的正式发行物与媒体。尽管在资料的收集、整理、编排过程中，我们对所用资料进行了认真、反复查阅与校对，但因各种原因，可能会出现这样或那样的疏漏与差错，敬请读者谅解。本丛书主要供使用者作为研究参考资料使用，若用于处理正式公务或资料引用时，请以发文单位的原件为准。为了节省篇幅，对于一部分文献中诸如表格之类的附件做了删略处理，一般用“(略)”表示，敬请原发文单位与读者理解。

北京物资学院商学院孙静老师、海南医学院管理学院雷丽华老师自始至终参与了本书编写的全过程，为本书的资料查找、文字整理、校对付出了辛勤的劳动；中国财富出版社供应链与物流技术编辑室的相关编辑给予了许多中肯的建议与大力支持，在此一并向他们表示深深的感谢。

由于编者学术功力有限，自知存在许多不足与遗憾，请使用者谅解、补充与完善。

编　者

二〇一四年十二月

目　录

一　药品管理

001　中华人民共和国药品管理法
中华人民共和国主席令第 45 号 …………………………………………… (1)
002　中华人民共和国药品管理法实施条例
中华人民共和国国务院令第 360 号 ………………………………………… (15)
003　药品注册管理办法
国家食品药品监督管理局令第 28 号 ……………………………………… (29)
004　药品行政保护条例
国家医药管理局令第 12 号 ………………………………………………… (53)
005　药品行政保护条例实施细则
国家药品监督管理局令第 25 号 …………………………………………… (56)
006　处方药与非处方药分类管理办法（试行）
国家药品监督管理局令第 10 号 …………………………………………… (61)
007　处方药与非处方药流通管理暂行规定
国药管市〔1999〕454 号 ……………………………………………………… (63)
008　麻醉药品和精神药品管理条例
中华人民共和国国务院令第 442 号 ………………………………………… (67)
009　放射性药品管理办法
1989 年 1 月 13 日发布　2011 年 1 月 8 日修订 ……………………………… (82)
010　医疗用毒性药品管理办法
中华人民共和国国务院令第 23 号 ………………………………………… (86)
011　卫生部药政局关于《医疗用毒性药品管理办法》的补充规定
1990 年 5 月 11 日 …………………………………………………………… (89)
012　工业和信息化部 卫生部 国家食品药品监督管理局关于加快
医药行业结构调整的指导意见
工信部联消费〔2010〕483 号 ………………………………………………… (90)
013　医药行业“十一五”发展指导意见
发改办工业〔2006〕1333 号 ………………………………………………… (95)

014 药品经营质量管理规范
中华人民共和国卫生部令第 90 号 ………………………………………… (113)
015 药品经营质量管理规范实施细则
国药管市〔2000〕526 号 ………………………………………………… (135)
016 关于发布《药品经营质量管理规范》冷藏、冷冻药品的储存与运输管理等 5 个附录的公告
国家食品药品监督管理总局公告 2013 年　第 38 号 ……………………… (146)

二　药品流通

017 商务部关于做好五个药品流通行业标准宣传贯彻工作的通知
商办秩函〔2012〕1192 号 ………………………………………………… (163)
018 全国药品流通行业发展规划纲要（2011—2015 年）
2011 年 5 月 5 日 ………………………………………………………… (165)
019 商务部食品药品监管局关于加强药品流通行业管理的通知
商秩发〔2009〕571 号 …………………………………………………… (173)
020 关于做好 2014 年全国药品流通行业管理工作的通知
商秩司函〔2014〕64 号 …………………………………………………… (176)
021 商务部办公厅关于做好 2011 年全国药品流通行业管理工作的通知
商秩字〔2011〕66 号 ……………………………………………………… (179)
022 关于做好 2010 年药品流通行业管理有关工作的通知
商务部　2010 年 2 月 21 日 ……………………………………………… (182)
023 全国药品生产流通领域集中整治行动工作方案
国食药监办〔2012〕41 号 ………………………………………………… (185)
024 药品广告审查办法
国家食品药品监督管理局 国家工商行政管理总局令第 27 号 ……… (189)
025 药品广告审查发布标准
国家工商行政管理总局 国家食品药品监督管理局令第 27 号 ……… (195)
026 卫生部 海关总署关于修改《药品进口管理办法》的决定
中华人民共和国卫生部令 86 号 ………………………………………… (199)

三　医药监管

027 国务院关于地方改革完善食品药品监督管理体制的指导意见
国发〔2013〕18 号 ………………………………………………………… (208)
028 国务院办公厅关于进一步加强食品药品监管体系建设有关事项的通知
国办发明电〔2014〕17 号 ………………………………………………… (212)

029　药品流通监督管理办法
国家食品药品监督管理局令第 26 号 ……………………………………（214）
030　食品药品监管总局办公厅 国家卫生计生委办公厅关于加强药品经营企业药品销售监督管理工作的通知
食药监办药化监〔2014〕156 号 ……………………………………（219）
031　国家食品药品监督管理局关于进一步加强食品药品监管信息化建设的指导意见
国食药监办〔2013〕32 号 ……………………………………（220）
032　医疗机构药品监督管理办法（试行）
国食药监安〔2011〕442 号 ……………………………………（225）

四　医药卫生体制改革

033　中共中央国务院关于深化医药卫生体制改革的意见
中发〔2009〕6 号 ……………………………………（231）
034　医药卫生体制改革近期重点实施方案（2009—2011 年）
国发〔2009〕12 号 ……………………………………（245）
035　“十二五”期间深化医药卫生体制改革规划暨实施方案
国发〔2012〕11 号 ……………………………………（252）
036　深化医药卫生体制改革 2012 年主要工作安排
国办发〔2012〕20 号 ……………………………………（265）
037　深化医药卫生体制改革 2013 年主要工作安排
国办发〔2013〕80 号 ……………………………………（276）
038　深化医药卫生体制改革 2014 年重点工作任务
国办发〔2014〕24 号 ……………………………………（283）

五　五项重点改革

039　医药卫生体制五项重点改革 2009 年工作安排
国办函〔2009〕75 号 ……………………………………（293）
040　医药卫生体制五项重点改革 2010 年度主要工作安排
国办函〔2010〕67 号 ……………………………………（298）
041　医药卫生体制五项重点改革 2011 年度主要工作安排
国办发〔2011〕8 号 ……………………………………（305）

六　公立医院改革

042　关于公立医院改革试点的指导意见
卫医管发〔2010〕20号 …………………………………………………… (316)
043　2011年公立医院改革试点工作安排
国办发〔2011〕10号 …………………………………………………… (324)
044　关于做好2012年公立医院改革工作的通知
卫医管发〔2012〕53号 …………………………………………………… (333)
045　关于县级公立医院综合改革试点的意见
国办发〔2012〕33号 …………………………………………………… (339)

七　基本药物

046　关于建立国家基本药物制度的实施意见
卫药政发〔2009〕78号 …………………………………………………… (346)
047　国务院办公厅关于巩固完善基本药物制度和基层运行新机制的意见
国办发〔2013〕14号 …………………………………………………… (350)
048　国家基本药物目录管理办法（暂行）
卫药政发〔2009〕79号 …………………………………………………… (357)
049　国家发展改革委关于公布国家基本药物零售指导价格的通知
发改价格〔2009〕2498号 …………………………………………………… (361)
050　关于加强基本药物质量监督管理的规定
国食药监法〔2009〕632号 …………………………………………………… (363)
051　关于做好传染病治疗药品和急救药品类基本药物供应保障工作的意见
卫办药政发〔2011〕139号 …………………………………………………… (366)
052　关于印发国家基本医疗保险、工伤保险和生育保险药品目录的通知
人力资源和社会保障部　2009年11月27日 ………………………………… (369)
053　关于做好常用低价药品供应保障工作的意见
国卫药政发〔2014〕14号 …………………………………………………… (372)

八　药品采购机制

054　医疗机构药品集中招标采购监督管理暂行办法
国纠办发〔2001〕17号 …………………………………………………… (375)
055　药品集中采购监督管理办法
国纠办发〔2010〕6号 …………………………………………………… (381)
056　关于进一步规范医疗机构药品集中采购工作的意见
卫规财发〔2009〕7号 …………………………………………………… (385)

057　关于《进一步规范医疗机构药品集中采购工作的意见》有关问题的说明
卫规财发〔2009〕59号 …… (389)
058　关于建立医药购销领域商业贿赂不良记录的规定
卫政法发〔2007〕28号 …… (393)
059　建立和规范政府办基层医疗卫生机构基本药物采购机制的指导意见
国办发〔2010〕56号 …… (395)

九　电子监管

060　药品电子监管工作实施方案
食药监办〔2008〕72号 …… (401)
061　关于实施药品电子监管工作有关问题的通知
国食药监办〔2008〕165号 …… (404)
062　关于实施药品电子监管工作有关问题的补充通知
食药监办〔2008〕153号 …… (406)
063　关于进一步加强药品电子监管工作的通知
国食药监办〔2009〕809号 …… (409)
064　药品电子监管工作指导意见
国食药监办〔2012〕283号 …… (411)
065　关于基本药物进行全品种电子监管工作的通知
国食药监办〔2010〕194号 …… (418)
066　国家食品药品监督管理局关于进口药品实施电子监管有关事宜的通知
国食药监安〔2013〕23号 …… (421)
067　关于进一步加强基本药物电子监管工作的补充通知
食药监办〔2010〕142号 …… (424)
068　药品电子监管技术指导意见
国食药监办〔2010〕489号 …… (426)
069　2011—2015年药品电子监管工作规划
国食药监办〔2012〕64号 …… (428)
070　关于做好2012年度药品电子监管工作的通知
食药监办〔2012〕85号 …… (434)
071　关于做好2011年度基本药物电子监管工作的通知
食药监办〔2011〕100号 …… (436)

十　互联网销售

072　食品药品监管总局关于加强互联网药品销售管理的通知
食药监药化监〔2013〕223号 …………………………………………… (438)
073　食品药品监管总局关于开展互联网第三方平台药品网上零售试点工作的批复
食药监药化监函〔2014〕93号 ………………………………………… (441)
074　互联网药品信息服务管理办法
国家食品药品监督管理局令第9号 …………………………………… (442)

十一　药品价格

075　改革药品和医疗服务价格形成机制的意见
发改价格〔2009〕2844号 ……………………………………………… (447)
076　国家发展改革委关于公布国家基本药物零售指导价格的通知
发改价格〔2009〕2498号 ……………………………………………… (453)
077　药品差比价规则（试行）
发改价格〔2005〕9号 …………………………………………………… (455)
078　国家发展改革委关于印发《国家发展改革委定价药品目录》的通知
发改办价格〔2005〕1205号 …………………………………………… (458)
079　国家发展改革委关于调整《国家发展改革委定价药品目录》等有关问题的通知
发改价格〔2010〕429号 ………………………………………………… (461)
080　药品政府定价办法
计价格〔2000〕2142号 ………………………………………………… (463)
081　药品出厂价格调查办法（试行）
发改价格〔2011〕2403号 ……………………………………………… (467)
082　关于推进县级公立医院医药价格改革工作的通知
发改价格〔2012〕2787号 ……………………………………………… (471)

十二　药品流通统计

083　商务部关于印发《药品流通统计制度（2010—2012年年报和2011—2013年定期报表）》的通知
商务部　2011年1月11日 ……………………………………………… (474)
084　商务部办公厅关于进一步加强药品流通行业统计工作的通知
商务部办公厅　2013年7月26日 ……………………………………… (477)

十三　药品安全

085　国务院办公厅关于进一步加强药品安全监管工作的通知
国办发〔2007〕18号 …………………………………………………… (479)
086　国家药品安全"十二五"规划
国发〔2012〕5号 …………………………………………………… (483)
087　国家食品药品安全"十一五"规划
国办发〔2007〕24号 …………………………………………………… (492)
088　关于严厉查处药品生产经营企业制售假药违法犯罪行为的通知
国食药监电〔2011〕10号 …………………………………………… (507)
089　药品安全"黑名单"管理规定（试行）
国食药监办〔2012〕219号 …………………………………………… (508)
090　药品不良反应报告和监测管理办法
中华人民共和国卫生部令第81号 …………………………………… (512)
091　关于贯彻落实《药品不良反应报告和监测管理办法》的通知
国食药监安〔2011〕287号 …………………………………………… (522)
092　食品药品投诉举报管理办法（试行）
国食药监办〔2011〕505号 …………………………………………… (524)
093　药品召回管理办法
国家食品药品监督管理局令第29号 ………………………………… (529)
094　中国的药品安全监管状况
中华人民共和国国务院新闻办公室　2008年7月 ………………… (535)

十四　附　录

095　2013年药品流通行业运行统计分析报告 ………………………… (547)
096　2012年药品流通行业运行统计分析报告 ………………………… (553)
097　2011年药品流通行业运行统计分析报告 ………………………… (559)
098　2010年药品流通行业运行统计分析报告 ………………………… (582)
099　药品流通与物流行业标准 ………………………………………… (602)

医药流通关联网站 ……………………………………………………… (603)

一　药品管理

001

中华人民共和国主席令

第 45 号

《中华人民共和国药品管理法》已由中华人民共和国第九届全国人民代表大会常务委员会第二十次会议于 2001 年 2 月 28 日修订通过，现将修订后的《中华人民共和国药品管理法》公布，自 2001 年 12 月 1 日起施行。

中华人民共和国主席　江泽民

二〇〇一年二月二十八日

中华人民共和国药品管理法

（1984 年 9 月 20 日第六届全国人民代表大会常务委员会第七次会议通过 2001 年 2 月 28 日第九届全国人民代表大会常务委员会第二十次会议修订）

第一章　总　　则

第一条　为加强药品监督管理，保证药品质量，保障人体用药安全，维护人民身体健康和用药的合法权益，特制定本法。

第二条　在中华人民共和国境内从事药品的研制、生产、经营、使用和监督管理的单位或者个人，必须遵守本法。

第三条　国家发展现代药和传统药，充分发挥其在预防、医疗和保健中的作用。

国家保护野生药材资源，鼓励培育中药材。

第四条　国家鼓励研究和创制新药，保护公民、法人和其他组织研究、开发新药的合法权益。

第五条　国务院药品监督管理部门主管全国药品监督管理工作。国务院有关部门在各自的职责范围内负责与药品有关的监督管理工作。

省、自治区、直辖市人民政府药品监督管理部门负责本行政区域内的药品监督管理工作。省、自治区、直辖市人民政府有关部门在各自的职责范围内负责与药品有关的监督管理工作。

国务院药品监督管理部门应当配合国务院经济综合主管部门，执行国家制定的药品行业发展规划和产业政策。

第六条　药品监督管理部门设置或者确定的药品检验机构，承担依法实施药品审批和药品质量监督检查所需的药品检验工作。

第二章　药品生产企业管理

第七条　开办药品生产企业，须经企业所在地省、自治区、直辖市人民政府药品监督管理部门批准并发给《药品生产许可证》，凭《药品生产许可证》到工商行政管理部门办理登记注册。无《药品生产许可证》的，不得生产药品。

《药品生产许可证》应当标明有效期和生产范围，到期重新审查发证。

药品监督管理部门批准开办药品生产企业，除依据本法第八条规定的条件外，还应当符合国家制定的药品行业发展规划和产业政策，防止重复建设。

第八条　开办药品生产企业，必须具备以下条件：

（一）具有依法经过资格认定的药学技术人员、工程技术人员及相应的技术工人；

（二）具有与其药品生产相适应的厂房、设施和卫生环境；

（三）具有能对所生产药品进行质量管理和质量检验的机构、人员以及必要的仪器设备；

（四）具有保证药品质量的规章制度。

第九条　药品生产企业必须按照国务院药品监督管理部门依据本法制定的《药品生产质量管理规范》组织生产。药品监督管理部门按照规定对药品生产企业是否符合《药品生产质量管理规范》的要求进行认证；对认证合格的，发给认证证书。

《药品生产质量管理规范》的具体实施办法、实施步骤由国务院药品监督管理部门规定。

第十条　除中药饮片的炮制外，药品必须按照国家药品标准和国务院药品监督管理部门批准的生产工艺进行生产，生产记录必须完整准确。药品生产企业改变影响药品质量的生产工艺的，必须报原批准部门审核批准。

中药饮片必须按照国家药品标准炮制；国家药品标准没有规定的，必须按照省、自治区、直辖市人民政府药品监督管理部门制定的炮制规范炮制。省、自治区、直辖市人民政府药品监督管理部门制定的炮制规范应当报国务院药品监督管理部门备案。

第十一条 生产药品所需的原料、辅料，必须符合药用要求。

第十二条 药品生产企业必须对其生产的药品进行质量检验；不符合国家药品标准或者不按照省、自治区、直辖市人民政府药品监督管理部门制定的中药饮片炮制规范炮制的，不得出厂。

第十三条 经国务院药品监督管理部门或者国务院药品监督管理部门授权的省、自治区、直辖市人民政府药品监督管理部门批准，药品生产企业可以接受委托生产药品。

第三章 药品经营企业管理

第十四条 开办药品批发企业，须经企业所在地省、自治区、直辖市人民政府药品监督管理部门批准并发给《药品经营许可证》；开办药品零售企业，须经企业所在地县级以上地方药品监督管理部门批准并发给《药品经营许可证》，凭《药品经营许可证》到工商行政管理部门办理登记注册。无《药品经营许可证》的，不得经营药品。

《药品经营许可证》应当标明有效期和经营范围，到期重新审查发证。

药品监督管理部门批准开办药品经营企业，除依据本法第十五条规定的条件外，还应当遵循合理布局和方便群众购药的原则。

第十五条 开办药品经营企业必须具备以下条件：

（一）具有依法经过资格认定的药学技术人员；

（二）具有与所经营药品相适应的营业场所、设备、仓储设施、卫生环境；

（三）具有与所经营药品相适应的质量管理机构或者人员；

（四）具有保证所经营药品质量的规章制度。

第十六条 药品经营企业必须按照国务院药品监督管理部门依据本法制定的《药品经营质量管理规范》经营药品。药品监督管理部门按照规定对药品经营企业是否符合《药品经营质量管理规范》的要求进行认证；对认证合格的，发给认证证书。

《药品经营质量管理规范》的具体实施办法、实施步骤由国务院药品监督管理部门规定。

第十七条 药品经营企业购进药品，必须建立并执行进货检查验收制度，验明药品合格证明和其他标识；不符合规定要求的，不得购进。

第十八条 药品经营企业购销药品，必须有真实完整的购销记录。购销记录必须注明药品的通用名称、剂型、规格、批号、有效期、生产厂商、购（销）货单位、购（销）货数量、购销价格、购（销）货日期及国务院药品监督管理部门规定的其他内容。

第十九条 药品经营企业销售药品必须准确无误，并正确说明用法、用量和注意事项；调配处方必须经过核对，对处方所列药品不得擅自更改或者代用。对有配伍禁忌或者超剂量的处方，应当拒绝调配；必要时，经处方医师更正或者重新签字，方可调配。

药品经营企业销售中药材，必须标明产地。

第二十条 药品经营企业必须制定和执行药品保管制度，采取必要的冷藏、防冻、防潮、防虫、防鼠等措施，保证药品质量。

药品入库和出库必须执行检查制度。

第二十一条 城乡集市贸易市场可以出售中药材，国务院另有规定的除外。

城乡集市贸易市场不得出售中药材以外的药品，但持有《药品经营许可证》的药品零售企业在规定的范围内可以在城乡集市贸易市场设点出售中药材以外的药品。具体办法由国务院规定。

第四章 医疗机构的药剂管理

第二十二条 医疗机构必须配备依法经过资格认定的药学技术人员。非药学技术人员不得直接从事药剂技术工作。

第二十三条 医疗机构配制制剂，须经所在地省、自治区、直辖市人民政府卫生行政部门审核同意，由省、自治区、直辖市人民政府药品监督管理部门批准，发给《医疗机构制剂许可证》。无《医疗机构制剂许可证》的，不得配制制剂。

《医疗机构制剂许可证》应当标明有效期，到期重新审查发证。

第二十四条 医疗机构配制制剂，必须具有能够保证制剂质量的设施、管理制度、检验仪器和卫生条件。

第二十五条 医疗机构配制的制剂，应当是本单位临床需要而市场上没有供应的品种，并须经所在地省、自治区、直辖市人民政府药品监督管理部门批准后方可配制。配制的制剂必须按照规定进行质量检验；合格的，凭医师处方在本医疗机构使用。特殊情况下，经国务院或者省、自治区、直辖市人民政府的药品监督管理部门批准，医疗机构配制的制剂可以在指定的医疗机构之间调剂使用。

医疗机构配制的制剂，不得在市场销售。

第二十六条 医疗机构购进药品，必须建立并执行进货检查验收制度，验明药品合格证明和其他标识；不符合规定要求的，不得购进和使用。

第二十七条 医疗机构的药剂人员调配处方，必须经过核对，对处方所列药品不得擅自更改或者代用。对有配伍禁忌或者超剂量的处方，应当拒绝调配；必要时，经处方医师更正或者重新签字，方可调配。

第二十八条 医疗机构必须制定和执行药品保管制度，采取必要的冷藏、防冻、防潮、防虫、防鼠等措施，保证药品质量。

第五章　药品管理

第二十九条　研制新药，必须按照国务院药品监督管理部门的规定如实报送研制方法、质量指标、药理及毒理试验结果等有关资料和样品，经国务院药品监督管理部门批准后，方可进行临床试验。药物临床试验机构资格的认定办法，由国务院药品监督管理部门、国务院卫生行政部门共同制定。

完成临床试验并通过审批的新药，由国务院药品监督管理部门批准，发给新药证书。

第三十条　药物的非临床安全性评价研究机构和临床试验机构必须分别执行药物非临床研究质量管理规范、药物临床试验质量管理规范。

药物非临床研究质量管理规范、药物临床试验质量管理规范由国务院确定的部门制定。

第三十一条　生产新药或者已有国家标准的药品的，须经国务院药品监督管理部门批准，并发给药品批准文号；但是，生产没有实施批准文号管理的中药材和中药饮片除外。实施批准文号管理的中药材、中药饮片品种目录由国务院药品监督管理部门会同国务院中医药管理部门制定。

药品生产企业在取得药品批准文号后，方可生产该药品。

第三十二条　药品必须符合国家药品标准。中药饮片依照本法第十条第二款的规定执行。

国务院药品监督管理部门颁布的《中华人民共和国药典》和药品标准为国家药品标准。

国务院药品监督管理部门组织药典委员会，负责国家药品标准的制定和修订。

国务院药品监督管理部门的药品检验机构负责标定国家药品标准品、对照品。

第三十三条　国务院药品监督管理部门组织药学、医学和其他技术人员，对新药进行审评，对已经批准生产的药品进行再评价。

第三十四条　药品生产企业、药品经营企业、医疗机构必须从具有药品生产、经营资格的企业购进药品；但是，购进没有实施批准文号管理的中药材除外。

第三十五条　国家对麻醉药品、精神药品、医疗用毒性药品、放射性药品，实行特殊管理。管理办法由国务院制定。

第三十六条　国家实行中药品种保护制度。具体办法由国务院制定。

第三十七条　国家对药品实行处方药与非处方药分类管理制度。具体办法由国务院制定。

第三十八条 禁止进口疗效不确、不良反应大或者其他原因危害人体健康的药品。

第三十九条 药品进口，须经国务院药品监督管理部门组织审查，经审查确认符合质量标准、安全有效的，方可批准进口，并发给进口药品注册证书。

医疗单位临床急需或者个人自用进口的少量药品，按照国家有关规定办理进口手续。

第四十条 药品必须从允许药品进口的口岸进口，并由进口药品的企业向口岸所在地药品监督管理部门登记备案。海关凭药品监督管理部门出具的《进口药品通关单》放行。无《进口药品通关单》的，海关不得放行。

口岸所在地药品监督管理部门应当通知药品检验机构按照国务院药品监督管理部门的规定对进口药品进行抽查检验，并依照本法第四十一条第二款的规定收取检验费。

允许药品进口的口岸由国务院药品监督管理部门会同海关总署提出，报国务院批准。

第四十一条 国务院药品监督管理部门对下列药品在销售前或者进口时，指定药品检验机构进行检验；检验不合格的，不得销售或者进口：

（一）国务院药品监督管理部门规定的生物制品；

（二）首次在中国销售的药品；

（三）国务院规定的其他药品。

前款所列药品的检验费项目和收费标准由国务院财政部门会同国务院价格主管部门核定并公告。检验费收缴办法由国务院财政部门会同国务院药品监督管理部门制定。

第四十二条 国务院药品监督管理部门对已经批准生产或者进口的药品，应当组织调查；对疗效不确、不良反应大或者其他原因危害人体健康的药品，应当撤销批准文号或者进口药品注册证书。

已被撤销批准文号或者进口药品注册证书的药品，不得生产或者进口、销售和使用；已经生产或者进口的，由当地药品监督管理部门监督销毁或者处理。

第四十三条 国家实行药品储备制度。

国内发生重大灾情、疫情及其他突发事件时，国务院规定的部门可以紧急调用企业药品。

第四十四条 对国内供应不足的药品，国务院有权限制或者禁止出口。

第四十五条 进口、出口麻醉药品和国家规定范围内的精神药品，必须持有国务院药品监督管理部门发给的《进口准许证》、《出口准许证》。

第四十六条 新发现和从国外引种的药材，经国务院药品监督管理部门审核批准后，方可销售。

第四十七条　地区性民间习用药材的管理办法，由国务院药品监督管理部门会同国务院中医药管理部门制定。

第四十八条　禁止生产（包括配制，下同）、销售假药。

有下列情形之一的，为假药：

（一）药品所含成份与国家药品标准规定的成份不符的；

（二）以非药品冒充药品或者以他种药品冒充此种药品的。

有下列情形之一的药品，按假药论处：

（一）国务院药品监督管理部门规定禁止使用的；

（二）依照本法必须批准而未经批准生产、进口，或者依照本法必须检验而未经检验即销售的；

（三）变质的；

（四）被污染的；

（五）使用依照本法必须取得批准文号而未取得批准文号的原料药生产的；

（六）所标明的适应症或者功能主治超出规定范围的。

第四十九条　禁止生产、销售劣药。

药品成份的含量不符合国家药品标准的，为劣药。

有下列情形之一的药品，按劣药论处：

（一）未标明有效期或者更改有效期的；

（二）不注明或者更改生产批号的；

（三）超过有效期的；

（四）直接接触药品的包装材料和容器未经批准的；

（五）擅自添加着色剂、防腐剂、香料、矫味剂及辅料的；

（六）其他不符合药品标准规定的。

第五十条　列入国家药品标准的药品名称为药品通用名称。已经作为药品通用名称的，该名称不得作为药品商标使用。

第五十一条　药品生产企业、药品经营企业和医疗机构直接接触药品的工作人员，必须每年进行健康检查。患有传染病或者其他可能污染药品的疾病的，不得从事直接接触药品的工作。

第六章　药品包装的管理

第五十二条　直接接触药品的包装材料和容器，必须符合药用要求，符合保障人体健康、安全的标准，并由药品监督管理部门在审批药品时一并审批。

药品生产企业不得使用未经批准的直接接触药品的包装材料和容器。

对不合格的直接接触药品的包装材料和容器，由药品监督管理部门责令停止使用。

第五十三条　药品包装必须适合药品质量的要求，方便储存、运输和医疗使用。

发运中药材必须有包装。在每件包装上，必须注明品名、产地、日期、调出单位，并附有质量合格的标志。

第五十四条　药品包装必须按照规定印有或者贴有标签并附有说明书。

标签或者说明书上必须注明药品的通用名称、成份、规格、生产企业、批准文号、产品批号、生产日期、有效期、适应症或者功能主治、用法、用量、禁忌、不良反应和注意事项。

麻醉药品、精神药品、医疗用毒性药品、放射性药品、外用药品和非处方药的标签，必须印有规定的标志。

第七章　药品价格和广告的管理

第五十五条　依法实行政府定价、政府指导价的药品，政府价格主管部门应当依照《中华人民共和国价格法》规定的定价原则，依据社会平均成本、市场供求状况和社会承受能力合理制定和调整价格，做到质价相符，消除虚高价格，保护用药者的正当利益。

药品的生产企业、经营企业和医疗机构必须执行政府定价、政府指导价，不得以任何形式擅自提高价格。

药品生产企业应当依法向政府价格主管部门如实提供药品的生产经营成本，不得拒报、虚报、瞒报。

第五十六条　依法实行市场调节价的药品，药品的生产企业、经营企业和医疗机构应当按照公平、合理和诚实信用、质价相符的原则制定价格，为用药者提供价格合理的药品。

药品的生产企业、经营企业和医疗机构应当遵守国务院价格主管部门关于药价管理的规定，制定和标明药品零售价格，禁止暴利和损害用药者利益的价格欺诈行为。

第五十七条　药品的生产企业、经营企业、医疗机构应当依法向政府价格主管部门提供其药品的实际购销价格和购销数量等资料。

第五十八条　医疗机构应当向患者提供所用药品的价格清单；医疗保险定点医疗机构还应当按照规定的办法如实公布其常用药品的价格，加强合理用药的管理。具体办法由国务院卫生行政部门规定。

第五十九条　禁止药品的生产企业、经营企业和医疗机构在药品购销中账外暗中给予、收受回扣或者其他利益。

禁止药品的生产企业、经营企业或者其代理人以任何名义给予使用其药品的医疗机构的负责人、药品采购人员、医师等有关人员以财物或者其他利益。禁止医疗机构的负责人、药品采购人员、医师等有关人员以任何名义收受药品的生产企业、经营企业或者其代理人给予的财物或者其他利益。

第六十条 药品广告须经企业所在地省、自治区、直辖市人民政府药品监督管理部门批准，并发给药品广告批准文号；未取得药品广告批准文号的，不得发布。

处方药可以在国务院卫生行政部门和国务院药品监督管理部门共同指定的医学、药学专业刊物上介绍，但不得在大众传播媒介发布广告或者以其他方式进行以公众为对象的广告宣传。

第六十一条 药品广告的内容必须真实、合法，以国务院药品监督管理部门批准的说明书为准，不得含有虚假的内容。

药品广告不得含有不科学的表示功效的断言或者保证；不得利用国家机关、医药科研单位、学术机构或者专家、学者、医师、患者的名义和形象作证明。

非药品广告不得有涉及药品的宣传。

第六十二条 省、自治区、直辖市人民政府药品监督管理部门应当对其批准的药品广告进行检查，对于违反本法和《中华人民共和国广告法》的广告，应当向广告监督管理机关通报并提出处理建议，广告监督管理机关应当依法作出处理。

第六十三条 药品价格和广告，本法未规定的，适用《中华人民共和国价格法》、《中华人民共和国广告法》的规定。

第八章 药品监督

第六十四条 药品监督管理部门有权按照法律、行政法规的规定对报经其审批的药品研制和药品的生产、经营以及医疗机构使用药品的事项进行监督检查，有关单位和个人不得拒绝和隐瞒。

药品监督管理部门进行监督检查时，必须出示证明文件，对监督检查中知悉的被检查人的技术秘密和业务秘密应当保密。

第六十五条 药品监督管理部门根据监督检查的需要，可以对药品质量进行抽查检验。抽查检验应当按照规定抽样，并不得收取任何费用。所需费用按照国务院规定列支。

药品监督管理部门对有证据证明可能危害人体健康的药品及其有关材料可以采取查封、扣押的行政强制措施，并在七日内作出行政处理决定；药品需要检验的，必须自检验报告书发出之日起十五日内作出行政处理决定。

第六十六条 国务院和省、自治区、直辖市人民政府的药品监督管理部门应当定期公告药品质量抽查检验的结果；公告不当的，必须在原公告范围内予以更正。

第六十七条 当事人对药品检验机构的检验结果有异议的，可以自收到药品检验结果之日起七日内向原药品检验机构或者上一级药品监督管理部门设置或者确定的药品检验机构申请复验，也可以直接向国务院药品监督管理部门设置或者确定的药品检验机构申请复验。受理复验的药品检验机构必须在国务院药品监督管理部门规定的时间内作出复验结论。

第六十八条 药品监督管理部门应当按照规定，依据《药品生产质量管理规范》、《药品经营质量管理规范》，对经其认证合格的药品生产企业、药品经营企业进行认证后的跟踪检查。

第六十九条 地方人民政府和药品监督管理部门不得以要求实施药品检验、审批等手段限制或者排斥非本地区药品生产企业依照本法规定生产的药品进入本地区。

第七十条 药品监督管理部门及其设置的药品检验机构和确定的专业从事药品检验的机构不得参与药品生产经营活动，不得以其名义推荐或者监制、监销药品。

药品监督管理部门及其设置的药品检验机构和确定的专业从事药品检验的机构的工作人员不得参与药品生产经营活动。

第七十一条 国家实行药品不良反应报告制度。药品生产企业、药品经营企业和医疗机构必须经常考察本单位所生产、经营、使用的药品的质量、疗效和反应。发现可能与用药有关的严重不良反应，必须及时向当地省、自治区、直辖市人民政府药品监督管理部门和卫生行政部门报告。具体办法由国务院药品监督管理部门会同国务院卫生行政部门制定。

对已确认发生严重不良反应的药品，国务院或者省、自治区、直辖市人民政府的药品监督管理部门可以采取停止生产、销售、使用的紧急控制措施，并应当在五日内组织鉴定，自鉴定结论作出之日起十五日内依法作出行政处理决定。

第七十二条 药品生产企业、药品经营企业和医疗机构的药品检验机构或者人员，应当接受当地药品监督管理部门设置的药品检验机构的业务指导。

第九章 法律责任

第七十三条 未取得《药品生产许可证》、《药品经营许可证》或者《医疗机构制剂许可证》生产药品、经营药品的，依法予以取缔，没收违法生产、销售的药品和违法所得，并处违法生产、销售的药品（包括已售出的和未售出的药品，下同）货值金额二倍以上五倍以下的罚款；构成犯罪的，依法追究刑事责任。

第七十四条 生产、销售假药的，没收违法生产、销售的药品和违法所得，并处违法生产、销售药品货值金额二倍以上五倍以下的罚款；有药品批准证明文件的予以撤销，并责令停产、停业整顿；情节严重的，吊销《药品生产许可证》、

《药品经营许可证》或者《医疗机构制剂许可证》；构成犯罪的，依法追究刑事责任。

第七十五条　生产、销售劣药的，没收违法生产、销售的药品和违法所得，并处违法生产、销售药品货值金额一倍以上三倍以下的罚款；情节严重的，责令停产、停业整顿或者撤销药品批准证明文件、吊销《药品生产许可证》、《药品经营许可证》或者《医疗机构制剂许可证》；构成犯罪的，依法追究刑事责任。

第七十六条　从事生产、销售假药及生产、销售劣药情节严重的企业或者其他单位，其直接负责的主管人员和其他直接责任人员十年内不得从事药品生产、经营活动。

对生产者专门用于生产假药、劣药的原辅材料、包装材料、生产设备，予以没收。

第七十七条　知道或者应当知道属于假劣药品而为其提供运输、保管、仓储等便利条件的，没收全部运输、保管、仓储的收入，并处违法收入百分之五十以上三倍以下的罚款；构成犯罪的，依法追究刑事责任。

第七十八条　对假药、劣药的处罚通知，必须载明药品检验机构的质量检验结果；但是，本法第四十八条第三款第（一）、（二）、（五）、（六）项和第四十九条第三款规定的情形除外。

第七十九条　药品的生产企业、经营企业、药物非临床安全性评价研究机构、药物临床试验机构未按照规定实施《药品生产质量管理规范》、《药品经营质量管理规范》、药物非临床研究质量管理规范、药物临床试验质量管理规范的，给予警告，责令限期改正；逾期不改正的，责令停产、停业整顿，并处五千元以上二万元以下的罚款；情节严重的，吊销《药品生产许可证》、《药品经营许可证》和药物临床试验机构的资格。

第八十条　药品的生产企业、经营企业或者医疗机构违反本法第三十四条的规定，从无《药品生产许可证》、《药品经营许可证》的企业购进药品的，责令改正，没收违法购进的药品，并处违法购进药品货值金额二倍以上五倍以下的罚款；有违法所得的，没收违法所得；情节严重的，吊销《药品生产许可证》、《药品经营许可证》或者医疗机构执业许可证书。

第八十一条　进口已获得药品进口注册证书的药品，未按照本法规定向允许药品进口的口岸所在地的药品监督管理部门登记备案的，给予警告，责令限期改正；逾期不改正的，撤销进口药品注册证书。

第八十二条　伪造、变造、买卖、出租、出借许可证或者药品批准证明文件的，没收违法所得，并处违法所得一倍以上三倍以下的罚款；没有违法所得的，处二万元以上十万元以下的罚款；情节严重的，并吊销卖方、出租方、出借方的《药品生产许可证》、《药品经营许可证》、《医疗机构制剂许可证》或者撤销药品批准证明文件；构成犯罪的，依法追究刑事责任。

第八十三条 违反本法规定，提供虚假的证明、文件资料样品或者采取其他欺骗手段取得《药品生产许可证》、《药品经营许可证》、《医疗机构制剂许可证》或者药品批准证明文件的，吊销《药品生产许可证》、《药品经营许可证》、《医疗机构制剂许可证》或者撤销药品批准证明文件，五年内不受理其申请，并处一万元以上三万元以下的罚款。

第八十四条 医疗机构将其配制的制剂在市场销售的，责令改正，没收违法销售的制剂，并处违法销售制剂货值金额一倍以上三倍以下的罚款；有违法所得的，没收违法所得。

第八十五条 药品经营企业违反本法第十八条、第十九条规定的，责令改正，给予警告；情节严重的，吊销《药品经营许可证》。

第八十六条 药品标识不符合本法第五十四条规定的，除依法应当按照假药、劣药论处的外，责令改正，给予警告；情节严重的，撤销该药品的批准证明文件。

第八十七条 药品检验机构出具虚假检验报告，构成犯罪的，依法追究刑事责任；不构成犯罪的，责令改正，给予警告，对单位并处三万元以上五万元以下的罚款；对直接负责的主管人员和其他直接责任人员依法给予降级、撤职、开除的处分，并处三万元以下的罚款；有违法所得的，没收违法所得；情节严重的，撤销其检验资格。药品检验机构出具的检验结果不实，造成损失的，应当承担相应的赔偿责任。

第八十八条 本法第七十三条至第八十七条规定的行政处罚，由县级以上药品监督管理部门按照国务院药品监督管理部门规定的职责分工决定；吊销《药品生产许可证》、《药品经营许可证》、《医疗机构制剂许可证》、医疗机构执业许可证书或者撤销药品批准证明文件的，由原发证、批准的部门决定。

第八十九条 违反本法第五十五条、第五十六条、第五十七条关于药品价格管理的规定的，依照《中华人民共和国价格法》的规定处罚。

第九十条 药品的生产企业、经营企业、医疗机构在药品购销中暗中给予、收受回扣或者其他利益的，药品的生产企业、经营企业或者其代理人给予使用其药品的医疗机构的负责人、药品采购人员、医师等有关人员以财物或者其他利益的，由工商行政管理部门处一万元以上二十万元以下的罚款，有违法所得的，予以没收；情节严重的，由工商行政管理部门吊销药品生产企业、药品经营企业的营业执照，并通知药品监督管理部门，由药品监督管理部门吊销其《药品生产许可证》、《药品经营许可证》；构成犯罪的，依法追究刑事责任。

第九十一条 药品的生产企业、经营企业的负责人、采购人员等有关人员在药品购销中收受其他生产企业、经营企业或者其代理人给予的财物或者其他利益的，依法给予处分，没收违法所得；构成犯罪的，依法追究刑事责任。

医疗机构的负责人、药品采购人员、医师等有关人员收受药品生产企业、药品经营企业或者其代理人给予的财物或者其他利益的，由卫生行政部门或者本单位给予处分，没收违法所得；对违法行为情节严重的执业医师，由卫生行政部门吊销其执业证书；构成犯罪的，依法追究刑事责任。

第九十二条　违反本法有关药品广告的管理规定的，依照《中华人民共和国广告法》的规定处罚，并由发给广告批准文号的药品监督管理部门撤销广告批准文号，一年内不受理该品种的广告审批申请；构成犯罪的，依法追究刑事责任。

药品监督管理部门对药品广告不依法履行审查职责，批准发布的广告有虚假或者其他违反法律、行政法规的内容的，对直接负责的主管人员和其他直接责任人员依法给予行政处分；构成犯罪的，依法追究刑事责任。

第九十三条　药品的生产企业、经营企业、医疗机构违反本法规定，给药品使用者造成损害的，依法承担赔偿责任。

第九十四条　药品监督管理部门违反本法规定，有下列行为之一的，由其上级主管机关或者监察机关责令收回违法发给的证书、撤销药品批准证明文件，对直接负责的主管人员和其他直接责任人员依法给予行政处分；构成犯罪的，依法追究刑事责任：

（一）对不符合《药品生产质量管理规范》、《药品经营质量管理规范》的企业发给符合有关规范的认证证书的，或者对取得认证证书的企业未按照规定履行跟踪检查的职责，对不符合认证条件的企业未依法责令其改正或者撤销其认证证书的；

（二）对不符合法定条件的单位发给《药品生产许可证》、《药品经营许可证》或者《医疗机构制剂许可证》的；

（三）对不符合进口条件的药品发给进口药品注册证书的；

（四）对不具备临床试验条件或者生产条件而批准进行临床试验、发给新药证书、发给药品批准文号的。

第九十五条　药品监督管理部门或者其设置的药品检验机构或者其确定的专业从事药品检验的机构参与药品生产经营活动的，由其上级机关或者监察机关责令改正，有违法收入的予以没收；情节严重的，对直接负责的主管人员和其他直接责任人员依法给予行政处分。

药品监督管理部门或者其设置的药品检验机构或者其确定的专业从事药品检验的机构的工作人员参与药品生产经营活动的，依法给予行政处分。

第九十六条　药品监督管理部门或者其设置、确定的药品检验机构在药品监督检验中违法收取检验费用的，由政府有关部门责令退还，对直接负责的主管人员和其他直接责任人员依法给予行政处分。对违法收取检验费用情节严重的药品检验机构，撤销其检验资格。

第九十七条 药品监督管理部门应当依法履行监督检查职责，监督已取得《药品生产许可证》、《药品经营许可证》的企业依照本法规定从事药品生产、经营活动。

已取得《药品生产许可证》、《药品经营许可证》的企业生产、销售假药、劣药的，除依法追究该企业的法律责任外，对有失职、渎职行为的药品监督管理部门直接负责的主管人员和其他直接责任人员依法给予行政处分；构成犯罪的，依法追究刑事责任。

第九十八条 药品监督管理部门对下级药品监督管理部门违反本法的行政行为，责令限期改正；逾期不改正的，有权予以改变或者撤销。

第九十九条 药品监督管理人员滥用职权、徇私舞弊、玩忽职守，构成犯罪的，依法追究刑事责任；尚不构成犯罪的，依法给予行政处分。

第一百条 依照本法被吊销《药品生产许可证》、《药品经营许可证》的，由药品监督管理部门通知工商行政管理部门办理变更或者注销登记。

第一百零一条 本章规定的货值金额以违法生产、销售药品的标价计算；没有标价的，按照同类药品的市场价格计算。

第十章 附 则

第一百零二条 本法下列用语的含义是：

药品，是指用于预防、治疗、诊断人的疾病，有目的地调节人的生理机能并规定有适应症或者功能主治、用法和用量的物质，包括中药材、中药饮片、中成药、化学原料药及其制剂、抗生素、生化药品、放射性药品、血清、疫苗、血液制品和诊断药品等。

辅料，是指生产药品和调配处方时所用的赋形剂和附加剂。

药品生产企业，是指生产药品的专营企业或者兼营企业。

药品经营企业，是指经营药品的专营企业或者兼营企业。

第一百零三条 中药材的种植、采集和饲养的管理办法，由国务院另行制定。

第一百零四条 国家对预防性生物制品的流通实行特殊管理。具体办法由国务院制定。

第一百零五条 中国人民解放军执行本法的具体办法，由国务院、中央军事委员会依据本法制定。

第一百零六条 本法自 2001 年 12 月 1 日起施行。

002

中华人民共和国国务院令

第 360 号

现公布《中华人民共和国药品管理法实施条例》，自 2002 年 9 月 15 日起施行。

总理 朱镕基

二〇〇二年八月四日

中华人民共和国药品管理法实施条例

第一章 总 则

第一条 根据《中华人民共和国药品管理法》（以下简称《药品管理法》），制定本条例。

第二条 国务院药品监督管理部门设置国家药品检验机构。

省、自治区、直辖市人民政府药品监督管理部门可以在本行政区域内设置药品检验机构。地方药品检验机构的设置规划由省、自治区、直辖市人民政府药品监督管理部门提出，报省、自治区、直辖市人民政府批准。

国务院和省、自治区、直辖市人民政府的药品监督管理部门可以根据需要，确定符合药品检验条件的检验机构承担药品检验工作。

第二章 药品生产企业管理

第三条 开办药品生产企业，应当按照下列规定办理《药品生产许可证》：

（一）申办人应当向拟办企业所在地省、自治区、直辖市人民政府药品监督管理部门提出申请。省、自治区、直辖市人民政府药品监督管理部门应当自收到申请之日起 30 个工作日内，按照国家发布的药品行业发展规划和产业政策进行审查，并作出是否同意筹建的决定。

（二）申办人完成拟办企业筹建后，应当向原审批部门申请验收。原审批部门应当自收到申请之日起 30 个工作日内，依据《药品管理法》第八条规定的开办条件组织验收；验收合格的，发给《药品生产许可证》。申办人凭《药品生产许可证》到工商行政管理部门依法办理登记注册。

第四条 药品生产企业变更《药品生产许可证》许可事项的，应当在许可事项发生变更30日前，向原发证机关申请《药品生产许可证》变更登记；未经批准，不得变更许可事项。原发证机关应当自收到申请之日起15个工作日内作出决定。申请人凭变更后的《药品生产许可证》到工商行政管理部门依法办理变更登记手续。

第五条 省级以上人民政府药品监督管理部门应当按照《药品生产质量管理规范》和国务院药品监督管理部门规定的实施办法和实施步骤，组织对药品生产企业的认证工作；符合《药品生产质量管理规范》的，发给认证证书。其中，生产注射剂、放射性药品和国务院药品监督管理部门规定的生物制品的药品生产企业的认证工作，由国务院药品监督管理部门负责。

《药品生产质量管理规范》认证证书的格式由国务院药品监督管理部门统一规定。

第六条 新开办药品生产企业、药品生产企业新建药品生产车间或者新增生产剂型的，应当自取得药品生产证明文件或者经批准正式生产之日起30日内，按照规定向药品监督管理部门申请《药品生产质量管理规范》认证。受理申请的药品监督管理部门应当自收到企业申请之日起6个月内，组织对申请企业是否符合《药品生产质量管理规范》进行认证；认证合格的，发给认证证书。

第七条 国务院药品监督管理部门应当设立《药品生产质量管理规范》认证检查员库。《药品生产质量管理规范》认证检查员必须符合国务院药品监督管理部门规定的条件。进行《药品生产质量管理规范》认证，必须按照国务院药品监督管理部门的规定，从《药品生产质量管理规范》认证检查员库中随机抽取认证检查员组成认证检查组进行认证检查。

第八条 《药品生产许可证》有效期为5年。有效期届满，需要继续生产药品的，持证企业应当在许可证有效期届满前6个月，按照国务院药品监督管理部门的规定申请换发《药品生产许可证》。

药品生产企业终止生产药品或者关闭的，《药品生产许可证》由原发证部门缴销。

第九条 药品生产企业生产药品所使用的原料药，必须具有国务院药品监督管理部门核发的药品批准文号或者进口药品注册证书、医药产品注册证书；但是，未实施批准文号管理的中药材、中药饮片除外。

第十条 依据《药品管理法》第十三条规定，接受委托生产药品的，受托方必须是持有与其受托生产的药品相适应的《药品生产质量管理规范》认证证书的药品生产企业。

疫苗、血液制品和国务院药品监督管理部门规定的其他药品，不得委托生产。

第三章　药品经营企业管理

第十一条　开办药品批发企业，申办人应当向拟办企业所在地省、自治区、直辖市人民政府药品监督管理部门提出申请。省、自治区、直辖市人民政府药品监督管理部门应当自收到申请之日起30个工作日内，依据国务院药品监督管理部门规定的设置标准作出是否同意筹建的决定。申办人完成拟办企业筹建后，应当向原审批部门申请验收。原审批部门应当自收到申请之日起30个工作日内，依据《药品管理法》第十五条规定的开办条件组织验收；符合条件的，发给《药品经营许可证》。申办人凭《药品经营许可证》到工商行政管理部门依法办理登记注册。

第十二条　开办药品零售企业，申办人应当向拟办企业所在地设区的市级药品监督管理机构或者省、自治区、直辖市人民政府药品监督管理部门直接设置的县级药品监督管理机构提出申请。受理申请的药品监督管理机构应当自收到申请之日起30个工作日内，依据国务院药品监督管理部门的规定，结合当地常住人口数量、地域、交通状况和实际需要进行审查，作出是否同意筹建的决定。申办人完成拟办企业筹建后，应当向原审批机构申请验收。原审批机构应当自收到申请之日起15个工作日内，依据《药品管理法》第十五条规定的开办条件组织验收；符合条件的，发给《药品经营许可证》。申办人凭《药品经营许可证》到工商行政管理部门依法办理登记注册。

第十三条　省、自治区、直辖市人民政府药品监督管理部门负责组织药品经营企业的认证工作。药品经营企业应当按照国务院药品监督管理部门规定的实施办法和实施步骤，通过省、自治区、直辖市人民政府药品监督管理部门组织的《药品经营质量管理规范》的认证，取得认证证书。《药品经营质量管理规范》认证证书的格式由国务院药品监督管理部门统一规定。

新开办药品批发企业和药品零售企业，应当自取得《药品经营许可证》之日起30日内，向发给其《药品经营许可证》的药品监督管理部门或者药品监督管理机构申请《药品经营质量管理规范》认证。受理药品零售企业认证申请的药品监督管理机构应当自收到申请之日起7个工作日内，将申请移送负责组织药品经营企业认证工作的省、自治区、直辖市人民政府药品监督管理部门。省、自治区、直辖市人民政府药品监督管理部门应当自收到认证申请之日起3个月内，按照国务院药品监督管理部门的规定，组织对申请认证的药品批发企业或者药品零售企业是否符合《药品经营质量管理规范》进行认证；认证合格的，发给认证证书。

第十四条　省、自治区、直辖市人民政府药品监督管理部门应当设立《药品经营质量管理规范》认证检查员库。《药品经营质量管理规范》认证检查员必须符合国务院药品监督管理部门规定的条件。进行《药品经营质量管理规范》认证，必须按照国务院药品监督管理部门的规定，从《药品经营质量管理规范》认证检查员库中随机抽取认证检查员组成认证检查组进行认证检查。

第十五条 国家实行处方药和非处方药分类管理制度。国家根据非处方药品的安全性，将非处方药分为甲类非处方药和乙类非处方药。

经营处方药、甲类非处方药的药品零售企业，应当配备执业药师或者其他依法经资格认定的药学技术人员。经营乙类非处方药的药品零售企业，应当配备经设区的市级药品监督管理机构或者省、自治区、直辖市人民政府药品监督管理部门直接设置的县级药品监督管理机构组织考核合格的业务人员。

第十六条 药品经营企业变更《药品经营许可证》许可事项的，应当在许可事项发生变更30日前，向原发证机关申请《药品经营许可证》变更登记；未经批准，不得变更许可事项。原发证机关应当自收到企业申请之日起15个工作日内作出决定。申请人凭变更后的《药品经营许可证》到工商行政管理部门依法办理变更登记手续。

第十七条 《药品经营许可证》有效期为5年。有效期届满，需要继续经营药品的，持证企业应当在许可证有效期届满前6个月，按照国务院药品监督管理部门的规定申请换发《药品经营许可证》。

药品经营企业终止经营药品或者关闭的，《药品经营许可证》由原发证机关缴销。

第十八条 交通不便的边远地区城乡集市贸易市场没有药品零售企业的，当地药品零售企业经所在地县（市）药品监督管理机构批准并到工商行政管理部门办理登记注册后，可以在该城乡集市贸易市场内设点并在批准经营的药品范围内销售非处方药品。

第十九条 通过互联网进行药品交易的药品生产企业、药品经营企业、医疗机构及其交易的药品，必须符合《药品管理法》和本条例的规定。互联网药品交易服务的管理办法，由国务院药品监督管理部门会同国务院有关部门制定。

第四章　医疗机构的药剂管理

第二十条 医疗机构设立制剂室，应当向所在地省、自治区、直辖市人民政府卫生行政部门提出申请，经审核同意后，报同级人民政府药品监督管理部门审批；省、自治区、直辖市人民政府药品监督管理部门验收合格的，予以批准，发给《医疗机构制剂许可证》。

省、自治区、直辖市人民政府卫生行政部门和药品监督管理部门应当在各自收到申请之日起30个工作日内，作出是否同意或者批准的决定。

第二十一条　医疗机构变更《医疗机构制剂许可证》许可事项的，应当在许可事项发生变更30日前，依照本条例第二十条的规定向原审核、批准机关申请《医疗机构制剂许可证》变更登记；未经批准，不得变更许可事项。原审核、批准机关应当在各自收到申请之日起15个工作日内作出决定。

医疗机构新增配制剂型或者改变配制场所的，应当经所在地省、自治区、直辖市人民政府药品监督管理部门验收合格后，依照前款规定办理《医疗机构制剂许可证》变更登记。

第二十二条　《医疗机构制剂许可证》有效期为5年。有效期届满，需要继续配制制剂的，医疗机构应当在许可证有效期届满前6个月，按照国务院药品监督管理部门的规定申请换发《医疗机构制剂许可证》。

医疗机构终止配制制剂或者关闭的，《医疗机构制剂许可证》由原发证机关缴销。

第二十三条　医疗机构配制制剂，必须按照国务院药品监督管理部门的规定报送有关资料和样品，经所在地省、自治区、直辖市人民政府药品监督管理部门批准，并发给制剂批准文号后，方可配制。

第二十四条　医疗机构配制的制剂不得在市场上销售或者变相销售，不得发布医疗机构制剂广告。

发生灾情、疫情、突发事件或者临床急需而市场没有供应时，经国务院或者省、自治区、直辖市人民政府的药品监督管理部门批准，在规定期限内，医疗机构配制的制剂可以在指定的医疗机构之间调剂使用。

国务院药品监督管理部门规定的特殊制剂的调剂使用以及省、自治区、直辖市之间医疗机构制剂的调剂使用，必须经国务院药品监督管理部门批准。

第二十五条　医疗机构审核和调配处方的药剂人员必须是依法经资格认定的药学技术人员。

第二十六条　医疗机构购进药品，必须有真实、完整的药品购进记录。药品购进记录必须注明药品的通用名称、剂型、规格、批号、有效期、生产厂商、供货单位、购货数量、购进价格、购货日期以及国务院药品监督管理部门规定的其他内容。

第二十七条　医疗机构向患者提供的药品应当与诊疗范围相适应，并凭执业医师或者执业助理医师的处方调配。

计划生育技术服务机构采购和向患者提供药品，其范围应当与经批准的服务范围相一致，并凭执业医师或者执业助理医师的处方调配。

个人设置的门诊部、诊所等医疗机构不得配备常用药品和急救药品以外的其他药品。常用药品和急救药品的范围和品种，由所在地的省、自治区、直辖市人民政府卫生行政部门会同同级人民政府药品监督管理部门规定。

第五章　药品管理

第二十八条　药物非临床安全性评价研究机构必须执行《药物非临床研究质量管理规范》，药物临床试验机构必须执行《药物临床试验质量管理规范》。《药物非临床研究质量管理规范》、《药物临床试验质量管理规范》由国务院药品监督管理部门分别同国务院科学技术行政部门和国务院卫生行政部门制定。

第二十九条　药物临床试验、生产药品和进口药品，应当符合《药品管理法》及本条例的规定，经国务院药品监督管理部门审查批准；国务院药品监督管理部门可以委托省、自治区、直辖市人民政府药品监督管理部门对申报药物的研制情况及条件进行审查，对申报资料进行形式审查，并对试制的样品进行检验。具体办法由国务院药品监督管理部门制定。

第三十条　研制新药，需要进行临床试验的，应当依照《药品管理法》第二十九条的规定，经国务院药品监督管理部门批准。

药物临床试验申请经国务院药品监督管理部门批准后，申报人应当在经依法认定的具有药物临床试验资格的机构中选择承担药物临床试验的机构，并将该临床试验机构报国务院药品监督管理部门和国务院卫生行政部门备案。

药物临床试验机构进行药物临床试验，应当事先告知受试者或者其监护人真实情况，并取得其书面同意。

第三十一条　生产已有国家标准的药品，应当按照国务院药品监督管理部门的规定，向省、自治区、直辖市人民政府药品监督管理部门或者国务院药品监督管理部门提出申请，报送有关技术资料并提供相关证明文件。省、自治区、直辖市人民政府药品监督管理部门应当自受理申请之日起30个工作日内进行审查，提出意见后报送国务院药品监督管理部门审核，并同时将审查意见通知申报方。国务院药品监督管理部门经审核符合规定的，发给药品批准文号。

第三十二条　生产有试行期标准的药品，应当按照国务院药品监督管理部门的规定，在试行期满前3个月，提出转正申请；国务院药品监督管理部门应当自试行期满之日起12个月内对该试行期标准进行审查，对符合国务院药品监督管理部门规定的转正要求的，转为正式标准；对试行标准期满未按照规定提出转正申请或者原试行标准不符合转正要求的，国务院药品监督管理部门应当撤销该试行标准和依据该试行标准生产药品的批准文号。

第三十三条　变更研制新药、生产药品和进口药品已获批准证明文件及其附件中载明事项的，应当向国务院药品监督管理部门提出补充申请；国务院药品监督管理部门经审核符合规定的，应当予以批准。

第三十四条　国务院药品监督管理部门根据保护公众健康的要求，可以对药品生产企业生产的新药品种设立不超过5年的监测期；在监测期内，不得批准其他企业生产和进口。

第三十五条 国家对获得生产或者销售含有新型化学成份药品许可的生产者或者销售者提交的自行取得且未披露的试验数据和其他数据实施保护，任何人不得对该未披露的试验数据和其他数据进行不正当的商业利用。

自药品生产者或者销售者获得生产、销售新型化学成份药品的许可证明文件之日起6年内，对其他申请人未经已获得许可的申请人同意，使用前款数据申请生产、销售新型化学成份药品许可的，药品监督管理部门不予许可；但是，其他申请人提交自行取得数据的除外。

除下列情形外，药品监督管理部门不得披露本条第一款规定的数据：

（一）公共利益需要；

（二）已采取措施确保该类数据不会被不正当地进行商业利用。

第三十六条 申请进口的药品，应当是在生产国家或者地区获得上市许可的药品；未在生产国家或者地区获得上市许可的，经国务院药品监督管理部门确认该药品品种安全、有效而且临床需要的，可以依照《药品管理法》及本条例的规定批准进口。

进口药品，应当按照国务院药品监督管理部门的规定申请注册。国外企业生产的药品取得《进口药品注册证》，中国香港、澳门和台湾地区企业生产的药品取得《医药产品注册证》后，方可进口。

第三十七条 医疗机构因临床急需进口少量药品的，应当持《医疗机构执业许可证》向国务院药品监督管理部门提出申请；经批准后，方可进口。进口的药品应当在指定医疗机构内用于特定医疗目的。

第三十八条 进口药品到岸后，进口单位应当持《进口药品注册证》或者《医药产品注册证》以及产地证明原件、购货合同副本、装箱单、运单、货运发票、出厂检验报告书、说明书等材料，向口岸所在地药品监督管理部门备案。口岸所在地药品监督管理部门经审查，提交的材料符合要求的，发给《进口药品通关单》。进口单位凭《进口药品通关单》向海关办理报关验放手续。

口岸所在地药品监督管理部门应当通知药品检验机构对进口药品逐批进行抽查检验；但是，有《药品管理法》第四十一条规定情形的除外。

第三十九条 疫苗类制品、血液制品、用于血源筛查的体外诊断试剂以及国务院药品监督管理部门规定的其他生物制品在销售前或者进口时，应当按照国务院药品监督管理部门的规定进行检验或者审核批准；检验不合格或者未获批准的，不得销售或者进口。

第四十条 国家鼓励培育中药材。对集中规模化栽培养殖、质量可以控制并符合国务院药品监督管理部门规定条件的中药材品种，实行批准文号管理。

第四十一条 国务院药品监督管理部门对已批准生产、销售的药品进行再评价，根据药品再评价结果，可以采取责令修改药品说明书，暂停生产、销售和使用的措施；对不良反应大或者其他原因危害人体健康的药品，应当撤销该药品批准证明文件。

第四十二条 国务院药品监督管理部门核发的药品批准文号、《进口药品注册证》、《医药产品注册证》的有效期为5年。有效期届满，需要继续生产或者进口的，应当在有效期届满前6个月申请再注册。药品再注册时，应当按照国务院药品监督管理部门的规定报送相关资料。有效期届满，未申请再注册或者经审查不符合国务院药品监督管理部门关于再注册的规定的，注销其药品批准文号、《进口药品注册证》或者《医药产品注册证》。

第四十三条 非药品不得在其包装、标签、说明书及有关宣传资料上进行含有预防、治疗、诊断人体疾病等有关内容的宣传；但是，法律、行政法规另有规定的除外。

第六章　药品包装的管理

第四十四条 药品生产企业使用的直接接触药品的包装材料和容器，必须符合药用要求和保障人体健康、安全的标准，并经国务院药品监督管理部门批准注册。

直接接触药品的包装材料和容器的管理办法、产品目录和药用要求与标准，由国务院药品监督管理部门组织制定并公布。

第四十五条 生产中药饮片，应当选用与药品性质相适应的包装材料和容器；包装不符合规定的中药饮片，不得销售。中药饮片包装必须印有或者贴有标签。

中药饮片的标签必须注明品名、规格、产地、生产企业、产品批号、生产日期，实施批准文号管理的中药饮片还必须注明药品批准文号。

第四十六条 药品包装、标签、说明书必须依照《药品管理法》第五十四条和国务院药品监督管理部门的规定印制。

药品商品名称应当符合国务院药品监督管理部门的规定。

第四十七条 医疗机构配制制剂所使用的直接接触药品的包装材料和容器、制剂的标签和说明书应当符合《药品管理法》第六章和本条例的有关规定，并经省、自治区、直辖市人民政府药品监督管理部门批准。

第七章　药品价格和广告的管理

第四十八条 国家对药品价格实行政府定价、政府指导价或者市场调节价。

列入国家基本医疗保险药品目录的药品以及国家基本医疗保险药品目录以外具有垄断性生产、经营的药品，实行政府定价或者政府指导价；对其他药品，实行市场调节价。

第四十九条　依法实行政府定价、政府指导价的药品，由政府价格主管部门依照《药品管理法》第五十五条规定的原则，制定和调整价格；其中，制定和调整药品销售价格时，应当体现对药品社会平均销售费用率、销售利润率和流通差率的控制。具体定价办法由国务院价格主管部门依照《中华人民共和国价格法》（以下简称《价格法》）的有关规定制定。

第五十条　依法实行政府定价和政府指导价的药品价格制定后，由政府价格主管部门依照《价格法》第二十四条的规定，在指定的刊物上公布并明确该价格施行的日期。

第五十一条　实行政府定价和政府指导价的药品价格，政府价格主管部门制定和调整药品价格时，应当组织药学、医学、经济学等方面专家进行评审和论证；必要时，应当听取药品生产企业、药品经营企业、医疗机构、公民以及其他有关单位及人员的意见。

第五十二条　政府价格主管部门依照《价格法》第二十八条的规定实行药品价格监测时，为掌握、分析药品价格变动和趋势，可以指定部分药品生产企业、药品经营企业和医疗机构作为价格监测定点单位；定点单位应当给予配合、支持，如实提供有关信息资料。

第五十三条　发布药品广告，应当向药品生产企业所在地省、自治区、直辖市人民政府药品监督管理部门报送有关材料。省、自治区、直辖市人民政府药品监督管理部门应当自收到有关材料之日起10个工作日内作出是否核发药品广告批准文号的决定；核发药品广告批准文号的，应当同时报国务院药品监督管理部门备案。具体办法由国务院药品监督管理部门制定。

发布进口药品广告，应当依照前款规定向进口药品代理机构所在地省、自治区、直辖市人民政府药品监督管理部门申请药品广告批准文号。

在药品生产企业所在地和进口药品代理机构所在地以外的省、自治区、直辖市发布药品广告的，发布广告的企业应当在发布前向发布地省、自治区、直辖市人民政府药品监督管理部门备案。接受备案的省、自治区、直辖市人民政府药品监督管理部门发现药品广告批准内容不符合药品广告管理规定的，应当交由原核发部门处理。

第五十四条　经国务院或者省、自治区、直辖市人民政府的药品监督管理部门决定，责令暂停生产、销售和使用的药品，在暂停期间不得发布该品种药品广告；已经发布广告的，必须立即停止。

第五十五条　未经省、自治区、直辖市人民政府药品监督管理部门批准的药品广告，使用伪造、冒用、失效的药品广告批准文号的广告，或者因其他广告违法活动被撤销药品广告批准文号的广告，发布广告的企业、广告经营者、广告发布者必须立即停止该药品广告的发布。

对违法发布药品广告，情节严重的，省、自治区、直辖市人民政府药品监督管理部门可以予以公告。

第八章　药品监督

第五十六条　药品监督管理部门（含省级人民政府药品监督管理部门依法设立的药品监督管理机构，下同）依法对药品的研制、生产、经营、使用实施监督检查。

第五十七条　药品抽样必须由两名以上药品监督检查人员实施，并按照国务院药品监督管理部门的规定进行抽样；被抽检方应当提供抽检样品，不得拒绝。

药品被抽检单位没有正当理由，拒绝抽查检验的，国务院药品监督管理部门和被抽检单位所在地省、自治区、直辖市人民政府药品监督管理部门可以宣布停止该单位拒绝抽检的药品上市销售和使用。

第五十八条　对有掺杂、掺假嫌疑的药品，在国家药品标准规定的检验方法和检验项目不能检验时，药品检验机构可以补充检验方法和检验项目进行药品检验；经国务院药品监督管理部门批准后，使用补充检验方法和检验项目所得出的检验结果，可以作为药品监督管理部门认定药品质量的依据。

第五十九条　国务院和省、自治区、直辖市人民政府的药品监督管理部门应当根据药品质量抽查检验结果，定期发布药品质量公告。药品质量公告应当包括抽验药品的品名、检品来源、生产企业、生产批号、药品规格、检验机构、检验依据、检验结果、不合格项目等内容。药品质量公告不当的，发布部门应当自确认公告不当之日起5日内，在原公告范围内予以更正。

当事人对药品检验机构的检验结果有异议，申请复验的，应当向负责复验的药品检验机构提交书面申请、原药品检验报告书。复验的样品从原药品检验机构留样中抽取。

第六十条　药品监督管理部门依法对有证据证明可能危害人体健康的药品及其有关证据材料采取查封、扣押的行政强制措施的，应当自采取行政强制措施之日起7日内作出是否立案的决定；需要检验的，应当自检验报告书发出之日起15日内作出是否立案的决定；不符合立案条件的，应当解除行政强制措施；需要暂停销售和使用的，应当由国务院或者省、自治区、直辖市人民政府的药品监督管理部门作出决定。

第六十一条　药品抽查检验，不得收取任何费用。

当事人对药品检验结果有异议，申请复验的，应当按照国务院有关部门或者省、自治区、直辖市人民政府有关部门的规定，向复验机构预先支付药品检验费用。复验结论与原检验结论不一致的，复验检验费用由原药品检验机构承担。

第六十二条　依据《药品管理法》和本条例的规定核发证书、进行药品注册、药品认证和实施药品审批检验及其强制性检验，可以收取费用。具体收费标准由国务院财政部门、国务院价格主管部门制定。

第九章　法律责任

第六十三条　药品生产企业、药品经营企业有下列情形之一的，由药品监督管理部门依照《药品管理法》第七十九条的规定给予处罚：

（一）开办药品生产企业、药品生产企业新建药品生产车间、新增生产剂型，在国务院药品监督管理部门规定的时间内未通过《药品生产质量管理规范》认证，仍进行药品生产的；

（二）开办药品经营企业，在国务院药品监督管理部门规定的时间内未通过《药品经营质量管理规范》认证，仍进行药品经营的。

第六十四条　违反《药品管理法》第十三条的规定，擅自委托或者接受委托生产药品的，对委托方和受托方均依照《药品管理法》第七十四条的规定给予处罚。

第六十五条　未经批准，擅自在城乡集市贸易市场设点销售药品或者在城乡集市贸易市场设点销售的药品超出批准经营的药品范围的，依照《药品管理法》第七十三条的规定给予处罚。

第六十六条　未经批准，医疗机构擅自使用其他医疗机构配制的制剂的，依照《药品管理法》第八十条的规定给予处罚。

第六十七条　个人设置的门诊部、诊所等医疗机构向患者提供的药品超出规定的范围和品种的，依照《药品管理法》第七十三条的规定给予处罚。

第六十八条　医疗机构使用假药、劣药的，依照《药品管理法》第七十四条、第七十五条的规定给予处罚。

第六十九条　违反《药品管理法》第二十九条的规定，擅自进行临床试验的，对承担药物临床试验的机构，依照《药品管理法》第七十九条的规定给予处罚。

第七十条　药品申报者在申报临床试验时，报送虚假研制方法、质量标准、药理及毒理试验结果等有关资料和样品的，国务院药品监督管理部门对该申报药品的临床试验不予批准，对药品申报者给予警告；情节严重的，3 年内不受理该药品申报者申报该品种的临床试验申请。

第七十一条　生产没有国家药品标准的中药饮片，不符合省、自治区、直辖市人民政府药品监督管理部门制定的炮制规范的；医疗机构不按照省、自治区、直辖市人民政府药品监督管理部门批准的标准配制制剂的，依照《药品管理法》第七十五条的规定给予处罚。

第七十二条 药品监督管理部门及其工作人员违反规定，泄露生产者、销售者为获得生产、销售含有新型化学成份药品许可而提交的未披露试验数据或者其他数据，造成申请人损失的，由药品监督管理部门依法承担赔偿责任；药品监督管理部门赔偿损失后，应当责令故意或者有重大过失的工作人员承担部分或者全部赔偿费用，并对直接责任人员依法给予行政处分。

第七十三条 药品生产企业、药品经营企业生产、经营的药品及医疗机构配制的制剂，其包装、标签、说明书违反《药品管理法》及本条例规定的，依照《药品管理法》第八十六条的规定给予处罚。

第七十四条 药品生产企业、药品经营企业和医疗机构变更药品生产经营许可事项，应当办理变更登记手续而未办理的，由原发证部门给予警告，责令限期补办变更登记手续；逾期不补办的，宣布其《药品生产许可证》、《药品经营许可证》和《医疗机构制剂许可证》无效；仍从事药品生产经营活动的，依照《药品管理法》第七十三条的规定给予处罚。

第七十五条 违反本条例第四十八条、第四十九条、第五十条、第五十一条、第五十二条关于药品价格管理的规定的，依照《价格法》的有关规定给予处罚。

第七十六条 篡改经批准的药品广告内容的，由药品监督管理部门责令广告主立即停止该药品广告的发布，并由原审批的药品监督管理部门依照《药品管理法》第九十二条的规定给予处罚。

药品监督管理部门撤销药品广告批准文号后，应当自作出行政处理决定之日起 5 个工作日内通知广告监督管理机关。广告监督管理机关应当自收到药品监督管理部门通知之日起 15 个工作日内，依照《中华人民共和国广告法》的有关规定作出行政处理决定。

第七十七条 发布药品广告的企业在药品生产企业所在地或者进口药品代理机构所在地以外的省、自治区、直辖市发布药品广告，未按照规定向发布地省、自治区、直辖市人民政府药品监督管理部门备案的，由发布地的药品监督管理部门责令限期改正；逾期不改正的，停止该药品品种在发布地的广告发布活动。

第七十八条 未经省、自治区、直辖市人民政府药品监督管理部门批准，擅自发布药品广告的，药品监督管理部门发现后，应当通知广告监督管理部门依法查处。

第七十九条 违反《药品管理法》和本条例的规定，有下列行为之一的，由药品监督管理部门在《药品管理法》和本条例规定的处罚幅度内从重处罚：

（一）以麻醉药品、精神药品、医疗用毒性药品、放射性药品冒充其他药品，或者以其他药品冒充上述药品的；

（二）生产、销售以孕产妇、婴幼儿及儿童为主要使用对象的假药、劣药的；

（三）生产、销售的生物制品、血液制品属于假药、劣药的；

（四）生产、销售、使用假药、劣药，造成人员伤害后果的；

（五）生产、销售、使用假药、劣药，经处理后重犯的；

（六）拒绝、逃避监督检查，或者伪造、销毁、隐匿有关证据材料的，或者擅自动用查封、扣押物品的。

第八十条 药品监督管理部门设置的派出机构，有权作出《药品管理法》和本条例规定的警告、罚款、没收违法生产、销售的药品和违法所得的行政处罚。

第八十一条 药品经营企业、医疗机构未违反《药品管理法》和本条例的有关规定，并有充分证据证明其不知道所销售或者使用的药品是假药、劣药的，应当没收其销售或者使用的假药、劣药和违法所得；但是，可以免除其他行政处罚。

第八十二条 依照《药品管理法》和本条例的规定没收的物品，由药品监督管理部门按照规定监督处理。

第十章 附 则

第八十三条 本条例下列用语的含义：

药品合格证明和其他标识，是指药品生产批准证明文件、药品检验报告书、药品的包装、标签和说明书。

新药，是指未曾在中国境内上市销售的药品。

处方药，是指凭执业医师和执业助理医师处方方可购买、调配和使用的药品。

非处方药，是指由国务院药品监督管理部门公布的，不需要凭执业医师和执业助理医师处方，消费者可以自行判断、购买和使用的药品。

医疗机构制剂，是指医疗机构根据本单位临床需要经批准而配制、自用的固定处方制剂。

药品认证，是指药品监督管理部门对药品研制、生产、经营、使用单位实施相应质量管理规范进行检查、评价并决定是否发给相应认证证书的过程。

药品经营方式，是指药品批发和药品零售。

药品经营范围，是指经药品监督管理部门核准经营药品的品种类别。

药品批发企业，是指将购进的药品销售给药品生产企业、药品经营企业、医疗机构的药品经营企业。

药品零售企业，是指将购进的药品直接销售给消费者的药品经营企业。

第八十四条 《药品管理法》第四十一条中“首次在中国销售的药品”，是指国内或者国外药品生产企业第一次在中国销售的药品，包括不同药品生产企业生产的相同品种。

第八十五条 《药品管理法》第五十九条第二款“禁止药品的生产企业、经营企业或者其代理人以任何名义给予使用其药品的医疗机构的负责人、药品采购人员、医师等有关人员以财物或者其他利益”中的“财物或者其他利益”，是指药品的生产企业、经营企业或者其代理人向医疗机构的负责人、药品采购人员、医师等有关人员提供的目的在于影响其药品采购或者药品处方行为的不正当利益。

第八十六条 本条例自2002年9月15日起施行。

003

国家食品药品监督管理局令

第28号

《药品注册管理办法》于2007年6月18日经国家食品药品监督管理局局务会审议通过，现予公布，自2007年10月1日起施行。

局长　邵明立

二〇〇七年七月十日

药品注册管理办法

第一章　总　　则

第一条　为保证药品的安全、有效和质量可控，规范药品注册行为，根据《中华人民共和国药品管理法》（以下简称《药品管理法》）、《中华人民共和国行政许可法》（以下简称《行政许可法》）、《中华人民共和国药品管理法实施条例》（以下简称《药品管理法实施条例》），制定本办法。

第二条　在中华人民共和国境内申请药物临床试验、药品生产和药品进口，以及进行药品审批、注册检验和监督管理，适用本办法。

第三条　药品注册，是指国家食品药品监督管理局根据药品注册申请人的申请，依照法定程序，对拟上市销售药品的安全性、有效性、质量可控性等进行审查，并决定是否同意其申请的审批过程。

第四条　国家鼓励研究创制新药，对创制的新药、治疗疑难危重疾病的新药实行特殊审批。

第五条　国家食品药品监督管理局主管全国药品注册工作，负责对药物临床试验、药品生产和进口进行审批。

第六条　药品注册工作应当遵循公开、公平、公正的原则。

国家食品药品监督管理局对药品注册实行主审集体负责制、相关人员公示制和回避制、责任追究制，受理、检验、审评、审批、送达等环节接受社会监督。

第七条　在药品注册过程中，药品监督管理部门认为涉及公共利益的重大许可事项，应当向社会公告，并举行听证。

行政许可直接涉及申请人与他人之间重大利益关系的，药品监督管理部门在作出行政许可决定前，应当告知申请人、利害关系人享有要求听证、陈述和申辩的权利。

第八条 药品监督管理部门应当向申请人提供可查询的药品注册受理、检查、检验、审评、审批的进度和结论等信息。

药品监督管理部门应当在行政机关网站或者注册申请受理场所公开下列信息：

（一）药品注册申请事项、程序、收费标准和依据、时限，需要提交的全部材料目录和申请书示范文本；

（二）药品注册受理、检查、检验、审评、审批各环节人员名单和相关信息；

（三）已批准的药品目录等综合信息。

第九条 药品监督管理部门、相关单位以及参与药品注册工作的人员，对申请人提交的技术秘密和实验数据负有保密的义务。

第二章 基本要求

第十条 药品注册申请人（以下简称申请人），是指提出药品注册申请并承担相应法律责任的机构。

境内申请人应当是在中国境内合法登记并能独立承担民事责任的机构，境外申请人应当是境外合法制药厂商。境外申请人办理进口药品注册，应当由其驻中国境内的办事机构或者由其委托的中国境内代理机构办理。

办理药品注册申请事务的人员应当具有相应的专业知识，熟悉药品注册的法律、法规及技术要求。

第十一条 药品注册申请包括新药申请、仿制药申请、进口药品申请及其补充申请和再注册申请。

境内申请人申请药品注册按照新药申请、仿制药申请的程序和要求办理，境外申请人申请进口药品注册按照进口药品申请的程序和要求办理。

第十二条 新药申请，是指未曾在中国境内上市销售的药品的注册申请。

对已上市药品改变剂型、改变给药途径、增加新适应症的药品注册按照新药申请的程序申报。

仿制药申请，是指生产国家食品药品监督管理局已批准上市的已有国家标准的药品的注册申请；但是生物制品按照新药申请的程序申报。

进口药品申请，是指境外生产的药品在中国境内上市销售的注册申请。

补充申请，是指新药申请、仿制药申请或者进口药品申请经批准后，改变、增加或者取消原批准事项或者内容的注册申请。

再注册申请，是指药品批准证明文件有效期满后申请人拟继续生产或者进口该药品的注册申请。

第十三条　申请人应当提供充分可靠的研究数据，证明药品的安全性、有效性和质量可控性，并对全部资料的真实性负责。

第十四条　药品注册所报送的资料引用文献应当注明著作名称、刊物名称及卷、期、页等；未公开发表的文献资料应当提供资料所有者许可使用的证明文件。外文资料应当按照要求提供中文译本。

第十五条　国家食品药品监督管理局应当执行国家制定的药品行业发展规划和产业政策，可以组织对药品的上市价值进行评估。

第十六条　药品注册过程中，药品监督管理部门应当对非临床研究、临床试验进行现场核查、有因核查，以及批准上市前的生产现场检查，以确认申报资料的真实性、准确性和完整性。

第十七条　两个以上单位共同作为申请人的，应当向其中药品生产企业所在地省、自治区、直辖市药品监督管理部门提出申请；申请人均为药品生产企业的，应当向申请生产制剂的药品生产企业所在地省、自治区、直辖市药品监督管理部门提出申请；申请人均不是药品生产企业的，应当向样品试制现场所在地省、自治区、直辖市药品监督管理部门提出申请。

第十八条　申请人应当对其申请注册的药物或者使用的处方、工艺、用途等，提供申请人或者他人在中国的专利及其权属状态的说明；他人在中国存在专利的，申请人应当提交对他人的专利不构成侵权的声明。对申请人提交的说明或者声明，药品监督管理部门应当在行政机关网站予以公示。

药品注册过程中发生专利权纠纷的，按照有关专利的法律法规解决。

第十九条　对他人已获得中国专利权的药品，申请人可以在该药品专利期届满前 2 年内提出注册申请。国家食品药品监督管理局按照本办法予以审查，符合规定的，在专利期满后核发药品批准文号、《进口药品注册证》或者《医药产品注册证》。

第二十条　按照《药品管理法实施条例》第三十五条的规定，对获得生产或者销售含有新型化学成份药品许可的生产者或者销售者提交的自行取得且未披露的试验数据和其他数据，国家食品药品监督管理局自批准该许可之日起 6 年内，对未经已获得许可的申请人同意，使用其未披露数据的申请不予批准；但是申请人提交自行取得数据的除外。

第二十一条　为申请药品注册而进行的药物临床前研究，包括药物的合成工艺、提取方法、理化性质及纯度、剂型选择、处方筛选、制备工艺、检验方法、质量指标、稳定性、药理、毒理、动物药代动力学研究等。中药制剂还包括原药材的来源、加工及炮制等的研究；生物制品还包括菌毒种、细胞株、生物组织等起始原材料的来源、质量标准、保存条件、生物学特征、遗传稳定性及免疫学的研究等。

第二十二条 药物临床前研究应当执行有关管理规定，其中安全性评价研究必须执行《药物非临床研究质量管理规范》。

第二十三条 药物研究机构应当具有与试验研究项目相适应的人员、场地、设备、仪器和管理制度，并保证所有试验数据和资料的真实性；所用实验动物、试剂和原材料应当符合国家有关规定和要求。

第二十四条 申请人委托其他机构进行药物研究或者进行单项试验、检测、样品的试制等的，应当与被委托方签订合同，并在申请注册时予以说明。申请人对申报资料中的药物研究数据的真实性负责。

第二十五条 单独申请注册药物制剂的，研究用原料药必须具有药品批准文号、《进口药品注册证》或者《医药产品注册证》，且必须通过合法的途径获得。研究用原料药不具有药品批准文号、《进口药品注册证》或者《医药产品注册证》的，必须经国家食品药品监督管理局批准。

第二十六条 药品注册申报资料中有境外药物研究机构提供的药物试验研究资料的，必须附有境外药物研究机构出具的其所提供资料的项目、页码的情况说明和证明该机构已在境外合法登记的经公证的证明文件。国家食品药品监督管理局根据审查需要组织进行现场核查。

第二十七条 药品监督管理部门可以要求申请人或者承担试验的药物研究机构按照其申报资料的项目、方法和数据进行重复试验，也可以委托药品检验所或者其他药物研究机构进行重复试验或方法学验证。

第二十八条 药物研究参照国家食品药品监督管理局发布的有关技术指导原则进行，申请人采用其他评价方法和技术的，应当提交证明其科学性的资料。

第二十九条 申请人获得药品批准文号后，应当按照国家食品药品监督管理局批准的生产工艺生产。

药品监督管理部门根据批准的生产工艺和质量标准对申请人的生产情况进行监督检查。

第三章 药物的临床试验

第三十条 药物的临床试验（包括生物等效性试验），必须经过国家食品药品监督管理局批准，且必须执行《药物临床试验质量管理规范》。

药品监督管理部门应当对批准的临床试验进行监督检查。

第三十一条 申请新药注册，应当进行临床试验。仿制药申请和补充申请，根据本办法附件规定进行临床试验。

临床试验分为I、II、III、IV期。

I期临床试验：初步的临床药理学及人体安全性评价试验。观察人体对于新药的耐受程度和药代动力学，为制定给药方案提供依据。

II 期临床试验：治疗作用初步评价阶段。其目的是初步评价药物对目标适应症患者的治疗作用和安全性，也包括为 III 期临床试验研究设计和给药剂量方案的确定提供依据。此阶段的研究设计可以根据具体的研究目的，采用多种形式，包括随机盲法对照临床试验。

III 期临床试验：治疗作用确证阶段。其目的是进一步验证药物对目标适应症患者的治疗作用和安全性，评价利益与风险的关系，最终为药物注册申请的审查提供充分的依据。试验一般应为具有足够样本量的随机盲法对照试验。

IV 期临床试验：新药上市后应用研究阶段。其目的是考察在广泛使用条件下的药物的疗效和不良反应，评价在普通或者特殊人群中使用的利益与风险关系以及改进给药剂量等。

生物等效性试验，是指用生物利用度研究的方法，以药代动力学参数为指标，比较同一种药物的相同或者不同剂型的制剂，在相同的试验条件下，其活性成份吸收程度和速度有无统计学差异的人体试验。

第三十二条 药物临床试验的受试例数应当符合临床试验的目的和相关统计学的要求，并且不得少于本办法附件规定的最低临床试验病例数。罕见病、特殊病种等情况，要求减少临床试验病例数或者免做临床试验的，应当在申请临床试验时提出，并经国家食品药品监督管理局审查批准。

第三十三条 在菌毒种选种阶段制备的疫苗或者其他特殊药物，确无合适的动物模型且实验室无法评价其疗效的，在保证受试者安全的前提下，可以向国家食品药品监督管理局申请进行临床试验。

第三十四条 药物临床试验批准后，申请人应当从具有药物临床试验资格的机构中选择承担药物临床试验的机构。

第三十五条 临床试验用药物应当在符合《药品生产质量管理规范》的车间制备。制备过程应当严格执行《药品生产质量管理规范》的要求。

申请人对临床试验用药物的质量负责。

第三十六条 申请人可以按照其拟定的临床试验用样品标准自行检验临床试验用药物，也可以委托本办法确定的药品检验所进行检验；疫苗类制品、血液制品、国家食品药品监督管理局规定的其他生物制品，应当由国家食品药品监督管理局指定的药品检验所进行检验。

临床试验用药物检验合格后方可用于临床试验。

药品监督管理部门可以对临床试验用药物抽查检验。

第三十七条 申请人在药物临床试验实施前，应当将已确定的临床试验方案和临床试验负责单位的主要研究者姓名、参加研究单位及其研究者名单、伦理委员会审核同意书、知情同意书样本等报送国家食品药品监督管理局备案，并抄送临床试验单位所在地和受理该申请的省、自治区、直辖市药品监督管理部门。

第三十八条 申请人发现药物临床试验机构违反有关规定或者未按照临床试验方案执行的，应当督促其改正；情节严重的，可以要求暂停或者终止临床试验，并将情况报告国家食品药品监督管理局和有关省、自治区、直辖市药品监督管理部门。

第三十九条 申请人完成临床试验后，应当向国家食品药品监督管理局提交临床试验总结报告、统计分析报告以及数据库。

第四十条 药物临床试验应当在批准后3年内实施。逾期未实施的，原批准证明文件自行废止；仍需进行临床试验的，应当重新申请。

第四十一条 临床试验过程中发生严重不良事件的，研究者应当在24小时内报告有关省、自治区、直辖市药品监督管理部门和国家食品药品监督管理局，通知申请人，并及时向伦理委员会报告。

第四十二条 临床试验有下列情形之一的，国家食品药品监督管理局可以责令申请人修改试验方案、暂停或者终止临床试验：

（一）伦理委员会未履行职责的；

（二）不能有效保证受试者安全的；

（三）未按照规定时限报告严重不良事件的；

（四）有证据证明临床试验用药物无效的；

（五）临床试验用药物出现质量问题的；

（六）临床试验中弄虚作假的；

（七）其他违反《药物临床试验质量管理规范》的情形。

第四十三条 临床试验中出现大范围、非预期的不良反应或者严重不良事件，或者有证据证明临床试验用药物存在严重质量问题时，国家食品药品监督管理局或者省、自治区、直辖市药品监督管理部门可以采取紧急控制措施，责令暂停或者终止临床试验，申请人和临床试验单位必须立即停止临床试验。

第四十四条 境外申请人在中国进行国际多中心药物临床试验的，应当按照本办法向国家食品药品监督管理局提出申请，并按下列要求办理：

（一）临床试验用药物应当是已在境外注册的药品或者已进入II期或者III期临床试验的药物；国家食品药品监督管理局不受理境外申请人提出的尚未在境外注册的预防用疫苗类药物的国际多中心药物临床试验申请；

（二）国家食品药品监督管理局在批准进行国际多中心药物临床试验的同时，可以要求申请人在中国首先进行I期临床试验；

（三）在中国进行国际多中心药物临床试验时，在任何国家发现与该药物有关的严重不良反应和非预期不良反应，申请人应当按照有关规定及时报告国家食品药品监督管理局；

（四）临床试验结束后，申请人应当将完整的临床试验报告报送国家食品药品监督管理局；

（五）国际多中心药物临床试验取得的数据用于在中国进行药品注册申请的，应当符合本办法有关临床试验的规定并提交国际多中心临床试验的全部研究资料。

第四章　新药申请的申报与审批

第四十五条　国家食品药品监督管理局对下列申请可以实行特殊审批：

（一）未在国内上市销售的从植物、动物、矿物等物质中提取的有效成份及其制剂，新发现的药材及其制剂；

（二）未在国内外获准上市的化学原料药及其制剂、生物制品；

（三）治疗艾滋病、恶性肿瘤、罕见病等疾病且具有明显临床治疗优势的新药；

（四）治疗尚无有效治疗手段的疾病的新药。

符合前款规定的药品，申请人在药品注册过程中可以提出特殊审批的申请，由国家食品药品监督管理局药品审评中心组织专家会议讨论确定是否实行特殊审批。

特殊审批的具体办法另行制定。

第四十六条　多个单位联合研制的新药，应当由其中的一个单位申请注册，其他单位不得重复申请；需要联合申请的，应当共同署名作为该新药的申请人。新药申请获得批准后每个品种，包括同一品种的不同规格，只能由一个单位生产。

第四十七条　对已上市药品改变剂型但不改变给药途径的注册申请，应当采用新技术以提高药品的质量和安全性，且与原剂型比较有明显的临床应用优势。

改变剂型但不改变给药途径，以及增加新适应症的注册申请，应当由具备生产条件的企业提出；靶向制剂、缓释、控释制剂等特殊剂型除外。

第四十八条　在新药审批期间，新药的注册分类和技术要求不因相同活性成份的制剂在国外获准上市而发生变化。

在新药审批期间，其注册分类和技术要求不因国内药品生产企业申报的相同活性成份的制剂在我国获准上市而发生变化。

第四十九条　药品注册申报资料应当一次性提交，药品注册申请受理后不得自行补充新的技术资料；进入特殊审批程序的注册申请或者涉及药品安全性的新发现，以及按要求补充资料的除外。申请人认为必须补充新的技术资料的，应当撤回其药品注册申请。申请人重新申报的，应当符合本办法有关规定且尚无同品种进入新药监测期。

第一节　新药临床试验

第五十条　申请人完成临床前研究后，应当填写《药品注册申请表》，向所在地省、自治区、直辖市药品监督管理部门如实报送有关资料。

第五十一条　省、自治区、直辖市药品监督管理部门应当对申报资料进行形式审查，符合要求的，出具药品注册申请受理通知书；不符合要求的，出具药品注册申请不予受理通知书，并说明理由。

第五十二条　省、自治区、直辖市药品监督管理部门应当自受理申请之日起5日内组织对药物研制情况及原始资料进行现场核查，对申报资料进行初步审查，提出审查意见。申请注册的药品属于生物制品的，还需抽取3个生产批号的检验用样品，并向药品检验所发出注册检验通知。

第五十三条　省、自治区、直辖市药品监督管理部门应当在规定的时限内将审查意见、核查报告以及申报资料送交国家食品药品监督管理局药品审评中心，并通知申请人。

第五十四条　接到注册检验通知的药品检验所应当按申请人申报的药品标准对样品进行检验，对申报的药品标准进行复核，并在规定的时间内将药品注册检验报告送交国家食品药品监督管理局药品审评中心，并抄送申请人。

第五十五条　国家食品药品监督管理局药品审评中心收到申报资料后，应在规定的时间内组织药学、医学及其他技术人员对申报资料进行技术审评，必要时可以要求申请人补充资料，并说明理由。完成技术审评后，提出技术审评意见，连同有关资料报送国家食品药品监督管理局。

国家食品药品监督管理局依据技术审评意见作出审批决定。符合规定的，发给《药物临床试验批件》；不符合规定的，发给《审批意见通知件》，并说明理由。

第二节　新药生产

第五十六条　申请人完成药物临床试验后，应当填写《药品注册申请表》，向所在地省、自治区、直辖市药品监督管理部门报送申请生产的申报资料，并同时向中国药品生物制品检定所报送制备标准品的原材料及有关标准物质的研究资料。

第五十七条　省、自治区、直辖市药品监督管理部门应当对申报资料进行形式审查，符合要求的，出具药品注册申请受理通知书；不符合要求的，出具药品注册申请不予受理通知书，并说明理由。

第五十八条　省、自治区、直辖市药品监督管理部门应当自受理申请之日起5日内组织对临床试验情况及有关原始资料进行现场核查，对申报资料进行初步审查，提出审查意见。除生物制品外的其他药品，还需抽取3批样品，向药品检验所发出标准复核的通知。

省、自治区、直辖市药品监督管理部门应当在规定的时限内将审查意见、核查报告及申报资料送交国家食品药品监督管理局药品审评中心，并通知申请人。

第五十九条　药品检验所应对申报的药品标准进行复核，并在规定的时间内将复核意见送交国家食品药品监督管理局药品审评中心，同时抄送通知其复核的省、自治区、直辖市药品监督管理部门和申请人。

第六十条　国家食品药品监督管理局药品审评中心收到申报资料后，应当在规定的时间内组织药学、医学及其他技术人员对申报资料进行审评，必要时可以要求申请人补充资料，并说明理由。

经审评符合规定的，国家食品药品监督管理局药品审评中心通知申请人申请生产现场检查，并告知国家食品药品监督管理局药品认证管理中心；经审评不符合规定的，国家食品药品监督管理局药品审评中心将审评意见和有关资料报送国家食品药品监督管理局，国家食品药品监督管理局依据技术审评意见，作出不予批准的决定，发给《审批意见通知件》，并说明理由。

第六十一条　申请人应当自收到生产现场检查通知之日起6个月内向国家食品药品监督管理局药品认证管理中心提出现场检查的申请。

第六十二条　国家食品药品监督管理局药品认证管理中心在收到生产现场检查的申请后，应当在30日内组织对样品批量生产过程等进行现场检查，确认核定的生产工艺的可行性，同时抽取1批样品（生物制品抽取3批样品），送进行该药品标准复核的药品检验所检验，并在完成现场检查后10日内将生产现场检查报告送交国家食品药品监督管理局药品审评中心。

第六十三条　样品应当在取得《药品生产质量管理规范》认证证书的车间生产；新开办药品生产企业、药品生产企业新建药品生产车间或者新增生产剂型的，其样品生产过程应当符合《药品生产质量管理规范》的要求。

第六十四条　药品检验所应当依据核定的药品标准对抽取的样品进行检验，并在规定的时间内将药品注册检验报告送交国家食品药品监督管理局药品审评中心，同时抄送相关省、自治区、直辖市药品监督管理部门和申请人。

第六十五条　国家食品药品监督管理局药品审评中心依据技术审评意见、样品生产现场检查报告和样品检验结果，形成综合意见，连同有关资料报送国家食品药品监督管理局。国家食品药品监督管理局依据综合意见，作出审批决定。符合规定的，发给新药证书，申请人已持有《药品生产许可证》并具备生产条件的，同时发给药品批准文号；不符合规定的，发给《审批意见通知件》，并说明理由。

改变剂型但不改变给药途径，以及增加新适应症的注册申请获得批准后不发给新药证书；靶向制剂、缓释、控释制剂等特殊剂型除外。

第三节　新药监测期

第六十六条　国家食品药品监督管理局根据保护公众健康的要求，可以对批准生产的新药品种设立监测期。监测期自新药批准生产之日起计算，最长不得超过5年。

监测期内的新药，国家食品药品监督管理局不批准其他企业生产、改变剂型和进口。

第六十七条　药品生产企业应当考察处于监测期内的新药的生产工艺、质量、稳定性、疗效及不良反应等情况，并每年向所在地省、自治区、直辖市药品监督管理部门报告。药品生产企业未履行监测期责任的，省、自治区、直辖市药品监督管理部门应当责令其改正。

第六十八条　药品生产、经营、使用及检验、监督单位发现新药存在严重质量问题、严重或者非预期的不良反应时，应当及时向省、自治区、直辖市药品监督管理部门报告。省、自治区、直辖市药品监督管理部门收到报告后应当立即组织调查，并报告国家食品药品监督管理局。

第六十九条　药品生产企业对设立监测期的新药从获准生产之日起2年内未组织生产的，国家食品药品监督管理局可以批准其他药品生产企业提出的生产该新药的申请，并重新对该新药进行监测。

第七十条　新药进入监测期之日起，国家食品药品监督管理局已经批准其他申请人进行药物临床试验的，可以按照药品注册申报与审批程序继续办理该申请，符合规定的，国家食品药品监督管理局批准该新药的生产或者进口，并对境内药品生产企业生产的该新药一并进行监测。

第七十一条　新药进入监测期之日起，不再受理其他申请人的同品种注册申请。已经受理但尚未批准进行药物临床试验的其他申请人同品种申请予以退回；新药监测期满后，申请人可以提出仿制药申请或者进口药品申请。

第七十二条　进口药品注册申请首先获得批准后，已经批准境内申请人进行临床试验的，可以按照药品注册申报与审批程序继续办理其申请，符合规定的，国家食品药品监督管理局批准其进行生产；申请人也可以撤回该项申请，重新提出仿制药申请。对已经受理但尚未批准进行药物临床试验的其他同品种申请予以退回，申请人可以提出仿制药申请。

第五章　仿制药的申报与审批

第七十三条　仿制药申请人应当是药品生产企业，其申请的药品应当与《药品生产许可证》载明的生产范围一致。

第七十四条 仿制药应当与被仿制药具有同样的活性成份、给药途径、剂型、规格和相同的治疗作用。已有多家企业生产的品种，应当参照有关技术指导原则选择被仿制药进行对照研究。

第七十五条 申请仿制药注册，应当填写《药品注册申请表》，向所在地省、自治区、直辖市药品监督管理部门报送有关资料和生产现场检查申请。

第七十六条 省、自治区、直辖市药品监督管理部门对申报资料进行形式审查，符合要求的，出具药品注册申请受理通知书；不符合要求的，出具药品注册申请不予受理通知书，并说明理由。

已申请中药品种保护的，自中药品种保护申请受理之日起至作出行政决定期间，暂停受理同品种的仿制药申请。

第七十七条 省、自治区、直辖市药品监督管理部门应当自受理申请之日起5日内组织对研制情况和原始资料进行现场核查，并应当根据申请人提供的生产工艺和质量标准组织进行生产现场检查，现场抽取连续生产的3批样品，送药品检验所检验。

样品的生产应当符合本办法第六十三条的规定。

第七十八条 省、自治区、直辖市药品监督管理部门应当在规定的时限内对申报资料进行审查，提出审查意见。符合规定的，将审查意见、核查报告、生产现场检查报告及申报资料送交国家食品药品监督管理局药品审评中心，同时通知申请人；不符合规定的，发给《审批意见通知件》，并说明理由，同时通知药品检验所停止该药品的注册检验。

第七十九条 药品检验所应当对抽取的样品进行检验，并在规定的时间内将药品注册检验报告送交国家食品药品监督管理局药品审评中心，同时抄送通知其检验的省、自治区、直辖市药品监督管理部门和申请人。

第八十条 国家食品药品监督管理局药品审评中心应当在规定的时间内组织药学、医学及其他技术人员对审查意见和申报资料进行审核，必要时可以要求申请人补充资料，并说明理由。

第八十一条 国家食品药品监督管理局药品审评中心依据技术审评意见、样品生产现场检查报告和样品检验结果，形成综合意见，连同相关资料报送国家食品药品监督管理局，国家食品药品监督管理局依据综合意见，做出审批决定。符合规定的，发给药品批准文号或者《药物临床试验批件》；不符合规定的，发给《审批意见通知件》，并说明理由。

第八十二条 申请人完成临床试验后，应当向国家食品药品监督管理局药品审评中心报送临床试验资料。国家食品药品监督管理局依据技术意见，发给药品批准文号或者《审批意见通知件》。

第八十三条 已确认存在安全性问题的上市药品，国家食品药品监督管理局可以决定暂停受理和审批其仿制药申请。

第六章 进口药品的申报与审批

第一节 进口药品的注册

第八十四条 申请进口的药品，应当获得境外制药厂商所在生产国家或者地区的上市许可；未在生产国家或者地区获得上市许可，但经国家食品药品监督管理局确认该药品安全、有效而且临床需要的，可以批准进口。

申请进口的药品，其生产应当符合所在国家或者地区药品生产质量管理规范及中国《药品生产质量管理规范》的要求。

第八十五条 申请进口药品注册，应当填写《药品注册申请表》，报送有关资料和样品，提供相关证明文件，向国家食品药品监督管理局提出申请。

第八十六条 国家食品药品监督管理局对申报资料进行形式审查，符合要求的，出具药品注册申请受理通知书，并通知中国药品生物制品检定所组织对3个生产批号的样品进行注册检验；不符合要求的，出具药品注册申请不予受理通知书，并说明理由。

国家食品药品监督管理局可以组织对其研制和生产情况进行现场检查，并抽取样品。

第八十七条 中国药品生物制品检定所收到资料和样品后，应当在5日内组织进行注册检验。

第八十八条 承担进口药品注册检验的药品检验所在收到资料、样品和有关标准物质后，应当在60日内完成注册检验并将药品注册检验报告报送中国药品生物制品检定所。

特殊药品和疫苗类制品的样品检验和药品标准复核应当在90日内完成。

第八十九条 中国药品生物制品检定所接到药品注册检验报告和已经复核的进口药品标准后，应当在20日内组织专家进行技术审查，必要时可以根据审查意见进行再复核。

第九十条 中国药品生物制品检定所完成进口药品注册检验后，应当将复核的药品标准、药品注册检验报告和复核意见送交国家食品药品监督管理局药品审评中心，并抄送申请人。

第九十一条 国家食品药品监督管理局药品审评中心应当在规定的时间内组织药学、医学及其他技术人员对申报资料进行审评，必要时可以要求申请人补充资料，并说明理由。

第九十二条 国家食品药品监督管理局药品审评中心依据技术审评意见和样品检验结果等，形成综合意见，连同相关资料报送国家食品药品监督管理局，国家食品药品监督管理局依据综合意见，做出审批决定。符合规定的，发给《药物临床试验批件》；不符合规定的，发给《审批意见通知件》，并说明理由。

第九十三条　临床试验获得批准后，申请人应当按照本办法第三章及有关要求进行试验。

临床试验结束后，申请人应当填写《药品注册申请表》，按照规定报送临床试验资料及其他变更和补充的资料，并详细说明依据和理由，提供相关证明文件。

第九十四条　国家食品药品监督管理局药品审评中心应当在规定的时间内组织药学、医学及其他技术人员对报送的临床试验等资料进行全面审评，必要时可以要求申请人补充资料，并说明理由。

国家食品药品监督管理局依据综合意见，做出审批决定。符合规定的，发给《进口药品注册证》。中国香港、澳门和台湾地区的制药厂商申请注册的药品，参照进口药品注册申请的程序办理，符合要求的，发给《医药产品注册证》；不符合要求的，发给《审批意见通知件》，并说明理由。

第九十五条　申请进口药品制剂，必须提供直接接触药品的包装材料和容器合法来源的证明文件、用于生产该制剂的原料药和辅料合法来源的证明文件。原料药和辅料尚未取得国家食品药品监督管理局批准的，应当报送有关生产工艺、质量指标和检验方法等规范的研究资料。

第二节　进口药品分包装的注册

第九十六条　进口药品分包装，是指药品已在境外完成最终制剂生产过程，在境内由大包装规格改为小包装规格，或者对已完成内包装的药品进行外包装、放置说明书、粘贴标签等。

第九十七条　申请进口药品分包装，应当符合下列要求：

（一）该药品已经取得《进口药品注册证》或者《医药产品注册证》；

（二）该药品应当是中国境内尚未生产的品种，或者虽有生产但是不能满足临床需要的品种；

（三）同一制药厂商的同一品种应当由一个药品生产企业分包装，分包装的期限不得超过《进口药品注册证》或者《医药产品注册证》的有效期；

（四）除片剂、胶囊外，分包装的其他剂型应当已在境外完成内包装；

（五）接受分包装的药品生产企业，应当持有《药品生产许可证》。进口裸片、胶囊申请在国内分包装的，接受分包装的药品生产企业还应当持有与分包装的剂型相一致的《药品生产质量管理规范》认证证书；

（六）申请进口药品分包装，应当在该药品《进口药品注册证》或者《医药产品注册证》的有效期届满1年前提出。

第九十八条 境外制药厂商应当与境内药品生产企业签订进口药品分包装合同，并填写《药品补充申请表》。

第九十九条 申请进口药品分包装的，应当由接受分包装的药品生产企业向所在地省、自治区、直辖市药品监督管理部门提出申请，提交由委托方填写的《药品补充申请表》，报送有关资料和样品。省、自治区、直辖市药品监督管理部门对申报资料进行形式审查后，符合要求的，出具药品注册申请受理通知书；不符合要求的，出具药品注册申请不予受理通知书，并说明理由。

省、自治区、直辖市药品监督管理部门提出审核意见后，将申报资料和审核意见报送国家食品药品监督管理局审批，同时通知申请人。

第一百条 国家食品药品监督管理局对报送的资料进行审查，符合规定的，发给《药品补充申请批件》和药品批准文号；不符合规定的，发给《审批意见通知件》，并说明理由。

第一百零一条 进口分包装的药品应当执行进口药品注册标准。

第一百零二条 进口分包装药品的说明书和标签必须与进口药品的说明书和标签一致，并且应当标注分包装药品的批准文号和分包装药品生产企业的名称。

第一百零三条 境外大包装制剂的进口检验按照国家食品药品监督管理局的有关规定执行。包装后产品的检验与进口检验执行同一药品标准。

第一百零四条 提供药品的境外制药厂商应当对分包装后药品的质量负责。分包装后的药品出现质量问题的，国家食品药品监督管理局可以撤销分包装药品的批准文号，必要时可以依照《药品管理法》第四十二条的规定，撤销该药品的《进口药品注册证》或者《医药产品注册证》。

第七章 非处方药的申报

第一百零五条 申请仿制的药品属于按非处方药管理的，申请人应当在《药品注册申请表》的“附加申请事项”中标注非处方药项。

第一百零六条 申请仿制的药品属于同时按处方药和非处方药管理的，申请人可以选择按照处方药或者非处方药的要求提出申请。

第一百零七条 属于以下情况的，申请人可以在《药品注册申请表》的“附加申请事项”中标注非处方药项，符合非处方药有关规定的，按照非处方药审批和管理；不符合非处方药有关规定的，按照处方药审批和管理。

（一）经国家食品药品监督管理局确定的非处方药改变剂型，但不改变适应症或者功能主治、给药剂量以及给药途径的药品；

（二）使用国家食品药品监督管理局确定的非处方药活性成份组成的新的复方制剂。

第一百零八条 非处方药的注册申请，其药品说明书和包装标签应当符合非处方药的有关规定。

第一百零九条　进口的药品属于非处方药的，适用进口药品的申报和审批程序，其技术要求与境内生产的非处方药相同。

第八章　补充申请的申报与审批

第一百一十条　变更研制新药、生产药品和进口药品已获批准证明文件及其附件中载明事项的，应当提出补充申请。

申请人应当参照相关技术指导原则，评估其变更对药品安全性、有效性和质量可控性的影响，并进行相应的技术研究工作。

第一百一十一条　申请人应当填写《药品补充申请表》，向所在地省、自治区、直辖市药品监督管理部门报送有关资料和说明。省、自治区、直辖市药品监督管理部门对申报资料进行形式审查，符合要求的，出具药品注册申请受理通知书；不符合要求的，出具药品注册申请不予受理通知书，并说明理由。

第一百一十二条　进口药品的补充申请，申请人应当向国家食品药品监督管理局报送有关资料和说明，提交生产国家或者地区药品管理机构批准变更的文件。国家食品药品监督管理局对申报资料进行形式审查，符合要求的，出具药品注册申请受理通知书；不符合要求的，出具药品注册申请不予受理通知书，并说明理由。

第一百一十三条　修改药品注册标准、变更药品处方中已有药用要求的辅料、改变影响药品质量的生产工艺等的补充申请，由省、自治区、直辖市药品监督管理部门提出审核意见后，报送国家食品药品监督管理局审批，同时通知申请人。

修改药品注册标准的补充申请，必要时由药品检验所进行标准复核。

第一百一十四条　改变国内药品生产企业名称、改变国内生产药品的有效期、国内药品生产企业内部改变药品生产场地等的补充申请，由省、自治区、直辖市药品监督管理部门受理并审批，符合规定的，发给《药品补充申请批件》，并报送国家食品药品监督管理局备案；不符合规定的，发给《审批意见通知件》，并说明理由。

第一百一十五条　按规定变更药品包装标签、根据国家食品药品监督管理局的要求修改说明书等的补充申请，报省、自治区、直辖市药品监督管理部门备案。

第一百一十六条　进口药品的补充申请，由国家食品药品监督管理局审批。其中改变进口药品制剂所用原料药的产地、变更进口药品外观但不改变药品标准、根据国家药品标准或国家食品药品监督管理局的要求修改进口药说明书、补充完善进口药说明书的安全性内容、按规定变更进口药品包装标签、改变注册代理机构的补充申请，由国家食品药品监督管理局备案。

第一百一十七条 对药品生产技术转让、变更处方和生产工艺可能影响产品质量等的补充申请，省、自治区、直辖市药品监督管理部门应当根据其《药品注册批件》附件或者核定的生产工艺，组织进行生产现场检查，药品检验所应当对抽取的3批样品进行检验。

第一百一十八条 国家食品药品监督管理局对药品补充申请进行审查，必要时可以要求申请人补充资料，并说明理由。符合规定的，发给《药品补充申请批件》；不符合规定的，发给《审批意见通知件》，并说明理由。

第一百一十九条 补充申请获得批准后，换发药品批准证明文件的，原药品批准证明文件由国家食品药品监督管理局予以注销；增发药品批准证明文件的，原批准证明文件继续有效。

第九章 药品再注册

第一百二十条 国家食品药品监督管理局核发的药品批准文号、《进口药品注册证》或者《医药产品注册证》的有效期为5年。有效期届满，需要继续生产或者进口的，申请人应当在有效期届满前6个月申请再注册。

第一百二十一条 在药品批准文号、《进口药品注册证》或者《医药产品注册证》有效期内，申请人应当对药品的安全性、有效性和质量控制情况，如监测期内的相关研究结果、不良反应的监测、生产控制和产品质量的均一性等进行系统评价。

第一百二十二条 药品再注册申请由药品批准文号的持有者向省、自治区、直辖市药品监督管理部门提出，按照规定填写《药品再注册申请表》，并提供有关申报资料。

进口药品的再注册申请由申请人向国家食品药品监督管理局提出。

第一百二十三条 省、自治区、直辖市药品监督管理部门对申报资料进行审查，符合要求的，出具药品再注册申请受理通知书；不符合要求的，出具药品再注册申请不予受理通知书，并说明理由。

第一百二十四条 省、自治区、直辖市药品监督管理部门应当自受理申请之日起6个月内对药品再注册申请进行审查，符合规定的，予以再注册；不符合规定的，报国家食品药品监督管理局。

第一百二十五条 进口药品的再注册申请由国家食品药品监督管理局受理，并在6个月内完成审查，符合规定的，予以再注册；不符合规定的，发出不予再注册的通知，并说明理由。

第一百二十六条 有下列情形之一的药品不予再注册：

(一) 有效期届满前未提出再注册申请的；

（二）未达到国家食品药品监督管理局批准上市时提出的有关要求的；

（三）未按照要求完成Ⅳ期临床试验的；

（四）未按照规定进行药品不良反应监测的；

（五）经国家食品药品监督管理局再评价属于疗效不确、不良反应大或者其他原因危害人体健康的；

（六）按照《药品管理法》的规定应当撤销药品批准证明文件的；

（七）不具备《药品管理法》规定的生产条件的；

（八）未按规定履行监测期责任的；

（九）其他不符合有关规定的情形。

第一百二十七条　国家食品药品监督管理局收到省、自治区、直辖市药品监督管理部门意见后，经审查不符合药品再注册规定的，发出不予再注册的通知，并说明理由。

对不予再注册的品种，除因法定事由被撤销药品批准证明文件的外，在有效期届满时，注销其药品批准文号、《进口药品注册证》或者《医药产品注册证》。

第十章　药品注册检验

第一百二十八条　药品注册检验，包括样品检验和药品标准复核。

样品检验，是指药品检验所按照申请人申报或者国家食品药品监督管理局核定的药品标准对样品进行的检验。

药品标准复核，是指药品检验所对申报的药品标准中检验方法的可行性、科学性、设定的项目和指标能否控制药品质量等进行的实验室检验和审核工作。

第一百二十九条　药品注册检验由中国药品生物制品检定所或者省、自治区、直辖市药品检验所承担。进口药品的注册检验由中国药品生物制品检定所组织实施。

第一百三十条　下列药品的注册检验由中国药品生物制品检定所或者国家食品药品监督管理局指定的药品检验所承担：

（一）本办法第四十五条（一）、（二）规定的药品；

（二）生物制品、放射性药品；

（三）国家食品药品监督管理局规定的其他药品。

第一百三十一条　获准进入特殊审批程序的药品，药品检验所应当优先安排样品检验和药品标准复核。

第一百三十二条　从事药品注册检验的药品检验所，应当按照药品检验所实验室质量管理规范和国家计量认证的要求，配备与药品注册检验任务相适应的人员和设备，符合药品注册检验的质量保证体系和技术要求。

第一百三十三条　申请人应当提供药品注册检验所需要的有关资料、报送样品或者配合抽取检验用样品、提供检验用标准物质。报送或者抽取的样品量应当为检验用量的3倍；生物制品的注册检验还应当提供相应批次的制造检定记录。

第一百三十四条 药品检验所进行新药标准复核时，除进行样品检验外，还应当根据药物的研究数据、国内外同类产品的药品标准和国家有关要求，对药物的药品标准、检验项目等提出复核意见。

第一百三十五条 要求申请人重新制订药品标准的，申请人不得委托提出原复核意见的药品检验所进行该项药品标准的研究工作；该药品检验所不得接受此项委托。

第十一章 药品注册标准和说明书

第一节 药品注册标准

第一百三十六条 国家药品标准，是指国家食品药品监督管理局颁布的《中华人民共和国药典》、药品注册标准和其他药品标准，其内容包括质量指标、检验方法以及生产工艺等技术要求。

药品注册标准，是指国家食品药品监督管理局批准给申请人特定药品的标准，生产该药品的药品生产企业必须执行该注册标准。

药品注册标准不得低于中国药典的规定。

第一百三十七条 药品注册标准的项目及其检验方法的设定，应当符合中国药典的基本要求、国家食品药品监督管理局发布的技术指导原则及国家药品标准编写原则。

第一百三十八条 申请人应当选取有代表性的样品进行标准的研究工作。

第二节 药品标准物质

第一百三十九条 药品标准物质，是指供药品标准中物理和化学测试及生物方法试验用，具有确定特性量值，用于校准设备、评价测量方法或者给供试药品赋值的物质，包括标准品、对照品、对照药材、参考品。

第一百四十条 中国药品生物制品检定所负责标定国家药品标准物质。

中国药品生物制品检定所可以组织有关的省、自治区、直辖市药品检验所、药品研究机构或者药品生产企业协作标定国家药品标准物质。

第一百四十一条 中国药品生物制品检定所负责对标定的标准物质从原材料选择、制备方法、标定方法、标定结果、定值准确性、量值溯源、稳定性及分装与包装条件等资料进行全面技术审核，并作出可否作为国家药品标准物质的结论。

第三节　药品名称、说明书和标签

第一百四十二条　申请注册药品的名称、说明书和标签应当符合国家食品药品监督管理局的规定。

第一百四十三条　药品说明书和标签由申请人提出，国家食品药品监督管理局药品审评中心根据申报资料对其中除企业信息外的内容进行审核，在批准药品生产时由国家食品药品监督管理局予以核准。

申请人应当对药品说明书和标签的科学性、规范性与准确性负责。

第一百四十四条　申请人应当跟踪药品上市后的安全性和有效性情况，及时提出修改药品说明书的补充申请。

第一百四十五条　申请人应当按照国家食品药品监督管理局规定的格式和要求、根据核准的内容印制说明书和标签。

第十二章　时　　限

第一百四十六条　药品监督管理部门应当遵守《药品管理法》、《行政许可法》及《药品管理法实施条例》规定的药品注册时限要求。本办法所称药品注册时限，是药品注册的受理、审查、审批等工作的最长时间，根据法律法规的规定中止审批或者申请人补充资料等所用时间不计算在内。

药品注册检验、审评工作时间应当按照本办法的规定执行。有特殊原因需要延长时间的，应当说明理由，报国家食品药品监督管理局批准并告知申请人。

第一百四十七条　药品监督管理部门收到申请后进行形式审查，并根据下列情况分别作出处理：

（一）申请事项依法不需要取得行政许可的，应当即时告知申请人不受理；

（二）申请事项依法不属于本部门职权范围的，应当即时作出不予受理的决定，并告知申请人向有关行政机关申请；

（三）申报资料存在可以当场更正的错误的，应当允许申请人当场更正；

（四）申报资料不齐全或者不符合法定形式的，应当当场或者在5日内一次告知申请人需要补正的全部内容，逾期不告知的，自收到申报资料之日起即为受理；

（五）申请事项属于本部门职权范围，申报资料齐全、符合法定形式，或者申请人按照要求提交全部补正资料的，应当受理药品注册申请。

药品监督管理部门受理或者不予受理药品注册申请，应当出具加盖药品注册专用印章和注明日期的书面凭证。

第一百四十八条　省、自治区、直辖市药品监督管理部门应当在受理申请后30日内完成对研制情况及原始资料的核查、对申报资料的审查、抽取样品、通知药品检验所进行注册检验、将审查意见和核查报告连同申请人的申报资料一并报送国家食品药品监督管理局等工作，同时将审查意见通知申请人。

第一百四十九条 药品注册检验的时间按照以下规定执行：

（一）样品检验：30 日；同时进行样品检验和标准复核：60 日；

（二）特殊药品和疫苗类制品的样品检验：60 日；同时进行样品检验和标准复核：90 日。

按照本办法第三十六条的规定由药品检验所进行临床试验用样品检验的，应当按照前款样品检验的时间完成。

第一百五十条 技术审评工作时间按照下列规定执行：

（一）新药临床试验：90 日；获准进入特殊审批程序的品种：80 日；

（二）新药生产：150 日；获准进入特殊审批程序的品种：120 日；

（三）对已上市药品改变剂型和仿制药的申请：160 日；

（四）需要进行技术审评的补充申请：40 日。

进口药品注册申请的技术审评时间参照前款执行。

第一百五十一条 在技术审评过程中需要申请人补充资料的，应当一次性发出补充资料通知，申请人对补充资料通知内容提出异议的，可以当面听取申请人的陈述意见。申请人应当在 4 个月内按照通知要求一次性完成补充资料，进入特殊审批程序的，按照特殊审批程序的要求办理。

收到补充资料后，技术审评时间应当不超过原规定时间的 1/3；进入特殊审批程序的，不得超过原规定时间的 1/4。

药品注册过程中申请人自行提出撤回申请的，其审批程序自行终止。

第一百五十二条 国家食品药品监督管理局应当在 20 日内作出审批决定；20 日内不能作出决定的，经主管局领导批准，可以延长 10 日，并应当将延长时限的理由告知申请人。

第一百五十三条 国家食品药品监督管理局应当自作出药品注册审批决定之日起 10 日内颁发、送达有关行政许可证件。

第十三章　复　审

第一百五十四条 有下列情形之一的，国家食品药品监督管理局不予批准：

（一）不同申请人提交的研究资料、数据相同或者雷同，且无正当理由的；

（二）在注册过程中发现申报资料不真实，申请人不能证明其申报资料真实的；

（三）研究项目设计和实施不能支持对其申请药品的安全性、有效性、质量可控性进行评价的；

（四）申报资料显示其申请药品安全性、有效性、质量可控性等存在较大缺陷的；

（五）未能在规定的时限内补充资料的；

（六）原料药来源不符合规定的；

（七）生产现场检查或者样品检验结果不符合规定的；

（八）法律法规规定的不应当批准的其他情形。

第一百五十五条　药品监督管理部门依法作出不予受理或者不予批准的书面决定，应当说明理由，并告知申请人享有依法提请行政复议或者提起行政诉讼的权利。

第一百五十六条　申请人对国家食品药品监督管理局作出的不予批准决定有异议的，可以在收到不予批准的通知之日起60日内填写《药品注册复审申请表》，向国家食品药品监督管理局提出复审申请并说明复审理由。

复审的内容仅限于原申请事项及原申报资料。

第一百五十七条　国家食品药品监督管理局接到复审申请后，应当在50日内作出复审决定，并通知申请人。维持原决定的，国家食品药品监督管理局不再受理再次的复审申请。

第一百五十八条　复审需要进行技术审查的，国家食品药品监督管理局应当组织有关专业技术人员按照原申请时限进行。

第十四章　法律责任

第一百五十九条　有《行政许可法》第六十九条规定情形的，国家食品药品监督管理局根据利害关系人的请求或者依据职权，可以撤销有关的药品批准证明文件。

第一百六十条　药品监督管理部门及其工作人员违反本法的规定，有下列情形之一的，由其上级行政机关或者监察机关责令改正；情节严重的，对直接负责的主管人员和其他直接责任人员依法给予行政处分：

（一）对符合法定条件的药品注册申请不予受理的；

（二）不在受理场所公示依法应当公示的材料的；

（三）在受理、审评、审批过程中，未向申请人、利害关系人履行法定告知义务的；

（四）申请人提交的申报资料不齐全、不符合法定形式，不一次告知申请人必须补正的全部内容的；

（五）未依法说明不受理或者不批准药品注册申请理由的；

（六）依法应当举行听证而不举行听证的。

第一百六十一条　药品监督管理部门及其工作人员在药品注册过程中索取或者收受他人财物或者谋取其他利益，构成犯罪的，依法追究刑事责任；尚不构成犯罪的，依法给予行政处分。

第一百六十二条 药品监督管理部门在药品注册过程中有下列情形之一的，由其上级行政机关或者监察机关责令改正，对直接负责的主管人员和其他直接责任人员依法给予行政处分；构成犯罪的，依法追究刑事责任：

（一）对不符合法定条件的申请作出准予注册决定或者超越法定职权作出准予注册决定的；

（二）对符合法定条件的申请作出不予注册决定或者不在法定期限内作出准予注册决定的；

（三）违反本办法第九条的规定未履行保密义务的。

第一百六十三条 药品检验所在承担药品审批所需要的检验工作时，出具虚假检验报告的，依照《药品管理法》第八十七条的规定处罚。

第一百六十四条 药品监督管理部门擅自收费或者不按照法定项目和标准收费的，由其上级行政机关或者监察机关责令退还非法收取的费用；对直接负责的主管人员和其他直接责任人员依法给予行政处分。

第一百六十五条 在药品注册中未按照规定实施《药物非临床研究质量管理规范》或者《药物临床试验质量管理规范》的，依照《药品管理法》第七十九条的规定处罚。

第一百六十六条 申请人在申报临床试验时，报送虚假药品注册申报资料和样品的，药品监督管理部门不予受理或者对该申报药品的临床试验不予批准，对申请人给予警告，1年内不受理该申请人提出的该药物临床试验申请；已批准进行临床试验的，撤销批准该药物临床试验的批件，并处1万元以上3万元以下罚款，3年内不受理该申请人提出的该药物临床试验申请。

药品监督管理部门对报送虚假资料和样品的申请人建立不良行为记录，并予以公布。

第一百六十七条 申请药品生产或者进口时，申请人报送虚假药品注册申报资料和样品的，国家食品药品监督管理局对该申请不予受理或者不予批准，对申请人给予警告，1年内不受理其申请；已批准生产或者进口的，撤销药品批准证明文件，5年内不受理其申请，并处1万元以上3万元以下罚款。

第一百六十八条 根据本办法第二十七条的规定，需要进行药物重复试验，申请人拒绝的，国家食品药品监督管理局对其予以警告并责令改正，申请人拒不改正的，不予批准其申请。

第一百六十九条 具有下列情形之一的，由国家食品药品监督管理局注销药品批准文号，并予以公布：

（一）批准证明文件的有效期未满，申请人自行提出注销药品批准文号的；

（二）按照本办法第一百二十六条的规定不予再注册的；

（三）《药品生产许可证》被依法吊销或者缴销的；

（四）按照《药品管理法》第四十二条和《药品管理法实施条例》第四十一条的规定，对不良反应大或者其他原因危害人体健康的药品，撤销批准证明文件的；

（五）依法作出撤销药品批准证明文件的行政处罚决定的；

（六）其他依法应当撤销或者撤回药品批准证明文件的情形。

第十五章　附　　则

第一百七十条　中药和天然药物、化学药品、生物制品、补充申请、再注册的申报资料和要求分别见本办法附件 1、附件 2、附件 3、附件 4、附件 5，监测期的规定见附件 6。

第一百七十一条　药品批准文号的格式为：国药准字 H（Z、S、J）＋4 位年号＋4 位顺序号，其中 H 代表化学药品，Z 代表中药，S 代表生物制品，J 代表进口药品分包装。

《进口药品注册证》证号的格式为：H（Z、S）＋4 位年号＋4 位顺序号；《医药产品注册证》证号的格式为：H（Z、S）C＋4 位年号＋4 位顺序号，其中 H 代表化学药品，Z 代表中药，S 代表生物制品。对于境内分包装用大包装规格的注册证，其证号在原注册证号前加字母 B。

新药证书号的格式为：国药证字 H（Z、S）＋4 位年号＋4 位顺序号，其中 H 代表化学药品，Z 代表中药，S 代表生物制品。

第一百七十二条　本办法规定由省、自治区、直辖市药品监督管理部门承担的受理、补充申请的审批、再注册的审批，均属国家食品药品监督管理局委托事项。国家食品药品监督管理局还可以委托省、自治区、直辖市药品监督管理部门承担药品注册事项的其他技术审评或者审批工作。

第一百七十三条　国家食品药品监督管理局对批准上市的药品实行编码管理。药品编码管理的规定另行制定。

第一百七十四条　麻醉药品、精神药品、医疗用毒性药品、放射性药品的注册申请，除按照本办法的规定办理外，还应当符合国家的其他有关规定。

第一百七十五条　实施批准文号管理的中药材、中药饮片以及进口中药材的注册管理规定，由国家食品药品监督管理局另行制定。

第一百七十六条　药品技术转让和委托生产的办法另行制定。

第一百七十七条　本办法自 2007 年 10 月 1 日起施行。国家食品药品监督管理局于 2005 年 2 月 28 日公布的《药品注册管理办法》（国家食品药品监督管理局令第 17 号）同时废止。

附件1：中药、天然药物注册分类及申报资料要求（略）
附件2：化学药品注册分类及申报资料要求（略）
附件3：生物制品注册分类及申报资料要求（略）
附件4：药品补充申请注册事项及申报资料要求（略）
附件5：药品再注册申报资料项目（略）
附件6：新药监测期 期限表（说明：除以下情形的新药不设立监测期）（略）

004

药品行政保护条例

（1992年12月12日国务院批准，1992年12月19日国家医药管理局令第12号发布，自1993年1月1日日施行）

第一章 总 则

第一条 为了扩大对外经济技术合作与交流，对外国药品独占权人的合法权益给予行政保护，制定本条例。

第二条 本条例所称药品，是指人用药品。

第三条 凡与中华人民共和国缔结有关药品行政保护双边条约或者协定的国家、地区的企业和其他组织以及个人，都可以依照本条例申请药品行政保护。

第四条 国务院药品生产经营行政主管部门受理和审查药品行政保护的申请，对符合本条例规定的药品给予行政保护，对申请人颁发药品行政保护证书。

第二章 行政保护的申请

第五条 申请行政保护的药品应当具备下列条件：

（一）1993年1月1日前依照中国专利法的规定其独占权不受保护的；

（二）1986年1月1日至1993年1月1日期间，获得禁止他人在申请人所在国制造、使用或者销售的独占权的；

（三）提出行政保护申请日前尚未在中国销售的。

第六条 药品行政保护的申请权属于该药品独占权人。

第七条 外国药品独占权人申请行政保护，应当委托国务院药品生产经营行政主管部门指定的代理机构办理。

第八条 申请人应当报送下列文件的中文、外文对照本：

（一）药品行政保护申请书；

（二）申请人所在国有关主管部门颁发的证明申请人享有该药品独占权的文件副本；

（三）申请人所在国有关主管部门颁发的准许制造或者销售该药品的文件副本；

（四）申请人与按照中国有关法律、法规取得药品制造或者销售许可的中国企业法人（包括外资企业、中外合资经营企业和中外合作经营企业）正式签订的在中国境内制造或者销售该药品的合同副本。

第九条 外国药品独占权人在申请药品行政保护之前或者之后，应当依照《中华人民共和国药品管理法》的规定，向国务院卫生行政部门申请办理该药品在中国境内制造或者销售许可的手续。

第三章 行政保护的审查和批准

第十条 国务院药品生产经营行政主管部门自收到行政保护申请文件之日起15日内，进行初步审查，并分别情况作出以下处理：

（一）申请文件符合本条例第八条规定的，发给受理通知书，并予以公告；

（二）申请文件不符合本条例第八条规定的，要求申请人限期补正；过期不补正的，视为未申请。

第十一条 国务院药品生产经营行政主管部门应当自收到申请文件之日起，或者依照本条例第十条第（二）项的规定，自收到补正文件之日起，6个月内审查完毕。因特殊情况不能在6个月内审查完毕的，国务院药品生产经营行政主管部门应当及时通知申请人，并告之理由，适当延长审查时间。

经审查，符合本条例规定的，给予行政保护；不符合本条例规定的，不给予行政保护，并告之理由。

第十二条 国务院药品生产经营行政主管部门批准给予药品行政保护的，颁发药品行政保护证书，并予以公告。

第四章 行政保护的期限、终止、撤销和效力

第十三条 药品行政保护期为7年零6个月，自药品行政保护证书颁发之日起计算。

第十四条 外国药品独占权人应当自药品行政保护证书颁发的当年，开始缴纳年费。

第十五条 有下列情形之一的，行政保护在期限届满前终止：

（一）药品独占权在申请人所在国无效或者失效的；

（二）药品独占权人没有按照规定缴纳行政保护年费的；

（三）药品独占权人以书面形式声明放弃行政保护的；

（四）药品独占权人自药品行政保护证书颁发之日起1年内未向国务院卫生行政部门申请办理该药品在中国境内制造或者销售许可手续的。

第十六条 药品行政保护证书颁发后，任何组织或者个人认为给予该药品行政保护不符合本条例规定的，都可以请求国务院药品生产经营行政主管部门撤销对该药品的行政保护；药品独占权人对国务院药品生产经营行政主管部门的撤销决定不服的，可以向人民法院提起诉讼。

第十七条　药品行政保护的终止或者撤销，由国务院药品生产经营行政主管部门予以公告。

第十八条　对获得行政保护的药品，未经药品独占权人许可，国务院卫生行政部门和省、自治区、直辖市的卫生行政部门不得批准他人制造或者销售。

第十九条　未经获得药品行政保护的独占权人的许可，制造或者销售该药品的，药品独占权人可以请求国务院药品生产经营行政主管部门制止侵权行为；药品独占权人要求经济赔偿的，可以向人民法院提起诉讼。

第五章　附　　则

第二十条　国务院药品生产经营行政主管部门对申请人提供的需要保密的资料，应当采取保密措施。

第二十一条　向国务院药品生产经营行政主管部门申请药品行政保护和办理有关手续，应当按照规定缴纳费用。

第二十二条　本条例的实施细则由国务院药品生产经营行政主管部门制定。

第二十三条　本条例由国务院药品生产经营行政主管部门负责解释。

第二十四条　本条例自 1993 年 1 月 1 日起施行。

005

国家药品监督管理局令

第 25 号

《药品行政保护条例实施细则》于 2000 年 4 月 14 日经国家药品监督管理局局务会审议通过，现予发布。本细则自发布之日起施行。

局长　郑筱萸

二〇〇〇年十月二十四日

药品行政保护条例实施细则

第一章　总　　则

第一条　根据《药品行政保护条例》（以下简称条例）第二十二条的规定，制定本细则。

第二条　依照条例履行药品行政保护职能的行政机关是国家药品监督管理局。

第三条　国家药品监督管理局设立药品行政保护办公室，具体承担以下职责：

（一）受理和审查药品行政保护申请、药品行政保护撤销申请、侵权处理申请；

（二）提出授权或驳回的意见；

（三）提出对药品行政保护撤销和侵权处理的意见；

（四）设立登记簿，对药品行政保护的申请、授权、驳回、撤销、终止等事项进行登记；

（五）对药品行政保护的受理、授权、驳回、撤销、终止等有关事宜进行公告；

（六）办理与药品行政保护有关的其他工作。

第四条　条例所称药品独占权人是指对申请行政保护的药品的制造、使用和销售享有完全权利的人。

第五条　条例所称药品是指用于预防、治疗、诊断人的疾病，有目的地调节人的生理机能并规定有适应症、用法和用量的物质。

第二章 行政保护的申请

第六条 条例第五条第三项规定的尚未在中国销售是指提出行政保护申请的药品尚未合法地进入中国境内的药品流通市场。

第七条 条例第七条规定的代理机构是指国家药品监督管理局指定的代理机构。

第八条 药品行政保护申请书以及其他行政保护文书的格式，由国家药品监督管理局统一制定。

第九条 条例第八条规定的外文是指申请人所在国的官方语言。

第十条 申请人办理申请药品行政保护事宜时，应当委托中国的代理机构办理，并签订委托书，写明委托权限。

代理机构递交条例第八条和本细则规定的申请文件时，应当同时递交申请人的委托书。

第十一条 一项药品行政保护申请只限于一种药品。

第十二条 条例第八条第一项规定的药品行政保护申请书，应当载明下列事项：

（一）申请人名称、地址；

（二）申请人的国籍；

（三）申请人是企业或者其他组织的，其总部所在的国家或者地区；

（四）申请行政保护的药品的名称（通用名、商品名、化学名）、化学结构式、配方、剂型、适应症、用法、用量、工艺制备方法简介；

（五）申请人和代理机构的签名（印章）；

（六）申请文件的清单；

（七）其他需要注明的事项。

第十三条 申请文件应当整齐清晰，附图应当标准规范，不得涂改。

申请文件中涉及的科技术语应当采用中国统一的规范用语。

第十四条 申请人递交条例第八条所规定的第（二）、（三）项文件，应在其所在国办理相应的公证、认证或证明手续。

申请人递交条例第八条所规定的第（四）项文件，应在中国的公证机构进行公证。

第十五条 申请人递交的条例第八条所规定的第（四）项文件是制造药品合同书的，与其签订合同的中国企业法人必须持有《药品生产企业许可证》和《企业法人营业执照》；申请人递交的是销售药品合同书的，与其签订合同的中国企业法人必须持有《药品经营企业许可证》和《企业法人营业执照》。

申请人递交制造或者销售合同书时必须附有中国企业法人的上述证、照复印件。

第十六条 申请人提出药品行政保护申请，应当提交有关文件，有下列情形之一的，国家药品监督管理局不予接受：

（一）未使用规定的格式或者填写不符合规定的；

（二）未按照规定提交有关文件的。

第十七条 在获得药品行政保护证书之前，申请人要求撤回药品行政保护申请的，应当向国家药品监督管理局提出书面申请，写明申请人的名称和药品名称。

第三章 行政保护的期限、终止、撤销和效力

第十八条 条例第十三条所称药品行政保护证书颁发之日，是指药品行政保护证书上写明的日期。

第十九条 条例和本细则规定的公告事项，由国家药品监督管理局发布公告。

第二十条 在药品行政保护期内，药品独占权人应及时向国家药品监督管理局递交其药品独占权持续有效的证明文件。

第二十一条 依照条例第十五条的规定，请求撤销药品行政保护的，应当向国家药品监督管理局递交《撤销药品行政保护请求书》和有关证明文件一式两份。

《撤销药品行政保护请求书》应当写明下列事项：

（一）请求人的名称、地址及国籍；

（二）被请求人的名称及地址；

（三）被请求撤销的药品的名称及授权号；

（四）请求撤销的理由及证据。

一项撤销药品行政保护申请只限于一种受行政保护的药品。

第二十二条 国家药品监督管理局收到《撤销药品行政保护请求书》后，应当进行审查。《撤销药品行政保护请求书》中未写明撤销药品行政保护所依据的事实和理由或者提出的理由不符合条例规定的，不予受理，并书面告知申请人；《撤销药品行政保护请求书》符合条件的，应当受理并发给受理通知书。

国家药品监督管理局应当将受理的撤销药品行政保护请求书的副本和有关证明文件的副本送交药品独占权人，要求其在指定的期限内陈述意见。被请求人没有如期陈述意见的，不影响国家药品监督管理局审查。

第二十三条 国家药品监督管理局对撤销药品行政保护的请求审查终结后，应当根据情况分别作出撤销药品行政保护或者驳回撤销请求维持药品行政保护的决定，送达有关当事人，并予以公告。

第二十四条　在药品行政保护申请日前获准进行临床研究，且在药品行政保护授权日前经国家药品监督管理局批准生产的同一药品，在药品行政保护授权之后，可以在批准范围内继续生产、销售，但不得向第三方转让。

第四章　侵权处理

第二十五条　获得药品行政保护的独占权人请求国家药品监督管理局制止侵权行为的时效为二年，自该独占权人知道或者应该知道其受行政保护的药品被侵权之日起计算。

第二十六条　药品独占权人申请制止侵权行为，应当提交《制止药品行政保护侵权行为申请书》。

《制止药品行政保护侵权行为申请书》应当写明下列事项：

（一）申请人名称、地址及国籍；

（二）被申请人名称、地址；

（三）被侵权的药品的名称及行政保护授权号；

（四）请求处理事项；

（五）侵权的事实及证据。

《制止药品行政保护侵权行为申请书》应当按照被申请人的数量备具副本。

一项制止药品行政保护侵权行为申请只限于一种药品。

第二十七条　国家药品监督管理局对符合条件的制止侵权申请，应当受理，并将《制止药品行政保护侵权申请书》副本发送被申请人，要求其在指定期限内作出答辩。

第二十八条　国家药品监督管理局根据需要，可以召开由制止侵权行为的申请人和被申请人参加的听证会，对侵权问题进行举证、质证和辩论。

第二十九条　国家药品监督管理局应当就被申请人的行为是否构成侵权作出认定。

被申请人的行为不构成侵权的，国家药品监督管理局应当驳回申请人的申请。

被申请人的行为构成侵权的，国家药品监督管理局应当依法制止其侵权行为。

第三十条　因药品行政保护侵权引起的经济赔偿问题，药品独占权人可以在国家药品监督管理局作出侵权认定后，向人民法院提起赔偿诉讼。

第三十一条　在药品行政保护侵权处理过程中，被申请人或者第三人对该项药品行政保护提出撤销申请的，国家药品监督管理局中止侵权处理程序，待撤销程序终结后，再根据情况恢复或者终止侵权处理程序。

第五章 费 用

第三十二条 申请药品行政保护或办理其他有关事项，应当分别缴纳下列费用：

（一）申请费；

（二）审查费；

（三）年费；

（四）公告费；

（五）证书费；

（六）请求撤销费；

（七）侵权处理费；

上述各种费用缴纳标准，由国家药品监督管理局另行公布。

第三十三条 申请人应当在递交药品行政保护申请书的同时缴纳申请费；在收到受理通知书之日起一个月内缴纳公告费和审查费；无正当理由逾期不缴纳或者缴纳不足的，其申请被视为撤回。

第三十四条 获得药品行政保护的药品独占权人应当在药品行政保护证书颁发之日起一个月内缴纳证书费、公告费和当年的年费；在药品行政保护有效期内，应当于每年度最初的两个月内缴纳当年的年费。无正当理由逾期不缴纳或者缴纳不足的，视为自动放弃行政保护。

第三十五条 请求撤销药品行政保护的，应当在递交《撤销药品行政保护请求书》的同时缴纳请求撤销费。

第三十六条 申请制止侵权行为的独占权人应当在递交《制止药品行政保护侵权行为申请书》的同时缴纳侵权处理费。

第三十七条 本细则第三十三条规定的各种费用由代理机构代收。

第六章 附 则

第三十八条 条例和本细则规定的各种期限除另有规定外，第一日不计算在内。

期限以年或月计算的，以其最后一月的相应日为期限届满日；该月无相应日的，以该月最后一日为届满日。

期限届满日是法定节假日的，以节假日后的第一个工作日为期限届满日。

第三十九条 本细则由国家药品监督管理局负责解释。

第四十条 本细则自发布之日起施行。一九九二年十二月三十日原国家医药管理局发布的《药品行政保护条例实施细则》同时废止。本细则实施前所公布的有关规定与本细则不一致的，以本细则的规定为准。

006

国家药品监督管理局令

第 10 号

《处方药与非处方药分类管理办法》（试行）于 1999 年 6 月 11 日经国家药品监督管理局局务会审议通过，现予发布。本办法自 2000 年 1 月 1 日起施行。

国家药品监督管理局

一九九九年六月十八日

处方药与非处方药分类管理办法（试行）

第一条　为保障人民用药安全有效、使用方便，根据《中共中央、国务院关于卫生改革与发展的决定》，制定处方药与非处方药分类管理办法。

第二条　根据药品品种、规格、适应症、剂量及给药途径不同，对药品分别按处方药与非处方药进行管理。

处方药必须凭执业医师或执业助理医师处方才可调配、购买和使用；非处方药不需要凭执业医师或执业助理医师处方即可自行判断、购买和使用。

第三条　国家药品监督管理局负责处方药与非处方药分类管理办法的制定。各级药品监督管理部门负责辖区内处方药与非处方药分类管理的组织实施和监督管理。

第四条　国家药品监督管理局负责非处方药目录的遴选、审批、发布和调整工作。

第五条　处方药、非处方药生产企业必须具有《药品生产企业许可证》，其生产品种必须取得药品批准文号。

第六条　非处方药标签和说明书除符合规定外，用语应当科学、易懂，便于消费者自行判断、选择和使用。非处方药的标签和说明书必须经国家药品监督管理局批准。

第七条　非处方药的包装必须印有国家指定的非处方药专有标识，必须符合质量要求，方便储存、运输和使用。每个销售基本单元包装必须附有标签和说明书。

第八条　根据药品的安全性，非处方药分为甲、乙两类。

经营处方药、非处方药的批发企业和经营处方药、甲类非处方药的零售企业必须具有《药品经营企业许可证》。

经省级药品监督管理部门或其授权的药品监督管理部门批准的其它商业企业可以零售乙类非处方药。

第九条 零售乙类非处方药的商业企业必须配备专职的具有高中以上文化程度，经专业培训后，由省级药品监督管理部门或其授权的药品监督管理部门考核合格并取得上岗证的人员。

第十条 医疗机构根据医疗需要可以决定或推荐使用非处方药。

第十一条 消费者有权自主选购非处方药，并须按非处方药标签和说明书所示内容使用。

第十二条 处方药只准在专业性医药报刊进行广告宣传，非处方药经审批可以在大众传播媒介进行广告宣传。

第十三条 处方药与非处方药分类管理有关审批、流通、广告等具体办法另行制定。

第十四条 本办法由国家药品监督管理局负责解释。

第十五条 本办法自 2000 年 1 月 1 日起施行。

007

关于印发处方药与非处方药流通管理暂行规定的通知

国药管市〔1999〕454号

各省、自治区、直辖市药品监督管理局或卫生厅（局）、医药管理部门：

建立药品分类管理制度，是中共中央、国务院在《中共中央、国务院关于卫生改革与发展的决定》中作出的重要决策，是药品监督管理模式的深刻变革。

为了推进处方药与非处方药流通分类管理工作的进程，加强对处方药、非处方药的流通管理，保证人民用药安全、有效、方便、及时，我局依据《中共中央、国务院关于卫生改革与发展的决定》和《处方药与非处方药分类管理办法》（试行），制定了《处方药与非处方药流通管理暂行规定》（以下简称《规定》），并于1999年12月17日经国家药品监督管理局局务会讨论通过。现将《规定》印发你们，请贯彻执行并监督实施。

各级药品监督管理部门要遵循“积极稳妥、分步实施、注重实效、不断完善”的药品分类管理工作方针，按照国家药品监督管理局的总体规划部署，加强组织领导，重视试点的作用，认真制定本地区切实可行的具体实施方案，抓紧开展对药品监督管理人员和医药工商企业经营管理人员的培训和动员工作，强化广泛、持久的宣传工作，取得医药工商企业、有关部门及广大人民群众的理解、支持和配合，切实推进药品分类管理工作。

各地药品监督管理局或卫生厅（局）、医药管理部门在执行和实施过程中遇到有关问题，请及时与我局市场监督司联系。

国家药品监督管理局
一九九九年十二月二十八日

处方药与非处方药流通管理暂行规定

国家药品监督管理局
1999年12月28日

第一章　总　　则

第一条　为了加强处方药、非处方药的流通管理，保证人民用药安全、有效、方便、及时，依据《中共中央、国务院关于卫生改革与发展的决定》和《处方药与非处方药分类管理办法》（试行），制定本规定。

第二条 凡在国内从事药品生产、批发、零售的企业及医疗机构适用于本规定。

第三条 国家实行特殊管理的处方药的生产销售、批发销售、调配、零售、使用按有关法律、法规执行。

第四条 本规定由县级以上药品监督管理部门监督实施。

第二章 生产、批发企业销售

第五条 处方药、非处方药的生产销售、批发销售业务必须由具有《药品生产企业许可证》、《药品经营企业许可证》的药品生产企业、药品批发企业经营。

第六条 药品生产、批发企业必须按照分类管理、分类销售的原则和规定向相应的具有合法经营资格的药品零售企业和医疗机构销售处方药和非处方药，并按有关药品监督管理规定保存销售记录备查。

第七条 进入药品流通领域的处方药和非处方药，其相应的警示语或忠告语应由生产企业醒目地印制在药品包装或药品使用说明书上。

相应的警示语或忠告语如下：

处方药：凭医师处方销售、购买和使用！

甲类非处方药、乙类非处方药：请仔细阅读药品使用说明书并按说明使用或在药师指 导下购买和使用！

第八条 药品生产、批发企业不得以任何方式直接向病患者推荐、销售处方药。

第三章 药店零售

第九条 销售处方药和甲类非处方药的零售药店必须具有《药品经营企业许可证》。

销售处方药和甲类非处方药的零售药店必须配备驻店执业药师或药师以上药学技术人员。

《药品经营企业许可证》和执业药师证书应悬挂在醒目、易见的地方。执业药师应佩戴标明其姓名、技术职称等内容的胸卡。

第十条 处方药必须凭执业医师或执业助理医师处方销售、购买和使用。

执业药师或药师必须对医师处方进行审核、签字后依据处方正确调配、销售药品。对处方不得擅自更改或代用。对有配伍禁忌或超剂量的处方，应当拒绝调配、销售，必要时，经处方医师更正或重新签字，方可调配、销售。

零售药店对处方必须留存 2 年以上备查。

第十一条 处方药不得采用开架自选销售方式。

第十二条 甲类非处方药、乙类非处方药可不凭医师处方销售、购买和使用，但病患者可以要求在执业药师或药师的指导下进行购买和使用。

执业药师或药师应对病患者选购非处方药提供用药指导或提出寻求医师治疗的建议。

第十三条 处方药、非处方药应当分柜摆放。

第十四条 处方药、非处方药不得采用有奖销售、附赠药品或礼品销售等销售方式，暂不允许采用网上销售方式。

第十五条 零售药店必须从具有《药品经营企业许可证》、《药品生产企业许可证》的药品批发企业、药品生产企业采购处方药和非处方药，并按有关药品监督管理规定保存采购记录备查。

第四章 医疗机构处方与使用

第十六条 处方药必须由执业医师或执业助理医师处方。医师处方必须遵循科学、合理、经济的原则，医疗机构应据此建立相应的管理制度。

第十七条 医疗机构可以根据临床及门诊医疗的需要按法律、法规的规定使用处方药和非处方药。

第十八条 医疗机构药房的条件及处方药、非处方药的采购、调配等活动可参照零售药店进行管理。

第五章 普通商业企业零售

第十九条 在药品零售网点数量不足、布局不合理的地区，普通商业企业可以销售乙类非处方药，但必须经过当地地市级以上药品监督管理部门审查、批准、登记，符合条件的颁发乙类非处方药准销标志。具体实施办法由省级药品监督管理部门制定。

根据便民利民的原则，销售乙类非处方药的普通商业企业也应合理布局。

鼓励并优先批准具有《药品经营企业许可证》的零售药店与普通商业企业合作在普通商业企业销售乙类非处方药。

第二十条 普通商业企业不得销售处方药和甲类非处方药，不得采用有奖销售、附赠药品或礼品销售等销售方式销售乙类非处方药，暂不允许采用网上销售方式销售乙类非处方药。

第二十一条 普通商业企业的乙类非处方药销售人员及有关管理人员必须经过当地地市级以上药品监督管理部门适当的药品管理法律、法规和专业知识培训、考核并持证上岗。

第二十二条 普通商业企业销售乙类非处方药时，应设立专门货架或专柜，并按法律法规的规定摆放药品。

第二十三条 普通商业企业必须从具有《药品经营企业许可证》、《药品生产企业许可证》的药品批发企业、药品生产企业采购乙类非处方药，并按有关药品监督管理规定保存采购记录备查。

第二十四条 普通商业连锁超市销售的乙类非处方药必须由连锁总部统一从合法的供应渠道和供应商采购、配送，分店不得独自采购。

第二十五条 销售乙类非处方药的普通商业连锁超市其连锁总部必须具备与所经营药品和经营规模相适应的仓储条件，并配备1名以上药师以上技术职称的药学技术人员负责进货质量验收和日常质量管理工作。

第六章 附 则

第二十六条 本规定由国家药品监督管理局负责解释。

第二十七条 本规定自2000年1月1日起开始施行。

008

中华人民共和国国务院令

第442号

《麻醉药品和精神药品管理条例》已经2005年7月26日国务院第100次常务会议通过，现予公布，自2005年11月1日起施行。

总理　温家宝

二〇〇五年八月三日

麻醉药品和精神药品管理条例

第一章　总　　则

第一条　为加强麻醉药品和精神药品的管理，保证麻醉药品和精神药品的合法、安全、合理使用，防止流入非法渠道，根据药品管理法和其他有关法律的规定，制定本条例。

第二条　麻醉药品药用原植物的种植，麻醉药品和精神药品的实验研究、生产、经营、使用、储存、运输等活动以及监督管理，适用本条例。

麻醉药品和精神药品的进出口依照有关法律的规定办理。

第三条　本条例所称麻醉药品和精神药品，是指列入麻醉药品目录、精神药品目录（以下称目录）的药品和其他物质。精神药品分为第一类精神药品和第二类精神药品。

目录由国务院药品监督管理部门会同国务院公安部门、国务院卫生主管部门制定、调整并公布。

上市销售但尚未列入目录的药品和其他物质或者第二类精神药品发生滥用，已经造成或者可能造成严重社会危害的，国务院药品监督管理部门会同国务院公安部门、国务院卫生主管部门应当及时将该药品和该物质列入目录或者将该第二类精神药品调整为第一类精神药品。

第四条　国家对麻醉药品药用原植物以及麻醉药品和精神药品实行管制。除本条例另有规定的外，任何单位、个人不得进行麻醉药品药用原植物的种植以及麻醉药品和精神药品的实验研究、生产、经营、使用、储存、运输等活动。

第五条　国务院药品监督管理部门负责全国麻醉药品和精神药品的监督管理工作，并会同国务院农业主管部门对麻醉药品药用原植物实施监督管理。国务院公安部门负责对造成麻醉药品药用原植物、麻醉药品和精神药品流入非法渠道的行为进行查处。国务院其他有关主管部门在各自的职责范围内负责与麻醉药品和精神药品有关的管理工作。

省、自治区、直辖市人民政府药品监督管理部门负责本行政区域内麻醉药品和精神药品的监督管理工作。县级以上地方公安机关负责对本行政区域内造成麻醉药品和精神药品流入非法渠道的行为进行查处。县级以上地方人民政府其他有关主管部门在各自的职责范围内负责与麻醉药品和精神药品有关的管理工作。

第六条　麻醉药品和精神药品生产、经营企业和使用单位可以依法参加行业协会。行业协会应当加强行业自律管理。

第二章　种植、实验研究和生产

第七条　国家根据麻醉药品和精神药品的医疗、国家储备和企业生产所需原料的需要确定需求总量，对麻醉药品药用原植物的种植、麻醉药品和精神药品的生产实行总量控制。

国务院药品监督管理部门根据麻醉药品和精神药品的需求总量制定年度生产计划。

国务院药品监督管理部门和国务院农业主管部门根据麻醉药品年度生产计划，制定麻醉药品药用原植物年度种植计划。

第八条　麻醉药品药用原植物种植企业应当根据年度种植计划，种植麻醉药品药用原植物。

麻醉药品药用原植物种植企业应当向国务院药品监督管理部门和国务院农业主管部门定期报告种植情况。

第九条　麻醉药品药用原植物种植企业由国务院药品监督管理部门和国务院农业主管部门共同确定，其他单位和个人不得种植麻醉药品药用原植物。

第十条　开展麻醉药品和精神药品实验研究活动应当具备下列条件，并经国务院药品监督管理部门批准：

（一）以医疗、科学研究或者教学为目的；

（二）有保证实验所需麻醉药品和精神药品安全的措施和管理制度；

（三）单位及其工作人员 2 年内没有违反有关禁毒的法律、行政法规规定的行为。

第十一条　麻醉药品和精神药品的实验研究单位申请相关药品批准证明文件，应当依照药品管理法的规定办理；需要转让研究成果的，应当经国务院药品监督管理部门批准。

第十二条 药品研究单位在普通药品的实验研究过程中，产生本条例规定的管制品种的，应当立即停止实验研究活动，并向国务院药品监督管理部门报告。国务院药品监督管理部门应当根据情况，及时作出是否同意其继续实验研究的决定。

第十三条 麻醉药品和第一类精神药品的临床试验，不得以健康人为受试对象。

第十四条 国家对麻醉药品和精神药品实行定点生产制度。

国务院药品监督管理部门应当根据麻醉药品和精神药品的需求总量，确定麻醉药品和精神药品定点生产企业的数量和布局，并根据年度需求总量对数量和布局进行调整、公布。

第十五条 麻醉药品和精神药品的定点生产企业应当具备下列条件：

（一）有药品生产许可证；

（二）有麻醉药品和精神药品实验研究批准文件；

（三）有符合规定的麻醉药品和精神药品生产设施、储存条件和相应的安全管理设施；

（四）有通过网络实施企业安全生产管理和向药品监督管理部门报告生产信息的能力；

（五）有保证麻醉药品和精神药品安全生产的管理制度；

（六）有与麻醉药品和精神药品安全生产要求相适应的管理水平和经营规模；

（七）麻醉药品和精神药品生产管理、质量管理部门的人员应当熟悉麻醉药品和精神药品管理以及有关禁毒的法律、行政法规；

（八）没有生产、销售假药、劣药或者违反有关禁毒的法律、行政法规规定的行为；

（九）符合国务院药品监督管理部门公布的麻醉药品和精神药品定点生产企业数量和布局的要求。

第十六条 从事麻醉药品、第一类精神药品生产以及第二类精神药品原料药生产的企业，应当经所在地省、自治区、直辖市人民政府药品监督管理部门初步审查，由国务院药品监督管理部门批准；从事第二类精神药品制剂生产的企业，应当经所在地省、自治区、直辖市人民政府药品监督管理部门批准。

第十七条 定点生产企业生产麻醉药品和精神药品，应当依照药品管理法的规定取得药品批准文号。

第十八条 国务院药品监督管理部门应当组织医学、药学、社会学、伦理学和禁毒等方面的专家成立专家组，由专家组对申请首次上市的麻醉药品和精神药品的社会危害性和被滥用的可能性进行评价，并提出是否批准的建议。

未取得药品批准文号的，不得生产麻醉药品和精神药品。

第十九条 发生重大突发事件，定点生产企业无法正常生产或者不能保证供应麻醉药品和精神药品时，国务院药品监督管理部门可以决定其他药品生产企业生产麻醉药品和精神药品。

重大突发事件结束后，国务院药品监督管理部门应当及时决定前款规定的企业停止麻醉药品和精神药品的生产。

第二十条 定点生产企业应当严格按照麻醉药品和精神药品年度生产计划安排生产，并依照规定向所在地省、自治区、直辖市人民政府药品监督管理部门报告生产情况。

第二十一条 定点生产企业应当依照本条例的规定，将麻醉药品和精神药品销售给具有麻醉药品和精神药品经营资格的企业或者依照本条例规定批准的其他单位。

第二十二条 麻醉药品和精神药品的标签应当印有国务院药品监督管理部门规定的标志。

第三章 经 营

第二十三条 国家对麻醉药品和精神药品实行定点经营制度。

国务院药品监督管理部门应当根据麻醉药品和第一类精神药品的需求总量，确定麻醉药品和第一类精神药品的定点批发企业布局，并应当根据年度需求总量对布局进行调整、公布。

药品经营企业不得经营麻醉药品原料药和第一类精神药品原料药。但是，供医疗、科学研究、教学使用的小包装的上述药品可以由国务院药品监督管理部门规定的药品批发企业经营。

第二十四条 麻醉药品和精神药品定点批发企业除应当具备药品管理法第十五条规定的药品经营企业的开办条件外，还应当具备下列条件：

（一）有符合本条例规定的麻醉药品和精神药品储存条件；

（二）有通过网络实施企业安全管理和向药品监督管理部门报告经营信息的能力；

（三）单位及其工作人员 2 年内没有违反有关禁毒的法律、行政法规规定的行为；

（四）符合国务院药品监督管理部门公布的定点批发企业布局。

麻醉药品和第一类精神药品的定点批发企业，还应当具有保证供应责任区域内医疗机构所需麻醉药品和第一类精神药品的能力，并具有保证麻醉药品和第一类精神药品安全经营的管理制度。

第二十五条 跨省、自治区、直辖市从事麻醉药品和第一类精神药品批发业务的企业（以下称全国性批发企业），应当经国务院药品监督管理部门批准；在本省、自治区、直辖市行政区域内从事麻醉药品和第一类精神药品批发业务的企业（以下称区域性批发企业），应当经所在地省、自治区、直辖市人民政府药品监督管理部门批准。

专门从事第二类精神药品批发业务的企业，应当经所在地省、自治区、直辖市人民政府药品监督管理部门批准。

全国性批发企业和区域性批发企业可以从事第二类精神药品批发业务。

第二十六条　全国性批发企业可以向区域性批发企业，或者经批准可以向取得麻醉药品和第一类精神药品使用资格的医疗机构以及依照本条例规定批准的其他单位销售麻醉药品和第一类精神药品。

全国性批发企业向取得麻醉药品和第一类精神药品使用资格的医疗机构销售麻醉药品和第一类精神药品，应当经医疗机构所在地省、自治区、直辖市人民政府药品监督管理部门批准。

国务院药品监督管理部门在批准全国性批发企业时，应当明确其所承担供药责任的区域。

第二十七条　区域性批发企业可以向本省、自治区、直辖市行政区域内取得麻醉药品和第一类精神药品使用资格的医疗机构销售麻醉药品和第一类精神药品；由于特殊地理位置的原因，需要就近向其他省、自治区、直辖市行政区域内取得麻醉药品和第一类精神药品使用资格的医疗机构销售的，应当经国务院药品监督管理部门批准。

省、自治区、直辖市人民政府药品监督管理部门在批准区域性批发企业时，应当明确其所承担供药责任的区域。

区域性批发企业之间因医疗急需、运输困难等特殊情况需要调剂麻醉药品和第一类精神药品的，应当在调剂后2日内将调剂情况分别报所在地省、自治区、直辖市人民政府药品监督管理部门备案。

第二十八条　全国性批发企业应当从定点生产企业购进麻醉药品和第一类精神药品。

区域性批发企业可以从全国性批发企业购进麻醉药品和第一类精神药品；经所在地省、自治区、直辖市人民政府药品监督管理部门批准，也可以从定点生产企业购进麻醉药品和第一类精神药品。

第二十九条　全国性批发企业和区域性批发企业向医疗机构销售麻醉药品和第一类精神药品，应当将药品送至医疗机构。医疗机构不得自行提货。

第三十条　第二类精神药品定点批发企业可以向医疗机构、定点批发企业和符合本条例第三十一条规定的药品零售企业以及依照本条例规定批准的其他单位销售第二类精神药品。

第三十一条　麻醉药品和第一类精神药品不得零售。

禁止使用现金进行麻醉药品和精神药品交易，但是个人合法购买麻醉药品和精神药品的除外。

第三十二条　经所在地设区的市级药品监督管理部门批准，实行统一进货、统一配送、统一管理的药品零售连锁企业可以从事第二类精神药品零售业务。

第三十三条　第二类精神药品零售企业应当凭执业医师出具的处方，按规定剂量销售第二类精神药品，并将处方保存2年备查；禁止超剂量或者无处方销售第二类精神药品；不得向未成年人销售第二类精神药品。

第三十四条　麻醉药品和精神药品实行政府定价，在制定出厂和批发价格的基础上，逐步实行全国统一零售价格。具体办法由国务院价格主管部门制定。

第四章　使　用

第三十五条　药品生产企业需要以麻醉药品和第一类精神药品为原料生产普通药品的，应当向所在地省、自治区、直辖市人民政府药品监督管理部门报送年度需求计划，由省、自治区、直辖市人民政府药品监督管理部门汇总报国务院药品监督管理部门批准后，向定点生产企业购买。

药品生产企业需要以第二类精神药品为原料生产普通药品的，应当将年度需求计划报所在地省、自治区、直辖市人民政府药品监督管理部门，并向定点批发企业或者定点生产企业购买。

第三十六条　食品、食品添加剂、化妆品、油漆等非药品生产企业需要使用咖啡因作为原料的，应当经所在地省、自治区、直辖市人民政府药品监督管理部门批准，向定点批发企业或者定点生产企业购买。

科学研究、教学单位需要使用麻醉药品和精神药品开展实验、教学活动的，应当经所在地省、自治区、直辖市人民政府药品监督管理部门批准，向定点批发企业或者定点生产企业购买。

需要使用麻醉药品和精神药品的标准品、对照品的，应当经所在地省、自治区、直辖市人民政府药品监督管理部门批准，向国务院药品监督管理部门批准的单位购买。

第三十七条　医疗机构需要使用麻醉药品和第一类精神药品的，应当经所在地设区的市级人民政府卫生主管部门批准，取得麻醉药品、第一类精神药品购用印鉴卡（以下称印鉴卡）。医疗机构应当凭印鉴卡向本省、自治区、直辖市行政区域内的定点批发企业购买麻醉药品和第一类精神药品。

设区的市级人民政府卫生主管部门发给医疗机构印鉴卡时，应当将取得印鉴卡的医疗机构情况抄送所在地设区的市级药品监督管理部门，并报省、自治区、直辖市人民政府卫生主管部门备案。省、自治区、直辖市人民政府卫生主管部门应当将取得印鉴卡的医疗机构名单向本行政区域内的定点批发企业通报。

第三十八条　医疗机构取得印鉴卡应当具备下列条件：

（一）有专职的麻醉药品和第一类精神药品管理人员；

（二）有获得麻醉药品和第一类精神药品处方资格的执业医师；

（三）有保证麻醉药品和第一类精神药品安全储存的设施和管理制度。

第三十九条　医疗机构应当按照国务院卫生主管部门的规定，对本单位执业医师进行有关麻醉药品和精神药品使用知识的培训、考核，经考核合格的，授予麻醉药品和第一类精神药品处方资格。执业医师取得麻醉药品和第一类精神药品的处方资格后，方可在本医疗机构开具麻醉药品和第一类精神药品处方，但不得为自己开具该种处方。

医疗机构应当将具有麻醉药品和第一类精神药品处方资格的执业医师名单及其变更情况，定期报送所在地设区的市级人民政府卫生主管部门，并抄送同级药品监督管理部门。

医务人员应当根据国务院卫生主管部门制定的临床应用指导原则，使用麻醉药品和精神药品。

第四十条　具有麻醉药品和第一类精神药品处方资格的执业医师，根据临床应用指导原则，对确需使用麻醉药品或者第一类精神药品的患者，应当满足其合理用药需求。在医疗机构就诊的癌症疼痛患者和其他危重患者得不到麻醉药品或者第一类精神药品时，患者或者其亲属可以向执业医师提出申请。具有麻醉药品和第一类精神药品处方资格的执业医师认为要求合理的，应当及时为患者提供所需麻醉药品或者第一类精神药品。

第四十一条　执业医师应当使用专用处方开具麻醉药品和精神药品，单张处方的最大用量应当符合国务院卫生主管部门的规定。

对麻醉药品和第一类精神药品处方，处方的调配人、核对人应当仔细核对，签署姓名，并予以登记；对不符合本条例规定的，处方的调配人、核对人应当拒绝发药。

麻醉药品和精神药品专用处方的格式由国务院卫生主管部门规定。

第四十二条　医疗机构应当对麻醉药品和精神药品处方进行专册登记，加强管理。麻醉药品处方至少保存 3 年，精神药品处方至少保存 2 年。

第四十三条　医疗机构抢救病人急需麻醉药品和第一类精神药品而本医疗机构无法提供时，可以从其他医疗机构或者定点批发企业紧急借用；抢救工作结束后，应当及时将借用情况报所在地设区的市级药品监督管理部门和卫生主管部门备案。

第四十四条　对临床需要而市场无供应的麻醉药品和精神药品，持有医疗机构制剂许可证和印鉴卡的医疗机构需要配制制剂的，应当经所在地省、自治区、直辖市人民政府药品监督管理部门批准。医疗机构配制的麻醉药品和精神药品制剂只能在本医疗机构使用，不得对外销售。

第四十五条 因治疗疾病需要，个人凭医疗机构出具的医疗诊断书、本人身份证明，可以携带单张处方最大用量以内的麻醉药品和第一类精神药品；携带麻醉药品和第一类精神药品出入境的，由海关根据自用、合理的原则放行。

医务人员为了医疗需要携带少量麻醉药品和精神药品出入境的，应当持有省级以上人民政府药品监督管理部门发放的携带麻醉药品和精神药品证明。海关凭携带麻醉药品和精神药品证明放行。

第四十六条 医疗机构、戒毒机构以开展戒毒治疗为目的，可以使用美沙酮或者国家确定的其他用于戒毒治疗的麻醉药品和精神药品。具体管理办法由国务院药品监督管理部门、国务院公安部门和国务院卫生主管部门制定。

第五章 储 存

第四十七条 麻醉药品药用原植物种植企业、定点生产企业、全国性批发企业和区域性批发企业以及国家设立的麻醉药品储存单位，应当设置储存麻醉药品和第一类精神药品的专库。该专库应当符合下列要求：

（一）安装专用防盗门，实行双人双锁管理；

（二）具有相应的防火设施；

（三）具有监控设施和报警装置，报警装置应当与公安机关报警系统联网。

全国性批发企业经国务院药品监督管理部门批准设立的药品储存点应当符合前款的规定。

麻醉药品定点生产企业应当将麻醉药品原料药和制剂分别存放。

第四十八条 麻醉药品和第一类精神药品的使用单位应当设立专库或者专柜储存麻醉药品和第一类精神药品。专库应当设有防盗设施并安装报警装置；专柜应当使用保险柜。专库和专柜应当实行双人双锁管理。

第四十九条 麻醉药品药用原植物种植企业、定点生产企业、全国性批发企业和区域性批发企业、国家设立的麻醉药品储存单位以及麻醉药品和第一类精神药品的使用单位，应当配备专人负责管理工作，并建立储存麻醉药品和第一类精神药品的专用账册。药品入库双人验收，出库双人复核，做到账物相符。专用账册的保存期限应当自药品有效期期满之日起不少于5年。

第五十条 第二类精神药品经营企业应当在药品库房中设立独立的专库或者专柜储存第二类精神药品，并建立专用账册，实行专人管理。专用账册的保存期限应当自药品有效期期满之日起不少于5年。

第六章 运 输

第五十一条 托运、承运和自行运输麻醉药品和精神药品的，应当采取安全保障措施，防止麻醉药品和精神药品在运输过程中被盗、被抢、丢失。

第五十二条　通过铁路运输麻醉药品和第一类精神药品的，应当使用集装箱或者铁路行李车运输，具体办法由国务院药品监督管理部门会同国务院铁路主管部门制定。

没有铁路需要通过公路或者水路运输麻醉药品和第一类精神药品的，应当由专人负责押运。

第五十三条　托运或者自行运输麻醉药品和第一类精神药品的单位，应当向所在地省、自治区、直辖市人民政府药品监督管理部门申请领取运输证明。运输证明有效期为1年。

运输证明应当由专人保管，不得涂改、转让、转借。

第五十四条　托运人办理麻醉药品和第一类精神药品运输手续，应当将运输证明副本交付承运人。承运人应当查验、收存运输证明副本，并检查货物包装。没有运输证明或者货物包装不符合规定的，承运人不得承运。

承运人在运输过程中应当携带运输证明副本，以备查验。

第五十五条　邮寄麻醉药品和精神药品，寄件人应当提交所在地省、自治区、直辖市人民政府药品监督管理部门出具的准予邮寄证明。邮政营业机构应当查验、收存准予邮寄证明；没有准予邮寄证明的，邮政营业机构不得收寄。

省、自治区、直辖市邮政主管部门指定符合安全保障条件的邮政营业机构负责收寄麻醉药品和精神药品。邮政营业机构收寄麻醉药品和精神药品，应当依法对收寄的麻醉药品和精神药品予以查验。

邮寄麻醉药品和精神药品的具体管理办法，由国务院药品监督管理部门会同国务院邮政主管部门制定。

第五十六条　定点生产企业、全国性批发企业和区域性批发企业之间运输麻醉药品、第一类精神药品，发货人在发货前应当向所在地省、自治区、直辖市人民政府药品监督管理部门报送本次运输的相关信息。属于跨省、自治区、直辖市运输的，收到信息的药品监督管理部门应当向收货人所在地的同级药品监督管理部门通报；属于在本省、自治区、直辖市行政区域内运输的，收到信息的药品监督管理部门应当向收货人所在地设区的市级药品监督管理部门通报。

第七章　审批程序和监督管理

第五十七条　申请人提出本条例规定的审批事项申请，应当提交能够证明其符合本条例规定条件的相关资料。审批部门应当自收到申请之日起40日内作出是否批准的决定；作出批准决定的，发给许可证明文件或者在相关许可证明文件上加注许可事项；作出不予批准决定的，应当书面说明理由。

确定定点生产企业和定点批发企业，审批部门应当在经审查符合条件的企业中，根据布局的要求，通过公平竞争的方式初步确定定点生产企业和定点批发企业，并予公布。其他符合条件的企业可以自公布之日起10日内向审批部门提出异议。审批部门应当自收到异议之日起20日内对异议进行审查，并作出是否调整的决定。

第五十八条 药品监督管理部门应当根据规定的职责权限，对麻醉药品药用原植物的种植以及麻醉药品和精神药品的实验研究、生产、经营、使用、储存、运输活动进行监督检查。

第五十九条 省级以上人民政府药品监督管理部门根据实际情况建立监控信息网络，对定点生产企业、定点批发企业和使用单位的麻醉药品和精神药品生产、进货、销售、库存、使用的数量以及流向实行实时监控，并与同级公安机关做到信息共享。

第六十条 尚未连接监控信息网络的麻醉药品和精神药品定点生产企业、定点批发企业和使用单位，应当每月通过电子信息、传真、书面等方式，将本单位麻醉药品和精神药品生产、进货、销售、库存、使用的数量以及流向，报所在地设区的市级药品监督管理部门和公安机关；医疗机构还应当报所在地设区的市级人民政府卫生主管部门。

设区的市级药品监督管理部门应当每3个月向上一级药品监督管理部门报告本地区麻醉药品和精神药品的相关情况。

第六十一条 对已经发生滥用，造成严重社会危害的麻醉药品和精神药品品种，国务院药品监督管理部门应当采取在一定期限内中止生产、经营、使用或者限定其使用范围和用途等措施。对不再作为药品使用的麻醉药品和精神药品，国务院药品监督管理部门应当撤销其药品批准文号和药品标准，并予以公布。

药品监督管理部门、卫生主管部门发现生产、经营企业和使用单位的麻醉药品和精神药品管理存在安全隐患时，应当责令其立即排除或者限期排除；对有证据证明可能流入非法渠道的，应当及时采取查封、扣押的行政强制措施，在7日内作出行政处理决定，并通报同级公安机关。

药品监督管理部门发现取得印鉴卡的医疗机构未依照规定购买麻醉药品和第一类精神药品时，应当及时通报同级卫生主管部门。接到通报的卫生主管部门应当立即调查处理。必要时，药品监督管理部门可以责令定点批发企业中止向该医疗机构销售麻醉药品和第一类精神药品。

第六十二条 麻醉药品和精神药品的生产、经营企业和使用单位对过期、损坏的麻醉药品和精神药品应当登记造册，并向所在地县级药品监督管理部门申请销毁。药品监督管理部门应当自接到申请之日起5日内到场监督销毁。医疗机构对存放在本单位的过期、损坏麻醉药品和精神药品，应当按照本条规定的程序向卫生主管部门提出申请，由卫生主管部门负责监督销毁。

对依法收缴的麻醉药品和精神药品，除经国务院药品监督管理部门或者国务院公安部门批准用于科学研究外，应当依照国家有关规定予以销毁。

第六十三条　县级以上人民政府卫生主管部门应当对执业医师开具麻醉药品和精神药品处方的情况进行监督检查。

第六十四条　药品监督管理部门、卫生主管部门和公安机关应当互相通报麻醉药品和精神药品生产、经营企业和使用单位的名单以及其他管理信息。

各级药品监督管理部门应当将在麻醉药品药用原植物的种植以及麻醉药品和精神药品的实验研究、生产、经营、使用、储存、运输等各环节的管理中的审批、撤销等事项通报同级公安机关。

麻醉药品和精神药品的经营企业、使用单位报送各级药品监督管理部门的备案事项，应当同时报送同级公安机关。

第六十五条　发生麻醉药品和精神药品被盗、被抢、丢失或者其他流入非法渠道的情形的，案发单位应当立即采取必要的控制措施，同时报告所在地县级公安机关和药品监督管理部门。医疗机构发生上述情形的，还应当报告其主管部门。

公安机关接到报告、举报，或者有证据证明麻醉药品和精神药品可能流入非法渠道时，应当及时开展调查，并可以对相关单位采取必要的控制措施。

药品监督管理部门、卫生主管部门以及其他有关部门应当配合公安机关开展工作。

第八章　法律责任

第六十六条　药品监督管理部门、卫生主管部门违反本条例的规定，有下列情形之一的，由其上级行政机关或者监察机关责令改正；情节严重的，对直接负责的主管人员和其他直接责任人员依法给予行政处分；构成犯罪的，依法追究刑事责任：

（一）对不符合条件的申请人准予行政许可或者超越法定职权作出准予行政许可决定的；

（二）未到场监督销毁过期、损坏的麻醉药品和精神药品的；

（三）未依法履行监督检查职责，应当发现而未发现违法行为、发现违法行为不及时查处，或者未依照本条例规定的程序实施监督检查的；

（四）违反本条例规定的其他失职、渎职行为。

第六十七条　麻醉药品药用原植物种植企业违反本条例的规定，有下列情形之一的，由药品监督管理部门责令限期改正，给予警告；逾期不改正的，处 5 万元以上 10 万元以下的罚款；情节严重的，取消其种植资格：

（一）未依照麻醉药品药用原植物年度种植计划进行种植的；

（二）未依照规定报告种植情况的；

（三）未依照规定储存麻醉药品的。

第六十八条 定点生产企业违反本条例的规定，有下列情形之一的，由药品监督管理部门责令限期改正，给予警告，并没收违法所得和违法销售的药品；逾期不改正的，责令停产，并处5万元以上10万元以下的罚款；情节严重的，取消其定点生产资格：

（一）未按照麻醉药品和精神药品年度生产计划安排生产的；

（二）未依照规定向药品监督管理部门报告生产情况的；

（三）未依照规定储存麻醉药品和精神药品，或者未依照规定建立、保存专用账册的；

（四）未依照规定销售麻醉药品和精神药品的；

（五）未依照规定销毁麻醉药品和精神药品的。

第六十九条 定点批发企业违反本条例的规定销售麻醉药品和精神药品，或者违反本条例的规定经营麻醉药品原料药和第一类精神药品原料药的，由药品监督管理部门责令限期改正，给予警告，并没收违法所得和违法销售的药品；逾期不改正的，责令停业，并处违法销售药品货值金额2倍以上5倍以下的罚款；情节严重的，取消其定点批发资格。

第七十条 定点批发企业违反本条例的规定，有下列情形之一的，由药品监督管理部门责令限期改正，给予警告；逾期不改正的，责令停业，并处2万元以上5万元以下的罚款；情节严重的，取消其定点批发资格：

（一）未依照规定购进麻醉药品和第一类精神药品的；

（二）未保证供药责任区域内的麻醉药品和第一类精神药品的供应的；

（三）未对医疗机构履行送货义务的；

（四）未依照规定报告麻醉药品和精神药品的进货、销售、库存数量以及流向的；

（五）未依照规定储存麻醉药品和精神药品，或者未依照规定建立、保存专用账册的；

（六）未依照规定销毁麻醉药品和精神药品的；

（七）区域性批发企业之间违反本条例的规定调剂麻醉药品和第一类精神药品，或者因特殊情况调剂麻醉药品和第一类精神药品后未依照规定备案的。

第七十一条 第二类精神药品零售企业违反本条例的规定储存、销售或者销毁第二类精神药品的，由药品监督管理部门责令限期改正，给予警告，并没收违法所得和违法销售的药品；逾期不改正的，责令停业，并处5000元以上2万元以下的罚款；情节严重的，取消其第二类精神药品零售资格。

第七十二条 本条例第三十四条、第三十五条规定的单位违反本条例的规定，购买麻醉药品和精神药品的，由药品监督管理部门没收违法购买的麻醉药品和精神药品，责令限期改正，给予警告；逾期不改正的，责令停产或者停止相关活动，并处2万元以上5万元以下的罚款。

第七十三条 取得印鉴卡的医疗机构违反本条例的规定，有下列情形之一的，由设区的市级人民政府卫生主管部门责令限期改正，给予警告；逾期不改正的，处5000元以上1万元以下的罚款；情节严重的，吊销其印鉴卡；对直接负责的主管人员和其他直接责任人员，依法给予降级、撤职、开除的处分：

（一）未依照规定购买、储存麻醉药品和第一类精神药品的；

（二）未依照规定保存麻醉药品和精神药品专用处方，或者未依照规定进行处方专册登记的；

（三）未依照规定报告麻醉药品和精神药品的进货、库存、使用数量的；

（四）紧急借用麻醉药品和第一类精神药品后未备案的；

（五）未依照规定销毁麻醉药品和精神药品的。

第七十四条 具有麻醉药品和第一类精神药品处方资格的执业医师，违反本条例的规定开具麻醉药品和第一类精神药品处方，或者未按照临床应用指导原则的要求使用麻醉药品和第一类精神药品的，由其所在医疗机构取消其麻醉药品和第一类精神药品处方资格；造成严重后果的，由原发证部门吊销其执业证书。执业医师未按照临床应用指导原则的要求使用第二类精神药品或者未使用专用处方开具第二类精神药品，造成严重后果的，由原发证部门吊销其执业证书。

未取得麻醉药品和第一类精神药品处方资格的执业医师擅自开具麻醉药品和第一类精神药品处方，由县级以上人民政府卫生主管部门给予警告，暂停其执业活动；造成严重后果的，吊销其执业证书；构成犯罪的，依法追究刑事责任。

处方的调配人、核对人违反本条例的规定未对麻醉药品和第一类精神药品处方进行核对，造成严重后果的，由原发证部门吊销其执业证书。

第七十五条 违反本条例的规定运输麻醉药品和精神药品的，由药品监督管理部门和运输管理部门依照各自职责，责令改正，给予警告，处2万元以上5万元以下的罚款。

收寄麻醉药品、精神药品的邮政营业机构未依照本条例的规定办理邮寄手续的，由邮政主管部门责令改正，给予警告；造成麻醉药品、精神药品邮件丢失的，依照邮政法律、行政法规的规定处理。

第七十六条 提供虚假材料、隐瞒有关情况，或者采取其他欺骗手段取得麻醉药品和精神药品的实验研究、生产、经营、使用资格的，由原审批部门撤销其已取得的资格，5年内不得提出有关麻醉药品和精神药品的申请；情节严重的，处1万元以上3万元以下的罚款，有药品生产许可证、药品经营许可证、医疗机构执业许可证的，依法吊销其许可证明文件。

第七十七条 药品研究单位在普通药品的实验研究和研制过程中，产生本条例规定管制的麻醉药品和精神药品，未依照本条例的规定报告的，由药品监督管理部门责令改正，给予警告，没收违法药品；拒不改正的，责令停止实验研究和研制活动。

第七十八条 药物临床试验机构以健康人为麻醉药品和第一类精神药品临床试验的受试对象的，由药品监督管理部门责令停止违法行为，给予警告；情节严重的，取消其药物临床试验机构的资格；构成犯罪的，依法追究刑事责任。对受试对象造成损害的，药物临床试验机构依法承担治疗和赔偿责任。

第七十九条 定点生产企业、定点批发企业和第二类精神药品零售企业生产、销售假劣麻醉药品和精神药品的，由药品监督管理部门取消其定点生产资格、定点批发资格或者第二类精神药品零售资格，并依照药品管理法的有关规定予以处罚。

第八十条 定点生产企业、定点批发企业和其他单位使用现金进行麻醉药品和精神药品交易的，由药品监督管理部门责令改正，给予警告，没收违法交易的药品，并处5万元以上10万元以下的罚款。

第八十一条 发生麻醉药品和精神药品被盗、被抢、丢失案件的单位，违反本条例的规定未采取必要的控制措施或者未依照本条例的规定报告的，由药品监督管理部门和卫生主管部门依照各自职责，责令改正，给予警告；情节严重的，处5000元以上1万元以下的罚款；有上级主管部门的，由其上级主管部门对直接负责的主管人员和其他直接责任人员，依法给予降级、撤职的处分。

第八十二条 依法取得麻醉药品药用原植物种植或者麻醉药品和精神药品实验研究、生产、经营、使用、运输等资格的单位，倒卖、转让、出租、出借、涂改其麻醉药品和精神药品许可证明文件的，由原审批部门吊销相应许可证明文件，没收违法所得；情节严重的，处违法所得2倍以上5倍以下的罚款；没有违法所得的，处2万元以上5万元以下的罚款；构成犯罪的，依法追究刑事责任。

第八十三条 违反本条例的规定，致使麻醉药品和精神药品流入非法渠道造成危害，构成犯罪的，依法追究刑事责任；尚不构成犯罪的，由县级以上公安机关处5万元以上10万元以下的罚款；有违法所得的，没收违法所得；情节严重的，处违法所得2倍以上5倍以下的罚款；由原发证部门吊销其药品生产、经营和使用许可证明文件。

药品监督管理部门、卫生主管部门在监督管理工作中发现前款规定情形的，应当立即通报所在地同级公安机关，并依照国家有关规定，将案件以及相关材料移送公安机关。

第八十四条 本章规定由药品监督管理部门作出的行政处罚，由县级以上药品监督管理部门按照国务院药品监督管理部门规定的职责分工决定。

第九章　附　　则

第八十五条　本条例所称实验研究是指以医疗、科学研究或者教学为目的的临床前药物研究。

经批准可以开展与计划生育有关的临床医疗服务的计划生育技术服务机构需要使用麻醉药品和精神药品的，依照本条例有关医疗机构使用麻醉药品和精神药品的规定执行。

第八十六条　麻醉药品目录中的罂粟壳只能用于中药饮片和中成药的生产以及医疗配方使用。具体管理办法由国务院药品监督管理部门另行制定。

第八十七条　生产含麻醉药品的复方制剂，需要购进、储存、使用麻醉药品原料药的，应当遵守本条例有关麻醉药品管理的规定。

第八十八条　军队医疗机构麻醉药品和精神药品的供应、使用，由国务院药品监督管理部门会同中国人民解放军总后勤部依据本条例制定具体管理办法。

第八十九条　对动物用麻醉药品和精神药品的管理，由国务院兽医主管部门会同国务院药品监督管理部门依据本条例制定具体管理办法。

第九十条　本条例自2005年11月1日起施行。1987年11月28日国务院发布的《麻醉药品管理办法》和1988年12月27日国务院发布的《精神药品管理办法》同时废止。

009

放射性药品管理办法

（1989 年 1 月 13 日中华人民共和国国务院令第 25 号发布
根据 2011 年 1 月 8 日《国务院关于废止和修改部分行政法规的决定》修订）

第一章　总　　则

第一条　为了加强放射性药品的管理，根据《中华人民共和国药品管理法》（以下称《药品管理法》）的规定，制定本办法。

第二条　放射性药品是指用于临床诊断或者治疗的放射性核素制剂或者其标记药物。

第三条　凡在中华人民共和国领域内进行放射性药品的研究、生产、经营、运输、使用、检验、监督管理的单位和个人都必须遵守本办法。

第四条　卫生部主管全国放射性药品监督管理工作。能源部主管放射性药品生产、经营管理工作。

第二章　放射性新药的研制、临床研究和审批

第五条　放射性新药是指我国首次生产的放射性药品。药品研制单位的放射性新药年度研制计划，应当报送能源部备案，并报所在地的省、自治区、直辖市卫生行政部门，经卫生行政部门汇总后，报卫生部备案。

第六条　放射性新药的研制内容，包括工艺路线、质量标准、临床前药理及临床研究。研制单位在制订新药工艺路线的同时，必须研究该药的理化性能、纯度（包括核素纯度）及检验方法、药理、毒理、动物药代动力学、放射性比活度、剂量、剂型、稳定性等。

研制单位对放射免疫分析药盒必须进行可测限度、范围、特异性、准确度、精密度、稳定性等方法学的研究。

放射性新药的分类，按新药审批办法的规定办理。

第七条　研制单位研制的放射性新药，在进行临床试验或者验证前，应当向卫生部提出申请，按新药审批办法的规定报送资料及样品，经卫生部审批同意后，在卫生部指定的医院进行临床研究。

第八条　研制单位在放射性新药临床研究结束后，向卫生部提出申请，经卫生部审核批准，发给新药证书。卫生部在审核批准时，应当征求能源部的意见。

第九条　放射性新药投入生产，需由生产单位或者取得放射性药品生产许可证的研制单位，凭新药证书（副本）向卫生部提出生产该药的申请，并提供样品，由卫生部审核发给批准文号。

第三章　放射性药品的生产、经营和进出口

第十条　放射性药品生产、经营企业，必须向能源部报送年度生产、经营计划，并抄报卫生部。

第十一条　国家根据需要，对放射性药品实行合理布局，定点生产。申请开办放射性药品生产、经营的企业，应征得能源部的同意后，方可按照有关规定办理筹建手续。

第十二条　开办放射性药品生产、经营企业，必须具备《药品管理法》规定的条件，符合国家的放射卫生防护基本标准，并履行环境影响报告的审批手续，经能源部审查同意，卫生部审核批准后，由所在省、自治区、直辖市卫生行政部门发给《放射性药品生产企业许可证》、《放射性药品经营企业许可证》。无许可证的生产、经营企业，一律不准生产、销售放射性药品。

第十三条　《放射性药品生产企业许可证》、《放射性药品经营企业许可证》的有效期为5年，期满前6个月，放射性药品生产、经营企业应当分别向原发证的卫生行政部门重新提出申请，按第十二条审批程序批准后，换发新证。

第十四条　放射性药品生产企业生产已有国家标准的放射性药品，必须经卫生部征求能源部意见后审核批准，并发给批准文号。凡是改变卫生部已批准的生产工艺路线和药品标准的，生产单位必须按原报批程序经卫生部批准后方能生产。

第十五条　放射性药品生产、经营企业，必须配备与生产、经营放射性药品相适应的专业技术人员，具有安全、防护和废气、废物、废水处理等设施，并建立严格的质量管理制度。

第十六条　放射性药品生产、经营企业，必须建立质量检验机构，严格实行生产全过程的质量控制和检验。产品出厂前，须经质量检验。符合国家药品标准的产品方可出厂，不符合标准的产品一律不准出厂。

经卫生部审核批准的含有短半衰期放射性核素的药品，可以边检验边出厂，但发现质量不符合国家药品标准时，该药品的生产企业应当立即停止生产、销售，并立即通知使用单位停止使用，同时报告卫生部和能源部。

第十七条　放射性药品的生产、供销业务由能源部统一管理。放射性药品的生产、经营单位和医疗单位凭省、自治区、直辖市卫生行政部门发给的《放射性药品生产企业许可证》、《放射性药品经营企业许可证》，医疗单位凭省、自治区、直辖市公安、环保和卫生行政部门联合发给的《放射性药品使用许可证》，申请

办理订货。

第十八条 放射性药品的进出口业务，由对外经济贸易部指定的单位，按照国家有关对外贸易的规定办理。

进出口放射性药品，应当报卫生部审批同意后，方得办理进出口手续。

进口的放射性药品品种，必须符合我国的药品标准或者其他药用要求。

第十九条 进口放射性药品，必须经中国药品生物制品检定所或者卫生部授权的药品检验所抽样检验；检验合格的，方准进口。

对于经卫生部审核批准的短半衰期放射性核素的药品，在保证安全使用的情况下，可以采取边进口检验，边投入使用的办法。进口检验单位发现药品质量不符合要求时，应当立即通知使用单位停止使用，并报告卫生部和能源部。

第四章 放射性药品的包装和运输

第二十条 放射性药品的包装必须安全实用，符合放射性药品质量要求，具有与放射性剂量相适应的防护装置。包装必须分内包装和外包装两部分，外包装必须贴有商标、标签、说明书和放射性药品标志，内包装必须贴有标签。

标签必须注明药品品名、放射性比活度、装量。

说明书除注明前款内容外，还须注明生产单位、批准文号、批号、主要成份、出厂日期、放射性核素半衰期、适应症、用法、用量、禁忌症、有效期和注意事项等。

第二十一条 放射性药品的运输，按国家运输、邮政等部门制订的有关规定执行。

严禁任何单位和个人随身携带放射性药品乘坐公共交通运输工具。

第五章 放射性药品的使用

第二十二条 医疗单位设置核医学科、室（同位素室），必须配备与其医疗任务相适应的并经核医学技术培训的技术人员。非核医学专业技术人员未经培训，不得从事放射性药品使用工作。

第二十三条 医疗单位使用放射性药品，必须符合国家放射性同位素卫生防护管理的有关规定。所在地的省、自治区、直辖市的公安、环保和卫生行政部门，应当根据医疗单位核医疗技术人员的水平、设备条件，核发相应等级的《放射性药品使用许可证》，无许可证的医疗单位不得临床使用放射性药品。

《放射性药品使用许可证》有效期为 5 年，期满前 6 个月，医疗单位应当向原发证的行政部门重新提出申请，经审核批准后，换发新证。

第二十四条 持有《放射性药品使用许可证》的医疗单位，在研究配制放射性制剂并进行临床验证前，应当根据放射性药品的特点，提供该制剂的药理、毒性等资料，由省、自治区、直辖市卫生行政部门批准，并报卫生部备案。该制剂只限本单位内使用。

第二十五条　持有《放射性药品使用许可证》的医疗单位，必须负责对使用的放射性药品进行临床质量检验，收集药品不良反应等项工作，并定期向所在地卫生行政部门报告。由省、自治区、直辖市卫生行政部门汇总后报卫生部。

第二十六条　放射性药品使用后的废物（包括患者排出物），必须按国家有关规定妥善处置。

第六章　放射性药品标准和检验

第二十七条　放射性药品的国家标准，由卫生部药典委员会负责制定和修订，报卫生部审批颁发。

第二十八条　放射性药品的检验由中国药品生物制品检定所或者卫生部授权的药品检验所承担。

第七章　附　　则

第二十九条　对违反本办法规定的单位或者个人，由县以上卫生行政部门，按照《药品管理法》和有关法规的规定处罚。

第三十条　本办法由卫生部负责解释。

第三十一条　本办法自发布之日起施行。

010

中华人民共和国国务院令

第 23 号

《医疗用毒性药品管理办法》已经 1988 年 11 月 15 日国务院第二十五次常务会议通过，现予发布施行。

总理　李鹏

一九八八年十二月二十七日

医疗用毒性药品管理办法

第一条　为加强医疗用毒性药品的管理，防止中毒或死亡事故的发生，根据《中华人民共和国药品管理法》的规定，制定本办法。

第二条　医疗用毒性药品（以下简称毒性药品），系指毒性剧烈、治疗剂量与中毒剂量相近，使用不当会致人中毒或死亡的药品。

毒性药品的管理品种，由卫生部会同国家医药管理局、国家中医药管理局规定。

第三条　毒性药品年度生产、收购、供应和配制计划，由省、自治区、直辖市医药管理部门根据医疗需要制定，经省、自治区、直辖市卫生行政部门审核后，由医药管理部门下达给指定的毒性药品生产、收购、供应单位，并抄报卫生部、国家医药管理局和国家中医药管理局。生产单位不得擅自改变生产计划，自行销售。

第四条　药厂必须由医药专业人员负责生产、配制和质量检验，并建立严格的管理制度，严防与其他药品混杂。每次配料，必须经两人以上复核无误，并详细记录每次生产所用原料和成品数，经手人要签字备查。所有工具、容器要处理干净，以防污染其他药品。标示量要准确无误，包装容器要有毒药标志。

第五条　毒性药品的收购、经营，由各级医药管理部门指定的药品经营单位负责；配方用药由国营药店、医疗单位负责。其他任何单位或者个人均不得从事毒性药品的收购、经营和配方业务。

第六条　收购、经营、加工、使用毒性药品的单位必须建立健全保管、验收、领发、核对等制度；严防收假、发错，严禁与其他药品混杂，做到划定仓间或仓位，专柜加锁并由专人保管。

毒性药品的包装容器上必须印有毒药标志，在运输毒性药品的过程中，应当采取有效措施，防止发生事故。

第七条 凡加工炮制毒性中药，必须按照《中华人民共和国药典》或者省、自治区、直辖市卫生行政部门制定的《炮制规范》的规定进行。药材符合药用要求的，方可供应、配方和用于中成药生产。

第八条 生产毒性药品及其制剂，必须严格执行生产工艺操作规程，在本单位药品检验人员的监督下准确投料，并建立完整的生产记录，保存五年备查。

在生产毒性药品过程中产生的废弃物，必须妥善处理，不得污染环境。

第九条 医疗单位供应和调配毒性药品，凭医生签名的正式处方。国营药店供应和调配毒性药品，凭盖有医生所在的医疗单位公章的正式处方。每次处方剂量不得超过二日极量。

调配处方时，必须认真负责，计量准确，按医嘱注明要求，并由配方人员及具有药师以上技术职称的复核人员签名盖章后方可发出。对处方未注明“生用”的毒性中药，应当付炮制品。如发现处方有疑问时，须经原处方医生重新审定后再行调配。处方一次有效，取药后处方保存二年备查。

第十条 科研和教学单位所需的毒性药品，必须持本单位的证明信，经单位所在地县以上卫生行政部门批准后，供应部门方能发售。

群众自配民间单、秘、验方需用毒性中药，购买时要持有本单位或者城市街道办事处、乡（镇）人民政府的证明信，供应部门方可发售。每次购用量不得超过二日极量。

第十一条 对违反本办法的规定，擅自生产、收购、经营毒性药品的单位或者个人，由县以上卫生行政部门没收其全部毒性药品，并处以警告或按非法所得的 5 至 10 倍罚款。情节严重、致人伤残或死亡，构成犯罪的，由司法机关依法追究其刑事责任。

第十二条 当事人对处罚不服的，可在接到处罚通知之日起 15 日内，向作出处理的机关的上级机关申请复议。但申请复议期间仍应执行原处罚决定。上级机关应在接到申请之日起 10 日内作出答复。对答复不服的，可在接到答复之日起 15 日内，向人民法院起诉。

第十三条 本办法由卫生部负责解释。

第十四条 本办法自发布之日起施行。1964 年 4 月 20 日卫生部、商业部、化工部发布的《管理毒药、限制性剧药暂行规定》，1964 年 12 月 7 日卫生部、商业部发布的《管理毒性中药的暂行办法》，1979 年 6 月 30 日卫生部、国家医药管理总局发布的《医疗用毒药、限制性剧药管理规定》，同时废止。

附件：

毒性药品管理品种

一、毒性中药品种

砒石（红砒、白砒） 砒霜 水银 生马前子 生川乌 生草乌 生白附子 生附子 生半夏 生南星 生巴豆 斑蝥 青娘虫 红娘虫 生甘遂 生狼毒 生藤黄 生千金子 生天仙子 闹阳花 雪上一枝蒿 红升丹 白降丹 蟾酥 洋金花 红粉 轻粉 雄黄

二、西药毒药品种

去乙酰毛花甙丙 阿托品 洋地黄毒甙 氢溴酸后马托品 三氧化二砷 毛果芸香碱 升汞 水杨酸毒扁豆碱 亚砷酸钾 氢澳酸东莨菪碱 士的年

011

卫生部药政局
关于《医疗用毒性药品管理办法》的补充规定

1990 年 5 月 11 日

各省、自治区、直辖市卫生厅（局），计划单列市卫生局：

《医疗用毒性药品管理办法》发布以后，各地在贯彻执行中遇到一些问题，现就有关问题补充规定如下：

一、《医疗用毒性药品管理办法》中所列的毒性药品，西药品种是指原料药，中药品种系指原药材和饮片。不含制剂（单方制剂地方有规定的按地方规定办理）。

二、毒性药品管理品种、西药品种士的年、阿托品、毛果芸香碱等包括其盐类化合物。

三、毒性中药、闹阳花、生马前于应按《中国药典》（1985 年版）所用的名称：闹羊花、生马钱子。

四、毒性中药红粉、红升丹系同物异名。中国药典（1985 年版）以“红粉”收载。今后毒性药品品种表修订时将取消“红升丹”的名称。

卫生部药政局

一九九〇年五月十一日

012

工业和信息化部 卫生部 国家食品药品监督管理局关于加快医药行业结构调整的指导意见

工信部联消费〔2010〕483号

各省、自治区、直辖市、新疆生产建设兵团工业和信息化主管部门、卫生厅（局）、食品药品监管局：

医药行业是我国国民经济的重要组成部分，在保障人民群众身体健康和生命安全方面发挥重要作用。进入21世纪以来，我国医药行业一直保持较快发展速度，产品种类日益增多，技术水平逐步提高，生产规模不断扩大，已成为世界医药生产大国。但是，我国医药行业发展中结构不合理的问题长期存在，自主创新能力弱、技术水平不高、产品同质化严重、生产集中度低等问题十分突出。加快结构调整既是医药行业转变发展方式、培育战略性新兴产业的紧迫任务，也是适应人民群众日益增长的医药需求，提高全民健康水平的迫切需要。为此，提出以下意见：

一、指导思想和基本原则

（一）指导思想

以邓小平理论和“三个代表”重要思想为指导，深入贯彻落实科学发展观，按照深化医药卫生体制改革的总体要求，以结构调整为主线，加强自主创新，促进新品种、新技术研发，推动兼并重组，培育大企业集团，加快技术改造，增强企业素质和国际竞争力，通过五年的调整，使行业结构趋于合理，发展方式明显转变，综合实力显著提高，逐步实现我国医药行业由大到强的转变。

（二）基本原则

1. 坚持发挥市场机制作用与加强政策引导相结合。充分发挥市场配置资源的基础性作用，促进企业加强管理，整合生产要素，实现优胜劣汰。加强政策引导，加大支持力度，调动企业积极性，推动医药行业结构优化升级。

2. 坚持自主创新、技术改造与淘汰落后相结合。提高企业自主创新能力，重点推进生物医药技术创新与产业化，推动企业按照《药品生产质量管理规范（2010年修订）》（GMP）进行改造，淘汰高耗能、高耗水、污染大、效率低的落后工艺和设备，严格控制新增产能。

3. 坚持保障生产供应与强化质量安全相结合。适应市场需求，增加基本药物生产，保障供应，同时推进基本药物与非基本药物协调发展。强化生产企业是药品质量第一责任人的理念，加强质量管理，完善标准和检测体系，保证药品安全有效。

二、主要任务和目标

（一）调整产品结构

1. 贯彻落实《关于建立国家基本药物制度的实施意见》，适应基本药物不断扩大的市场需求，增加生产保障供应。进一步规范基本药物生产流通秩序，推动基本药物生产企业的兼并重组，促进基本药物生产向优势企业集中，鼓励其采用新技术、新设备进行技术改造，提高基本药物产品质量和供应保障能力。基本药物主要品种销量居前 20 位企业所占市场份额应达到 80%以上，实现基本药物生产的规模化和集约化。

2. 在化学药领域，研发满足我国疾病谱的重大、多发性疾病防治需求的创新药物，争取有 10 个以上自主知识产权药物实现产业化。抓住全球仿制药市场快速增长及一批临床用量大、销售额居前列的专利药陆续专利到期的机遇，加快仿制研发和工艺创新，培育 20 个以上具有国际竞争优势的专利到期药新品种。

3. 在生物技术药物领域，紧跟世界生物技术飞速发展的步伐，研发防治恶性肿瘤、心脑血管疾病、神经系统疾病、消化系统疾病、艾滋病以及免疫缺陷等疾病的基因工程药物和抗体药物，加大传染病新型疫苗研发力度，争取有 15 个以上新的生物技术药物投放市场。

4. 在中药领域，坚持继承和创新并重，借鉴国际天然药物发展经验，加快中成药的二次研究与开发，优先发展具有中医药治疗优势的治疗领域的药品，培育 50 个以上疗效确切、物质基础清楚、作用机理明确、安全性高、剂型先进、质量稳定可控的现代中药。同时，促进民族药的研发和产业化，促进民族药标准提高，加强中药知识产权保护。

5. 在医疗器械领域，针对临床需求大、应用面广的医学影像、放射治疗、微创介入、外科植入、体外诊断试剂等产品，推进核心部件、关键技术的国产化，培育 200 个以上拥有自主知识产权、掌握核心技术、达到国际先进水平、销售收入超过 1000 万的先进医疗设备。

（二）调整技术结构

1. 在化学药领域，推广应用膜分离、手性合成、新型结晶、生物转化等原料药新技术，运用基因工程、细胞工程技术构建新菌种或改造抗生素、维生素、氨基酸等产品的生产菌种，提高质量、产率，节能减排和降低成本。加强缓释控释、透皮吸收、粘膜给药、靶向给药等新型制剂技术在药物开发中的应用。

2. 在生物技术药物领域，重点突破大规模、高通量基因克隆及蛋白表达、抗体人源化及人源抗体的制备、新型疫苗佐剂、大规模细胞培养和蛋白纯化等技术。加快开发生物活性高、稳定性好、半衰期长的口服、肺部给药的新型生物技术药物制剂。

3. 在中药领域，根据中药特点，以药物效用最大化、安全风险最小化为目标，加快现代技术在中药生产中的应用，推广先进的提取、分离、纯化、浓缩、干燥、制剂和过程质量控制技术，重点发展动态提取、微波提取、超声提取、超临界流体萃取、膜分离、大孔树脂吸附、多效浓缩、真空带式干燥、微波干燥、喷雾干燥等高效率、低能耗、低碳排放的先进技术。建立和完善中药种植（养殖）、研发、生产的标准和规范，推广应用中药多成分含量测定和指纹图谱整体成分控制相结合的中药质量控制技术。开发现代中药制剂，结合中药特点，重点发展适合产品自身特点的新剂型。

4. 推进医药行业信息化建设，创建基于信息技术的药品和医疗器械研发平台。加快医药企业管理信息系统建设，扩大计算机控制技术在生产中的应用范围，提高企业管理和质量控制水平。提升关键、核心医疗器械的数字化水平。

（三）调整组织结构

贯彻国务院促进企业兼并重组的精神，鼓励优势企业实施跨地区、跨所有制的收购兼并和联合重组，促进品种、技术、渠道等资源向优势企业集中。通过扶优扶强和在市场竞争中优胜劣汰，显著提高企业规模经济水平和产业集中度。医药企业数量明显减少，医药百强企业销售收入占到全行业的销售收入的50%以上，形成一批具有国际竞争力和对行业发展有较强带动作用的大型企业集团。支持中小企业向“专、精、特、新”的方向发展，形成大型企业和中小企业分工协作、协调发展的格局。

（四）调整区域结构

东部沿海发达地区充分利用技术、资金、人才、品牌、营销渠道的优势，跟踪国际最先进技术，重点发展技术含量高、附加值高、资源消耗低的高科技产品，形成符合国际标准的“长三角”、“珠三角”和“环渤海”三个综合性医药生产基地。中西部地区发挥资源优势，发展特色鲜明的专业性生产基地，积极承接产业转移，严防化学原料药生产向环境承载能力弱的地区转移和低水平产能的扩张，形成东、中、西部优势互补的布局，促进区域医药经济协调发展。

（五）调整出口结构

加快转变出口增长方式，抓住世界仿制药市场快速增长的机遇，扩大制剂出口，特别是增加面向美国、欧洲、日本等世界主要医药市场的销售。筛选具有比较优势的制剂产品，加快开展国际注册和生产质量体系国际认证，建立国际营销渠道，培育自主品牌。支持有条件的企业“走出去”，在境外投资设立制剂工厂，直接面向终端客户。通过政策引导和扶持，推动50家以上制剂企业通过发达国家的 GMP 认证，制剂在药品出口中所占的比重达到 20%以上。

三、保障措施

（一）鼓励技术创新。继续加大对医药研发的投入，对具有我国自主知识产权的新药研制，在科研立项、经费补助、新药审批、进入医保目录和技术改造投资上给予支持。鼓励开展基础性研究和开发共性、关键性以及前沿性重大医药研发课题。支持企业加强技术中心建设，通过产学研整合技术资源，推动企业成为技术创新的主体。

（二）加强技术改造。制定《医药行业技术改造投资指南》，以技术改造为抓手，推动结构调整。支持符合结构调整方向、对医药产业升级有重大带动作用的企业技术改造项目，重点支持创新药物产业化、基本药物上水平、药品生产质量保证体系升级、中药现代化、医疗器械国产化。

（三）发挥药品价格杠杆调节作用。完善药品价格政策，坚持鼓励创新、促进企业提升产品质量的基本原则，根据创新程度，对成本费用和利润实行差别控制，特别是对拥有自主知识产权的产品，在价格核定过程中给予单独制定价格的政策。

（四）完善集中采购和临床使用政策。研究制定更加科学合理的集中采购评标标准和方法，合理划分药品类别，切实落实“质量优先、价格合理”的原则，建立公开、透明的社会监督机制，实现公平竞争和优胜劣汰。深化公立医院改革，推进医药分开，完善基本医疗保障费用支付方式，规范临床诊疗行为，促进合理用药，为产品结构调整营造良好的外部环境。

（五）发挥药品监管的促进作用。提高药品审评审批技术门槛，严格控制新开办制药企业数量。实施《新药注册特殊审批程序管理规定》、《药品技术转让注册管理规定》和《国家药品质量标准提高行动计划》，鼓励和引导企业加快技术创新，提高产品质量，实行强强联合，促进医药行业结构优化升级。

（六）完善企业兼并重组支持政策。认真落实有关企业兼并重组的政策措施，妥善解决富余人员安置、企业资产划转、债务核定与处置、财税利益分配等问题，对大型企业跨省（区、市）重组后的改扩项目优先予以核准，在股票发行、企业债券、中期票据以及银行贷款方面给予支持。

（七）制止重复建设，淘汰落后产品和工艺。修订完善《产业结构调整目录》和《外商投资产业指导目录》，制订重要产品准入条件，引导企业投资方向。规范药品委托生产，盘活存量资产，引导和督促企业及时淘汰同品种中落后的生产工艺和质量标准低的产品，促进结构调整。

（八）推进中药材生产产业化进程。鼓励企业建立中药材原料基地，发挥其带动中药材生产的作用，推进中药材生产产业化和《中药材生产质量管理规范》

(GAP)的实施。应用先进的栽培技术，推广规模化种植，保证中药材的质量和供应。对重要野生药材品种要加强人工选育工作，制止过度采挖，运用生物技术进行优良种源的繁育，建立和完善种子种苗基地、栽培试验示范基地，推动野生药材的家种，降低对野生药材的依赖，为现代中药可持续发展奠定基础。

（九）推动医药产业集群化发展。鼓励基础条件比较好的医药工业园区深入开展创建国家新型工业化产业示范基地工作，在规划布局、技术改造及资金安排等方面，对示范基地予以重点指导和支持，引导其加强综合服务体系和公共基础设施建设，吸引关联企业在园区落户，形成一批管理规范、环境友好、产业关联度高、专业配套齐的医药产业聚集区。

（十）加强运行监测分析工作。完善医药行业运行监测体系，密切跟踪结构调整各项重点任务的落实情况，研究解决出现的新问题，及时发布行业信息，为企业生产经营和投资决策提供信息指导。

（十一）发挥行业协会作用。行业协会要充分发挥桥梁和纽带作用，引导企业加快结构调整，及时反映行业情况、问题和企业诉求，加强行业自律，促进行业健康有序发展。

工业和信息化部
卫生部
国家食品药品监督管理局
二〇一〇年十月九日

013

国家发展改革委办公厅
关于印发《医药行业“十一五”发展指导意见》的通知

发改办工业〔2006〕1333号

各省、自治区、直辖市及计划单列市、副省级省会城市、新疆生产建设兵团发展改革委、经贸委（经委）：

为认真贯彻落实《中华人民共和国国民经济和社会发展第十一个五年规划纲要》、树立以人为本的科学发展观，按照走新型工业化道路要求，积极推动医药行业科技进步和自主创新，突出结构调整，转变医药经济的增长方式．提高医药产业的国际竞争力，促进医药行业的持续稳定发展，我委研究制订了《医药行业“十一五”发展指导意见》。现印发你们，请按此意见并结合本地实际做好相关工作。

特此通知。

附件：《医药行业“十一五”发展指导意见》

国家发展和改革委员会办公厅

二〇〇六年六月二十六日

附件：

医药行业“十一五”发展指导意见

国家发展和改革委员会办公厅

2006年6月26日

前　言

医药产业是国民经济的重要组成部分，与人民群众的生命健康和生活质量等切身利益密切相关，是全社会关注的热点，同时也是构建社会主义和谐社会的重要内容。改革开放以来，我国医药行业一直保持较快的增长速度，1978—2005

年，医药工业产值年均递增16.1%，经济运行质量与效益不断提高。然而，我国医药行业在快速发展的同时，长期积累的结构性不合理、创新能力弱、环保治理不善、资源浪费严重等问题日益突出。因此为切实解决医药行业的主要问题，认真贯彻落实《中华人民共和国国民经济和社会发展第十一个五年规划纲要》及以人为本的科学发展观，按照走新型工业化道路要求，积极推动医药行业科技进步和自主创新，优化结构，转变医药经济的增长方式，提高医药产业的国际竞争力，促进医药行业的持续稳定发展，我委研究制订了《医药行业“十一五”发展指导意见》。

该指导意见在充分分析我国医药行业现状、问题，以及国内外发展趋势的基础上，明确了“十一五”期间我国医药行业发展的指导思想、目标和主要任务，其主要目的是引导医药行业健康有序地发展，促进经济社会的进步。

一、“十五”期间我国医药行业发展情况

（一）基本情况

1. 行业总体保持快速增长，规模不断壮大

“十五”期间整个医药行业各项指标大大超过“十五”规划数，与“九五”期末相比，工业产值、增加值和利润总额翻了一番以上。

2005年全国医药工业实现现价总产值4508亿元，比2000年增加2637亿元，2000—2005年年均递增19.2%；实现工业增加值1606亿元，比2000年增加934亿元，年递增19.0%；实现销售收入4271亿元，比2000年增加2510亿元，年递增19.4%；实现利润361亿元，比2000年增加了218亿元，年递增20.4%；2004年七大类医药商品销售总额2572亿元，比2000年增加了1067亿元，年递增14.3%。

化学制药工业占我国医药行业的比重最大，2005年我国化学制药工业完成现价总产值2405.9亿元，2000—2005年年均递增16.7%；销售收入2325.6亿元，年递增17.1%。2004年全国化学原料药年产量达到65.3万吨，出口比重超过1/2，占全球原料药贸易额的1/4。目前我国已成为全球化学原料药的生产和出口大国之一，同时，还是全球最大的药物制剂生产国。2004年我国片剂、胶囊剂、颗粒剂、冻干粉针剂、粉针剂、输液和缓（控）释片七大类化学药物制剂年产量分别达到3061亿片、738亿粒、63亿包（袋）、11亿瓶、105亿瓶、49亿瓶（袋）和17亿片。

中药是我国医药行业的重要组成部分，2002年国家出台了《中药现代化发展纲要》，2003年颁布了《中华人民共和国中医药条例》，受到全社会的普遍关注和产学研各界的广泛认同，“十五”期间中药领域成为医药行业的投资热点。2005年中药工业完成现价总产值1202亿元，2000—2005年年均递增19.4%；实

现销售收入1109亿元，年递增19.2%。目前，我国向日本、韩国、美国、欧盟等国家和地区出口大量的中药材和植物提取物，2005年中药材出口金额达3.8亿美元，植物提取物2.9亿美元，出口量和出口额持续增长。全国已在24个省（区、市）建立了448个中药材规范化种植基地，其中，18个省（区、市）规范化种植面积已达1424万亩，形成中药农业发展的基本雏形，为实现西部大开发、振兴东北老工业基地，发展山区及贫困落后地区的经济，提高农民收入，发挥了重要作用。

我国生物制药企业400多家，其中具备基因工程药物生产能力的企业有114家，疫苗生产企业28家。2005年生物制药工业完成现价总产值353.7亿元，2001—2005年递增30.7%；产品销售收入2001—2005年递增31.2%，是医药行业增长最为迅速的领域之一；2001—2005年生物制药工业固定资产净值年递增达28.8%，是医药行业投资的重点。自1989年干扰素上市以来，我国已有27种生物技术药物实现了国产化。国产药品不断开发上市，打破了国外进口产品长期垄断国内市场的局面，使中国数以千万计的患者从中受益。

我国已成为世界疫苗产品的最大生产国，可以生产预防26种病毒的41种疫苗，年产量超过10亿个剂量单位，其中用于预防乙肝、脊髓灰质炎、麻疹、百日咳、白喉、破伤风等儿科常见病的疫苗生产量达到5亿人份。国产疫苗在满足国内居民防病、治病的同时，已开始向世界卫生组织提供疫苗产品，用于其他国家的疾病预防。

在鼓励中外合作和发展民营经济的过程中，医疗器械产业发展迅速，2005年医疗器械实现工业总产值352.5亿元，2000—2005年递增19.4%；实现销售收入341.6亿元，年递增20.9%。高档医疗装备国产化进程加快、现有产品更新换代周期缩短，行业整体水平和市场供应能力进一步提高。无论是供应国内市场还是出口创汇，现代化医疗仪器产品的比重均有较大增长，特别是一些医学成像设备已从中国组装模式进入中国制造或中国开发生产模式，病人监护仪器已占领国内绝大部分市场，B型超声、直线加速器、临床实验室仪器和一批植入性生物材料制品已经在国内市场占有一席之地。

2. 医药经济结构进一步改善，区域经济协调发展

医药企业通过各种形式的联合重组、股份制改造等，加快了医药产业的组织结构调整，企业规模不断壮大。目前，已有将近120家医药企业在上海、深圳证券交易所、深圳中小企业板以及海外上市，股份制经济产值比重已经从2000年的35.6%上升到2005年的47.4%，国有经济比重从29.0%下降到7.48%，三资经济成份上升到27.2%。2004年全国年销售额超过50亿元的大型医药企业集团有9家，超过10亿元的大型医疗器械生产企业有2家，另外，有3家全国性医药零售连锁企业的门店数超过千家，有27家医药零售连锁企业的门店数逾

百个。

东部沿海地区的医药经济规模占全国的65.8%左右，其中，长江三角洲地区是我国医药产业最大的聚集区，江苏、浙江、上海三省市医药工业产值占全国的27.3%，有14家企业进入全国医药企业销售收入前50强，另外，全球销售收入前20强医药企业中已有15家在该地区投资建厂或设立中国总部。江苏省集聚了一批跨国医药企业的中国生产基地；浙江省的化学原料药和中间体出口基地初具规模；上海拥有较强的研发能力，形成国内领先的基础研究、应用开发、临床试验、生产、流通销售比较完整的产业链，以上海浦东张江为核心区的生物医药产业基地已基本形成。长江三角洲地区已逐步形成产业链上下游配套较好的产业集群。

珠江三角洲地区市场经济、民营经济比较发达，在化学药物制剂、中药、生物制药及医疗仪器设备等领域在全国名列前茅。广州具有较强的中药产业基础和规模实力，中药创新资源较好；深圳则具备较好的生物医药产业化环境，集聚了一批高新技术医疗器械及生物制药骨干企业。

京津冀鲁辽环渤海地区生物科技力量雄厚、有一定的产业基础，各省市在医药产业链和价值链方面具有较强的互补性，发展潜力很大。北京医药科研基础和研发能力强，在生物医药、医疗器械等价值链高端领域具有明显的实力；河北、山东、辽宁是我国重要的医药工业基地，在化学制药领域具有特色；天津生物技术研发能力较强，国际化水平较高，在现代中药、生物制药等领域形成一定的优势。

中西部地区利用当地动植物中药材的资源优势，迅速发展中药产业。吉林、四川、广西、贵州、江西、云南、重庆、湖南、甘肃、内蒙古以及新疆等省市中药工业在当地医药行业利润和利税总额中所占的比重均在50%以上，推动了地区特色经济的发展。

3. 管理水平进一步提高

通过深入贯彻实施《中华人民共和国药品管理法》、《药品管理法监督条例》和《医疗器械监督管理条例》，进一步规范了药品及医疗器械产品的管理，逐步实现了以法治药。通过严格实施GMP、GSP、GAP等认证，进一步增强了药品生产和经营企业的质量意识，淘汰了一批不合格企业，医药企业多、小、散、乱局面有所改善，促进了产业升级。截至2004年底，全国已有3731家药品生产企业通过了GMP认证，共有7445家药品批发企业、1410家医药零售连锁企业和58065家县及县以上药品零售企业通过GSP认证。

4. 医药出口持续增长

在巩固原有的抗感染药、维生素、解热镇痛药、糖皮质激素等大宗原料药的国际市场的同时，抗肿瘤药、他汀类和普利类心血管药等一批特色原料药品种在国际市场上脱颖而出。病人监护仪器、临床实验室仪器及硬性内窥镜等现代医疗仪器已批量出口。MRI、多层螺旋 CT、B 型超声诊断仪等一批高技术含量产品已分别获得 CE 标志或 FDA 许可，准许进入欧美市场。

2005 年医药商品进出口总额达 256 亿美元，实现贸易顺差 17 亿美元。其中出口金额达 138 亿美元，与 2001 年的 38 亿美元相比，年复合增速高达 37.9%。其中，化学原料药和制药中间体、植物药及生物药的增长尤为显著。化学原料药及制药中间体仍是出口的主要支柱，2005 年出口额达 79 亿美元，占医药商品出口总额的 57.3%，约为 2001 年 19.2 亿美元的 4 倍。2005 年植物药及生物药的出口额为 7.7 亿美元，是 2001 年的 15 倍多。医疗器械是我国医药产品中第二大出口商品，2005 年中国出口医疗器械总额 36.8 亿美元，是 2001 年的 4.7 倍，占中国医药商品出口总额的 26.7%。

5. 技术进步和技术创新取得一定成绩

"十五"期间，国家加大了技术进步和技术创新的投入，设立了"创新药物和中药现代化"重大科技专项，重点加强了新药研究开发体系的建设和创新药物的研制，实施了现代中药、生物医学工程、生物新药等高技术产业化专项，促进了新型中成药大品种、先进工艺技术与装备、新型饮片和提取物、常用大宗药材及濒危稀缺药材繁育等技术的产业化。在国家的积极引导下，我国医药企业大幅增加科技投入，医药企业投入研发的费用已由 2001 年的 16.2 亿元增加至 2005 年的 43.4 亿元。

目前，我国新药研究开发技术平台已覆盖了新药发现、临床前研究、临床研究、产业化整个过程，基本形成了相互联系、相互配套、优化集成的整体性布局，部分平台标准规范已能与国际接轨，新药自主创新和研究开发能力显著增强。国家组织建设了一批国家工程研究中心，一批大企业集团的内部技术研发设施建成使用，25 家医药（包括医疗器械）企业的研发技术中心被国家发改委、财政部、海关总署和税务总局认定为国家级企业技术中心。

在政府与"产、学、研"多方共同努力下，抗肝炎新药双环醇片、脑卒中治疗新药丁苯酞原料药及软胶囊；现代中药人工虎骨粉、体外培育牛黄、丹参多酚酸盐粉针剂、西洋参茎叶总皂苷、骨碎补总黄酮；海洋药物褐藻多糖硫酸酯；全球首个基因治疗药物重组人 p53 腺病毒注射液、重组葡激酶、重组人源化抗人表皮生长因子受体单克隆抗体、丙型肝炎分片段抗体检测试剂盒；多层螺旋 CT、旋转式立体定向伽马射线治疗系统、主观式像差仪、高强度聚焦超声治疗系统、热扫描成像系统、普及型低剂量直接数字化 X 射线机、低干扰无心理负荷的生理信息测试床垫等一批拥有自主知识产权的创新产品实现了产业化。

7－ACA、7－ADCA 关键母核的生产技术取得一定进展，突破了我国头孢类抗生素发展的技术瓶颈；基因工程人胰岛素实现大规模产业化，使我国成为全球第三个基因工程人胰岛素产业化的国家；异植物醇和三甲基氢醌两大关键中间体合成技术和装备方面的创新，使我国成为维生素E的生产大国。

6. 医药流通体制改革步伐加快

“十五”期间，我国医药市场消费需求活跃，医药商业销售稳步增长。2004年七大类医药商品销售总值达2571.7亿元。其中，药品类销售1762.5亿元，比2000年增加746.9亿元，年递增14.8%；中药材和中成药销售681.5亿元，2000—2004年递增14.3%；医疗器械类商业销售总额42.6亿元，较2000年平稳增长。

跨地区、跨行业的购并重组加速了医药流通领域的规模化、集约化。连锁经营、现代物流和信息技术的应用，加快了医药流通领域的结构调整和经营方式的现代化。“十五”初期我国由1.6万家医药批发企业精简重组至2004年底的7445家，药店总数超过20万家（包括医药连锁企业在内），其中，县及县以上药品零售企业76295家、县以下药品零售企业94899家。2004年医药连锁企业增加到1624家，门店数达6.3万多家，约占我国药品零售市场份额的60%，成为药品零售市场的主要经营方式。民营企业在医药流通领域异军突起，成为流通领域一支重要的生力军。国家支持的医药物流、电子商务项目先后建成投入运行，一批有实力的企业在现代医药物流及信息化建设中脱颖而出。医药第三方物流的出现，为行业及企业提供了更多的选择。随着我国开放医药分销服务领域，外资已经开始试探性地进入我国医药流通领域。

在不断加剧的市场竞争中，医药零售市场保持了较快的发展势头，年增幅在15%左右。随着农村两网建设和新型合作医疗制度改革的推进，农村药品市场也得到了发展。2004年全国七大类医药商品销售中，农村销售额为245亿元，成为我国医药市场新的增长点。

（二）存在的主要问题

1. 结构不合理

企业结构不合理。虽然全面实施GMP和GSP认证，淘汰了一批落后企业，但医药企业多、小、散、乱的问题仍未根本解决，具有国际竞争能力的龙头企业仍然十分缺乏。2004年全国医药工业企业4738家，其中，小型企业占83.4%。从人均产值衡量，我国大型制药企业人均产值不足30万元，远低于先进国家水平。据中国医药商业协会统计，我国3152家医药商业企业中，年销售额5000万元及以上的重点企业仅500余家，而亏损企业数高达1482家。目前，我国医药龙头企业年销售额维持在百亿元左右，与全球医药巨头400～500亿美元的业绩相比，差距甚远。

产品、技术结构不合理。国内厂家仍集中生产一些比较成熟、技术要求相对较低的仿制药品或传统医疗器械产品，同品种生产企业数量众多，产能过剩，重复生产严重，缺乏品种创新与技术创新，专业化程度低，协作性差，市场同质化竞争加剧。以市场销售额最高的抗感染药为例，注册生产阿莫西林的企业多达300余家，注册生产头孢他啶、头孢曲松等产品的企业超百家。截至2005年12月26日，注册生产一类新药加替沙星的企业已达77家。维生素C等老产品也出现盲目扩大生产规模的问题，产品价格一降再降，甚至处于亏损边缘。

产业结构不合理。存在重原料、轻制剂；重工艺、轻装备；重生产、轻配套；重整机、轻部件；重工业、轻流通等问题。

进出口结构不合理。长期以来，我国对外医药贸易没有摆脱以附加值较低、环境污染严重、能源消耗大的化学原料药及常规医疗器械、卫生材料、中药材为主的传统出口模式，高技术含量、高附加值的产品和技术出口所占比重仍然较低，制剂品种偏少。

2. 创新能力弱

企业研发投入少、创新能力弱，一直是困扰我国医药产业深层次发展的关键问题。

2005年我国整体医药行业研发投入占销售收入比重平均仅为1.02%，除个别企业在5%以上外，大部分企业的研发投入比重处于非常低水平。同时，国内风险投资市场尚未建立，整个技术创新体系中间环节出现严重断裂。

目前，我国医药研发的主体仍是科研院所和高等院校，大中型企业内部设置科研机构的比重仅为50%。同时，在以市场为导向的制药企业中，科研人员主要从事的是技术改造工作，由于人才评价机制和激励机制不健全，在经济利益的驱使下，还存在科研人才向经营领域分流的现象，使精心培养的科研人员未能成为新药开发和技术创新的中坚力量。

由于缺乏专业技术人才和科研配套条件，大部分企业无法成为医药研发的主体，使一些关键性产业化技术长期没有突破，制约了产业向高技术、高附加值下游深加工产品领域延伸；产品更新换代缓慢，无法及时跟上和满足市场需求。由此造成我国的医药产品在国际医药分工中处于低端领域，国内市场的高端领域也主要被进口或合资产品占据。

3. 医疗卫生体制改革滞后

目前我国的基本医疗保险制度改革、医疗体制改革和药品流通体制改革尚未形成可操作的协调与持续发展机制，医保无法对医院用药发挥制约作用，致使用药不合理，市场竞争无序；同时，在目前医药不分家、处方外放难的情况下，医院药房仍然绝对占据药品消费市场的垄断地位。

4. 缺乏国际认证的产品和国际市场运作的经验

医药是特殊的产品，各国政府对此类产品的市场准入都有非常严格的规定和管理，我国的大部分化学原料药产品没有取得国际市场进入许可证。在药品生产过程管理和质量保证体系方面，我国与国际发达国家仍有一定的差距，通过国际认证的厂家和产品寥寥无几。国内医药企业普遍缺乏国际药品市场运作经验的专业人才，国际化能力薄弱。

虽然我国化学原料药的出口额较大，但是通过国际市场注册和认证的产品却不多，2004年底我国取得欧洲COS和美国DMF注册认证的产品仅为60个和192个，约占全球总量的3.6%和4.3%，绝大部分产品仍以化工产品形式进入国际市场。如我国大量出口到印度的青霉素工业盐，是经过印度进一步深加工后，才以药品身份进入欧美市场。

由于东西方文化背景、中西医理论体系的差异，中药产品缺乏国际通行标准，尚未建立起一整套符合中药特色、符合国际规则的质量检测方法和质量控制体系，中药资源没有充分发挥作用。

5. 能耗大、污染重以及资源浪费等问题突出

医药行业是环保治理的12个重点行业之一，三废处理、环境保护的压力不断加大。我国大部分化学原料药生产能耗较大、环境污染严重、附加值较低。中药资源保护相关法规建设滞后，中药材的种植及生产方式较落后，缺乏必要的组织，没有形成一定的规模，生产种植过程中缺乏必要的市场信息引导，致使中药材的开发利用处于无序状态。一方面野生药材资源的过度开采，导致部分品种达到濒危的程度，甚至将要灭绝；另一方面因为盲目种植，导致大量积压，造成巨大的资源浪费。大量的中药材以初级产品形式，极低的价格出口，损害了国家利益，不利于中药材行业的健康发展。

二、“十一五”我国医药行业发展面临的形势

(一) 国际医药行业发展趋势

1. 美欧日控制全球市场，新兴国家市场快速增长

随着经济的发展、世界人口总量的增长、社会老龄化程度的提高，以及人们保健意识的不断增强，全球医药市场持续快速扩大。2005年全球主要国家药品市场规模已达6020亿美元，以7%的速度继续增长，远高于全球经济的增长速度，预计2010年将达到7600亿美元。

北美、欧盟、日本是全球最大的三个药品市场，约占全球药品市场份额的87.7%。从增长趋势看，除北美市场增长比较平缓之外，多数区域市场增长迅猛。2005年欧盟市场增速达到7.1%，日本达到6.8%，上升至自1991年以来增速的最高点，拉丁美洲市场增速高达18.5%，亚洲太平洋地区（日本除外）和非洲市场增速为11%，市场规模达464亿美元。中国成为亚洲太平洋地区的最大亮点，增速达到20.4%，连续3年超过20%，预计将在2009年之前成为全球第七大医药市场。

2. 大型跨国集团推动医药经济全球化

目前，排名全球前50强的大型医药集团均属美国、日本和欧洲等经济发达国家。这些医药企业凭借雄厚的资本和技术实力，在全球范围内进行了大规模的购并重组，使市场份额增加，市场控制力增强。他们投入巨资进行研发，成果颇丰。通过国际化的市场运作，产品畅销全球。因此，大企业、国际化、畅销产品已成为当代世界医药产业发展的显著标志。

3. 国际化分工协作的外包市场正在形成与发展

越来越多的国际医药集团在经济全球化发展的前提下，充分利用外部的优势资源，重新定位、配置企业的内部资源。

为了节省药品研发支出，提高效率，降低风险，推动本土化发展，跨国制药企业将研发网络进一步扩大到临床资源丰富、科研基础较好的发展中国家，研发外包比重不断提高。据预测，2005年全球制药业研发外包（CRO）市场将达到163亿美元，2010年达到360亿美元，年均增长率为16.3%。

由于发达国家环保费用高，传统的原料药已无生产优势，因此，跨国制药企业逐步退出一些成熟的原料药领域，转移到环保要求较低的发展中国家。随着医药制造工艺日趋复杂，为追求企业经营效益最大化，部分企业将生产制造的业务外包出去。2002年全球制药业生产制造外包（CMO）市场规模已达300亿美元，年增长率约为11%。

20世纪90年代以来，医疗器械企业在产品的设计、实验、开发、制造、测试、销售、售后服务等整个产业链各个环节上，重新配置各种资源，调整企业发展定位，实施国际集优化协作分工配套模式，构筑自己的竞争优势，形成了部件制造外包（OEM）、部件设计制造外包（ODM）及生产专业化部件和专业化模块产业。

4. 发达国家和跨国医药集团争相发展生物技术

随着以基因工程为核心的生物技术的迅猛发展，全球生物医药产业进入了一个前所未有的全新发展阶段。正如化学医药在20世纪取得的巨大成就推动全球医药产业的高速发展一样，生物医药越来越成为新药创新的主要来源和未来医药产业的发展方向。21世纪将是生物技术世纪，今后的10～20年生物技术产业将进入高速增长阶段，各国政府及众多的大型医药企业，纷纷制定优先发展、重点发展战略，竞相占领生物医药产业的制高点。

5. 国际非专利药市场快速发展，竞争加剧

医疗费用增长过快，困扰着包括发达国家在内的各国政府，为了降低医疗支出，各国纷纷鼓励和增加非专利药的使用。随着一些年销售额在10亿美元以上的所谓“重磅炸弹”级药品的专利相继到期，非专利药领域呈现出明显的快速增长趋势。2003年全球非专利药市场为400亿美元左右，年增长率达到20%，远

高于专利药市场年增长率，2004 年增长虽有所减缓，仍达到 10%左右水平，预计 2008 年市场规模达到 800 亿美元。与我国医药企业产品结构、技术水平和规模相近的印度制药公司，已通过收购等方式进入欧美国家主流药品市场，在国际非专利药市场开拓上抢得先机。一些大型跨国制药也进入到非专利药市场领域，竞争日益加剧。

（二）加入 WTO，国内医药市场更加开放

加入 WTO 以来，我国政府履行入世承诺，全面对外开放，国内外医药市场加速融合，提高了企业的竞争意识，极大地促进了企业组织结构和产品结构的调整。

1. 药品知识产权保护政策进一步与国际接轨

从目前我国医药科技发展现状看，短期内很难在新药创新研发领域取得重大突破，在未来一段时间内仍将无法改变以仿制药为主的局面。新的药品管理办法，重新定义了新药概念，新药保护由行政保护转为专利保护，取消了原有对新药根据类别给予一定行政保护期的做法，使大批企业纷纷涌入仿制药品领域，同品种生产企业数量大幅增加，国内药品同质化竞争日益加剧。

国内医药市场强劲的增长势头和巨大的发展潜力吸引了国外制药企业进驻本土市场，继以贸易、投资设厂等方式之后，国外企业已经开始瞄准研发领域。一批知名的大型跨国制药企业不仅先后在北京、上海、天津等地设立中国研发中心，而且还将中国市场作为新的业务增长点，与全球同步在中国申请新产品专利注册和上市注册。由于国外企业在长期新药研发过程中积累了丰富的成果，国内企业面临更大的市场竞争压力。

2. 非关税措施阻碍国内企业进入国际市场

入世后，我国政府大幅下调了药品的进口关税及部分医药产品的出口退税率，取消了进口大型医疗装备的特定产品招标管理。

加入 WTO 后，我国凭借在化学原料药领域的生产和人力成本的优势，成功地开拓了国际市场。部分国内企业为了抢占国际市场份额竞相压价，造成低价恶性竞争，大量廉价产品涌入国际市场，使国外反倾销、反垄断诉讼此起彼伏。由于我国反倾销预警机制不健全，企业缺乏应诉经验，处境很被动。能源、原料的涨价，出口退税率降低和美元汇率的变化，使某些传统出口原料药正在失去优势。

2000—2003 年我国医疗器械平均关税由 11%降到 5%～6%，取消了原有大型医疗设备进口的审批权。受巨大的中国医疗器械市场的吸引，国外知名跨国医疗器械企业增加了在华投资，世界医疗器械前十强中有八家已在中国建立生产基地。目前，国内近 70%的医疗器械市场已被跨国公司占领，除少数品种外，国内医疗卫生机构的中高档医疗仪器设备中进口产品占总装机容量的比率高达

90%以上。除了超声聚焦等少数技术处于国际领先水平外，不少关键技术被发达国家大公司所垄断，国产医疗器械产品不论在技术能级、档次方面，还是在产品功能、外观以及操作便捷方面，与美、欧、日等发达国家有明显的差距，产品技术性能和质量水准落后于国际先进水平，难以满足国内临床和科研的需求。我国卫生机构大量采购进口医疗器械（特别是精密医疗仪器），过度追求现代化高标准配置，也是目前我国医疗费用居高不下的主要原因之一。

中药出口面临一系列非关税贸易壁垒等障碍，如绿色壁垒、蓝色壁垒等技术壁垒，进入国际市场困难重重，多年来出口增长缓慢。入世后关税的降低使国外产品的进口更加有利，对国内中药市场形成一定的冲击。

3. 药品分销市场全面开放

加入WTO后，我国取消了对外资参与佣金及批发服务和零售服务的地域、股权、数量以及特许经营的所有限制，实施了新的《药品经营许可证管理办法》。医药分销市场对国内外资本全面放开，标志着国内医药市场全面竞争时代的到来，我国的医药流通企业也真正进入了优胜劣汰的发展阶段。

民营资本和国外资本的进入，对我国传统的药品批发、零售模式产生重大的影响，推动了行业在药品采购、仓储配送、批发零售和售后服务等全方位销售服务领域管理水平的提高。

（三）全面建设小康社会，将极大地促进医药行业的发展

21世纪头二十年是实现现代化建设第三步战略目标承上启下的发展阶段，“十一五”是为今后十年发展奠定基础的关键五年。到2020年我国将基本实现工业化，建成完善的社会主义市场经济体制和更具活力、更加开放的经济体制，社会保障体系比较健全，全民族的健康素质明显提高，形成比较完善的现代医疗卫生体系。医药行业是我国卫生事业的组成部分，是构建社会主义和谐社会的重要内容，是人民健康和社会稳定的重要保障。

1. 发展医药产业是提高我国全民族健康素质的重要保障

随着我国经济建设的快速发展，社会竞争的日益加剧，生活节奏的加快，老年性疾病、病毒、传染病、精神病等已严重影响了人民的生命与健康。为保证我国十几亿人口的生存、发展和健康，加快医药行业发展势在必行。

据统计，目前，全国结核病患者人数约450万，仅次于印度，列世界第二位，其中传染性肺结核病人约200万；乙型肝炎病毒感染者超过1.2亿人，占全世界的1/3；血吸虫病患者约有85万人。在不少农村地区，肠道传染病、微量营养素缺乏病、妇女孕产期疾病、地方病和寄生虫病等仍未得到有效遏制。艾滋病、非典、人间禽流感等新发传染病的出现，又加重了我国疾病预防控制的难度。与此同时，由于居民生活环境、工作环境和生活习惯的变化，恶性肿瘤、高血压、心脑血管病、糖尿病等严重疾病的患病人数也在不断增加，已成为威胁人

民健康的主要病种。据调查，我国18岁以上居民高血压患病率为18.8%，糖尿病患病率为2.6%。因患恶性肿瘤和心脑血管病死亡的人数已经列在我国人口死因的第一位和第二位。精神卫生问题已经成为我国的重大公共卫生问题和社会问题，全国现有精神障碍者约1600万人，患病率达13.5‰。我国出现了急性传染病和慢性严重疾病同时并存的多重疾病负担的状况。

2. 我国医疗卫生事业的发展将对医药行业提出更高的要求

我国人口已达到13亿，60岁以上的老年人口1.33亿，占总人口的10.2%，并以每年3%的速度增长。我国在工业化尚未完成的时期即进入老龄化国家行列，是我国现代化面临的一个巨大难题。预计到2020年，我国的城镇化比例将上升到50%，大约有3亿农村人口转为城镇人口。“十一五”期间，我国总人口仍将持续增长，人口老龄化和城镇化的快速发展，将对医药产业的发展提出更高的要求。

目前，我国已建立了城镇职工医疗保障体系，但覆盖面小。国有企业职工基本参加了医疗保险，但民营企业、外资企业中的职工，特别是进城务工的农民大多没有参加医疗保险，城市下岗职工、失业人员、低保人员、4亿多儿童和中小学生没有医疗保障。从2003年起，全国开展了农村新型合作医疗试点，目前已覆盖约1亿多人，但筹资力度小，一般每人每年仅30元，保障力度不够。据2003年第三次国家卫生服务调查结果显示，目前，有44.8%的城镇人口和79.1%的农村人口没有任何医疗保障，基本上是自费看病。

由于医疗保障覆盖面小、用药和检查费用不甚合理、部分药品价格虚高，致使许多老百姓看不起病，全国每年大约有1000余万的农村人口因病致贫或返贫。据第三次全国卫生普查，卫生费用中，个人自费占56%，社会占27%，政府占17%；另外，44.9%的人有病不去就诊，29.6%的人应住院不住院。我国医疗事业的发展进入关键时期，全面配套的综合改革势在必行，新的卫生体制改革目标是，2010年实现我国对WHO“人人享有卫生保健”的承诺，所有居民全部享有基本医疗保障。可以预计，在社会保障体系的不断完善，医疗卫生体制改革加速进行，我国经济水平和生活水平的不断发展的推动下，我国的医药市场必将有更大的发展空间。

三、指导思想和主要目标

(一) 指导思想

认真贯彻落实《中华人民共和国国民经济和社会发展第十一个五年规划纲要》及以人为本的科学发展观，突出结构调整，加大科技创新力度，深化体制改革，转变医药经济的增长方式，促进医药产业的持续稳定发展，确保医药产品的安全、有效、经济，满足全国人民防病治病的基本需求，提高医药产业的国际竞争力。

（二）主要目标

“十一五”的总体目标是：建立具有较强国际竞争能力的医药产业，部分领域进入世界领先行列，为向医药强国转变打下坚实基础。

1. 产品发展目标

在化学原料药领域，通过工艺、技术和装备创新，实现20个市场增长潜力较大、附加值较高的产品产业化，形成新的国际市场竞争优势；一批产品通过国际注册，真正进入国际市场。

在化学药物制剂领域，争取有5个制剂产品取得美国或欧盟国家的上市资格，真正进入国际主流医药市场。

在中药产品领域，开发上市20～30个质量标准完善，药效机理清楚，安全、高效、稳定、可控的现代中药产品。

在重大、急性传染性疾病和慢性严重疾病领域，争取有10～15个拥有我国自主知识产权的创新药物和新型疫苗实现产业化，投放市场。

新增10～20种数字化、无创或微创的诊疗设备和医用材料进入产业化，国产医疗器械产品的技术性能和质量水平有较大幅度的提高，能够较好地满足以基本医疗服务为主体的多层次的临床需求。

2. 创新体系建设目标

有效整合科研院所、工程和医学临床机构等资源、建立以企业为主体、市场为导向、产品为核心、产学研相结合的较为完善的医药创新体系，全面提高行业原始创新能力、集成创新能力和引进消化吸收再创新能力，具备较强的工程化、产业化能力。医疗器械和重点医药企业研发投入占销售收入的比重达到5%以上，医药行业企业的研发投入达到销售收入的3%。

3. 技术发展目标

坚持自主创新、重点跨越，攻克酶法合成、手性技术、结晶技术以及三废处理技术、清洁生产技术及工艺、高效节能环保设备等一批核心技术、共性技术及装备；提高中药质量控制技术、中西药缓释/控释/靶向给药制剂技术，以及药品中相关物质与残留的检测技术，完善中药质量标准及规范等；扩大数字化技术在医疗器械中的应用。

4. 企业发展目标

充分发挥市场竞争的优胜劣汰机制，形成一批具有自主知识产权和知名品牌、国际竞争力较强的优势企业。培育5个销售额在50亿元以上的大型医药集团，10个销售额在30亿元以上的医药商业企业，并争取有5家左右的本土企业初步发展成为国际化医药企业。

四、"十一五"医药行业发展的主要任务

（一）发展现代医药生物技术

21世纪是生命科学的时代，生物医药是未来医药产业发展的重要方向，也是世界各国重点发展的领域。

1. 应用高新生物技术推动我国医药产业的优化升级

建立以大学院校和科研院所为支撑、大型医药企业集团为依托的新药研发公共平台，主要发展生物芯片、蛋白质组学等基础上的大规模新药筛选技术，为新药研发提供新的手段，推动我国医药产业从仿制阶段向仿创结合、自主创新阶段过渡。

运用基因重组技术、原生质融合技术进行医药发酵的工业菌种改良和工艺流程优化，提高产率，减少能耗、降低成本，产生效益。

2. 加快发展新一代生物技术药物

紧跟世界生物医药技术发展潮流，发展单克隆抗体、细胞因子等重组药物和预防疾病的基因工程疫苗，以及疾病诊断防疫用的PCR、生物芯片等体外生物诊断检测新产品；重点开发长效、口服、肺部给药等新型生物制剂，推动国内生物医药产品的更新换代，抢占市场高端领域。

3. 提高产业化水平

重点突破高密度发酵、大规模哺乳动物细胞培养和蛋白质纯化等关键技术，发展在线检测装置的大型分离柱，基因工程和细胞工程专用分离设备，高效分离介质、生物反应器和自控系统及配套生产所需的原辅材料。提升下游产业化技术水平，发展我国生物医药产业。

（二）继续推进中药现代化和天然药物的发展

我国天然药物资源丰富，运用现代科学技术方法和制药手段，开发现代中药新药及天然药物，并实现产业化，发挥中医药特点优势，满足国内外回归自然、崇尚天然药物的需求。

1. 制订和完善中药标准和规范，积极开发中药新产品

坚持继承与创新并举，制订和完善中药标准和规范，开发出一批疗效确切的中药及民族药新产品。优先开发有中医药疾病治疗优势的药品，特别是用于治疗肿瘤、肝病、心脑血管疾病、免疫功能性疾病、病毒性疾病、糖尿病和老年性疾病等疗效确切、安全可靠、稳定可控的中药新药；加快发展作用机理明确、技术含量高、具有显著中医药特色和优势的中药复方药物。根据自然条件，遵循"地道药材"原则，加强地道中药材优良品种的选育和规范化、标准化、规模化种植，以及濒危稀缺中药材的人工种源繁育；实施中药饮片生产加工的GMP认证；推进藏、蒙、维、傣、彝、苗药等特色民族药物现代化。

2. 重视中药工程装备的开发与运用

针对中药事业的发展，加强技术投入，研制开发适合中药制药技术的配套设备。重点开发单元制药技术及配套设备，新型中药饮片生产工艺与装备，包括提取、分离、浓缩、纯化、干燥、灭菌、制剂、包装及物料传送等生产过程在内的组装式自动化生产线，中药制药工艺参数在线检测和自动化控制系统，中药制药过程质量监控技术。

3. 面向国际市场，发展天然药物

参照国际标准，借鉴国际天然植物药发展经验，按照有关国家的药品注册要求，发展我国的天然药物，实现在发达国家的药品注册，进入国际药品市场。优先发展超临界萃取技术、连续逆流循环、大孔树脂吸附等高效活性物质提取分离技术。

（三）加快创新药物和特色非专利药的研制

面对经济全球化带来国际分工的细化，应突出优势、特色发展，坚持有所为、有所不为，把握国际医药市场一批销售收入超过 10 亿美元的药品专利到期的大好机遇，提早准备，加快产品、产业化技术研发，促进化学药产品的更新换代，加快国际市场开拓，提升在国际医药产业中的分工地位。

1. 巩固和提升我国传统化学原料药和普药生产的优势

加大优势化学原料药基地和骨干企业的技术进步，重点攻关酶法、生物转化、膜技术、结晶技术、手性技术等绿色环保、节能降耗的关键性、共性产业化技术和装备；引进、消化吸收国外先进的技术及装备，提高我国原料药的生产技术水平，推动我国化学原料药产业的可持续发展。

2. 开发特色原料药

认真分析和把握国际市场和产品专利状况，对市场需求潜力大、发展前景较好、专利即将到期的产品有针对性地提前进行研究开发，仿创结合，在工艺技术上对产品进行二次创新。重点选择抗忧郁类、心脑血管、抗肿瘤、抗病毒、抗艾滋病药物等老年性、慢性、传染性等疾病临床用药。

在国内 GMP 认证基础上，积极推进进入欧美市场的产品认证，满足国内市场对更高水平医药产品的需求，同时以质优物美、合理价格开拓国际原料药市场，提高产品附加值和出口产品的档次水平。

3. 加强创新药物的研制

充分运用现代技术，加强作用机制新、疗效高、毒副作用小的具有自主知识产权和市场竞争力的创新药物的研制。重点开发抗肿瘤药物、心脑血管系统药物、抗病毒感染药物、神经精神系统药物、降血糖药物、老年病药物等。

4. 开拓制剂国际市场，改善出口产品结构

加大药物制剂开发力度，提高制剂产品的技术水平，积极参与美国 FDA 和

欧盟的药品注册。针对一些专利准备到期的产品，充分利用Bolar条款，抢先开发、提前申报，抢夺上市先机，争取在国际药物制剂产品上实现新的突破。

（四）分阶段有步骤地发展医疗器械产品及其关键部件

广泛应用计算机技术、数字化技术、信息技术，更新传统医用成像产品，研究新型医学影像系统，及体现我国传统医学方法的舌象脉象分析技术产品。

发展离体诊断仪器设备及其诊断试剂，特别要研究发展用于早期诊断及鉴别诊断的绿色无害的医用成像技术产品及计算机辅助诊断系统。发展自动化或半自动化血液学仪器、生化分析仪器和临床免疫分析仪器以及床旁即时分析仪器。

加快生理信息检测及监护仪器设备的数字化智能化网络化进程，发展作为医学信息数据库和远程医学体系技术支持的医学信息产品；推进医学仪器的模块化专业生产设计。

发展微创、无创的诊治医疗装备器具，发展机器人外科系统及精确治疗设备和图像引导下的定向能量外科新型设备，实现治疗前精确有效预置，治疗过程中精确有效监测控制，解决体内靶区测温控温等关键技术。

发展医用微型智能化系统，机器人外科系统以及加强各类医用传感器、生物传感器、生物芯片技术及相关部件的开发，如X射线数字成像板、微型一次性生物传感器、可植入式连续检测的生物传感器、基因芯片等。

研制具有生理功能的组织或组织器官的生物替代物、纳米级医用材料和部件，以及生物功能检测设备；发展高技术而操作简单化的家庭和自我护理诊断测试产品。

（五）整合各种资源，培育具有国际竞争力的大型医药集团

继续推进和完善产权制度改革，加快医药行业结构的战略性调整，鼓励优势企业采用联合、兼并、参股、控股等手段，按照产业化、集聚化、国际化的发展方向，加大现有产业资源的整合，培育具有国际竞争力的大型医药集团。鼓励科技型企业向专业化和特色方向发展，形成分工协作，优势互补的合理的产业格局，发挥整体规模效益。支持有条件的企业走出去，以参股控股、并购、租赁、境外上市、设立研发中心或在外在设厂等方式，利用国外先进的生产设备、研发能力和优秀人才，生产在国际上适销对路的产品，主动参与国际竞争。

（六）保护资源和生态环境，坚持医药行业的可持续发展

制定中药资源保护管理条例，严格控制野生药材的采挖，加强生态和珍稀濒危物种保护，保障中药资源的可持续利用，维护生态平衡。采取有力措施抓好化学原料药的节水、节能、节约资源和环境综合治理工作。大力发展循环经济，清洁生产，提高资源可利用效率，尽可能减少资源消耗和废物产生，尽可能回收利用再生资源。

五、政策措施

（一）推进医药自主创新体系的建设，提高持续创新能力

制定积极的财政、税收和政府采购政策，加大对医药科技创新方面的投入，推进建立以企业为主体、科研院所为支撑、市场为导向、产品为核心的、产学研相结合的医药科技创新体系。扶持优势企业的创新能力建设，引导并支持企业建立技术中心，建设技术交易平台，加速科技成果的转化。鼓励企业引进消化吸收再创新，鼓励科技人员创新，实现新药研制从仿制为主向创新为主、仿创结合发展。加快科技支撑体系建设，为原始创新提供重要支撑，打破部门、地区封闭，建立科技资源共享、共用、共建体制，建设一批具有国际先进水平的专业化的研究开发基地，以及与国际标准接轨的新药安全评价、药物制剂技术等研究开发中心。加强国际间的合作与交流，建立国际水准的信息科技平台。完善知识产权保护，以及符合中医药特点的药品评价体系。

（二）优化产业结构与布局，促进各地区医药经济协调发展

抓住国家实施西部大开发、振兴东北老工业基地、促进中部地区崛起等发展战略的契机，根据各地区生态资源环境状况，按照“突出特点、特色发展”的方针，优化医药产业在全国的总体布局，形成长江三角洲、珠江三角洲和京津冀地区三个综合性生产基地和东北地区、中西部地区若干个专业性生产基地。形成区域相互促进、优势互补的互动机制，促进各地区医药经济协调发展。

（三）鼓励医药产品出口及实施“走出去”的国际发展战略

加强国际合作，研究国外市场需求，建立医药产品出口信息平台。加强医药行业标准与国际标准的对接，指导医药企业境外注册和相关认证。适时调整医药产品的出口退税率。妥善应对国际间的贸易摩擦，建立反倾销预警机制。在“十一五”期间，设立医药制剂产品出口专项，鼓励拥有自主知识产权、疗效确切、国际市场需求量较大的产品出口，提高医药产品的国际竞争力。

鼓励有条件的医药企业以参股控股、并购、租赁、境外上市、设立研发中心或在外在设厂等方式进入国际市场，建立完善的境外投资管理监督机制，简化审批程序，主动为企业“走出去”搭建平台，对重点企业在对外投资信贷、海外投资所得税、信息服务等方面给予扶持。

（四）创造良好的医药行业发展环境

1. 推进医药卫生等领域的体制改革

坚持政府主导和市场机制相结合的原则，积极稳步推进医疗卫生体制改革，加大政府卫生投入，解决医疗机构的收入补偿问题，根本改变“以药养医”的局面。

加快城镇职工基本医疗保险制度改革和农村新型合作医疗试点，进一步扩大

社会医疗保险的覆盖面。

2. 加快医药流通体制改革

进一步规范药品名称管理，实施药品通用名处方制度，建立向社会药店开放的处方管理制度，加大“医药分开核算、分开管理”、药品分类管理的实施和改革力度。

完善药品定价管理，为企业生存发展（科研开发、环保投入等）保留必要的价格空间，按公平竞争、质价相符原则，缩小国产药与合资药、进口药的价差，提高医疗必需、因价格过低而停产的药品的价格。

规范药品招标采购行为，对药品集中招标采购实施过程中不执行招标合同、不使用中标药品、收受回扣、提成、对竞标企业乱收费以及不按规定按时交货或付款等问题，加大查处力度。

3. 继续加大淘汰落后力度，制止低水平重复建设

严格把好GMP认证关，对在规定期限内未通过GMP认证的企业坚决依法关停并转。加强环保监督，对污染严重、治理不力的药品生产企业加大查处力度。

加强宏观调控，根据经济发展要求，制定医药产业发展政策，修订和更新工商、信贷投资领域制止重复建设目录以及《外商投资产业指导目录》等，引导行业发展。根据产品和技术发展要求，定期修订产品质量和技术标准，提高技术门槛，淘汰落后的生产工艺、技术产品和装备。逐步建立以技术、经济手段为主，行政手段为辅的适应市场经济发展的行业管理机制。

4. 加大对医药科技研发及产业化项目的支持力度

加强金融创新，加快投融资体系建设，推动资本市场的改革开放和稳定发展，发挥风险投资在科技创业和高新医药技术产品产业化、市场化中的作用。

对国家确定的重大医药科技项目以及产业化项目继续给予财政支持和税收支持；对涉及重大卫生安全的医药研发、工业投资项目给予重点支持。对医疗器械国产化、中药材资源开发利用、重大疾病药物产业化以及现代中药等专项给予一定的财政支持。

（五）充分发挥行业协会的自律和服务作用

积极探索行业协会发展模式，充分发挥行业协会在企业和政府之间的桥梁作用，维护企业合法权益职能，制定行规行约，规范行业行为，维护公平有序的竞争环境。积极开展行业的研究与调查，促进企业国际交流与合作。

014

中华人民共和国卫生部令

第 90 号

《药品经营质量管理规范》已于 2012 年 11 月 6 日经卫生部部务会审议通过，现予公布，自 2013 年 6 月 1 日起施行。

部长 陈竺

二〇一三年一月二十二日

药品经营质量管理规范

第一章 总 则

第一条 为加强药品经营质量管理，规范药品经营行为，保障人体用药安全、有效，根据《中华人民共和国药品管理法》、《中华人民共和国药品管理法实施条例》，制定本规范。

第二条 本规范是药品经营管理和质量控制的基本准则，企业应当在药品采购、储存、销售、运输等环节采取有效的质量控制措施，确保药品质量。

第三条 药品经营企业应当严格执行本规范。

药品生产企业销售药品、药品流通过程中其他涉及储存与运输药品的，也应当符合本规范相关要求。

第四条 药品经营企业应当坚持诚实守信，依法经营。禁止任何虚假、欺骗行为。

第二章 药品批发的质量管理

第一节 质量管理体系

第五条 企业应当依据有关法律法规及本规范的要求建立质量管理体系，确定质量方针，制定质量管理体系文件，开展质量策划、质量控制、质量保证、质量改进和质量风险管理等活动。

第六条 企业制定的质量方针文件应当明确企业总的质量目标和要求，并贯彻到药品经营活动的全过程。

第七条 企业质量管理体系应当与其经营范围和规模相适应，包括组织机构、人员、设施设备、质量管理体系文件及相应的计算机系统等。

第八条 企业应当定期以及在质量管理体系关键要素发生重大变化时，组织开展内审。

第九条 企业应当对内审的情况进行分析，依据分析结论制定相应的质量管理体系改进措施，不断提高质量控制水平，保证质量管理体系持续有效运行。

第十条 企业应当采用前瞻或者回顾的方式，对药品流通过程中的质量风险进行评估、控制、沟通和审核。

第十一条 企业应当对药品供货单位、购货单位的质量管理体系进行评价，确认其质量保证能力和质量信誉，必要时进行实地考察。

第十二条 企业应当全员参与质量管理。各部门、岗位人员应当正确理解并履行职责，承担相应质量责任。

第二节 组织机构与质量管理职责

第十三条 企业应当设立与其经营活动和质量管理相适应的组织机构或者岗位，明确规定其职责、权限及相互关系。

第十四条 企业负责人是药品质量的主要责任人，全面负责企业日常管理，负责提供必要的条件，保证质量管理部门和质量管理人员有效履行职责，确保企业实现质量目标并按照本规范要求经营药品。

第十五条 企业质量负责人应当由高层管理人员担任，全面负责药品质量管理工作，独立履行职责，在企业内部对药品质量管理具有裁决权。

第十六条 企业应当设立质量管理部门，有效开展质量管理工作。质量管理部门的职责不得由其他部门及人员履行。

第十七条 质量管理部门应当履行以下职责：

（一）督促相关部门和岗位人员执行药品管理的法律法规及本规范；

（二）组织制订质量管理体系文件，并指导、监督文件的执行；

（三）负责对供货单位和购货单位的合法性、购进药品的合法性以及供货单位销售人员、购货单位采购人员的合法资格进行审核，并根据审核内容的变化进行动态管理；

（四）负责质量信息的收集和管理，并建立药品质量档案；

（五）负责药品的验收，指导并监督药品采购、储存、养护、销售、退货、运输等环节的质量管理工作；

（六）负责不合格药品的确认，对不合格药品的处理过程实施监督；

（七）负责药品质量投诉和质量事故的调查、处理及报告；

（八）负责假劣药品的报告；

（九）负责药品质量查询；

（十）负责指导设定计算机系统质量控制功能；

（十一）负责计算机系统操作权限的审核和质量管理基础数据的建立及更新；

（十二）组织验证、校准相关设施设备；

（十三）负责药品召回的管理；

（十四）负责药品不良反应的报告；

（十五）组织质量管理体系的内审和风险评估；

（十六）组织对药品供货单位及购货单位质量管理体系和服务质量的考察和评价；

（十七）组织对被委托运输的承运方运输条件和质量保障能力的审查；

（十八）协助开展质量管理教育和培训；

（十九）其他应当由质量管理部门履行的职责。

第三节　人员与培训

第十八条　企业从事药品经营和质量管理工作的人员，应当符合有关法律法规及本规范规定的资格要求，不得有相关法律法规禁止从业的情形。

第十九条　企业负责人应当具有大学专科以上学历或者中级以上专业技术职称，经过基本的药学专业知识培训，熟悉有关药品管理的法律法规及本规范。

第二十条　企业质量负责人应当具有大学本科以上学历、执业药师资格和 3 年以上药品经营质量管理工作经历，在质量管理工作中具备正确判断和保障实施的能力。

第二十一条　企业质量管理部门负责人应当具有执业药师资格和 3 年以上药品经营质量管理工作经历，能独立解决经营过程中的质量问题。

第二十二条　企业应当配备符合以下资格要求的质量管理、验收及养护等岗位人员：

（一）从事质量管理工作的，应当具有药学中专或者医学、生物、化学等相关专业大学专科以上学历或者具有药学初级以上专业技术职称；

（二）从事验收、养护工作的，应当具有药学或者医学、生物、化学等相关专业中专以上学历或者具有药学初级以上专业技术职称；

（三）从事中药材、中药饮片验收工作的，应当具有中药学专业中专以上学历或者具有中药学中级以上专业技术职称；从事中药材、中药饮片养护工作的，应当具有中药学专业中专以上学历或者具有中药学初级以上专业技术职称；直接收购地产中药材的，验收人员应当具有中药学中级以上专业技术职称。

经营疫苗的企业还应当配备 2 名以上专业技术人员专门负责疫苗质量管理和

验收工作，专业技术人员应当具有预防医学、药学、微生物学或者医学等专业本科以上学历及中级以上专业技术职称，并有3年以上从事疫苗管理或者技术工作经历。

第二十三条 从事质量管理、验收工作的人员应当在职在岗，不得兼职其他业务工作。

第二十四条 从事采购工作的人员应当具有药学或者医学、生物、化学等相关专业中专以上学历，从事销售、储存等工作的人员应当具有高中以上文化程度。

第二十五条 企业应当对各岗位人员进行与其职责和工作内容相关的岗前培训和继续培训，以符合本规范要求。

第二十六条 培训内容应当包括相关法律法规、药品专业知识及技能、质量管理制度、职责及岗位操作规程等。

第二十七条 企业应当按照培训管理制度制定年度培训计划并开展培训，使相关人员能正确理解并履行职责。培训工作应当做好记录并建立档案。

第二十八条 从事特殊管理的药品和冷藏冷冻药品的储存、运输等工作的人员，应当接受相关法律法规和专业知识培训并经考核合格后方可上岗。

第二十九条 企业应当制定员工个人卫生管理制度，储存、运输等岗位人员的着装应当符合劳动保护和产品防护的要求。

第三十条 质量管理、验收、养护、储存等直接接触药品岗位的人员应当进行岗前及年度健康检查，并建立健康档案。患有传染病或者其他可能污染药品的疾病的，不得从事直接接触药品的工作。身体条件不符合相应岗位特定要求的，不得从事相关工作。

第四节　质量管理体系文件

第三十一条 企业制定质量管理体系文件应当符合企业实际。文件包括质量管理制度、部门及岗位职责、操作规程、档案、报告、记录和凭证等。

第三十二条 文件的起草、修订、审核、批准、分发、保管，以及修改、撤销、替换、销毁等应当按照文件管理操作规程进行，并保存相关记录。

第三十三条 文件应当标明题目、种类、目的以及文件编号和版本号。文字应当准确、清晰、易懂。

文件应当分类存放，便于查阅。

第三十四条 企业应当定期审核、修订文件，使用的文件应当为现行有效的文本，已废止或者失效的文件除留档备查外，不得在工作现场出现。

第三十五条 企业应当保证各岗位获得与其工作内容相对应的必要文件，并严格按照规定开展工作。

第三十六条 质量管理制度应当包括以下内容：

（一）质量管理体系内审的规定；

（二）质量否决权的规定；

（三）质量管理文件的管理；

（四）质量信息的管理；

（五）供货单位、购货单位、供货单位销售人员及购货单位采购人员等资格审核的规定；

（六）药品采购、收货、验收、储存、养护、销售、出库、运输的管理；

（七）特殊管理的药品的规定；

（八）药品有效期的管理；

（九）不合格药品、药品销毁的管理；

（十）药品退货的管理；

（十一）药品召回的管理；

（十二）质量查询的管理；

（十三）质量事故、质量投诉的管理；

（十四）药品不良反应报告的规定；

（十五）环境卫生、人员健康的规定；

（十六）质量方面的教育、培训及考核的规定；

（十七）设施设备保管和维护的管理；

（十八）设施设备验证和校准的管理；

（十九）记录和凭证的管理；

（二十）计算机系统的管理；

（二十一）执行药品电子监管的规定；

（二十二）其他应当规定的内容。

第三十七条 部门及岗位职责应当包括：

（一）质量管理、采购、储存、销售、运输、财务和信息管理等部门职责；

（二）企业负责人、质量负责人及质量管理、采购、储存、销售、运输、财务和信息管理等部门负责人的岗位职责；

（三）质量管理、采购、收货、验收、储存、养护、销售、出库复核、运输、财务、信息管理等岗位职责；

（四）与药品经营相关的其他岗位职责。

第三十八条 企业应当制定药品采购、收货、验收、储存、养护、销售、出库复核、运输等环节及计算机系统的操作规程。

第三十九条 企业应当建立药品采购、验收、养护、销售、出库复核、销后退回和购进退出、运输、储运温湿度监测、不合格药品处理等相关记录，做到真实、完整、准确、有效和可追溯。

第四十条 通过计算机系统记录数据时，有关人员应当按照操作规程，通过授权及密码登录后方可进行数据的录入或者复核；数据的更改应当经质量管理部门审核并在其监督下进行，更改过程应当留有记录。

第四十一条 书面记录及凭证应当及时填写，并做到字迹清晰，不得随意涂改，不得撕毁。更改记录的，应当注明理由、日期并签名，保持原有信息清晰可辨。

第四十二条 记录及凭证应当至少保存5年。疫苗、特殊管理的药品的记录及凭证按相关规定保存。

第五节 设施与设备

第四十三条 企业应当具有与其药品经营范围、经营规模相适应的经营场所和库房。

第四十四条 库房的选址、设计、布局、建造、改造和维护应当符合药品储存的要求，防止药品的污染、交叉污染、混淆和差错。

第四十五条 药品储存作业区、辅助作业区应当与办公区和生活区分开一定距离或者有隔离措施。

第四十六条 库房的规模及条件应当满足药品的合理、安全储存，并达到以下要求，便于开展储存作业：

（一）库房内外环境整洁，无污染源，库区地面硬化或者绿化；

（二）库房内墙、顶光洁，地面平整，门窗结构严密；

（三）库房有可靠的安全防护措施，能够对无关人员进入实行可控管理，防止药品被盗、替换或者混入假药；

（四）有防止室外装卸、搬运、接收、发运等作业受异常天气影响的措施。

第四十七条 库房应当配备以下设施设备：

（一）药品与地面之间有效隔离的设备；

（二）避光、通风、防潮、防虫、防鼠等设备；

（三）有效调控温湿度及室内外空气交换的设备；

（四）自动监测、记录库房温湿度的设备；

（五）符合储存作业要求的照明设备；

（六）用于零货拣选、拼箱发货操作及复核的作业区域和设备；

（七）包装物料的存放场所；

（八）验收、发货、退货的专用场所；

（九）不合格药品专用存放场所；

（十）经营特殊管理的药品有符合国家规定的储存设施。

第四十八条 经营中药材、中药饮片的，应当有专用的库房和养护工作场所，直接收购地产中药材的应当设置中药样品室（柜）。

第四十九条 经营冷藏、冷冻药品的，应当配备以下设施设备：

（一）与其经营规模和品种相适应的冷库，经营疫苗的应当配备两个以上独立冷库；

（二）用于冷库温度自动监测、显示、记录、调控、报警的设备；

（三）冷库制冷设备的备用发电机组或者双回路供电系统；

（四）对有特殊低温要求的药品，应当配备符合其储存要求的设施设备；

（五）冷藏车及车载冷藏箱或者保温箱等设备。

第五十条 运输药品应当使用封闭式货物运输工具。

第五十一条 运输冷藏、冷冻药品的冷藏车及车载冷藏箱、保温箱应当符合药品运输过程中对温度控制的要求。冷藏车具有自动调控温度、显示温度、存储和读取温度监测数据的功能；冷藏箱及保温箱具有外部显示和采集箱体内温度数据的功能。

第五十二条 储存、运输设施设备的定期检查、清洁和维护应当由专人负责，并建立记录和档案。

第六节 校准与验证

第五十三条 企业应当按照国家有关规定，对计量器具、温湿度监测设备等定期进行校准或者检定。

企业应当对冷库、储运温湿度监测系统以及冷藏运输等设施设备进行使用前验证、定期验证及停用时间超过规定时限的验证。

第五十四条 企业应当根据相关验证管理制度，形成验证控制文件，包括验证方案、报告、评价、偏差处理和预防措施等。

第五十五条 验证应当按照预先确定和批准的方案实施，验证报告应当经过审核和批准，验证文件应当存档。

第五十六条 企业应当根据验证确定的参数及条件，正确、合理使用相关设施设备。

第七节 计算机系统

第五十七条 企业应当建立能够符合经营全过程管理及质量控制要求的计算机系统，实现药品质量可追溯，并满足药品电子监管的实施条件。

第五十八条 企业计算机系统应当符合以下要求：

（一）有支持系统正常运行的服务器和终端机；

（二）有安全、稳定的网络环境，有固定接入互联网的方式和安全可靠的信息平台；

（三）有实现部门之间、岗位之间信息传输和数据共享的局域网；

（四）有药品经营业务票据生成、打印和管理功能；

（五）有符合本规范要求及企业管理实际需要的应用软件和相关数据库。

第五十九条 各类数据的录入、修改、保存等操作应当符合授权范围、操作规程和管理制度的要求，保证数据原始、真实、准确、安全和可追溯。

第六十条 计算机系统运行中涉及企业经营和管理的数据应当采用安全、可靠的方式储存并按日备份，备份数据应当存放在安全场所，记录类数据的保存时限应当符合本规范第四十二条的要求。

第八节 采 购

第六十一条 企业的采购活动应当符合以下要求：

（一）确定供货单位的合法资格；

（二）确定所购入药品的合法性；

（三）核实供货单位销售人员的合法资格；

（四）与供货单位签订质量保证协议。

采购中涉及的首营企业、首营品种，采购部门应当填写相关申请表格，经过质量管理部门和企业质量负责人的审核批准。必要时应当组织实地考察，对供货单位质量管理体系进行评价。

第六十二条 对首营企业的审核，应当查验加盖其公章原印章的以下资料，确认真实、有效：

（一）《药品生产许可证》或者《药品经营许可证》复印件；

（二）营业执照及其年检证明复印件；

（三）《药品生产质量管理规范》认证证书或者《药品经营质量管理规范》认证证书复印件；

（四）相关印章、随货同行单（票）样式；

（五）开户户名、开户银行及账号；

（六）《税务登记证》和《组织机构代码证》复印件。

第六十三条 采购首营品种应当审核药品的合法性，索取加盖供货单位公章原印章的药品生产或者进口批准证明文件复印件并予以审核，审核无误的方可采购。

以上资料应当归入药品质量档案。

第六十四条 企业应当核实、留存供货单位销售人员以下资料：

（一）加盖供货单位公章原印章的销售人员身份证复印件；

（二）加盖供货单位公章原印章和法定代表人印章或者签名的授权书，授权书应当载明被授权人姓名、身份证号码，以及授权销售的品种、地域、期限；

（三）供货单位及供货品种相关资料。

第六十五条　企业与供货单位签订的质量保证协议至少包括以下内容：

（一）明确双方质量责任；

（二）供货单位应当提供符合规定的资料且对其真实性、有效性负责；

（三）供货单位应当按照国家规定开具发票；

（四）药品质量符合药品标准等有关要求；

（五）药品包装、标签、说明书符合有关规定；

（六）药品运输的质量保证及责任；

（七）质量保证协议的有效期限。

第六十六条　采购药品时，企业应当向供货单位索取发票。发票应当列明药品的通用名称、规格、单位、数量、单价、金额等；不能全部列明的，应当附《销售货物或者提供应税劳务清单》，并加盖供货单位发票专用章原印章、注明税票号码。

第六十七条　发票上的购、销单位名称及金额、品名应当与付款流向及金额、品名一致，并与财务账目内容相对应。发票按有关规定保存。

第六十八条　采购药品应当建立采购记录。采购记录应当有药品的通用名称、剂型、规格、生产厂商、供货单位、数量、价格、购货日期等内容，采购中药材、中药饮片的还应当标明产地。

第六十九条　发生灾情、疫情、突发事件或者临床紧急救治等特殊情况，以及其他符合国家有关规定的情形，企业可采用直调方式购销药品，将已采购的药品不入本企业仓库，直接从供货单位发送到购货单位，并建立专门的采购记录，保证有效的质量跟踪和追溯。

第七十条　采购特殊管理的药品，应当严格按照国家有关规定进行。

第七十一条　企业应当定期对药品采购的整体情况进行综合质量评审，建立药品质量评审和供货单位质量档案，并进行动态跟踪管理。

第九节　收货与验收

第七十二条　企业应当按照规定的程序和要求对到货药品逐批进行收货、验收，防止不合格药品入库。

第七十三条　药品到货时，收货人员应当核实运输方式是否符合要求，并对照随货同行单（票）和采购记录核对药品，做到票、账、货相符。

随货同行单（票）应当包括供货单位、生产厂商、药品的通用名称、剂型、规格、批号、数量、收货单位、收货地址、发货日期等内容，并加盖供货单位药品出库专用章原印章。

第七十四条 冷藏、冷冻药品到货时，应当对其运输方式及运输过程的温度记录、运输时间等质量控制状况进行重点检查并记录。不符合温度要求的应当拒收。

第七十五条 收货人员对符合收货要求的药品，应当按品种特性要求放于相应待验区域，或者设置状态标志，通知验收。冷藏、冷冻药品应当在冷库内待验。

第七十六条 验收药品应当按照药品批号查验同批号的检验报告书。供货单位为批发企业的，检验报告书应当加盖其质量管理专用章原印章。检验报告书的传递和保存可以采用电子数据形式，但应当保证其合法性和有效性。

第七十七条 企业应当按照验收规定，对每次到货药品进行逐批抽样验收，抽取的样品应当具有代表性。

（一）同一批号的药品应当至少检查一个最小包装，但生产企业有特殊质量控制要求或者打开最小包装可能影响药品质量的，可不打开最小包装；

（二）破损、污染、渗液、封条损坏等包装异常以及零货、拼箱的，应当开箱检查至最小包装；

（三）外包装及封签完整的原料药、实施批签发管理的生物制品，可不开箱检查。

第七十八条 验收人员应当对抽样药品的外观、包装、标签、说明书以及相关的证明文件等逐一进行检查、核对；验收结束后，应当将抽取的完好样品放回原包装箱，加封并标示。

第七十九条 特殊管理的药品应当按照相关规定在专库或者专区内验收。

第八十条 验收药品应当做好验收记录，包括药品的通用名称、剂型、规格、批准文号、批号、生产日期、有效期、生产厂商、供货单位、到货数量、到货日期、验收合格数量、验收结果等内容。验收人员应当在验收记录上签署姓名和验收日期。

中药材验收记录应当包括品名、产地、供货单位、到货数量、验收合格数量等内容。中药饮片验收记录应当包括品名、规格、批号、产地、生产日期、生产厂商、供货单位、到货数量、验收合格数量等内容，实施批准文号管理的中药饮片还应当记录批准文号。

验收不合格的还应当注明不合格事项及处置措施。

第八十一条 对实施电子监管的药品，企业应当按规定进行药品电子监管码扫码，并及时将数据上传至中国药品电子监管网系统平台。

第八十二条 企业对未按规定加印或者加贴中国药品电子监管码，或者监管码的印刷不符合规定要求的，应当拒收。监管码信息与药品包装信息不符的，应当及时向供货单位查询，未得到确认之前不得入库，必要时向当地药品监督管理部门报告。

第八十三条　企业应当建立库存记录，验收合格的药品应当及时入库登记；验收不合格的，不得入库，并由质量管理部门处理。

第八十四条　企业按本规范第六十九条规定进行药品直调的，可委托购货单位进行药品验收。购货单位应当严格按照本规范的要求验收药品和进行药品电子监管码的扫码与数据上传，并建立专门的直调药品验收记录。验收当日应当将验收记录相关信息传递给直调企业。

第十节　储存与养护

第八十五条　企业应当根据药品的质量特性对药品进行合理储存，并符合以下要求：

（一）按包装标示的温度要求储存药品，包装上没有标示具体温度的，按照《中华人民共和国药典》规定的贮藏要求进行储存；

（二）储存药品相对湿度为35％～75％；

（三）在人工作业的库房储存药品，按质量状态实行色标管理：合格药品为绿色，不合格药品为红色，待确定药品为黄色；

（四）储存药品应当按照要求采取避光、遮光、通风、防潮、防虫、防鼠等措施；

（五）搬运和堆码药品应当严格按照外包装标示要求规范操作，堆码高度符合包装图示要求，避免损坏药品包装；

（六）药品按批号堆码，不同批号的药品不得混垛，垛间距不小于5厘米，与库房内墙、顶、温度调控设备及管道等设施间距不小于30厘米，与地面间距不小于10厘米；

（七）药品与非药品、外用药与其他药品分开存放，中药材和中药饮片分库存放；

（八）特殊管理的药品应当按照国家有关规定储存；

（九）拆除外包装的零货药品应当集中存放；

（十）储存药品的货架、托盘等设施设备应当保持清洁，无破损和杂物堆放；

（十一）未经批准的人员不得进入储存作业区，储存作业区内的人员不得有影响药品质量和安全的行为；

（十二）药品储存作业区内不得存放与储存管理无关的物品。

第八十六条　养护人员应当根据库房条件、外部环境、药品质量特性等对药品进行养护，主要内容是：

（一）指导和督促储存人员对药品进行合理储存与作业；

（二）检查并改善储存条件、防护措施、卫生环境；

（三）对库房温湿度进行有效监测、调控；

（四）按照养护计划对库存药品的外观、包装等质量状况进行检查，并建立养护记录；对储存条件有特殊要求的或者有效期较短的品种应当进行重点养护；

（五）发现有问题的药品应当及时在计算机系统中锁定和记录，并通知质量管理部门处理；

（六）对中药材和中药饮片应当按其特性采取有效方法进行养护并记录，所采取的养护方法不得对药品造成污染；

（七）定期汇总、分析养护信息。

第八十七条 企业应当采用计算机系统对库存药品的有效期进行自动跟踪和控制，采取近效期预警及超过有效期自动锁定等措施，防止过期药品销售。

第八十八条 药品因破损而导致液体、气体、粉末泄漏时，应当迅速采取安全处理措施，防止对储存环境和其他药品造成污染。

第八十九条 对质量可疑的药品应当立即采取停售措施，并在计算机系统中锁定，同时报告质量管理部门确认。对存在质量问题的药品应当采取以下措施：

（一）存放于标志明显的专用场所，并有效隔离，不得销售；

（二）怀疑为假药的，及时报告药品监督管理部门；

（三）属于特殊管理的药品，按照国家有关规定处理；

（四）不合格药品的处理过程应当有完整的手续和记录；

（五）对不合格药品应当查明并分析原因，及时采取预防措施。

第九十条 企业应当对库存药品定期盘点，做到账、货相符。

第十一节 销 售

第九十一条 企业应当将药品销售给合法的购货单位，并对购货单位的证明文件、采购人员及提货人员的身份证明进行核实，保证药品销售流向真实、合法。

第九十二条 企业应当严格审核购货单位的生产范围、经营范围或者诊疗范围，并按照相应的范围销售药品。

第九十三条 企业销售药品，应当如实开具发票，做到票、账、货、款一致。

第九十四条 企业应当做好药品销售记录。销售记录应当包括药品的通用名称、规格、剂型、批号、有效期、生产厂商、购货单位、销售数量、单价、金额、销售日期等内容。按照本规范第六十九条规定进行药品直调的，应当建立专门的销售记录。

中药材销售记录应当包括品名、规格、产地、购货单位、销售数量、单价、金额、销售日期等内容；中药饮片销售记录应当包括品名、规格、批号、产地、生产厂商、购货单位、销售数量、单价、金额、销售日期等内容。

第九十五条　销售特殊管理的药品以及国家有专门管理要求的药品，应当严格按照国家有关规定执行。

第十二节　出　　库

第九十六条　出库时应当对照销售记录进行复核。发现以下情况不得出库，并报告质量管理部门处理：

（一）药品包装出现破损、污染、封口不牢、衬垫不实、封条损坏等问题；

（二）包装内有异常响动或者液体渗漏；

（三）标签脱落、字迹模糊不清或者标识内容与实物不符；

（四）药品已超过有效期；

（五）其他异常情况的药品。

第九十七条　药品出库复核应当建立记录，包括购货单位、药品的通用名称、剂型、规格、数量、批号、有效期、生产厂商、出库日期、质量状况和复核人员等内容。

第九十八条　特殊管理的药品出库应当按照有关规定进行复核。

第九十九条　药品拼箱发货的代用包装箱应当有醒目的拼箱标志。

第一百条　药品出库时，应当附加盖企业药品出库专用章原印章的随货同行单（票）。

企业按照本规范第六十九条规定直调药品的，直调药品出库时，由供货单位开具两份随货同行单（票），分别发往直调企业和购货单位。随货同行单（票）的内容应当符合本规范第七十三条　第二款的要求，还应当标明直调企业名称。

第一百零一条　冷藏、冷冻药品的装箱、装车等项作业，应当由专人负责并符合以下要求：

（一）车载冷藏箱或者保温箱在使用前应当达到相应的温度要求；

（二）应当在冷藏环境下完成冷藏、冷冻药品的装箱、封箱工作；

（三）装车前应当检查冷藏车辆的启动、运行状态，达到规定温度后方可装车；

（四）启运时应当做好运输记录，内容包括运输工具和启运时间等。

第一百零二条　对实施电子监管的药品，应当在出库时进行扫码和数据上传。

第十三节　运输与配送

第一百零三条　企业应当按照质量管理制度的要求，严格执行运输操作规程，并采取有效措施保证运输过程中的药品质量与安全。

第一百零四条 运输药品，应当根据药品的包装、质量特性并针对车况、道路、天气等因素，选用适宜的运输工具，采取相应措施防止出现破损、污染等问题。

第一百零五条 发运药品时，应当检查运输工具，发现运输条件不符合规定的，不得发运。运输药品过程中，运载工具应当保持密闭。

第一百零六条 企业应当严格按照外包装标示的要求搬运、装卸药品。

第一百零七条 企业应当根据药品的温度控制要求，在运输过程中采取必要的保温或者冷藏、冷冻措施。

运输过程中，药品不得直接接触冰袋、冰排等蓄冷剂，防止对药品质量造成影响。

第一百零八条 在冷藏、冷冻药品运输途中，应当实时监测并记录冷藏车、冷藏箱或者保温箱内的温度数据。

第一百零九条 企业应当制定冷藏、冷冻药品运输应急预案，对运输途中可能发生的设备故障、异常天气影响、交通拥堵等突发事件，能够采取相应的应对措施。

第一百一十条 企业委托其他单位运输药品的，应当对承运方运输药品的质量保障能力进行审计，索取运输车辆的相关资料，符合本规范运输设施设备条件和要求的方可委托。

第一百一十一条 企业委托运输药品应当与承运方签订运输协议，明确药品质量责任、遵守运输操作规程和在途时限等内容。

第一百一十二条 企业委托运输药品应当有记录，实现运输过程的质量追溯。记录至少包括发货时间、发货地址、收货单位、收货地址、货单号、药品件数、运输方式、委托经办人、承运单位，采用车辆运输的还应当载明车牌号，并留存驾驶人员的驾驶证复印件。记录应当至少保存5年。

第一百一十三条 已装车的药品应当及时发运并尽快送达。委托运输的，企业应当要求并监督承运方严格履行委托运输协议，防止因在途时间过长影响药品质量。

第一百一十四条 企业应当采取运输安全管理措施，防止在运输过程中发生药品盗抢、遗失、调换等事故。

第一百一十五条 特殊管理的药品的运输应当符合国家有关规定。

第十四节　售后管理

第一百一十六条 企业应当加强对退货的管理，保证退货环节药品的质量和安全，防止混入假冒药品。

第一百一十七条 企业应当按照质量管理制度的要求，制定投诉管理操作规程，内容包括投诉渠道及方式、档案记录、调查与评估、处理措施、反馈和事后跟踪等。

第一百一十八条　企业应当配备专职或者兼职人员负责售后投诉管理，对投诉的质量问题查明原因，采取有效措施及时处理和反馈，并做好记录，必要时应当通知供货单位及药品生产企业。

第一百一十九条　企业应当及时将投诉及处理结果等信息记入档案，以便查询和跟踪。

第一百二十条　企业发现已售出药品有严重质量问题，应当立即通知购货单位停售、追回并做好记录，同时向药品监督管理部门报告。

第一百二十一条　企业应当协助药品生产企业履行召回义务，按照召回计划的要求及时传达、反馈药品召回信息，控制和收回存在安全隐患的药品，并建立药品召回记录。

第一百二十二条　企业质量管理部门应当配备专职或者兼职人员，按照国家有关规定承担药品不良反应监测和报告工作。

第三章　药品零售的质量管理

第一节　质量管理与职责

第一百二十三条　企业应当按照有关法律法规及本规范的要求制定质量管理文件，开展质量管理活动，确保药品质量。

第一百二十四条　企业应当具有与其经营范围和规模相适应的经营条件，包括组织机构、人员、设施设备、质量管理文件，并按照规定设置计算机系统。

第一百二十五条　企业负责人是药品质量的主要责任人，负责企业日常管理，负责提供必要的条件，保证质量管理部门和质量管理人员有效履行职责，确保企业按照本规范要求经营药品。

第一百二十六条　企业应当设置质量管理部门或者配备质量管理人员，履行以下职责：

（一）督促相关部门和岗位人员执行药品管理的法律法规及本规范；

（二）组织制订质量管理文件，并指导、监督文件的执行；

（三）负责对供货单位及其销售人员资格证明的审核；

（四）负责对所采购药品合法性的审核；

（五）负责药品的验收，指导并监督药品采购、储存、陈列、销售等环节的质量管理工作；

（六）负责药品质量查询及质量信息管理；

（七）负责药品质量投诉和质量事故的调查、处理及报告；

（八）负责对不合格药品的确认及处理；

（九）负责假劣药品的报告；

（十）负责药品不良反应的报告；

（十一）开展药品质量管理教育和培训；

（十二）负责计算机系统操作权限的审核、控制及质量管理基础数据的维护；

（十三）负责组织计量器具的校准及检定工作；

（十四）指导并监督药学服务工作；

（十五）其他应当由质量管理部门或者质量管理人员履行的职责。

第二节　人员管理

第一百二十七条　企业从事药品经营和质量管理工作的人员，应当符合有关法律法规及本规范规定的资格要求，不得有相关法律法规禁止从业的情形。

第一百二十八条　企业法定代表人或者企业负责人应当具备执业药师资格。

企业应当按照国家有关规定配备执业药师，负责处方审核，指导合理用药。

第一百二十九条　质量管理、验收、采购人员应当具有药学或者医学、生物、化学等相关专业学历或者具有药学专业技术职称。从事中药饮片质量管理、验收、采购人员应当具有中药学中专以上学历或者具有中药学专业初级以上专业技术职称。

营业员应当具有高中以上文化程度或者符合省级药品监督管理部门规定的条件。中药饮片调剂人员应当具有中药学中专以上学历或者具备中药调剂员资格。

第一百三十条　企业各岗位人员应当接受相关法律法规及药品专业知识与技能的岗前培训和继续培训，以符合本规范要求。

第一百三十一条　企业应当按照培训管理制度制定年度培训计划并开展培训，使相关人员能正确理解并履行职责。培训工作应当做好记录并建立档案。

第一百三十二条　企业应当为销售特殊管理的药品、国家有专门管理要求的药品、冷藏药品的人员接受相应培训提供条件，使其掌握相关法律法规和专业知识。

第一百三十三条　在营业场所内，企业工作人员应当穿着整洁、卫生的工作服。

第一百三十四条　企业应当对直接接触药品岗位的人员进行岗前及年度健康检查，并建立健康档案。患有传染病或者其他可能污染药品的疾病的，不得从事直接接触药品的工作。

第一百三十五条　在药品储存、陈列等区域不得存放与经营活动无关的物品及私人用品，在工作区域内不得有影响药品质量和安全的行为。

第三节　文　　件

第一百三十六条　企业应当按照有关法律法规及本规范规定，制定符合企业实际的质量管理文件。文件包括质量管理制度、岗位职责、操作规程、档案、记录和凭证等，并对质量管理文件定期审核、及时修订。

第一百三十七条　企业应当采取措施确保各岗位人员正确理解质量管理文件的内容，保证质量管理文件有效执行。

第一百三十八条　药品零售质量管理制度应当包括以下内容：

（一）药品采购、验收、陈列、销售等环节的管理，设置库房的还应当包括储存、养护的管理；

（二）供货单位和采购品种的审核；

（三）处方药销售的管理；

（四）药品拆零的管理；

（五）特殊管理的药品和国家有专门管理要求的药品的管理；

（六）记录和凭证的管理；

（七）收集和查询质量信息的管理；

（八）质量事故、质量投诉的管理；

（九）中药饮片处方审核、调配、核对的管理；

（十）药品有效期的管理；

（十一）不合格药品、药品销毁的管理；

（十二）环境卫生、人员健康的规定；

（十三）提供用药咨询、指导合理用药等药学服务的管理；

（十四）人员培训及考核的规定；

（十五）药品不良反应报告的规定；

（十六）计算机系统的管理；

（十七）执行药品电子监管的规定；

（十八）其他应当规定的内容。

第一百三十九条　企业应当明确企业负责人、质量管理、采购、验收、营业员以及处方审核、调配等岗位的职责，设置库房的还应当包括储存、养护等岗位职责。

第一百四十条　质量管理岗位、处方审核岗位的职责不得由其他岗位人员代为履行。

第一百四十一条　药品零售操作规程应当包括：

（一）药品采购、验收、销售；

（二）处方审核、调配、核对；

（三）中药饮片处方审核、调配、核对；

（四）药品拆零销售；

（五）特殊管理的药品和国家有专门管理要求的药品的销售；

（六）营业场所药品陈列及检查；

（七）营业场所冷藏药品的存放；

（八）计算机系统的操作和管理；

（九）设置库房的还应当包括储存和养护的操作规程。

第一百四十二条 企业应当建立药品采购、验收、销售、陈列检查、温湿度监测、不合格药品处理等相关记录，做到真实、完整、准确、有效和可追溯。

第一百四十三条 记录及相关凭证应当至少保存5年。特殊管理的药品的记录及凭证按相关规定保存。

第一百四十四条 通过计算机系统记录数据时，相关岗位人员应当按照操作规程，通过授权及密码登录计算机系统，进行数据的录入，保证数据原始、真实、准确、安全和可追溯。

第一百四十五条 电子记录数据应当以安全、可靠方式定期备份。

第四节 设施与设备

第一百四十六条 企业的营业场所应当与其药品经营范围、经营规模相适应，并与药品储存、办公、生活辅助及其他区域分开。

第一百四十七条 营业场所应当具有相应设施或者采取其他有效措施，避免药品受室外环境的影响，并做到宽敞、明亮、整洁、卫生。

第一百四十八条 营业场所应当有以下营业设备：

（一）货架和柜台；

（二）监测、调控温度的设备；

（三）经营中药饮片的，有存放饮片和处方调配的设备；

（四）经营冷藏药品的，有专用冷藏设备；

（五）经营第二类精神药品、毒性中药品种和罂粟壳的，有符合安全规定的专用存放设备；

（六）药品拆零销售所需的调配工具、包装用品。

第一百四十九条 企业应当建立能够符合经营和质量管理要求的计算机系统，并满足药品电子监管的实施条件。

第一百五十条 企业设置库房的，应当做到库房内墙、顶光洁，地面平整，门窗结构严密；有可靠的安全防护、防盗等措施。

第一百五十一条 仓库应当有以下设施设备：

（一）药品与地面之间有效隔离的设备；

（二）避光、通风、防潮、防虫、防鼠等设备；

（三）有效监测和调控温湿度的设备；

（四）符合储存作业要求的照明设备；

（五）验收专用场所；

（六）不合格药品专用存放场所；

（七）经营冷藏药品的，有与其经营品种及经营规模相适应的专用设备。

第一百五十二条 经营特殊管理的药品应当有符合国家规定的储存设施。

第一百五十三条 储存中药饮片应当设立专用库房。

第一百五十四条 企业应当按照国家有关规定，对计量器具、温湿度监测设备等定期进行校准或者检定。

第五节 采购与验收

第一百五十五条 企业采购药品，应当符合本规范第二章第八节的相关规定。

第一百五十六条 药品到货时，收货人员应当按采购记录，对照供货单位的随货同行单（票）核实药品实物，做到票、账、货相符。

第一百五十七条 企业应当按规定的程序和要求对到货药品逐批进行验收，并按照本规范第八十条规定做好验收记录。

验收抽取的样品应当具有代表性。

第一百五十八条 冷藏药品到货时，应当按照本规范第七十四条规定进行检查。

第一百五十九条 验收药品应当按照本规范第七十六条规定查验药品检验报告书。

第一百六十条 特殊管理的药品应当按照相关规定进行验收。

第一百六十一条 验收合格的药品应当及时入库或者上架，实施电子监管的药品，还应当按照本规范第八十一条、第八十二条的规定进行扫码和数据上传，验收不合格的，不得入库或者上架，并报告质量管理人员处理。

第六节 陈列与储存

第一百六十二条 企业应当对营业场所温度进行监测和调控，以使营业场所的温度符合常温要求。

第一百六十三条 企业应当定期进行卫生检查，保持环境整洁。存放、陈列药品的设备应当保持清洁卫生，不得放置与销售活动无关的物品，并采取防虫、防鼠等措施，防止污染药品。

第一百六十四条 药品的陈列应当符合以下要求：

（一）按剂型、用途以及储存要求分类陈列，并设置醒目标志，类别标签字迹清晰、放置准确；

（二）药品放置于货架（柜），摆放整齐有序，避免阳光直射；

（三）处方药、非处方药分区陈列，并有处方药、非处方药专用标识；

（四）处方药不得采用开架自选的方式陈列和销售；

（五）外用药与其他药品分开摆放；

（六）拆零销售的药品集中存放于拆零专柜或者专区；

（七）第二类精神药品、毒性中药品种和罂粟壳不得陈列；

（八）冷藏药品放置在冷藏设备中，按规定对温度进行监测和记录，并保证存放温度符合要求；

（九）中药饮片柜斗谱的书写应当正名正字；装斗前应当复核，防止错斗、串斗；应当定期清斗，防止饮片生虫、发霉、变质；不同批号的饮片装斗前应当清斗并记录；

（十）经营非药品应当设置专区，与药品区域明显隔离，并有醒目标志。

第一百六十五条 企业应当定期对陈列、存放的药品进行检查，重点检查拆零药品和易变质、近效期、摆放时间较长的药品以及中药饮片。发现有质量疑问的药品应当及时撤柜，停止销售，由质量管理人员确认和处理，并保留相关记录。

第一百六十六条 企业应当对药品的有效期进行跟踪管理，防止近效期药品售出后可能发生的过期使用。

第一百六十七条 企业设置库房的，库房的药品储存与养护管理应当符合本规范第二章第十节的相关规定。

第七节 销售管理

第一百六十八条 企业应当在营业场所的显著位置悬挂《药品经营许可证》、营业执照、执业药师注册证等。

第一百六十九条 营业人员应当佩戴有照片、姓名、岗位等内容的工作牌，是执业药师和药学技术人员的，工作牌还应当标明执业资格或者药学专业技术职称。在岗执业的执业药师应当挂牌明示。

第一百七十条 销售药品应当符合以下要求：

（一）处方经执业药师审核后方可调配；对处方所列药品不得擅自更改或者代用，对有配伍禁忌或者超剂量的处方，应当拒绝调配，但经处方医师更正或者重新签字确认的，可以调配；调配处方后经过核对方可销售；

（二）处方审核、调配、核对人员应当在处方上签字或者盖章，并按照有关规定保存处方或者其复印件；

（三）销售近效期药品应当向顾客告知有效期；

（四）销售中药饮片做到计量准确，并告知煎服方法及注意事项；提供中药饮片代煎服务，应当符合国家有关规定。

第一百七十一条　企业销售药品应当开具销售凭证，内容包括药品名称、生产厂商、数量、价格、批号、规格等，并做好销售记录。

第一百七十二条　药品拆零销售应当符合以下要求：

（一）负责拆零销售的人员经过专门培训；

（二）拆零的工作台及工具保持清洁、卫生，防止交叉污染；

（三）做好拆零销售记录，内容包括拆零起始日期、药品的通用名称、规格、批号、生产厂商、有效期、销售数量、销售日期、分拆及复核人员等；

（四）拆零销售应当使用洁净、卫生的包装，包装上注明药品名称、规格、数量、用法、用量、批号、有效期以及药店名称等内容；

（五）提供药品说明书原件或者复印件；

（六）拆零销售期间，保留原包装和说明书。

第一百七十三条　销售特殊管理的药品和国家有专门管理要求的药品，应当严格执行国家有关规定。

第一百七十四条　药品广告宣传应当严格执行国家有关广告管理的规定。

第一百七十五条　非本企业在职人员不得在营业场所内从事药品销售相关活动。

第一百七十六条　对实施电子监管的药品，在售出时，应当进行扫码和数据上传。

第八节　售后管理

第一百七十七条　除药品质量原因外，药品一经售出，不得退换。

第一百七十八条　企业应当在营业场所公布药品监督管理部门的监督电话，设置顾客意见簿，及时处理顾客对药品质量的投诉。

第一百七十九条　企业应当按照国家有关药品不良反应报告制度的规定，收集、报告药品不良反应信息。

第一百八十条　企业发现已售出药品有严重质量问题，应当及时采取措施追回药品并做好记录，同时向药品监督管理部门报告。

第一百八十一条　企业应当协助药品生产企业履行召回义务，控制和收回存在安全隐患的药品，并建立药品召回记录。

第四章　附　　则

第一百八十二条　药品零售连锁企业总部的管理应当符合本规范药品批发企

业相关规定，门店的管理应当符合本规范药品零售企业相关规定。

第一百八十三条 本规范为药品经营质量管理的基本要求。对企业信息化管理、药品储运温湿度自动监测、药品验收管理、药品冷链物流管理、零售连锁管理等具体要求，由国家食品药品监督管理局以附录方式另行制定。

第一百八十四条 本规范下列术语的含义是：

（一）在职：与企业确定劳动关系的在册人员。

（二）在岗：相关岗位人员在工作时间内在规定的岗位履行职责。

（三）首营企业：采购药品时，与本企业首次发生供需关系的药品生产或者经营企业。

（四）首营品种：本企业首次采购的药品。

（五）原印章：企业在购销活动中，为证明企业身份在相关文件或者凭证上加盖的企业公章、发票专用章、质量管理专用章、药品出库专用章的原始印记，不能是印刷、影印、复印等复制后的印记。

（六）待验：对到货、销后退回的药品采用有效的方式进行隔离或者区分，在入库前等待质量验收的状态。

（七）零货：指拆除了用于运输、储藏包装的药品。

（八）拼箱发货：将零货药品集中拼装至同一包装箱内发货的方式。

（九）拆零销售：将最小包装拆分销售的方式。

（十）国家有专门管理要求的药品：国家对蛋白同化制剂、肽类激素、含特殊药品复方制剂等品种实施特殊监管措施的药品。

第一百八十五条 医疗机构药房和计划生育技术服务机构的药品采购、储存、养护等质量管理规范由国家食品药品监督管理局商相关主管部门另行制定。

互联网销售药品的质量管理规定由国家食品药品监督管理局另行制定。

第一百八十六条 药品经营企业违反本规范的，由药品监督管理部门按照《中华人民共和国药品管理法》第七十九条的规定给予处罚。

第一百八十七条 本规范自 2013 年 6 月 1 日起施行。依照《中华人民共和国药品管理法》第十六条规定，具体实施办法和实施步骤由国家食品药品监督管理局规定。

015

关于印发《药品经营质量管理规范实施细则》的通知

国药管市〔2000〕526号

各省、自治区、直辖市药品监督管理局：

为贯彻执行《药品经营质量管理规范》(国家药品监督管理局令第20号，以下简称《规范》)，根据《规范》第八十六条的规定，我局制定了《药品经营质量管理规范实施细则》(以下简称《实施细则》)，现印发给你们。请各地按照《规范》和《实施细则》的标准及要求，切实担负起监督实施GSP的责任，大力推进辖区内药品经营企业的GSP改造，为提高药品经营企业素质，规范市场行为，保障人民群众用药安全、有效而作出努力。

特此通知。

药品监管局

二〇〇〇年十一月十六日

药品经营质量管理规范实施细则

药品监管局

2000年11月16日

第一章 总 则

第一条 为贯彻实施《药品经营质量管理规范》(以下简称《规范》)，根据《规范》的有关规定，制定本细则。

第二条 本细则适用范围与《规范》相同。

第三条 本细则是对《规范》部分条款的具体说明。《规范》中已有明确规定的，本细则不再说明。

第二章 药品批发和零售连锁的质量管理

第一节 管理职责

第四条 药品批发和零售连锁企业应按照依法批准的经营方式和经营范围，

从事药品经营活动。

第五条 药品批发和零售连锁企业应建立以主要负责人为首，包括进货、销售、储运等业务部门负责人和企业质量管理机构负责人在内的质量领导组织。其具体职能是：

（一）组织并监督企业实施《中华人民共和国药品管理法》等药品管理的法律、法规和行政规章；

（二）组织并监督实施企业质量方针；

（三）负责企业质量管理部门的设置，确定各部门质量管理职能；

（四）审定企业质量管理制度；

（五）研究和确定企业质量管理工作的重大问题；

（六）确定企业质量奖惩措施。

第六条 药品批发和零售连锁企业应设置质量管理机构，机构下设质量管理组、质量验收组。批发企业和直接从工厂进货的零售连锁企业还应设置药品检验室。

批发和零售连锁企业应按经营规模设立养护组织。大中型企业应设立药品养护组，小型企业设立药品养护组或药品养护员。养护组或养护员在业务上接受质量管理机构的监督指导。

第七条 药品批发和零售连锁企业质量管理机构的主要职能是：

（一）贯彻执行有关药品质量管理的法律、法规和行政规章。

（二）起草企业药品质量管理制度，并指导、督促制度的执行。

（三）负责首营企业和首营品种的质量审核。

（四）负责建立企业所经营药品并包含质量标准等内容的质量档案。

（五）负责药品质量的查询和药品质量事故或质量投诉的调查、处理及报告。

（六）负责药品的验收和检验，指导和监督药品保管、养护和运输中的质量工作。

（七）负责质量不合格药品的审核，对不合格药品的处理过程实施监督。

（八）收集和分析药品质量信息。

（九）协助开展对企业职工药品质量管理方面的教育或培训。

（十）其他相关工作。

第八条 药品批发和零售连锁企业制定的质量管理制度应包括以下内容：

（一）质量方针和目标管理；

（二）质量体系的审核；

（三）有关部门、组织和人员的质量责任；

（四）质量否决的规定；

（五）质量信息管理；

（六）首营企业和首营品种的审核；

（七）质量验收和检验的管理；

（八）仓储保管、养护和出库复核的管理；

（九）有关记录和凭证的管理；

（十）特殊管理药品的管理；

（十一）有效期药品、不合格药品和退货药品的管理；

（十二）质量事故、质量查询和质量投诉的管理；

（十三）药品不良反应报告的规定；

（十四）卫生和人员健康状况的管理；

（十五）质量方面的教育、培训及考核的规定。

第二节　人员与培训

第九条　药品批发和零售连锁企业质量管理工作的负责人，大中型企业应具有主管药师（含主管药师、主管中药师）或药学相关专业（指医学、生物、化学等专业，下同）工程师（含）以上的技术职称；小型企业应具有药师（含药师、中药师）或药学相关专业助理工程师（含）以上的技术职称；

跨地域连锁经营的零售连锁企业质量管理工作负责人，应是执业药师。

第十条　药品批发和零售连锁企业质量管理机构的负责人，应是执业药师或符合本细则第九条的相应条件。

第十一条　药品批发和零售连锁企业药品检验部门的负责人，应符合本细则第九条的相应条件。

第十二条　药品批发和零售连锁企业从事质量管理和检验工作的人员，应具有药师（含药师、中药师）以上技术职称，或者具有中专（含）以上药学或相关专业的学历。以上人员应经专业培训和省级药品监督管理部门考试合格后，取得岗位合格证书方可上岗。

从事质量管理和检验工作的人员应在职在岗，不得为兼职人员。

第十三条　药品批发和零售连锁企业从事药品验收、养护、计量和销售工作的人员，应具有高中（含）以上的文化程度。以上人员应经岗位培训和地市级（含）以上药品监督管理部门考试合格后，取得岗位合格证书方可上岗。

第十四条　药品批发企业从事质量管理、检验、验收、养护及计量等工作的专职人员数量，不少于企业职工总数的4%（最低不应少于3人），零售连锁企业此类人员不少于职工总数的2%（最低不应少于3人），并保持相对稳定。

第十五条　药品批发和零售连锁企业从事质量管理、检验的人员，每年应接受省级药品监督管理部门组织的继续教育；从事验收、养护、计量等工作的人员，应定期接受企业组织的继续教育。以上人员的继续教育应建立档案。

第十六条 药品批发和零售连锁企业在质量管理、药品检验、验收、养护、保管等直接接触药品的岗位工作的人员，每年应进行健康检查并建立档案。

第三节 设施与设备

第十七条 药品批发和零售连锁企业应按经营规模设置相应的仓库，其面积（指建筑面积，下同）大型企业不应低于1500平方米，中型企业不应低于1000平方米，小型企业不应低于500平方米。

第十八条 药品批发和零售连锁企业应根据所经营药品的储存要求，设置不同温、湿度条件的仓库。其中冷库温度为2℃～10℃；阴凉库温度不高于20℃；常温库温度为0℃～30℃；各库房相对湿度应保持在45％～75％。

第十九条 药品批发和零售连锁企业设置的药品检验室应有用于仪器分析、化学分析、滴定液标定的专门场所，并有用于易燃易爆、有毒等环境下操作的安全设施和温、湿度调控的设备。药品检验室的面积，大型企业不小于150平方米；中型企业不小于100平方米；小型企业不小于50平方米。

第二十条 药品检验室应开展化学测定、仪器分析（大中型企业还应增加卫生学检查、效价测定）等检测项目，并配备与企业规模和经营品种相适应的仪器设备。

（一）小型企业：配置万分之一分析天平、酸度仪、电热恒温干燥箱、恒温水浴锅、片剂崩解仪、澄明度检测仪。经营中药材和中药饮片的，还应配置水分测定仪、紫外荧光灯和显微镜。

（二）中型企业：在小型企业配置基础上，增加自动旋光仪、紫外分光光度计、生化培养箱、高压灭菌锅、高温炉、超净工作台、高倍显微镜。经营中药材、中药饮片的还应配置生物显微镜。

（三）大型企业：在中小型企业配置基础上，增加片剂溶出度测定仪、真空干燥箱、恒温湿培养箱。

第二十一条 药品批发和零售连锁企业应在仓库设置验收养护室，其面积大型企业不小于50平方米；中型企业不小于40平方米；小型企业不小于20平方米。验收养护室应有必要的防潮、防尘设备。如所在仓库未设置药品检验室或不能与检验室共用仪器设备的，应配置千分之一天平、澄明度检测仪、标准比色液等；企业经营中药材、中药饮片的还应配置水分测定仪、紫外荧光灯、解剖镜或显微镜。

第二十二条 药品批发和零售连锁企业分装中药饮片应有固定的分装室，其环境应整洁，墙壁、顶棚无脱落物。

第二十三条 药品零售连锁企业应设置单独的、便于配货活动展开的配货场所。

第四节　进　　货

第二十四条　购进药品应按照可以保证药品质量的进货质量管理程序进行。此程序应包括以下环节：

（一）确定供货企业的法定资格及质量信誉。

（二）审核所购入药品的合法性和质量可靠性。

（三）对与本企业进行业务联系的供货单位销售人员，进行合法资格的验证。

（四）对首营品种，填写“首次经营药品审批表”，并经企业质量管理机构和企业主管领导的审核批准。

（五）签订有明确质量条款的购货合同。

（六）购货合同中质量条款的执行。

第二十五条　对首营品种合法性及质量情况的审核，包括核实药品的批准文号和取得的质量标准，审核药品的包装、标签、说明书等是否符合规定，了解药品的性能、用途、检验方法、储存条件以及质量信誉等内容。

第二十六条　购货合同中应明确质量条款。

（一）工商间购销合同中应明确：

1. 药品质量符合质量标准和有关质量要求；

2. 药品附产品合格证；

3. 药品包装符合有关规定和货物运输要求。

（二）商商间购销合同中应明确：

1. 药品质量符合质量标准和有关质量要求；

2. 药品附产品合格证；

3. 购入进口药品，供应方应提供符合规定的证书和文件；

4. 药品包装符合有关规定和货物运输要求。

第二十七条　购进药品，应按国家有关规定建立完整的购进记录。记录应注明药品的品名、剂型、规格、有效期、生产厂商、供货单位、购进数量、购货日期等项内容。购进记录应保存至超过药品有效期1年，但不得少于3年。

第二十八条　购进特殊管理的药品，应严格按照国家有关管理规定进行。

第五节　验收与检验

第二十九条　药品质量验收，包括药品外观的性状检查和药品内外包装及标识的检查。包装、标识主要检查以下内容：

（一）每件包装中，应有产品合格证。

（二）药品包装的标签和所附说明书上，有生产企业的名称、地址，有药品的品名、规格、批准文号、产品批号、生产日期、有效期等；标签或说明书上还应有药品的成分、适应症或功能主治、用法、用量、禁忌、不良反应、注意事项以及贮藏条件等。

（三）特殊管理药品、外用药品包装的标签或说明书上有规定的标识和警示说明。处方药和非处方药按分类管理要求，标签、说明书上有相应的警示语或忠告语；非处方药的包装有国家规定的专有标识。

（四）进口药品，其包装的标签应以中文注明药品的名称、主要成分以及注册证号，并有中文说明书。

进口药品应有符合规定的《进口药品注册证》和《进口药品检验报告书》复印件；进口预防性生物制品、血液制品应有《生物制品进口批件》复印件；进口药材应有《进口药材批件》复印件。以上批准文件应加盖供货单位质量检验机构或质量管理机构原印章。

（五）中药材和中药饮片应有包装，并附有质量合格的标志。每件包装上，中药材标明品名、产地、供货单位；中药饮片标明品名、生产企业、生产日期等。实施文号管理的中药材和中药饮片，在包装上还应标明批准文号。

第三十条　药品验收应做好记录。验收记录记载供货单位、数量、到货日期、品名、剂型、规格、批准文号、批号、生产厂商、有效期、质量状况、验收结论和验收人员等项内容。验收记录按《规范》第三十五条要求保存。

第三十一条　对销后退回的药品，验收人员按进货验收的规定验收，必要时应抽样送检验部门检验。

第三十二条　对特殊管理的药品，应实行双人验收制度。

第三十三条　首营品种应进行内在质量检验。某些项目如无检验能力，应向生产企业索要该批号药品的质量检验报告书，或送县以上药品检验所检验。

第三十四条　药品抽样检验（包括自检和送检）的批数，大中型企业不应少于进货总批次数的1.5%，小型企业不应少于进货总批次数的1%。

第三十五条　药品检验部门或质量管理机构负责药品质量标准的收集。

第三十六条　药品检验应有完整的原始记录，并做到数据准确、内容真实、字迹清楚、格式及用语规范。记录保存5年。

第三十七条　用于药品验收、检验、养护的仪器、计量器具及滴定液等，应有使用和定期检定的记录。

第六节　储存与养护

第三十八条　药品储存时，应有效期标志。对近效期药品，应按月填报效期报表。

第三十九条　药品堆垛应留有一定距离。药品与墙、屋顶（房梁）的间距不小于30厘米，与库房散热器或供暖管道的间距不小于30厘米，与地面的间距不小于10厘米。

第四十条　药品储存应实行色标管理。其统一标准是：待验药品库（区）、退货药品库（区）为黄色；合格药品库（区）、零货称取库（区）、待发药品库（区）为绿色；不合格药品库（区）为红色。

第四十一条　对销后退回的药品，凭销售部门开具的退货凭证收货，存放于退货药品库（区），由专人保管并做好退货记录。经验收合格的药品，由保管人员记录后方可存入合格药品库（区）；不合格药品由保管人员记录后放入不合格药品库（区）。

退货记录应保存3年。

第四十二条　不合格药品应存放在不合格品库（区），并有明显标志。不合格药品的确认、报告、报损、销毁应有完善的手续和记录。

第四十三条　对库存药品应根据流转情况定期进行养护和检查，并做好记录。检查中，对由于异常原因可能出现问题的药品、易变质药品、已发现质量问题药品的相邻批号药品、储存时间较长的药品，应进行抽样送检。

第四十四条　库存养护中如发现质量问题，应悬挂明显标志和暂停发货，并尽快通知质量管理机构予以处理。

第四十五条　应做好库房温、湿度的监测和管理。每日应上、下午各一次定时对库房温、湿度进行记录。如库房温、湿度超出规定范围，应及时采取调控措施，并予以记录。

第七节　出库与运输

第四十六条　药品出库时，应按发货或配送凭证对实物进行质量检查和数量、项目的核对。如发现以下问题应停止发货或配送，并报有关部门处理：

（一）药品包装内有异常响动和液体渗漏；

（二）外包装出现破损、封口不牢、衬垫不实、封条严重损坏等现象；

（三）包装标识模糊不清或脱落；

（四）药品已超出有效期。

第四十七条　药品批发企业在药品出库复核时，为便于质量跟踪所做的复核记录，应包括购货单位、品名、剂型、规格、批号、有效期、生产厂商、数量、销售日期、质量状况和复核人员等项目。

药品零售连锁企业配送出库时，也应按规定做好质量检查和复核。其复核记录包括药品的品名、剂型、规格、批号、有效期、生产厂商、数量、出库日期，以及药品送至门店的名称和复核人员等项目。

以上复核记录按《规范》第四十五条的要求保存。

第四十八条　药品运输时，应针对运送药品的包装条件及道路状况，采取相应措施，防止药品的破损和混淆。运送有温度要求的药品，途中应采取相应的保温或冷藏措施。

第八节　销　　售

第四十九条　药品批发企业应按规定建立药品销售记录，记载药品的品名、剂型、规格、有效期、生产厂商、购货单位、销售数量、销售日期等项内容。销售记录应保存至超过药品有效期 1 年，但不得少于 3 年。

第五十条　药品批发和零售连锁企业应按照国家有关药品不良反应报告制度的规定和企业相关制度，注意收集由本企业售出药品的不良反应情况。发现不良反应情况，应按规定上报有关部门。

第三章　药品零售的质量管理

第一节　管理职责

第五十一条　药品零售企业和零售连锁门店应按依法批准的经营方式和经营范围经营药品。连锁门店应在门店前悬挂本连锁企业的统一商号和标志。

第五十二条　药品零售企业应按企业规模和管理需要设置质量管理机构，其职能与本细则第七条相同。小型零售企业如果因经营规模较小而未能设置质量管理机构的，应设置质量管理人员，其工作可参照管理机构的职能进行。

第五十三条　药品零售企业制定的质量管理制度，应包括以下内容：

（一）有关业务和管理岗位的质量责任；

（二）药品购进、验收、储存、陈列、养护等环节的管理规定；

（三）首营企业和首营品种审核的规定；

（四）药品销售及处方管理的规定；

（五）拆零药品的管理规定；

（六）特殊管理药品的购进、储存、保管和销售的规定；

（七）质量事故的处理和报告的规定；

（八）质量信息的管理；

（九）药品不良反应报告的规定；

（十）卫生和人员健康状况的管理；

（十一）服务质量的管理规定；

（十二）经营中药饮片的，有符合中药饮片购、销、存管理的规定。

药品零售连锁门店的质量管理制度，除不包括购进、储存等方面的规定外，应与药品零售企业有关制度相同。

第二节　人员与培训

第五十四条　药品零售企业质量管理工作的负责人，大中型企业应具有药师（含药师和中药师）以上的技术职称；小型企业应具有药士（含药士和中药士）以上的技术职称。

药品零售连锁门后应由具有药士（含药士和中药士）以上技术职称的人员负责质量管理工作。

第五十五条　药品零售企业从事质量管理和药品检验工作的人员，应具有药师（含药师和中药师）以上技术职称，或者具有中专（含）以上药学或相关专业的学历。

药品零售企业从事药品验收工作的人员以及营业员应具有高中（含）以上文化程度。如为初中文化程度，须具有5年以上从事药品经营工作的经历。

第五十六条　药品零售企业从事质量管理、药品检验和验收工作的人员以及营业员应经专业或岗位培训，并经地市级（含）以上药品监督管理部门考试合格，发给岗位合格证书后方可上岗。

从事质量管理和检验工作的人员应在职在岗，不得在其他企业兼职。

第五十七条　药品零售连锁门店质量管理、验收人员和营业员应符合本细则第五十五条和五十六条中的相关规定。

第五十八条　药品零售企业和零售连锁门店应按照本细则第十五条的要求，对企业人员进行继续教育。

第五十九条　对照本细则第十六条的规定，药品零售企业和零售连锁门店的相关人员以及营业员，每年应进行健康检查并建立档案。

第三节　设施和设备

第六十条　用于药品零售的营业场所和仓库，面积不应低于以下标准：

（一）大型零售企业营业场所面积100平方米，仓库30平方米；

（二）中型零售企业营业场所面积50平方米，仓库20平方米；

（三）小型零售企业营业场所面积40平方米，仓库20平方米；

（四）零售连锁门店营业场所面积40平方米。

第六十一条　药品零售企业和零售连锁门店的营业场所应宽敞、整洁，营业用货架、柜台齐备，销售柜组标志醒目。

第六十二条　药品零售企业和零售连锁门店应配备完好的衡器以及清洁卫生的药品调剂工具、包装用品，并根据需要配置低温保存药品的冷藏设备。

第六十三条　药品零售企业和零售连锁门店销售特殊管理药品的，应配置存放药品的专柜以及保管用设备、工具等。

第六十四条 药品零售企业的仓库应与营业场所隔离，库房内地面和墙壁平整、清洁，有调节温、湿度的设备。

第六十五条 药品零售企业设置药品检验室的，其仪器设备可按本细则第二十条对小型药品批发企业的要求配置。

第四节 进货与验收

第六十六条 药品零售企业应按本细则第二十四条、二十五条、二十六条、二十七条、二十八条的要求购进药品，购进记录保存至超过药品有效期 1 年，但不得少于 2 年。

药品零售连锁门店不得独立购进药品。

第六十七条 药品零售企业应按本细则第二十九条、三十条、三十二条的相关要求进行药品验收。

第六十八条 药品零售连锁门店在接收企业配送中心药品配送时，可简化验收程序，但验收人员应按送货凭证对照实物，进行品名、规格、批号、生产厂商以及数量的核对，并在凭证上签字。送货凭证应按零售企业购进记录的要求保存。

验收时，如发现有质量问题的药品，应及时退回配送中心并向总部质量管理机构报告。

第六十九条 药品零售企业购入首营品种时，如无进行内在质量检验能力，应向生产企业索要该批号药品的质量检验报告书，或送县以上药品检验所检验。

第五节 陈列与储存

第七十条 药品零售企业储存药品，应按本细则第三十八条、三十九条、四十条、四十二条、四十五条进行。

对储存中发现的有质量疑问的药品，不得摆上柜台销售，应及时通知质量管理机构或质量管理人员进行处理。

第七十一条 药品零售企业和零售连锁门店在营业店堂陈列药品时，除按《规范》第七十七条的要求外，还应做到：

（一）陈列药品的货柜及橱窗应保持清洁和卫生，防止人为污染药品。

（二）陈列药品应按品种、规格、剂型或用途分类整齐摆放，类别标签应放置准确、字迹清晰。

（三）对陈列的药品应按月进行检查，发现质量问题要及时处理。

第六节 销售与服务

第七十二条 药品零售企业和零售连锁门店应按国家药品分类管理的有关规

定销售药品。

（一）营业时间内，应有执业药师或药师在岗，并佩戴标明姓名、执业药师或其技术职称等内容的胸卡。

（二）销售药品时，应由执业药师或药师对处方进行审核并签字后，方可依据处方调配、销售药品。无医师开具的处方不得销售处方药。

（三）处方药不应采用开架自选的销售方式。

（四）非处方药可不凭处方出售。但如顾客要求，执业药师或药师应负责对药品的购买和使用进行指导。

（五）药品销售不得采用有奖销售、附赠药品或礼品销售等方式。

第七十三条　药品零售企业和零售连锁门店销售的中药饮片应符合炮制规范，并做到计量准确。

第七十四条　药品零售企业和零售连锁门店应按照本细则第五十条，做好药品不良反应报告工作。

第七十五条　药品零售企业和零售连锁门店在营业店堂内进行的广告宣传，应符合国家有关规定。

第七十六条　药品零售企业和零售连锁门店应在营业店堂明示服务公约，公布监督电话和设置顾客意见簿。对顾客反映的药品质量问题，应认真对待、详细记录、及时处理。

第四章　附　　则

第七十七条　本细则中批发企业是指具有法人资格的药品批发企业，或是非专营药品的企业法人下属的药品批发企业。

第七十八条　本细则中所指企业规模的含义是：

（一）药品批发或零售连锁企业

1. 大型企业，年药品销售额 20000 万元以上；

2. 中型企业，年药品销售额 5000 万元～20000 万元；

3. 小型企业，年药品销售额 5000 万元以下。

（二）药品零售企业

1. 大型企业，年药品销售额 1000 万元以上；

2. 中型企业，年药品销售额 500～1000 万元；

3. 小型企业，年药品销售额 500 万元以下。

以上企业规模的划定，仅适用于本细则。

第七十九条　本细则由国家药品监督管理局负责解释。

第八十条　本细则自发布之日起施行。

016

国家食品药品监督管理总局公告

2013 年　第 38 号

关于发布《药品经营质量管理规范》冷藏、冷冻药品的储存与运输管理等 5 个附录的公告

根据《药品经营质量管理规范》第一百八十三条规定，现发布冷藏、冷冻药品的储存与运输管理，药品经营企业计算机系统，温湿度自动监测，药品收货与验收和验证管理等 5 个附录，作为《药品经营质量管理规范》配套文件。

特此公告。

国家食品药品监督管理总局

二〇一三年十月二十三日

附录 1：

冷藏、冷冻药品的储存与运输管理

第一条　企业经营冷藏、冷冻药品的，应当按照《药品经营质量管理规范》（以下简称《规范》）的要求，在收货、验收、储存、养护、出库、运输等环节，根据药品包装标示的贮藏要求，采用经过验证确认的设施设备、技术方法和操作规程，对冷藏、冷冻药品储存过程中的温湿度状况、运输过程中的温度状况，进行实时自动监测和控制，保证药品的储运环境温湿度控制在规定范围内。

第二条　企业应当按照《规范》的要求，配备相应的冷藏、冷冻储运设施设备及温湿度自动监测系统，并对设施设备进行维护管理。

（一）冷库设计符合国家相关标准要求；冷库具有自动调控温湿度的功能，有备用发电机组或双回路供电系统。

（二）按照企业经营需要，合理划分冷库收货验收、储存、包装材料预冷、装箱发货、待处理药品存放等区域，并有明显标示。验收、储存、拆零、冷藏包装、发货等作业活动，必须在冷库内完成。

（三）冷藏车具有自动调控温度的功能，其配置符合国家相关标准要求；冷藏车厢具有防水、密闭、耐腐蚀等性能，车厢内部留有保证气流充分循环的空间。

（四）冷藏箱、保温箱具有良好的保温性能；冷藏箱具有自动调控温度的功能，保温箱配备蓄冷剂以及与药品隔离的装置。

（五）冷藏、冷冻药品的储存、运输设施设备配置温湿度自动监测系统，可实时采集、显示、记录、传送储存过程中的温湿度数据和运输过程中的温度数据，并具有远程及就地实时报警功能，可通过计算机读取和存储所记录的监测数据。

（六）定期对冷库、冷藏车以及冷藏箱、保温箱进行检查、维护并记录。

第三条 企业应当按照《规范》和相关附录的要求，对冷库、冷藏车、冷藏箱、保温箱以及温湿度自动监测系统进行验证，并依据验证确定的参数和条件，制定设施设备的操作、使用规程。

第四条 企业应当按照《规范》的要求，对冷藏、冷冻药品进行收货检查。

（一）检查运输药品的冷藏车或冷藏箱、保温箱是否符合规定，对未按规定运输的，应当拒收。

（二）查看冷藏车或冷藏箱、保温箱到货时温度数据，导出、保存并查验运输过程的温度记录，确认运输全过程温度状况是否符合规定。

（三）符合规定的，将药品放置在符合温度要求的待验区域待验；不符合规定的应当拒收，将药品隔离存放于符合温度要求的环境中，并报质量管理部门处理。

（四）收货须做好记录，内容包括：药品名称、数量、生产企业、发货单位、运输单位、发运地点、启运时间、运输工具、到货时间、到货温度、收货人员等。

（五）对销后退回的药品，同时检查退货方提供的温度控制说明文件和售出期间温度控制的相关数据。对于不能提供文件、数据，或温度控制不符合规定的，应当拒收，做好记录并报质量管理部门处理。

第五条 储存、运输过程中，冷藏、冷冻药品的码放应当符合以下要求：

（一）冷库内药品的堆垛间距，药品与地面、墙壁、库顶部的间距符合《规范》的要求；冷库内制冷机组出风口100厘米范围内，以及高于冷风机出风口的位置，不得码放药品。

（二）冷藏车厢内，药品与厢内前板距离不小于10厘米，与后板、侧板、底板间距不小于5厘米，药品码放高度不得超过制冷机组出风口下沿，确保气流正常循环和温度均匀分布。

第六条 企业应当由专人负责对在库储存的冷藏、冷冻药品进行重点养护检查。

药品储存环境温湿度超出规定范围时，应当及时采取有效措施进行调控，防止温湿度超标对药品质量造成影响。

第七条 企业运输冷藏、冷冻药品，应当根据药品数量、运输距离、运输时间、温度要求、外部环境温度等情况，选择适宜的运输工具和温控方式，确保运输过程中温度控制符合要求。

冷藏、冷冻药品运输过程中，应当实时采集、记录、传送冷藏车、冷藏箱或保温箱内的温度数据。运输过程中温度超出规定范围时，温湿度自动监测系统应当实时发出报警指令，由相关人员查明原因，及时采取有效措施进行调控。

第八条 使用冷藏箱、保温箱运送冷藏药品的，应当按照经过验证的标准操作规程，进行药品包装和装箱的操作。

（一）装箱前将冷藏箱、保温箱预热或预冷至符合药品包装标示的温度范围内。

（二）按照验证确定的条件，在保温箱内合理配备与温度控制及运输时限相适应的蓄冷剂。

（三）保温箱内使用隔热装置将药品与低温蓄冷剂进行隔离。

（四）药品装箱后，冷藏箱启动动力电源和温度监测设备，保温箱启动温度监测设备，检查设备运行正常后，将箱体密闭。

第九条 使用冷藏车运送冷藏、冷冻药品的，启运前应当按照经过验证的标准操作规程进行操作：

（一）提前打开温度调控和监测设备，将车厢内预热或预冷至规定的温度；

（二）开始装车时关闭温度调控设备，并尽快完成药品装车；

（三）药品装车完毕，及时关闭车厢厢门，检查厢门密闭情况，并上锁；

（四）启动温度调控设备，检查温度调控和监测设备运行状况，运行正常方可启运。

第十条 企业应当制定冷藏、冷冻药品运输过程中温度控制的应急预案，对运输过程中出现的异常气候、设备故障、交通事故等意外或紧急情况，能够及时采取有效的应对措施，防止因异常情况造成的温度失控。

第十一条 企业制定的应急预案应当包括应急组织机构、人员职责、设施设备、外部协作资源、应急措施等内容，并不断加以完善和优化。

第十二条 从事冷藏、冷冻药品收货、验收、储存、养护、出库、运输等岗位工作的人员，应当接受相关法律法规、专业知识、相关制度和标准操作规程的培训，经考核合格后，方可上岗。

第十三条 企业委托其他单位运输冷藏、冷冻药品时，应当保证委托运输过程符合《规范》及本附录相关规定。

（一）索取承运单位的运输资质文件、运输设施设备和监测系统证明及验证文件、承运人员资质证明、运输过程温度控制及监测等相关资料。

（二）对承运方的运输设施设备、人员资质、质量保障能力、安全运输能力、风险控制能力等进行委托前的定期审计，审计报告存档备查。

（三）承运单位冷藏、冷冻运输设施设备及自动监测系统不符合规定或未经验证的，不得委托运输。

（四）与承运方签订委托运输协议，内容包括承运方制定并执行符合要求的运输标准操作规程，对运输过程中温度控制和实时监测的要求，明确在途时限以及运输过程中的质量安全责任。

（五）根据承运方的资质和条件，必要时对承运方的相关人员进行培训和考核。

附录2：

药品经营企业计算机系统

第一条 药品经营企业应当建立与经营范围和经营规模相适应的计算机系统（以下简称系统），能够实时控制并记录药品经营各环节和质量管理全过程，并符合电子监管的实施条件。

第二条 药品经营企业应当按照《药品经营质量管理规范》（以下简称《规范》）相关规定，在系统中设置各经营流程的质量控制功能，与采购、销售以及收货、验收、储存、养护、出库复核、运输等系统功能形成内嵌式结构，对各项经营活动进行判断，对不符合药品监督管理法律法规以及《规范》的行为进行识别及控制，确保各项质量控制功能的实时和有效。

第三条 药品批发企业系统的硬件设施和网络环境应当符合以下要求：

（一）有支持系统正常运行的服务器；

（二）质量管理、采购、收货、验收、储存、养护、出库复核、销售等岗位配备专用的终端设备；

（三）有稳定、安全的网络环境，有固定接入互联网的方式和可靠的信息安全平台；

（四）有实现相关部门之间、岗位之间信息传输和数据共享的局域网；

（五）有符合《规范》及企业管理实际需要的应用软件和相关数据库。

第四条 药品批发企业负责信息管理的部门应当履行以下职责：

（一）负责系统硬件和软件的安装、测试及网络维护；

（二）负责系统数据库管理和数据备份；

（三）负责培训、指导相关岗位人员使用系统；

（四）负责系统程序的运行及维护管理；

（五）负责系统网络以及数据的安全管理；

（六）保证系统日志的完整性；

（七）负责建立系统硬件和软件管理档案。

第五条 药品批发企业质量管理部门应当履行以下职责：

（一）负责指导设定系统质量控制功能；

（二）负责系统操作权限的审核，并定期跟踪检查；

（三）监督各岗位人员严格按规定流程及要求操作系统；

（四）负责质量管理基础数据的审核、确认生效及锁定；

（五）负责经营业务数据修改申请的审核，符合规定要求的方可按程序修改；

（六）负责处理系统中涉及药品质量的有关问题。

第六条 药品批发企业应当严格按照管理制度和操作规程进行系统数据的录入、修改和保存，以保证各类记录的原始、真实、准确、安全和可追溯。

（一）各操作岗位通过输入用户名、密码等身份确认方式登录系统，并在权限范围内录入或查询数据，未经批准不得修改数据信息。

（二）修改各类业务经营数据时，操作人员在职责范围内提出申请，经质量管理人员审核批准后方可修改，修改的原因和过程在系统中予以记录。

（三）系统对各岗位操作人员姓名的记录，根据专有用户名及密码自动生成，不得采用手工编辑或菜单选择等方式录入。

（四）系统操作、数据记录的日期和时间由系统自动生成，不得采用手工编辑、菜单选择等方式录入。

第七条 药品批发企业应当根据计算机管理制度对系统各类记录和数据进行安全管理。

（一）采用安全、可靠的方式存储、备份。

（二）按日备份数据。

（三）备份记录和数据的介质存放于安全场所，防止与服务器同时遭遇灾害造成损坏或丢失。

（四）记录和数据的保存时限符合《规范》第四十二条的要求。

第八条 药品批发企业应当将审核合格的供货单位、购货单位及经营品种等信息录入系统，建立质量管理基础数据库并有效运用。

（一）质量管理基础数据包括供货单位、购货单位、经营品种、供货单位销售人员资质、购货单位采购人员资质及提货人员资质等相关内容。

（二）质量管理基础数据与对应的供货单位、购货单位以及购销药品的合法性、有效性相关联，与供货单位或购货单位的经营范围相对应，由系统进行自动跟踪、识别与控制。

（三）系统对接近失效的质量管理基础数据进行提示、预警，提醒相关部门及岗位人员及时索取、更新相关资料；任何质量管理基础数据失效时，系统都自动锁定与该数据相关的业务功能，直至数据更新和生效后，相关功能方可恢复。

（四）质量管理基础数据是企业合法经营的基本保障，须由专门的质量管理人员对相关资料审核合格后，据实确认和更新，更新时间由系统自动生成。

（五）其他岗位人员只能按规定的权限，查询、使用质量管理基础数据，不能修改数据的任何内容。

第九条　药品采购订单中的质量管理基础数据应当依据数据库生成。系统对各供货单位的合法资质，能够自动识别、审核，防止超出经营方式或经营范围的采购行为发生。

采购订单确认后，系统自动生成采购记录。

第十条　药品到货时，系统应当支持收货人员查询采购记录，对照随货同行单（票）及实物确认相关信息后，方可收货。

第十一条　验收人员按规定进行药品质量验收，对照药品实物在系统采购记录的基础上录入药品的批号、生产日期、有效期、到货数量、验收合格数量、验收结果等内容，确认后系统自动生成验收记录。

第十二条　药品批发企业系统应当按照药品的管理类别及储存特性，自动提示相应的储存库区。

第十三条　药品批发企业系统应当依据质量管理基础数据和养护制度，对库存药品按期自动生成养护工作计划，提示养护人员对库存药品进行有序、合理的养护。

第十四条　药品批发企业系统应当对库存药品的有效期进行自动跟踪和控制，具备近效期预警提示、超有效期自动锁定及停销等功能。

第十五条　药品批发企业销售药品时，系统应当依据质量管理基础数据及库存记录生成销售订单，系统拒绝无质量管理基础数据或无有效库存数据支持的任何销售订单的生成。系统对各购货单位的法定资质能够自动识别并审核，防止超出经营方式或经营范围的销售行为的发生。

销售订单确认后，系统自动生成销售记录。

第十六条　药品批发企业系统应当将确认后的销售数据传输至仓储部门提示出库及复核。复核人员完成出库复核操作后，系统自动生成出库复核记录。

第十七条　药品批发企业系统对销后退回药品应当具备以下功能：

（一）处理销后退回药品时，能够调出原对应的销售、出库复核记录；

（二）对应的销售、出库复核记录与销后退回药品实物信息一致的方可收货、验收，并依据原销售、出库复核记录数据以及验收情况，生成销后退回验收记录；

（三）退回药品实物与原记录信息不符，或退回药品数量超出原销售数量时，系统拒绝药品退回操作；

（四）系统不支持对原始销售数据的任何更改。

第十八条 药品批发企业系统应当对经营过程中发现的质量有疑问药品进行控制。

（一）各岗位人员发现质量有疑问药品，按照本岗位操作权限实施锁定，并通知质量管理人员。

（二）被锁定药品由质量管理人员确认，不属于质量问题的，解除锁定，属于不合格药品的，由系统生成不合格记录。

（三）系统对质量不合格药品的处理过程、处理结果进行记录，并跟踪处理结果。

第十九条 药品批发企业系统应当对药品运输的在途时间进行跟踪管理，对有运输时限要求的，应当提示或警示相关部门及岗位人员。系统应当按照《规范》要求，生成药品运输记录。

第二十条 药品零售企业系统的硬件、软件、网络环境及管理人员的配备，应当满足企业经营规模和质量管理的实际需要。

第二十一条 药品零售企业系统的销售管理应当符合以下要求：

（一）建立包括供货单位、经营品种等相关内容的质量管理基础数据；

（二）依据质量管理基础数据，自动识别处方药、特殊管理的药品以及其他国家有专门管理要求的药品；

（三）拒绝国家有专门管理要求的药品超数量销售；

（四）与结算系统、开票系统对接，对每笔销售自动打印销售票据，并自动生成销售记录；

（五）依据质量管理基础数据，对拆零药品单独建立销售记录，对拆零药品实施安全、合理的销售控制；

（六）依据质量管理基础数据，定期自动生成陈列药品检查计划；

（七）依据质量管理基础数据，对药品有效期进行跟踪，对近效期的给予预警提示，超有效期的自动锁定及停销；

（八）各类数据的录入与保存符合本附录第六条、第七条的相关要求。

第二十二条 药品经营企业应当根据有关法律法规、《规范》以及质量管理体系内审的要求，及时对系统进行升级，完善系统功能。

附录3:

温湿度自动监测

第一条 企业应当按照《药品经营质量管理规范》(以下简称《规范》)的要求,在储存药品的仓库中和运输冷藏、冷冻药品的设备中配备温湿度自动监测系统(以下简称系统)。系统应当对药品储存过程的温湿度状况和冷藏、冷冻药品运输过程的温度状况进行实时自动监测和记录,有效防范储存运输过程中可能发生的影响药品质量安全的风险,确保药品质量安全。

第二条 系统由测点终端、管理主机、不间断电源以及相关软件等组成。各测点终端能够对周边环境温湿度进行数据的实时采集、传送和报警;管理主机能够对各测点终端监测的数据进行收集、处理和记录,并具备发生异常情况时的报警管理功能。

第三条 系统温湿度数据的测定值应当按照《规范》第八十五条的有关规定设定。

系统应当自动生成温湿度监测记录,内容包括温度值、湿度值、日期、时间、测点位置、库区或运输工具类别等。

第四条 系统温湿度测量设备的最大允许误差应当符合以下要求:

(一)测量范围在0℃~40℃,温度的最大允许误差为±0.5℃;

(二)测量范围在-25℃~0℃,温度的最大允许误差为±1.0℃;

(三)相对湿度的最大允许误差为±5%RH。

第五条 系统应当自动对药品储存运输过程中的温湿度环境进行不间断监测和记录。

系统应当至少每隔1分钟更新一次测点温湿度数据,在药品储存过程中至少每隔30分钟自动记录一次实时温湿度数据,在运输过程中至少每隔5分钟自动记录一次实时温度数据。当监测的温湿度值超出规定范围时,系统应当至少每隔2分钟记录一次实时温湿度数据。

第六条 当监测的温湿度值达到设定的临界值或者超出规定范围,系统应当能够实现就地和在指定地点进行声光报警,同时采用短信通讯的方式,向至少3名指定人员发出报警信息。

当发生供电中断的情况时,系统应当采用短信通讯的方式,向至少3名指定人员发出报警信息。

第七条 系统各测点终端采集的监测数据应当真实、完整、准确、有效。

(一)测点终端采集的数据通过网络自动传送到管理主机,进行处理和记录,并采用可靠的方式进行数据保存,确保不丢失和不被改动。

(二)系统具有对记录数据不可更改、删除的功能,不得有反向导入数据的功能。

（三）系统不得对用户开放温湿度传感器监测值修正、调整功能，防止用户随意调整，造成监测数据失真。

第八条 企业应当对监测数据采用安全、可靠的方式按日备份，备份数据应当存放在安全场所，数据保存时限符合《规范》第四十二条的要求。

第九条 系统应当与企业计算机终端进行数据对接，自动在计算机终端中存储数据，可以通过计算机终端进行实时数据查询和历史数据查询。

第十条 系统应当独立地不间断运行，防止因供电中断、计算机关闭或故障等因素，影响系统正常运行或造成数据丢失。

第十一条 系统保持独立、安全运行，不得与温湿度调控设施设备联动，防止温湿度调控设施设备异常导致系统故障的风险。

第十二条 企业应当对储存及运输设施设备的测点终端布点方案进行测试和确认，保证药品仓库、运输设备中安装的测点终端数量及位置，能够准确反映环境温湿度的实际状况。

第十三条 药品库房或仓间安装的测点终端数量及位置应当符合以下要求：

（一）每一独立的药品库房或仓间至少安装2个测点终端，并均匀分布。

（二）平面仓库面积在300平方米以下的，至少安装2个测点终端；300平方米以上的，每增加300平方米至少增加1个测点终端，不足300平方米的按300平方米计算。

平面仓库测点终端安装的位置，不得低于药品货架或药品堆码垛高度的2/3位置。

（三）高架仓库或全自动立体仓库的货架层高在4.5米～8米的，每300平方米面积至少安装4个测点终端，每增加300平方米至少增加2个测点终端，并均匀分布在货架上、下位置；货架层高在8米以上的，每300平方米面积至少安装6个测点终端，每增加300平方米至少增加3个测点终端，并均匀分布在货架的上、中、下位置；不足300平方米的按300平方米计算。

高架仓库或全自动立体仓库上层测点终端安装的位置，不得低于最上层货架存放药品的最高位置。

（四）储存冷藏、冷冻药品仓库测点终端的安装数量，须符合本条上述的各项要求，其安装数量按每100平方米面积计算。

第十四条 每台独立的冷藏、冷冻药品运输车辆或车厢，安装的测点终端数量不得少于2个。车厢容积超过20立方米的，每增加20立方米至少增加1个测点终端，不足20立方米的按20立方米计算。

每台冷藏箱或保温箱应当至少配置一个测点终端。

第十五条 测点终端应当牢固安装在经过确认的合理位置，避免储运作业及人员活动对监测设备造成影响或损坏，其安装位置不得随意变动。

第十六条　企业应当对测点终端每年至少进行一次校准，对系统设备应当进行定期检查、维修、保养，并建立档案。

第十七条　系统应当满足相关部门实施在线远程监管的条件。

附录 4:

药品收货与验收

第一条　企业应当按照国家有关法律法规及《药品经营质量管理规范》（以下简称《规范》），制定药品收货与验收标准。对药品收货与验收过程中出现的不符合质量标准或疑似假、劣药的情况，应当交由质量管理部门按照有关规定进行处理，必要时上报药品监督管理部门。

第二条　药品到货时，收货人员应当对运输工具和运输状况进行检查。

（一）检查运输工具是否密闭，如发现运输工具内有雨淋、腐蚀、污染等可能影响药品质量的现象，及时通知采购部门并报质量管理部门处理。

（二）根据运输单据所载明的启运日期，检查是否符合协议约定的在途时限，对不符合约定时限的，报质量管理部门处理。

（三）供货方委托运输药品的，企业采购部门要提前向供货单位索要委托的承运方式、承运单位、启运时间等信息，并将上述情况提前通知收货人员；收货人员在药品到货后，要逐一核对上述内容，内容不一致的，通知采购部门并报质量管理部门处理。

（四）冷藏、冷冻药品到货时，查验冷藏车、车载冷藏箱或保温箱的温度状况，核查并留存运输过程和到货时的温度记录；对未采用规定的冷藏设备运输或温度不符合要求的，应当拒收，同时对药品进行控制管理，做好记录并报质量管理部门处理。

第三条　药品到货时，收货人员应当查验随货同行单（票）以及相关的药品采购记录。无随货同行单（票）或无采购记录的应当拒收；随货同行单（票）记载的供货单位、生产厂商、药品的通用名称、剂型、规格、批号、数量、收货单位、收货地址、发货日期等内容，与采购记录以及本企业实际情况不符的，应当拒收，并通知采购部门处理。

第四条　应当依据随货同行单（票）核对药品实物。随货同行单（票）中记载的药品的通用名称、剂型、规格、批号、数量、生产厂商等内容，与药品实物不符的，应当拒收，并通知采购部门进行处理。

第五条　收货过程中，对于随货同行单（票）或到货药品与采购记录的有关内容不相符的，由采购部门负责与供货单位核实和处理。

（一）对于随货同行单（票）内容中，除数量以外的其他内容与采购记录、药品实物不符的，经供货单位确认并提供正确的随货同行单（票）后，方可收货。

（二）对于随货同行单（票）与采购记录、药品实物数量不符的，经供货单位确认后，应当由采购部门确定并调整采购数量后，方可收货。

（三）供货单位对随货同行单（票）与采购记录、药品实物不相符的内容，不予确认的，应当拒收，存在异常情况的，报质量管理部门处理。

第六条 收货人员应当拆除药品的运输防护包装，检查药品外包装是否完好，对出现破损、污染、标识不清等情况的药品，应当拒收。

收货人员应当将核对无误的药品放置于相应的待验区域内，并在随货同行单（票）上签字后，移交验收人员。

第七条 药品待验区域及验收药品的设施设备，应当符合以下要求：

（一）待验区域有明显标识，并与其他区域有效隔离；

（二）待验区域符合待验药品的储存温度要求；

（三）设置特殊管理的药品专用待验区域，并符合安全控制要求；

（四）保持验收设施设备清洁，不得污染药品；

（五）按规定配备药品电子监管码的扫码与数据上传设备。

第八条 企业应当根据不同类别和特性的药品，明确待验药品的验收时限，待验药品要在规定时限内验收，验收合格的药品，应当及时入库，验收中发现的问题应当尽快处理，防止对药品质量造成影响。

第九条 验收药品应当按照批号逐批查验药品的合格证明文件，对于相关证明文件不全或内容与到货药品不符的，不得入库，并交质量管理部门处理。

（一）按照药品批号查验同批号的检验报告书，药品检验报告书需加盖供货单位药品检验专用章或质量管理专用章原印章；从批发企业采购药品的，检验报告书的传递和保存，可以采用电子数据的形式，但要保证其合法性和有效性。

（二）验收实施批签发管理的生物制品时，有加盖供货单位药品检验专用章或质量管理专用章原印章的《生物制品批签发合格证》复印件。

（三）验收进口药品时，有加盖供货单位质量管理专用章原印章的相关证明文件：

1.《进口药品注册证》或《医药产品注册证》；

2.进口麻醉药品、精神药品以及蛋白同化制剂、肽类激素需有《进口准许证》；

3.进口药材需有《进口药材批件》；

4.《进口药品检验报告书》或注明“已抽样”字样的《进口药品通关单》；

5.进口国家规定的实行批签发管理的生物制品，有批签发证明文件和《进口药品检验报告书》。

（四）验收特殊管理的药品须符合国家相关规定。

第十条 应当对每次到货的药品进行逐批抽样验收，抽取的样品应当具有代表性，对于不符合验收标准的，不得入库，并报质量管理部门处理。

（一）对到货的同一批号的整件药品按照堆码情况随机抽样检查。整件数量在2件及以下的，要全部抽样检查；整件数量在2件以上至50件以下的，至少抽样检查3件；整件数量在50件以上的，每增加50件，至少增加抽样检查1件，不足50件的，按50件计。

（二）对抽取的整件药品需开箱抽样检查，从每整件的上、中、下不同位置随机抽取3个最小包装进行检查，对存在封口不牢、标签污损、有明显重量差异或外观异常等情况的，至少再增加一倍抽样数量，进行再检查。

（三）对整件药品存在破损、污染、渗液、封条损坏等包装异常的，要开箱检查至最小包装。

（四）到货的非整件药品要逐箱检查，对同一批号的药品，至少随机抽取一个最小包装进行检查。

第十一条 验收人员应当对抽样药品的外观、包装、标签、说明书等逐一进行检查、核对，出现问题的，报质量管理部门处理。

（一）检查运输储存包装的封条有无损坏，包装上是否清晰注明药品通用名称、规格、生产厂商、生产批号、生产日期、有效期、批准文号、贮藏、包装规格及储运图示标志，以及特殊管理的药品、外用药品、非处方药的标识等标记。

（二）检查最小包装的封口是否严密、牢固，有无破损、污染或渗液，包装及标签印字是否清晰，标签粘贴是否牢固。

（三）检查每一最小包装的标签、说明书是否符合以下规定：

1. 标签有药品通用名称、成份、性状、适应症或者功能主治、规格、用法用量、不良反应、禁忌、注意事项、贮藏、生产日期、产品批号、有效期、批准文号、生产企业等内容；对注射剂瓶、滴眼剂瓶等因标签尺寸限制无法全部注明上述内容的，至少标明药品通用名称、规格、产品批号、有效期等内容；中药蜜丸蜡壳至少注明药品通用名称。

2. 化学药品与生物制品说明书列有以下内容：药品名称（通用名称、商品名称、英文名称、汉语拼音）、成分〔活性成分的化学名称、分子式、分子量、化学结构式（复方制剂可列出其组分名称）〕、性状、适应症、规格、用法用量、不良反应、禁忌、注意事项、孕妇及哺乳期妇女用药、儿童用药、老年用药、药物相互作用、药物过量、临床试验、药理毒理、药代动力学、贮藏、包装、有效期、执行标准、批准文号、生产企业（企业名称、生产地址、邮政编码、电话和传真）。

3. 中药说明书列有以下内容：药品名称（通用名称、汉语拼音）、成分、性状、功能主治、规格、用法用量、不良反应、禁忌、注意事项、药物相互作用、贮藏、包装、有效期、执行标准、批准文号、说明书修订日期、生产企业（企业名称、生产地址、邮政编码、电话和传真)。

4. 特殊管理的药品、外用药品的包装、标签及说明书上均有规定的标识和警示说明；处方药和非处方药的标签和说明书上有相应的警示语或忠告语，非处方药的包装有国家规定的专有标识；蛋白同化制剂和肽类激素及含兴奋剂类成分的药品有“运动员慎用”警示标识。

5. 进口药品的包装、标签以中文注明药品通用名称、主要成分以及注册证号，并有中文说明书。

6. 中药饮片的包装或容器与药品性质相适应及符合药品质量要求。中药饮片的标签需注明品名、包装规格、产地、生产企业、产品批号、生产日期；整件包装上有品名、产地、生产日期、生产企业等，并附有质量合格的标志。实施批准文号管理的中药饮片，还需注明批准文号。

7. 中药材有包装，并标明品名、规格、产地、供货单位、收购日期、发货日期等；实施批准文号管理的中药材，还需注明批准文号。

第十二条　在保证质量的前提下，如果生产企业有特殊质量控制要求或打开最小包装可能影响药品质量的，可不打开最小包装；外包装及封签完整的原料药、实施批签发管理的生物制品，可不开箱检查。

第十三条　验收地产中药材时，如果对到货中药材存在质量疑问，应当将实物与企业中药样品室（柜）中收集的相应样品进行比对，确认后方可收货。

验收人员应当负责对中药材样品的更新和养护，防止样品出现质量变异。收集的样品放入中药样品室（柜）前，应当由质量管理人员进行确认。

第十四条　企业应当加强对退货药品的收货、验收管理，保证退货环节药品的质量和安全，防止混入假冒药品。

（一）收货人员要依据销售部门确认的退货凭证或通知对销后退回药品进行核对，确认为本企业销售的药品后，方可收货并放置于符合药品储存条件的专用待验场所。

（二）对销后退回的冷藏、冷冻药品，根据退货方提供的温度控制说明文件和售出期间温度控制的相关数据，确认符合规定条件的，方可收货；对于不能提供文件、数据，或温度控制不符合规定的，给予拒收，做好记录并报质量管理部门处理。

（三）验收人员对销后退回的药品进行逐批检查验收，并开箱抽样检查。整件包装完好的，按照本附录第十条规定的抽样原则加倍抽样检查；无完好外包装的，每件须抽样检查至最小包装，必要时送药品检验机构检验。

（四）销后退回药品经验收合格后，方可入库销售，不合格药品按《规范》有关规定处理。

第十五条　检查验收结束后，应当将检查后的完好样品放回原包装，并在抽样的整件包装上标明抽验标志，对已经检查验收的药品，应当及时调整药品质量状态标识或移入相应区域。

第十六条　对验收合格的药品，应当由验收人员与仓储部门办理入库手续，由仓储部门建立库存记录。

第十七条　验收药品应当做好验收记录。

（一）验收记录包括药品的通用名称、剂型、规格、批准文号、批号、生产日期、有效期、生产厂商、供货单位、到货数量、到货日期、验收合格数量、验收结果、验收人员姓名和验收日期等内容。

（二）中药材验收记录包括品名、产地、供货单位、到货数量、验收合格数量等内容，实施批准文号管理的中药材，还要记录批准文号。中药饮片验收记录包括品名、规格、批号、产地、生产日期、生产厂商、供货单位、到货数量、验收合格数量等内容，实施批准文号管理的中药饮片还要记录批准文号。

（三）建立专门的销后退回药品验收记录，记录包括退货单位、退货日期、通用名称、规格、批准文号、批号、生产厂商（或产地）、有效期、数量、验收日期、退货原因、验收结果和验收人员等内容。

（四）验收不合格的药品，需注明不合格事项及处置措施。

第十八条　对实施电子监管的药品，企业应当按规定进行药品电子监管码扫码，并及时将数据上传至中国药品电子监管网系统平台。

（一）企业对未按规定加印或加贴中国药品电子监管码，或因监管码印刷不符合规定要求，造成扫描设备无法识别的，应当拒收。

（二）监管码信息与药品包装信息不符的，要及时向供货单位进行查询、确认，未得到确认之前不得入库，必要时向当地药品监督管理部门报告。

第十九条　企业按照《规范》的相关规定，进行药品直调的，可委托购货单位进行药品验收。购货单位应当严格按照《规范》的要求验收药品，并进行药品电子监管码的扫码与数据上传，建立专门的直调药品验收记录。验收当日应当将验收记录、电子监管数据相关信息传递给直调企业。

附录5：

验证管理

第一条　本附录适用于《药品经营质量管理规范》（以下简称《规范》）中涉及的验证范围与内容，包括对冷库、冷藏车、冷藏箱、保温箱以及温湿度自动监测系统（以下简称监测系统）等进行验证，确认相关设施、设备及监测系统能够符合规定的设计标准和要求，并能安全、有效地正常运行和使用，确保冷藏、冷冻药品在储存、运输过程中的质量安全。

第二条 企业质量负责人负责验证工作的监督、指导、协调与审批，质量管理部门负责组织仓储、运输等部门共同实施验证工作。

第三条 企业应当按照质量管理体系文件的规定，按年度制定验证计划，根据计划确定的范围、日程、项目，实施验证工作。

第四条 企业应当在验证实施过程中，建立并形成验证控制文件，文件内容包括验证方案、标准、报告、评价、偏差处理和预防措施等，验证控制文件应当归入药品质量管理档案，并按规定保存。

（一）验证方案根据每一项验证工作的具体内容及要求分别制定，包括验证的实施人员、对象、目标、测试项目、验证设备及监测系统描述、测点布置、时间控制、数据采集要求，以及实施验证的相关基础条件，验证方案需经企业质量负责人审核并批准后，方可实施。

（二）企业需制定实施验证的标准和验证操作规程。

（三）验证完成后，需出具验证报告，包括验证实施人员、验证过程中采集的数据汇总、各测试项目数据分析图表、验证现场实景照片、各测试项目结果分析、验证结果总体评价等，验证报告由质量负责人审核和批准。

（四）在验证过程中，根据验证数据分析，对设施设备运行或使用中可能存在的不符合要求的状况、监测系统参数设定的不合理情况等偏差，进行调整和纠正处理，使相关设施设备及监测系统能够符合规定的要求。

（五）根据验证结果对可能存在的影响药品质量安全的风险，制定有效的预防措施。

第五条 企业应当根据验证方案实施验证。

（一）相关设施设备及监测系统在新投入使用前或改造后需进行使用前验证，对设计或预定的关键参数、条件及性能进行确认，确定实际的关键参数及性能符合设计或规定的使用条件。

（二）当相关设施设备及监测系统超出设定的条件或用途，或是设备出现严重运行异常或故障时，要查找原因、评估风险，采取适当的纠正措施，并跟踪效果。

（三）对相关设施设备及监测系统进行定期验证，以确认其符合要求，定期验证间隔时间不超过 1 年。

（四）根据相关设施设备和监测系统的设计参数以及通过验证确认的使用条件，分别确定最大的停用时间限度；超过最大停用时限的，在重新启用前，要评估风险并重新进行验证。

第六条 企业应当根据验证的内容及目的，确定相应的验证项目。

（一）冷库验证的项目至少包括：

1. 温度分布特性的测试与分析，确定适宜药品存放的安全位置及区域；

2. 温控设备运行参数及使用状况测试；

3. 监测系统配置的测点终端参数及安装位置确认；

4. 开门作业对库房温度分布及药品储存的影响；

5. 确定设备故障或外部供电中断的状况下，库房保温性能及变化趋势分析；

6. 对本地区的高温或低温等极端外部环境条件，分别进行保温效果评估；

7. 在新建库房初次使用前或改造后重新使用前，进行空载及满载验证；

8. 年度定期验证时，进行满载验证。

（二）冷藏车验证的项目至少包括：

1. 车厢内温度分布特性的测试与分析，确定适宜药品存放的安全位置及区域；

2. 温控设施运行参数及使用状况测试；

3. 监测系统配置的测点终端参数及安装位置确认；

4. 开门作业对车厢温度分布及变化的影响；

5. 确定设备故障或外部供电中断的状况下，车厢保温性能及变化趋势分析；

6. 对本地区高温或低温等极端外部环境条件，分别进行保温效果评估；

7. 在冷藏车初次使用前或改造后重新使用前，进行空载及满载验证；

8. 年度定期验证时，进行满载验证。

（三）冷藏箱或保温箱验证的项目至少包括：

1. 箱内温度分布特性的测试与分析，分析箱体内温度变化及趋势；

2. 蓄冷剂配备使用的条件测试；

3. 温度自动监测设备放置位置确认；

4. 开箱作业对箱内温度分布及变化的影响；

5. 高温或低温等极端外部环境条件下的保温效果评估；

6. 运输最长时限验证。

（四）监测系统验证的项目至少包括：

1. 采集、传送、记录数据以及报警功能的确认；

2. 监测设备的测量范围和准确度确认；

3. 测点终端安装数量及位置确认；

4. 监测系统与温度调控设施无联动状态的独立安全运行性能确认；

5. 系统在断电、计算机关机状态下的应急性能确认；

6. 防止用户修改、删除、反向导入数据等功能确认。

第七条 应当根据验证对象及项目，合理设置验证测点。

（一）在被验证设施设备内一次性同步布点，确保各测点采集数据的同步、有效。

（二）在被验证设施设备内，进行均匀性布点、特殊项目及特殊位置专门布点。

（三）每个库房中均匀性布点数量不得少于 9 个，仓间各角及中心位置均需布置测点，每两个测点的水平间距不得大于 5 米，垂直间距不得超过 2 米。

（四）库房每个作业出入口及风机出风口至少布置 5 个测点，库房中每组货架或建筑结构的风向死角位置至少布置 3 个测点。

（五）每个冷藏车箱体内测点数量不得少于 9 个，每增加 20 立方米增加 9 个测点，不足 20 立方米的按 20 立方米计算。

（六）每个冷藏箱或保温箱的测点数量不得少于 5 个。

第八条 应当确定适宜的持续验证时间，以保证验证数据的充分、有效及连续。

（一）在库房各项参数及使用条件符合规定的要求并达到运行稳定后，数据有效持续采集时间不得少于 48 小时。

（二）在冷藏车达到规定的温度并运行稳定后，数据有效持续采集时间不得少于 5 小时。

（三）冷藏箱或保温箱经过预热或预冷至规定温度并满载装箱后，按照最长的配送时间连续采集数据。

（四）验证数据采集的间隔时间不得大于 5 分钟。

第九条 应当确保所有验证数据的真实、完整、有效、可追溯，并按规定保存。

第十条 验证使用的温度传感器应当经法定计量机构校准，校准证书复印件应当作为验证报告的必要附件。验证使用的温度传感器应当适用被验证设备的测量范围，其温度测量的最大允许误差为±0.5℃。

第十一条 企业应当根据验证确定的参数及条件，正确、合理使用相关设施设备及监测系统，未经验证的设施、设备及监测系统，不得用于药品冷藏、冷冻储运管理。

验证的结果，应当作为企业制定或修订质量管理体系文件相关内容的依据。

第十二条 企业可与具备相应能力的第三方机构共同实施验证工作，企业应当确保验证实施的全过程符合《规范》及本附录的相关要求。

二 药品流通

017

商务部关于做好五个药品流通行业标准宣传贯彻工作的通知

商办秩函〔2012〕1192 号

各省、自治区、直辖市、计划单列市及新疆生产建设兵团商务主管部门：

《药品批发企业物流服务能力评估指标》、《零售药店经营服务规范》、《药品流通企业诚信经营准则》、《药品流通行业职业经理人标准》、《药品流通企业通用岗位设置规范》五个药品流通行业标准（以下简称五项标准）将于 2012 年 12 月 1 日起实施（商务部公告 2012 年第 58 号）。为切实做好五项标准的宣传和贯彻实施，现就有关事项通知如下：

一、充分认识五项标准公布实施的重要意义

改革开放以来，我国药品流通行业取得了长足发展。但由于多种原因，行业管理比较薄弱，企业竞争能力不强，缺乏行业标准，低水平重复建设和经营不规范等问题比较突出。五项标准的公布填补了我国药品流通行业标准的空白，对于规范药品流通企业经营行为，提升从业人员素质和服务能力，促进药品流通行业健康发展，完善安全月药和方便购药的市场体系具有重大意义。各级商务主管部门要充分认识行业标准化建设的重要性，不断丰富行业管理的内容和手段，积极主动地开展五项标准的学习和宣传贯彻工作，切实发挥五项标准在规范和引导行业健康发展方面的技术支撑和基础保障作用。

二、加强宣传贯彻工作的组织领导

各级商务主管部门要加强领导，把五项标准的宣传贯彻工作纳入重要议事日程，结合本地区情况制定具体的工作方案。一是要认真学习五项标准的具体内容，熟悉每一个标准的制定背景、主要目的和详细内容，做到心中有数、耳熟能详；二是要尽快下发宣传贯彻文件，做好标准宣传贯彻的组织工作，对标准的实施提出明确要求；三是要加强统筹协调，建立由相关部门、行业协会、重点企业以及新闻媒体等方面参加的工作联系机制，强化对药品流通企业执行五项示准的

工作指导，明确工作分工和责任，形成标准宣传贯彻的工作合力；四是要充分发挥各级药品流通行业协会的主力军作用，依靠他们联系和动员广大企业，积极参与标准的贯彻落实；五是要建立标准宣传贯彻工作考评制度，明确宣传贯彻及示范工作量化考核指标，对工作取得实效、成绩突出的单位和个人给予表彰。

三、采取多种形式开展宣传培训工作

药品流通企业是市场的主体，也是落实标准的主体。各级商务主管部门要采取各种有效途径，组织相关协会大力开展宣传培训，把五项标准的内容和要求传达到每个企业。各地可通过发放宣传资料、组织集中学习、聘请专家解读、举办专题讲座和知识竞赛活动等方式，动员行政区域内药品流通行业从业人员广泛参与，普及行业标准的相关知识。同时，可邀请相关单位就标准的实施交换意见，并就其中的问题进行答疑和互动交流。

四、积极运用五项标准加强行业管理

各级商务主管部门要积极引导和监督药品流通企业认真执行五项标准。要鼓励有实力的企业积极发挥骨干作用，在执行五项标准中强化引领示范作用，提升企业管理和服务能力，促进药品流通行业健康发展。

《药品批发企业物流服务能力评估指标》和《零售药店经营服务规范》两个标准的宣传贯彻工作，要与丰富行业管理的有效手段相结合。下一步商务部将根据以上两个标准，与相关部门研究制定药品批发和零售企业分级分类管理制度，分级评定结果将作为行业准入和退出、药品招标配送、定点医保药店选择等工作的参考依据。各级商务主管部门要向行政区域内企业阐明标准对于分级分类管理制度的重要作用，做好实施分级分类管理工作的前期调研和动员准备工作。

《药品流通企业诚信经营准则》的宣传贯彻工作要与打击侵权假冒、开展行业信用评价、实行行业自律和商务诚信建设试点工作相结合，切实规范药品流通企业经营秩序。《药品流通行业职业经理人标准》、《药品流通企业通用岗位设置规范》的宣传贯彻工作要与加强企业内部管理、提升药品安全保障能力和服务水平相结合，为提高药品流通企业的现代管理水平、促进行业转型发展服务。

商务部办公厅

二〇一一年十一月二十八日

018

全国药品流通行业发展规划纲要（2011—2015年）

2011年5月5日

药品是关系人民生命健康的特殊商品，药品流通行业是关系国计民生的重要行业。党中央、国务院高度重视人民群众生命健康和医药卫生事业的发展，提出了关于深化医药卫生体制改革的意见，并对药品流通行业改革和发展提出要求。为适应医药卫生事业改革发展的新形势，促进药品流通行业科学发展，保障人民群众用药安全合理方便，根据有关法律法规和《中华人民共和国国民经济和社会发展第十二个五年规划纲要》，制定本规划纲要，规划期为2011—2015年。

一、现状与形势

（一）发展现状

改革开放以来，我国药品流通从计划分配体制转向市场化经营体制，行业获得了长足发展，药品流通领域的法律框架和监管体制基本建立，药品供应保障能力明显提升，多种所有制并存、多种经营方式互补、覆盖城乡的药品流通体系初步形成。

市场规模持续扩大。截至2009年底，全国共有药品批发企业1.3万多家；药品零售连锁企业2149家，下辖门店13.5万多家，零售单体药店25.3万多家，零售药店门店总数达38.8万多家。2009年，全国药品批发企业销售总额达到5684亿元，2000—2009年，年均增长15%；零售企业销售总额1487亿元，年均增长20%；城市社区和农村基层药品市场规模明显扩大。

发展水平逐步提升。药品流通企业兼并重组步伐加快，行业集中度开始提高。2009年，药品百强批发企业销售额占全国药品批发销售总额的70%。连锁经营发展较快，连锁企业门店数已占零售门店总数的1/3，百强连锁企业销售额占零售企业销售总额的39%；现代医药物流、网上药店以及第三方医药物流等新型药品流通方式逐步发展，扁平化、少环节、可追踪、高效率的现代流通模式比重开始提高。

社会作用不断增强。2009年，全国药品流通行业从业人员约400万人，占城乡商业服务业就业人数的5%；各类药店提供销售及服务约130亿人次，较

2005年增长33%，在方便群众购药、平抑药品价格等方面发挥了重要作用。药品流通骨干企业成为药品储备和应急配送主体，不仅确保了2008年北京奥运会和2010年上海世博会等重大活动的药品需求，而且有效保证了“非典”、“禽流感”等重大疫情和“5·12”汶川特大地震等自然灾害中的药品供应。药品流通行业对相关产业发展的带动性增强，在国民经济中的地位日益显现，为维护国家安全、社会稳定和人民群众利益作出了重大贡献。

但是，由于长期实行的以药补医体制等体制性弊端，以及药品定价、采购和医保支付机制不完善等问题，加上准入门槛较低、行业规划管理欠缺、市场竞争不充分、执法监督工作不到位等因素，导致药品流通行业存在以下突出问题：一是流通组织化现代化水平较低。药品流通行业集中度低，发展水平不高，跨区域扩展缓慢。现代医药物流发展相对滞后，管理水平、流通效率和物流成本与发达国家存在很大差距。二是行业发展布局不够合理。药品流通城乡发展不够平衡，发达地区和城市药品流通企业过度集中，农村和“老、少、边、岛、渔、牧”等偏远地区药品配送网络未能全面有效覆盖，药品可及性有待提高。三是流通秩序有待规范。药品购销领域各类违规经营现象比较突出。部分零售药店出售假劣、过期等不合格药品。部分中药材市场存在药材交易混乱、质量缺乏保障、市场管理缺位等问题。

（二）面临形势

医药卫生体制改革对行业提出新要求。2011—2015年，是实现深化医药卫生体制改革目标的关键时期，也是药品流通行业结构调整和转变发展方式的关键时期。中央提出加快建立药品供应保障体系，发展药品现代物流和连锁经营，规范药品生产流通秩序，建立便民惠民的农村药品供应网等任务，迫切要求行业必须加快结构调整，转变发展方式，实现科学发展。

加快发展面临较好机遇。未来5年，全球药品市场将维持快速扩张态势，市场规模预计将从2009年的7730亿美元，增加到2015年的1.2万亿美元以上，年均增长8%左右，全球药品流通行业集中度和流通效率将继续提高。在药品市场增长空间方面，中国将是潜力最大的市场。随着我国开始向中高收入国家迈进以及人口老龄化的加快，人民生活需求和消费结构将发生重大变化，对医疗卫生服务和自我保健的需求将大幅度增加，药品市场增长潜力巨大。中央提出“政事分开、管办分开、医药分开、营利性和非营利性分开”的医改方向，以及“保基本、强基层、建机制”的医药卫生体制改革任务，要求建设覆盖城乡的公共卫生服务体系、医疗服务体系、医疗保障体系和药品供应保障体系，必将在推动医药卫生事业发展的同时，带动药品市场规模的增加，为药品流通行业带来新的机遇。

抓住机遇仍需面对诸多挑战。药品流通行业改革发展与国家医药卫生体制改革相辅相成，与用药制度设计密切相关，而医药卫生体制改革是一个复杂和渐进的过程。从外部环境看，改革与药品流通有关的体制机制，涉及行业管理体制的完善和重大利益格局调整，其进展状况在本规划期内存在一定程度的不确定性，全国统一市场的形成仍需克服地方保护等多种因素的影响。从内部看，药品流通行业基础薄弱，总体发展程度较低，管理水平、设备设施相对落后，人才匮乏，行业结构调整和实现转型发展仍有一定难度。

二、指导思想与总体目标

（一）指导思想

按照国民经济和社会发展“十二五”规划的总体要求，以科学发展观为指导，坚持以人为本，贯彻落实中央医药卫生体制改革精神，以加强政府政策引导、发挥市场机制基础性作用、强化现代科学技术和新型管理方式应用为基本原则，以深化体制机制改革、加快转变发展方式、形成全国统一市场为主线，充分发挥药品流通行业在服务医疗卫生事业发展、维护人民群众健康权益和促进经济社会和谐发展等方面的作用。

（二）总体目标

到 2015 年，全国药品流通行业的发展适应经济社会发展的总体目标和人民群众不断增长的健康需求，形成网络布局合理，组织化程度显著提升，流通效率不断提高，营销模式不断创新，骨干企业竞争力增强，市场秩序明显好转，城乡居民用药安全便利，以及满足公共卫生需要的药品流通体系。

具体发展目标：形成 1～3 家年销售额过千亿的全国性大型医药商业集团，20 家年销售额过百亿的区域性药品流通企业；药品批发百强企业年销售额占药品批发总额 85%以上，药品零售连锁百强企业年销售额占药品零售企业销售总额 60%以上；连锁药店占全部零售门店的比重提高到 2/3 以上。县以下基层流通网络更加健全。骨干企业综合实力接近国际分销企业先进水平。

三、主要任务

（一）加强行业布局规划，健全准入退出制度

制定行业布局规划。各地商务主管部门要会同相关部门，结合本地经济社会发展水平、医药卫生事业发展和体制改革进展、城乡建设规划、人口增长与密度和年龄结构变化、药品供应能力等实际，制订药品批发零售网点合理设置和布局的具体规划，保证药品供应。

完善准入退出机制。提高行业准入标准，将是否符合行业规划作为行业准入的重要依据，严格控制药品经营企业数量。加强日常监管和考核，建立退出制度，对违法违规和不遵守各项管理制度的企业要限期整改，严重的取消经营资格。

（二）调整行业结构，完善药品流通体系

提高行业集中度。鼓励药品流通企业通过收购、合并、托管、参股和控股等多种方式做强做大，实现规模化、集约化和国际化经营。推动实力强、管理规范、信誉度高的药品流通企业跨区域发展，形成以全国性、区域性骨干企业为主体的遍及城乡的药品流通体系。整合现有药品流通资源，引导一般中小药品流通企业通过市场化途径并入大型药品流通企业。在兼并重组过程中要做好人员安置等工作，保证平稳过渡。

发展特色经营。支持老字号药店在保持传统优势的基础上创新发展，发挥品牌效应，拓展特色服务，增强核心竞争力。支持专业化和有特色的中小药品流通企业做精做专，满足多层次市场需求。引导中小药品流通企业采用联购分销、共同配送等方式，降低经营成本，提高组织化程度。

完善药品流通网络。配合医药卫生体制改革和基本药物制度实施，积极参加药品招标采购，做好药品配送。健全药品供应保障体系，鼓励建设一批全国性和区域性的药品物流园区和配送中心，加快形成若干具有较强辐射带动作用的药品流通枢纽。实施“放心药”服务体系建设工程，鼓励大中型骨干药品流通企业向居民社区和村镇延伸销售与配送网络，实现药品流通对基层的有效覆盖，提高农村和偏远地区药品供应的安全性、便利性。建立西药、中成药、中药材重点品种的市场运行信息监测、预警体系；鼓励市场中介组织开展药品销售渠道、消费结构和区域分布情况等信息服务，发挥政府信息和市场机制在完善流通网络中的引导作用。保障药品应急供应。建立中药材重点品种储备制度。按照国家应急和战略储备的统一规划和部署，做好流通环节实物和资金的储备。根据各类突发事件的特点，建立相应的应急保障机制。

（三）发展现代医药物流，提高药品流通效率

以信息化带动现代医药物流发展。广泛使用先进信息技术，运用企业资源计划管理系统（ERP）、供应链管理等新型管理方法，优化业务流程，提高管理水平。发展基于信息化的新型电子支付和电子结算方式，降低交易成本。构建全国药品市场数据、电子监管等信息平台，引导产业发展，实现药品从生产、流通到使用全过程的信息共享和反馈追溯机制。

用现代科技手段改造传统的医药物流方式。鼓励积极探索使用无线射频（RFID）、全球卫星定位（GPS）、无线通信、温度传感等物联网技术，不断提高流通效率，降低流通成本。促进使用自动分拣、冷链物流等先进设备，加快传统仓储、配送设施改造升级。完善医疗用毒性药品、麻醉药品、精神药品、放射性药品和生物制品等特殊药品物流技术保障措施，确保质量安全。

推动医药物流服务专业化发展。鼓励药品流通企业的物流功能社会化，实施医药物流服务延伸示范工程，引导有实力的企业向医疗机构和生产企业延伸现代

医药物流服务。在满足医药物流标准的前提下，有效利用邮政、仓储等社会物流资源，发展第三方医药物流。

（四）促进连锁经营发展，创新药品营销方式

加快发展药品连锁经营。鼓励药品连锁企业采用统一采购、统一配送、统一质量管理、统一服务规范、统一联网信息系统管理、统一品牌标识等方式，发展规范化连锁，树立品牌形象，拓展跨区域和全国性连锁网络，发挥规模效益。随着医药卫生体制改革深入和医药分开的逐步实施，鼓励连锁药店积极承接医疗机构药房服务和其他专业服务。

创新药品经营模式。鼓励批零一体化经营。鼓励药品零售企业开展药妆、保健品、医疗器械销售和健康服务等多元化经营，满足群众自我药疗等多方面需求。支持连锁经营、物流配送与电子商务相结合，提高药品流通领域的电子商务应用水平。鼓励经营规范的零售连锁企业发展网上药店。

（五）健全行业管理制度，规范药品流通秩序

制定完善与流通秩序有关的行业规范。会同有关部门研究制定药品批发企业营销人员、药品生产企业和代理企业医药代表的资质管理办法和行为规范，实行持证上岗和公示制度，保证依法依规销售药品和推广新药。完善药品购销管理制度，依法索取税票，保证经合法渠道经营药品。逐步实施药品流通企业分类分级管理制度，根据不同类别和等级，采取不同的管理措施，激励企业在规范经营的基础上改善服务设施，提升管理和服务水平。

打击违法违规行为。配合有关部门严厉打击经营假劣药品、商业贿赂、倒买倒卖税票、挂靠经营、非法经营网上药店、发布虚假药品和保健品广告等违法违规行为；整顿规范中药材市场，加强有害物质残留和质量检验。充分发挥12312商务行政执法投诉举报热线的作用，完善投诉举报的受理、处理、移送和反馈机制。发动各方面力量，加强对药品流通行业的社会监督。

（六）加强行业信用建设，推动企业诚信自律

推进全行业信用建设。加强全行业诚信和职业道德教育，广泛开展“诚信经营示范创建”活动，树立一批遵纪守法、诚实守信、管理规范、服务到位，能够积极履行社会责任，自觉接受监督的诚信经营典型。建立违法违规企业信息披露制度，在“商务领域信用信息系统”中归集企业信用信息，建立信用档案。推动部门间监管信息的公开和共享，实行信用分类监管。

建立行业自律机制。指导和鼓励行业协会制定和执行行规行约；维护正常价格秩序，防止垄断行为；探索建立对职业经理人、执业药师等人员从业行为信息的采集、记录、公开、共享等制度，对有违规失信行为的个人实行行业禁入；加强信用知识培训，帮助企业建立信用风险管理制度，开展行业信用评价，提高行业自律和信用水平。

（七）统筹内外两个市场，形成开放竞争的市场格局

搭建多功能服务平台。发挥政府部门和行业协会作用，建立药品交易、投融资合作、信息交流、政策发布等多层次、多功能平台，服务企业发展。发展医药会展经济，促进内外贸、中西药、产供销协调发展，加快国内外市场融合。

提高利用外资的质量和水平。优化投资结构，吸引境外药品流通企业按照有关政策扩大在境内投资，参与药品流通企业兼并重组，拓展分销业务；引导外资到中西部地区和中小城市发展。保护投资者的合法权益。学习借鉴国外先进管理经验和营销方式。

鼓励药品流通企业“走出去”。鼓励有条件的药品流通企业“走出去”，通过新建、收购、境外上市等多种方式，到境外开展业务，参与国际药品采购和营销网络建设，参与国际竞争。

（八）加强行业基础建设，提升行业服务能力

建立行业标准体系。结合行业特点和市场需求，借鉴国际先进经验，建立药品流通业态分类分级、药品统一编码及现代流通设施与信息化、中药材商品等级、职业经理人与从业人员资质和岗位规范、企业经营服务、信用建设和社会责任等相关标准体系。

建立行业统计制度。合理确定行业统计指标，建立直报企业和行业主管部门及有关方面共同参与的全国药品流通行业统计制度与网上报送平台，及时掌握行业运行和发展的全面信息，辅助政府决策，引导行业发展。

加强企业内部管理。药品流通企业是药品流通过程中质量安全的第一责任人，要完善法人治理结构，建立现代企业制度；健全药品购销索证索票、出入库及运输安全管理责任制；加强税票管理，积极与税务管理机关联网；落实各项财务会计管理规范和员工“三险一金”等各项规定和政策，保障员工教育经费。

提升经营服务水平。药品批发企业要提升药品品种保障能力，建立对客户需求的快速反应机制，保证药品及时、安全、足额供应。零售企业要按规定配备执业药师或相关药学技术人员，提高药品质量管理和药学服务水平，零售药店应当提供 24 小时服务；建立以消费者为中心的服务理念，指导消费者正确、安全、有效、合理用药。对药品流通企业设备设施、营业场所环境、售后服务等经营服务内容，以及各类从业人员专业能力、岗位责任、仪容仪表等，进行全面规范。

四、保障措施

（一）完善法律法规和政策体系

推动修改完善与药品流通有关的法律法规和部门规章，清理、废止阻碍药品

流通行业改革发展和妨碍公平竞争的政策规定，健全市场机制。研究制订鼓励性政策措施，支持企业技术改造、科技创新，完善相关基础设施。在搞活流通，扩大消费的各项政策中，积极支持药品流通行业结构调整和药品供应保障体系建设。改善融资环境，鼓励企业利用产业基金、融资担保、信用保险、上市融资、应收账款和仓单质押等金融工具，多渠道筹集资金，加快改革发展步伐。有条件的地方应争取财政、土地、金融、专项资金等优惠政策，支持药品流通行业发展。避免重复建设大型药品物流设施。

（二）改善药品流通行业发展环境

会同相关部门积极推动改革以药补医体制，完善药品定价、采购和医保支付机制，破除地方保护、地区封锁。保障药品批发企业平等参与招标采购及配送业务，促进医疗机构依合同规定按期向流通企业支付货款。在公立医院改革和基本药物制度实施等医改措施中，积极探索实现医药分开的具体途径，在已实施基本药物制度、取消以药补医的基层医疗机构，特别是周边药品零售配套设施比较完善的城市社区医疗服务机构，可率先探索医生负责门诊诊断，患者凭处方到零售药店购药的模式。加快赋予所有符合条件的药店处方药销售资格。支持零售连锁企业和其他具备条件的零售药店申请医保定点资格，扩大基本医疗保险定点药店覆盖范围，逐步提高社会零售药店在药品终端市场上的销售比重。密切跟踪医药卫生体制改革各项政策实施对行业的影响，研究提出解决对策和措施。

（三）加强药品流通理论研究和人才队伍建设

鼓励大专院校、研究院所、大型药品流通企业集团加强现代药品流通理论研究与创新。建立国内药品流通人才培训机制，支持和鼓励药品流通职业培训和继续教育，形成层次多元、市场需要、企业欢迎的人才培养与职业教育体系；建立全国药品流通职业经理人和其他从业人员的资格认证制度；建立药品流通领域人才激励与约束机制。实施从业人员培训工程，“十二五”期间培训高级职业经理人 2000 人，中级职业经理人 5000 人，执业药师继续教育 5000 人，药学技术服务人员 10000 人，其他重点岗位 20000 人。

（四）形成促进药品流通行业健康发展的合力

将药品流通行业管理切实纳入商贸流通工作体系进行统筹规划，与深化医药卫生体制改革领导小组其他成员单位进行工作对接，建立沟通协调和合作机制。大力支持药品流通行业协会等中介组织的发展，加强协会的组织建设，增强服务意识，提高为企业服务的能力。充分发挥协会在行业统计、行业培训、行业自律、国际交流合作、维护企业合法权益等方面的作用。

（五）建立规划纲要的实施机制

各地商务主管部门应根据本规划纲要制订 2011—2015 年本地药品流通行业

发展的具体规划。建立年度跟踪监督、中期评估和终期检查制度，加强对规划实施的监督检查，确保年度工作计划与规划协调一致。各项扶持政策的实施应符合规划确定的发展目标和重点领域。

商务部

二〇一一年五月五日

019

商务部食品药品监管局关于加强药品流通行业管理的通知

商秩发〔2009〕571号

各省、自治区、直辖市、计划单列市及新疆生产建设兵团商务主管部门、食品药品监督管理部门：

按照国务院部署，为配合国家医药卫生体制改革和基本药物制度实施，保障人民群众安全用药和方便购药，规范药品流通市场秩序，现就加强药品流通行业管理有关工作通知如下：

一、充分认识加强药品流通行业管理的重大意义

改革开放以来，我国药品流通行业取得了长足发展。据统计，目前全国共有药品批发企业1.3万多家，药品零售企业36万多家，从业人员数百万人，销售总额由1999年的1350亿元增长到2008年的4699亿元，初步形成了覆盖城乡的药品流通市场体系。

目前由于多种原因，药品流通行业管理比较薄弱，资源配置不尽合理，企业数量过多，经营规模偏小，竞争能力不强，低水平重复建设和经营不规范等问题比较突出，不适应体制改革和市场发展的要求。进一步加强药品流通行业管理，对于规范药品流通行业经营行为，促进药品流通行业健康发展，保障国家医药卫生体制改革顺利实施，完善安全用药和方便购药的市场体系，提高人民群众健康水平具有重大意义。

二、明确药品流通行业管理的职责分工

商务主管部门作为药品流通行业的管理部门，负责研究制定药品流通行业发展规划、行业标准和有关政策，配合实施国家基本药物制度，提高行业组织化程度和现代化水平，逐步建立药品流通行业统计制度，推进行业信用体系建设，指导行业协会实行行业自律，开展行业培训，加强国际合作与交流。

食品药品监督管理部门负责对药品经营企业进行准入管理，制定药品经营质量管理规范并监督实施，监管药品质量安全；组织查处药品经营的违法违规行为。

商务主管部门和食品药品监管部门要互相支持、配合，建立工作机制，在行业发展规划、企业经营发展和信用状况、企业市场准入基本信息和监督检查执法

信息等方面相互交流，实现信息共享，共同做好药品流通行业管理工作。

三、积极配合国家基本药物制度的组织实施

根据卫生部、发展改革委等9部门联合印发的《关于印发〈关于建立国家基本药物制度的实施意见〉的通知》（卫药政发〔2009〕78号）要求，商务主管部门要配合相关部门加强对基本药物招标采购的管理，确保不同地区、不同所有制企业平等参与、公平竞争，严格按照有关规定做好药品流通配送工作；要加大对药品市场运行的监测力度，了解企业经营情况，协调解决出现的问题。食品药品监督管理部门要加强对药品经营企业的质量监管，确保基本药物的质量安全。

四、规范药品流通秩序，开展药品安全专项整治

商务主管部门要积极配合有关部门，贯彻落实卫生部等6部门印发的《药品安全专项整治工作方案》（国食药监办〔2009〕342号），做好流通领域的药品安全专项整治工作。重点抓好药品购销管理，完善索证索票制度，维护正常价格秩序。以规范药品购销中的票据管理为切入点，大力整治药品流通环节中"挂靠经营"、"走票"、"倒买倒卖税票"等违法违规行为。食品药品监管部门要加大对药品经营企业依法依规状况的监督检查力度，确保有关法律法规和规章制度能够认真落实、执行到位。

五、加强统筹规划，积极推动药品流通行业管理工作

商务主管部门要抓紧制定药品流通行业发展规划和促进行业发展的政策意见，不断提升行业管理水平；要充分发挥市场机制在配置药品流通资源和提升行业组织化程度中的基础性作用，消除妨碍公平竞争的体制机制，实现药品流通企业的优胜劣汰，逐步完善统一开放竞争有序和方便消费者购买的药品流通市场体系；要在地方政府统一领导下，积极争取财政支持，完善县级以下药品流通网络，确保农村和边远地区的药品供应；要按照国家关于建立药品流通统计制度的部署，认真做好药品流通行业统计工作。食品药品监管部门要充分利用掌握企业数量、布局及监管状况等资源，积极参与统筹规划工作。

六、不断提高药品流通行业的组织化程度和现代化水平

根据商务主管部门制定的药品流通行业发展规划，食品药品监管部门制定严格的准入标准，控制药品经营企业数量。要大力发展连锁经营，引导和鼓励药品经营企业通过收购、兼并、重组等手段做大做强，提高行业集中度，预防和制止垄断行为，保护市场公平竞争；要加快发展药品现代物流，鼓励有实力并具有现代物流基础设施和技术条件的药品经营企业开展药品委托储存配送，保证药品供

应的安全、及时、有效；要积极开展国际交流合作，学习借鉴国外药品经营企业的管理经验和先进技术，推动企业科学发展。

七、倡导诚信经营，加强行业信用体系建设

商务主管部门要积极开展药品流通行业信用建设，通过大力开展诚信宣传教育，组织“诚信经营”示范创建活动等工作，推动药品经营企业参与信用建设，逐步树立一批遵纪守法、诚实守信、管理规范、服务到位，能够积极履行社会责任，自觉接受监督的诚信经营表率。要积极指导相关行业协会的工作，充分发挥其在规范市场秩序和促进信用建设中的积极作用，通过开展职业道德教育、制定行规行约、开展行业信用评价、举办信用知识培训等形式，不断丰富和创新行业自律手段，促进行业健康发展。食品药品监管部门要积极配合，与商务主管部门共同做好药品流通行业的信用体系建设工作。

八、健全组织保障，落实工作责任

药品流通行业管理工作涉及人民群众切身利益，责任十分重大。各级商务主管部门要认真贯彻落实党中央、国务院关于深化医药卫生体制改革和实施国家基本药物制度的方针政策，充分认识药品流通行业管理的重要意义，务必加强组织领导，尽快与食品药品监管部门建立工作机制，明确内部管理处室和人员，各司其职，相互配合，切实做好各项工作。要尽快开展相关调查研究，了解和掌握药品流通行业相关情况，切实把药品流通行业管理作为一项重要工作落到实处。

请各单位将负责此项工作的主要负责同志和联络员名单于 2009 年 12 月 15 日前报商务部（市场秩序司）。

商务部
国家食品药品监督管理局
二〇〇九年十一月二十五日

020

关于做好2014年全国药品流通行业管理工作的通知

商秩司函〔2014〕64号

各省、自治区、直辖市及新疆生产建设兵团商务主管部门：

药品流通行业管理是国务院在新时期赋予商务主管部门一项重要职能。近些年，在各地商务主管部门的共同努力下，全国药品流通行业管理各项工作扎实推进，在贯彻行业发展规划、促进行业结构调整，提升行业发展水平等多方面取得了新的进展。为落实党的十八大和十八届三中全会以及全国商务工作会议精神，进一步加强药品流通行业管理，贯彻落实《全国药品流通行业发展规划纲要（2011—2015年）》，现将2014年有关重点工作通知如下：

一、促进企业兼并重组，提高行业集中度

对本地药品流通企业兼并重组状况开展调研，以贯彻落实《国务院关于进一步优化企业兼并重组市场环境的意见》（国发〔2014〕14号）为契机，提出有针对性的政策措施，加强与有关行业协会和各类金融机构的合作，搭建促进药品流通企业兼并重组的平台，大力调整行业结构，提升行业的组织化水平。

二、发展现代医药物流，转变行业发展模式

通过电视、广播、网站、报纸和杂志等媒体，大力宣传推广第一批“医药物流延伸服务延伸示范工程”。对医药物流服务延伸实施的最新情况开展调研，根据《商务部办公厅关于开展医药物流服务延伸实施情况调研的通知》（商办秩函〔2013〕154号）要求，推荐遴选第二批医药物流服务延伸示范项目，于6月20日前报送商务部市场秩序司。按照国务院关于发展健康服务业和养老产业的指导意见，引导药品流通行业围绕大健康产业，开展多元化服务，促进药品流通行业向现代药品综合服务商转型。

三、宣贯行业标准，规范流通秩序

商务部于2012年和2013年发布了《药品批发企业物流服务能力评估指标》、《零售药店经营服务规范》、《药品流通企业诚信经营准则》、《药品流通行业职业经理人标准》、《药品流通企业通用岗位设置规范》、《药品物流设施与设备技术要

求》、《医药商业企业对医疗机构的服务规范》7 项行业标准。要通过召开宣贯会议、编印宣传册、组织培训班等多种方式，向企业阐明各项标准的意义和内容，促进标准的贯彻落实。加大对有关协会根据行业标准开展药品批发企业物流服务能力和零售药店两项分级评定工作的指导，提高行业服务社会的透明度。落实国家卫生计生委、商务部等 9 部门印发的《关于纠正医药购销和医疗服务中不正之风专项治理工作实施意见》（国卫医发〔2013〕47 号），宣传贯彻《药品流通企业诚信经营准则》，配合有关部门打击生产销售假药行为。

四、加强行业统计，促进数据有效应用

落实《关于进一步加强药品流通行业统计工作的通知》（商办秩函〔2013〕693 号）和 2014 年行业统计培训要求，加大工作力度，进一步增强直报企业代表性，将辖区内具有代表性的药品流通企业（特别是药品零售企业）尽快纳入统计直报系统，使直报企业市场规模至少达到本地市场总规模的 60％以上。要在加大行业统计培训工作力度、加强统计数据审核工作的同时，提升数据分析应用水平，做好年度区域行业报告的发布工作，并从服务政府部门、企业和消费者的角度出发，形成专题与综合分析等多种形式的适应不同对象的多元化信息成果，逐步形成一批公信力高的统计信息品牌，增强数据信息对行业发展的引导作用。要结合本地统计实际需求，广泛征求、认真研究行业统计报表修订意见，继续完善统计报表制度。

五、开展行业人才培训，提高从业人员素质

落实商务部《全国药品流通行业“十二五”人才培训方案》，使用商务部组织编写的全国药品流通行业人才培训系列教材，发挥遍布全国的 41 个行业培训基地和有关协会主动性、创造性，广泛动员行业企业参与，把行业人才培训工作切实落到实处。指导本地相关协会组织行业职工参加第二届全国药品流通行业岗位技能竞赛暨第三届全国医药行业特有职业技能竞赛活动。

六、推进中药材流通追溯体系建设，提升中药材流通现代化水平

2012 年和 2013 年开展中药材流通追溯体系建设的省市的要根据财政部、商务部关于资金使用和项目建设的有关要求，按照进度全面落实各项建设任务，积极组织各流通节点主体参与追溯体系，加大舆论宣传，保障追溯体系投入运行，并做好考核验收和整改工作。尚未参与此项工作的省份要认真研究本地中药材流通现状，参照《商务部办公厅关于开展 2013 年中药材流通追溯体系建设工作的通知》（商办秩函〔2013〕848 号）精神，制定报送追溯体系初步建设方案，我们将根据各地报送的方案和实际情况，确定第三批追溯体系建设的财政支持资金

分配及补助方式。

七、加强自身建设，提高服务行业能力

各地商务主管部门要主动学习药品流通专业知识，跟踪了解国内外药品流通行业发展的最新动态、理念和发展方式，加强与相关部门的联系沟通，更好地贯彻落实本地“十二五”行业发展规划、指导行业健康发展。要按照国务院机构改革和职能转变精神，鼓励和指导本地药品流通行业协会的发展，树立行业协会的权威性，建立行业自律机制。要转变工作作风、增强服务意识，加强与企业的联系和互动，了解反映企业呼声，研究解决企业实际问题。

商务部市场秩序司

二〇一四年四月四日

021

商务部办公厅关于做好2011年全国药品流通行业管理工作的通知

商秩字〔2011〕66号

各省、自治区、直辖市、计划单列市及新疆生产建设兵团商务主管部门：

药品流通行业管理是在国家深化医药卫生体制改革（以下简称医改）的新形势下国务院赋予商务主管部门一项新的职能。2010年，各地商务主管部门克服困难，加强部门工作协调、开展调查研究工作、积极配合医改和国家基本药物制度实施，药品流通行业管理工作取得初步成效。

2011年全国药品流通行业管理工作的总体要求是：全面贯彻全国商务工作会议和全国药品流通行业管理工作视频会议精神，以落实《全国药品流通行业发展规划纲要（2011—2015年）》（以下简称《规划纲要》）和制定各地2011—2015年行业发展规划为统领，健全行业管理工作体系，大力推行结构调整和转变发展方式，为服务医改和服务民生作出更大贡献。重点做好以下工作：

一、完善工作体系，落实工作职责

各地商务主管部门要抓紧完善工作体系，尚未明确职能的要尽快向当地人民政府和机构编制部门汇报，明确相关职责和人员编制，并落实药品流通行业管理工作的领导分工、责任处室和工作人员，先行开展工作。各地务必在6月底前，建立省、市、县三级完整的行业管理工作体系。同时，要深入基层和企业进行调研，全面了解、真实掌握行业发展情况，形成行业管理的思路，提出管理办法、政策措施和工作意见，切实担负起相应的行业管理职责。

二、结合自身实际，制定发展规划

各地商务主管部门应根据《规划纲要》要求，制订本地药品流通行业2011—2015年发展规划。要深入调研论证，做好与有关部门的沟通协调，充分听取行业协会、企业、专家学者等各方面的意见，综合考虑相关因素，对本地行业发展目标做出科学预测，提出的任务和措施要符合实际，体现前瞻性和可操作性。省级规划在9月底前报商务部（市场秩序司）备案。

三、落实《规划纲要》，细化配套措施

商务部将对《规划纲要》确定的各项任务进行分解细化，研究相关配套文

件、实施措施和办法。研究制订药品流通行业信用建设指导意见、人才培训工程方案、标准体系建设方案；会同有关部门，启动药品营销人员和医药代表行为规范的制订工作；研究出台药品流通企业物流服务能力评估管理办法。各地商务主管部门对上述工作要积极配合。

四、落实医改要求，参与医改工作

各地商务主管部门要按照2011年医改工作要求，引导药品批发企业依法依规参与各地基本药物招投标和配送工作，确保基本药物安全、供应及时。地方各级商务主管部门要积极参与同级医改领导小组的各项工作，密切跟踪各项医改政策进展，协调解决各种不利于行业发展的问题。推动已实行基本药物制度的城市社区医疗卫生机构率先实施医药分开，充分发挥零售药店的作用。

五、突出工作重点，争取形成突破

地方各级商务主管部门要结合实际，针对行业突出问题，探索出解决办法。在行业结构调整方面，要了解行业兼并重组状况，分析存在的问题，树立正面典型，形成示范效应；在完善药品流通体系方面，启动“放心药”服务体系建设工程，重点探索放心药下乡的实现模式，推广成功经验；在发展现代物流方面，实施医药物流服务延伸示范工程，引导企业积极为医疗机构提供各种专业化服务；在发展连锁经营方面，要加强与有关部门协调，打破地方保护，既要推动本地骨干企业跨区域发展，也要允许外地企业到本地发展，促进形成全国统一市场；在中药材市场管理方面，建立中药材市场运行监测系统和中药材流通统计系统，开展中药材流通追溯体系建设试点。

六、建立标准体系，做好行业统计

商务部将研究制订药品流通行业标准体系框架，并出台《药品物流服务规范》、《零售药店经营服务规范》、《药品批发企业物流服务能力评估指标》及有关药品流通业态分类、职业经理人评价、企业诚信经营等行业标准，还将协调有关部门，研究制订药品和中药材流通的国家商品编码标准。各地商务主管部门要积极参与标准的起草论证工作，并在出台后组织行业协会和企业做好宣传贯彻工作。继续开展药品流通统计培训，对地级市商务主管部门和直报企业进行全面培训。各地商务主管部门要加强领导，强化责任，指定专人负责并做好督导检查，充分发挥行业协会作用，调动企业积极性，保证其及时、准确报送统计数据。

七、加强行业培训，提高人员素质

商务部将协调有关部门建立药品从业人员职业分类标准和岗位规范，分别针对药品流通企业管理人员和行业各类从业人员制定培训方案，组织编写培训教材，为今后开展全行业培训打好基础。继续开展药品流通行业职业经理人培训和职业药师继续教育工作。2011 年，完成培训高级经理人 400 人、中级经理人和职业药师各 1000 人的培训任务。各地商务主管部门要积极参与，主动配合，推动开展药品流通职业培训和继续教育，不断提高从业人员素质。

八、建设信用体系，规范流通秩序

各地商务主管部门既要会同食品药品监管等部门开展打击制售假药专项整治，治理商业贿赂，加强票据管理；也要通过行业信用体系建设，建立长效机制，要主动与当地食品药品监管部门沟通，将药品流通企业的信息纳入商务领域信用信息系统，推动建立监管和企业信用信息的公开共享机制。要加强信用文化建设，引导药品流通行业积极参与“诚信兴商”宣传月和“诚信经营示范创建”活动，树立诚信经营典型。要建立健全地方各级医药商业协会，指导行业协会制定和执行行规行约，开展行业自律，对违规失信的人员实行行业禁入。

九、加强自身建设，提高服务能力

地方各级商务主管部门要主动学习药品流通理论和专业知识，跟踪了解国际国内药品流通行业发展的最新动态、新型的营销理念和方法，结合实践工作，更好地指导行业发展。要提高协调能力和艺术，与有关部门建立良好的工作关系。要转变工作作风，增强服务意识，加强与企业的联系和互动，了解反映企业的呼声，研究解决企业实际问题，同时要严格遵守党风廉政建设各项规定，保持人民公仆本色。

商务部办公厅

二〇一一年五月十七日

022

商务部印发关于做好 2010 年药品流通行业管理有关工作的通知

各省、自治区、直辖市、计划单列市及新疆生产建设兵团商务主管部门：

根据商务部和食品药品监管局印发的《关于加强药品流通行业管理的通知》（商秩发〔2009〕571 号），为进一步落实全国药品流通行业管理工作会议精神，现将做好 2010 年的有关工作通知如下：

商务部

二〇一〇年二月二十一日

关于做好 2010 年药品流通行业管理有关工作的通知

商务部

2010 年 2 月 21 日

一、充分认识深化医药卫生体制改革和加强药品流通行业管理的重大意义

深化医药卫生体制改革关系亿万人民群众的健康，关系千家万户的幸福，是重大民生问题。药品流通行业管理是在深化医改的新形势下国务院赋予商务主管部门一项新的职能。加强药品流通行业管理，有利于进一步完善药品供应保障体系，有利于优化行业资源配置和结构调整，有利于更好地服务改革发展的大局。各级商务主管部门务必提高对深化医改重要性紧迫性的认识，提高加强药品流通行业管理重大意义的认识，切实加强领导，以高度的政治责任感做好药品流通行业管理工作，确保百姓吃上放心药、方便药，保障药品流通行业稳定和持续健康发展。

二、贯彻会议精神，落实机构和人员

省级商务主管部门要迅速向市县商务主管部门传达全国药品流通行业管理工作会议精神。各地要结合实际，尽快配备机构和人员负责药品流通行业管理工作，制定工作计划，积极开展工作，切实担负起相应的行政管理职能。要按程序

提出并成为当地医药卫生体制改革领导小组成员，参与相关工作，协调处理有关问题。

三、建立部门协作机制，配合医改和国家基本药物制度实施

各级商务主管部门要尽快与当地食品药品监管、卫生、物价、社会保障、工业信息化等有关部门建立相互配合的工作机制，形成行业管理的工作合力。要积极配合国家医药卫生体制改革方案的贯彻实施，按照国家基本药物制度实施要求，认真落实零售药店配备和销售基本药物的规定，确保基本药物供应；配合相关部门，健全有关招标采购和配送制度，确保不同地区、不同所有制企业平等参与、公平竞争；密切跟踪了解实行国家基本药物制度对行业造成的影响和产生的问题，协调有关部门解决。要按照商务部、卫生部、工业和信息化部和食品药品监管局制定的《建立国家基本药物制度对我国医药流通行业可能造成的影响及相关预案》，制定当地工作预案。

四、研究制定行业发展规划，健全药品流通体系

商务部上半年要制定出台《2010—2015 年全国药品流通行业发展规划纲要》，加强对地方药品流通行业发展规划的指导。要积极会同有关部门，按照规划审批药品批发、零售企业。同时要充分发挥现有流通网络资源的作用，完善药品流通体系网络，不断提高农村和偏远地区的药品供应能力。各级商务主管部门要做好制定当地发展规划的先期调查研究工作，重点了解当地经济社会发展水平、医药卫生体制改革进展情况、药品流通行业状况、城镇和住房建设改造规划、社区商业形态布局、人口密度及群众购药需求和医疗保险制度建设状况等情况，为制定本地药品流通行业发展规划做好充分准备。

五、制定行业标准和管理办法，促进行业规范发展

要根据行业现状和发展情况，提出修改完善药品流通管理法规的建议，逐步探索和实行药品流通企业分级分类的管理办法。加快制定行业经营、服务等标准体系。制定《医药物流服务规范》、《药品零售企业经营服务规范》和《医药物流企业分级评估指标》等行业标准，逐步做到行业的规范服务、规范经营。

六、加强行业指导，发展现代物流和连锁经营

要按照扶优扶强，提高行业集中度和流通效率的原则，充分发挥市场机制的基础性作用，积极稳妥推进药品流通企业兼并重组，发展现代物流，鼓励企业做大做强。指导有规模、有实力的药品零售企业发展连锁经营，实行标准化统一配送，提高药品零售连锁企业的市场占有率。在培育大企业的同时，引导促进中小

企业健康发展。要充分发挥"万村千乡市场工程"等现有流通网络资源的作用，完善农村和偏远地区的"放心药"供应网络。

七、规范行业经营秩序，加强行业基础建设

要积极配合食品药品监管、工商、税务、价格等部门，打击制售假冒伪劣药品和不法行为，规范药品流通企业的经营行为。为便于社会、媒体监督，要在商务部12312商务行政执法投诉举报咨询热线的服务中，增设药品流通相关内容。要充分发挥行业协会作用，指导有关行业组织开展工作，发挥其在行业统计、行业分析、行业指导、行业培训、行业自律等方面作用。要加快建立行业统计制度和评价体系，为行业管理工作服务。

八、推动行业信用体系建设

大力推动各地药品流通企业广泛参与全国性医药行业协会开展的信用等级评价工作，要在每年一度的"诚信兴商宣传月"活动中，宣传药品流通方面的法律法规、有关标准和诚信典型，把"诚信经营"示范创建活动引向深入。同时，要主动与有关部门沟通配合，将各种执法检查活动中查处的违法违规企业名单录入"商务领域信用信息系统"。

省级商务主管部门要在3月15日前将会议落实情况，以及分管领导和责任处室负责人名单报商务部（市场秩序司）。各级商务主管部门要将上述相关工作落实到位。

特此通知

023

关于印发全国药品生产流通领域集中整治行动工作方案的通知

国食药监办〔2012〕41号

各省、自治区、直辖市食品药品监督管理局（药品监督管理局）：

按照国务院的部署，近年来国家食品药品监管局与卫生部、公安部、工业和信息化部、国家工商总局、中医药局等部门积极配合，联合部署，深入开展了药品安全专项整治、打击侵犯知识产权和假冒伪劣商品行动。在此期间，各级食品药品监管部门认真履行监管职责，采取有力措施，着眼于健全药品安全责任体系，致力于健全药品监管长效机制，大幅提升药品安全水平，取得了显著成效。但是，部分药品生产、经营企业仍存在违法违规生产、销售行为，制售假劣药品刑事案件时有发生。当前我国药品安全形势不容乐观，必须切实加以整治。

为了严厉打击制售假劣药品违法犯罪活动，规范药品生产流通秩序，国家局决定从2012年2月下旬至6月下旬，在全国范围内开展为期四个月的药品生产流通领域集中整治行动。现将《全国药品生产流通领域集中整治行动工作方案》印发你们。请结合实际，认真组织实施，确保集中整治行动取得实效。

国家食品药品监督管理局

二〇一二年二月十五日

全国药品生产流通领域集中整治行动工作方案

国家食品药品监督管理局

2012年2月15日

一、工作目标

通过集中整治行动，解决当前药品生产流通领域存在的突出问题，严肃查处药品生产经营过程中违法违规行为，严厉打击制售假劣药品违法犯罪活动，使药品生产经营秩序持续好转，药品质量安全保障水平不断提高，确保人民群众用药安全。

二、工作重点

（一）药品生产

1. 重点整治内容

（1）企业未严格按照处方和工艺规程进行生产，物料平衡存在问题，或生产过程存在偷工减料的行为；

（2）企业擅自接受药品委托加工或存在出租厂房设备的行为；

（3）企业原料来源把关不严，以化工原料代替经批准的原料药，以质量低劣药材代替合格药材，购买质量无法保证的提取物生产制剂的行为。

2. 重点检查企业

（1）外购原料药用于制剂生产的；

（2）中药材、提取物采购供应存在疑点的；

（3）近两年受过行政处罚的；

（4）近两年《药品质量公告》中有不合格产品，或在评价性抽验、不良反应监测过程中发现存在问题的；

（5）近两年未进行过跟踪检查和其他检查的；

（6）近一个时期有群众举报的；

（7）声称已停产但未经核实的。

（二）药品批发

1. 重点整治内容

（1）企业存在“走票”、“挂靠”等出租、转让证照的违法行为；

（2）企业对购销方资质审查不严格；

（3）企业对购销票据、记录和库存药品的审核不严格，购销资金和票据流向不一致，增值税票与购销记录、药品实物不一致。

2. 重点检查企业

（1）曾涉及购销假药案件和含特殊药品复方制剂流弊案件的；

（2）近两年受过行政处罚的；

（3）近一个时期有群众举报的；

（4）管理基础薄弱且曾存在违反药品 GSP 行为的。

（三）药品零售

1. 重点整治内容

（1）进货来源把关不严，从非法渠道进货；

（2）未按要求销售处方药、含特殊药品复方制剂，产品的销售去向不清；

（3）购销资质档案不全，超方式、超范围经营；

（4）购销票据与实物不符，购销票据和记录不真实。

2. 重点检查企业

（1）城乡结合部和农村地区的零售药店；

（2）近两年受过行政处罚的；

（3）近一个时期有群众举报的；

（4）属于单体药店，且管理基础薄弱的。

三、工作步骤

集中整治为期四个月，主要步骤为：

（一）宣传发动、企业自查自纠阶段（自本方案印发之日起至2012年3月底）：全国所有药品生产、经营企业均要对照上述要求进行认真自查自纠。药品生产企业的自查自纠报告，应于2012年3月底前交所在地的省级药品监管部门。药品经营企业的自查自纠报告，应于2012年3月底前交所在地的市级药品监管部门。

（二）集中检查及初步总结阶段（2012年3月初至6月底）：省级药品监管部门组织对辖区内药品生产、经营企业进行认真检查，对查实的违法违规行为予以处罚。集中检查期间，监管部门的检查与企业自查可交叉进行。集中检查结束后，省级药品监管部门对辖区内药品生产、经营企业自查情况、集中整治情况进行认真总结，并形成报告于2012年6月底前上报国家局。

总结报告应内容翔实，有具体数据和案例，至少包括以下几个方面：集中整治总体情况，包括组织方式、检查范围、检查企业数、所占比例、检查方式等；自查和检查发现的违法违规企业名单，包括已查实并处罚的企业名单以及已立案但尚在继续查处的企业名单；对已查实并处罚的企业，要详细报告违法违规行为及处理情况，包括企业名称、违法违规事实、处理依据、处理结果；警告、责令限期整改、停产整顿及罚款、收回药品GMP或GSP证书以及吊销《药品生产许可证》或《药品经营许可证》的情况统计；已采取的措施和对今后工作建议，包括建立强化药品生产经营监管长效机制、深化药品生产经营监管制度改革的意见等；对本次集中整治行动的评估。

四、工作要求

（一）高度重视，精心组织。各级药品监管部门要深刻认识当前药品安全面临的严峻形势，高度重视这次全国药品生产流通领域集中整治行动。各省局要切实加强组织领导，成立省局一把手牵头的整治工作领导小组，统一调配人力物力。要结合实际，制定详细的工作计划，确定重点企业和重点内容，确保整治工作取得实效。各省局应于2012年3月底前将工作计划报国家局。

（二）落实责任，形成合力。各级药品监管部门应建立由安监、流通、稽查、法规、认证、检验等部门共同参与的内部联动机制。层层落实责任，共同抓好落实，进一步提高监管效能。纪检监察部门要加强对整治工作落实情况和案件查处情况的监督检查，严格执行纪律，及时发现和纠正工作不到位、不落实等问题，确保整治工作取得实效。

建立健全案件信息报告制度。对涉嫌犯罪并移送公安机关的案件，或接受公安机关委托检验且检验结果不符合规定的案件线索，要及时报告国家局；对跨省案件，要及时将查处情况报告国家局。

（三）突出重点，积极推进。各级药品监管部门要突出重点，有条不紊地推进整治工作。加强案件办理，提高办案效率，对符合立案标准的，稽查部门应及时立案查处，深查深究，一查到底。对集中整治中已经立案，但在 2012 年 6 月 15 日前未能办结的案件，各省局要加强督办，并向国家局报告案件最终查处结果。

（四）广泛宣传，营造氛围。各级药品监管部门要利用各种形式积极宣传此次整治行动的意义和目的，向社会表明药品监管部门打击违法违规活动的态度和决心。广泛发动药品生产和经营企业积极参与整治行动，认真开展自查自纠，积极配合药品监管部门监督检查。

（五）严格执法，确保实效。坚持“严”字当头，严格监管、严格检查、严厉处罚。对集中整治中查出的违法违规企业，必须依法严肃处理，绝不姑息迁就。对已经查证属实生产销售假药的药品生产企业，一律撤销药品批准证明文件，对其中使用非法化工原料生产、违法委托生产、参与生产假药等情形的，一律按照情节严重，依法吊销《药品生产许可证》；对已查证属实出租转让证照票据经营假药或者造成特殊药品复方制剂流弊的、明知渠道不清或手续不全仍然购销假药的药品经营企业，一律依法吊销《药品经营许可证》；对生产销售假药的药品生产、经营企业，一律予以公开曝光；对涉嫌犯罪的，一律移送公安机关追究刑事责任；对涉嫌增值税票据造假的，一律移交税务部门核实。

国家局将适时组织检查组，对部分地区集中整治工作情况进行抽查或督查。对工作开展不力的，予以通报批评；对案件查处工作不到位的，责令限期改正；对工作中玩忽职守、包庇纵容违法犯罪行为的人员，要依法依纪追究责任。

024

国家食品药品监督管理局 国家工商行政管理总局 令

第 27 号

《药品广告审查办法》经过国家食品药品监督管理局、中华人民共和国国家工商行政管理总局审议通过，现以国家食品药品监督管理局局令顺序号发布。本办法自 2007 年 5 月 1 日起施行。

国家食品药品监督管理局局长 邵明立

国家工商行政管理总局局长 周伯华

二〇〇七年三月十三日

药品广告审查办法

国家食品药品监督管理局

国家工商行政管理总局

2007 年 3 月 13 日

第一条 为加强药品广告管理，保证药品广告的真实性和合法性，根据《中华人民共和国广告法》（以下简称《广告法》）、《中华人民共和国药品管理法》（以下简称《药品管理法》）和《中华人民共和国药品管理法实施条例》（以下简称《药品管理法实施条例》）及国家有关广告、药品监督管理的规定，制定本办法。

第二条 凡利用各种媒介或者形式发布的广告含有药品名称、药品适应症（功能主治）或者与药品有关的其他内容的，为药品广告，应当按照本办法进行审查。

非处方药仅宣传药品名称（含药品通用名称和药品商品名称）的，或者处方药在指定的医学药学专业刊物上仅宣传药品名称（含药品通用名称和药品商品名称）的，无需审查。

第三条 申请审查的药品广告，符合下列法律法规及有关规定的，方可予以通过审查：

（一）《广告法》；

（二）《药品管理法》；

（三）《药品管理法实施条例》；

（四）《药品广告审查发布标准》；

（五）国家有关广告管理的其他规定。

第四条 省、自治区、直辖市药品监督管理部门是药品广告审查机关，负责本行政区域内药品广告的审查工作。县级以上工商行政管理部门是药品广告的监督管理机关。

第五条 国家食品药品监督管理局对药品广告审查机关的药品广告审查工作进行指导和监督，对药品广告审查机关违反本办法的行为，依法予以处理。

第六条 药品广告批准文号的申请人必须是具有合法资格的药品生产企业或者药品经营企业。药品经营企业作为申请人的，必须征得药品生产企业的同意。

申请人可以委托代办人代办药品广告批准文号的申办事宜。

第七条 申请药品广告批准文号，应当向药品生产企业所在地的药品广告审查机关提出。

申请进口药品广告批准文号，应当向进口药品代理机构所在地的药品广告审查机关提出。

第八条 申请药品广告批准文号，应当提交《药品广告审查表》（附表 1），并附与发布内容相一致的样稿（样片、样带）和药品广告申请的电子文件，同时提交以下真实、合法、有效的证明文件：

（一）申请人的《营业执照》复印件；

（二）申请人的《药品生产许可证》或者《药品经营许可证》复印件；

（三）申请人是药品经营企业的，应当提交药品生产企业同意其作为申请人的证明文件原件；

（四）代办人代为申办药品广告批准文号的，应当提交申请人的委托书原件和代办人的营业执照复印件等主体资格证明文件；

（五）药品批准证明文件（含《进口药品注册证》、《医药产品注册证》）复印件、批准的说明书复印件和实际使用的标签及说明书；

（六）非处方药品广告需提交非处方药品审核登记证书复印件或相关证明文件的复印件；

（七）申请进口药品广告批准文号的，应当提供进口药品代理机构的相关资格证明文件的复印件；

（八）广告中涉及药品商品名称、注册商标、专利等内容的，应当提交相关有效证明文件的复印件以及其他确认广告内容真实性的证明文件。

提供本条规定的证明文件的复印件，需加盖证件持有单位的印章。

第九条 有下列情形之一的，药品广告审查机关不予受理该企业该品种药品广告的申请：

（一）属于本办法第二十条、第二十二条、第二十三条规定的不受理情形的；

（二）撤销药品广告批准文号行政程序正在执行中的。

第十条　药品广告审查机关收到药品广告批准文号申请后，对申请材料齐全并符合法定要求的，发给《药品广告受理通知书》；申请材料不齐全或者不符合法定要求的，应当当场或者在5个工作日内一次告知申请人需要补正的全部内容；逾期不告知的，自收到申请材料之日起即为受理。

第十一条　药品广告审查机关应当自受理之日起10个工作日内，对申请人提交的证明文件的真实性、合法性、有效性进行审查，并依法对广告内容进行审查。对审查合格的药品广告，发给药品广告批准文号；对审查不合格的药品广告，应当作出不予核发药品广告批准文号的决定，书面通知申请人并说明理由，同时告知申请人享有依法申请行政复议或者提起行政诉讼的权利。

对批准的药品广告，药品广告审查机关应当报国家食品药品监督管理局备案，并将批准的《药品广告审查表》送同级广告监督管理机关备案。国家食品药品监督管理局对备案中存在问题的药品广告，应当责成药品广告审查机关予以纠正。

对批准的药品广告，药品监督管理部门应当及时向社会予以公布。

第十二条　在药品生产企业所在地和进口药品代理机构所在地以外的省、自治区、直辖市发布药品广告的（以下简称异地发布药品广告），在发布前应当到发布地药品广告审查机关办理备案。

第十三条　异地发布药品广告备案应当提交如下材料：

（一）《药品广告审查表》复印件；

（二）批准的药品说明书复印件；

（三）电视广告和广播广告需提交与通过审查的内容相一致的录音带、光盘或者其他介质载体。

提供本条规定的材料的复印件，需加盖证件持有单位印章。

第十四条　对按照本办法第十二条、第十三条规定提出的异地发布药品广告备案申请，药品广告审查机关在受理备案申请后5个工作日内应当给予备案，在《药品广告审查表》上签注“已备案”，加盖药品广告审查专用章，并送同级广告监督管理机关备查。

备案地药品广告审查机关认为药品广告不符合有关规定的，应当填写《药品广告备案意见书》（附表2），交原审批的药品广告审查机关进行复核，并抄报国家食品药品监督管理局。

原审批的药品广告审查机关应当在收到《药品广告备案意见书》后的5个工作日内，将意见告知备案地药品广告审查机关。原审批的药品广告审查机关与备案地药品广告审查机关意见无法达成一致的，可提请国家食品药品监督管理局裁定。

第十五条 药品广告批准文号有效期为1年，到期作废。

第十六条 经批准的药品广告，在发布时不得更改广告内容。药品广告内容需要改动的，应当重新申请药品广告批准文号。

第十七条 广告申请人自行发布药品广告的，应当将《药品广告审查表》原件保存2年备查。

广告发布者、广告经营者受广告申请人委托代理、发布药品广告的，应当查验《药品广告审查表》原件，按照审查批准的内容发布，并将该《药品广告审查表》复印件保存2年备查。

第十八条 已经批准的药品广告有下列情形之一的，原审批的药品广告审查机关应当向申请人发出《药品广告复审通知书》（附表3），进行复审。复审期间，该药品广告可以继续发布。

（一）国家食品药品监督管理局认为药品广告审查机关批准的药品广告内容不符合规定的；

（二）省级以上广告监督管理机关提出复审建议的；

（三）药品广告审查机关认为应当复审的其他情形。

经复审，认为与法定条件不符的，收回《药品广告审查表》，原药品广告批准文号作废。

第十九条 有下列情形之一的，药品广告审查机关应当注销药品广告批准文号：

（一）《药品生产许可证》、《药品经营许可证》被吊销的；

（二）药品批准证明文件被撤销、注销的；

（三）国家食品药品监督管理局或者省、自治区、直辖市药品监督管理部门责令停止生产、销售和使用的药品。

第二十条 篡改经批准的药品广告内容进行虚假宣传的，由药品监督管理部门责令立即停止该药品广告的发布，撤销该品种药品广告批准文号，1年内不受理该品种的广告审批申请。

第二十一条 对任意扩大产品适应症（功能主治）范围、绝对化夸大药品疗效、严重欺骗和误导消费者的违法广告，省以上药品监督管理部门一经发现，应当采取行政强制措施，暂停该药品在辖区内的销售，同时责令违法发布药品广告的企业在当地相应的媒体发布更正启事。违法发布药品广告的企业按要求发布更正启事后，省以上药品监督管理部门应当在15个工作日内做出解除行政强制措施的决定；需要进行药品检验的，药品监督管理部门应当自检验报告书发出之日起15日内，做出是否解除行政强制措施的决定。

第二十二条 对提供虚假材料申请药品广告审批，被药品广告审查机关在受理审查中发现的，1 年内不受理该企业该品种的广告审批申请。

第二十三条 对提供虚假材料申请药品广告审批，取得药品广告批准文号的，药品广告审查机关在发现后应当撤销该药品广告批准文号，并 3 年内不受理该企业该品种的广告审批申请。

第二十四条 按照本办法第十八条、第十九条、第二十条和第二十三条被收回、注销或者撤销药品广告批准文号的药品广告，必须立即停止发布；异地药品广告审查机关停止受理该企业该药品广告批准文号的广告备案。

药品广告审查机关按照本办法第十八条、第十九条、第二十条和第二十三条收回、注销或者撤销药品广告批准文号的，应当自做出行政处理决定之日起 5 个工作日内通知同级广告监督管理机关，由广告监督管理机关依法予以处理。

第二十五条 异地发布药品广告未向发布地药品广告审查机关备案的，发布地药品广告审查机关发现后，应当责令限期办理备案手续，逾期不改正的，停止该药品品种在发布地的广告发布活动。

第二十六条 县级以上药品监督管理部门应当对审查批准的药品广告发布情况进行监测检查。对违法发布的药品广告，各级药品监督管理部门应当填写《违法药品广告移送通知书》（附表 4 略），连同违法药品广告样件等材料，移送同级广告监督管理机关查处；属于异地发布篡改经批准的药品广告内容的，发布地药品广告审查机关还应当向原审批的药品广告审查机关提出依照《药品管理法》第九十二条、本办法第二十条撤销药品广告批准文号的建议。

第二十七条 对发布违法药品广告，情节严重的，省、自治区、直辖市药品监督管理部门予以公告，并及时上报国家食品药品监督管理局，国家食品药品监督管理局定期汇总发布。

对发布虚假违法药品广告情节严重的，必要时，由国家工商行政管理总局会同国家食品药品监督管理局联合予以公告。

第二十八条 对未经审查批准发布的药品广告，或者发布的药品广告与审查批准的内容不一致的，广告监督管理机关应当依据《广告法》第四十三条规定予以处罚；构成虚假广告或者引人误解的虚假宣传的，广告监督管理机关依据《广告法》第三十七条、《反不正当竞争法》第二十四条规定予以处罚。

广告监督管理机关在查处违法药品广告案件中，涉及药品专业技术内容需要认定的，应当将需要认定的内容通知省级以上药品监督管理部门，省级以上药品监督管理部门应在收到通知书后的 10 个工作日内将认定结果反馈广告监督管理机关。

第二十九条 药品广告审查工作人员和药品广告监督工作人员应当接受《广告法》、《药品管理法》等有关法律法规的培训。药品广告审查机关和药品广告监督管理机关的工作人员玩忽职守、滥用职权、徇私舞弊的，给予行政处分。构成犯罪的，依法追究刑事责任。

第三十条 药品广告批准文号为“X药广审（视）第0000000000号”、“X药广审（声）第0000000000号”、“X药广审（文）第0000000000号”。其中“X”为各省、自治区、直辖市的简称。“0”为由10位数字组成，前6位代表审查年月，后4位代表广告批准序号。“视”、“声”、“文”代表用于广告媒介形式的分类代号。

第三十一条 本办法自2007年5月1日起实施。1995年3月22日国家工商行政管理局、卫生部发布的《药品广告审查办法》（国家工商行政管理局令第25号）同时废止。

025

国家工商行政管理总局
国家食品药品监督管理局 令

第27号

《药品广告审查发布标准》已经中华人民共和国国家工商行政管理总局和国家食品药品监督管理局决定修改，现予公布，自2007年5月1日起施行。

国家工商行政管理总局局长　周伯华
国家食品药品监督管理局局长　邵明立
二〇〇七年三月三日

药品广告审查发布标准

国家工商行政管理总局
国家食品药品监督管理局
2007年3月3日

第一条　为了保证药品广告真实、合法、科学，制定本标准。

第二条　发布药品广告，应当遵守《中华人民共和国广告法》、《中华人民共和国药品管理法》和《中华人民共和国药品管理法实施条例》、《中华人民共和国反不正当竞争法》及国家有关法规。

第三条　下列药品不得发布广告：

（一）麻醉药品、精神药品、医疗用毒性药品、放射性药品；

（二）医疗机构配制的制剂；

（三）军队特需药品；

（四）国家食品药品监督管理局依法明令停止或者禁止生产、销售和使用的药品；

（五）批准试生产的药品。

第四条　处方药可以在卫生部和国家食品药品监督管理局共同指定的医学、药学专业刊物上发布广告，但不得在大众传播媒介发布广告或者以其他方式进行以公众为对象的广告宣传。不得以赠送医学、药学专业刊物等形式向公众发布处方药广告。

第五条 处方药名称与该药品的商标、生产企业字号相同的，不得使用该商标、企业字号在医学、药学专业刊物以外的媒介变相发布广告。

不得以处方药名称或者以处方药名称注册的商标以及企业字号为各种活动冠名。

第六条 药品广告内容涉及药品适应症或者功能主治、药理作用等内容的宣传，应当以国务院食品药品监督管理部门批准的说明书为准，不得进行扩大或者恶意隐瞒的宣传，不得含有说明书以外的理论、观点等内容。

第七条 药品广告中必须标明药品的通用名称、忠告语、药品广告批准文号、药品生产批准文号；以非处方药商品名称为各种活动冠名的，可以只发布药品商品名称。

药品广告必须标明药品生产企业或者药品经营企业名称，不得单独出现“咨询热线”、“咨询电话”等内容。

非处方药广告必须同时标明非处方药专用标识（OTC）。

药品广告中不得以产品注册商标代替药品名称进行宣传，但经批准作为药品商品名称使用的文字型注册商标除外。

已经审查批准的药品广告在广播电台发布时，可不播出药品广告批准文号。

第八条 处方药广告的忠告语是：“本广告仅供医学药学专业人士阅读”。

非处方药广告的忠告语是：“请按药品说明书或在药师指导下购买和使用”。

第九条 药品广告中涉及改善和增强性功能内容的，必须与经批准的药品说明书中的适应症或者功能主治完全一致。

电视台、广播电台不得在7：00—22：00发布含有上款内容的广告。

第十条 药品广告中有关药品功能疗效的宣传应当科学准确，不得出现下列情形：

（一）含有不科学地表示功效的断言或者保证的；

（二）说明治愈率或者有效率的；

（三）与其他药品的功效和安全性进行比较的；

（四）违反科学规律，明示或者暗示包治百病、适应所有症状的；

（五）含有“安全无毒副作用”、“毒副作用小”等内容的；含有明示或者暗示中成药为“天然”药品，因而安全性有保证等内容的；

（六）含有明示或者暗示该药品为正常生活和治疗病症所必需等内容的；

（七）含有明示或暗示服用该药能应付现代紧张生活和升学、考试等需要，能够帮助提高成绩、使精力旺盛、增强竞争力、增高、益智等内容的；

（八）其他不科学的用语或者表示，如“最新技术”、“最高科学”、“最先进制法”等。

第十一条　非处方药广告不得利用公众对于医药学知识的缺乏，使用公众难以理解和容易引起混淆的医学、药学术语，造成公众对药品功效与安全性的误解。

第十二条　药品广告应当宣传和引导合理用药，不得直接或者间接怂恿任意、过量地购买和使用药品，不得含有以下内容：

（一）含有不科学的表述或者使用不恰当的表现形式，引起公众对所处健康状况和所患疾病产生不必要的担忧和恐惧，或者使公众误解不使用该药品会患某种疾病或加重病情的；

（二）含有免费治疗、免费赠送、有奖销售、以药品作为礼品或者奖品等促销药品内容的；

（三）含有“家庭必备”或者类似内容的；

（四）含有“无效退款”、“保险公司保险”等保证内容的；

（五）含有评比、排序、推荐、指定、选用、获奖等综合性评价内容的。

第十三条　药品广告不得含有利用医药科研单位、学术机构、医疗机构或者专家、医生、患者的名义和形象作证明的内容。

药品广告不得使用国家机关和国家机关工作人员的名义。

药品广告不得含有军队单位或者军队人员的名义、形象。不得利用军队装备、设施从事药品广告宣传。

第十四条　药品广告不得含有涉及公共信息、公共事件或其他与公共利益相关联的内容，如各类疾病信息、经济社会发展成果或医药科学以外的科技成果。

第十五条　药品广告不得在未成年人出版物和广播电视频道、节目、栏目上发布。

药品广告不得以儿童为诉求对象，不得以儿童名义介绍药品。

第十六条　药品广告不得含有医疗机构的名称、地址、联系办法、诊疗项目、诊疗方法以及有关义诊、医疗（热线）咨询、开设特约门诊等医疗服务的内容。

第十七条　按照本标准第七条规定必须在药品广告中出现的内容，其字体和颜色必须清晰可见、易于辨认。上述内容在电视、电影、互联网、显示屏等媒体发布时，出现时间不得少于5秒。

第十八条　违反本标准规定发布的广告，构成虚假广告或者引人误解的虚假宣传的，依照《广告法》第三十七条、《反不正当竞争法》第二十四条处罚。

违反本标准第四条、第五条规定发布药品广告的，依照《广告法》第三十九条处罚。

违反本标准第三条、第六条等规定发布药品广告的，依照《广告法》第四十一条处罚。

违反本标准其他规定发布广告，《广告法》有规定的，依照《广告法》处罚；《广告法》没有具体规定的，对负有责任的广告主、广告经营者、广告发布者，处以一万元以下罚款；有违法所得的，处以违法所得三倍以下但不超过三万元的罚款。

第十九条 本标准自 2007 年 5 月 1 日起施行。1995 年 3 月 28 日国家工商行政管理局令第 27 号发布的《药品广告审查标准》同时废止。

026

卫生部 海关总署
关于修改《药品进口管理办法》的决定

中华人民共和国卫生部令 86 号

《卫生部 海关总署关于修改〈药品进口管理办法〉的决定》已经卫生部部务会、海关总署署务会审议通过，现予公布，自公布之日起施行。

卫生部部长　陈竺
海关总署署长　于广洲
二〇一二年八月二十四日

为贯彻实施《中华人民共和国行政强制法》，根据《国务院关于贯彻实施〈中华人民共和国行政强制法〉的通知》（国发〔2011〕25 号）要求，对食品药品监管局、海关总署于 2003 年 8 月 18 日公布的《药品进口管理办法》作如下修改：

一、将第十七条第十四项修改为："药品监督管理部门有其他证据证明进口药品可能危害人体健康的。"

二、将第二十五条第一款第五项修改为："药品监督管理部门有其他证据证明进口药品可能危害人体健康的。"

本决定自公布之日起施行。《药品进口管理办法》根据本决定作相应修改，重新公布。

药品进口管理办法

（2003 年 8 月 18 日食品药品监管局、海关总署第 4 号令公布，根据 2012 年 8 月 24 日卫生部海关总署《关于修改〈药品进口管理办法〉的决定》〔卫生部海关总署第 86 号令〕修正。）

第一章　总　　则

第一条　为规范药品进口备案、报关和口岸检验工作，保证进口药品的质量，根据《中华人民共和国药品管理法》、《中华人民共和国海关法》、《中华人民共和国药品管理法实施条例》（以下简称《药品管理法》、《海关法》、《药品管理法实施条例》）及相关法律法规的规定，制定本办法。

第二条 药品的进口备案、报关、口岸检验以及进口，适用本办法。

第三条 药品必须经由国务院批准的允许药品进口的口岸进口。

第四条 本办法所称进口备案，是指进口单位向允许药品进口的口岸所在地药品监督管理部门（以下称口岸药品监督管理局）申请办理《进口药品通关单》的过程。麻醉药品、精神药品进口备案，是指进口单位向口岸药品监督管理局申请办理《进口药品口岸检验通知书》的过程。

本办法所称口岸检验，是指国家食品药品监督管理局确定的药品检验机构（以下称口岸药品检验所）对抵达口岸的进口药品依法实施的检验工作。

第五条 进口药品必须取得国家食品药品监督管理局核发的《进口药品注册证》（或者《医药产品注册证》），或者《进口药品批件》后，方可办理进口备案和口岸检验手续。

进口麻醉药品、精神药品，还必须取得国家食品药品监督管理局核发的麻醉药品、精神药品《进口准许证》。

第六条 进口单位持《进口药品通关单》向海关申报，海关凭口岸药品监督管理局出具的《进口药品通关单》，办理进口药品的报关验放手续。

进口麻醉药品、精神药品，海关凭国家食品药品监督管理局核发的麻醉药品、精神药品《进口准许证》办理报关验放手续。

第七条 国家食品药品监督管理局会同海关总署制定、修订、公布进口药品目录。

第二章　进口备案

第八条 口岸药品监督管理局负责药品的进口备案工作。口岸药品监督管理局承担的进口备案工作受国家食品药品监督管理局的领导，其具体职责包括：

（一）受理进口备案申请，审查进口备案资料；

（二）办理进口备案或者不予进口备案的有关事项；

（三）联系海关办理与进口备案有关的事项；

（四）通知口岸药品检验所对进口药品实施口岸检验；

（五）对进口备案和口岸检验中发现的问题进行监督处理；

（六）国家食品药品监督管理局规定的其他事项。

第九条 报验单位应当是持有《药品经营许可证》的独立法人。药品生产企业进口本企业所需原料药和制剂中间体（包括境内分包装用制剂），应当持有《药品生产许可证》。

第十条 下列情形的进口药品，必须经口岸药品检验所检验符合标准规定后，方可办理进口备案手续。检验不符合标准规定的，口岸药品监督管理局不予进口备案：

（一）国家食品药品监督管理局规定的生物制品；

（二）首次在中国境内销售的药品；

（三）国务院规定的其他药品。

第十一条 进口单位签订购货合同时，货物到岸地应当从允许药品进口的口岸选择。其中本办法第十条规定情形的药品，必须经由国家特别批准的允许药品进口的口岸进口。

第十二条 进口备案，应当向货物到岸地口岸药品监督管理局提出申请，并由负责本口岸药品检验的口岸药品检验所进行检验。

第十三条 办理进口备案，报验单位应当填写《进口药品报验单》，持《进口药品注册证》（或者《医药产品注册证》）（正本或者副本）原件，进口麻醉药品、精神药品还应当持麻醉药品、精神药品《进口准许证》原件，向所在地口岸药品监督管理局报送所进口品种的有关资料一式两份：

（一）《进口药品注册证》（或者《医药产品注册证》）（正本或者副本）复印件；麻醉药品、精神药品的《进口准许证》复印件；

（二）报验单位的《药品经营许可证》和《企业法人营业执照》复印件；

（三）原产地证明复印件；

（四）购货合同复印件；

（五）装箱单、提运单和货运发票复印件；

（六）出厂检验报告书复印件；

（七）药品说明书及包装、标签的式样（原料药和制剂中间体除外）；

（八）国家食品药品监督管理局规定批签发的生物制品，需要提供生产检定记录摘要及生产国或者地区药品管理机构出具的批签发证明原件；

（九）本办法第十条规定情形以外的药品，应当提交最近一次《进口药品检验报告书》和《进口药品通关单》复印件。

药品生产企业自行进口本企业生产所需原料药和制剂中间体的进口备案，第（二）项资料应当提交其《药品生产许可证》和《企业法人营业执照》复印件。

经其他国家或者地区转口的进口药品，需要同时提交从原产地到各转口地的全部购货合同、装箱单、提运单和货运发票等。

上述各类复印件应当加盖进口单位公章。

第十四条 口岸药品监督管理局接到《进口药品报验单》及相关资料后，按照下列程序的要求予以审查：

（一）逐项核查所报资料是否完整、真实；

（二）查验《进口药品注册证》（或者《医药产品注册证》）（正本或者副本）

原件，或者麻醉药品、精神药品的《进口准许证》原件真实性；

（三）审查无误后，将《进口药品注册证》（或者《医药产品注册证》）（正本或者副本）原件，或者麻醉药品、精神药品的《进口准许证》原件，交还报验单位，并于当日办结进口备案的相关手续。

第十五条 本办法第十条规定情形的药品，口岸药品监督管理局审查全部资料无误后，应当向负责检验的口岸药品检验所发出《进口药品口岸检验通知书》，附本办法第十三条规定的资料一份，同时向海关发出《进口药品抽样通知书》。有关口岸药品检验进入海关监管场所抽样的管理规定，由国家食品药品监督管理局与海关总署另行制定。

口岸药品检验所按照《进口药品口岸检验通知书》规定的抽样地点，抽取检验样品，进行质量检验，并将检验结果送交所在地口岸药品监督管理局。检验符合标准规定的，准予进口备案，由口岸药品监督管理局发出《进口药品通关单》；不符合标准规定的，不予进口备案，由口岸药品监督管理局发出《药品不予进口备案通知书》。

第十六条 本办法第十条规定情形以外的药品，口岸药品监督管理局审查全部资料无误后，准予进口备案，发出《进口药品通关单》。同时向负责检验的口岸药品检验所发出《进口药品口岸检验通知书》，附本办法第十三条规定的资料一份。

对麻醉药品、精神药品，口岸药品监督管理局审查全部资料无误后，应当只向负责检验的口岸药品检验所发出《进口药品口岸检验通知书》，附本办法第十三条规定的资料一份，无需办理《进口药品通关单》。

口岸药品检验所应当到《进口药品口岸检验通知书》规定的抽样地点抽取样品，进行质量检验，并将检验结果送交所在地口岸药品监督管理局。对检验不符合标准规定的药品，由口岸药品监督管理局依照《药品管理法》及有关规定处理。

第十七条 下列情形之一的进口药品，不予进口备案，由口岸药品监督管理局发出《药品不予进口备案通知书》；对麻醉药品、精神药品，口岸药品监督管理局不予发放《进口药品口岸检验通知书》：

（一）不能提供《进口药品注册证》（或者《医药产品注册证》）（正本或者副本）、《进口药品批件》或者麻醉药品、精神药品的《进口准许证》原件的；

（二）办理进口备案时，《进口药品注册证》（或者《医药产品注册证》），或者麻醉药品、精神药品的《进口准许证》已超过有效期的；

（三）办理进口备案时，药品的有效期限已不满 12 个月的（对于药品本身有效期不足 12 个月的，进口备案时，其有效期限应当不低于 6 个月）；

（四）原产地证明所标示的实际生产地与《进口药品注册证》（或者《医药产

品注册证》）规定的产地不符的，或者区域性国际组织出具的原产地证明未标明《进口药品注册证》（或者《医药产品注册证》）规定产地的；

（五）进口单位未取得《药品经营许可证》（生产企业应当取得《药品生产许可证》）和《企业法人营业执照》的；

（六）到岸品种的包装、标签与国家食品药品监督管理局的规定不符的；

（七）药品制剂无中文说明书或者中文说明书与批准的说明书不一致的；

（八）未在国务院批准的允许药品进口的口岸组织进口的，或者货物到岸地不属于所在地口岸药品监督管理局管辖范围的；

（九）国家食品药品监督管理局规定批签发的生物制品未提供有效的生产国或者地区药品管理机构出具的生物制品批签发证明文件的；

（十）伪造、变造有关文件和票据的；

（十一）《进口药品注册证》（或者《医药产品注册证》）已被撤销的；

（十二）本办法第十条规定情形的药品，口岸药品检验所根据本办法第二十五条的规定不予抽样的；

（十三）本办法第十条规定情形的药品，口岸检验不符合标准规定的；

（十四）药品监督管理部门有其他证据证明进口药品可能危害人体健康的。

第十八条　对不予进口备案的进口药品，进口单位应当予以退运。无法退运的，由海关移交口岸药品监督管理局监督处理。

第十九条　进口临床急需药品、捐赠药品、新药研究和药品注册所需样品或者对照药品等，必须经国家食品药品监督管理局批准，并凭国家食品药品监督管理局核发的《进口药品批件》，按照本办法第十六条的规定，办理进口备案手续。

第三章　口岸检验

第二十条　口岸药品检验所由国家食品药品监督管理局根据进口药品口岸检验工作的需要确定。口岸药品检验所的职责包括：

（一）对到岸货物实施现场核验；

（二）核查出厂检验报告书和原产地证明原件；

（三）按照规定进行抽样；

（四）对进口药品实施口岸检验；

（五）对有异议的检验结果进行复验；

（六）国家食品药品监督管理局规定的其他事项。

第二十一条　中国药品生物制品检定所负责进口药品口岸检验工作的指导和协调。口岸检验所需标准品、对照品由中国药品生物制品检定所负责审核、标定。

第二十二条　口岸药品检验所应当按照《进口药品注册证》（或者《医药产

品注册证》）载明的注册标准对进口药品进行检验。

第二十三条 口岸药品检验所接到《进口药品口岸检验通知书》后，应当在2日内与进口单位联系，到规定的存货地点按照《进口药品抽样规定》进行现场抽样。

进口单位应当在抽样前，提供出厂检验报告书和原产地证明原件。

对需进入海关监管区抽样的，口岸药品检验所应当同时与海关联系抽样事宜，并征得海关同意。抽样时，进口单位和海关的人员应当同时在场。

第二十四条 口岸药品检验所现场抽样时，应当注意核查进口品种的实际到货情况，做好抽样记录并填写《进口药品抽样记录单》。

本办法第十条规定情形以外的药品，抽样完成后，口岸药品检验所应当在进口单位持有的《进口药品通关单》原件上注明“已抽样”的字样，并加盖抽样单位的公章。

对麻醉药品、精神药品，抽样完成后，应当在《进口准许证》原件上注明“已抽样”的字样，并加盖抽样单位的公章。

第二十五条 对有下列情形之一的进口药品，口岸药品检验所不予抽样：

（一）未提供出厂检验报告书和原产地证明原件，或者所提供的原件与申报进口备案时的复印件不符的；

（二）装运唛头与单证不符的；

（三）进口药品批号或者数量与单证不符的；

（四）进口药品包装及标签与单证不符的；

（五）药品监督管理部门有其他证据证明进口药品可能危害人体健康的。

对不予抽样的药品，口岸药品检验所应当在2日内，将《进口药品抽样记录单》送交所在地口岸药品监督管理局。

第二十六条 口岸药品检验所应当及时对所抽取的样品进行检验，并在抽样后20日内，完成检验工作，出具《进口药品检验报告书》。特殊品种或者特殊情况不能按时完成检验时，可以适当延长检验期限，并通知进口单位和口岸药品监督管理局。

《进口药品检验报告书》应当明确标有“符合标准规定”或者“不符合标准规定”的检验结论。

国家食品药品监督管理局规定批签发的生物制品，口岸检验符合标准规定，审核符合要求的，应当同时发放生物制品批签发证明。

第二十七条 对检验符合标准规定的进口药品，口岸药品检验所应当将《进口药品检验报告书》送交所在地口岸药品监督管理局和进口单位。

对检验不符合标准规定的进口药品，口岸药品检验所应当将《进口药品检验报告书》及时发送口岸药品监督管理局和其他口岸药品检验所，同时报送国家食品药品监督管理局和中国药品生物制品检定所。

第二十八条　进口药品的检验样品应当保存至有效期满。不易贮存的留样，可根据实际情况掌握保存时间。索赔或者退货检品的留样应当保存至该案完结时。超过保存期的留样，由口岸药品检验所予以处理并记录备案。

第二十九条　进口单位对检验结果有异议的，可以自收到检验结果之日起7日内向原口岸药品检验所申请复验，也可以直接向中国药品生物制品检定所申请复验。生物制品的复验直接向中国药品生物制品检定所申请。

口岸药品检验所在受理复验申请后，应当及时通知口岸药品监督管理局，并自受理复验之日起10日内，作出复验结论，通知口岸药品监督管理局、其他口岸药品检验所，报国家食品药品监督管理局和中国药品生物制品检定所。

第四章　监督管理

第三十条　口岸药品检验所根据本办法第二十五条的规定不予抽样但已办结海关验放手续的药品，口岸药品监督管理局应当对已进口的全部药品采取查封、扣押的行政强制措施。

第三十一条　本办法第十条规定情形以外的药品，经口岸药品检验所检验不符合标准规定的，进口单位应当在收到《进口药品检验报告书》后2日内，将全部进口药品流通、使用的详细情况，报告所在地口岸药品监督管理局。

所在地口岸药品监督管理局收到《进口药品检验报告书》后，应当及时采取对全部药品予以查封、扣押的行政强制措施，并在7日内作出行政处理决定。对申请复验的，必须自检验报告书发出之日起15日内作出行政处理决定。有关情况应当及时报告国家食品药品监督管理局，同时通告各省、自治区、直辖市药品监督管理局和其他口岸药品监督管理局。

第三十二条　未在规定时间内提出复验或者经复验仍不符合标准规定的，口岸药品监督管理局应当按照《药品管理法》以及有关规定作出行政处理决定。有关情况应当及时报告国家食品药品监督管理局，同时通告各省、自治区、直辖市药品监督管理局和其他口岸药品监督管理局。

经复验符合标准规定的，口岸药品监督管理局应当解除查封、扣押的行政强制措施，并将处理情况报告国家食品药品监督管理局，同时通告各省、自治区、直辖市药品监督管理局和其他口岸药品监督管理局。

第三十三条　药品进口备案中发现的其他问题，由口岸药品监督管理局按照《药品管理法》以及有关规定予以处理。

第三十四条　国内药品生产企业、经营企业以及医疗机构采购进口药品时，供货单位应当同时提供以下资料：

（一）《进口药品注册证》（或者《医药产品注册证》）复印件、《进口药品批件》复印件；

（二）《进口药品检验报告书》复印件或者注明“已抽样”并加盖公章的《进口药品通关单》复印件。

国家食品药品监督管理局规定批签发的生物制品，需要同时提供口岸药品检验所核发的批签发证明复印件。

进口麻醉药品、精神药品，应当同时提供其《进口药品注册证》（或者《医药产品注册证》）复印件、《进口准许证》复印件和《进口药品检验报告书》复印件。

上述各类复印件均需加盖供货单位公章。

第三十五条 口岸药品监督管理局和口岸药品检验所应当建立严格的进口备案资料和口岸检验资料的管理制度，并对进口单位的呈报资料承担保密责任。

第三十六条 对于违反本办法进口备案和口岸检验有关规定的口岸药品监督管理局和口岸药品检验所，国家食品药品监督管理局将根据情节给予批评、通报批评，情节严重的停止其进口备案和口岸检验资格。

第三十七条 违反本办法涉及海关有关规定的，海关按照《海关法》、《中华人民共和国海关法行政处罚实施细则》的规定处理。

第五章 附 则

第三十八条 本办法所称进口单位，包括经营单位、收货单位和报验单位。

经营单位，是指对外签订并执行进出口贸易合同的中国境内企业或单位。

收货单位，是指购货合同和货运发票中载明的收货人或者货主。

报验单位，是指该批进口药品的实际货主或者境内经销商，并具体负责办理进口备案和口岸检验手续。

收货单位和报验单位可以为同一单位。

第三十九条 从境外进入保税仓库、保税区、出口加工区的药品，免予办理进口备案和口岸检验等进口手续，海关按有关规定实施监管；从保税仓库、出口监管仓库、保税区、出口加工区出库或出区进入国内的药品，按本办法有关规定办理进口备案和口岸检验等手续。

经批准以加工贸易方式进口的原料药、药材，免予办理进口备案和口岸检验等进口手续，其原料药及制成品禁止转为内销。确因特殊情况无法出口的，移交地方药品监督管理部门按规定处理，海关予以核销。

进出境人员随身携带的个人自用的少量药品，应当以自用、合理数量为限，并接受海关监管。

第四十条 进口暂未列入进口药品目录的原料药，应当遵照本办法的规定，到口岸药品监督管理局办理进口备案手续。

第四十一条　药材进口备案和口岸检验的规定，由国家食品药品监督管理局另行制定。

第四十二条　进口麻醉药品、精神药品凭《进口药品注册证》（或者《医药产品注册证》），按照国务院麻醉药品、精神药品管理的有关法规办理《进口准许证》。

第四十三条　本办法规定的麻醉药品、精神药品是指供临床使用的品种，科研、教学、兽用等麻醉药品、精神药品的进口，按照国务院麻醉药品、精神药品管理的有关法规执行。

第四十四条　本办法由国家食品药品监督管理局和海关总署负责解释。

第四十五条　本办法自 2004 年 1 月 1 日起实施。1999 年 5 月 1 日实施的《进口药品管理办法》同时废止。

三 医药监管

027

国务院关于地方改革完善食品药品监督管理体制的指导意见

国发〔2013〕18号

各省、自治区、直辖市人民政府，国务院各部委、各直属机构：

按照党的十八大、十八届二中全会精神和第十二届全国人民代表大会第一次会议审议通过的《国务院机构改革和职能转变方案》，决定组建国家食品药品监督管理总局，对食品药品实行统一监督管理。为确保食品药品监管工作上下联动、协同推进，平稳运行、整体提升，现就地方改革完善食品药品监督管理体制提出如下意见。

一、充分认识改革完善食品药品监督管理体制的重要意义

食品药品安全是重大的基本民生问题，党中央、国务院高度重视，人民群众高度关切。近年来，国家采取了一系列重大政策举措，各地区、各有关部门认真抓好贯彻落实，不断加大监管力度，我国食品药品安全保障水平稳步提高，形势总体稳定趋好。但实践中食品监管职责交叉和监管空白并存，责任难以完全落实，资源分散配置难以形成合力，整体行政效能不高。同时，人民群众对药品的安全性和有效性也提出了更高要求，药品监督管理能力也需要加强。改革完善食品药品监管体制，整合机构和职责，有利于政府职能转变，更好地履行市场监管、社会管理和公共服务职责；有利于理顺部门职责关系，强化和落实监管责任，实现全程无缝监管；有利于形成一体化、广覆盖、专业化、高效率的食品药品监管体系，形成食品药品监管社会共治格局，更好地推动解决关系人民群众切身利益的食品药品安全问题。

各地区要充分认识改革完善食品药品监管体制的重要性和紧迫性，切实履行对本地区食品药品安全负总责的要求，抓紧抓好本地区食品药品监管体制改革和机构调整工作。

二、加快推进地方食品药品监督管理体制改革

地方食品药品监管体制改革，要全面贯彻党的十八大和十八届二中全会精神，以邓小平理论、“三个代表”重要思想、科学发展观为指导，以保障人民群众食品药品安全为目标，以转变政府职能为核心，以整合监管职能和机构为重点，按照精简、统一、效能原则，减少监管环节、明确部门责任、优化资源配置，对生产、流通、消费环节的食品安全和药品的安全性、有效性实施统一监督管理，充实加强基层监管力量，进一步提高食品药品监督管理水平。

（一）整合监管职能和机构。为了减少监管环节，保证上下协调联动，防范系统性食品药品安全风险，省、市、县级政府原则上参照国务院整合食品药品监督管理职能和机构的模式，结合本地实际，将原食品安全办、原食品药品监管部门、工商行政管理部门、质量技术监督部门的食品安全监管和药品管理职能进行整合，组建食品药品监督管理机构，对食品药品实行集中统一监管，同时承担本级政府食品安全委员会的具体工作。地方各级食品药品监督管理机构领导班子由同级地方党委管理，主要负责人的任免须事先征求上级业务主管部门的意见，业务上接受上级主管部门的指导。

（二）整合监管队伍和技术资源。参照《国务院机构改革和职能转变方案》关于“将工商行政管理、质量技术监督部门相应的食品安全监督管理队伍和检验检测机构划转食品药品监督管理部门”的要求，省、市、县各级工商部门及其基层派出机构要划转相应的监管执法人员、编制和相关经费，省、市、县各级质监部门要划转相应的监管执法人员、编制和涉及食品安全的检验检测机构、人员、装备及相关经费，具体数量由地方政府确定，确保新机构有足够力量和资源，有效履行职责。同时，整合县级食品安全检验检测资源，建立区域性的检验检测中心。

（三）加强监管能力建设。在整合原食品药品监管、工商、质监部门现有食品药品监管力量基础上，建立食品药品监管执法机构。要吸纳更多的专业技术人员从事食品药品安全监管工作，根据食品药品监管执法工作需要，加强监管执法人员培训，提高执法人员素质，规范执法行为，提高监管水平。地方各级政府要增加食品药品监管投入，改善监管执法条件，健全风险监测、检验检测和产品追溯等技术支撑体系，提升科学监管水平。食品药品监管所需经费纳入各级财政预算。

（四）健全基层管理体系。县级食品药品监督管理机构可在乡镇或区域设立食品药品监管派出机构。要充实基层监管力量，配备必要的技术装备，填补基层监管执法空白，确保食品和药品监管能力在监管资源整合中都得到加强。在农村行政村和城镇社区要设立食品药品监管协管员，承担协助执法、隐患排查、信息

报告、宣传引导等职责。要进一步加强基层农产品质量安全监管机构和队伍建设。推进食品药品监管工作关口前移、重心下移，加快形成食品药品监管横向到边、纵向到底的工作体系。

三、认真落实食品药品监督管理责任

（一）地方政府要负总责。地方各级政府要切实履行对本地区食品药品安全负总责的要求，在省级政府的统一组织领导下，切实抓好本地区的食品药品监管体制改革，统筹做好生猪定点屠宰监督管理职责调整工作，确保职能、机构、队伍、装备等及时划转到位，配套政策措施落实到位，各项工作有序衔接。要加强组织协调，强化保障措施，落实经费保障，实现社会共治，提升食品药品安全监管整体水平。

（二）监管部门要履职尽责。要转变管理理念，创新管理方式，建立和完善食品药品安全监管制度，建立生产经营者主体责任制，强化监管执法检查，加强食品药品安全风险预警，严密防范区域性、系统性食品药品安全风险。农业部门要落实农产品质量安全监管责任，加强畜禽屠宰环节、生鲜乳收购环节质量安全和有关农业投入品的监督管理，强化源头治理。各地可参照国家有关部门对食用农产品监管职责分工方式，按照无缝衔接的原则，合理划分食品药品监管部门和农业部门的监管边界，切实做好食用农产品产地准出管理与批发市场准入管理的衔接。卫生部门要加强食品安全标准、风险评估等相关工作。各级政府食品安全委员会要切实履行监督、指导、协调职能，加强监督检查和考核评价，完善政府、企业、社会齐抓共管的综合监管措施。

（三）相关部门要各负其责。各级与食品安全工作有关的部门要各司其职，各负其责，积极做好相关工作，形成与监管部门的密切协作联动机制。质监部门要加强食品包装材料、容器、食品生产经营工具等食品相关产品生产加工的监督管理。城管部门要做好食品摊贩等监管执法工作。公安机关要加大对食品药品犯罪案件的侦办力度，加强行政执法和刑事司法的衔接，严厉打击食品药品违法犯罪活动。要充分发挥市场机制、社会监督和行业自律作用，建立健全督促生产经营者履行主体责任的长效机制。

四、确保食品药品监督管理体制改革有序推进

食品药品安全工作社会关注度高，各方面对体制改革的期待高，各地区、各有关部门务必精心组织、周密部署，加快推进步伐，取得让人民群众满意的实效。

（一）加强领导，扎实推进。省级政府负责制定出台体制改革工作方案和配套措施，统筹本地区食品药品监管机构改革工作。地方各级政府要成立食品药品

监管机构改革领导小组，主要领导亲自负责。食品药品日常监管任务繁重，要尽可能缩短改革过渡期。省、市、县三级食品药品监督管理机构改革工作，原则上分别于2013年上半年、9月底和年底前完成。国务院各有关部门要支持地方政府的工作，不干预地方政府的改革措施。

（二）协调配合，平稳过渡。改革过渡期间，食品安全各环节的监管责任和药品监管责任仍由原系统承担，并按既定部署做好相关工作。各有关部门要顾全大局，相互支持，密切配合，做好人、财、物的划转工作。要有针对性地做好干部职工的思想政治工作，确保思想不乱、队伍不散、工作不断，确保各项工作上下贯通、运转顺畅，及时处理食品药品安全突发事件，实现与新建机构食品药品安全监管工作的平稳过渡。

（三）严肃纪律，强化指导。地方各级政府、各有关部门要严格执行有关编制、人事、财经纪律，严禁在体制改革过程中超编进人、超职数配备领导干部、突击提拔干部，严防国有资产流失。对违反规定的，要追究有关人员的责任。中央编办、国家食品药品监督管理总局要及时掌握和研究解决地方机构改革过程中出现的新情况、新问题，加强协调指导、督促检查，加大支持力度，为地方改革创造良好条件。

（四）加强宣传，营造氛围。地方各级政府、各有关部门和新闻单位，要开展多种形式的宣传教育活动，大力宣传食品药品安全形势和政策，让广大干部群众充分了解改革的目的意义、目标任务、重大措施，进一步统一思想、凝聚共识，形成全社会支持改革、参与改革的良好舆论环境。

做好食品药品安全工作事关重大，影响深远。实现食品药品安全的长治久安，必须形成社会共治的格局。地方各级政府要以此次体制改革和机构调整为契机，在明确监管部门职责、加强监管能力建设、充实基层监管力量、落实好属地管理责任的同时，推动制定地方性法规，强化食品药品生产经营者的法律责任，夯实食品药品安全基础，确保本地区食品药品安全。要深刻认识食品药品安全监管工作的艰巨性和长期性，多措并举、标本兼治、统筹推进，着力提高食品药品产业整体素质，创造公平法治诚信市场环境，加快构建符合国情、科学合理的食品药品安全体系，全面提升食品药品安全水平。

国务院

二〇一三年四月十日

028

国务院办公厅关于进一步加强食品药品监管体系建设有关事项的通知

国办发明电〔2014〕17号

各省、自治区、直辖市人民政府：

2013年3月以来，各地区按照党中央、国务院关于改革完善食品药品监管体制的决策部署，坚持机构改革和强化监管"两手抓"，促进了食品药品安全形势稳定向好。但一些地方机构改革进展缓慢、力量配备不足，个别地方监管工作出现断档脱节，食品药品安全风险加大、问题时有发生。近期，"上海福喜事件"引发社会广泛关注，国务院领导同志高度重视，要求充分认识食品安全问题的复杂性、长期性、艰巨性，举一反三，完善监管体制，切实管住管好。为保障人民群众饮食用药安全，维护社会和谐稳定大局，经国务院同意，现就进一步加强食品药品监管体系建设有关事项通知如下：

一、坚决贯彻落实党的十八届二中、三中全会和党中央、国务院关于地方政府职能转变和机构改革的有关文件、《国务院关于地方改革完善食品药品监督管理体制的指导意见》（国发〔2013〕18号）精神以及2014年《政府工作报告》等有关要求，健全从中央到地方直至基层的食品药品监管体制，建立覆盖从生产加工到流通消费全过程的最严格监管制度，确保中央政令畅通，执行不搞变通、不打折扣。

二、食品药品监管体制改革进度缓慢的地方要制定时间表、拿出硬措施，按照党中央、国务院有关文件要求，抓紧完成地方各级食品药品监管机构组建工作，加强基层监管执法和技术力量，健全食品药品风险预警、检验检测、产品追溯等技术支撑体系，确保各级食品药品监管机构有足够力量和资源有效履行职责。要把监管触角延伸到基层和乡镇（社区），尽量缩短改革过渡期，打通监管执法的"最后一公里"，消除监管死角盲区，着力防范区域性、系统性风险。

三、按照党的十八届三中全会关于完善统一权威的食品药品监管机构和国发〔2013〕18号文件关于省、市、县三级组建食品药品监管机构、对食品药品实行集中统一监管的要求，充分考虑食品药品监管的专业性、技术性和特殊重要性，保持食品药品监管体系的系统性。已经组建食品药品监管局的市（地、州）、县（市、区），要加强监管人员业务培训，提高人员素质，规范执法行为，提高监管水平，尽快让机构正常运转起来；进行综合设置市场监管机构改革的县（市、区）要确保食品药品监管能力在监管资源整合中得到强化，可根据工作需要，加挂食品药品监管机构的牌子，方便群众办事，接受群众监督。

四、切实抓好改革过渡期食品药品安全工作。认真落实《国务院办公厅关于印发2014年食品安全重点工作安排的通知》（国办发〔2014〕20号），深刻吸取“上海福喜事件”的教训，督促生产经营者落实主体责任。机构改革尚未到位的地方，要保持部门间协调配合、上下贯通，按原渠道部署和落实相关工作，保证工作不断、运转顺畅。各级食品安全委员会要发挥统筹协调、督促指导作用，落实地方政府属地管理责任，明确监管部门职责，推动各方齐抓共管、社会合力共治。

食品药品安全是重大的基本民生问题。各地区要把贯彻落实中央关于加强食品药品监管体系建设的部署精神作为稳增长、调结构、促改革、惠民生的重要任务来抓，切实加强组织领导，狠抓工作落实。有关工作进展情况请于2014年10月15日前报送食品药品监管总局（国务院食品安全委员会办公室）。

国务院办公厅

二〇一四年九月二十八日

029

国家食品药品监督管理局令

第 26 号

《药品流通监督管理办法》于 2006 年 12 月 8 日经国家食品药品监督管理局局务会审议通过，现予公布，自 2007 年 5 月 1 日起施行。

局长　邵明立

二〇〇七年一月三十一日

药品流通监督管理办法

第一章　总　　则

第一条　为加强药品监督管理，规范药品流通秩序，保证药品质量，根据《中华人民共和国药品管理法》（以下简称《药品管理法》）、《中华人民共和国药品管理法实施条例》（以下简称《药品管理法实施条例》）和有关法律、法规的规定，制定本办法。

第二条　在中华人民共和国境内从事药品购销及监督管理的单位或者个人，应当遵守本办法。

第三条　药品生产、经营企业、医疗机构应当对其生产、经营、使用的药品质量负责。

药品生产、经营企业在确保药品质量安全的前提下，应当适应现代药品流通发展方向，进行改革和创新。

第四条　药品监督管理部门鼓励个人和组织对药品流通实施社会监督。对违反本办法的行为，任何个人和组织都有权向药品监督管理部门举报和控告。

第二章　药品生产、经营企业购销药品的监督管理

第五条　药品生产、经营企业对其药品购销行为负责，对其销售人员或设立的办事机构以本企业名义从事的药品购销行为承担法律责任。

第六条　药品生产、经营企业应当对其购销人员进行药品相关的法律、法规

和专业知识培训，建立培训档案，培训档案中应当记录培训时间、地点、内容及接受培训的人员。

第七条　药品生产、经营企业应当加强对药品销售人员的管理，并对其销售行为作出具体规定。

第八条　药品生产、经营企业不得在经药品监督管理部门核准的地址以外的场所储存或者现货销售药品。

第九条　药品生产企业只能销售本企业生产的药品，不得销售本企业受委托生产的或者他人生产的药品。

第十条　药品生产企业、药品批发企业销售药品时，应当提供下列资料：

（一）加盖本企业原印章的《药品生产许可证》或《药品经营许可证》和营业执照的复印件；

（二）加盖本企业原印章的所销售药品的批准证明文件复印件；

（三）销售进口药品的，按照国家有关规定提供相关证明文件。

药品生产企业、药品批发企业派出销售人员销售药品的，除本条前款规定的资料外，还应当提供加盖本企业原印章的授权书复印件。授权书原件应当载明授权销售的品种、地域、期限，注明销售人员的身份证号码，并加盖本企业原印章和企业法定代表人印章（或者签名）。销售人员应当出示授权书原件及本人身份证原件，供药品采购方核实。

第十一条　药品生产企业、药品批发企业销售药品时，应当开具标明供货单位名称、药品名称、生产厂商、批号、数量、价格等内容的销售凭证。

药品零售企业销售药品时，应当开具标明药品名称、生产厂商、数量、价格、批号等内容的销售凭证。

第十二条　药品生产、经营企业采购药品时，应按本办法第十条规定索取、查验、留存供货企业有关证件、资料，按本办法第十一条规定索取、留存销售凭证。

药品生产、经营企业按照本条前款规定留存的资料和销售凭证，应当保存至超过药品有效期1年，但不得少于3年。

第十三条　药品生产、经营企业知道或者应当知道他人从事无证生产、经营药品行为的，不得为其提供药品。

第十四条　药品生产、经营企业不得为他人以本企业的名义经营药品提供场所，或者资质证明文件，或者票据等便利条件。

第十五条　药品生产、经营企业不得以展示会、博览会、交易会、订货会、产品宣传会等方式现货销售药品。

第十六条　药品经营企业不得购进和销售医疗机构配制的制剂。

第十七条　未经药品监督管理部门审核同意，药品经营企业不得改变经营方式。

药品经营企业应当按照《药品经营许可证》许可的经营范围经营药品。

第十八条 药品零售企业应当按照国家食品药品监督管理局药品分类管理规定的要求，凭处方销售处方药。

经营处方药和甲类非处方药的药品零售企业，执业药师或者其他依法经资格认定的药学技术人员不在岗时，应当挂牌告知，并停止销售处方药和甲类非处方药。

第十九条 药品说明书要求低温、冷藏储存的药品，药品生产、经营企业应当按照有关规定，使用低温、冷藏设施设备运输和储存。

药品监督管理部门发现药品生产、经营企业违反本条前款规定的，应当立即查封、扣押所涉药品，并依法进行处理。

第二十条 药品生产、经营企业不得以搭售、买药品赠药品、买商品赠药品等方式向公众赠送处方药或者甲类非处方药。

第二十一条 药品生产、经营企业不得采用邮售、互联网交易等方式直接向公众销售处方药。

第二十二条 禁止非法收购药品。

第三章 医疗机构购进、储存药品的监督管理

第二十三条 医疗机构设置的药房，应当具有与所使用药品相适应的场所、设备、仓储设施和卫生环境，配备相应的药学技术人员，并设立药品质量管理机构或者配备质量管理人员，建立药品保管制度。

第二十四条 医疗机构购进药品时，应当按照本办法第十二条规定，索取、查验、保存供货企业有关证件、资料、票据。

第二十五条 医疗机构购进药品，必须建立并执行进货检查验收制度，并建有真实完整的药品购进记录。药品购进记录必须注明药品的通用名称、生产厂商（中药材标明产地）、剂型、规格、批号、生产日期、有效期、批准文号、供货单位、数量、价格、购进日期。

药品购进记录必须保存至超过药品有效期1年，但不得少于3年。

第二十六条 医疗机构储存药品，应当制订和执行有关药品保管、养护的制度，并采取必要的冷藏、防冻、防潮、避光、通风、防火、防虫、防鼠等措施，保证药品质量。

医疗机构应当将药品与非药品分开存放；中药材、中药饮片、化学药品、中成药应分别储存、分类存放。

第二十七条 医疗机构和计划生育技术服务机构不得未经诊疗直接向患者提供药品。

第二十八条　医疗机构不得采用邮售、互联网交易等方式直接向公众销售处方药。

第二十九条　医疗机构以集中招标方式采购药品的，应当遵守《药品管理法》、《药品管理法实施条例》及本办法的有关规定。

第四章　法律责任

第三十条　有下列情形之一的，责令限期改正，给予警告；逾期不改正的，处以五千元以上二万元以下的罚款：

（一）药品生产、经营企业违反本办法第六条规定的；

（二）药品生产、批发企业违反本办法第十一条第一款规定的；

（三）药品生产、经营企业违反本办法第十二条，未按照规定留存有关资料、销售凭证的。

第三十一条　药品生产、经营企业违反本办法第七条规定的，给予警告，责令限期改正。

第三十二条　有下列情形之一的，依照《药品管理法》第七十三条规定，没收违法销售的药品和违法所得，并处违法销售的药品货值金额二倍以上五倍以下的罚款：

（一）药品生产、经营企业违反本办法第八条规定，在经药品监督管理部门核准的地址以外的场所现货销售药品的；

（二）药品生产企业违反本办法第九条规定的；

（三）药品生产、经营企业违反本办法第十五条规定的；

（四）药品经营企业违反本办法第十七条规定的。

第三十三条　药品生产、经营企业违反本办法第八条规定，在经药品监督管理部门核准的地址以外的场所储存药品的，按照《药品管理法实施条例》第七十四条的规定予以处罚。

第三十四条　药品零售企业违反本办法第十一条第二款规定的，责令改正，给予警告；逾期不改正的，处以五百元以下的罚款。

第三十五条　违反本办法第十三条规定，药品生产、经营企业知道或者应当知道他人从事无证生产、经营药品行为而为其提供药品的，给予警告，责令改正，并处一万元以下的罚款，情节严重的，处一万元以上三万元以下的罚款。

第三十六条　药品生产、经营企业违反本办法第十四条规定的，按照《药品管理法》第八十二条的规定予以处罚。

第三十七条　违反本办法第十六条规定，药品经营企业购进或者销售医疗机构配制的制剂的，按照《药品管理法》第八十条规定予以处罚。

第三十八条　药品零售企业违反本办法第十八条第一款规定的，责令限期改正，给予警告；逾期不改正或者情节严重的，处以一千元以下的罚款。

违反本办法第十八条第二款规定，药品零售企业在执业药师或者其他依法经过资格认定的药学技术人员不在岗时销售处方药或者甲类非处方药的，责令限期改正，给予警告；逾期不改正的，处以一千元以下的罚款。

第三十九条 药品生产、批发企业违反本办法第十九条规定，未在药品说明书规定的低温、冷藏条件下运输药品的，给予警告，责令限期改正；逾期不改正的，处以五千元以上二万元以下的罚款；有关药品经依法确认属于假劣药品的，按照《药品管理法》有关规定予以处罚。

药品生产、批发企业违反本办法第十九条规定，未在药品说明书规定的低温、冷藏条件下储存药品的，按照《药品管理法》第七十九条的规定予以处罚；有关药品经依法确认属于假劣药品的，按照《药品管理法》有关规定予以处罚。

第四十条 药品生产、经营企业违反本办法第二十条规定的，限期改正，给予警告；逾期不改正或者情节严重的，处以赠送药品货值金额二倍以下的罚款，但是最高不超过三万元。

第四十一条 违反本办法第二十三条至第二十七条的，责令限期改正，情节严重的，给予通报。

第四十二条 药品生产、经营企业违反本办法第二十一条、医疗机构违反本办法第二十八条规定，以邮售、互联网交易等方式直接向公众销售处方药的，责令改正，给予警告，并处销售药品货值金额二倍以下的罚款，但是最高不超过三万元。

第四十三条 违反本办法第二十二条规定非法收购药品的，按照《药品管理法》第七十三条的规定予以处罚。

第四十四条 药品监督管理部门及其工作人员玩忽职守，对应当予以制止和处罚的违法行为不予制止、处罚的，对直接负责的主管人员和其他直接责任人员给予行政处分；构成犯罪的，依法追究刑事责任。

第五章 附　　则

第四十五条 本办法所称药品现货销售，是指药品生产、经营企业或其委派的销售人员，在药品监督管理部门核准的地址以外的其他场所，携带药品现货向不特定对象现场销售药品的行为。

第四十六条 实行特殊管理的药品、疫苗、军队用药品的流通监督管理，有关法律、法规、规章另有规定的，从其规定。

第四十七条 本办法自 2007 年 5 月 1 日起施行。自本办法施行之日起，1999 年 8 月 1 日实施的国家药品监督管理局《药品流通监督管理办法（暂行）》（国家药品监督管理局第 7 号令）同时废止。

030

食品药品监管总局办公厅　国家卫生计生委办公厅关于加强药品经营企业药品销售监督管理工作的通知

食药监办药化监〔2014〕156号

各省、自治区、直辖市食品药品监督管理局、卫生计生委（卫生厅局）：

今年以来，媒体连续报道个别幼儿园违规使用处方药和个别零售药店违规销售抗生素等问题，引发较大社会反响，公众对规范药品销售问题日益关注。为加强药品销售环节监管，督促药品经营企业严格执行新修订《药品经营质量管理规范》有关规定，现将有关要求通知如下：

一、药品批发企业应当严格审核购货单位资质，只能将药品销售给具有合法资质的企业或单位，并与其经营和使用范围相适应。要加强对购货单位采购人员身份的核实，防止无资质企业、单位和个人冒用他人合法资质套购药品。

二、药品零售企业应当严格执行处方药与非处方药分类管理的规定，对于必须凭处方销售的药品，销售时应当认真执行处方审核、签章和留存等规定，不能提供医师处方的，一律严禁销售。要认真落实执业药师在岗执业的要求，为消费者提供必要的药学服务和合理用药指导。开展诊疗活动，如坐堂行医、开具处方等，必须依法取得《医疗机构执业许可证》，并符合相关管理规定。

三、地方各级食品药品监管部门要加强对药品经营企业购销药品行为的日常监督，加大对企业在经营活动中的审核资质、开具票据或销售凭证、执行处方药与非处方药分类管理制度，以及执业药师在岗执业情况等方面的检查力度。对违反上述规定的企业，应当按照《中华人民共和国药品管理法》第七十九条严肃查处；情节严重的，依法吊销《药品经营许可证》。发现药品零售企业未取得《医疗机构执业许可证》开展诊疗活动或存在非医师行医行为的，应当及时移送当地卫生计生行政部门依法处理。

为督促各地切实加强监管，了解相关规定执行情况，食品药品监管总局和国家卫生计生委将开展联合督查，重点检查处方药销售和诊疗活动的监管情况。对监督检查中发现工作不力的地方和部门，将予以通报批评。

国家食品药品监督管理总局办公厅
国家卫生计生委办公厅
二〇一四年八月一日

031

国家食品药品监督管理局关于进一步加强食品药品监管信息化建设的指导意见

国食药监办〔2013〕32号

各省、自治区、直辖市及新疆生产建设兵团食品药品监督管理局（药品监督管理局），国家局机关各司局、各直属单位：

为贯彻落实《国家药品安全“十二五”规划》、《国家食品安全监管体系“十二五”规划》、《“十二五”国家政务信息化工程建设规划》和《国家电子政务“十二五”规划》，全面加强食品药品监管系统信息化建设，加快建立适应食品药品监管工作需要的信息化体系，进一步提升食品药品监管信息化能力和水平，制定本指导意见。

一、指导思想、总体目标和工作原则

（一）指导思想。认真贯彻落实党的十八大精神，以邓小平理论、“三个代表”重要思想、科学发展观为指导，大力践行科学监管理念，围绕“十二五”期间食品药品监管重点工作，把信息化建设作为全面加强食品药品监管工作的重要支撑，坚持需求主导、强化顶层设计、统一标准规范、加强基础建设、提升应用效能，加快推进食品药品监管信息化体系建设，不断提高食品药品监管信息化工作水平。

（二）总体目标。以强化顶层设计为统领，以统一标准规范为基础，以突出平台建设为核心，以加强信息利用为主线，以加强队伍建设为保障，到“十二五”末，建成覆盖各级食品药品监管部门的统一信息网络和国家、省两级数据中心，完善信息安全、信息标准和应用支撑平台三大支撑体系，建成覆盖药品、医疗器械、保健食品、化妆品、餐饮食品（以下简称“四品一械”）监管业务的行政执法、信息监测、应急管理、公共服务、决策支持和内部管理六大业务平台（以下简称“六大业务平台”），形成互联互通、信息共享、业务协同、统一高效的食品药品监管信息系统，推进阳光审批、动态监管与科学决策，促进食品药品监管和服务水平的不断提高。

（三）工作原则。一是统筹规划、分级建设。强化顶层设计、加强统一指导，确保全国上下一盘棋；按照行政事权划分，分级推进信息化建设，充分发挥各级食品药品监管部门的积极性和创造性。二是完善体制、创新机制。遵循信息化工作规律，以整合资源、增强合力、落实责任、提升效能为目标，完善信息化工作管理体制，创新信息化工作运行机制，不断提升信息化工作能力和水平。三是统一标准、信息共享。在完善信息化标准规范体系的基础上，加快整合各类业务应用系统，实现全系统信息共享与业务协同。四是健全体系、保障安全。认真落实国家信息安全有关规定，综合平衡安全成本和风险，正确处理信息化建设与信息安全的关系，完善信息安全保障体系，确保信息安全。五是深化应用、注重实效。坚持以需求为导向，优化业务流程，加强信息资源开发与应用，深化信息公开，进一步提升服务系统、服务行业、服务公众和服务社会的能力。

二、重点工作

（一）加强关键业务平台和应用系统建设。依据事权划分，按照统一标准，分别建立国家、省及省级以下食品药品监管部门的“六大业务平台”，涵盖“四品一械”的受理、审评、审批、认证、评价、稽查、应急等全链条业务管理。

建设国家级监管业务平台。整合已有业务应用系统，完善电子监管应用系统，拓展监管、服务和辅助决策功能；完善食品药品行政许可系统，规范行政审批、提高行政效能；建设药品生产监管平台和药品生产企业信息直报系统，强化药品生产日常监管；建立保健食品电子追溯系统，加强生产经营监督、检验、备案、风险监测与预警；建设医疗器械检测机构资格认可管理系统和高风险医疗器械电子监管系统，提高医疗器械质量安全管理水平；完善全国食品药品产品（机构）、企业基础数据库和信用档案数据库建设，实现国家与省级业务平台间的业务协同和信息共享。

建设省级监管业务平台。整合已有业务应用系统，建立健全本行政区域内食品药品行政许可管理、日常监管、应急管理、稽查执法、信用评定、广告监测等信息系统；建立健全食品药品产品（机构）、企业基础数据库和诚信数据库，实现与国家、省及省级以下监管业务平台的业务协同和信息共享。

建设省级以下监管业务平台。整合已有业务应用系统，依据事权划分建立健全本行政区域内“四品一械”注册证核发、生产经营企业许可或备案、日常监管、应急管理、稽查执法等业务系统，并实现与相关部门的业务协同和信息共享。其中县级监管业务平台功能原则上由其上级监管业务平台统一实现。

（二）加快信息化标准规范体系建设。国家局负责组建食品药品监管信息标准化委员会，统一全系统信息化标准规范体系；执行国家有关信息安全、网络及通信、工程管理等标准规范，制定符合食品药品监管信息系统建设要求的信息资源、应用系统、数据共享与交换等标准，规范食品药品监管信息系统业务术语和数据字典，促进食品药品监管系统业务协同、信息共享；完善药品电子监管标准规范体系，建立数据采集、处理、分析和利用规范。地方各级食品药品监管部门应积极参与信息化标准规范体系的制定和推广应用。

（三）加快建设食品药品监管数据中心。按照统一的信息化标准规范体系，建设国家、省两级数据中心，加强数据的采集、整理、分析、应用、发布等统一管理，实现资源整合和数据共享，为科学决策和监管提供数据支撑。国家局负责全国食品药品监管法律法规、标准、注册、许可、认证等基础数据和检验、评价、稽查、电子监管等国家局要求的其他监管数据的管理；省级局负责本行政区域相关基础数据和其他监管数据的管理，并实现与国家局的交换和共享。

（四）加强信息化基础设施和安全保障体系建设。依托国家电子政务网络和公用网络基础设施，加大网络及网络安全基础设施投入，建成覆盖各级食品药品监管部门的统一网络；各级食品药品监管部门应制定并落实信息安全管理制度，按照“谁主管、谁负责，谁运营、谁负责”的原则，建立健全信息系统安全等级保护工作机制，加强物理安全、网络安全、信息安全、系统安全等建设，提高信息安全防护能力、隐患发现能力、应急处置能力。

（五）强化公共服务体系建设。按照《政府信息公开条例》，推进政府信息公开和信息资源共享。加强各级食品药品监管部门政府网站建设，完善运行管理制度，充分利用国家、省两级数据中心和各级业务监管平台，拓宽公共服务渠道，丰富信息服务内容，强化网站服务功能，提升公共服务水平。

（六）加强信息化工作绩效考评。加强信息化工作绩效考评指标体系建设，按照整体性、客观性、层次性、动态性原则，加快建立健全信息化基础管理、安全保障系统、政府网站、核心监管系统、统计和电子监管工作等绩效考评指标体系。按照分级管理、分级考评的原则，国家局组织开展对省级食品药品监管部门信息化工作绩效考评，并加强指导；地方上级食品药品监管部门负责对下级食品药品监管部门信息化工作的绩效考评。

三、时间要求

（一）规划设计阶段（2013 年）：建立健全各级食品药品监管部门信息化工作机构、管理制度和运行机制；制定业务数据标准、数据共享与交换标准；开展信息安全等级保护定级备案、建设整改和等级测评；整合已有业务应用系统，完成重点业务平台功能需求分析与设计；开展食品药品监管信息资源调查与基础数据库重构；启动信息化工作绩效考评。

（二）建设发展阶段（2014 年）：以点带面、分层推进，进一步完善信息化标准规范体系；基本完成网络和信息安全基础设施建设；初步建成国家、省及省以下各级监管业务平台，实现以行政执法、日常监管、电子监管为基础的重点业务信息化管理；初步建成国家、省两级数据中心，实现食品药品企业（机构）、产品数据库及诚信档案数据库的全国共享。

（三）全面完善阶段（2015 年）：全面推广信息化标准，完善信息安全体系；基本完成国家、省及省以下各级监管业务平台建设；完善国家、省两级数据中心建设；实现药品制剂全品种、全过程的电子监管；实现以食品药品行政许可、认证评价、检验检测、日常监管、稽查执法为重点的全业务信息化管理，形成统一高效、互联互通、协同共享的食品药品监管信息化体系。

四、保障措施

（一）统一思想，提高认识 。各级食品药品监管部门应充分认识加强信息化建设是提升食品药品监管能力和水平的基础和关键，把信息化建设摆在优先发展的地位，全面落实信息化工作主要领导负责制，确保各项任务落实到位。

（二）健全机构，明确职责。各级食品药品监管部门应明确具体机构负责本部门信息化管理工作。省级食品药品监管部门应建立健全独立的信息化管理和技术支撑机构；省以下级食品药品监管部门应明确具体负责部门，落实专职人员，负责本行政区域内信息化建设管理和技术支撑。

地方各级食品药品监管部门应根据国家食品药品监管相关规划和要求，结合本地实际情况，制定信息化规划并组织实施；积极做好全局性业务系统建设和推广工作；组织建设本级信息网络平台、数据中心和信息安全体系，开展区域性业务信息系统的建设；及时将本部门信息化规划、规划执行情况和变更情况报上级食品药品监管部门备案；指导下级食品药品监管部门开展信息化建设，并对其进行绩效考评。

（三）完善制度，规范建设。各级食品药品监管部门要积极开展调研，结合各地实际，制定和完善信息化的决策、执行和协作等相关制度，提出明确的目标要求；规范信息化项目的规划设计、立项审批、招标采购、建设实施、运行维护；明确职责，规范管理，建立科学合理的信息化工作绩效考评制度，促进信息化工作健康发展。

（四）积极争取，加大投入。各级食品药品监管部门要积极争取地方政府财政支持，安排信息化建设专项经费。国家局将根据各地建设情况和经济发展水平给予适当的经费支持。

（五）组织培训，加强交流。各级食品药品监管部门要努力培养既精通信息技术，又熟悉食品药品监管业务的复合型人才；大力开展全系统信息化知识和技能培训；加强信息化工作交流与合作，努力提高全系统队伍的信息化整体素质，保障食品药品监管系统信息化建设稳步发展。

国家食品药品监督管理局

二〇一三年二月八日

032

关于印发《医疗机构药品监督管理办法（试行）》的通知

国食药监安〔2011〕442号

各省、自治区、直辖市食品药品监督管理局（药品监督管理局），新疆生产建设兵团食品药品监督管理局：

为加强医疗机构药品监督管理，健全药品质量保证体系，强化医疗机构药品质量意识，保障人民群众用药安全，依据《中华人民共和国药品管理法》、《中华人民共和国药品管理法实施条例》，国家食品药品监督管理局制定了《医疗机构药品监督管理办法（试行）》，现予印发，请遵照执行。

国家食品药品监督管理局

二〇一一年十月十一日

医疗机构药品监督管理办法（试行）

国家食品药品监督管理局

2011年10月11日

第一章　总　　则

第一条　为加强医疗机构药品质量监督管理，保障人体用药安全、有效，依据《中华人民共和国药品管理法》（以下简称《药品管理法》）、《中华人民共和国药品管理法实施条例》（以下简称《药品管理法实施条例》）等法律法规，制定本办法。

第二条　本办法适用于中华人民共和国境内医疗机构药品质量的监督管理，医疗机构购进、储存、调配及使用药品均应当遵守本办法。

第三条　国家食品药品监督管理局主管全国医疗机构药品质量监督管理工作，地方各级药品监督管理部门主管本行政区域内医疗机构药品质量监督管理工作。

第四条　医疗机构应当建立健全药品质量管理体系，完善药品购进、验收、储存、养护、调配及使用等环节的质量管理制度，做好质量跟踪工作，并明确各环节中工作人员的岗位责任。

医疗机构应当有专门的部门负责药品质量的日常管理工作；未设专门部门的，应当指定专人负责药品质量管理。

第五条 医疗机构应当向所在地药品监督管理部门提交药品质量管理年度自查报告，自查报告应当包括以下内容：

（一）药品质量管理制度的执行情况；

（二）医疗机构制剂配制的变化情况；

（三）接受药品监督管理部门的监督检查及整改落实情况；

（四）对药品监督管理部门的意见和建议。

自查报告应当在本年度 12 月 31 日前提交。

第二章　药品购进和储存

第六条 医疗机构必须从具有药品生产、经营资格的企业购进药品。

医疗机构使用的药品应当按照规定由专门部门统一采购，禁止医疗机构其他科室和医务人员自行采购。

医疗机构因临床急需进口少量药品的，应当按照《药品管理法》及其实施条例的有关规定办理。

第七条 医疗机构购进药品，应当查验供货单位的《药品生产许可证》或者《药品经营许可证》和《营业执照》、所销售药品的批准证明文件等相关证明文件，并核实销售人员持有的授权书原件和身份证原件。

医疗机构应当妥善保存首次购进药品加盖供货单位原印章的前述证明文件的复印件，保存期不得少于 5 年。

第八条 医疗机构购进药品时应当索取、留存供货单位的合法票据，并建立购进记录，做到票、账、货相符。合法票据包括税票及详细清单，清单上必须载明供货单位名称、药品名称、生产厂商、批号、数量、价格等内容，票据保存期不得少于 3 年。

第九条 医疗机构必须建立和执行进货验收制度，购进药品应当逐批验收，并建立真实、完整的药品验收记录。

医疗机构接受捐赠药品、从其他医疗机构调入急救药品也应当遵守前款规定。

第十条 药品验收记录应当包括药品通用名称、生产厂商、规格、剂型、批号、生产日期、有效期、批准文号、供货单位、数量、价格、购进日期、验收日期、验收结论等内容。

验收记录必须保存至超过药品有效期 1 年，但不得少于 3 年。

第十一条 医疗机构应当建立健全中药饮片采购制度，按照国家有关规定购进中药饮片。

第十二条　医疗机构应当有专用的场所和设施、设备储存药品。药品的存放应当符合药品说明书标明的条件。

医疗机构需要在急诊室、病区护士站等场所临时存放药品的，应当配备符合药品存放条件的专柜。有特殊存放要求的，应当配备相应设备。

第十三条　医疗机构储存药品，应当按照药品属性和类别分库、分区、分垛存放，并实行色标管理。药品与非药品分开存放；中药饮片、中成药、化学药品分别储存、分类存放；过期、变质、被污染等药品应当放置在不合格库（区）。

第十四条　医疗机构应当制定和执行药品保管、养护管理制度，并采取必要的控温、防潮、避光、通风、防火、防虫、防鼠、防污染等措施，保证药品质量。

第十五条　医疗机构应当配备药品养护人员，定期对储存药品进行检查和养护，监测和记录储存区域的温湿度，维护储存设施设备，并建立相应的养护档案。

第十六条　医疗机构应当建立药品效期管理制度。药品发放应当遵循“近效期先出”的原则。

第十七条　麻醉药品、精神药品、医疗用毒性药品、放射性药品应当严格按照相关行政法规的规定存放，并具有相应的安全保障措施。

第三章　药品调配和使用

第十八条　医疗机构应当配备与药品调配和使用相适应的、依法经资格认定的药学技术人员负责处方的审核、调配工作。

第十九条　医疗机构用于调配药品的工具、设施、包装用品以及调配药品的区域，应当符合卫生要求及相应的调配要求。

第二十条　医疗机构应当建立最小包装药品拆零调配管理制度，保证药品质量可追溯。

第二十一条　医疗机构配制的制剂只能供本单位使用。未经省级以上药品监督管理部门批准，医疗机构不得使用其他医疗机构配制的制剂，也不得向其他医疗机构提供本单位配制的制剂。

第二十二条　医疗机构应当加强对使用药品的质量监测。发现假药、劣药的，应当立即停止使用、就地封存并妥善保管，及时向所在地药品监督管理部门报告。在药品监督管理部门作出决定之前，医疗机构不得擅自处理。

医疗机构发现存在安全隐患的药品，应当立即停止使用，并通知药品生产企业或者供货商，及时向所在地药品监督管理部门报告。需要召回的，医疗机构应当协助药品生产企业履行药品召回义务。

第二十三条 医疗机构不得采用邮售、互联网交易、柜台开架自选等方式直接向公众销售处方药。

第二十四条 医疗机构应当逐步建立覆盖药品购进、储存、调配、使用全过程质量控制的电子管理系统，实现药品来源可追溯、去向可查清，并与国家药品电子监管系统对接。

第二十五条 医疗机构应当每年组织直接接触药品人员进行健康检查，并建立健康档案。患有传染病或者其他可能污染药品的疾病的，不得从事直接接触药品的工作。

第二十六条 医疗机构应当定期组织从事药品购进、保管、养护、验收、调配、使用的人员参加药事法规和药学专业知识的培训，并建立培训档案。

第四章 监督检查

第二十七条 药品监督管理部门应当对医疗机构药品购进、储存、调配和使用质量情况进行监督检查，并建立医疗机构监督检查档案。

监督检查情况和处理结果应当形成书面记录，由监督检查人员签字后反馈被检查单位。对检查中发现的问题需要其他部门处理的，应当及时移送。

第二十八条 医疗机构应当积极配合药品监督管理部门依法对药品购进、储存、调配和使用质量情况进行监督检查，如实提供与被检查事项有关的物品和记录、凭证以及医学文书等资料，不得拒绝和隐瞒。

第二十九条 药品监督管理部门应当加强对医疗机构药品的监督抽验。

国家或者省级药品监督管理部门应当定期发布公告，公布对医疗机构药品质量的抽查检验结果。

对质量抽验结果有异议的，其复验程序按照相关规定执行。

第三十条 药品监督管理部门应当根据实际情况建立医疗机构药品质量管理信用档案，记录日常监督检查结果、违法行为查处等情况。

第三十一条 药品监督管理部门接到有关医疗机构药品质量方面的咨询、投诉、举报，应当及时受理，并进行核实、答复、处理；对不属于本部门职责的，应当书面通知并移交有关部门处理。

第三十二条 药品监督管理部门可以根据医疗机构药品质量管理年度自查报告、日常监督检查情况、不良信用记录以及人民群众的投诉、举报情况，确定若干重点监督检查单位，相应增加对其进行监督检查的频次，加大对其使用药品的质量抽验力度。

第五章 法律责任

第三十三条 违反本办法第六条第一款规定，从无《药品生产许可证》、《药品经营许可证》的企业购进药品的，由药品监督管理部门按照《药品管理法》第八十条规定处罚。

对违反本办法第六条第二款规定，医疗机构其他科室和医务人员自行采购药品的，责令医疗机构给予相应处理；确认为假劣药品的，按照《药品管理法》有关规定予以处罚。

第三十四条　违反本办法第十二条第一款规定，不按要求储存疫苗的，按照《疫苗流通和预防接种管理条例》第六十四条规定处罚。

第三十五条　违反本办法第二十一条的规定，擅自使用其他医疗机构配制的制剂的，按照《药品管理法》第八十条规定处罚；未经批准向其他医疗机构提供本单位配制的制剂的，按照《药品管理法》第八十四条规定处罚。

第三十六条　违反本办法第二十二条的规定，擅自处理假劣药品或者存在安全隐患的药品的，由药品监督管理部门责令限期追回；情节严重的，向社会公布。

第三十七条　违反本办法第二十三条规定，采用邮售、互联网交易、柜台开架自选等方式直接向公众销售处方药的，按照《药品流通监督管理办法》第四十二条规定处罚。

第三十八条　违反本办法有关规定，且隐瞒事实，不如实提供与被检查事项有关的物品和记录、凭证以及医学文书等资料，阻碍或者拒绝接受监督检查的，依照《药品管理法实施条例》第七十九条的规定从重处罚。

第三十九条　医疗机构有下列情形之一的，由药品监督管理部门要求其限期整改，逾期不改的，记入医疗机构药品质量管理信用档案，并定期向社会公布：

（一）未按照本办法第四条第一款规定建立质量管理制度的；

（二）未按照本办法第五条规定提交药品质量管理年度自查报告的；

（三）未按照本办法第七条第一款、第八条规定索证、索票查验的；

（四）未按照本办法第九条、第十条规定对购进的药品进行验收，做好验收记录的；

（五）未按照本办法第十一条规定建立中药饮片采购制度，违反国家有关规定购进中药饮片的；

（六）未按照本办法第十二条、第十三条规定储存药品的；

（七）未按照本办法第十四条、第十五条规定养护药品的；

（八）未按照本办法第十六条规定建立和执行药品效期管理制度的；

（九）未按照本办法第十八条规定配备人员的；

（十）未按照本办法第十九条规定执行的；

（十一）未按照本办法第二十条规定建立最小包装药品拆零调配管理制度并执行的。

第四十条 药品监督管理部门应当加强对本部门工作人员的教育、培训和管理，督促其正确履职。凡不履行本办法规定的职责或者滥用职权、玩忽职守、徇私舞弊的，均应当依法对直接负责的主管人员和其他直接责任人员给予相应行政处分；涉嫌犯罪的，移送司法机关处理。

第六章 附 则

第四十一条 省、自治区、直辖市药品监督管理部门可以结合本地实际情况，根据本办法的规定制定实施细则。

第四十二条 本办法自发布之日起施行。

四　医药卫生体制改革

033

中共中央国务院关于深化医药卫生体制改革的意见

中发〔2009〕6号

按照党的十七大精神，为建立中国特色医药卫生体制，逐步实现人人享有基本医疗卫生服务的目标，提高全民健康水平，现就深化医药卫生体制改革提出如下意见。

一、充分认识深化医药卫生体制改革的重要性、紧迫性和艰巨性

医药卫生事业关系亿万人民的健康，关系千家万户的幸福，是重大民生问题。深化医药卫生体制改革，加快医药卫生事业发展，适应人民群众日益增长的医药卫生需求，不断提高人民群众健康素质，是贯彻落实科学发展观、促进经济社会全面协调可持续发展的必然要求，是维护社会公平正义、提高人民生活质量的重要举措，是全面建设小康社会和构建社会主义和谐社会的一项重大任务。

新中国成立以来，特别是改革开放以来，我国医药卫生事业取得了显著成就，覆盖城乡的医药卫生服务体系基本形成，疾病防治能力不断增强，医疗保障覆盖人口逐步扩大，卫生科技水平迅速提高，人民群众健康水平明显改善，居民主要健康指标处于发展中国家前列。尤其是抗击非典取得重大胜利以来，各级政府投入加大，公共卫生、农村医疗卫生和城市社区卫生发展加快，新型农村合作医疗和城镇居民基本医疗保险取得突破性进展，为深化医药卫生体制改革打下了良好基础。同时，也应该看到，当前我国医药卫生事业发展水平与人民群众健康需求及经济社会协调发展要求不适应的矛盾还比较突出。城乡和区域医疗卫生事业发展不平衡，资源配置不合理，公共卫生和农村、社区医疗卫生工作比较薄弱，医疗保障制度不健全，药品生产流通秩序不规范，医院管理体制和运行机制不完善，政府卫生投入不足，医药费用上涨过快，个人负担过重，对此，人民群众反映强烈。

从现在到2020年，是我国全面建设小康社会的关键时期，医药卫生工作任

务繁重。随着经济的发展和人民生活水平的提高，群众对改善医药卫生服务将会有更高的要求。工业化、城镇化、人口老龄化、疾病谱变化和生态环境变化等，都给医药卫生工作带来一系列新的严峻挑战。深化医药卫生体制改革，是加快医药卫生事业发展的战略选择，是实现人民共享改革发展成果的重要途径，是广大人民群众的迫切愿望。

深化医药卫生体制改革是一项涉及面广、难度大的社会系统工程。我国人口多，人均收入水平低，城乡、区域差距大，长期处于社会主义初级阶段的基本国情，决定了深化医药卫生体制改革是一项十分复杂艰巨的任务，是一个渐进的过程，需要在明确方向和框架的基础上，经过长期艰苦努力和坚持不懈地探索，才能逐步建立符合我国国情的医药卫生体制。因此，对深化医药卫生体制改革，既要坚定决心、抓紧推进，又要精心组织、稳步实施，确保改革顺利进行，达到预期目标。

二、深化医药卫生体制改革的指导思想、基本原则和总体目标

（一）深化医药卫生体制改革的指导思想。以邓小平理论和“三个代表”重要思想为指导，深入贯彻落实科学发展观，从我国国情出发，借鉴国际有益经验，着眼于实现人人享有基本医疗卫生服务的目标，着力解决人民群众最关心、最直接、最现实的利益问题。坚持公共医疗卫生的公益性质，坚持预防为主、以农村为重点、中西医并重的方针，实行政事分开、管办分开、医药分开、营利性和非营利性分开，强化政府责任和投入，完善国民健康政策，健全制度体系，加强监督管理，创新体制机制，鼓励社会参与，建设覆盖城乡居民的基本医疗卫生制度，不断提高全民健康水平，促进社会和谐。

（二）深化医药卫生体制改革的基本原则。医药卫生体制改革必须立足国情，一切从实际出发，坚持正确的改革原则。

——坚持以人为本，把维护人民健康权益放在第一位。坚持医药卫生事业为人民健康服务的宗旨，以保障人民健康为中心，以人人享有基本医疗卫生服务为根本出发点和落脚点，从改革方案设计、卫生制度建立到服务体系建设都要遵循公益性的原则，把基本医疗卫生制度作为公共产品向全民提供，着力解决群众反映强烈的突出问题，努力实现全体人民病有所医。

——坚持立足国情，建立中国特色医药卫生体制。坚持从基本国情出发，实事求是地总结医药卫生事业改革发展的实践经验，准确把握医药卫生发展规律和主要矛盾；坚持基本医疗卫生服务水平与经济社会发展相协调、与人民群众的承受能力相适应；充分发挥中医药（民族医药）作用；坚持因地制宜、分类指导，发挥地方积极性，探索建立符合国情的基本医疗卫生制度。

——坚持公平与效率统一，政府主导与发挥市场机制作用相结合。强化

政府在基本医疗卫生制度中的责任，加强政府在制度、规划、筹资、服务、监管等方面的职责，维护公共医疗卫生的公益性，促进公平公正。同时，注重发挥市场机制作用，动员社会力量参与，促进有序竞争机制的形成，提高医疗卫生运行效率、服务水平和质量，满足人民群众多层次、多样化的医疗卫生需求。

——坚持统筹兼顾，把解决当前突出问题与完善制度体系结合起来。从全局出发，统筹城乡、区域发展，兼顾供给方和需求方等各方利益，注重预防、治疗、康复三者的结合，正确处理政府、卫生机构、医药企业、医务人员和人民群众之间的关系。既着眼长远，创新体制机制，又立足当前，着力解决医药卫生事业中存在的突出问题。既注重整体设计，明确总体改革方向目标和基本框架，又突出重点，分步实施，积极稳妥地推进改革。

（三）深化医药卫生体制改革的总体目标。建立健全覆盖城乡居民的基本医疗卫生制度，为群众提供安全、有效、方便、价廉的医疗卫生服务。

到 2011 年，基本医疗保障制度全面覆盖城乡居民，基本药物制度初步建立，城乡基层医疗卫生服务体系进一步健全，基本公共卫生服务得到普及，公立医院改革试点取得突破，明显提高基本医疗卫生服务可及性，有效减轻居民就医费用负担，切实缓解“看病难、看病贵”问题。

到 2020 年，覆盖城乡居民的基本医疗卫生制度基本建立。普遍建立比较完善的公共卫生服务体系和医疗服务体系，比较健全的医疗保障体系，比较规范的药品供应保障体系，比较科学的医疗卫生机构管理体制和运行机制，形成多元办医格局，人人享有基本医疗卫生服务，基本适应人民群众多层次的医疗卫生需求，人民群众健康水平进一步提高。

三、完善医药卫生四大体系，建立覆盖城乡居民的基本医疗卫生制度

建设覆盖城乡居民的公共卫生服务体系、医疗服务体系、医疗保障体系、药品供应保障体系，形成四位一体的基本医疗卫生制度。四大体系相辅相成，配套建设，协调发展。

（四）全面加强公共卫生服务体系建设。建立健全疾病预防控制、健康教育、妇幼保健、精神卫生、应急救治、采供血、卫生监督和计划生育等专业公共卫生服务网络，完善以基层医疗卫生服务网络为基础的医疗服务体系的公共卫生服务功能，建立分工明确、信息互通、资源共享、协调互动的公共卫生服务体系，提高公共卫生服务和突发公共卫生事件应急处置能力，促进城乡居民逐步享有均等化的基本公共卫生服务。

确定公共卫生服务范围。明确国家基本公共卫生服务项目，逐步增加服务内容。鼓励地方政府根据当地经济发展水平和突出的公共卫生问题，在中央规定服

务项目的基础上增加公共卫生服务内容。

完善公共卫生服务体系。进一步明确公共卫生服务体系的职能、目标和任务，优化人员和设备配置，探索整合公共卫生服务资源的有效形式。完善重大疾病防控体系和突发公共卫生事件应急机制，加强对严重威胁人民健康的传染病、慢性病、地方病、职业病和出生缺陷等疾病的监测与预防控制。加强城乡急救体系建设。

加强健康促进与教育。医疗卫生机构及机关、学校、社区、企业等要大力开展健康教育，充分利用各种媒体，加强健康、医药卫生知识的传播，倡导健康文明的生活方式，促进公众合理营养，提高群众的健康意识和自我保健能力。

深入开展爱国卫生运动。将农村环境卫生与环境污染治理纳入社会主义新农村建设规划，推动卫生城市和文明村镇建设，不断改善城乡居民生活、工作等方面的卫生环境。

加强卫生监督服务。大力促进环境卫生、食品卫生、职业卫生、学校卫生，以及农民工等流动人口卫生工作。

（五）进一步完善医疗服务体系。坚持非营利性医疗机构为主体、营利性医疗机构为补充，公立医疗机构为主导、非公立医疗机构共同发展的办医原则，建设结构合理、覆盖城乡的医疗服务体系。

大力发展农村医疗卫生服务体系。进一步健全以县级医院为龙头、乡镇卫生院和村卫生室为基础的农村医疗卫生服务网络。县级医院作为县域内的医疗卫生中心，主要负责基本医疗服务及危重急症病人的抢救，并承担对乡镇卫生院、村卫生室的业务技术指导和卫生人员的进修培训；乡镇卫生院负责提供公共卫生服务和常见病、多发病的诊疗等综合服务，并承担对村卫生室的业务管理和技术指导；村卫生室承担行政村的公共卫生服务及一般疾病的诊治等工作。有条件的农村实行乡村一体化管理。积极推进农村医疗卫生基础设施和能力建设，政府重点办好县级医院，并在每个乡镇办好一所卫生院，采取多种形式支持村卫生室建设，使每个行政村都有一所村卫生室，大力改善农村医疗卫生条件，提高服务质量。

完善以社区卫生服务为基础的新型城市医疗卫生服务体系。加快建设以社区卫生服务中心为主体的城市社区卫生服务网络，完善服务功能，以维护社区居民健康为中心，提供疾病预防控制等公共卫生服务、一般常见病及多发病的初级诊疗服务、慢性病管理和康复服务。转变社区卫生服务模式，不断提高服务水平，坚持主动服务、上门服务，逐步承担起居民健康“守门人”的职责。

健全各类医院的功能和职责。优化布局和结构，充分发挥城市医院在危重急症和疑难病症的诊疗、医学教育和科研、指导和培训基层卫生人员等方面的骨干作用。有条件的大医院按照区域卫生规划要求，可以通过托管、重组等方式促进医疗资源合理流动。

建立城市医院与社区卫生服务机构的分工协作机制。城市医院通过技术支持、人员培训等方式，带动社区卫生服务持续发展。同时，采取增强服务能力、降低收费标准、提高报销比例等综合措施，引导一般诊疗下沉到基层，逐步实现社区首诊、分级医疗和双向转诊。整合城市卫生资源，充分利用城市现有一二级医院及国有企事业单位所属医疗机构和社会力量举办的医疗机构等资源，发展和完善社区卫生服务网络。

充分发挥中医药（民族医药）在疾病预防控制、应对突发公共卫生事件、医疗服务中的作用。加强中医临床研究基地和中医院建设，组织开展中医药防治疑难疾病的联合攻关。在基层医疗卫生服务中，大力推广中医药适宜技术。采取扶持中医药发展政策，促进中医药继承和创新。

建立城市医院对口支援农村医疗卫生工作的制度。发达地区要加强对口支援贫困地区和少数民族地区发展医疗卫生事业。城市大医院要与县级医院建立长期稳定的对口支援和合作制度，采取临床服务、人员培训、技术指导、设备支援等方式，帮助其提高医疗水平和服务能力。

（六）加快建设医疗保障体系。加快建立和完善以基本医疗保障为主体，其他多种形式补充医疗保险和商业健康保险为补充，覆盖城乡居民的多层次医疗保障体系。

建立覆盖城乡居民的基本医疗保障体系。城镇职工基本医疗保险、城镇居民基本医疗保险、新型农村合作医疗和城乡医疗救助共同组成基本医疗保障体系，分别覆盖城镇就业人口、城镇非就业人口、农村人口和城乡困难人群。坚持广覆盖、保基本、可持续的原则，从重点保障大病起步，逐步向门诊小病延伸，不断提高保障水平。建立国家、单位、家庭和个人责任明确、分担合理的多渠道筹资机制，实现社会互助共济。随着经济社会发展，逐步提高筹资水平和统筹层次，缩小保障水平差距，最终实现制度框架的基本统一。进一步完善城镇职工基本医疗保险制度，加快覆盖就业人口，重点解决国有关闭破产企业、困难企业等职工和退休人员，以及非公有制经济组织从业人员和灵活就业人员的基本医疗保险问题；2009 年全面推开城镇居民基本医疗保险，重视解决老人、残疾人和儿童的基本医疗保险问题；全面实施新型农村合作医疗制度，逐步提高政府补助水平，适当增加农民缴费，提高保障能力；完善城乡医疗救助制度，对困难人群参保及其难以负担的医疗费用提供补助，筑牢医疗保障底线。探索建立城乡一体化的基本医疗保障管理制度。

鼓励工会等社会团体开展多种形式的医疗互助活动。鼓励和引导各类组织和个人发展社会慈善医疗救助。

做好城镇职工基本医疗保险制度、城镇居民基本医疗保险制度、新型农村合作医疗制度和城乡医疗救助制度之间的衔接。以城乡流动的农民工为重点积极做好基本医疗保险关系转移接续，以异地安置的退休人员为重点改进异地就医结算服务。妥善解决农民工基本医疗保险问题。签订劳动合同并与企业建立稳定劳动关系的农民工，要按照国家规定明确用人单位缴费责任，将其纳入城镇职工基本医疗保险制度；其他农民工根据实际情况，参加户籍所在地新型农村合作医疗或务工所在地城镇居民基本医疗保险。

积极发展商业健康保险。鼓励商业保险机构开发适应不同需要的健康保险产品，简化理赔手续，方便群众，满足多样化的健康需求。鼓励企业和个人通过参加商业保险及多种形式的补充保险解决基本医疗保障之外的需求。在确保基金安全和有效监管的前提下，积极提倡以政府购买医疗保障服务的方式，探索委托具有资质的商业保险机构经办各类医疗保障管理服务。

（七）建立健全药品供应保障体系。加快建立以国家基本药物制度为基础的药品供应保障体系，保障人民群众安全用药。

建立国家基本药物制度。中央政府统一制定和发布国家基本药物目录，按照防治必需、安全有效、价格合理、使用方便、中西药并重的原则，结合我国用药特点，参照国际经验，合理确定品种和数量。建立基本药物的生产供应保障体系，在政府宏观调控下充分发挥市场机制的作用，基本药物实行公开招标采购，统一配送，减少中间环节，保障群众基本用药。国家制定基本药物零售指导价格，在指导价格内，由省级人民政府根据招标情况确定本地区的统一采购价格。规范基本药物使用，制定基本药物临床应用指南和基本药物处方集。城乡基层医疗卫生机构应全部配备、使用基本药物，其他各类医疗机构也要将基本药物作为首选药物并确定使用比例。基本药物全部纳入基本医疗保障药物报销目录，报销比例明显高于非基本药物。

规范药品生产流通。完善医药产业发展政策和行业发展规划，严格市场准入和药品注册审批，大力规范和整顿生产流通秩序，推动医药企业提高自主创新能力和医药产业结构优化升级，发展药品现代物流和连锁经营，促进药品生产、流通企业的整合。建立便民惠农的农村药品供应网。完善药品储备制度。支持用量小的特殊用药、急救用药生产。规范药品采购，坚决治理医药购销中的商业贿赂。加强药品不良反应监测，建立药品安全预警和应急处置机制。

四、完善体制机制，保障医药卫生体系有效规范运转

完善医药卫生的管理、运行、投入、价格、监管体制机制，加强科技与人才、信息、法制建设，保障医药卫生体系有效规范运转。

（八）建立协调统一的医药卫生管理体制。实施属地化和全行业管理。所有医疗卫生机构，不论所有制、投资主体、隶属关系和经营性质，均由所在地卫生行政部门实行统一规划、统一准入、统一监管。中央、省级可以设置少量承担医学科研、教学功能的医学中心或区域医疗中心，以及承担全国或区域性疑难病症诊治的专科医院等医疗机构；县（市）主要负责举办县级医院、乡村卫生和社区卫生服务机构；其余公立医院由市负责举办。

强化区域卫生规划。省级人民政府制定卫生资源配置标准，组织编制区域卫生规划和医疗机构设置规划，明确医疗机构的数量、规模、布局和功能。科学制定乡镇卫生院（村卫生室）、社区卫生服务中心（站）等基层医疗卫生机构和各级医院建设与设备配置标准。充分利用和优化配置现有医疗卫生资源，对不符合规划要求的医疗机构要逐步进行整合，严格控制大型医疗设备配置，鼓励共建共享，提高医疗卫生资源利用效率。新增卫生资源必须符合区域卫生规划，重点投向农村和社区卫生等薄弱环节。加强区域卫生规划与城乡规划、土地利用总体规划等的衔接。建立区域卫生规划和资源配置监督评价机制。

推进公立医院管理体制改革。从有利于强化公立医院公益性和政府有效监管出发，积极探索政事分开、管办分开的多种实现形式。进一步转变政府职能，卫生行政部门主要承担卫生发展规划、资格准入、规范标准、服务监管等行业管理职能，其他有关部门按照各自职能进行管理和提供服务。落实公立医院独立法人地位。

进一步完善基本医疗保险管理体制。中央统一制定基本医疗保险制度框架和政策，地方政府负责组织实施管理，创造条件逐步提高统筹层次。有效整合基本医疗保险经办资源，逐步实现城乡基本医疗保险行政管理的统一。

（九）建立高效规范的医药卫生机构运行机制。公共卫生机构收支全部纳入预算管理。按照承担的职责任务，由政府合理确定人员编制、工资水平和经费标准，明确各类人员岗位职责，严格人员准入，加强绩效考核，建立能进能出的用人制度，提高工作效率和服务质量。

转变基层医疗卫生机构运行机制。政府举办的城市社区卫生服务中心（站）和乡镇卫生院等基层医疗卫生机构，要严格界定服务功能，明确规定使用适宜技术、适宜设备和基本药物，为广大群众提供低成本服务，维护公益性质。要严格核定人员编制，实行人员聘用制，建立能进能出和激励有效的人力资源管理制度。要明确收支范围和标准，实行核定任务、核定收支、绩效考核补助的财务管理办法，并探索实行收支两条线、公共卫生和医疗保障经费的总额预付等多种行之有效的管理办法，严格收支预算管理，提高资金使用效益。要改革药品加成政策，实行药品零差率销售。加强和完善内部管理，建立以服务质量为核心、以岗位责任与绩效为基础的考核和激励制度，形成保障公平效率的长效机制。

建立规范的公立医院运行机制。公立医院要遵循公益性质和社会效益原则，坚持以病人为中心，优化服务流程，规范用药、检查和医疗行为。深化运行机制改革，建立和完善医院法人治理结构，明确所有者和管理者的责权，形成决策、执行、监督相互制衡，有责任、有激励、有约束、有竞争、有活力的机制。推进医药分开，积极探索多种有效方式逐步改革以药补医机制。通过实行药品购销差别加价、设立药事服务费等多种方式逐步改革或取消药品加成政策，同时采取适当调整医疗服务价格、增加政府投入、改革支付方式等措施完善公立医院补偿机制。进一步完善财务、会计管理制度，严格预算管理，加强财务监管和运行监督。地方可结合本地实际，对有条件的医院开展“核定收支、以收抵支、超收上缴、差额补助、奖惩分明”等多种管理办法的试点。改革人事制度，完善分配激励机制，推行聘用制度和岗位管理制度，严格工资总额管理，实行以服务质量及岗位工作量为主的综合绩效考核和岗位绩效工资制度，有效调动医务人员的积极性。

健全医疗保险经办机构运行机制。完善内部治理结构，建立合理的用人机制和分配制度，完善激励约束机制，提高医疗保险经办管理能力和管理效率。

（十）建立政府主导的多元卫生投入机制。明确政府、社会与个人的卫生投入责任。确立政府在提供公共卫生和基本医疗服务中的主导地位。公共卫生服务主要通过政府筹资，向城乡居民均等化提供。基本医疗服务由政府、社会和个人三方合理分担费用。特需医疗服务由个人直接付费或通过商业健康保险支付。

建立和完善政府卫生投入机制。中央政府和地方政府都要增加对卫生的投入，并兼顾供给方和需求方。逐步提高政府卫生投入占卫生总费用的比重，使居民个人基本医疗卫生费用负担有效减轻；政府卫生投入增长幅度要高于经常性财政支出的增长幅度，使政府卫生投入占经常性财政支出的比重逐步提高。新增政府卫生投入重点用于支持公共卫生、农村卫生、城市社区卫生和基本医疗保障。

按照分级负担的原则合理划分中央和地方各级政府卫生投入责任。地方政府承担主要责任，中央政府主要对国家免疫规划、跨地区的重大传染疾病预防控制等公共卫生、城乡居民的基本医疗保障以及有关公立医疗卫生机构建设等给予补助。加大中央、省级财政对困难地区的专项转移支付力度。

完善政府对公共卫生的投入机制。专业公共卫生服务机构的人员经费、发展建设和业务经费由政府全额安排，按照规定取得的服务收入上缴财政专户或纳入预算管理。逐步提高人均公共卫生经费，健全公共卫生服务经费保障机制。

完善政府对城乡基层医疗卫生机构的投入机制。政府负责其举办的乡镇卫生院、城市社区卫生服务中心（站）按国家规定核定的基本建设经费、设备购置经费、人员经费和其承担公共卫生服务的业务经费，使其正常运行。对包括社会力量举办的所有乡镇卫生院和城市社区卫生服务机构，各地都可采取购买服务等方式核定政府补助。支持村卫生室建设，对乡村医生承担的公共卫生服务等任务给予合理补助。

落实公立医院政府补助政策。逐步加大政府投入，主要用于基本建设和设备购置、扶持重点学科发展、符合国家规定的离退休人员费用和补贴政策性亏损等，对承担的公共卫生服务等任务给予专项补助，形成规范合理的公立医院政府投入机制。对中医院（民族医院）、传染病院、精神病院、职业病防治院、妇产医院和儿童医院等在投入政策上予以倾斜。严格控制公立医院建设规模、标准和贷款行为。

完善政府对基本医疗保障的投入机制。政府提供必要的资金支持新型农村合作医疗、城镇居民基本医疗保险、城镇职工基本医疗保险和城乡医疗救助制度的建立和完善。保证相关经办机构正常经费。

鼓励和引导社会资本发展医疗卫生事业。积极促进非公立医疗卫生机构发展，形成投资主体多元化、投资方式多样化的办医体制。抓紧制定和完善有关政策法规，规范社会资本包括境外资本办医疗机构的准入条件，完善公平公正的行业管理政策。鼓励社会资本依法兴办非营利性医疗机构。国家制定公立医院改制的指导性意见，积极引导社会资本以多种方式参与包括国有企业所办医院在内的部分公立医院改制重组。稳步推进公立医院改制的试点，适度降低公立医疗机构比重，形成公立医院与非公立医院相互促进、共同发展的格局。支持有资质人员依法开业，方便群众就医。完善医疗机构分类管理政策和税收优惠政策。依法加强对社会力量办医的监管。

大力发展医疗慈善事业。制定相关优惠政策，鼓励社会力量兴办慈善医疗机构，或向医疗救助、医疗机构等慈善捐赠。

（十一）建立科学合理的医药价格形成机制。规范医疗服务价格管理。对非营利性医疗机构提供的基本医疗服务，实行政府指导价，其余由医疗机构自主定价。中央政府负责制定医疗服务价格政策及项目、定价原则及方法；省或市级价格主管部门会同卫生、人力资源社会保障部门核定基本医疗服务指导价格。基本医疗服务价格按照扣除财政补助的服务成本制定，体现医疗服务合理成本和技术劳务价值。不同级别的医疗机构和医生提供的服务，实行分级定价。规范公立医疗机构收费项目和标准，研究探索按病种收费等收费方式改革。建立医用设备仪器价格监测、检查治疗服务成本监审及其价格定期调整制度。

改革药品价格形成机制。合理调整政府定价范围，改进定价方法，提高透明度，利用价格杠杆鼓励企业自主创新，促进国家基本药物的生产和使用。对新药和专利药品逐步实行定价前药物经济性评价制度。对仿制药品实行后上市价格从低定价制度，抑制低水平重复建设。严格控制药品流通环节差价率。对医院销售药品开展差别加价、收取药事服务费等试点，引导医院合理用药。加强医用耗材及植（介）入类医疗器械流通和使用环节价格的控制和管理。健全医药价格监测体系，规范企业自主定价行为。

积极探索建立医疗保险经办机构与医疗机构、药品供应商的谈判机制，发挥医疗保障对医疗服务和药品费用的制约作用。

（十二）建立严格有效的医药卫生监管体制。强化医疗卫生监管。健全卫生监督执法体系，加强城乡卫生监督机构能力建设。强化医疗卫生服务行为和质量监管，完善医疗卫生服务标准和质量评价体系，规范管理制度和工作流程，加快制定统一的疾病诊疗规范，健全医疗卫生服务质量监测网络。加强医疗卫生机构的准入和运行监管。加强对生活饮用水安全、职业危害防治、食品安全、医疗废弃物处置等社会公共卫生的监管。依法严厉打击各种危害人民群众身体健康和生命安全的违法行为。

完善医疗保障监管。加强对医疗保险经办、基金管理和使用等环节的监管，建立医疗保险基金有效使用和风险防范机制。强化医疗保障对医疗服务的监控作用，完善支付制度，积极探索实行按人头付费、按病种付费、总额预付等方式，建立激励与惩戒并重的有效约束机制。加强商业健康保险监管，促进规范发展。

加强药品监管。强化政府监管责任，完善监管体系建设，严格药品研究、生产、流通、使用、价格和广告的监管。落实药品生产质量管理规范，加强对高风险品种生产的监管。严格实施药品经营管理规范，探索建立药品经营许可分类、分级的管理模式，加大重点品种的监督抽验力度。建立农村药品监督网。加强政府对药品价格的监管，有效抑制虚高定价。规范药品临床使用，发挥执业药师指导合理用药与药品质量管理方面的作用。

建立信息公开、社会多方参与的监管制度。鼓励行业协会等社会组织和个人对政府部门、医药机构和相关体系的运行绩效进行独立评价和监督。加强行业自律。

（十三）建立可持续发展的医药卫生科技创新机制和人才保障机制。推进医药卫生科技进步。把医药卫生科技创新作为国家科技发展的重点，努力攻克医药科技难关，为人民群众健康提供技术保障。加大医学科研投入，深化医药卫生科技体制和机构改革，整合优势医学科研资源，加快实施医药科技重大专项，鼓励自主创新，加强对重大疾病防治技术和新药研制关键技术等的研究，在医学基础和应用研究、高技术研究、中医和中西医结合研究等方面力求新的突破。开发生产适合我国国情的医疗器械。广泛开展国际卫生科技合作交流。

加强医药卫生人才队伍建设。制定和实施人才队伍建设规划，重点加强公共卫生、农村卫生、城市社区卫生专业技术人员和护理人员的培养培训。制定优惠政策，鼓励优秀卫生人才到农村、城市社区和中西部地区服务。对长期在城乡基层工作的卫生技术人员在职称晋升、业务培训、待遇政策等方面给予适当倾斜。完善全科医师任职资格制度，健全农村和城市社区卫生人员在岗培训制度，鼓励参加学历教育，促进乡村医生执业规范化，尽快实现基层医疗卫生机构都有合格的全科医生。加强高层次科研、医疗、卫生管理等人才队伍建设。建立住院医师规范化培训制度，强化继续医学教育。加强护理队伍建设，逐步解决护理人员比例过低的问题。培育壮大中医药人才队伍。稳步推动医务人员的合理流动，促进不同医疗机构之间人才的纵向和横向交流，研究探索注册医师多点执业。规范医院管理者的任职条件，逐步形成一支职业化、专业化的医疗机构管理队伍。

调整高等医学教育结构和规模。加强全科医学教育，完善标准化、规范化的临床医学教育，提高医学教育质量。加大医学教育投入，大力发展面向农村、社区的高等医学本专科教育，采取定向免费培养等多种方式，为贫困地区农村培养实用的医疗卫生人才，造就大批扎根农村、服务农民的合格医生。

构建健康和谐的医患关系。加强医德医风建设，重视医务人员人文素养培养和职业素质教育，大力弘扬救死扶伤精神。优化医务人员执业环境和条件，保护医务人员的合法权益，调动医务人员改善服务和提高效率的积极性。完善医疗执业保险，开展医务社会工作，完善医疗纠纷处理机制，增进医患沟通。在全社会形成尊重医学科学、尊重医疗卫生工作者、尊重患者的良好风气。

（十四）建立实用共享的医药卫生信息系统。大力推进医药卫生信息化建设。以推进公共卫生、医疗、医保、药品、财务监管信息化建设为着力点，整合资源，加强信息标准化和公共服务信息平台建设，逐步实现统一高效、互联互通。

加快医疗卫生信息系统建设。完善以疾病控制网络为主体的公共卫生信息系统，提高预测预警和分析报告能力；以建立居民健康档案为重点，构建乡村和社区卫生信息网络平台；以医院管理和电子病历为重点，推进医院信息化建设；利用网络信息技术，促进城市医院与社区卫生服务机构的合作。积极发展面向农村及边远地区的远程医疗。

建立和完善医疗保障信息系统。加快基金管理、费用结算与控制、医疗行为管理与监督、参保单位和个人管理服务等具有复合功能的医疗保障信息系统建设。加强城镇职工基本医疗保险、城镇居民基本医疗保险、新型农村合作医疗和医疗救助信息系统建设，实现与医疗机构信息系统的对接，积极推广“一卡通”等办法，方便参保（合）人员就医，增加医疗服务的透明度。

建立和完善国家、省、市三级药品监管、药品检验检测、药品不良反应监测信息网络。建立基本药物供求信息系统。

（十五）建立健全医药卫生法律制度。完善卫生法律法规。加快推进基本医疗卫生立法，明确政府、社会和居民在促进健康方面的权利和义务，保障人人享有基本医疗卫生服务。建立健全卫生标准体系，做好相关法律法规的衔接与协调。加快中医药立法工作。完善药品监管法律法规。逐步建立健全与基本医疗卫生制度相适应、比较完整的卫生法律制度。

推进依法行政。严格、规范执法，切实提高各级政府运用法律手段发展和管理医药卫生事业的能力。加强医药卫生普法工作，努力创造有利于人民群众健康的法治环境。

五、着力抓好五项重点改革，力争近期取得明显成效

为使改革尽快取得成效，落实医疗卫生服务的公益性质，着力保障广大群众看病就医的基本需求，按照让群众得到实惠，让医务人员受到鼓舞，让监管人员易于掌握的要求，2009—2011 年着力抓好五项重点改革。

（十六）加快推进基本医疗保障制度建设。基本医疗保障制度全面覆盖城乡居民，3 年内城镇职工基本医疗保险、城镇居民基本医疗保险和新型农村合作医疗参保（合）率均达到 90 %以上；城乡医疗救助制度覆盖到全国所有困难家庭。以提高住院和门诊大病保障为重点，逐步提高筹资和保障水平，2010 年各级财政对城镇居民基本医疗保险和新型农村合作医疗的补助标准提高到每人每年 120 元。做好医疗保险关系转移接续和异地就医结算服务。完善医疗保障管理体制机制。有效减轻城乡居民个人医药费用负担。

（十七）初步建立国家基本药物制度。建立比较完整的基本药物遴选、生产供应、使用和医疗保险报销的体系。2009 年，公布国家基本药物目录；规范基本药物采购和配送；合理确定基本药物的价格。从 2009 年起，政府举办的基层医疗卫生机构全部配备和使用基本药物，其他各类医疗机构也都必须按规定使用基本药物，所有零售药店均应配备和销售基本药物；完善基本药物的医保报销政策。保证群众基本用药的可及性、安全性和有效性，减轻群众基本用药费用负担。

（十八）健全基层医疗卫生服务体系。加快农村三级医疗卫生服务网络和城市社区卫生服务机构建设，发挥县级医院的龙头作用，用 3 年时间建成比较完善的基层医疗卫生服务体系。加强基层医疗卫生人才队伍建设，特别是全科医生的培养培训，着力提高基层医疗卫生机构服务水平和质量。转变基层医疗卫生机构运行机制和服务模式，完善补偿机制。逐步建立分级诊疗和双向转诊制度，为群众提供便捷、低成本的基本医疗卫生服务。

（十九）促进基本公共卫生服务逐步均等化。国家制定基本公共卫生服务项目，从2009年起，逐步向城乡居民统一提供疾病预防控制、妇幼保健、健康教育等基本公共卫生服务。实施国家重大公共卫生服务项目，有效预防控制重大疾病及其危险因素，进一步提高突发重大公共卫生事件处置能力。健全城乡公共卫生服务体系，完善公共卫生服务经费保障机制，2009年人均基本公共卫生服务经费标准不低于15元，到2011年不低于20元。加强绩效考核，提高服务效率和质量。逐步缩小城乡居民基本公共卫生服务差距，力争让群众少生病。

（二十）推进公立医院改革试点。改革公立医院管理体制、运行机制和监管机制，积极探索政事分开、管办分开的有效形式。完善医院法人治理结构。推进公立医院补偿机制改革，加大政府投入，完善公立医院经济补偿政策，逐步解决“以药补医”问题。加快形成多元化办医格局，鼓励民营资本举办非营利性医院。大力改进公立医院内部管理，优化服务流程，规范诊疗行为，调动医务人员的积极性，提高服务质量和效率，明显缩短病人等候时间，实现同级医疗机构检查结果互认，努力让群众看好病。

六、积极稳妥推进医药卫生体制改革

（二十一）提高认识，加强领导。各级党委和政府要充分认识深化医药卫生体制改革的重要性、紧迫性和艰巨性，提高认识、坚定信心，切实加强组织领导，把解决群众看病就医问题作为改善民生、扩大内需的重点摆上重要议事日程，明确任务分工，落实政府的公共医疗卫生责任。成立国务院深化医药卫生体制改革领导小组，统筹组织实施深化医药卫生体制改革。国务院有关部门要认真履行职责，密切配合，形成合力，加强监督考核。地方政府要按照本意见和实施方案的要求，因地制宜制定具体实施方案和有效措施，精心组织，有序推进改革进程，确保改革成果惠及全体人民群众。

（二十二）突出重点，分步实施。建立覆盖城乡居民的基本医疗卫生制度是一项长期任务，要坚持远近结合，从基础和基层起步，近期重点抓好基本医疗保障制度、国家基本药物制度、基层医疗卫生服务体系、基本公共卫生服务均等化和公立医院改革试点五项改革。要抓紧制定操作性文件和具体方案，进一步深化、细化政策措施，明确实施步骤，做好配套衔接，协调推进各项改革。

（二十三）先行试点，逐步推开。医药卫生体制改革涉及面广、情况复杂、政策性强，一些重大改革要先行试点。国务院深化医药卫生体制改革领导小组负责制定试点原则和政策框架，统筹协调、指导各地试点工作。各省区市制定具体试点方案并组织实施。鼓励地方结合当地实际，开展多种形式的试点，积极探索有效的实现途径，并及时总结经验，逐步推开。

（二十四）加强宣传，正确引导。深化医药卫生体制改革需要社会各界和广大群众的理解、支持和参与。要坚持正确的舆论导向，广泛宣传改革的重大意义和主要政策措施，积极引导社会预期，增强群众信心，使这项惠及广大人民群众的重大改革深入人心，为深化改革营造良好的舆论环境。

中共中央　国务院

二〇〇九年三月十七日

034

国务院关于印发
医药卫生体制改革近期重点实施方案（2009—2011 年）的通知

国发〔2009〕12 号

各省、自治区、直辖市人民政府，国务院各部委、各直属机构：

现将《医药卫生体制改革近期重点实施方案（2009—2011 年）》印发给你们，请结合本地区、本部门实际，认真贯彻执行。

国务院

二〇〇九年三月十八日

医药卫生体制改革近期重点实施方案（2009—2011 年）

国务院

2009 年 3 月 18 日

根据《中共中央 国务院关于深化医药卫生体制改革的意见》（中发〔2009〕6 号，以下简称《意见》），2009—2011 年重点抓好五项改革：一是加快推进基本医疗保障制度建设，二是初步建立国家基本药物制度，三是健全基层医疗卫生服务体系，四是促进基本公共卫生服务逐步均等化，五是推进公立医院改革试点。

推进五项重点改革，旨在着力解决群众反映较多的“看病难、看病贵”问题。推进基本医疗保障制度建设，将全体城乡居民纳入基本医疗保障制度，切实减轻群众个人支付的医药费用负担。建立国家基本药物制度，完善基层医疗卫生服务体系，方便群众就医，充分发挥中医药作用，降低医疗服务和药品价格。促进基本公共卫生服务逐步均等化，使全体城乡居民都能享受基本公共卫生服务，最大限度地预防疾病。推进公立医院改革试点，提高公立医疗机构服务水平，努力解决群众“看好病”问题。

推进五项重点改革，旨在落实医疗卫生事业的公益性质，具有改革阶段性的鲜明特征。把基本医疗卫生制度作为公共产品向全民提供，实现人人享有基本医疗卫生服务，这是我国医疗卫生事业发展从理念到体制的重大变革，是贯彻落实科学发展观的本质要求。医药卫生体制改革是艰巨而长期的任务，需要分阶段有重点地推进。要处理好公平与效率的关系，在改革初期首先着力解决公平问题，保障广大群众看病就医的基本需求，并随着经济社会发展逐步提高保障水平。逐步解决城镇职工基本医疗保险、城镇居民基本医疗保险、新型农村合作医疗制度之间的衔接问题。鼓励社会资本投入，发展多层次、多样化的医疗卫生服务，统筹利用全社会的医疗卫生资源，提高服务效率和质量，满足人民群众多样化的医疗卫生需求。

推进五项重点改革，旨在增强改革的可操作性，突出重点，带动医药卫生体制全面改革。建立基本医疗卫生制度是一项重大制度创新，是医药卫生体制全面改革的关键环节。五项重点改革涉及医疗保障制度建设、药品供应保障、医药价格形成机制、基层医疗卫生机构建设、公立医疗机构改革、医疗卫生投入机制、医务人员队伍建设、医药卫生管理体制等关键环节和重要领域。抓好这五项改革，目的是从根本上改变部分城乡居民没有医疗保障和公共医疗卫生服务长期薄弱的状况，扭转公立医疗机构趋利行为，使其真正回归公益性，有效解决当前医药卫生领域的突出问题，为全面实现医药卫生体制改革的长远目标奠定坚实基础。

一、加快推进基本医疗保障制度建设

（一）扩大基本医疗保障覆盖面。三年内，城镇职工基本医疗保险（以下简称城镇职工医保）、城镇居民基本医疗保险（以下简称城镇居民医保）和新型农村合作医疗（以下简称新农合）覆盖城乡全体居民，参保率均提高到90%以上。用两年左右时间，将关闭破产企业退休人员和困难企业职工纳入城镇职工医保，确有困难的，经省级人民政府批准后，参加城镇居民医保。关闭破产企业退休人员实现医疗保险待遇与企业缴费脱钩。中央财政对困难地区的国有关闭破产企业退休人员参保给予适当补助。2009年全面推开城镇居民医保制度，将在校大学生全部纳入城镇居民医保范围。积极推进城镇非公有制经济组织从业人员、灵活就业人员和农民工参加城镇职工医保。政府对符合就业促进法规定的就业困难人员参加城镇职工医保的参保费用给予补贴。灵活就业人员自愿选择参加城镇职工医保或城镇居民医保。参加城镇职工医保有困难的农民工，可以自愿选择参加城镇居民医保或户籍所在地的新农合。

（二）提高基本医疗保障水平。逐步提高城镇居民医保和新农合筹资标准和保障水平。2010年，各级财政对城镇居民医保和新农合的补助标准提高到每人每年120元，并适当提高个人缴费标准，具体缴费标准由省级人民政府制定。城镇职工医保、城镇居民医保和新农合对政策范围内的住院费用报销比例逐步提高。逐步扩大和提高门诊费用报销范围和比例。将城镇职工医保、城镇居民医保最高支付限额分别提高到当地职工年平均工资和居民可支配收入的6倍左右，新农合最高支付限额提高到当地农民人均纯收入的6倍以上。

（三）规范基本医疗保障基金管理。各类医保基金要坚持以收定支、收支平衡、略有结余的原则。合理控制城镇职工医保基金、城镇居民医保基金的年度结余和累计结余，结余过多的地方要采取提高保障水平等办法，把结余逐步降到合理水平。新农合统筹基金当年结余率原则上控制在15%以内，累计结余不超过当年统筹基金的25%。建立基本医疗保险基金风险调剂金制度。基金收支情况要定期向社会公布。提高基金统筹层次，2011年城镇职工医保、城镇居民医保基本实现市（地）级统筹。

（四）完善城乡医疗救助制度。有效使用救助资金，简化救助资金审批发放程序，资助城乡低保家庭成员、五保户参加城镇居民医保或新农合，逐步提高对经济困难家庭成员自负医疗费用的补助标准。

（五）提高基本医疗保障管理服务水平。鼓励地方积极探索建立医保经办机构与医药服务提供方的谈判机制和付费方式改革，合理确定药品、医疗服务和医用材料支付标准，控制成本费用。改进医疗保障服务，推广参保人员就医“一卡通”，实现医保经办机构与定点医疗机构直接结算。允许参加新农合的农民在统筹区域内自主选择定点医疗机构就医，简化到县域外就医的转诊手续。建立异地就医结算机制，探索异地安置的退休人员就地就医、就地结算办法。制定基本医疗保险关系转移接续办法，解决农民工等流动就业人员基本医疗保障关系跨制度、跨地区转移接续问题。做好城镇职工医保、城镇居民医保、新农合、城乡医疗救助之间的衔接。探索建立城乡一体化的基本医疗保障管理制度，并逐步整合基本医疗保障经办管理资源。在确保基金安全和有效监管的前提下，积极提倡以政府购买医疗保障服务的方式，探索委托具有资质的商业保险机构经办各类医疗保障管理服务。

二、初步建立国家基本药物制度

（六）建立国家基本药物目录遴选调整管理机制。制订国家基本药物遴选和管理办法。基本药物目录定期调整和更新。2009年初，公布国家基本药物目录。

（七）初步建立基本药物供应保障体系。充分发挥市场机制作用，推动药品生产流通企业兼并重组，发展统一配送，实现规模经营；鼓励零售药店发展连锁经营。完善执业药师制度，零售药店必须按规定配备执业药师为患者提供购药咨询和指导。政府举办的医疗卫生机构使用的基本药物，由省级人民政府指定的机构公开招标采购，并由招标选择的配送企业统一配送。参与投标的生产企业和配送企业应具备相应的资格条件。招标采购药品和选择配送企业，要坚持全国统一市场，不同地区、不同所有制企业平等参与、公平竞争。药品购销双方要根据招标采购结果签订合同并严格履约。用量较少的基本药物，可以采用招标方式定点生产。完善基本药物国家储备制度。加强药品质量监管，对药品定期进行质量抽检，并向社会公布抽检结果。

国家制定基本药物零售指导价格。省级人民政府根据招标情况在国家指导价格规定的幅度内确定本地区基本药物统一采购价格，其中包含配送费用。政府举办的基层医疗卫生机构按购进价格实行零差率销售。鼓励各地探索进一步降低基本药物价格的采购方式。

（八）建立基本药物优先选择和合理使用制度。所有零售药店和医疗机构均应配备和销售国家基本药物，满足患者需要。不同层级医疗卫生机构基本药物使用率由卫生行政部门规定。从 2009 年起，政府举办的基层医疗卫生机构全部配备和使用基本药物，其他各类医疗机构也都必须按规定使用基本药物。卫生行政部门制订临床基本药物应用指南和基本药物处方集，加强用药指导和监管。允许患者凭处方到零售药店购买药物。基本药物全部纳入基本医疗保障药品报销目录，报销比例明显高于非基本药物。

三、健全基层医疗卫生服务体系

（九）加强基层医疗卫生机构建设。完善农村三级医疗卫生服务网络。发挥县级医院的龙头作用，三年内中央重点支持 2000 所左右县级医院（含中医院）建设，使每个县至少有 1 所县级医院基本达到标准化水平。完善乡镇卫生院、社区卫生服务中心建设标准。2009 年，全面完成中央规划支持的 2.9 万所乡镇卫生院建设任务，再支持改扩建 5000 所中心乡镇卫生院，每个县 1～3 所。支持边远地区村卫生室建设，三年内实现全国每个行政村都有卫生室。三年内新建、改造 3700 所城市社区卫生服务中心和 1.1 万个社区卫生服务站。中央支持困难地区 2400 所城市社区卫生服务中心建设。公立医院资源过剩地区，要进行医疗资源重组，充实和加强基层医疗卫生机构。对社会力量举办基层医疗卫生机构提供的公共卫生服务，采取政府购买服务等方式给予补偿；对其提供的基本医疗服务，通过签订医疗保险定点合同等方式，由基本医疗保障基金等渠道补偿。鼓励有资质的人员开办诊所或个体行医。

（十）加强基层医疗卫生队伍建设。制定并实施免费为农村定向培养全科医生和招聘执业医师计划。用三年时间，分别为乡镇卫生院、城市社区卫生服务机构和村卫生室培训医疗卫生人员 36 万人次、16 万人次和 137 万人次。完善城市医院对口支援农村制度。每所城市三级医院要与 3 所左右县级医院（包括有条件的乡镇卫生院）建立长期对口协作关系。继续实施“万名医师支援农村卫生工程”。采取到城市大医院进修、参加住院医师规范化培训等方式，提高县级医院医生水平。

落实好城市医院和疾病预防控制机构医生晋升中高级职称前到农村服务一年

以上的政策。鼓励高校医学毕业生到基层医疗机构工作。从 2009 年起，对志愿去中西部地区乡镇卫生院工作三年以上的高校医学毕业生，由国家代偿学费和助学贷款。

（十一）改革基层医疗卫生机构补偿机制。基层医疗卫生机构运行成本通过服务收费和政府补助补偿。政府负责其举办的乡镇卫生院、城市社区卫生服务中心和服务站按国家规定核定的基本建设、设备购置、人员经费及所承担公共卫生服务的业务经费，按定额定项和购买服务等方式补助。医务人员的工资水平，要与当地事业单位工作人员平均工资水平相衔接。基层医疗卫生机构提供的医疗服务价格，按扣除政府补助后的成本制定。实行药品零差率销售后，药品收入不再作为基层医疗卫生机构经费的补偿渠道，不得接受药品折扣。探索对基层医疗卫生机构实行收支两条线等管理方式。

政府对乡村医生承担的公共卫生服务等任务给予合理补助，补助标准由地方人民政府规定。

（十二）转变基层医疗卫生机构运行机制。基层医疗卫生机构要使用适宜技术、适宜设备和基本药物，大力推广包括民族医药在内的中医药，为城乡居民提供安全有效和低成本服务。乡镇卫生院要转变服务方式，组织医务人员在乡村开展巡回医疗；城市社区卫生服务中心和服务站对行动不便的患者要实行上门服务、主动服务。鼓励地方制定分级诊疗标准，开展社区首诊制试点，建立基层医疗机构与上级医院双向转诊制度。全面实行人员聘用制，建立能进能出的人力资源管理制度。完善收入分配制度，建立以服务质量和服务数量为核心、以岗位责任与绩效为基础的考核和激励制度。

四、促进基本公共卫生服务逐步均等化

（十三）基本公共卫生服务覆盖城乡居民。制定基本公共卫生服务项目，明确服务内容。从 2009 年开始，逐步在全国统一建立居民健康档案，并实施规范管理。定期为 65 岁以上老年人做健康检查、为 3 岁以下婴幼儿做生长发育检查、为孕产妇做产前检查和产后访视，为高血压、糖尿病、精神疾病、艾滋病、结核病等人群提供防治指导服务。普及健康知识，2009 年开设中央电视台健康频道，中央和地方媒体均应加强健康知识宣传教育。

（十四）增加国家重大公共卫生服务项目。继续实施结核病、艾滋病等重大疾病防控和国家免疫规划、农村妇女住院分娩等重大公共卫生项目。从 2009 年开始开展以下项目：为 15 岁以下人群补种乙肝疫苗；消除燃煤型氟中毒危害；农村妇女孕前和孕早期补服叶酸等，预防出生缺陷；贫困白内障患者复明；农村改水改厕等。

（十五）加强公共卫生服务能力建设。重点改善精神卫生、妇幼卫生、卫生

监督、计划生育等专业公共卫生机构的设施条件。加强重大疾病以及突发公共卫生事件预测预警和处置能力。积极推广和应用中医药预防保健方法和技术。落实传染病医院、鼠防机构、血防机构和其他疾病预防控制机构从事高风险岗位工作人员的待遇政策。

（十六）保障公共卫生服务所需经费。专业公共卫生机构人员经费、发展建设经费、公用经费和业务经费由政府预算全额安排，服务性收入上缴财政专户或纳入预算管理。按项目为城乡居民免费提供基本公共卫生服务。提高公共卫生服务经费标准。2009 年人均基本公共卫生服务经费标准不低于 15 元，2011 年不低于 20 元。中央财政通过转移支付对困难地区给予补助。

五、推进公立医院改革试点

（十七）改革公立医院管理体制、运行机制和监管机制。公立医院要坚持维护公益性和社会效益原则，以病人为中心。鼓励各地积极探索政事分开、管办分开的有效形式。界定公立医院所有者和管理者的责权。完善医院法人治理结构。推进人事制度改革，明确院长选拔任用和岗位规范，完善医务人员职称评定制度，实行岗位绩效工资制度。建立住院医师规范化培训制度。鼓励地方探索注册医师多点执业的办法和形式。强化医疗服务质量管理。规范公立医院临床检查、诊断、治疗、使用药物和植（介）入类医疗器械行为，优先使用基本药物和适宜技术，实行同级医疗机构检查结果互认。

探索建立由卫生行政部门、医疗保险机构、社会评估机构、群众代表和专家参与的公立医院质量监管和评价制度。严格医院预算和收支管理，加强成本核算与控制。全面推行医院信息公开制度，接受社会监督。

（十八）推进公立医院补偿机制改革。逐步将公立医院补偿由服务收费、药品加成收入和财政补助三个渠道改为服务收费和财政补助两个渠道。政府负责公立医院基本建设和大型设备购置、重点学科发展、符合国家规定的离退休人员费用和政策性亏损补偿等，对公立医院承担的公共卫生任务给予专项补助，保障政府指定的紧急救治、援外、支农、支边等公共服务经费，对中医院（民族医院）、传染病医院、职业病防治院、精神病医院、妇产医院和儿童医院等在投入政策上予以倾斜。严格控制公立医院建设规模、标准和贷款行为。推进医药分开，逐步取消药品加成，不得接受药品折扣。医院由此减少的收入或形成的亏损通过增设药事服务费、调整部分技术服务收费标准和增加政府投入等途径解决。药事服务费纳入基本医疗保险报销范围。积极探索医药分开的多种有效途径。适当提高医疗技术服务价格，降低药品、医用耗材和大型设备检查价格。定期开展医疗服务成本测算，科学考评医疗服务效率。

公立医院提供特需服务的比例不超过全部医疗服务的 10%。鼓励各地探索建立医疗服务定价由利益相关方参与协商的机制。

（十九）加快形成多元办医格局。省级卫生行政部门会同有关部门，按照区域卫生规划，明确辖区内公立医院的设置数量、布局、床位规模、大型医疗设备配置和主要功能。要积极稳妥地把部分公立医院转制为民营医疗机构。制定公立医院转制政策措施，确保国有资产保值和职工合法权益。

鼓励民营资本举办非营利性医院。民营医院在医保定点、科研立项、职称评定和继续教育等方面，与公立医院享受同等待遇；对其在服务准入、监督管理等方面一视同仁。落实非营利性医院税收优惠政策，完善营利性医院税收政策。

公立医院改革2009年开始试点，2011年逐步推开。

六、保障措施

（二十）加强组织领导。国务院深化医药卫生体制改革领导小组统筹组织和协调改革工作。国务院有关部门要抓紧研究制定相关配套文件。各级政府要切实加强领导，抓好组织落实，加快推进各项重点改革。

（二十一）加强财力保障。各级政府要认真落实《意见》提出的各项卫生投入政策，调整支出结构，转变投入机制，改革补偿办法，切实保障改革所需资金，提高财政资金使用效益。为了实现改革的目标，经初步测算，2009—2011年各级政府需要投入8500亿元，其中中央政府投入3318亿元。

（二十二）鼓励各地试点。医药卫生体制改革涉及面广，情况复杂，政策性强，一些重大改革要先行试点，逐步推开。各地情况差别很大，要鼓励地方因地制宜制定具体实施方案，开展多种形式的试点，进行探索创新。国务院深化医药卫生体制改革领导小组负责统筹协调、指导各地试点工作。要注意总结和积累经验，不断深入推进改革。

（二十三）加强宣传引导。坚持正确的舆论导向，制定分步骤、分阶段的宣传方案；采取通俗易懂、生动形象的方式，广泛宣传实施方案的目标、任务和主要措施，解答群众关心的问题；及时总结、宣传改革经验，为深化改革营造良好的社会和舆论环境。

035

国务院关于印发“十二五”期间深化医药卫生体制改革规划暨实施方案的通知

国发〔2012〕11号

各省、自治区、直辖市人民政府，国务院各部委、各直属机构：

现将《“十二五”期间深化医药卫生体制改革规划暨实施方案》印发给你们，请认真贯彻执行。

国务院

二〇一二年三月十四日

“十二五”期间深化医药卫生体制改革规划暨实施方案

国务院

2012年3月14日

深化医药卫生体制改革是贯彻落实科学发展观、加快转变经济发展方式的重大实践，是建设现代国家、保障和改善民生、促进社会公平正义的重要举措，是贯穿经济社会领域的一场综合改革。“十二五”时期是深化医药卫生体制改革的攻坚阶段，也是建立基本医疗卫生制度的关键时期。为巩固扩大前一阶段改革成果，实现2020年人人享有基本医疗卫生服务的既定目标，根据《中华人民共和国国民经济和社会发展第十二个五年规划纲要》和《中共中央国务院关于深化医药卫生体制改革的意见》（中发〔2009〕6号），编制本规划。本规划主要明确2012—2015年医药卫生体制改革的阶段目标、改革重点和主要任务，是未来四年深化医药卫生体制改革的指导性文件。

一、规划背景

自2009年4月深化医药卫生体制改革启动实施以来，在党中央、国务院领导下，各地区、各有关部门认真贯彻落实中央的决策部署，按照保基本、强基层、建机制的基本原则，完善政策、健全制度、加大投入，统筹推进五项重点改革，取得了明显进展和初步成效，实现了阶段性目标。覆盖城乡全体居民的基本医疗保障制度（以下简称基本医保）框架初步形成，职工基本医疗保险（以下简称职工医保）、城镇居民基本医疗保险（以下简称城镇居民医保）和新型农村合作医疗（以下简称新农合）参保人数达到13亿人，筹资和保障水平明显提高，保障范围从大病延伸到门诊小病，城乡医疗救助力度不断加大。国家基本药物制度初步建立，政府办基层医疗卫生机构全部实施基本药物零差率销售，药品安全保障得到明显加强；以破除“以药补医”机制为核心的基层医疗卫生机构综合改革同步推进，开始形成维护公益性、调动积极性、保障可持续的新机制。覆盖城乡的基层医疗卫生服务体系基本建成，2200多所县级医院和3.3万多个城乡基层医疗卫生机构得到改造完善，中医药服务能力逐步增强，全科医生制度建设开始启动。基本公共卫生服务均等化水平不断提高，10类国家基本公共卫生服务面向城乡居民免费提供，国家重大公共卫生服务项目全面实施。公立医院改革试点积极推进，围绕政事分开、管办分开、医药分开、营利性和非营利性分开（以下简称“四个分开”）进行体制机制创新，便民惠民措施全面推开，多元办医稳步推进。各级政府对医药卫生工作的认识和执行力明显提高，实践经验和做法不断丰富，支持医药卫生体制改革的社会氛围正在形成。三年改革实践证明，医药卫生体制改革方向正确、路径清晰、措施有力，尤其是在基层取得明显成效，人民群众看病就医的公平性、可及性、便利性得到改善，看病难、看病贵问题有所缓解，医药卫生体制改革促进经济社会发展的作用越来越重要。

医药卫生体制改革是一项长期艰巨复杂的系统工程。要清醒地看到，当前医药卫生体制改革中还存在一些较为突出的矛盾和问题，特别是随着改革向纵深推进，利益格局深刻调整，体制性、结构性等深层次矛盾集中暴露，改革的难度明显加大。医疗保障制度建设有待进一步加强，基本药物制度还需巩固完善，公立医院改革需要深化拓展，推进社会力量办医仍需加大力度，人才队伍总量和结构性矛盾依然突出，政府职能转变亟待加快步伐，制度法规建设的任务更加紧迫。同时，随着经济社会进入新的发展阶段，工业化、城镇化、农业现代化、经济全球化以及人口老龄化进程加快，城乡居民健康需求不断提升并呈现多层次、多元化特点，进一步加剧了卫生资源供给约束与卫生需求日益增长之间的矛盾；疾病谱变化、医药技术创新、重大传染病防控和卫生费用快速增长等，对优化资源配置、扩大服务供给、转变服务模式、合理控制费用和提升管理能力等都提出了更高要求。解决这些问题和挑战，必须持续不断地推进改革。

“十二五”时期在深化医药卫生体制改革进程中承前启后，要在认真总结经验的基础上，进一步加强组织领导，发挥制度优势，抓住基层综合改革取得重大进展、经济持续快速发展的有利时机，不断凝聚和扩大社会共识，把改革不断推向深入，为基本建成符合我国国情的基本医疗卫生制度、实现人人享有基本医疗卫生服务奠定坚实基础。

二、总体要求和主要目标

（一）总体要求。以邓小平理论和“三个代表”重要思想为指导，深入贯彻落实科学发展观，紧紧围绕《中共中央国务院关于深化医药卫生体制改革的意见》（中发〔2009〕6号）精神，坚持把基本医疗卫生制度作为公共产品向全民提供的核心理念，坚持保基本、强基层、建机制的基本原则，坚持预防为主、以农村为重点、中西医并重的方针，以维护和增进全体人民健康为宗旨，以基本医疗卫生制度建设为核心，统筹安排、突出重点、循序推进，进一步深化医疗保障、医疗服务、公共卫生、药品供应以及监管体制等领域综合改革，着力在全民基本医保建设、基本药物制度巩固完善和公立医院改革方面取得重点突破，增强全民基本医保的基础性作用，强化医疗服务的公益性，优化卫生资源配置，重构药品生产流通秩序，提高医药卫生体制的运行效率，加快形成人民群众“病有所医”的制度保障，不断提高全体人民健康水平，使人民群众共享改革发展的成果。

（二）主要目标。基本医疗卫生制度建设加快推进，以基本医疗保障为主体的多层次医疗保障体系进一步健全，通过支付制度等改革，明显提高保障能力和管理水平；基本药物制度不断巩固完善，基层医疗卫生机构运行新机制有效运转，基本医疗和公共卫生服务能力同步增强；县级公立医院改革取得阶段性进展，城市公立医院改革有序开展；卫生资源配置不断优化，社会力量办医取得积极进展；以全科医生为重点的人才队伍建设得到加强，基层人才不足状况得到有效改善，中医药服务能力进一步增强；药品安全水平不断提升，药品生产流通秩序逐步规范，医药价格体系逐步理顺；医药卫生信息化水平明显提高，监管制度不断完善，对医药卫生的监管得到加强。

到2015年，基本医疗卫生服务更加公平可及，服务水平和效率明显提高；卫生总费用增长得到合理控制，政府卫生投入增长幅度高于经常性财政支出增长幅度，政府卫生投入占经常性财政支出的比重逐步提高，群众负担明显减轻，个人卫生支出占卫生总费用的比例降低到30%以下，看病难、看病贵问题得到有效缓解。人均期望寿命达到74.5岁，婴儿死亡率降低到12‰以下，孕产妇死亡率降低到22/10万以下。

三、加快健全全民医保体系

充分发挥全民基本医保的基础性作用，重点由扩大范围转向提升质量。通过支付制度改革，加大医保经办机构和医疗机构控制医药费用过快增长的责任。在继续提高基本医保参保率基础上，稳步提高基本医疗保障水平，着力加强管理服务能力，切实解决重特大疾病患者医疗费用保障问题。

（一）巩固扩大基本医保覆盖面。职工医保、城镇居民医保和新农合三项基本医疗保险参保率在2010年基础上提高三个百分点。重点做好农民工、非公有制经济组织从业人员、灵活就业人员，以及关闭破产企业退休人员和困难企业职工参保工作。

（二）提高基本医疗保障水平。到2015年，城镇居民医保和新农合政府补助标准提高到每人每年360元以上，个人缴费水平相应提高，探索建立与经济发展水平相适应的筹资机制。职工医保、城镇居民医保、新农合政策范围内住院费用支付比例均达到75%左右，明显缩小与实际住院费用支付比例之间的差距；进一步提高最高支付限额。城镇居民医保和新农合门诊统筹覆盖所有统筹地区，支付比例提高到50%以上；稳步推进职工医保门诊统筹。

（三）完善基本医保管理体制。加快建立统筹城乡的基本医保管理体制，探索整合职工医保、城镇居民医保和新农合制度管理职能和经办资源。有条件的地区探索建立城乡统筹的居民基本医疗保险制度。按照管办分开原则，完善基本医保管理和经办运行机制，明确界定职责，进一步落实医保经办机构的法人自主权，提高经办能力和效率。在确保基金安全和有效监管的前提下，鼓励以政府购买服务的方式，委托具有资质的商业保险机构经办各类医疗保障管理服务。

（四）提高基本医保管理服务水平。加快推进基本医保和医疗救助即时结算，使患者看病只需支付自负部分费用，其余费用由医保经办机构与医疗机构直接结算。建立异地就医结算机制，2015年全面实现统筹区域内和省内医疗费用异地即时结算，初步实现跨省医疗费用异地即时结算；做好基本医保和医疗救助结算衔接。完善医保关系转移接续政策，基本实现职工医保制度内跨区域转移接续，推进各项基本医疗保险制度之间衔接。加快建立具有基金管理、费用结算与控制、医疗行为管理与监督等复合功能的医保信息系统，实现与定点医疗机构信息系统的对接。积极推广医保就医“一卡通”，方便参保人员就医。

加强基本医保基金收支管理。职工医保基金结余过多的地区要把结余降到合理水平，城镇居民医保和新农合基金要坚持当年收支平衡的原则，结余过多的，可结合实际重点提高高额医疗费用支付水平。增强基本医保基金共济和抗风险能力，实现市级统筹，逐步建立省级风险调剂金制度，积极推进省级统筹。完善基本医保基金管理监督和风险防范机制，防止基本医保基金透支，保障基金安全。

（五）改革完善医保支付制度。加大医保支付方式改革力度，结合疾病临床路径实施，在全国范围内积极推行按病种付费、按人头付费、总额预付等，增强医保对医疗行为的激励约束作用。建立医保对统筹区域内医疗费用增长的制约机制，制定医保基金支出总体控制目标并分解到定点医疗机构，将医疗机构次均（病种）医疗费用增长控制和个人负担定额控制情况列入医保分级评价体系。积极推动建立医保经办机构与医疗机构、药品供应商的谈判机制和购买服务的付费机制。医保支付政策进一步向基层倾斜，鼓励使用中医药服务，引导群众小病到基层就诊，促进分级诊疗制度形成。将符合资质条件的非公立医疗机构和零售药店纳入医保定点范围，逐步将医保对医疗机构医疗服务的监管延伸到对医务人员医疗服务行为的监管。加强对定点医疗机构和零售药店的监管，加大对骗保欺诈行为的处罚力度。

（六）完善城乡医疗救助制度。加大救助资金投入，筑牢医疗保障底线。资助低保家庭成员、五保户、重度残疾人以及城乡低收入家庭参加城镇居民医保或新农合。取消医疗救助起付线，提高封顶线，对救助对象政策范围内住院自负医疗费用救助比例提高到70%以上。在试点基础上，全面推进重特大疾病救助工作，加大对重特大疾病的救助力度。无负担能力的病人发生急救医疗费用通过医疗救助基金、政府补助等渠道解决。鼓励和引导社会力量发展慈善医疗救助。鼓励工会等社会团体开展多种形式的医疗互助活动。

（七）积极发展商业健康保险。完善商业健康保险产业政策，鼓励商业保险机构发展基本医保之外的健康保险产品，积极引导商业保险机构开发长期护理保险、特殊大病保险等险种，满足多样化的健康需求。鼓励企业、个人参加商业健康保险及多种形式的补充保险，落实税收等相关优惠政策。简化理赔手续，方便群众结算。加强商业健康保险监管，促进其规范发展。

（八）探索建立重特大疾病保障机制。充分发挥基本医保、医疗救助、商业健康保险、多种形式补充医疗保险和公益慈善的协同互补作用，切实解决重特大疾病患者的因病致贫问题。在提高基本医保最高支付限额和高额医疗费用支付比例的基础上，统筹协调基本医保和商业健康保险政策，积极探索利用基本医保基金购买商业大病保险或建立补充保险等方式，有效提高重特大疾病保障水平。加强与医疗救助制度的衔接，加大对低收入大病患者的救助力度。

四、巩固完善基本药物制度和基层医疗卫生机构运行新机制

持续扩大基层医药卫生体制改革成效，巩固完善国家基本药物制度，深化基层医疗卫生机构管理体制、补偿机制、药品供应和人事分配等方面的综合改革，继续加强基层服务网络建设，加快建立全科医生制度，促进基层医疗卫生机构全面发展。

（一）深化基层医疗卫生机构综合改革。完善基层医疗卫生机构编制管理、补偿机制、人事分配等方面的综合改革措施，巩固基层改革成效。健全基层医疗卫生机构稳定长效的多渠道补偿机制，地方政府要将对基层医疗卫生机构专项补助以及经常性收支差额补助纳入财政预算并及时、足额落实到位，中央财政建立基本药物制度全面实施后对地方的经常性补助机制并纳入预算；加快落实一般诊疗费及医保支付政策，确保基层医疗卫生机构正常运转。健全绩效评价和考核机

制，在平稳实施绩效工资的基础上，有条件的地区可适当提高奖励性绩效工资的比例，坚持多劳多得、优绩优酬，重点向关键岗位、业务骨干和作出突出贡献的人员倾斜，合理拉开收入差距，调动医务人员积极性。

（二）扩大基本药物制度实施范围。巩固政府办基层医疗卫生机构实施基本药物制度的成果，落实基本药物全部配备使用和医保支付政策。有序推进村卫生室实施基本药物制度，执行基本药物制度各项政策，同步落实对乡村医生的各项补助和支持政策。对非政府办基层医疗卫生机构，各地政府可结合实际，采取购买服务的方式将其纳入基本药物制度实施范围。鼓励公立医院和其他医疗机构优先使用基本药物。

（三）完善国家基本药物目录。根据各地基本药物使用情况，优化基本药物品种、类别，适当增加慢性病和儿童用药品种，减少使用率低、重合率低的药品，保持合理的基本药物数量，更好地满足群众基本用药需求。2012 年调整国家基本药物目录并适时公布。逐步规范基本药物标准剂型、规格和包装。基本药物由省级人民政府统一增补，不得将增补权限下放到市、县或基层医疗卫生机构。要合理控制增补药品数量。

（四）规范基本药物采购机制。坚持基本药物以省为单位网上集中采购，落实招采合一、量价挂钩、双信封制、集中支付、全程监控等采购政策。坚持质量优先、价格合理，进一步完善基本药物质量评价标准和评标办法，既要降低虚高的药价也要避免低价恶性竞争，确保基本药物安全有效、供应及时。建立以省为单位的基本药物集中采购和使用管理系统，明显提高基本药物使用监管能力。对独家品种和经多次集中采购价格已基本稳定且市场供应充足的基本药物试行国家统一定价。对用量小、临床必需的基本药物可通过招标采取定点生产等方式确保供应。对已达到国际水平的仿制药，在定价、招标采购方面给予支持，激励企业提高基本药物质量。提高基本药物生产技术水平和供应保障能力，完善基本药物储备制度。强化基本药物质量监管，所有基本药物生产、经营企业必须纳入电子监管。

（五）提高基层医疗卫生机构服务能力。按照填平补齐的原则，继续支持村卫生室、乡镇卫生院、社区卫生服务机构标准化建设，2015 年基层医疗卫生机构达标率达到 95%以上。继续加强基层在岗人员培训，重点实施具有全科医学特点、促进基本药物使用等针对性和实用性强的培训项目。进一步规范基层医疗卫生机构用药行为。鼓励基层医疗卫生机构采取主动服务、上门服务等方式，开展巡回医疗，推动服务重心下沉，服务内容向基本医疗和基本公共卫生服务转变。建立健全分级诊疗、双向转诊制度，积极推进基层首诊负责制试点。明显提高基层医疗卫生机构门急诊量占门急诊总量的比例。

筑牢农村医疗卫生服务网底。完善乡村医生的补偿、养老政策。加强乡村医生培训和后备力量建设，逐步推进乡村医生向执业（助理）医师转变，鼓励有条件的地区通过定向培养、学历提升、岗位培训等方式加强乡村医生能力建设。积极推进乡镇卫生院和村卫生室一体化管理。

（六）推进全科医生制度建设。把建立全科医生制度作为强基层的关键举措，通过规范化培养、转岗培训、执业医师招聘和设置特岗等方式加强全科医生队伍建设，到 2015 年为基层医疗卫生机构培养全科医生 15 万名以上，使每万名城市居民拥有 2 名以上全科医生，每个乡镇卫生院都有全科医生。积极推进家庭签约医生服务模式，逐步建立全科医生与居民契约服务关系，为居民提供连续的健康管理服务。

（七）促进人才向基层流动。进一步完善相关政策措施，鼓励引导医务人员到基层服务。建立上级医院与基层医疗卫生机构之间的人才合作交流机制，探索县（市、区）域人才柔性流动方式，促进县乡人才联动。开展免费医学生定向培养，实施全科医生特岗计划，充实基层人才队伍。严格落实城市医院和疾病预防控制机构医生晋升中高级职称前到农村服务累计一年以上的政策。鼓励大医院退休医生到基层和农村执业。对到艰苦边远地区基层医疗卫生机构服务的医务人员，落实津补贴政策或给予必要补助。

（八）加快推进基层医疗卫生机构信息化。在试点基础上，以省为单位，建立涵盖基本药物供应使用、居民健康管理、基本医疗服务、绩效考核等功能的基层医疗卫生信息系统，提高基层医疗卫生服务水平。到 2015 年，基层医疗卫生信息系统基本覆盖乡镇卫生院、社区卫生服务机构和有条件的村卫生室。

五、积极推进公立医院改革

坚持公立医院公益性质，按照“四个分开”的要求，以破除“以药补医”机制为关键环节，以县级医院为重点，统筹推进管理体制、补偿机制、人事分配、药品供应、价格机制等方面的综合改革，由局部试点转向全面推进，大力开展便民惠民服务，逐步建立维护公益性、调动积极性、保障可持续的公立医院运行新机制。

（一）落实政府办医责任。坚持公立医院面向城乡居民提供基本医疗卫生服务的主导地位，进一步明确政府举办公立医院的目的和应履行的职责，扭转公立医院逐利行为。进一步落实政府对公立医院的基本建设和设备购置、重点学科发展、公共卫生服务、符合国家规定的离退休人员费用和政策性亏损补贴等投入政策。合理确定公立医院（含国有企业所办医院）数量和布局，严格控制建设标准、规模和设备配备。禁止公立医院举债建设。

（二）推进补偿机制改革。以破除“以药补医”机制为关键环节，推进医药分开，逐步取消药品加成政策，将公立医院补偿由服务收费、药品加成收入和财政补助三个渠道改为服务收费和财政补助两个渠道。医院的药品和高值医用耗材实行集中采购。政府投资购置的公立医院大型设备按扣除折旧后的成本制定检查价格，贷款或集资购买的大型设备原则上由政府回购，回购有困难的限期降低检查价格。医疗机构检验对社会开放，检查设备和技术人员应当符合法定要求或具备法定资格，实现检查结果互认。由于上述改革减少的合理收入或形成的亏损，通过调整医疗技术服务价格、增加政府投入等途径补偿。提高诊疗费、手术费、护理费收费标准，体现医疗服务合理成本和医务人员技术劳务价值。医疗技术服务收费按规定纳入医保支付范围。增加的政府投入由中央财政给予一定补助，地方财政要按实际情况调整支出结构，切实加大投入。

（三）控制医疗费用增长。医保经办机构和卫生监管部门要加强对医疗服务行为的监管，制止开大处方、重复检查、滥用药品等行为。强化医保对医疗服务的监控作用，采取总额预付、按人头、按病种付费等复合支付方式，引导医疗机构主动控制成本，同时加强监管，规范诊疗行为、提高服务质量；逐步实现由医保经办机构与公立医院通过谈判方式确定服务范围、支付方式、支付标准和服务质量要求；严格基本医保药品目录使用率及自费药品控制率等指标考核。

加强卫生部门对医疗费用的监管控制，将次均费用和总费用增长率、住院床日以及药占比等控制管理目标纳入公立医院目标管理责任制并作为绩效考核的重要指标，及时查处为追求经济利益的不合理用药、用材和检查及重复检查等行为。加强对费用增长速度较快疾病诊疗行为的重点监控，控制公立医院提供非基本医疗服务。价格主管部门要加强医疗服务收费和药品价格监督检查。

（四）推进政事分开、管办分开。强化卫生行政部门规划、准入、监管等全行业管理职能。研究探索采取设立专门管理机构等多种形式确定政府办医机构，由其履行政府举办公立医院的职能，负责公立医院的资产管理、财务监管、绩效考核和医院主要负责人的任用。各级卫生行政部门负责人不得兼任公立医院领导职务，逐步取消公立医院行政级别。

（五）建立现代医院管理制度。探索建立理事会等多种形式的公立医院法人治理结构，明确理事会与院长职责，公立医院功能定位、发展规划、重大投资等权力由政府办医机构或理事会行使。建立院长负责制和任期目标责任考核制度，落实公立医院用人自主权，实行按需设岗、竞聘上岗、按岗聘用、合同管理，推进公立医院医务人员养老等社会保障服务社会化。建立以公益性质和运行效率为核心的公立医院绩效考核体系，健全以服务质量、数量和患者满意度为核心的内部分配机制，提高人员经费支出占业务支出的比例，提高医务人员待遇，院长及医院管理层薪酬由政府办医机构或授权理事会确定。严禁把医务人员个人收入与医院的药品和检查收入挂钩；完善公立医院财务核算制度，加强费用核算和控制。

（六）开展医院管理服务创新。深化以病人为中心的服务理念，不断完善医疗质量管理与控制体系，持续提高医院管理水平和医疗服务质量。简化挂号、就诊、检查、收费、取药等流程，方便群众就医。大力推行临床路径，开展单病种质量控制，规范医疗行为。推广应用基本药物和适宜技术，规范抗菌药物等药品的临床使用。以医院管理和电子病历为核心，推进公立医院信息化建设。全面推行便民惠民措施，大力推广优质护理，优化服务模式和服务流程，开展“先诊疗、后结算”和志愿者服务。积极推进区域统一预约挂号平台建设，普遍实行预约诊疗，改善就医环境，明显缩短病人等候时间。发展面向农村基层及边远地区的远程诊疗系统。

（七）全面推进县级公立医院改革。县级公立医院是农村三级医疗卫生服务网络的龙头。“十二五”期间要把县级公立医院改革放在突出位置，以破除“以药补医”机制为关键环节，统筹推进管理体制、补偿机制、人事分配、采购机制、价格机制等方面的综合改革；加强以人才、技术、重点专科为核心的能力建设，巩固深化城市医院对口支援县级医院的长期合作帮扶机制，经批准可在县级医院设立特设岗位引进急需高层次人才，力争使县域内就诊率提高到90%左右，基本实现大病不出县。2015年要实现县级公立医院阶段性改革目标。

（八）拓展深化城市公立医院改革。按照上下联动、内增活力、外加推力的原则，加快推进城市公立医院改革试点，拓展深化试点内容，创新体制机制，提高服务质量和运行效率，尽快形成改革的基本路子并逐步在全国范围内推广。公立医院资源丰富的城市，可引导社会资本以多种方式参与包括国有企业所办医院在内的部分公立医院改制重组。鼓励社会资本对部分公立医院进行多种形式的公益性投入，以合资合作方式参与改制的不得改变非营利性质。改制过程中要加强国有资产管理，维护好职工合法权益。

六、统筹推进相关领域改革

进一步增强医药卫生体制改革各项政策的协同性，继续推进基本公共卫生服务均等化，优化卫生资源配置，加快人才培养和信息化建设，加强药品生产流通和医药卫生监管体制改革，充分发挥政策叠加效应。

（一）提高基本公共卫生服务均等化水平。逐步提高人均基本公共卫生服务经费标准，2015年达到40元以上，免费为城乡居民提供健康档案、健康教育、预防接种、传染病防治、儿童保健、孕产妇保健、老年人保健、高血压等慢性病管理、重性精神疾病管理、卫生监督协管等国家基本公共卫生服务项目。加强健康促进与教育，实施国民健康行动计划，将健康教育纳入国民教育体系。主要媒体要加强健康知识宣传。倡导健康的生活方式，引导科学就医和安全合理用药。到2015年，城乡居民健康档案规范化电子建档率达到75%以上；高血压、糖尿病患者规范化管理率达到40%以上。

逐步增加国家重大公共卫生项目，继续开展国家免疫规划，艾滋病和结核病、血吸虫病等重大传染病防治，农村孕产妇住院分娩补助、适龄妇女“两癌”（宫颈癌、乳腺癌）检查等重大公共卫生服务专项，农村孕产妇住院分娩率稳定在96%以上。重点做好食品安全（包括餐饮、饮用水卫生）、职业卫生、精神卫生、慢性病防控、重大地方病防控、卫生应急等对居民健康有重要影响的公共卫生服务。

完善重大疾病防控、计划生育、妇幼保健等专业公共卫生服务网络，加强卫生监督、农村应急救治、精神疾病防治、食品安全风险监测等能力建设。提高疾病监测、预防、控制能力和突发公共卫生事件应急处置能力。深入开展爱国卫生运动。加强流动人口以及农村留守儿童和老人的公共卫生服务和重大传染病防控工作，提高公共卫生服务的可及性。严格开展绩效考核和效果评估，提高公共卫生服务效益。建立公共卫生和医疗卫生服务体系分工协作机制。专业公共卫生机构经费纳入财政预算并全额安排。

（二）推进医疗资源结构优化和布局调整。科学制定区域卫生规划，明确省、市、县级卫生资源配置标准，新增卫生资源优先考虑社会资本。每千常住人口医疗卫生机构床位数达到4张的，原则上不再扩大公立医院规模。中央、省级可以设置少量承担医学科研、教学功能的医学中心或区域医疗中心。鼓励各地整合辖区内检查检验资源，促进大型设备资源共建共享。加强医疗服务体系薄弱环节建设，优先支持基层以及老少边穷等医疗资源缺乏地区发展。每个县重点办好1至2所县级医院（含县中医院）。继续支持医疗机构临床重点专科建设。加强省级妇儿专科医院和县级医院妇儿科建设。推进边远地区地市级综合医院建设。鼓励发展康复医疗和长期护理。

充分发挥中医药在疾病预防控制和医疗服务中的作用。以城乡基层为重点加强中医医疗服务能力建设，到2015年，力争95%以上的社区卫生服务中心和90%的乡镇卫生院、70%以上的社区卫生服务站和65%以上的村卫生室能够提供中医药服务。鼓励零售药店提供中医坐堂诊疗服务。积极推广中医适宜技术。加强中药资源保护、研究开发和合理利用。

（三）大力发展非公立医疗机构。放宽社会资本举办医疗机构的准入，鼓励有实力的企业、慈善机构、基金会、商业保险机构等社会力量以及境外投资者举办医疗机构，鼓励具有资质的人员（包括港、澳、台地区）依法开办私人诊所。进一步改善执业环境，落实价格、税收、医保定点、土地、重点学科建设、职称评定等方面政策，对各类社会资本举办非营利性医疗机构给予优先支持，鼓励非公立医疗机构向高水平、规模化的大型医疗集团发展。积极发展医疗服务业，扩大和丰富全社会医疗资源。2015年，非公立医疗机构床位数和服务量达到总量的 20%左右。

（四）创新卫生人才培养使用制度。深化医学教育改革，重视人文素养培养和职业素质教育，加快建立住院医师规范化培训制度，完善继续医学教育制度。加大护士、养老护理员、药师、儿科医师，以及精神卫生、院前急救、卫生应急、卫生监督、医院和医保管理人员等急需紧缺专门人才和高层次人才的培养。推进医师多点执业，鼓励具备行医资格的人员申请多个地点执业，完善执业医师注册、备案、考核、评价、监管政策，建立医师管理档案。建立健全医疗执业保险和医疗纠纷处理机制。

（五）推进药品生产流通领域改革。改革药品价格形成机制，选取临床使用量较大的药品，依据主导企业成本，参考药品集中采购价格和零售药店销售价等市场交易价格制定最高零售指导价格，并根据市场交易价格变化等因素适时调整。完善进口药品、高值医用耗材的价格管理。加强药品价格信息采集、分析和披露。

完善医药产业发展政策，规范生产流通秩序，推动医药企业提高自主创新能力和医药产业结构优化升级，发展药品现代物流和连锁经营，提高农村和边远地区药品配送能力，促进药品生产、流通企业跨地区、跨所有制的收购兼并和联合重组。到 2015 年，力争全国百强制药企业和药品批发企业销售额分别占行业总额的 50%和 85%以上。鼓励零售药店发展。完善执业药师制度，加大执业药师配备使用力度，到“十二五”期末，所有零售药店法人或主要管理者必须具备执业药师资格，所有零售药店和医院药房营业时有执业药师指导合理用药。严厉打击挂靠经营、过票经营、买卖税票、行贿受贿、生产经营假劣药品、发布虚假药品广告等违法违规行为。

落实《国家药品安全“十二五”规划》，提高药品质量水平，药品标准和药品生产质量管理规范与国际接轨。全面提高仿制药质量，到“十二五”期末，实现仿制药中基本药物和临床常用药品质量达到国际先进水平。实施“重大新药创制”等国家科技重大专项和国家科技计划，积极推广科技成果，提高药品创新能力和水平。加强药品质量安全监管，全面实施新修订的药品生产质量管理规范，修订并发布实施药品经营质量管理规范，实行药品全品种电子监管，对基本药物和高风险品种实施全品种覆盖抽验，定期发布药品质量公告。

（六）加快推进医疗卫生信息化。发挥信息辅助决策和技术支撑的作用，促进信息技术与管理、诊疗规范和日常监管有效融合。研究建立全国统一的电子健康档案、电子病历、药品器械、医疗服务、医保信息等数据标准体系，加快推进医疗卫生信息技术标准化建设。加强信息安全标准建设。利用“云计算”等先进技术，发展专业的信息运营机构。加强区域信息平台建设，推动医疗卫生信息资源共享，逐步实现医疗服务、公共卫生、医疗保障、药品监管和综合管理等应用系统信息互联互通，方便群众就医。

（七）健全医药卫生监管体制。积极推动制定基本医疗卫生法，以及基本医保、基本药物制度、全科医生制度、公立医院管理等方面的法律法规，及时将医药卫生体制改革的成功做法、经验和政策上升为法律法规。推动适时修订执业医师法。完善药品监管法律制度。

加强卫生全行业监管。完善机构、人员、技术、设备的准入和退出机制。建立科学的医疗机构分类评价体系。强化医疗卫生服务行为和质量监管。依法严厉打击非法行医，严肃查处药品招标采购、医保报销等关键环节和医疗服务过程中的违法违规行为。建立信息公开、社会多方参与的监管制度，鼓励行业协会等社会组织和个人对医疗机构进行独立评价和监督。强化医务人员法制和纪律宣传教育，加强医德医风建设和行业自律。

七、建立强有力的实施保障机制

（一）强化责任制。地方各级政府要把医药卫生体制改革作为一项全局性工作，加强对规划实施的组织领导，建立健全责任制和问责制，形成政府主要领导负总责，分管常务工作和卫生工作的领导具体抓，各有关部门分工协作、密切配合、合力推进的工作机制，确保规划顺利实施。各地区、各部门要围绕规划的总体目标和重点任务细化年度任务，制定工作方案，落实责任制，把规划的重点任务落到实处。建立规划实施动态监测、定期通报制度，开展规划实施评估。

（二）增强执行力。“十二五”时期是医药卫生体制改革攻坚阶段，医药卫生系统是医药卫生体制改革的主战场，要发挥医务人员改革主力军作用，调动医疗机构和医务人员积极性，维护医务人员合法权益。要充分发挥好政治优势、组织优势，充分发挥基层党组织在医药卫生体制改革中的核心作用，加强思想政治工作，统一思想认识，形成改革攻坚合力。各级政府都要加强医药卫生体制改革工作队伍建设，提高推进改革的领导力和执行力，确保医药卫生体制改革的各项规划措施落到实处。

（三）加大政府投入。地方各级政府要积极调整财政支出结构，加大投入力度，转变投入机制，完善补偿办法，落实规划提出的各项卫生投入政策，切实保障规划实施所需资金。加大中央、省级财政对困难地区的专项转移支付力度。各级政府在安排年度卫生投入预算时，要切实落实“政府卫生投入增长幅度高于经常性财政支出增长幅度，政府卫生投入占经常性财政支出的比重逐步提高”的要求。各级财政部门在向政府汇报预决算草案时要就卫生投入情况进行专门说明。“十二五”期间政府医药卫生体制改革投入力度和强度要高于2009—2011年医药卫生体制改革投入。基本医保政府补助标准和人均基本公共卫生服务经费标准要随着经济社会发展水平的提高相应提高。加强资金监督管理，提高资金使用效益，切实防止各种违法违规使用资金的行为。

（四）实行分类指导。医药卫生体制改革政策性强、情况复杂、涉及面广，各地要在中央确定的医药卫生体制改革原则下根据实际情况，因地制宜地制定具体实施方案，创造性地开展工作。鼓励地方大胆探索、先行先试，不断完善政策，积累改革经验。各有关部门要加强对地方医药卫生体制改革工作的指导，及时总结推广成功经验。注重改革措施的综合性和可持续性，推进改革持续取得实效。

（五）加强宣传培训。坚持正确的舆论导向，做好医药卫生体制改革政策的宣传解读，及时解答和回应社会各界关注的热点问题，大力宣传医药卫生体制改革典型经验和进展成效，合理引导社会预期，在全社会形成尊医重卫、关爱患者的风气，营造改革的良好氛围。广泛开展培训，不断提高各级干部医药卫生体制改革政策水平，确保改革顺利推进。

036

国务院办公厅关于印发深化医药卫生体制改革 2012 年主要工作安排的通知

国办发〔2012〕20 号

各省、自治区、直辖市人民政府，国务院有关部门：

《深化医药卫生体制改革 2012 年主要工作安排》已经国务院同意，现印发给你们，请结合实际，认真组织实施。

国务院办公厅

二〇一二年四月十四日

深化医药卫生体制改革 2012 年主要工作安排

国务院办公厅

2012 年 4 月 14 日

2012 年是深化医药卫生体制改革（以下简称医改）承前启后的关键一年，也是全面实施“十二五”期间深化医药卫生体制改革规划暨实施方案的开局之年。为明确任务目标，落实工作责任，巩固扩大医改成果，持续深入推进医改，现提出 2012 年医改主要工作安排如下：

一、总体要求

深入贯彻落实《中共中央国务院关于深化医药卫生体制改革的意见》（中发〔2009〕6 号）和《国务院关于印发“十二五”期间深化医药卫生体制改革规划暨实施方案的通知》（国发〔2012〕11 号）精神，以建设符合我国国情的基本医疗卫生制度为核心，坚持把基本医疗卫生制度作为公共产品向全民提供的核心理念，坚持保基本、强基层、建机制的基本原则，坚持预防为主、以农村为重点、中西医并重的方针，保持医改基本政策的连续性和稳定性，着力在加快健全全民医保体系、巩固完善基本药物制度和基层医疗卫生机构运行新机制、积极推进公立医院改革三个方面取得重点突破，统筹推进相关领域改革，保持医改良好势头，为实现“十二五”阶段性改革目标奠定坚实基础。

二、工作任务

（一）加快健全全民医保体系

1. 巩固扩大基本医保覆盖面

职工基本医疗保险（以下简称职工医保）、城镇居民基本医疗保险（以下简称城镇居民医保）和新型农村合作医疗（以下简称新农合）三项基本医疗保险参保率稳定在95%。重点做好农民工、非公有制经济组织从业人员、灵活就业人员以及学生、学龄前儿童和新生儿参保管理工作。继续推进关闭破产企业退休人员和困难企业职工等困难群体参保工作。（人力资源社会保障部、卫生部分别负责）

2. 继续提高基本医疗保障水平

（1）政府对新农合和城镇居民医保补助标准提高到每人每年240元，个人缴费水平相应提高，人均筹资达到300元左右。（财政部、卫生部、人力资源社会保障部负责）

（2）职工医保、城镇居民医保和新农合政策范围内统筹基金最高支付限额分别提高到当地职工年平均工资的6倍以上、当地居民年人均可支配收入的6倍以上、全国农民年人均纯收入的8倍以上，且均不低于6万元。城镇居民医保和新农合政策范围内住院费用支付比例分别达到70%以上和75%左右，逐步缩小与实际住院费用支付比例之间的差距，门诊统筹支付比例进一步提高。探索通过个人账户调整等方式逐步建立职工医保门诊统筹。（人力资源社会保障部、卫生部分别负责）

3. 改革医保支付制度

（1）积极推行按人头付费、按病种付费、按床日付费、总额预付等支付方式改革，逐步覆盖统筹区域内医保定点医疗机构。加强付费总额控制，建立医疗保险对统筹区域内医疗费用增长的制约机制，制定医疗保险基金支出总体控制目标并分解到定点医疗机构，与付费标准相挂钩。积极推动建立医保经办机构与医疗机构的谈判机制和购买服务的付费机制，通过谈判确定服务范围、支付方式、支付标准和服务质量要求。结合支付方式改革，探索对个人负担的控制办法。逐步将医疗机构总费用和次均（病种）医疗费用增长控制和个人负担控制情况，以及医疗服务质量列入医保评价体系。（人力资源社会保障部、卫生部分别负责）

（2）完善差别支付机制，支付比例进一步向基层医疗卫生机构倾斜，鼓励使用中医药服务，引导群众首诊到基层。将符合条件的私人诊所等非公立医疗机构和零售药店纳入医保定点范围。（人力资源社会保障部、卫生部分别负责）

（3）加强医保对医疗服务行为的监管，完善监控管理机制，逐步建立医保对医疗服务的实时监控系统，逐步将医保对医疗机构医疗服务的监管延伸到对医务人员医疗服务行为的监管。建立联合反欺诈机制，加大对骗保欺诈行为的处罚力度，并及时公开相关信息。（人力资源社会保障部、卫生部分别负责）

4. 进一步加大医疗救助力度

（1）加大救助资金投入，筑牢医疗保障底线。救助范围从低保家庭成员、五保户扩大到低收入重病患者、重度残疾人以及低收入家庭老年人等困难群体，资助其参加城镇居民医保或新农合。提高救助水平，取消医疗救助起付线，稳步提高封顶线，对救助对象政策范围内住院自负医疗费用救助比例进一步提高。（民政部、财政部负责）

（2）研究建立疾病应急救助基金。通过政府出资、社会捐赠等多渠道筹资建立基金，解决无费用负担能力和无主病人发生的应急医疗救治费用。抓紧制定基金管理办法。（发展改革委、财政部负责）

5. 探索建立大病保障机制

（1）研究制定重特大疾病保障办法，积极探索利用基本医保基金购买商业大病保险或建立补充保险等方式，有效提高重特大疾病保障水平，切实解决重特大疾病患者因病致贫的问题。做好基本医保、医疗救助、商业保险等的衔接。（发展改革委、财政部、人力资源社会保障部、卫生部、保监会、民政部负责）

（2）全面推开尿毒症、儿童白血病、儿童先天性心脏病、乳腺癌、宫颈癌、重性精神疾病、耐多药肺结核、艾滋病机会性感染 8 类大病保障，将肺癌、食道癌、胃癌、结肠癌、直肠癌、慢性粒细胞白血病、急性心肌梗塞、脑梗死、血友病、Ⅰ型糖尿病、甲亢、唇腭裂 12 类大病纳入保障和救助试点范围。（卫生部、民政部、财政部负责）

6. 提高基本医保经办管理水平

（1）积极推广医保就医“一卡通”，方便参保人员就医。基本实现参保人员统筹区域内和省内医疗费用异地即时结算，加快推进以异地安置退休人员为重点的跨省医疗费用异地即时结算。稳步推进职工医保制度内跨区域转移接续，加强各项基本医疗保险制度的衔接。（人力资源社会保障部、卫生部分别负责）

（2）加强医保基金收支管理，新农合和城镇居民医保基金坚持当年收支平衡原则，结余过多的结合实际重点提高高额医疗费用支付水平，使基金既不沉淀过多，也不出现透支；职工医保结余过多的地方要采取有效办法把结余逐步降到合理水平。（人力资源社会保障部、卫生部分别负责）

（3）探索整合职工医保、城镇居民医保和新农合制度管理职能和经办资源，完善基本医保管理和经办运行机制。有条件的地区探索建立城乡统筹的居民基本医疗保险制度。（中央编办、发展改革委、人力资源社会保障部、卫生部负责）

（4）在确保基金安全和有效监管的前提下，鼓励以政府购买服务的方式，委托具有资质的商业保险机构经办各类医疗保障管理服务。（卫生部、人力资源社

会保障部、保监会负责）

7. 大力发展商业健康保险

完善商业健康保险产业政策，鼓励商业保险机构发展基本医保之外的健康保险产品，满足多样化的健康需求。鼓励企业、个人参加商业健康保险及多种形式的补充保险，制定落实税收等相关优惠政策。（发展改革委、保监会、财政部负责）

（二）巩固完善基本药物制度和基层医疗卫生机构运行新机制

8. 巩固完善基本药物制度

（1）扩大基本药物制度实施范围。巩固政府办基层医疗卫生机构实施基本药物制度的成果，落实基本药物全部配备使用和医保支付政策。有序推进村卫生室实施基本药物制度，同步落实对乡村医生的各项补助和支持政策。对非政府办基层医疗卫生机构，各地政府可结合实际，采取购买服务的方式将其纳入基本药物制度实施范围。鼓励公立医院和其他医疗机构优先使用基本药物。（发展改革委、卫生部、财政部、人力资源社会保障部负责）

（2）规范基本药物采购机制。全面落实《国务院办公厅关于印发建立和规范政府办基层医疗卫生机构基本药物采购机制指导意见的通知》（国办发〔2010〕56号），坚持招采合一、量价挂钩、双信封制、集中支付、全程监控等政策。完善基本药物质量综合评价指标体系。对基本药物中的独家品种、经多次集中采购价格基本稳定且市场供应充足的基本药物试行国家统一定价。探索建立短缺药品监测机制，对用量小、临床必需的紧缺品种可采取招标定点生产等方式确保供应。建立省级基本药物集中采购使用管理信息系统，落实集中付款和供应配送政策，提高及时配送率。（发展改革委、卫生部、工业和信息化部、食品药品监管局负责）

（3）完善国家基本药物目录。认真总结各地基本药物使用情况，研究调整优化国家基本药物目录，更好地适应群众基本用药需求。逐步规范基本药物剂型、规格和包装。规范地方增补基本药物，增补药品严格执行基本药物制度相关政策。（卫生部、人力资源社会保障部、中医药局、食品药品监管局负责）

（4）加强基本药物质量监管。继续提高基本药物质量标准，对基本药物实行全品种覆盖抽验和电子监管，提高对基本药物从生产到使用全过程监管能力。（食品药品监管局负责）

9. 深化基层医疗卫生机构综合改革

（1）建立完善稳定长效的多渠道补偿机制，确保基层医疗卫生机构正常运转。中央财政建立国家基本药物制度全面实施后对地方的经常性补助机制，并纳入预算安排。地方政府要将基层医疗卫生机构专项补助以及经常性收支差额补助纳入财政预算并及时足额落实到位，实行先预拨后结算。全面落实一般诊疗费及

医保支付政策。落实基层医疗卫生机构承担基本公共卫生服务的经费。（财政部、发展改革委、卫生部、人力资源社会保障部负责）

（2）深化编制和人事制度改革。合理确定县域内基层医疗卫生机构人员编制总量，根据基层医疗卫生机构的服务功能定位和发展需要实行动态调整。落实基层医疗卫生机构法人自主权，全面实行聘用制度和岗位管理制度，重点选聘好院长并建立任期目标责任制。（中央编办、卫生部、人力资源社会保障部负责）

（3）完善绩效分配机制。坚持多劳多得、优绩优酬，收入分配重点向关键岗位、业务骨干和作出突出贡献的人员倾斜。在平稳实施绩效工资的基础上，有条件的地方可适当提高奖励性绩效工资的比例，合理拉开收入差距。要按时足额发放绩效工资。基层医疗卫生机构收支结余部分可按规定用于改善福利待遇，调动医务人员积极性。（人力资源社会保障部、卫生部、财政部负责）

（4）加快清理化解基层医疗卫生机构债务。认真细致做好债务核实和锁定工作，多渠道筹集并落实化债资金，按时完成债务剥离和债务化解工作，坚决制止发生新债。（财政部、卫生部、发展改革委负责）

10. 提高基层医疗卫生机构服务能力

（1）按照填平补齐的原则，继续加大支持乡镇卫生院标准化建设的力度。（发展改革委、卫生部负责）

（2）加快推进基层医疗卫生机构信息化建设，建立涵盖基本药物供应使用、居民健康管理、基本医疗服务、绩效考核等基本功能的基层医疗卫生信息系统，统一技术信息标准，实现与基本医保等信息互联互通，提高基层医疗卫生服务规范化水平。（发展改革委、卫生部、人力资源社会保障部负责）

（3）加强以全科医生为重点的基层人才队伍建设。积极推进全科医生制度建设，开展全科医生规范化培养，继续为中西部乡镇卫生院和基层部队招收5000名以上定向免费医学生，安排1.5万名基层医疗卫生机构在岗人员进行全科医生转岗培训，实施2万名全科医生特设岗位项目，完善落实鼓励全科医生长期在基层服务的政策，力争实现每个城市社区卫生服务机构和乡镇卫生院都有合格的全科医生。支持100个左右全科医生临床培训基地建设。中央财政继续支持中西部地区加强基层医疗卫生人员在岗培训，重点开展具有全科医学特点、促进基本药物使用等针对性和实用性强的培训项目，共培训62万人次。（卫生部、总后勤部卫生部、发展改革委、教育部、财政部、人力资源社会保障部、中央编办负责）

（4）鼓励有条件的地方开展全科医生执业方式和服务模式改革试点，推行全科医生（团队）与居民建立稳定的契约服务关系。鼓励基层医疗卫生机构提供中医药等适宜技术和服务。建立健全分级诊疗、双向转诊制度，积极推进基层首诊负责制试点。（卫生部、发展改革委、财政部、人力资源社会保障部、中医药局负责）

11. 筑牢农村医疗卫生服务网底

（1）采取公建民营、政府补助等多种方式，对村卫生室的房屋建设、设备购置给予扶持。将村卫生室纳入基层医疗卫生机构信息化建设和管理范围。落实乡村医生的多渠道补偿、养老政策。（卫生部、发展改革委、财政部、人力资源社会保障部负责）

（2）加强乡村医生培训和后备力量建设。对在村卫生室执业的乡村医生每年免费培训不少于两次，累计培训时间不低于两周。采取本地人员定向培养等多种方式充实乡村医生队伍，确保每个村卫生室都有乡村医生。（卫生部、财政部负责）

（3）加强县级卫生行政部门对乡村医生和村卫生室的行业管理，重点强化服务行为监管。积极推进乡镇卫生院和村卫生室一体化管理。（卫生部、发展改革委、人力资源社会保障部负责）

（三）积极推进公立医院改革

以县级医院为重点，统筹推进公立医院管理体制、补偿机制、人事分配、药品供应、价格机制等综合改革，选择在300个左右县（市）开展县级医院综合改革试点，鼓励地方因地制宜探索具体模式。拓展深化城市公立医院改革试点工作。

12. 加快推进县级公立医院改革试点

（1）改革补偿机制。采取调整医药价格、改革医保支付方式和落实政府办医责任等综合措施和联动政策，破除“以药补医”机制。将公立医院补偿由服务收费、药品加成收入和财政补助三个渠道改为服务收费和财政补助两个渠道。医院由此减少的合理收入或形成的亏损通过调整医疗技术服务价格、增加政府投入等途径予以补偿。调整后的医疗技术服务收费按规定纳入医保支付范围。增加的政府投入由中央财政给予一定补助，地方财政要按实际情况调整支出结构，切实加大投入。（卫生部、发展改革委、财政部、人力资源社会保障部负责）

（2）调整医药价格。取消药品加成政策。提高诊疗费、手术费、护理费等医疗技术服务价格。降低大型设备检查价格，政府投资购置的公立医院大型设备按扣除折旧后的成本制定检查价格。（发展改革委、卫生部负责）

完善县级公立医院药品网上集中采购，积极推进药品带量采购和高值医用耗材集中采购，压缩中间环节和费用，着力降低虚高价格。（卫生部、监察部负责）

（3）发挥医保的补偿和监管作用。同步推进总额预付、按人头付费、按病种付费等复合支付方式，通过购买服务对医疗机构给予及时合理补偿，引导医疗机构主动控制成本、规范诊疗行为、提高服务质量。严格考核基本医保药品目录使用率及自费药品控制率等指标，控制或降低群众个人负担。（卫生部、人力资源

社会保障部分别负责）

（4）落实政府办医责任。落实政府对公立医院的基本建设和设备购置、重点学科发展、公共卫生服务、符合国家规定的离退休人员费用和政策性亏损补贴等投入政策。（财政部、发展改革委、卫生部负责）

合理确定公立医院（含国有企业医院）数量和布局，严格控制建设标准、规模和设备配备。禁止公立医院举债建设。（卫生部、发展改革委、财政部、国资委负责）

（5）加快建立现代医院管理制度。按照政事分开、管办分开的要求，落实县级公立医院经营管理和用人自主权。探索建立理事会等多种形式的公立医院法人治理结构，公立医院功能定位、发展规划、重大投资等权力由政府办医主体或理事会行使。（卫生部、发展改革委、中央编办负责）

建立完善院长负责制和任期目标责任考核制度。各级卫生行政部门负责人不得兼任公立医院领导职务。继续深化人事制度改革，逐步推进公立医院医务人员养老等社会保障服务社会化。（卫生部、人力资源社会保障部负责）

（6）完善医院内部分配激励机制。健全以服务质量、数量和患者满意度为核心的内部分配机制，体现多劳多得、优绩优酬。提高人员经费支出占业务支出的比例，提高医务人员待遇。院长及医院管理层薪酬由政府办医主体或授权理事会确定。严禁将医务人员个人收入与医院的药品和检查收入挂钩。（卫生部、人力资源社会保障部、财政部负责）

13. 拓展深化城市公立医院改革试点

围绕政事分开、管办分开、医药分开、营利性和非营利性分开，以破除“以药补医”机制为关键环节，以改革补偿机制和建立现代医院管理制度为抓手，深化体制机制创新，提高服务质量和运行效率，尽快形成改革的基本路子。研究探索采取设立专门管理机构等多种形式确定政府办医机构，履行政府举办公立医院的职能。根据改革需要，在绩效工资分配、定价、药品采购等方面给予试点地区一定自主权。（卫生部、发展改革委、人力资源社会保障部、财政部、教育部、国资委负责）

14. 大力发展非公立医疗机构

（1）各地要尽快出台鼓励社会资本举办发展医疗机构的实施细则，细化并落实鼓励社会资本办医的各项政策，支持举办发展一批非公立医疗机构。卫生等有关部门要限期清理修改相关政策文件。进一步开放医疗服务市场，放宽社会资本举办医疗机构的准入范围，积极引进有实力的企业、境外优质医疗资源、社会慈善力量、基金会、商业保险机构等举办医疗机构，对举办发展非营利性医疗机构给予优先支持。扩大境外资本独资举办医疗机构试点范围。鼓励具有资质的人员（包括港、澳、台地区）依法开办诊所。进一步改善执业环境，落实价格、税收、医保定点、土地、重点学科建设、职称评定等方面政策，有条件的地方可对社会资本举办非营利性医疗机构予以补助。积极发展医疗服务业，鼓励非公立医疗机构向高水平、规模化的大型医疗集团和康复医疗机构发展。（发展改革委、财政部、卫生部、商务部、人力资源社会保障部负责）

（2）鼓励公立医院资源丰富的地区引导社会资本以多种方式参与包括国有企业所办医院在内的部分公立医院改制重组。鼓励社会资本对部分公立医院进行多种形式的公益性支持。（卫生部、发展改革委、财政部、国资委负责）

15. 全面开展便民惠民服务

（1）以病人为中心、以服务为导向，简化挂号、就诊、检查、收费、取药等医疗服务流程，积极推进区域统一预约挂号平台建设，普遍实行预约诊疗，开展“先诊疗、后结算”，改善就医环境，明显缩短病人等候时间，方便群众就医。大力推广优质护理，倡导志愿者服务。（卫生部负责）

（2）大力推行临床路径，加强质量控制。开展单病种质量控制，规范医疗行为。继续开展抗菌药物临床应用专项整治活动。以电子病历和医院管理为核心，推进公立医院信息化建设。医疗机构检验对社会开放，检查设备和技术人员应当符合法定要求或具备法定资格，实现检查结果互认。（卫生部负责）

16. 提升县级医院服务能力

加强县级医院以人才、技术、重点专科为核心的能力建设，每个县重点办好1～2所县级医院（含县中医院），提高县域内就诊率，降低县外转出率。启动实施县级医院设立特设岗位，引进急需高层次人才。巩固深化城市医院对口支援县级医院的长期合作帮扶机制，安排6000名县级医院骨干人员到三级医院进修学习，发展面向农村及边远地区的远程诊疗系统。（卫生部、发展改革委、中央编办、人力资源社会保障部、财政部负责）

（四）统筹推进相关领域改革

17. 提高基本公共卫生服务均等化水平

（1）继续做好10类国家基本公共卫生服务项目，着力提高服务质量、居民知晓率和满意度。城乡居民健康档案规范化电子建档率达到60%以上，高血压、糖尿病患者规范化管理人数分别达到6500万、1800万。将排查发现的所有重性精神病患者纳入管理范围。加强国家免疫规划疫苗接种工作。提高流动人口以及农村留守儿童和老人公共卫生服务可及性。加强健康促进与教育，倡导健康的生活方式，引导科学就医和安全合理用药。（卫生部、财政部负责）

（2）继续实施重大公共卫生项目，做好传染病、慢性病、职业病、重性精神病、重大地方病等严重危害群众健康的疾病防治。完善专业公共卫生服务网络，继续支持农村院前急救体系和县级卫生监督机构建设，加强重大疾病防控和食品安全风险监测能力建设。（卫生部、发展改革委、财政部负责）

18. 推进医疗资源结构优化和布局调整

（1）制定区域卫生规划，明确省、市、县卫生资源配置标准，新增医疗卫生资源优先考虑社会资本。每千常住人口医疗卫生机构床位数达到4张的，原则上不再扩大公立医院规模。（卫生部、发展改革委、财政部负责）

（2）加强医疗服务体系薄弱环节建设，支持医疗机构临床重点专科建设。加强省级儿童专科医院和市、县级综合医院儿科建设。启动边远地区地市级综合医院建设。加强医疗卫生信息技术标准化建设，促进信息技术与管理、诊疗规范和日常监管有效融合。（发展改革委、卫生部、财政部负责）

19. 创新卫生人才培养使用制度

（1）加大护士、养老护理员、药师、儿科医师，以及精神卫生、院前急救、卫生应急、卫生监督、医院和医保管理人员等紧缺人才和高层次人才的培养。出台住院医师规范化培训制度的指导意见，加快建立住院医师规范化培训制度。（卫生部、教育部、人力资源社会保障部、财政部负责）

（2）推进医师多点执业。各地要出台医师多点执业实施细则，鼓励具备行医资格的人员申请多个地点执业，完善执业医师注册、备案、考核、评价、监管政策，建立医师管理档案。建立健全医疗执业保险和医疗纠纷处理机制。（卫生部负责）

20. 推进药品生产流通领域改革

（1）改革药品价格形成机制，选取临床使用量较大的药品，依据主导企业成本，参考药品集中采购价格和零售药店销售价等市场交易价格制定最高零售指导价格。完善进口药品、高值医用耗材的价格管理。（发展改革委负责）

（2）完善医药产业发展政策，规范生产流通秩序。推动医药企业提高自主创新能力和医药产业结构优化升级。发展药品现代物流和连锁经营，提高农村和边远地区药品配送能力。促进药品生产、流通企业跨地区、跨所有制的收购兼并和联合重组。鼓励零售药店发展，并按规定配备执业药师。（工业和信息化部、商务部、食品药品监管局负责）

（3）完善药品质量标准，提高仿制药质量水平。实施新修订的药品生产质量管理规范，修订并发布实施药品经营质量管理规范，定期发布药品质量公告。严厉查处制售假药等违法行为，严厉打击“挂靠”、“走票”等出租出借证照，以及买卖税票、发布虚假药品广告等违法违规活动。（食品药品监管局、工业和信息化部负责）

21. 健全医药卫生监管体制

（1）加强医疗费用监管控制。将次均费用和总费用增长率、住院床日以及药占比等控制管理目标纳入公立医院目标管理责任制和绩效考核范围，加强对费用增长速度较快疾病诊疗行为的重点监控。及时查处为追求经济利益的不合理用

药、用材和检查及重复检查等行为。加强医疗服务收费和药品价格监督检查。(卫生部、人力资源社会保障部、发展改革委负责)

(2) 加强卫生全行业监管。研究建立科学的医疗机构分类评价体系。加强医疗服务安全质量监管，加强处方点评和药品使用管理，规范医疗器械临床使用和安全管理。依法严厉打击非法行医，严肃查处药品招标采购、医保报销等关键环节和医疗服务过程中的违法违规行为。建立信息公开、社会多方参与的监管制度，鼓励行业协会等社会组织和个人对医疗机构进行独立评价和监督。加强行业自律和医德医风建设。(卫生部、人力资源社会保障部、食品药品监管局负责)

三、保障措施

(一) 强化目标责任制

建立健全责任制和问责制，国务院医改领导小组办公室与各省(区、市)医改领导小组签定责任书。各省(区、市)政府主要领导对本地区医改工作负总责，分管常务工作和卫生工作的领导具体抓，形成各成员单位分工负责、密切配合的强有力实施机制。各有关部门、各省(区、市)要层层分解任务，层层落实责任，2012 年 5 月 1 日前完成各项任务分解，作出具体安排。

(二) 强化财力保障措施

各级政府要积极调整财政支出结构，加大投入力度，切实保障年度医改任务所需资金纳入财政预算，并按时足额拨付到位。在安排年度卫生投入预算时，要切实落实“政府卫生投入增长幅度高于经常性财政支出增长幅度，政府卫生投入占经常性财政支出的比重逐步提高”的要求，各省(区、市)2012 年医改投入要明显高于 2011 年。要加大中央、省级财政对困难地区的专项转移支付力度。各级财政部门在向政府汇报预决算草案时要就卫生投入情况进行专门说明。加强资金监督管理，将项目执行和资金使用绩效作为医改责任制的重要考核内容，提高资金使用效益。

(三) 强化绩效考核

国务院医改领导小组办公室要会同有关部门和地方进一步加强对医改实施进展情况和效果的监测评估，实行按月通报、按季考核、全年评估的绩效考核机制。要继续加强定期督导，及时发现医改实施中存在的问题，研究解决并督促地方进行整改。要加强分类指导，采取分片包干、蹲点督促和约谈通报等多种方式强化组织实施。国务院办公厅将对医改任务落实情况适时开展督促检查。

(四) 强化宣传引导

要坚持正确的舆论导向，健全部门、地方医改宣传沟通协调机制，加强主动引导和正面宣传，深入挖掘典型经验，采取贴近群众、深入基层的方式展示改革成效、扩大宣传效果。要及时发布医改进展情况，完善舆情核实机制，主动接受新闻媒体监督，解答和回应社会关心的问题。要调动各方参与医改的积极性、主动性和创造性，充分发挥医务人员主力军作用，为深化改革营造良好的舆论氛围和社会环境。

037

国务院办公厅关于印发深化医药卫生体制改革2013年主要工作安排的通知

国办发〔2013〕80号

各省、自治区、直辖市人民政府，国务院有关部门：

《深化医药卫生体制改革2013年主要工作安排》已经国务院同意，现印发给你们，请结合实际，认真组织实施。

国务院办公厅

二〇一三年七月十八日

深化医药卫生体制改革2013年主要工作安排

国务院办公厅

2013年7月18日

2013年是深化医药卫生体制改革向纵深推进的攻坚之年，也是全面实施"十二五"医改规划的关键一年。为明确任务目标，加强组织领导，落实工作责任，持续深入推进改革，现提出2013年医改主要工作安排。

一、总体要求

深入贯彻党的十八大精神，以科学发展观为指导，加强改革创新，坚持为人民健康服务的方向，坚持预防为主、以农村为重点、中西医并重，坚持保基本、强基层、建机制的基本原则，全面实施"十二五"医改规划，着力加快健全全民医保体系，巩固完善基本药物制度和基层医疗卫生机构运行新机制，积极推进公立医院改革，统筹做好基本公共卫生服务均等化、医疗卫生资源配置、社会资本办医、医疗卫生信息化、药品生产流通和医药卫生监管体制等方面的配套改革，巩固已有成果，在重点领域和关键环节取得新突破。

二、工作任务

（一）加快健全全民医保体系

1. 巩固扩大基本医保覆盖面，稳步提高保障水平。职工基本医疗保险（以下简称职工医保）、城镇居民基本医疗保险（以下简称城镇居民医保）和新型农村合作医疗（以下简称新农合）三项基本医疗保险参保（合）率稳定在95%以上。城镇居民医保和新农合政府补助标准提高到每人每年280元，城乡居民个人缴费水平相应提高。鼓励有条件的地方积极探索建立与经济发展水平相适应的筹资机制。城镇居民医保和新农合政策范围内住院费用支付比例分别提高到70%以上和75%左右，进一步缩小与实际住院费用支付比例之间的差距，适当提高门诊医疗保障待遇。（人力资源社会保障部、卫生计生委分别负责。排在第一位的部门为牵头部门，分别负责为各部门牵头。下同）

2. 积极推进重特大疾病保障和救助机制建设。贯彻落实发展改革委等六部门《关于开展城乡居民大病保险工作的指导意见》（发改社会〔2012〕2605号），推进城乡居民大病保险试点。继续开展儿童白血病等20种重大疾病保障试点工作。完善城乡医疗救助制度。加强各类保障制度间的衔接。（人力资源社会保障部、卫生计生委、发展改革委、财政部、民政部、保监会负责）

3. 积极推进疾病应急救助制度建设。贯彻落实《国务院办公厅关于建立疾病应急救助制度的指导意见》（国办发〔2013〕15号），制定疾病应急救助基金管理有关文件以及需紧急救治的急重危伤病的标准和急救规范。指导各地建立疾病应急救助基金，制定实施方案。鼓励社会各界参与疾病应急救助。（卫生计生委、财政部、发展改革委、民政部、人力资源社会保障部负责）

4. 深化医保支付制度改革。结合门诊统筹推行按人头付费，结合门诊大病和住院推行按病种付费等支付方式改革。积极推动建立医保经办机构与医疗机构、药品供应商的谈判机制和购买服务的付费机制。建立健全考核评估和质量监督体系，防止简单分解额度指标的做法，防止分解医疗服务、推诿病人、降低服务质量。逐步将医保对医疗机构医疗服务的监管延伸到对医务人员医疗服务行为的监管。（人力资源社会保障部、卫生计生委分别负责）

5. 提高基本医疗保险管理能力和服务水平。统一规划，推进基本医疗保险标准化和信息系统建设。提高基金统筹层次，鼓励有条件的地方探索省级统筹。提高医保机构管理服务能力。总结实践经验，大力推进异地就医结算，逐步推开省内异地就医直接结算。选择在部分省份试点，探索建立跨省异地就医即时结算机制。（人力资源社会保障部、卫生计生委分别负责）

6. 继续鼓励以政府购买服务的方式，委托具有资质的商业保险机构经办医疗保障管理服务。鼓励企业、个人购买商业大病补充保险。鼓励商业保险机构发展基本医保之外的健康保险产品。（卫生计生委、人力资源社会保障部、发展改革委、保监会负责）

7. 整合职工医保、城镇居民医保和新农合的管理职责，做好整合期间工作衔接，确保制度平稳运行。（中央编办、人力资源社会保障部、卫生计生委负责）

（二）巩固完善基本药物制度和基层医疗卫生机构运行新机制

各地要按照《国务院办公厅关于巩固完善基本药物制度和基层运行新机制的意见》（国办发〔2013〕14 号）要求，2013 年年底前制定具体的实施办法，全面抓好贯彻落实，推动基层医改不断深化，以促进改革、巩固成果、扩大成效。

8. 实施 2012 年版国家基本药物目录。严格规范地方增补药品。引导基层医务人员规范使用基本药物，加强基层医务人员基本药物知识培训，将其作为基层医务人员竞聘上岗、执业考核的重要内容。加强基本药物临床应用指南和处方集培训，2013 年年底前要覆盖所有政府办基层医疗卫生机构。完善基本药物储备制度。汇总用量不确定、企业不常生产、供应短缺的药品信息，进一步推动建立常态化短缺药品储备机制，重点做好传染病治疗药品和急救类基本药物供应保障工作。（卫生计生委、人力资源社会保障部、工业和信息化部、中医药局负责）

9. 继续推进村卫生室实施基本药物制度。通过政府购买服务等方式鼓励非政府办基层医疗卫生机构实施基本药物制度。（卫生计生委、财政部、工业和信息化部负责）

10. 创新绩效考核机制。鼓励引入第三方考核，强化量化考核、效果考核，将考核结果与绩效工资总量、财政补助、医保支付等挂钩，与医务人员收入挂钩。各地要从实际出发，在平稳实施绩效工资的基础上，适当提高奖励性绩效工资比例，合理拉开收入差距。（人力资源社会保障部、卫生计生委、财政部负责）

11. 健全稳定长效的多渠道补偿机制。落实财政对基层医疗卫生机构运行的补助政策，将基层医疗卫生机构经常性收支差额补助纳入财政预算并及时足额落实到位。保障基本公共卫生服务经费专款专用，不得截留、挪用或挤占。全面实施一般诊疗费。发挥医保支付的补偿作用。（财政部、卫生计生委、人力资源社会保障部、发展改革委负责）

12. 持续提升基层服务能力。继续支持基层医疗卫生机构建设，实施基层中医药服务能力提升工程，85％以上的社区卫生服务中心、70％以上的乡镇卫生院、60％以上的社区卫生服务站和村卫生室能够提供中医药服务。启动乡镇卫生院周转宿舍建设试点。继续实施免费医学生定向培养。继续支持全科医生规范化临床培养基地建设。（发展改革委、财政部、人力资源社会保障部、卫生计生委、教育部、中医药局负责）

13. 加大乡村医生补偿政策落实力度。明确村卫生室和乡镇卫生院的基本公共卫生服务任务分工和资金分配比例，原则上将 40％左右的基本公共卫生服务任务交由村卫生室承担。充分发挥新农合对村卫生室的补偿作用。中央财政已建立村卫生室实施基本药物制度补助机制，地方各级财政要采取定额补助的方式给予专项补助。推动乡村医生养老待遇政策落实。（卫生计生委、财政部、人力资源社会保障部、发展改革委负责）

14. 基本完成基层医疗卫生机构长期债务化解工作，坚决制止发生新债。（财政部、卫生计生委负责）

（三）积极推进公立医院改革

15. 全面总结评估国家确定的第一批县级公立医院（含中医医院，下同）综合改革试点工作经验，研究解决改革中出现的新问题。启动第二批县级公立医院综合改革试点工作。县级公立医院改革重点要在建立长效补偿机制、建立健全法人治理结构、推进医药价格改革、深化人事分配制度改革、控制医药费用以及提高人员经费支出占业务支出的比例、提高医务人员待遇等方面开展探索。（卫生计生委、中央编办、发展改革委、财政部、人力资源社会保障部、中医药局负责）

16. 提升县级医院服务能力。以提升重大疾病医疗救治能力为重点，完善诊疗规范和临床路径，力争多数重大疾病能够在县级医院诊治。提升县级医院对部分复杂病种初诊能力，做好与三级医院的转诊工作。指导县级医院按照规定设置特设岗位，引进急需高层次人才。建立健全城市医院对口支援县级医院的长期合作帮扶机制，继续实施县级医院骨干医师培训项目，为县级医院培训不少于6000名骨干人才（含中医临床技术骨干）。加强临床专业科室能力建设。（卫生计生委、发展改革委、财政部、人力资源社会保障部、中医药局负责）

17. 拓展深化城市公立医院改革试点。以取消“以药补医”机制为关键环节，按照政事分开、管办分开、医药分开、营利性与非营利性分开的要求，以补偿机制改革和建立现代医院管理制度为抓手，深化体制机制综合改革。明确公立医院的功能定位。积极控制医药费用不合理上涨。督促落实医院财务会计制度，强化成本管理，将医院成本和费用控制纳入对公立医院的绩效考核。在收入分配、定价、药品采购等方面给予试点地区一定自主权。（卫生计生委、中央编办、发展改革委、财政部、人力资源社会保障部、教育部、国资委、中医药局负责）

18. 继续推行便民惠民措施。深入开展优质护理服务，推行预约诊疗。进一步优化就医流程，加强医疗服务的精细化管理。研究推进基层首诊负责制试点，建立健全分级诊疗、双向转诊制度和机制，增强医疗服务连续性和协调性。探索便民可行的诊疗付费举措。（卫生计生委、人力资源社会保障部、中医药局负责）

（四）统筹推进相关领域改革

19. 积极稳妥推进社会办医。进一步开放医疗服务市场，减少对社会资本举办医疗机构的相关行政许可事项，有序扩大境外资本独资举办医疗机构的试点范围。公立医院资源丰富的城市可引导社会资本以多种方式参与包括国有企业所办医院在内的部分公立医院改制重组。继续鼓励具有资质的人员（包括港、澳、台地区人员）依法开办私人诊所，支持非公立医疗机构向高水平、规模化的大型医疗集团发展，鼓励发展非营利性的非公立医疗机构。支持和引导地方政府进一步在准入、土地、投融资、人才引进等方面给予社会资本办医优惠政策。健全完善

监管机制。非公立医疗机构床位数占比逐步增加。（发展改革委、卫生计生委、财政部、商务部、人力资源社会保障部、国资委负责）

20. 完善药品价格形成机制。完善药品价格管理政策，创新政府定价形式和方法，改革药品集中采购办法，确保药品质量，合理降低药品费用，推动医药生产与流通产业健康发展。选取临床使用量较大的部分药品，参考主导企业成本，以及药品集中采购价格和零售药店销售价格等市场交易价格制定政府指导价格，并根据市场交易价格变化等因素适时调整。坚决查处药品购销中的暗扣行为。（发展改革委、卫生计生委、人力资源社会保障部、财政部、工业和信息化部、食品药品监管总局负责）

21. 继续实施国家基本公共卫生服务项目。人均基本公共卫生服务经费标准提高到30元。完善国家基本公共卫生服务管理机制，充分发挥专业公共卫生机构作用，指导基层医疗卫生机构落实各项任务。城乡居民健康档案规范化电子建档率达到65%以上，高血压、糖尿病患者规范化管理人数分别达到7000万和2000万以上，老年人和儿童中医药健康管理目标人群覆盖率均达到30%以上。研究流动人口享受基本公共卫生服务相关政策。（卫生计生委、财政部、中医药局负责）

22. 继续实施重大公共卫生服务项目。做好传染病、慢性病、职业病、重性精神病、重大地方病等严重危害群众健康的疾病防治，强化妇幼健康管理，提高出生人口素质。推进农村改厕工作，进一步加强公共卫生安全的长效机制和卫生应急能力建设。继续完善专业公共卫生服务网络，支持农村急救体系和妇幼保健机构建设，加强重大疾病防治和食品安全风险监测能力建设，组织开展食品安全风险和饮用水监测工作。（卫生计生委、发展改革委、财政部负责）

23. 创新卫生人才培养使用制度。加快制定建立住院医师规范化培养制度的指导意见和全科医生规范化培养期间人员管理、培养标准等政策。继续开展全科医生转岗培训工作。实施全科医生特岗项目。加强急需紧缺专门人才和高层次人才培养，实施中医药传承与创新人才工程。稳步推进全科医生执业方式和服务模式改革试点。研究完善有关政策措施，推进医师多点执业。维护医疗机构正常秩序，建立健全医疗责任保险和医疗纠纷第三方调解机制。（卫生计生委、发展改革委、财政部、人力资源社会保障部、教育部、保监会、中医药局负责）

24. 进一步优化医疗卫生资源配置。推动各地科学制定区域卫生规划和医疗机构设置规划，新增医疗卫生资源优先考虑社会资本。研究制定控制公立医院规模盲目扩张的政策措施，严禁公立医院举债建设。鼓励整合辖区内检查检验资源，促进大型设备资源共建共享。加强医疗服务体系薄弱环节建设，优先改善儿童医疗服务机构基础设施条件，重点支持基层以及老少边穷地区发展卫生事业。鼓励中医药和民族医药发展。加强医疗机构临床重点专科建设。（卫生计生委、

发展改革委、财政部、中医药局负责）

25. 推进医疗卫生信息化建设。启动全民健康保障信息化工程，推进检查检验结果共享和远程医疗工作。加强顶层设计，统筹制定医疗卫生信息化相关业务规范和信息共享安全管理制度体系，促进区域卫生信息平台建设。研究建立全国统一的电子健康档案、电子病历、药品器械、公共卫生、医疗服务、医保等信息标准体系，并逐步实现互联互通、信息共享和业务协同。（卫生计生委、发展改革委、财政部、工业和信息化部、人力资源社会保障部、民政部、食品药品监管总局、保监会、中医药局负责）

26. 加强卫生全行业监管。建立健全医疗质量控制体系和医疗机构评价体系。完善病人出入院标准和技术规范。强化医疗卫生服务行为和质量安全监管。开展基层医疗卫生机构集中整顿工作。依法严厉打击非法行医售药和违规骗取医保基金的行为，严肃查处药品招标采购、医保支付等关键环节和医疗服务过程中的违法违规行为。建立信息公开、社会多方参与的监管制度，鼓励行业协会等社会组织对医疗机构进行监督。强化医务人员法制和纪律教育，加强医德医风建设。（卫生计生委、人力资源社会保障部、食品药品监管总局、中医药局负责）

三、保障措施

（一）强化责任制。强化各省（区、市）政府主要领导对本地区医改工作负总责、分管领导具体抓的工作机制，医改领导小组各成员单位要分工负责、密切配合。各有关部门、各省（区、市）要细化分解任务，制定具体工作方案。各地要充实医改工作队伍，发挥医改办统筹协调作用，提高推进改革的协调力和执行力。

（二）落实政府投入。各级政府要积极调整财政支出结构，加大投入力度，切实落实“政府卫生投入增长幅度高于经常性财政支出增长幅度，政府卫生投入占经常性财政支出的比重逐步提高”的要求，将年度医改任务所需资金纳入财政预算，并按时足额拨付到位。加大中央、省级财政对困难地区的转移支付力度。各级财政部门在向政府汇报预决算草案时要就卫生投入情况进行专门说明，确保实现“十二五”期间政府医改投入力度和强度高于2009—2011年医改投入的目标。加强资金监督管理，将项目执行和资金使用绩效作为医改责任制的重要考核内容，提高资金使用效益。

（三）加强绩效考核。国务院医改办公室会同有关部门和地方加强对医改实施进展情况的监测和效果评估，考核结果与财政补助资金分配挂钩。加强定期督导，对发现的问题及时研究解决并督促地方进行整改。鼓励地方加强探索，不断总结经验，并及时将好的经验上升为政策。

（四）强化宣传引导。国务院医改办公室会同有关部门加强医改宣传沟通协调机制建设。加强正面宣传引导，做好医改政策解读。通过电视、广播、报纸、网络等多种媒体，及时向社会通报医改进展成效，深入宣传典型经验和先进人物，调动各方特别是医务人员参与医改的积极性、主动性和创造性，营造良好舆论氛围。做好舆情监测，及时发现和妥善回应社会关切，合理引导社会预期。

038

国务院办公厅关于印发深化医药卫生体制改革2014年重点工作任务的通知

国办发〔2014〕24号

各省、自治区、直辖市人民政府，国务院有关部门：

《深化医药卫生体制改革2014年重点工作任务》已经国务院同意，现印发给你们，请结合实际，认真组织实施。

国务院办公厅
二〇一四年五月十三日

深化医药卫生体制改革2014年重点工作任务

国务院办公厅
2014年5月13日

2014年是贯彻落实党的十八届三中全会精神、全面深化改革的开局之年，也是深化医药卫生体制改革的关键之年。要按照今年《政府工作报告》的部署和保基本、强基层、建机制的要求，深入实施"十二五"期间深化医药卫生体制改革规划暨实施方案，坚持以群众反映突出的重大问题为导向，以公立医院改革为重点，深入推进医疗、医保、医药三医联动，巩固完善基本药物制度和基层医疗卫生机构运行新机制，统筹推进相关领域改革，用中国式办法破解医改这个世界性难题。

一、加快推动公立医院改革

重点解决公立医院规划布局不合理、公益性不强、管理制度不健全、就医秩序不规范以及综合改革不配套等问题。把县级公立医院综合改革作为公立医院改革的重中之重，系统评估试点经验，梳理总结试点模式并加以推广。启动实施第二批县级公立医院综合改革试点，新增县级公立医院改革试点县（市）700个，使试点县（市）的数量覆盖50%以上的县（市），覆盖农村5亿人口。扩大城市公立医院综合改革试点，研究制订城市公立医院综合改革试点实施方案，2014年每个省份都要有1个改革试点城市。

重点任务是：

（一）推进公立医院规划布局调整。编制《全国卫生服务体系规划纲要（2015—2020 年）》，各地要按照国家卫生服务体系规划以及卫生资源配置标准，制订区域卫生规划与医疗机构设置规划，并向社会公布。将区域内各级各类医疗机构统一纳入规划，每千常住人口医疗卫生机构床位数达到 4 张的，原则上不再扩大公立医院规模。进一步明确公立医院保基本的职能，优化结构布局，严格控制公立医院床位规模和建设标准。（卫生计生委、发展改革委、财政部、中医药局负责。排在第一位的部门为牵头部门，分别负责为各部门牵头。下同）

（二）建立科学补偿机制。破除以药补医，公立医院取消药品加成减少的合理收入通过调整医疗技术服务价格和增加政府投入，以及医院加强成本控制管理、节约运行成本等多方共担，由各省（区、市）制订具体的补偿办法。落实政府对县级公立医院符合规划和卫生资源配置要求的投入政策。落实对中医医院的投入倾斜政策。充分发挥医疗保险补偿作用，医保基金通过购买服务对医院提供的基本医疗服务予以及时补偿。（卫生计生委、财政部、发展改革委、人力资源社会保障部分别负责，中医药局参与）

（三）理顺医疗服务价格。按照“总量控制、结构调整、有升有降、逐步到位”的原则，综合考虑取消药品加成、医保支付能力、群众就医负担以及当地经济社会发展水平等因素，提高护理、手术、床位、诊疗和中医服务等项目价格，逐步理顺医疗服务比价关系，体现医务人员技术劳务价值。降低药品和高值医用耗材价格，降低大型医用设备检查、治疗价格，已贷款或集资购买的大型设备原则上由政府回购，回购有困难的限期降低价格。价格调整政策要与医保支付政策相衔接。公立医院综合改革试点地区要制订价格调整的具体方案，明确时间表并组织实施。（发展改革委、人力资源社会保障部、卫生计生委、中医药局负责）

（四）建立适应医疗行业特点的人事薪酬制度。研究拟订适应医疗行业特点的公立医院人事薪酬制度政策，建立健全收入分配激励约束机制。严禁向医务人员下达创收指标，严禁将医务人员奖金、工资等收入与药品、医学检查等业务收入挂钩。（人力资源社会保障部、财政部、卫生计生委负责）

（五）完善县级公立医院药品采购机制。县级公立医院使用的药品（不含中药饮片）要依托省级药品集中采购平台，以省（区、市）为单位，采取招采合一、量价挂钩等办法开展集中招标采购，同时允许地方根据实际进行不同形式的探索。进一步增强医疗机构在药品招标采购中的参与度。鼓励跨省联合招标采购，保证药品质量安全，切实降低药品价格，有条件的地区要建立与基层基本药物采购联动机制。逐步规范集中采购药品的剂型、规格和包装。推进高值医用耗材公开透明、公平竞争网上阳光采购。药品和高值医用耗材采购数据实行部门和区域共享。（卫生计生委、中医药局负责）

（六）建立和完善现代医院管理制度。加快推进政府职能转变，推进管办分开，完善法人治理结构，落实公立医院法人主体地位。合理界定政府和公立医院在人事、资产、财务等方面的责权关系，建立决策、执行、监督相互分工、相互制衡的权力运行机制。完善公立医院院长选拔任用制度，明确院长的任职资格和条件，推进院长职业化、专业化，强化院长任期目标管理，建立问责机制。推动公立医院去行政化，逐步取消公立医院行政级别，到 2014 年底卫生计生行政部门负责人一律不得兼任公立医院领导职务。严格执行医院财务会计制度和内部控制制度。（卫生计生委、中央编办、人力资源社会保障部、财政部、教育部、中医药局负责）

（七）健全分级诊疗体系。制订分级诊疗办法，综合运用医疗、医保、价格等手段引导患者在基层就医，推动形成基层首诊、分级诊疗、双向转诊的就医秩序。通过技术合作、人才流动、管理支持等多种方式推动建立基层医疗卫生机构、县级医院和城市大医院之间分工协作机制。各省（区、市）要按照分类指导、管理与技术并重的原则，统筹安排本省（区、市）内各项对口支援工作。国家选择部分城市开展基层首诊试点，鼓励有条件的地区开展试点工作。研究完善方便流动人口参保和就医的政策。（卫生计生委、人力资源社会保障部、发展改革委、中医药局负责）

（八）完善中医药事业发展政策和机制。研究完善鼓励中医药服务提供和使用的政策，加强县中医院和县医院中医科基本条件和能力建设，积极引导医疗机构开展成本相对较低、疗效相对较好的中医药诊疗服务。继续实施基层中医药服务能力提升工程。研究制订中医药发展战略规划，提出加快中医药发展的政策措施。（中医药局、发展改革委、卫生计生委、财政部、人力资源社会保障部负责）

二、积极推动社会办医

重点解决社会办医在准入、人才、土地、投融资、服务能力等方面政策落实不到位和支持不足的问题。优先支持社会资本举办非营利性医疗机构，努力形成以非营利性医疗机构为主体、营利性医疗机构为补充的社会办医体系。

重点任务是：

（九）放宽准入条件。修订中外合资、合作医疗机构管理暂行办法，减少外资在合资合作医疗机构的持股比例限制。按照逐步放开、风险可控的原则，将香港、澳门和台湾地区服务提供者在内地设立独资医院的地域范围扩大到全国市（地）级以上城市，其他具备条件的境外资本可在中国（上海）自由贸易试验区等特定区域设立独资医疗机构，逐步扩大试点。清理社会资本举办医疗机构的相关行政审批事项，进行取消或合并，减少审批环节，公开审批程序和条件，提高审批效率。（卫生计生委、发展改革委、商务部、人力资源社会保障部、中医药局负责）

（十）优化社会办医政策环境。各地要集中清理不合理规定，加快落实对非公立医疗机构和公立医疗机构在市场准入、社会保险定点、重点专科建设、职称评定、学术地位、等级评审、技术准入、科研立项等方面同等对待的政策。研究制订在人才流动、土地、投融资、财税、产业政策等方面进一步支持社会办医政策，并向社会资本举办非营利性医疗机构和投向医疗资源稀缺及满足多元需求服务领域倾斜，放宽对营利性医院的数量、规模、布局以及大型医用设备配置的限制。非公立医疗机构医疗服务价格实行市场调节。完善按照经营性质分类的监管和评价政策，逐步建立符合卫生行业和医务人员执业特点的管理制度。依法加强行业监管。（发展改革委、卫生计生委、财政部、人力资源社会保障部、中医药局负责）

（十一）加快推进医师多点执业。出台推进医师多点执业的意见，进一步简化程序，推动医务人员保障社会化管理，消除阻碍医师有序流动的不合理规定，完善鼓励多点执业的政策措施。（卫生计生委、人力资源社会保障部、发展改革委、中医药局负责）

（十二）推动社会办医联系点和公立医院改制试点工作。创新社会资本办医机制，支持社会办医国家联系点在人才流动、土地、规划和投资补助等政策方面大胆探索创新，率先形成多元办医格局。健全与社会办医国家联系点的沟通联系评价机制，及时总结推广有益经验。推进政府办医院改制试点和国有企业医院改制试点，着力在调整存量、体制机制创新方面取得突破。（发展改革委、卫生计生委分别负责，财政部、人力资源社会保障部、国资委、中医药局参与）

三、扎实推进全民医保体系建设

重点解决筹资机制不健全、重特大疾病保障机制不完善、医疗服务监管尚需加强、支付方式改革有待深化等问题，进一步巩固完善全民医保体系。2014 年职工基本医疗保险、城镇居民基本医疗保险（以下简称城镇居民医保）和新型农村合作医疗（以下简称新农合）三项基本医保参保（合）率稳定在 95％以上，城镇居民医保和新农合人均政府补助标准提高 40 元，达到 320 元；个人缴费同步新增 20 元。城镇居民医保和新农合政策范围内住院费用支付比例分别达到 70％以上和 75％左右，进一步缩小与实际住院费用支付比例之间的差距。适当提高城镇居民医保和新农合门诊统筹待遇水平。

重点任务是：

（十三）推进城乡居民基本医保制度整合和完善筹资机制。指导地方进一步推进城乡居民基本医保制度整合，完善管理服务，确保保障水平不降低。完善政府、单位和个人合理分担的基本医保筹资机制，根据经济社会发展和城乡居民收入水平逐步提高筹资标准，强化个人缴费责任和意识。研究建立稳定可持续、动态调整的筹资机制，在逐步提高整体筹资标准的同时，按照积极稳妥、逐步到位的原则，逐步提高个人缴费占整体筹资的比重。（人力资源社会保障部、卫生计生委分别负责）

（十四）改革医保支付制度。总结地方开展医保支付制度改革的经验，完善医保付费总额控制，加快推进支付方式改革，建立健全医保对医疗服务行为的激励约束机制。重点配合试点县（市）和试点城市的公立医院改革完善支付制度改革。积极推动建立医保经办机构与医疗机构、药品供应商的谈判机制和购买服务的付费机制。（人力资源社会保障部、卫生计生委分别负责）

（十五）健全重特大疾病保障制度。在全国推行城乡居民大病保险，规范委托商业保险机构承办。完善城镇职工补充医保政策。做好儿童白血病等新农合重大疾病保障向大病保险过渡工作。加强城乡医疗救助、疾病应急救助，各省（区、市）、市（地）政府都要通过财政投入和社会各界捐助等多渠道建立疾病应急救助基金，制订具体的实施方案和操作细则。推动城乡医疗救助制度整合。加快推进重特大疾病医疗救助工作，进一步扩大试点范围。继续提高医疗救助水平，救助对象政策范围内住院自付医疗费用救助比例达到60%。全面推进医疗救助"一站式"即时结算服务，提升信息化管理水平。做好基本医保、城乡居民大病保险、疾病应急救助和医疗救助等制度间的衔接，发挥好各项制度的整体合力。（卫生计生委、人力资源社会保障部、民政部分别负责，财政部、保监会、全国总工会参与）

（十六）推进异地就医结算管理和服务。加快提高基本医保的统筹层次，提高统筹质量，鼓励实行省级统筹。在规范省级异地就医结算平台建设的基础上，启动国家级结算平台建设试点。以异地安置退休人员为重点，积极推进跨省（区、市）异地就医即时结算服务。各统筹地区医保经办机构也可以探索通过自主协商、委托商业保险经办等方式，解决跨省（区、市）异地就医结算问题。（人力资源社会保障部、卫生计生委分别负责，保监会参与）

（十七）发展商业健康保险。研究制订鼓励健康保险发展的指导性文件，推进商业保险机构参与各类医保经办。加快发展医疗责任保险、医疗意外保险，积极开发儿童保险、长期护理保险以及与健康管理、养老等服务相关的商业健康保险产品。（保监会、人力资源社会保障部、卫生计生委负责）

四、巩固完善基本药物制度和基层运行新机制

重点解决基层医改政策落实不平衡、部分药物配送不及时和短缺、服务能力不足等问题。全面抓好《国务院办公厅关于巩固完善基本药物制度和基层运行新机制的意见》（国办发〔2013〕14号）的贯彻落实。继续支持村卫生室、乡镇卫生院、社区卫生服务机构建设，加快乡镇卫生院周转宿舍建设。继续为中西部地

区招录5000名农村订单定向免费医学生。

重点任务是：

（十八）巩固完善基本药物制度。全面实施国家基本药物目录（2012年版），严格规范地方增补药品。政府办的基层医疗卫生机构全部配备使用基本药物，提高二、三级医院基本药物使用比例。完善政策措施，有序推进村卫生室和非政府办基层医疗卫生机构逐步实行基本药物制度。进一步稳固基本药物集中采购机制，把是否通过《药品生产质量管理规范（2010年修订）》（GMP）认证作为质量评价的重要指标。加强基本药物配送和回款管理，严格落实市场清退制度，对配送不及时的企业加大处罚力度，保障基层用药需求。（卫生计生委、食品药品监管总局负责）

（十九）建立短缺药品供应保障机制。对临床必需但用量小、市场供应短缺的药物，通过招标采取定点生产等方式确保供应。完善短缺药品储备制度，重点做好传染病预防、治疗药品和急救药品类基本药物供应保障。（工业和信息化部、卫生计生委负责）

（二十）进一步改革人事分配制度。强化基层医疗卫生机构的法人主体地位，切实落实用人自主权。全面落实聘用制度和岗位管理制度，建立能上能下、能进能出的竞争性用人机制。在平稳实施绩效工资的基础上，适当提高奖励性绩效工资比例，合理拉开收入差距，调动医务人员积极性。完善基层医疗卫生机构绩效考核办法，依托信息化手段加强量化考核和效果考核，鼓励引入第三方考核，考核结果与绩效工资总量、财政补助、医保支付等挂钩，体现多劳多得、优绩优酬。（人力资源社会保障部、卫生计生委分别负责）

（二十一）稳定乡村医生队伍。原则上将40%左右的基本公共卫生服务任务交由村卫生室承担，考核合格后将相应的基本公共卫生服务经费拨付给村卫生室，不得挤占、截留和挪用。加快将符合条件的村卫生室纳入新农合定点，全面实施一般诊疗费政策。基层医疗卫生机构在同等条件下可优先聘用获得执业（助理）医师资格的乡村医生。研究制订提高偏远、艰苦以及少数民族等特殊地区执业乡村医生待遇的相关政策措施。落实乡村医生养老政策，采取多种方式，妥善解决好老年乡村医生的养老保障和生活困难问题，同步建立乡村医生退出机制。适时组织对乡村医生政策落实情况进行专项督查。充分发挥基层计生工作者在普及健康知识、提高公民健康素养中的积极作用。（卫生计生委、人力资源社会保障部负责）

五、规范药品流通秩序

重点解决药品流通领域经营不规范、竞争失序、服务效率不高等问题。充分发挥市场机制的作用，建立药品流通新秩序。

重点任务是：

（二十二）规范药品流通经营行为。针对药品购销领域中的突出问题，开展专项整治，严厉打击药品生产经营企业挂靠经营、租借证照、销售假劣药品、商业贿赂以及伪造、虚开发票等违法违规行为，严厉打击“医药代表”非法销售药品行为，有效遏制药品流通领域的腐败行为和不正之风。实施医药购销领域商业贿赂不良记录的规定。（食品药品监管总局、卫生计生委分别负责，工业和信息化部、商务部参与）

（二十三）提升药品流通服务水平和效率。加快清理和废止阻碍药品流通行业公平竞争的政策规定，构建全国统一市场。采取多种形式推进医药分开，鼓励零售药店发展和连锁经营，增强基层和边远地区的药品供应保障能力。（商务部、发展改革委、卫生计生委、人力资源社会保障部、食品药品监管总局负责）

（二十四）改革完善药品价格形成机制。健全药品价格信息监测制度，推动建立药品零售价格、采购价格、医保支付标准信息共享机制，加强药品价格信息采集、分析和披露，引导形成药品合理价格。改进药品定价方法。完善进口药品、高值医用耗材的价格管理。（发展改革委、人力资源社会保障部、卫生计生委负责）

六、统筹推进相关改革工作

针对部分公共卫生服务项目效率不高、信息化建设滞后、医疗卫生行业监管能力不强、考核评价机制不健全等问题，加大相关领域改革力度，着力增强改革的整体性、系统性和协同性，形成推进改革的合力。

重点任务是：

（二十五）完善公共卫生服务均等化制度。继续实施国家基本公共卫生服务项目，人均基本公共卫生服务经费标准提高到35元，细化、优化服务项目和服务内容。健全专业公共卫生机构与基层医疗卫生机构间的分工协作机制，加强项目绩效考核和日常管理，规范资金管理和使用，注重服务效果。重点做好流动人口以及农村留守儿童和老人的基本公共卫生服务。优化整合妇幼保健和计划生育技术服务资源。推进国家免费孕前优生健康检查项目，进一步强化出生缺陷综合防治。落实国家重大公共卫生服务项目。进一步加强食品安全风险监测能力和重大疾病防治设施建设。适龄儿童国家免疫规划疫苗接种率保持在90%以上，高血压、糖尿病患者规范化管理人数分别达到8000万和2500万以上，严重精神障碍患者管理率达到65%以上。（卫生计生委、财政部、发展改革委、中医药局负责）

（二十六）加强卫生信息化建设。推进医疗卫生信息技术标准化，推行使用居民电子健康档案和电子病历。充分利用现有资源，加强面向基层、偏远地区的远程医疗服务。制订推进远程医疗服务的政策措施。县级公立医院综合改革试点地区要加快推进信息化建设。50%的区域信息平台实现全员人口信息、电子健康档案和电子病历三大数据库资源整合，实现公共卫生、计划生育、医疗服务、医疗保障、药品管理、综合管理等信息资源互联互通。在15个省份、45所大型医院开展示范，逐步建立居民健康医疗信息跨机构、跨区域共享机制。（卫生计生委、发展改革委、工业和信息化部、中医药局负责）

（二十七）建立适应行业特点的人才培养机制。推进住院医师规范化培训制度，加强全科医生培养。政府对按规划建设和设置的培训基地基础设施建设、设备购置、教学实践活动以及面向社会招收和单位委派的培训对象给予必要补助，中央财政通过专项转移支付予以适当支持。各地在医学人才培养中要充分发挥现有资源的作用。继续安排中西部地区乡镇卫生院在职执业医师参加全科医生转岗培训。继续推进全科医生执业方式和服务模式改革试点，启动试点监测评估。重点抓好第一批1000名全科医生特岗计划试点。研究实施县级公立医院专科特设岗位计划，引进急需高层次人才。深化医学教育改革，建立医学人才培养规模和结构与医药卫生事业发展需求有效衔接的调控机制。实施中医药传承与创新人才工程。（卫生计生委、人力资源社会保障部、财政部、教育部、中医药局负责）

（二十八）加强医疗卫生全行业监管。所有医疗卫生机构均由所在地卫生计生行政部门实行统一准入、统一监管。优化监管机制、完善监管制度、创新监管手段，加强医疗卫生综合监督体系顶层设计，提高综合监督能力，加大监督执法力度。进一步整顿医疗秩序，打击非法行医。落实医疗卫生行风建设“九不准”，严格规范诊疗服务行为，纠正诊疗服务中的不正之风，严肃查处收受“红包”、回扣和过度医疗等行为。加快发展医疗纠纷人民调解等第三方调解机制，完善医疗纠纷处理和医疗风险分担机制，依法打击涉医违法犯罪行为，努力构建平等、健康、和谐的医患关系。发挥社会组织作用，建立信息公开、社会多方参与的监管制度，主动接受人民群众和社会各界监督。制订控制医疗费用不合理过快增长的指导性文件。（卫生计生委、发展改革委、工业和信息化部、财政部、人力资源社会保障部、食品药品监管总局、中医药局、保监会负责）

（二十九）建立健全考核评估机制。开展“十二五”期间深化医药卫生体制改革规划暨实施方案中期评估和年度医改监测，抓好医改政策落实。制订县级公立医院综合改革效果评价指标体系，加强对试点地区的监测、评估和指导。研究制订医疗卫生机构绩效评价的指导性文件。（卫生计生委、人力资源社会保障部、财政部、发展改革委、中医药局负责）

（三十）加强科技和产业支撑。开展主要重大慢病防治研究网络的试点示范工作。进一步加大医药产品研发的组织推进力度，重点做好基本药物品质提升和基本医疗器械产品国产化工作。加强医疗卫生科技创新成果在基层的集成应用和示范推广。支持开展医改战略性、方向性、支撑性重大政策研究。制订支持老年人、残疾人专用保健品等自主研发制造和国产化的政策措施，推动一批量大面广、临床价值高的生物技术药物与疫苗、医疗器械提高产业化水平，扩大市场运用。（科技部、发展改革委分别负责，工业和信息化部、卫生计生委、食品药品监管总局、中医药局参与）

（三十一）加强组织领导。国务院医改领导小组与省级医改领导小组、各成员单位要加强统筹协调，共同做好医改各项任务的组织实施工作。加强对医改中重点、难点问题的调查研究，完善政策措施，做好顶层设计。及时评估和总结推广各地好的做法和经验，对成熟的改革举措要总结提炼、适时制订相应的制度法规。加强医改宣传，做好舆情监测，引导群众合理预期，回应社会关切。各地各部门要继续支持军队卫生系统参与深化医改。（卫生计生委、中央宣传部、国研室、法制办、总后勤部卫生部等负责）

附件：部分重点工作任务分工及进度安排表

附件：

部分重点工作任务分工及进度安排表

序号	工作任务	负责部门	时间进度
1	梳理总结县级公立医院综合改革试点模式	卫生计生委、财政部等	2014 年 12 月底前完成
2	研究制订城市公立医院综合改革试点实施方案	卫生计生委、发展改革委、财政部、人力资源社会保障部、中医药局等	2014 年 9 月底前完成
3	编制《全国卫生服务体系规划纲要（2015—2020 年）》	卫生计生委、发展改革委、财政部、中医药局等	2014 年 9 月底前完成
4	制订公立医院药品集中采购指导性文件	卫生计生委、中医药局等	2014 年 6 月底前完成
5	制订分级诊疗办法	卫生计生委、人力资源社会保障部、发展改革委、中医药局等	2014 年 12 月底前完成
6	研究制订中医药发展战略规划	中医药局、发展改革委、卫生计生委、财政部、人力资源社会保障部等	2014 年 12 月底前完成

续 表

序号	工作任务	负责部门	时间进度
7	出台推进医师多点执业的意见	卫生计生委、人力资源社会保障部、发展改革委、中医药局等	2014 年 9 月底前完成
8	制订发展商业健康保险的政策措施	保监会、人力资源社会保障部、卫生计生委等	2014 年 6 月底前完成
9	启动短缺药品招标定点生产工作	工业和信息化部、卫生计生委、发展改革委、中医药局等	2014 年 6 月底前完成
10	制订完善药品价格形成机制的文件	发展改革委等	2014 年 12 月底前完成
11	研究制订县级公立医院专科特设岗位计划	卫生计生委、人力资源社会保障部、财政部、教育部、中医药局等	2014 年 9 月底前完成
12	制订控制医疗费用不合理过快增长的指导性文件	卫生计生委、人力资源社会保障部、发展改革委、中医药局等	2014 年 12 月底前完成
13	制订县级公立医院综合改革效果评价指标体系	卫生计生委、人力资源社会保障部、财政部、发展改革委、中医药局等	2014 年 6 月底前完成
14	研究制订医疗卫生机构绩效评价的指导性文件	卫生计生委、人力资源社会保障部、财政部、中医药局等	2014 年 12 月底前完成

五　五项重点改革

039

国务院办公厅
关于印发医药卫生体制五项重点改革2009年工作安排的通知

国办函〔2009〕75号

各省、自治区、直辖市人民政府，国务院各有关部门：

《医药卫生体制五项重点改革2009年工作安排》（以下简称《工作安排》）已经国务院同意，现印发给你们，请结合实际，认真组织实施。

深化医药卫生体制改革是一项艰巨而复杂的工作，要明确方向，统筹规划，循序渐进，量力而行。《工作安排》围绕医药卫生体制五项重点改革三年目标，抓住关键，突出重点，提出了2009年推进改革的10项任务，并明确了牵头部门。各地区、各有关部门要加强领导，精心组织，进一步分解工作任务，细化工作安排，切实抓好落实。国务院深化医药卫生体制改革领导小组办公室要加强对医改工作的统筹协调，指导和督促地方推进改革。年底前，国务院深化医药卫生体制改革领导小组将对《工作安排》落实情况进行全面检查。

国务院办公厅

二〇〇九年七月二十二日

医药卫生体制五项重点改革2009年工作安排

国务院办公厅

2009年7月22日

按照《中共中央国务院关于深化医药卫生体制改革的意见》（中发〔2009〕6号）和《国务院关于印发医药卫生体制改革近期重点实施方案（2009—2011年）的通知》（国发〔2009〕12号）精神，为切实推动改革，加强督促检查，确保开好局、起好步，现提出2009年医药卫生体制五项重点改革的工作安排。

一、加快推进基本医疗保障制度建设

（一）扩大基本医疗保障覆盖面

主要工作目标：

1. 城镇职工基本医疗保险（以下简称城镇职工医保）、城镇居民基本医疗保险（以下简称城镇居民医保）参保人数达到3.9亿人，比2008年增加7200万人。做好城镇非公有制经济组织从业人员、大学生、灵活就业人员和农民工的参保工作。（人力资源社会保障部负责）

2. 解决607万地方政策性关闭破产和依法破产国有企业、中央和中央下放地方政策性关闭破产国有企业退休人员的参保问题。指导和督促地方解决其他破产企业退休人员和困难企业职工的参保问题。（人力资源社会保障部负责）

3. 新型农村合作医疗（以下简称新农合）参保率稳定在90%以上。（卫生部负责）

（二）提高基本医疗保障水平

主要工作目标：

1. 全面落实政府对新农合和城镇居民医保人均每年80元补助。（卫生部、人力资源社会保障部分别负责）

2. 城镇职工医保、城镇居民医保和新农合的统筹基金最高支付限额原则上分别提高到当地职工年平均工资、居民可支配收入和农民人均纯收入的6倍左右。已建立大额医疗费用补助的地区可于2010年达到该标准。（人力资源社会保障部、卫生部分别负责）

3. 50%的统筹地区城镇职工医保、城镇居民医保和新农合住院费用报销比例比2008年分别提高5个百分点。（人力资源社会保障部、卫生部分别负责）

4. 30%的统筹地区开展城镇居民医保门诊费用统筹试点，三分之一的统筹地区新农合门诊费用统筹得到巩固完善。（人力资源社会保障部、卫生部分别负责）

5. 进一步完善城乡医疗救助制度，加大救助力度，资助城乡所有五保户、低保对象参保，有效使用救助资金。（民政部负责）

6. 鼓励有条件的地方逐步整合基本医疗保障经办管理资源，探索委托具有资质的商业保险机构经办各类医疗保障管理服务。（人力资源社会保障部、卫生部、保监会负责）

二、初步建立国家基本药物制度

（三）国家基本药物制度取得进展

主要工作目标：

1. 发布国家基本药物目录（2009版）。（卫生部负责）

2. 国家基本药物目录发布后，核定并公布基本药物零售指导价格。（国家发展改革委负责）

3. 不迟于2009年12月份每个省（区、市）在30%的政府办城市社区卫生服务机构和县（基层医疗卫生机构）实施基本药物制度，包括实行省级集中网上公开招标采购、统一配送，全部配备使用基本药物并实行零差率销售。（国家发展改革委、卫生部负责）

4. 2009年11月底前，完成国家基本医疗保险药品目录调整工作，将基本药物全部纳入基本医疗保险药品目录，基本药物报销比例明显高于非基本药物。（人力资源社会保障部、卫生部负责）

5. 制定并出台临床基本药物应用指南和基本药物处方集。（卫生部负责）

三、健全基层医疗卫生服务体系

（四）加强基层医疗卫生机构建设

主要工作目标：

1. 制定并出台基层医疗卫生机构建设标准。（卫生部、国家发展改革委负责）

2. 在全国支持986个县级医院（含中医院）、3549个中心乡镇卫生院和1154个城市社区卫生服务中心等基层医疗卫生机构建设。（国家发展改革委负责）

（五）加强以全科医生为重点的基层医疗卫生队伍建设

主要工作目标：

1. 制定以全科医生为重点的基层医疗卫生队伍建设规划，并启动实施。（国家发展改革委负责）

2. 为乡镇卫生院招聘执业医师1000人，鼓励地方在此基础上自行增加招聘数量；在岗培训乡镇卫生人员12万人次、城市社区卫生服务人员5.3万人次。（卫生部负责）

3. 900个三级医院与2000个县级医院建立起长期对口协作关系。（卫生部负责）

4. 启动住院医师规范化培训制度试点工作。（卫生部负责）

（六）改革基层医疗卫生机构补偿机制

主要工作目标：

1. 完善政府办城乡基层医疗卫生服务机构补偿机制，落实财政补助政策，并与基本药物零差率销售政策衔接一致。在基层医疗卫生事业单位实施绩效工资（公共卫生事业单位同步实施）。探索实行政府购买服务等补助方式。（财政部、人力资源社会保障部分别负责）

2. 督促地方落实对乡村医生承担的公共卫生服务等任务的补助政策。（财政部负责）

四、促进基本公共卫生服务逐步均等化

（七）重点抓好涉及面广、影响全民健康水平的公共卫生项目的实施

主要工作目标：

1. 启动建立居民健康档案、健康教育、免疫规划、传染病防治、儿童保健、孕产妇保健、老年人保健、慢性病管理、重性精神疾病患者管理 9 类国家基本公共卫生服务项目。2009 年底前，城市居民健康档案规范化建档率达到 30％左右，农村居民试点建档率达到 5％。（卫生部负责）

2. 开始对 15 岁以下的人群补种乙肝疫苗，2009 年补种 2300 万人左右，占应补种人数的 31％。（卫生部负责）

3. 启动 35～59 岁农村妇女常见病检查项目，完成宫颈癌检查 200 万人，乳腺癌检查 40 万人；对全国农村约 1180 万名生育妇女补服叶酸和住院分娩给予补助。（卫生部负责）

4. 为 20 万例贫困白内障患者免费开展复明手术。（卫生部负责）

5. 在燃煤污染型氟中毒病区改炉改灶 87 万户，炉灶维修 45 万户。（卫生部负责）

6. 支持建设农村无害化卫生厕所 411 万座。（卫生部负责）

7. 落实人均基本公共卫生服务经费不低于 15 元。（财政部负责）

五、推进公立医院改革试点

（八）调整公立医院布局和结构，完善管理体制

主要工作目标：

1. 试点地区制定公立医院区域布局和结构调整规划；鼓励社会资本投入医疗服务领域。（卫生部负责）

2. 探索政事分开、管办分开的有效形式；完善医院法人治理结构，推进人事制度改革。（卫生部负责）

3. 加强公立医院运行管理，建立以公益性为核心的公立医院监管制度。（卫生部负责）

（九）改革公立医院补偿机制

主要工作目标：

研究拟定推进医药分开、逐步取消药品加成、增设药事服务费、调整医疗服务价格的政策，使试点公立医院逐步实现由服务收费和政府补助进行补偿。（卫生部、国家发展改革委、财政部负责）

（十）推行电子医疗档案和常见病临床路径

主要工作目标：

拟定全国统一的医院电子病历标准和规范以及100种常见疾病临床路径，在50家医院开展试点。（卫生部负责）

公立医院改革按照先行试点、逐步推开的原则进行。2009年在东、中、西部地区选择12个左右具备一定条件的地级市，在100所左右公立医院进行改革试点，探索公立医院维护公益性与提高效率的具体实现形式。

040

国务院办公厅关于印发
医药卫生体制五项重点改革2010年度主要工作安排的通知

国办函〔2010〕67号

各省、自治区、直辖市人民政府，国务院有关部门：

《医药卫生体制五项重点改革2010年度主要工作安排》（以下简称《工作安排》）已经国务院同意，现印发给你们，请结合实际，认真组织实施。

2010年是医药卫生体制五项重点改革承前启后、攻坚克难的关键一年。《工作安排》围绕五项重点改革三年目标，提出了2010年度的16项主要工作任务，明确了牵头部门。各地区、各有关部门要加强统筹领导，加大资金投入，精心组织实施，建立目标责任制，抓好落实。要坚定信心，克服困难，及时研究解决改革中出现的新情况、新问题，确保五项重点改革扎实有序推进，取得明显实效。

国务院办公厅

二○一○年四月六日

医药卫生体制五项重点改革
2010年度主要工作安排

国务院办公厅

2010年4月6日

2009年4月医药卫生体制改革启动实施以来，在党中央、国务院的坚强领导下，各地区、各有关部门积极行动，协调配合，精心实施，五项重点改革有序推进，取得明显进展。为进一步明确任务目标，扎实推进改革，现提出医药卫生体制五项重点改革2010年度主要工作安排。

一、总体要求

深入贯彻落实《中共中央国务院关于深化医药卫生体制改革的意见》（中发〔2009〕6号）和《国务院关于印发医药卫生体制改革近期重点实施方案（2009—2011年）的通知》（国发〔2009〕12号）精神，紧紧围绕“保基本、强基层、建机制”，突出惠民措施，提高服务水平，增强改革实效，充分发挥中医药作用，扎实推进医药卫生体制五项重点改革，为全面完成三年既定目标任务奠定基础。

二、工作任务

（一）加快推进基本医疗保障制度建设

1. 巩固扩大基本医疗保障覆盖面。主要工作目标：

（1）扩大城镇职工基本医疗保险（以下简称城镇职工医保）、城镇居民基本医疗保险（以下简称城镇居民医保）覆盖面，参保人数达到 4.1 亿。进一步做好城镇非公有制经济组织从业人员、大学生、灵活就业人员和农民工的参保工作。（人力资源社会保障部负责）

（2）基本解决关闭破产企业退休人员和困难企业职工的参保问题。（人力资源社会保障部负责）

（3）巩固新型农村合作医疗（以下简称新农合）覆盖面，参合率稳定在 90％以上。（卫生部负责）

2. 进一步提高基本医疗保障水平。主要工作目标：

（1）提高筹资标准。各级政府对新农合和城镇居民医保补助标准提高到每人每年 120 元，适当提高个人缴费标准。（卫生部、人力资源社会保障部、财政部分别负责）

（2）加快推进门诊统筹。城镇居民医保门诊统筹扩大到 60％的统筹地区，新农合门诊统筹达到 50％（力争达到 60％）的统筹地区，城镇职工医保在有条件的地区先行探索、总结经验。基层医疗卫生机构门诊费用报销比例明显高于医院。（人力资源社会保障部、卫生部分别负责）

（3）提高报销比例。城镇居民医保和新农合政策范围内住院费用报销比例达到 60％以上，城镇职工医保政策范围内住院费用报销比例有所提高。所有统筹地区城镇职工医保、城镇居民医保和新农合的统筹基金最高支付限额分别提高到当地职工年平均工资、居民可支配收入和全国农民人均纯收入的 6 倍以上。（人力资源社会保障部、卫生部分别负责）

（4）加大医疗救助力度。在资助城乡所有低保对象、五保户参保的基础上，对其经医保报销后仍难以负担的医疗费用给予补助。逐步开展门诊救助，取消住院救助病种限制。探索开展重特大疾病救助办法。（民政部负责）

（5）开展儿童白血病、先天性心脏病等儿童重大疾病医疗保障试点。（卫生部、民政部、人力资源社会保障部负责）

3. 提高基本医保基金管理水平。主要工作目标：

（1）大力推广就医“一卡通”等办法，方便参保人员就医和医疗费用结算。在 80％的城镇职工医保、城镇居民医保和新农合统筹地区实现医疗费用即时结

算（结报），患者只需支付自付的医疗费用。（人力资源社会保障部、卫生部分别负责）

（2）推行按人头付费、按病种付费、总额预付等支付方式。选择50种左右临床路径明确的疾病开展按病种付费试点。探索建立医疗保险经办机构与医疗机构、药品供应商的谈判机制，发挥医疗保险对医疗服务和药品费用的制约作用。（人力资源社会保障部、卫生部分别负责）

（3）积极做好农民工等流动就业人员基本医疗保险关系跨制度、跨地区转移接续工作，开展以异地安置退休人员为重点的就地就医、就地结算服务。（人力资源社会保障部、卫生部负责）

（4）鼓励有条件的地方提高基本医疗保险统筹层次。科学论证、有序开展基本医疗保障经办管理资源整合。探索委托具有资质的商业保险机构经办各类医疗保障管理服务。（人力资源社会保障部、卫生部、保监会负责）

（二）初步建立国家基本药物制度

4. 进一步推进国家基本药物制度实施。主要工作目标：

（1）继续扩大基本药物制度实施范围，在不少于60%的政府办城市社区卫生服务机构和县（基层医疗卫生机构）实施国家基本药物制度。（发展改革委负责）

（2）规范基本药物招标配送，落实基本药物以省（区、市）为单位招品种规格、招数量、招价格、招厂家，逐步实现基本药物全省（区、市）统一价，保障基本药物的质量和供应。（卫生部负责）

（3）密切跟踪监测基本药物市场价格和供应变化，适时调整零售指导价格。（发展改革委负责）

（4）推行基本药物临床应用指南和基本药物处方集，确保临床首选和合理使用基本药物。（卫生部负责）

（5）全面提高和完善307种国家基本药物的质量标准，对基本药物进行全品种覆盖抽验和全品种电子监管，完善地市级药品不良反应报告评价体系。（食品药品监管局负责）

（6）落实国家基本药物医保报销政策，确保基本药物全部纳入医保报销范围，报销比例明显高于非基本药物。（人力资源社会保障部、卫生部负责）

（7）密切跟踪了解实施国家基本药物制度对药品流通行业的影响，积极研究解决办法。（商务部负责）

5. 改革基层医疗卫生机构补偿机制。主要工作目标：

（1）进一步完善基层医疗卫生机构补偿机制，积极探索多渠道补偿，落实政府办基层医疗卫生机构实行基本药物零差率销售后的政府投入政策，保障其正常运行。（财政部、卫生部、人力资源社会保障部负责）

(2) 鼓励地方探索通过购买服务的方式，发挥医保基金对基层医疗卫生机构的补偿作用。(人力资源社会保障部、卫生部分别负责)

(3) 鼓励有条件的地方将非公立基层医疗卫生机构纳入基本药物制度实施范围，探索规范合理的补偿办法。(卫生部、财政部、人力资源社会保障部负责)

(4) 支持基层医疗卫生机构实行综合改革，中央财政通过以奖代补的办法，对实施基本药物制度进展快、基层医疗卫生机构体制机制综合改革成效好的地区给予奖励补助。(财政部、发展改革委负责)

6. 深化基层医疗卫生机构人事分配制度改革。主要工作目标：

(1) 落实基层医疗卫生事业单位和公共卫生事业单位实施绩效工资政策。(人力资源社会保障部、财政部、卫生部、人口计生委负责)

(2) 实行能进能出的人员聘用制，建立以服务质量、服务数量和群众满意度为核心的考核机制，制定和完善绩效考核办法。(人力资源社会保障部、卫生部分别负责)

(3) 研究拟定乡镇卫生院机构编制标准，科学合理确定乡镇卫生院人员编制。(中央编办、卫生部、财政部负责)

7. 转变基层医疗卫生机构运行机制。主要工作目标：

推动基层医疗卫生机构主动服务、上门服务，开展巡回医疗，为城乡居民提供基本药物、基本医疗和公共卫生服务，使乡镇卫生院和社区卫生服务机构门诊量占医疗机构门诊总量的比例明显提高。(卫生部负责)

(三) 健全基层医疗卫生服务体系

8. 进一步加强基层医疗卫生机构建设。主要工作目标：

在2009年基础上，再支持830个左右县级医院(含中医院)、1900个左右中心乡镇卫生院、1256个左右城市社区卫生服务中心和8000个以上村卫生室建设。(发展改革委负责)

9. 启动实施以全科医生为重点的基层医疗卫生队伍建设规划。主要工作目标：

(1) 制定农村医疗卫生岗位需求计划，启动实施高等医学院校农村订单定向免费培养项目，2010年为中西部乡镇卫生院和基层部队招收5000名以上定向免费医学生。积极引导面向基层卫生人才培养的高等医学教育改革，加强全科医学师资培养。(卫生部、教育部、总后勤部卫生部负责)

(2) 启动首批全科方向的住院医师规范化培训，安排1.5万名基层医疗卫生机构在岗人员进行全科医生转岗培训。研究出台建立全科医生制度的文件。(卫生部、人力资源社会保障部、发展改革委负责)

(3) 巩固和完善900个三级医院与2000个县级医院长期对口协作关系。加强县级医院医疗卫生人才培养，安排6000名县级医院骨干人员到三级医院进修

学习，开展专科方向的住院医师规范化培训。（卫生部、人力资源社会保障部负责）

（4）鼓励和引导医疗卫生人才到基层服务。为乡镇卫生院招聘执业医师1000人，在岗培训乡镇卫生人员12万人次、村卫生室卫生人员46万人次、城市社区卫生服务人员5.3万人次。（卫生部、人力资源社会保障部负责）

（5）健全基层医疗卫生人才使用机制，鼓励地方开展全科医生县乡联动试点。（发展改革委、人力资源社会保障部负责）

（6）制定培训基地管理办法和国家示范基地建设方案。建立健全全科医生职称评定办法。完善全科医生培训大纲和配套教材，研究规范化培训的考核办法。（卫生部、人力资源社会保障部负责）

10. 发挥村卫生室在农村三级卫生服务网络中的网底功能。主要工作目标：

（1）发挥政府、集体、个人等多方力量加强村卫生室建设，政府重点加强对村卫生室和村医的技术支持，积极稳妥地推进乡村一体化管理。（卫生部负责）

（2）落实乡村医生承担公共卫生服务等任务的补助政策，保障村医的合理收入。鼓励地方将符合条件的村卫生室纳入新农合定点医疗机构范围，提高报销比例。（卫生部、财政部负责）

（四）促进基本公共卫生服务逐步均等化

11. 完善9类基本公共卫生服务。主要工作目标：

（1）在城乡基层医疗卫生机构普遍落实居民健康档案、健康教育、免疫规划、传染病防治、儿童保健、孕产妇保健、老年人保健、慢性病管理、重性精神疾病患者管理9类国家基本公共卫生服务项目。城市居民健康档案规范化建档率达到40%以上，农村居民健康档案建档率达到20%，并提高信息化水平。（卫生部负责）

（2）制定基本公共卫生服务项目考核办法，提高服务的效率和效益。（卫生部负责）

12. 继续实施重大公共卫生服务项目。主要工作目标：

（1）继续对15岁以下的人群补种乙肝疫苗，2010年再补种2810万人左右，累计补种5688万人左右，占应补种人群的83%。（卫生部负责）

（2）在2009年基础上，再完成适龄妇女宫颈癌检查400万人，乳腺癌检查40万人；农村孕产妇住院分娩率达到95%以上，继续开展农村生育妇女免费补服叶酸项目。（卫生部负责）

（3）为35万例贫困白内障患者免费开展复明手术，累计完成三年任务的55%。（卫生部负责）

（4）完成2009年87万户燃煤污染型氟中毒病区改炉改灶任务，做好55万户改炉改灶前期准备工作。（卫生部负责）

（5）完成2009年411万户无害化卫生厕所建设任务，做好347万户无害化卫生厕所建设前期准备工作，无害化厕所覆盖率达到65%。（卫生部负责）

（6）实施艾滋病母婴传播阻断项目。（卫生部负责）

（7）对重大公共卫生服务项目实施情况进行考核评估。（卫生部负责）

13. 加强公共卫生服务能力建设。主要工作目标：

启动实施精神卫生防治体系建设与发展规划，2010年中央投资重点支持100所左右精神卫生专业机构建设。（发展改革委负责）

（五）推进公立医院改革试点

国家重点在16个城市开展公立医院改革试点，各省（区、市）可自主选择1至2个城市开展公立医院改革试点。

14. 调整公立医院布局和结构，完善管理体制。主要工作目标：

（1）优化调整公立医院区域布局和结构，明确行政区域内公立医院的设置数量、布局、主要功能和床位规模、大型医疗设备配置。研究探索将部分公立医院转制为非公立医疗机构。（卫生部负责）

（2）出台进一步鼓励和引导社会资本发展医疗卫生事业的意见，鼓励社会资本进入医疗服务领域。（发展改革委、卫生部、财政部、商务部、人力资源社会保障部负责）

（3）建立公立医院与城乡基层医疗卫生机构的分工协作机制，加强人员培训交流和业务指导，探索建立社区首诊、双向转诊等分级诊疗制度。（卫生部负责）

（4）探索政事分开、管办分开的有效形式。完善医院法人治理结构。深化人事制度改革，推行聘用制和岗位管理制度。（卫生部、中央编办、人力资源社会保障部负责）

（5）研究拟定公立医院编制标准，科学合理确定公立医院人员编制。（中央编办、卫生部、财政部负责）

（6）建立社会监督机制，加强信息公开，探索多方参与的公立医院质量监管和评价制度。（卫生部、人力资源社会保障部负责）

（7）研究出台住院医师规范化培训制度实施意见，启动实施住院医师规范化培训。鼓励地方开展注册医师多点执业试点。（卫生部、人力资源社会保障部、财政部负责）

15. 改革公立医院补偿机制。主要工作目标：

（1）探索医药分开，逐步取消药品加成，使试点公立医院逐步实现由服务收费和政府补助进行补偿。（卫生部、财政部、发展改革委负责）

（2）指导试点地区合理确定医疗技术服务、药品、医用耗材和大型设备检查的价格，推进按病种收费试点改革，改进医疗服务收费方式。（发展改革委、卫生部负责）

16. 加强公立医院内部管理。主要工作目标：

（1）进一步优化诊疗流程，推广预约诊疗，实行同级医疗机构检查结果互认，缩短群众就医等候时间，加强临床护理工作，改善就医环境。（卫生部负责）

（2）拟定全国统一的医院电子病历标准和规范，加快推进医院信息化建设。（卫生部、人力资源社会保障部负责）

（3）修订医院财务会计制度，加强成本核算和控制。（财政部、卫生部负责）

（4）规范公立医院临床检查、诊断、治疗、用药行为，制定100种常见疾病临床路径，继续推动临床路径管理试点工作。（卫生部负责）

三、保障措施

（一）落实目标责任制。2010年度医改工作的实施时间为2010年4月至2011年3月。为进一步落实责任，确保各项工作如期完成，国务院医改领导小组办公室将与各省（区、市）医改领导小组签定责任状，各地区也要与基层实施单位建立目标责任制。军队贯彻落实国家医改的具体措施由军队卫生主管部门协调落实。

（二）加强财力保障。各级政府要将2010年医改所需政府投入资金纳入财政预算并及时落实到位。要积极调整医改资金支出结构，完善补偿办法，将建立机制与增加投入有效衔接起来。要加强监督管理，提高资金使用效益，切实防止各种违法违规使用资金的行为。

（三）强化评估考核。国务院医改领导小组办公室要会同有关部门加强对改革进展和效果的督导评估，建立定期考核和信息通报制度，及时分析新情况、新问题，积极研究解决办法，并组织开展五项重点改革实施效果中期评估工作。

（四）正确引导舆论。坚持正确的舆论导向，合理引导社会预期，主动向社会公布医改进展情况，对各界关注的热点问题进行及时解答和回应，调动各方参与和推进医改的积极性、主动性和创造性，为深化改革创造良好的舆论氛围和社会环境。

041

国务院办公厅关于印发医药卫生体制五项重点改革 2011 年度主要工作安排的通知

国办发〔2011〕8 号

各省、自治区、直辖市人民政府，国务院有关部门：

《医药卫生体制五项重点改革 2011 年度主要工作安排》（以下简称《工作安排》）已经国务院同意，现印发给你们，请结合实际，认真组织实施。

2011 年是“十二五”规划的开局之年，也是完成医药卫生体制五项重点改革三年任务的攻坚之年，各地区、各有关部门要继续认真落实“保基本、强基层、建机制”的要求，坚定信心，加强领导，明确责任，攻坚克难，强化考核，狠抓落实。地方各级政府主要负责同志是本地区医改工作第一责任人，要对本地区医改任务完成情况负总责；各牵头部门要对牵头任务全国范围内的完成情况负总责，各有关方面要相互支持，密切配合，确保完成医改各项任务。

国务院办公厅

二〇一一年二月十三日

医药卫生体制五项重点改革 2011 年度主要工作安排

国务院办公厅

2011 年 2 月 13 日

为明确任务目标，落实工作责任，扎实推进改革，现提出医药卫生体制五项重点改革 2011 年度主要工作安排如下：

一、总体要求

深入贯彻落实《中共中央 国务院关于深化医药卫生体制改革的意见》（中发〔2009〕6 号）和《国务院关于印发医药卫生体制改革近期重点实施方案（2009—2011 年）的通知》（国发〔2009〕12 号）精神，继续围绕“保基本、强基层、建机制”，统筹推进医药卫生体制五项重点改革。确保基本医疗保障制度覆盖城乡居民，保障水平显著提高；确保国家基本药物制度基层全覆盖，基层医疗卫生机构综合改革全面推开，新的运行机制基本建立；确保基层医疗卫生服务体系建设任务全面完成，服务能力明显增强；确保基本公共卫生服务和重大公共卫生服务项目有效提供，均等化水平进一步提高；公立医院改革试点不断深化，体制机制综合改革取得实质性进展，便民惠民措施普遍得到推广。中医药服务能力和水平进一步提高。医疗费用过快增长得到进一步控制。医药卫生体制改革近三年重点任务基本完成，为下一步深化改革奠定了坚实基础。

二、工作任务

（一）加快推进基本医疗保障制度建设

1. 巩固扩大基本医疗保障覆盖面，基本实现全民医保

（1）职工基本医疗保险（以下简称职工医保）、城镇居民基本医疗保险（以下简称城镇居民医保）参保人数达到4.4亿，参保率均提高到90%以上。妥善解决关闭破产企业退休人员和困难企业职工参保问题。将在校大学生全部纳入城镇居民医保范围。积极推进非公有制经济组织从业人员、灵活就业人员和农民工参加职工医保。促进失业人员参保。落实灵活就业人员、未建立劳动关系的农民工等人员选择性参保的政策。（人力资源社会保障部、教育部、国资委、财政部负责）

（2）进一步巩固新型农村合作医疗（以下简称新农合）覆盖面，参合率继续稳定在90%以上。（卫生部负责）

2. 全面提升基本医疗保障水平，增强保障能力

（1）进一步提高筹资标准，政府对新农合和城镇居民医保补助标准均提高到每人每年200元，适当提高个人缴费标准。（财政部、卫生部、人力资源社会保障部负责）

（2）扩大门诊统筹实施范围，普遍开展城镇居民医保、新农合门诊统筹，将基层医疗卫生机构使用的医保目录内药品和收取的一般诊疗费按规定纳入支付范围；积极探索职工医保门诊统筹。（人力资源社会保障部、卫生部分别负责）

（3）明显提高保障水平。城镇居民医保、新农合政策范围内住院费用支付比例力争达到70%左右。所有统筹地区职工医保、城镇居民医保和新农合政策范围内统筹基金最高支付限额分别达到当地职工年平均工资、当地居民年可支配收入和全国农民年人均纯收入的6倍以上，且均不低于5万元。（人力资源社会保障部、卫生部分别负责）

（4）积极开展提高重大疾病医疗保障水平试点，以省（区、市）为单位推开提高儿童白血病、先天性心脏病保障水平的试点，并在总结评估基础上增加试点病种，扩大试点地区范围。抓紧研究从医保、救助等方面对艾滋病病人机会性感

染治疗给予必要支持的政策措施。（卫生部、人力资源社会保障部、民政部、财政部负责）

（5）全面提高医疗救助水平。资助困难人群参保，资助范围从低保对象、五保户扩大到低收入重病患者、重度残疾人、低收入家庭老年人等特殊困难群体。开展门诊救助。逐步降低、取消医疗救助起付线，政策范围内住院自付费用救助比例原则上不低于50%。探索开展特重大疾病救助试点。鼓励社会力量向医疗救助慈善捐赠，拓宽筹资渠道。（民政部、卫生部、人力资源社会保障部负责）

3. 提高基本医疗保障经办管理水平，方便群众就医结算

（1）继续推广就医“一卡通”等办法，基本实现参保人员统筹区域内医疗费用即时结算（或结报，下同）。加强异地就医结算能力建设，开展省（区、市）内异地就医即时结算，探索以异地安置的退休人员为重点的就地就医、就地即时结算。做好农民工等流动就业人员基本医疗保险关系转移接续工作，研究缴费年限累计计算相关问题。（人力资源社会保障部、卫生部、发展改革委、财政部负责）

（2）加强医疗保障基金收支预算管理，建立基金运行分析和风险预警制度，控制基金结余，提高使用效率。职工医保和城镇居民医保基金结余过多的地区要把结余逐步降到合理水平；新农合统筹基金当年结余率控制在15%以内，累计结余不超过当年统筹基金的25%。基金当期收不抵支的地区要采取切实有效措施确保基金平稳运行。（人力资源社会保障部、卫生部、财政部分别负责）

（3）发挥医疗保障对医疗服务供需双方的引导和对医药费用的制约作用。对到基层医疗卫生机构就诊的，在医保支付比例上给予倾斜。改革医疗保险支付方式，大力推行按人头付费、按病种付费、总额预付。积极探索建立医保经办机构与医疗机构、药品供应商的谈判机制。（人力资源社会保障部、卫生部、发展改革委负责）

（4）加强医疗保险对医疗服务的监管。强化定点医疗机构和定点零售药店动态管理，建立完善医疗保险诚信等级评价制度，推行定点医疗机构分级管理，进一步规范定点医疗机构和定点药店的服务行为。研究逐步将医保对医疗机构医疗服务的监管延伸到对医务人员医疗服务行为的监管。依法加大对欺诈骗保行为的处罚力度。（人力资源社会保障部、卫生部分别负责）

（5）职工医保、城镇居民医保基本实现市（地）级统筹，鼓励地方探索省级统筹。有条件的地区进一步提高新农合统筹层次。加快推进基本医疗保障城乡统筹，稳步推进经办管理资源整合。做好各项基本医疗保障制度政策和管理的衔接，实现信息共享，避免重复参保。积极探索委托具有资质的商业保险机构经办

各类医疗保障管理服务。（人力资源社会保障部、卫生部、财政部、民政部、保监会分别负责）

（6）支持商业健康保险发展，鼓励企业和个人通过参加商业保险及多种形式的补充保险解决基本医疗保障之外的需求。（保监会、人力资源社会保障部、卫生部负责）

（二）初步建立国家基本药物制度

全面贯彻落实《国务院办公厅关于印发建立和规范政府办基层医疗卫生机构基本药物采购机制指导意见的通知》（国办发〔2010〕56号）和《国务院办公厅关于建立健全基层医疗卫生机构补偿机制的意见》（国办发〔2010〕62号），按照全覆盖、建机制的要求，建立规范基本药物采购机制，推进基层医疗卫生机构综合改革，实现新旧机制平稳转换。

4. 扩大国家基本药物制度实施范围，实现基层全覆盖

（1）扩大基本药物制度实施范围，在所有政府办基层医疗卫生机构实施国家基本药物制度，实行药品零差率销售。（发展改革委、卫生部负责）

（2）研究完善国家基本药物目录（基层使用部分），规范各省（区、市）药品增补，兼顾成人和儿童用药需要，更好地适应基层基本用药需求。同步落实基本药物医保支付政策。（卫生部、人力资源社会保障部负责）

5. 建立规范基本药物采购机制，重塑基层药品供应保障体系

（1）对实施基本药物制度的政府办基层医疗卫生机构使用的基本药物（包括各省区市增补品种）实行以省（区、市）为单位集中采购、统一配送，确保基本药物安全有效、品质良好、价格合理、供应及时。（卫生部负责）

（2）编制基本药物集中采购计划，确定基本药物采购的具体剂型、规格、质量要求，明确采购数量，并实行量价挂钩。暂无法确定采购数量的省（区、市）通过单一货源承诺的方式进行采购。（卫生部负责）

（3）坚持质量优先、价格合理，鼓励各地采用“双信封”的招标制度，只有经济技术标书评审合格的企业才能进入商务标书评审，商务标书评审由价格最低者中标。（卫生部负责）

（4）实行招标采购结合，签订购销合同。采购机构受基层医疗卫生机构授权或委托与药品供货企业签订购销合同并负责合同执行，对各基层医疗卫生机构基本药物货款进行统一支付，原则上从交货验收合格到付款不得超过30日。（卫生部负责）

（5）建立完善基本药物指导价格动态调整机制，对基本药物零售指导价进行分类管理，对基本药物中的独家品种和经多次集中采购价格已基本稳定且供应充足的品种探索实行国家统一定价。（发展改革委负责）

（6）制定完善基本药物基层配备使用政策，确保政府办基层医疗卫生机构全

部配备使用基本药物。（卫生部负责）

（7）保障基本药物生产供应。由供货企业自主选择经营企业进行配送或自行配送。鼓励发展现代物流等多种手段，提高配送效率。推动药品生产流通企业优化结构，实现规模经营。（卫生部、工业和信息化部、商务部负责）

（8）全面推行国家基本药物质量新标准。加强基本药物监管，加快信息化体系建设，对基本药物进行全品种覆盖抽验和全品种电子监管，提升对基本药物从生产到流通全过程追溯的能力。（食品药品监管局负责）

6. 全面推进基层医疗卫生机构综合改革，建立新的运行机制

（1）调整基层医疗卫生机构收费项目和医保支付政策，将基层医疗卫生机构原挂号费、诊查费、注射费以及药事服务成本合并为一般诊疗费。合理制定调整一般诊疗费收费标准，并在不增加群众现有个人负担的前提下，合理确定医保支付比例。（发展改革委、人力资源社会保障部、卫生部分别负责）

（2）建立基层医疗卫生机构稳定长效的多渠道补偿机制。落实政府对基层医疗卫生机构的专项补助以及经常性收支差额的补助，具备条件的地区可以实行“收支两条线”。（财政部、卫生部负责）

（3）完善编制管理。加快完成基层医疗卫生机构人员编制标准的制定工作。创新机构编制管理方式，以县（市、区）为单位实行人员编制总量控制、统筹安排、动态调整。（中央编办、卫生部、人力资源社会保障部、财政部负责）

（4）深化人事制度改革。推动各地实行定编定岗，全面建立人员聘用制度和岗位管理制度，实行按需设岗、竞聘上岗、按岗聘用、合同管理，建立绩效考核、优胜劣汰、能上能下、能进能出的用人机制。完成基层医务人员竞聘上岗，各地结合实际妥善分流安置未聘人员，确保社会稳定。（人力资源社会保障部、卫生部负责）

（5）健全绩效考核机制。根据工作数量、质量和服务对象满意度、居民健康状况改善等指标，对基层医疗卫生机构及医务人员进行综合量化考核，考核结果与基层医疗卫生机构补助和医务人员收入水平挂钩。（卫生部、财政部、人力资源社会保障部负责）

（6）完善分配激励机制。全面落实绩效工资，保障基层医务人员合理收入水平不降低。坚持多劳多得、优绩优酬，适当拉开医务人员收入差距，并向关键岗位、业务骨干和作出突出贡献的人员重点倾斜，调动医务人员积极性。（人力资源社会保障部、财政部、卫生部负责）

（7）鼓励有条件的地区将村卫生室和非政府举办的基层医疗卫生机构纳入基本药物制度实施范围，通过购买服务等方式进行合理补偿。落实对村医的补助和扶持政策。（卫生部、财政部、人力资源社会保障部负责）

（8）中央财政继续通过以奖代补的办法对各地实施国家基本药物制度和基层

医疗卫生机构综合改革给予奖励补助。（财政部、卫生部、发展改革委负责）

（三）健全基层医疗卫生服务体系

7. 继续加强基层医疗卫生机构建设，提升基层服务能力

（1）完成农村三级卫生服务网络和城市社区卫生服务机构建设任务，在前两年支持建设的基础上再支持300所以上县级医院（含中医院，下同）、1000所以上中心乡镇卫生院和13000个以上村卫生室建设，使每个县至少有1所县级医院基本达到二级甲等水平、有1～3所达标的中心乡镇卫生院，每个行政村都有卫生室，每个街道都有社区卫生服务机构。为中西部边远地区、山区配置流动巡回医疗服务车。（发展改革委、卫生部负责）

（2）在整合资源的基础上推进基层医疗卫生机构信息化建设，以省（区、市）为单位建立涵盖基本药物供应使用、居民健康管理、绩效考核等基本功能的基层医疗卫生管理信息系统，并与医保信息系统有效衔接，提高基层规范化服务水平。（发展改革委、卫生部、人力资源社会保障部负责）

8. 加强以全科医生为重点的基层医疗卫生队伍建设，大力培养适宜人才

（1）出台建立全科医生制度的文件，开展全科医生规范化培训，完善和落实鼓励全科医生长期在基层服务的政策，努力从体制机制上解决基层医疗卫生人才不足的问题。（发展改革委、卫生部、教育部、财政部、人力资源社会保障部负责）

（2）为中西部地区乡镇卫生院和基层部队招收5000名以上定向免费医学生，累计招收超过1万名。（卫生部、教育部、人力资源社会保障部、总后勤部卫生部、财政部负责）

（3）安排1.5万名基层医疗卫生机构在岗人员进行全科医生转岗培训，累计培训人员达到3万名。（卫生部、财政部、人力资源社会保障部负责）

（4）鼓励和引导医疗卫生人才到基层服务，加大乡镇卫生院执业医师招聘力度，为乡镇卫生院和村卫生室培训医疗卫生人员12万人次和46万人次，继续开展城市社区卫生服务机构医疗卫生人员培训。（卫生部、人力资源社会保障部、财政部负责）

（5）制定并实施全科医生临床培养基地建设方案，重点支持100个左右全科医生临床培训基地建设。（发展改革委、卫生部、教育部负责）

9. 转变基层医疗卫生机构服务模式，提高服务质量和效率

（1）鼓励基层医疗卫生机构开展主动服务、上门服务和巡回医疗。鼓励有条件的地区积极建立全科医生团队，推进家庭签约医生服务，为辖区居民提供方便、连续的健康管理服务。鼓励基层医疗卫生机构提供中医药等适宜技术和服务。（卫生部负责）

（2）大力推行院长（主任）负责制，落实管理责任，提高管理效率。结合基

层医疗卫生机构信息化建设，推行规范化、精细化管理，运用基本药物临床应用指南和处方集，规范基层用药和医疗行为，控制基层门诊输液和抗生素、激素使用。（卫生部负责）

（3）明显提高乡镇卫生院和社区卫生服务机构门诊量占医疗卫生机构门诊总量的比例。（卫生部、发展改革委、财政部、人力资源社会保障部负责）

（四）促进基本公共卫生服务逐步均等化

10. 全面开展9类基本公共卫生服务，提高居民健康素质

（1）拓展和深化基本公共卫生服务内容，扩大服务人群，提高服务质量，2011年人均基本公共卫生服务经费标准提高到25元。（卫生部、财政部负责）

（2）完善并严格执行9类国家基本公共卫生服务项目服务标准、操作规范和考核办法，提高服务水平。城乡居民健康档案规范化电子建档率达到50%左右。进一步提高儿童保健、孕产妇保健等基本公共卫生服务的质量。做好农民工基本公共卫生服务。为65岁及以上老年人每年进行健康危险因素调查和体格检查。高血压、糖尿病管理人数分别提高到4500万人、1500万人以上。发现的重性精神疾病患者全部纳入管理。（卫生部、财政部负责）

（3）完善基层健康宣传网络。通过互联网等多种渠道开展健康宣传教育，普及健康知识，积极倡导健康的生活方式，促进全民健康素质的提高。（卫生部负责）

11. 完成重大公共卫生服务项目，落实预防为主方针

（1）继续对15岁以下的人群补种乙肝疫苗，2011年再补种626万人左右，全面完成补种任务。（卫生部负责）

（2）在前两年工作基础上，再完成适龄妇女宫颈癌检查400万人，乳腺癌检查40万人。农村孕产妇住院分娩率达到95%以上；继续开展农村生育妇女免费补服叶酸。（卫生部负责）

（3）为45万例贫困白内障患者免费开展复明手术，累计完成100万例。（卫生部负责）

（4）在前两年工作基础上，累计完成163万户燃煤污染型氟中毒病区改炉改灶任务。（卫生部负责）

（5）在前两年工作基础上，累计完成1128万户无害化卫生厕所建设任务。（卫生部负责）

（6）继续实施艾滋病母婴传播阻断项目。（卫生部负责）

12. 加强专业公共卫生服务能力建设，提高服务可及性

（1）启动卫生监督体系建设和发展规划，支持中西部地区2100所以上县级卫生监督机构建设。（发展改革委、卫生部负责）

（2）全面实施精神卫生防治体系建设与发展规划，国家重点支持430所左右

精神卫生专业机构建设。（发展改革委、卫生部、民政部负责）

（3）依托县级医院建立县域内农村院前急救体系，重点支持800个左右的县配置必要的救护车和指挥系统，同步建立体现公益性的运行机制。（发展改革委、卫生部负责）

（4）落实传染病医院、鼠防机构、血防机构和其他疾病预防控制机构从事高风险岗位工作人员的待遇政策。（卫生部、财政部、人力资源社会保障部负责）

（五）积极稳妥地推进公立医院改革

按照上下联动、内增活力、外加推力的原则，积极推进公立医院改革试点，着力创新体制机制。同时，在全国范围内大力推广行之有效的便民惠民措施，提高公立医院的服务质量和运行效率。

13. 不断深化体制机制改革试点，形成公立医院综合改革经验

加大公立医院（含国有企业医院）改革试点力度，力争形成公立医院改革的基本路子。在16个国家联系的公立医院改革试点城市和省级试点城市加快推进综合改革，鼓励在政事分开、管办分开、医药分开、营利和非营利分开等重点难点问题上大胆探索。探索建立高效的公立医院管理体制，形成规范化的公立医院法人治理结构，积极推进现代医院管理制度。深化人事制度改革，健全聘用和岗位管理制度，形成能进能出、能上能下的用人机制，完善以服务质量和效率为核心、能充分调动医务人员积极性的绩效考核和分配激励机制。改革公立医院补偿机制，落实政府投入政策，完善医药价格机制。（卫生部、发展改革委、人力资源社会保障部、财政部、中央编办、国资委负责）

14. 深化公立医院与基层医疗卫生机构的分工协作机制，提高医疗体系整体效率

（1）着力提高县级医院服务能力，使县级医院成为县域内医疗卫生中心，带动乡村共同提高医疗卫生服务水平。积极推进县级医院综合改革，形成维护公益性、调动积极性的高效运行机制。（卫生部、发展改革委、财政部负责）

（2）进一步巩固和深化三级医院对口支援县级医院长期合作帮扶机制。重点帮助县级医院加强人才培养和能力建设，全国安排6000名县级医院医务骨干人员到三级医院进修学习。三级医院与对口的县级医院建立远程医疗系统。（卫生部、财政部负责）

（3）鼓励各地采取多种方式建立基层医疗卫生机构与县级及其以上医疗机构合作的激励机制，引导有资历的医师到基层医疗卫生机构开展执业活动。探索建立长期稳定、制度化的协作机制，逐步形成基层首诊、分级医疗、双向转诊的服务模式。组建医疗小分队，为边远地区提供巡回医疗服务。（卫生部、人力资源社会保障部负责）

15. 以病人为中心完善公立医院内部运行机制，方便群众就医

（1）完善预约诊疗制度，所有三级医院实行预约诊疗服务。优化门诊诊疗流程，实行错峰、分时段诊疗，全面推广叫号服务，合并挂号、收费、取药等服务窗口，简化就医手续，缩短群众候诊时间。推行双休日和节假日门诊。广泛开展优质护理服务。（卫生部负责）

（2）制定并落实控制医药费用过快增长的政策措施。规范公立医院临床检查、诊断、治疗、使用药物和植（介）入类医疗器械行为，对医疗、用药行为全过程跟踪监管，鼓励公立医院优先使用基本药物和适宜技术。加强公立医院财务管理和成本核算。完善医用设备和医用耗材管理、采购和价格等政策，政府投资购置的公立医院大型设备按扣除折旧后的成本制定检查价格，降低检查费用；以省（区、市）为单位逐步推开植（介）入类医用耗材实行集中招标采购。加大对开“大处方”行为的查处力度。合理调整医疗技术服务价格，开展按病种等收费方式改革试点。研究对新进入医保目录药品制定统一价格，作为医疗保险的报销计费依据，超过部分由个人支付。（卫生部、发展改革委、财政部、人力资源社会保障部分别负责）

（3）以公立医院改革试点城市为重点开展临床路径管理，研究制定适应基本医疗需求的临床路径，累计达到300种，覆盖绝大多数常见病、多发病。推行电子病历，利用信息化手段加强医疗行为管理。（卫生部、人力资源社会保障部、发展改革委、财政部负责）

（4）加强和完善医疗服务监督机制。发挥卫生行政部门全行业监管职能，加强对医疗服务行为和质量的监管。强化行业自律和医德医风建设，坚决治理医疗领域的商业贿赂，加大对违法违规行为的惩处力度。健全多方参与的社会监督机制。（卫生部负责）

16. 加强卫生人才队伍建设，调动医务人员积极性

（1）完善住院医师规范化培训的制度框架、培训模式和政策体系，开展住院医师规范化培训。支持临床重点专科建设，对公立和非公立医院一视同仁。（卫生部、人力资源社会保障部、财政部、教育部负责）

（2）制定执业医师多点执业的规范性文件，放宽执业医师多点执业试点条件，增加执业地点数量，将试点范围扩大到所有有条件的城市。鼓励卫生专业技术人才在公立和非公立医疗机构间合理流动。（卫生部、人力资源社会保障部负责）

（3）保障医疗卫生人员合理待遇，建立和推行改善执业环境的长效机制。（卫生部、人力资源社会保障部负责）

17. 鼓励和引导社会资本举办医疗机构，加快形成多元办医格局

（1）出台强化区域卫生规划工作的指导意见，指导各地完善区域卫生规划和

医疗机构设置规划，严格控制公立医院建设规模、标准和贷款行为，新增或调整医疗卫生资源在符合准入标准的条件下优先考虑社会资本。指导公立医院改革试点地区开展公立医院布局与结构调整工作，及时总结试点经验。研究制定公立医院改制的范围和办法，稳妥推进公立医院改制。（卫生部、发展改革委、财政部、人力资源社会保障部负责）

（2）抓紧清理和修订相关规章和办法，制定和完善实施细则和配套文件，落实鼓励和引导社会资本举办医疗机构的政策，促进非公立医疗机构发展。鼓励社会资本举办普通医疗机构，支持社会资本举办高端医疗机构，控制公立医院开展特需服务的比例。（卫生部、商务部负责）

三、保障措施

2011 年度医改工作的实施时间为 2011 年 2 月到 2012 年 2 月。各地区、各有关部门要切实加强领导，精心组织实施，强化督促检查，将医改实施情况纳入政绩考核，确保如期完成各项改革任务。

（一）建立目标责任制

国务院医改办公室将继续与各省（区、市）医改领导小组签订责任状。牵头部门对牵头任务全国范围内的完成情况负总责，要及时将任务分解到各地，制定进度计划，加强督促指导。地方各级政府主要负责同志是本地区医改工作第一责任人，对本地区医改任务完成情况负总责，分管负责同志要具体负责、亲自抓。各有关部门、各省（区、市）要层层分解任务，层层落实责任，2011 年 2 月底前完成各项任务分解，作出具体安排。要督促县级政府实行包干负责制，按照“一人一院（中心）”的要求确定干部包干负责基层医疗卫生机构综合改革。

（二）强化财力保障

各级政府要将 2011 年医改任务所需资金纳入财政预算，确保按时足额拨付到位。要重点落实基层医疗卫生机构补偿政策，确保基本药物制度和基层综合改革顺利推进，按确定的任务和进度尽早将基本公共卫生服务经费和重大公共卫生服务专项经费拨付到基层医疗卫生机构。要建立政府投入长效机制，完善政府投入方式，提高资金使用效益，将医改任务完成情况（特别是基层医疗卫生机构综合改革情况）和绩效考核结果与财政补助安排挂钩。

（三）严格绩效考核

国务院医改办公室会同有关部门要进一步加强对各地医改进展情况和效果的监测评估，建立严格的绩效考核机制，每月对各地工作情况进行汇总通报，每季度进行进度考核，年终对医改三年目标任务完成情况进行全面评估。要建立定期督导机制，每季度开展一次全国范围内的集中督导检查。

（四）加强宣传引导

要继续加强对医改政策的培训，增强各有关方面的政策执行力。要坚持正确的舆论导向，调动各方参与和推进医改的积极性、主动性和创造性。要及时公布医改工作进展，主动接受新闻媒体和社会各界的监督，解答社会各界关心的问题。要加强正面引导，统一思想，凝聚共识，为深化改革创造良好的舆论氛围和社会环境。

六 公立医院改革

042

关于印发公立医院改革试点指导意见的通知

卫医管发〔2010〕20号

各省、自治区、直辖市人民政府，新疆生产建设兵团：

卫生部、中央编办、国家发展改革委、财政部和人力资源社会保障部制定的《关于公立医院改革试点的指导意见》，已经国务院同意，现印发你们，请结合本地实际认真贯彻落实。各地在试点过程中的重要情况和问题，请及时向卫生部和相关部门报告。

卫生部
中央编办
国家发展改革委
财政部
人力资源社会保障部
二〇一〇年二月十一日

关于公立医院改革试点的指导意见

卫生部　中央编办
国家发展改革委　财政部
人力资源社会保障部
2010年2月11日

为贯彻《中共中央国务院关于深化医药卫生体制改革的意见》（中发〔2009〕6号）和国务院《医药卫生体制改革近期重点实施方案（2009—2011年）》（国发〔2009〕12号），指导各地切实做好公立医院改革试点工作，制定本指导意见。

一、指导思想和基本原则

（一）指导思想

坚持公立医院的公益性质，把维护人民健康权益放在第一位，实行政事分开、管办分开、医药分开、营利性和非营利性分开，推进体制机制创新，调动医务人员积极性，提高公立医院运行效率，努力让群众看好病。按照“适度规模、优化结构、合理布局、提高质量、持续发展”的要求，坚持中西医并重方针，统筹配置城乡之间和区域之间医疗资源，促进公立医院健康发展，满足人民群众基本医疗服务需求，切实缓解群众看病贵、看病难问题。

（二）基本原则

坚持公平与效率统一，政府主导与发挥市场机制相结合；坚持公立医院的主导地位，鼓励多元化办医，推动不同所有制和经营性质医院协调发展；坚持发展、改革和管理相结合，完善服务体系，创新体制机制，加强内部管理；坚持总体设计，有序推进，重点突破，系统总结；坚持中央确定改革方向和原则，立足我国国情，鼓励地方解放思想，因地制宜，大胆探索创新。

二、试点的总体目标、主要任务和实施步骤

（三）总体目标

构建公益目标明确、布局合理、规模适当、结构优化、层次分明、功能完善、富有效率的公立医院服务体系，探索建立与基层医疗卫生服务体系的分工协作机制，加快形成多元化办医格局，形成比较科学规范的公立医院管理体制、补偿机制、运行机制和监管机制，加强公立医院内部管理，促使公立医院切实履行公共服务职能，为群众提供安全、有效、方便、价廉的医疗卫生服务。形成公立医院改革的总体思路和主要政策措施，为全面推动公立医院改革奠定基础。

（四）主要任务

——强化区域卫生规划。合理确定公立医院功能、数量和规模，优化结构和布局，完善服务体系。

——改革公立医院管理体制。探索政事分开、管办分开的有效形式，建立协调、统一、高效的公立医院管理体制，科学界定公立医院所有者和管理者的责权，探索建立医院法人治理结构，推进医院院长职业化、专业化建设。

——改革公立医院补偿机制。探索实现医药分开的具体途径，改变医疗机构过度依赖药品销售收入维持运转的局面，逐步取消药品加成政策，合理调整医疗服务价格，完善基本医疗保障支付方式，落实财政补助政策。落实中医药扶持政策。

——改革公立医院运行机制。深化公立医院人事制度和收入分配制度改革，

改进公立医院经济运行和财务管理制度；加强公立医院内部管理，落实各项医院管理制度，制订疾病诊疗规程并推广实施，加快推进信息化建设，保障医疗质量，提高服务效率，控制医疗费用，方便群众就医。

——健全公立医院监管机制。实施医院信息公开，完善公立医院绩效考核制度，加强医疗安全质量和经济运行监管。

——形成多元化办医格局。鼓励、支持和引导社会资本进入医疗服务领域，完善政策体系，为非公立医疗卫生机构经营创造公平竞争的环境，引导、鼓励和支持非公立医疗卫生机构发展，促进不同所有制医疗卫生机构的相互合作和有序竞争，满足群众不同层次医疗服务需求。

（五）实施步骤

2009 年，根据国务院办公厅《医药卫生体制五项重点改革 2009 年工作安排》（国办函〔2009〕75 号）的要求，各省、自治区、直辖市已经分别选择 1～2 个城市（城区）作为公立医院改革试点城市。国家在各地试点城市范围内，选出 16 个有代表性的城市，作为国家联系指导的公立医院改革试点城市。

2010 年开始推进公立医院改革试点工作。加强对试点城市的调研督导，及时研究解决存在的问题，加强信息交流和指导培训，适时开展评估工作。不断总结公立医院改革试点工作经验，完善公立医院改革总体思路和主要政策措施，在全国逐步推进公立医院改革。

三、试点的主要内容

（六）完善公立医院服务体系

加强公立医院的规划和调控。省级人民政府制订卫生资源配置标准，组织编制区域卫生规划和区域医疗机构设置规划。合理确定各级各类公立医院的功能定位。设区的市级以上卫生行政（含中医药管理）部门依据各自职责，按照区域卫生规划和区域医疗机构设置规划要求，研究制订本级政府负责举办公立医院的设置和发展规划，在认真测算的基础上明确各级各类公立医院的类别、数量、规模、布局、结构和大型医疗设备配置标准。充分利用和优化配置现有医疗卫生资源，新增卫生资源必须符合区域卫生规划。对部分公立医院，可有计划、按步骤地迁建、整合、转型和改制等，推动公立医院结构布局的优化调整。

建立公立医院之间、公立医院与城乡基层医疗卫生机构的分工协作机制。城市一级、部分二级医院应根据区域卫生规划改造为社区卫生服务机构。公立医院通过技术支持、人员培训、管理指导等多种方式，带动基层医疗卫生机构发展，使公立医院改革与健全基层医疗卫生体系紧密配合、相互促进。建立公立医院与基层医疗卫生机构分工协作机制，实行分级医疗、双向转诊，在明确二级以上公立医院的功能定位、着力提高基层医疗卫生机构的服务能力和水平的同时，发挥价格、基本医疗保障支付政策等的引导和调控作用，引导一般诊疗下沉到基层。有条件的地区，医院可以通过合作、托管、重组等方式，促进医疗资源合理配置。发展老年护理、康复等延续服务，逐步实现急、慢性病分治。

重点加强县级医院能力建设，实行城乡医院对口支援。推进县级医院标准化建设，改善县级医院的业务用房和装备条件。完善城乡医院对口支援制度，多形式、多渠道加强人才队伍建设，逐步提高县级医院的人员素质和能力水平。

（七）改革公立医院管理体制

明确各级政府举办公立医院的职责。中央和省级人民政府负责举办承担疑难危重病症诊治、医学科研和教学综合功能的国家级或省级医学中心；县（市、区）级人民政府主要负责举办县级公立医院；其他公立医院均由设区的市级人民政府负责举办。

积极探索管办分开的有效形式。按照医疗服务监管职能与医疗机构举办职能分开的原则，推进政府卫生及其他部门、国有企事业单位所属医院的属地化管理，逐步实现公立医院统一管理。有条件的地区可以设立专门的机构，负责公立医院的资产管理、财务监管和医院主要负责人的聘任，建立协调、统一、高效的公立医院管理体制。政府有关部门按照职责，制订并落实按规划设置的公立医院发展建设、人员编制、政府投入、医药价格、收入分配等政策措施，为公立医院履行公共服务职能提供保障条件。卫生、教育等行政部门要积极研究探索高校附属医院管理体制改革。

（八）改革公立医院法人治理机制

明确政府办医主体，科学界定所有者和管理者责权；探索建立以理事会等为核心的多种形式的公立医院法人治理结构，明确在重大事项方面的职责，形成决策、执行、监督相互制衡的权力运行机制。落实公立医院独立法人地位，强化具体经营管理职能和责任，增强公立医院的生机活力。

制定公立医院院长任职资格、选拔任用等方面的管理制度，推进职业化、专业化建设。建立以公益性为核心的公立医院绩效考核管理制度，探索建立医院院长激励约束机制。

（九）改革公立医院内部运行机制

完善医院内部决策执行机制。完善院长负责制。按照法人治理结构的规定履行管理职责，重大决策、重要干部任免、重大项目投资、大额资金使用等事项须经医院领导班子集体讨论并按管理权限和规定程序报批、执行。实施院务公开，推进民主管理。完善医院组织结构、规章制度和岗位职责，推进医院管理的制度化、规范化和现代化。

完善医院财务会计管理制度。严格预算管理和收支管理，加强成本核算与控制。积极推进医院财务制度和会计制度改革，严格财务集中统一管理，加强资产管理，建立健全内部控制，实施内部和外部审计制度。在大型公立医院探索实行总会计师制度。

深化公立医院人事制度改革，完善分配激励机制。科学合理核定公立医院人员编制。建立健全以聘用制度和岗位管理制度为主要内容的人事管理制度。以专业技术能力、工作业绩和医德医风为主要评价标准，完善卫生专业技术人员职称评定制度。合理确定医务人员待遇水平，完善人员绩效考核制度，实行岗位绩效工资制度，体现医务人员的工作特点，充分调动医务人员的积极性。探索实行并规范注册医师多地点执业的方式，引导医务人员合理流动。

（十）改革公立医院补偿机制

推进医药分开，改革以药补医机制，逐步将公立医院补偿由服务收费、药品加成收入和政府补助三个渠道改为服务收费和政府补助两个渠道。服务收费和政府补助由各地根据国家有关规定，考虑医院功能定位、医疗保障基金承受能力、本地财政能力、城乡居民收入水平和对价格调整的承受能力等因素合理确定。

合理调整医药价格，逐步取消药品加成政策。在成本核算的基础上，合理确定医疗技术服务价格，降低药品和大型医用设备检查治疗价格，加强医用耗材的价格管理。逐步取消药品加成政策，对公立医院由此而减少的合理收入，采取增设药事服务费、调整部分技术服务收费标准等措施，通过医疗保障基金支付和增加政府投入等途径予以补偿。药事服务费原则上按照药事服务成本，并综合考虑社会承受能力等因素合理确定，纳入基本医疗保障报销范围。也可以对医院销售药品开展差别加价试点，引导医院合理用药。

完善医疗保障支付制度改革。完善基本医疗保障费用支付方式，积极探索实行按病种付费、按人头付费、总额预付等方式，及时足额支付符合医疗保障政策和协议规定的费用；落实医疗救助、公益慈善事业的项目管理和支付制度；完善补充保险、商业健康保险和道路交通保险支付方式，有效减轻群众医药费用负担。在加强政府指导，合理确定医疗服务指导价格，合理控制医院医药总费用、次均费用的前提下，探索由医院（医院代表）和医疗保险经办机构谈判确定服务范围、支付方式、支付标准和服务质量要求。

加大政府投入。政府负责公立医院基本建设和大型设备购置、重点学科发展、符合国家规定的离退休人员费用和政策性亏损补贴等，对公立医院承担的公共卫生任务给予专项补助，保障政府指定的紧急救治、救灾、援外、支农、支边和支援社区等公共服务经费，对中医医院（民族医医院）、传染病医院、职业病防治院、精神病医院、妇产医院和儿童医院等在投入政策上予以倾斜。

（十一）加强公立医院管理

加强医疗服务质量管理。健全和落实医院管理规章制度和人员岗位责任制，健全医疗质量管理组织，推行疾病诊疗规范和药物临床应用指南，规范临床检查、诊断、治疗、使用药物和植（介）入类医疗器械行为，持续提高医疗质量，保障患者安全。加强重点学科和人才队伍建设，提高医疗服务能力和水平。要规范各级各类公立医院配备使用国家基本药物的比例，建立健全国家基本药物采购供应管理制度，促进公立医院优先配备和合理使用基本药物。推广应用适宜技术和基本药物，在加强规范和保障质量的基础上逐步实行同级医疗机构检查结果互认，降低医疗服务成本。研究制订疾病诊疗规程并推广实施，推动病种规范化治疗。

改善医院服务。通过采取提供预约诊疗服务，畅通急诊绿色通道，优化服务流程，按病情分类诊疗等措施，努力缩短病人等候时间。建立患者投诉管理机制，及时有效处理患者投诉和医疗纠纷，构建和谐医患关系。

提高医院信息化水平。以医院管理和电子病历为重点推进公立医院信息化建设，提高管理和服务水平。研究制订医疗机构内部信息管理的规定和标准，充分利用现有资源逐步建立医院之间、上级医院和基层医疗卫生服务机构之间、医院和公共卫生机构、医保经办机构之间的互联互通机制，构建便捷、高效的医院信息平台。

（十二）改革公立医院监管机制

实行全行业监管。加强卫生行政（含中医药管理）部门医疗服务监管职能，建立健全医疗服务监管机制。所有医疗卫生机构不论所有制、投资主体、隶属关系和经营性质，均由卫生行政（含中医药管理）部门实行统一规划、统一准入、统一监管。完善机构、人员、技术、设备的准入和退出机制，依法实行全行业监管。

加强公立医院医疗服务安全质量监管。充分依托现有的具有较高诊疗技术水平和质量管理水平的公立医院，建立完善国家、省、市（地）三级医疗质量安全控制评价体系和各级各专业医疗质量控制评价组织，加强医疗质量安全评价控制工作，持续改进医疗服务质量。完善各级各类医院管理评价制度，继续做好医院管理评审评价工作。

加强公立医院运行监管。卫生行政部门要加强对公立医院功能定位和发展规划的监管。严格控制公立医院建设规模、标准和贷款行为，加强大型医用设备配置管理。控制公立医院特需服务规模，公立医院提供特需服务的比例不超过全部医疗服务的10%。健全财务分析和报告制度，加强公立医院财务监管。建立健全公立医院财务审计和医院院长经济责任审计制度。

建立社会多方参与的监管制度，充分发挥社会各方面对公立医院的监督作用。全面推进医院信息公开制度，接受社会监督。强化医疗保障经办机构对医疗服务的监督制约作用，依照协议对医疗机构提供的服务进行监督，并纳入公立医院考核和评价内容中。充分发挥会计师事务所的审计监督作用，加强医疗行业协会（学会）在公立医院自律管理监督中的作用。建立医患纠纷第三方调解机制，积极发展医疗意外伤害保险和医疗责任保险，完善医疗纠纷调处机制，严厉打击“医闹”行为。

（十三）建立住院医师规范化培训制度

逐步探索建立符合医学人才成长规律、适应我国国情的住院医师规范化培训制度，把住院医师培训作为全科医生、专科医生培养的必经环节。通过试点，探索完善住院医师规范化培训的制度模式、规范标准、体制机制和配套政策，建立住院医师规范化培训经费保障机制，完善编制管理、岗位设置、人员聘用和工资保障等人事保障机制和其他相关政策。试点期间重点为县级医院培养专科方向的住院医师，为城乡基层医疗卫生机构培养全科方向的临床医师。

（十四）加快推进多元化办医格局

鼓励、支持和引导社会资本发展医疗卫生事业，加快形成投资主体多元化、投资方式多样化的办医体制。完善政策措施，鼓励社会力量举办非营利性医院。在区域卫生规划和医疗机构设置规划中，要给非公立医院留出足够空间。非公立医院在医保定点、科研立项、职称评定、继续教育等方面，与公立医院享有同等待遇，在服务准入、监督管理等方面一视同仁。政府可采取购买服务的方式由非公立医院承担公共卫生服务和公共服务。落实非营利性医院税收优惠政策，完善营利性医院税收优惠政策。加强对非公立医院的监管，引导非公立医院依法经营、加强管理、严格自律、健康发展。省级卫生行政部门会同有关部门，按照区域卫生规划和区域医疗机构设置规划，确定公立医院转制的范围、条件、程序和配套政策措施，积极稳妥地把部分公立医院转制为非公立医院，确保国有资产保值和职工合法权益。公立医院改制方案必须充分征求职工意见。允许商业保险机构参与公立医院转制重组。

四、试点的组织领导

（十五）试点的领导机制

公立医院改革试点任务重、难度大，要充分认识公立医院改革的重要性、复杂性和艰巨性，切实加强对公立医院改革试点的领导。试点工作由国务院深化医药卫生体制改革领导小组（以下简称国务院医改领导小组）统一领导，试点城市人民政府和所在地省级人民政府负责实施，卫生部组织推动试点工作，加强对试点城市工作的指导、培训、评估和监督，其他有关部门积极支持配合。

（十六）试点的组织实施

试点城市人民政府应建立试点工作领导机构，负责组织协调、指导和监督。根据《中共中央国务院关于深化医药卫生体制改革的意见》、国务院《医药卫生体制改革近期重点实施方案（2009—2011 年）》和本《指导意见》要求，充分调研、多方论证、广泛征求意见，制订试点实施方案。实施方案应在坚持中央确定的方向和原则基础上，努力细化、实化、具体化，突出重点方面和关键环节，强调体制机制创新，深入探索，大胆尝试，力求有所突破，取得实效。试点实施方案由省级医改领导小组审核后组织实施，并报卫生部和国务院医改领导小组办公室备案。制订并落实试点的配套政策措施，协调解决试点工作中出现的问题，及时将重大问题向省级人民政府和国家有关部门报告。

（十七）试点的指导、评估和监督

各省级人民政府要加强对试点城市的指导和支持。国务院有关部门各负其责，密切配合，加强对试点工作的指导和评估，及时总结试点情况，完善有关政策措施，推进试点工作积极稳妥地开展。

（十八）创造良好试点环境

试点地区要做好舆论宣传工作，加强对公立医院改革试点工作重要意义、指导思想、基本原则、主要任务和政策措施的宣传，调动广大医务人员参与改革的积极性、主动性，争取广大人民群众和社会各界的理解和支持。卫生部门与宣传部门要紧密配合，加强对公立医院改革试点的舆情监测与研判，积极引导社会舆论，坚定改革信心，合理引导社会预期。

043

国务院办公厅关于印发
2011年公立医院改革试点工作安排的通知

国办发〔2011〕10号

各省、自治区、直辖市人民政府，国务院有关部门：

《2011年公立医院改革试点工作安排》已经国务院同意，现印发给你们，请结合实际，认真组织实施。

公立医院改革试点涉及多方面利益的调整，是医药卫生体制改革的重点和难点。2011年是完成医药卫生体制五项重点改革三年任务的攻坚之年，也是公立医院改革试点的关键一年。做好今年公立医院改革工作，力争在体制机制综合改革等难点问题上取得突破，将为下一步改革打下坚实基础。各地区、各有关部门要切实加强领导，密切配合，精心组织，周密部署，确保公立医院改革试点取得预期成效。

国务院办公厅

二〇一一年二月二十八日

2011年公立医院改革试点工作安排

国务院办公厅

2011年2月28日

根据《中共中央 国务院关于深化医药卫生体制改革的意见》（中发〔2009〕6号）、《国务院关于印发医药卫生体制改革近期重点实施方案（2009—2011年）的通知》（国发〔2009〕12号）、《国务院办公厅关于印发医药卫生体制五项重点改革2011年度主要工作安排的通知》（国办发〔2011〕8号）和卫生部等部门《关于公立医院改革试点的指导意见》（卫医管发〔2010〕20号），为加快公立医院改革步伐，提出2011年公立医院改革试点工作安排。

一、工作思路

按照上下联动、内增活力、外加推力的原则，坚持点面结合、远近兼顾、突出重点、边试边推，紧紧围绕缓解群众看病难、看病贵问题，在全国实施一批看得准、见效快的公立医院改革政策措施，争取在人民群众得实惠和医务人员受鼓舞方面取得突破性进展。同时，大力推动试点城市在“管办分开、政事分开、医药分开、营利性和非营利性分开”等重大体制机制综合改革方面积极探索，并加强指导，力争形成公立医院改革的基本路子。要把实施惠民便民措施和推进体制机制综合改革、建立长效机制紧密结合起来，使之相互配合、相互促进。

二、开展重大体制机制综合改革试点

（一）推进管办分开，深化公立医院管理体制改革

1. 加强卫生行政部门全行业管理职责。所有医疗卫生机构均由卫生行政部门实行统一规划、统一准入、统一监管。强化卫生行政部门医疗服务监管职能，加强医疗服务监管能力建设。完善机构、人员、技术、设备的准入和退出机制，健全医疗服务标准、规范和质量评价体系，加强医疗服务行为、质量安全和医疗卫生机构运行监测监管。各级卫生行政部门负责人不得兼任公立医院领导职务。

2. 建立统一、高效、权责一致的政府办医体制。采取设立专门管理机构等多种形式确定政府办医机构，由其履行政府举办公立医院的职能，负责公立医院的资产管理、财务监管、绩效考核和医院主要负责人的任用。

（二）推进政事分开，完善公立医院法人治理机制

1. 探索建立理事会等多种形式的公立医院法人治理结构。明确理事会、院长及医院管理层、职工代表大会等的职责，构建决策、执行、监督相互分工、相互制衡的权力运行机制。公立医院理事会成员应包括政府有关部门代表、政府办医机构代表、医院职工代表、服务对象代表、专家学者等。

2. 理顺公立医院所有者和管理者责权。公立医院的功能定位、发展规划、重大投资、院长及医院管理层薪酬制定等权力由政府办医机构或理事会行使。落实公立医院独立法人地位和经营管理自主权，强化经营管理责任，按照国家有关规定管理人员聘用和内部收入分配。推行院务公开，推进民主管理。

3. 完善公立医院院长任用制度，探索公开招聘院长，在任用或招聘中突出专业化管理能力。加强院长管理能力培训，推进院长职业化、专业化建设。按照国家政策指导建立院长收入分配激励机制和约束机制。

4. 合理确定公立医院绩效考核制度。研究建立以公益性为核心的公立医院绩效考核体系，逐步扩大考核结果公开范围，并将考核结果与院长任免、奖惩和医院财政补助、工作人员平均收入水平等挂钩。

5. 加强对公立医院履行功能定位和发展建设、投融资行为的监管，强化预算、收支、资产、成本核算与控制等财务管理的监管。探索建立医院总会计师制度，建立健全内部控制制度，实施内部和外部审计制度。

（三）推进医药分开，完善公立医院补偿机制

1. 改革以药补医机制。探索医药分开的多种具体途径，逐步取消药品加成政策，对公立医院由此减少的合理收入，采取增设药事服务费、调整部分技术服务收费标准等措施，通过医疗保障基金支付和增加政府投入等途径予以补偿。药事服务费纳入基本医疗保障支付范围。鼓励以收付费制度改革为切入点解决以药补医问题。

2. 研究合理调整医疗服务价格。按照总量控制、结构调整的原则，合理调整体现医务人员技术劳务价值的医疗服务价格；政府出资购置的公立医院大型设备按扣除折旧后的成本制定检查价格；植（介）入类医用耗材实行集中招标采购，以省（区、市）为单位逐步推开；加强医用耗材的价格管理。所有医疗机构都要采取适当方式公示药品、医用耗材价格和医疗服务收费标准。研究制定改革医疗服务收费方式的指导意见，开展按病种等收费方式改革试点，探索有利于控制费用、公开透明、方便操作的医疗服务收费方式。

3. 落实对公立医院基本建设和大型设备购置、重点学科发展、符合国家规定的离退休人员费用和政策性亏损补贴等政府投入政策。

（四）推进营利性与非营利性分开，完善医疗机构分类管理制度

建立健全不同经营性质医疗机构管理制度，完善非营利性医疗机构的资产管理制度、财务与会计制度、治理机制和监督管理制度。规范不同性质医疗机构的转换程序。严格界定社会资本举办医疗机构的经营性质，按照经营性质规范管理。政府不得举办营利性医疗机构。

三、推进公立医院服务体系建设发展

（一）优化公立医院布局结构

1. 研究制定强化区域卫生规划的指导意见，完善区域医疗机构设置规划指导原则，研究制定全国不同类型地区医疗资源配置的指导标准，制定公立医院布局结构调整的指导意见。各地区要在区域卫生规划、区域医疗机构设置规划的框架下，制定公立医院设置与发展规划，确定公立医院的功能、种类、数量、规模和布局。

2. 按照总量控制、结构调整、规模适度的原则，严格控制公立医院建设规模、标准和贷款行为，采取新建、改扩建、迁建、整合、转型等方式，优化配置公立医院资源。重点加强新区、郊区、卫星城区等区域和儿科、妇产、精神卫生、传染病防控、老年护理、康复等领域的医疗服务能力建设。

3. 推进公立中医（含民族医药）医院改革发展。完善公立中医医院服务体系，促进中医药进社区、进基层、进农村，充分发挥中医药特色优势。加强国家中医重点专科建设，提高中医临床疗效。落实政府对公立中医医院投

入倾斜政策，研究制订有利于公立中医医院发挥中医药特色优势的经济政策。

（二）优先建设发展县级医院

1. 政府在每个县重点办好1所县级医院。在前两年工作基础上，中央今年再支持300所以上县级医院（含中医医院，下同）标准化建设。人口数超过30万的县（市）2011年底前基本建成1所二级甲等以上的公立医院，使常见病、多发病、危急重症和部分疑难复杂疾病的诊治能够在县域内基本解决。

2. 深化城市三级医院对口支援县级医院工作。继续实施“万名医师支援农村卫生工程”，采取合作、托管、选派院长、团队支援等方式，提高县级医院的管理和服务能力。在全国推行城市三级医院向县级医院轮换派驻医生制度，每个县不少于1所医院，每所医院不少于5名医生。妥善解决城市医院派驻人员涉及的人员编制和补助问题。

3. 加强县级医院骨干人才培养。严格县级医院人员准入，新进入县级医院医务人员须具备相应执业资格。组织未经过住院医师规范化培训的新进临床医学本科毕业生进行3年规范化培训。鼓励经过规范化培训的医师到县级医院就业，并为其长期在县级医院工作创造条件。健全继续教育制度，鼓励县级医院卫生专业技术人员通过多种形式提高业务能力和综合素质。遴选6000名左右县级医院骨干医师或其他卫生专业技术人才到对口的三级医院进修学习。完善县级卫生人才职称评价标准，突出临床技能考核，淡化论文和外语要求。

4. 逐步推进县级医院综合改革。制定县级医院综合改革方案，在全国选择300所服务人口较多、基础较好的县级医院进行以人事管理和收入分配、绩效考核、优质护理服务、支付方式、调整医疗服务价格、实施临床路径、推进信息化建设等为重点的综合改革试点。鼓励有条件的地区扩大试点范围，加大试点力度。

（三）建立公立医院与基层医疗卫生机构的分工协作机制

1. 总结各地医院与基层医疗卫生机构分工协作工作经验，研究制定指导性文件。

2. 加强县级医院对乡镇卫生院的支持。在全国20％的县（市）探索推进县乡纵向技术合作，提高农村医疗卫生服务体系的整体效率。在国家扶贫工作重点县和部分省定扶贫工作重点县实施二级以上医疗卫生机构对口支援乡镇卫生院项目。

3. 在城市公立医院与社区卫生服务机构之间建立长期稳定的分工协作机制。采取签订长期合作协议等多种形式，综合运用医保支付、医药服务价格调整、财政投入等政策，鼓励大医院医生到基层出诊，逐步形成基层首诊、分级医疗、双向转诊的格局。

4. 组建医疗小分队，为边远地区提供巡回医疗服务。

（四）加快推进医院信息化建设

1. 研究建立全国统一的医院信息化建设标准体系，为实现跨机构、跨区域、跨领域的医疗信息资源互联互通、共享利用奠定基础。

2. 统一规划，整合资源，逐步完善与区域卫生信息系统衔接、以电子病历建设和医院管理为重点的医院信息化网络，支持医院和医务人员以病人为中心提供协调、连贯、便捷的服务。同时，为公立医院与基层医疗卫生机构建立上下联动的分工协作机制、建立高效医疗服务监管制度提供技术支持。

3. 推动县级医院与城市三级医院开展远程医学活动，实现远程会诊、远程诊断、远程检查、远程教育和信息共享，充分发挥优质医疗资源的辐射作用。2011 年完成边远地区 500 所县级医院与城市三级医院的远程会诊系统建设。

四、在全国推行惠民便民措施

（一）改进群众就医服务

1. 普遍开展预约诊疗服务。全国所有三级甲等综合医院实行多种方式预约诊疗，社区转诊预约的优先诊治，到 2011 年底，社区转诊预约占门诊就诊量的比例达到 20%，本地病人复诊预约率达到 50%，其中，口腔科、产前检查、术后病人复查等复诊预约率达到 60%。

2. 优化医院门急诊环境和流程。按照“填平补齐”的原则，改善三级医院急诊设施和条件。开展错峰服务和分时段诊疗，简化就医手续，缩短群众等候时间。完善门诊信息管理平台，公开医疗服务信息，提供预约挂号、叫号、报告单打印等服务。

3. 广泛开展便民门诊服务。全国三级医院普遍开展双休日及节假日门诊，充实门诊力量，延长门诊时间。通过购买服务等措施，鼓励、支持三级医院医务人员到基层医疗卫生机构开展执业活动。

4. 推广优质护理服务。全国三级医院全部开展优质护理服务，50%的三级甲等医院优质护理服务覆盖 50%以上的病房，40%的地（市）级二级医院和 20%的县级二级医院开展优质护理服务。完善并落实专业护理人员编制、医疗服务价格和内部收入分配等支持政策。

（二）实施控制医药费用的惠民措施

1. 探索多种基本医疗保障付费方式改革，大力推行按人头付费、按病种付费、总额预付等多种支付方式。探索由基本医疗保障经办机构与公立医院通过谈判方式确定服务范围、支付方式、支付标准和服务质量要求。严格考核基本医疗保障药品目录备药率、使用率及自费药品控制率等指标。

2. 实现基本医疗保障费用直接结算。做好医院信息系统与基本医疗保障信息系统的对接，公立医院对统筹区域内的参保者只收取住院医药费用个人自付部分，其余部分与基本医疗保障经办机构直接结算。明显降低参保病人预交金金额，医疗保障经办机构向医院拨付一定数额的周转金，并及时足额结算医疗保障费用。

3. 促进公立医院优先配备、使用基本药物，广泛使用适宜技术。逐步实行同级医疗机构检查结果互认。

4. 完善药品集中招标采购办法，推进一般医用耗材集中招标采购，在保证质量的情况下降低采购成本和采购价格。

5. 加强医院财务管理，实施成本核算与控制，提高资源利用效率。

6. 加强医药费用的监管控制。各地要根据经济社会发展水平、基本医保基金保障能力、医药服务成本变化、医疗技术发展等情况综合确定本地区门诊和住院均次费用增长率、人次增长率、住院率、药品费用增长率和药占比等控制管理目标，纳入公立医院目标管理责任制和绩效考核范围。加强对医药费用增长速度较快疾病的诊疗行为监管。

（三）加强医疗安全质量监管

1. 研究制定适应基本医疗需求的临床路径，不断扩大实施医院和病种范围。到2011年底，制定下发的临床路径数量增加到300个，50%的三级甲等综合医院和20%的二级甲等综合医院实行临床路径管理的病种数分别不少于每家医院10个和5个。

2. 督促指导医院加强学科建设和人才队伍建设，严格依法执业，加强对重点环节和重点部位的管理，保障医疗安全质量。

3. 开展医疗安全质量控制评价工作，推进医院管理评价评审工作，组织开展医疗安全质量专项检查治理活动。建立患者投诉处理机制，及时受理、认真解决患者投诉，提高群众满意度。

五、充分调动医务人员积极性

（一）完善公立医院人事和收入分配制度

全面推行聘用制度，基本完成岗位设置管理实施工作，实行公开招聘和竞聘上岗，建立能进能出、能上能下的用人机制。完善人员绩效考核制度，实行岗位绩效工资制度，将医务人员的工资收入与医疗服务的数量、质量、技术难度、成本控制、群众满意度等挂钩，做到多劳多得、优绩优酬，提高临床一线护士和医师工资待遇水平。

（二）合理确定公立医院人员编制

根据医院的功能定位、工作量和现有编制使用等因素，合理确定医务人员编制，研究解决护士不足和支援农村、基层人员编制问题。

（三）营造良好的医疗执业环境

深入开展“平安医院”创建活动，严厉打击“医闹”行为，维护医院正常秩序。建立医疗纠纷第三方调解机制，大力发展医疗责任保险和医疗意外保险，加强医患沟通，构建和谐医患关系。加强正面宣传引导，在全社会形成尊重医学科学、尊重医务人员的社会氛围。组织或支持制作一批反映医疗战线典型人物和先进事迹的优秀影视文艺作品。

（四）创造良好的职业发展条件

建立并贯彻落实全科医生和专科医生规范化培训制度，完善培训模式和政策措施。建立100个规范化培训基地，招录1万人开展规范化培训。加强政策指导，支持医院以提高临床实践技能为核心开展医务人员岗位培训。加强三级医院临床重点专科建设，明显提高医务人员医疗服务水平和能力。

（五）促进医务人员合理流动

完善执业医师多点执业试点，制订规范性文件，将试点范围扩大到所有公立医院改革试点城市和其他有条件的地区，将适用人员条件放宽到主治医师，增加多点执业的地点数量。鼓励公立医院执业医师到基层医疗卫生机构开展执业活动。

（六）弘扬崇高的职业操守

加强医德医风建设和思想政治工作，重视医务人员人文素质培养和职业素质教育，大力弘扬救死扶伤的人道主义精神。

六、推进形成多元化办医格局

（一）细化鼓励和引导社会资本举办医疗机构的政策措施

贯彻落实《国务院办公厅转发发展改革委卫生部等部门关于进一步鼓励和引导社会资本举办医疗机构意见的通知》（国办发〔2010〕58号），抓紧清理和修订相关规章和办法，制定和完善实施细则和配套文件，落实鼓励和引导社会资本举办医疗机构的政策，促进非公立医疗机构持续健康发展，加快形成多元化办医格局，满足群众的多层次医疗服务需求。

（二）给非公立医疗机构留出合理发展空间

1. 各地在制定和调整本地区区域卫生规划、医疗机构设置规划和其他医疗卫生资源配置规划时，要给非公立医疗机构留出合理空间，明确非公立医疗机构卫生人员、床位和资产总量的比例等发展指标。需要调整和新增医疗卫生资源时，在符合准入标准的条件下，优先考虑由社会资本举办医疗机构。

2. 控制公立医院特需服务规模，公立医院提供特需服务的比例不得超过本院医疗服务资源的10%。

（三）改善社会资本举办医疗机构的执业环境

1. 非公立医疗机构凡执行政府规定的医疗服务和药品价格政策，符合医保定点相关规定，应按程序将其纳入城镇基本医疗保险、新型农村合作医疗、医疗救助、工伤保险、生育保险等社会保障的定点服务范围，签订服务协议进行管理，并执行与公立医疗机构相同的报销政策。鼓励采取招标采购等办法，选择符合条件的非公立医疗机构承担公共卫生服务以及政府下达的医疗卫生支农、支边、对口支援等任务。

2. 支持非公立医疗机构按照批准的执业范围、医院等级、服务人口数量等，合理配备大型医用设备。鼓励医务人员在公立和非公立医疗机构间合理流动，有关单位和部门应当按照有关规定办理执业变更、人事劳动关系衔接、社会保险关系转移、档案转接等手续。

（四）促进非公立医疗机构健康发展

1. 引导非公立医疗机构依法规范执业。严禁超诊疗范围服务，依法严厉打击非法行医活动和医疗欺诈行为。规范医疗机构医疗广告发布行为。加强医疗安全质量的监督检查、审核和评估。

2. 促进非公立医疗机构按经营性质开展经营活动。非公立医疗机构要执行国家规定的财务会计制度。非营利性医疗机构所得收入除规定的合理支出外，只能用于医疗机构的继续发展。

七、有关要求

（一）加强组织领导。各地区、各有关部门要充分认识公立医院改革的重要性、复杂性和紧迫性，增强政治责任感，把这项改革摆上重要议事日程，加强领导，精心组织，周密部署。地方政府主要负责同志要亲自抓，制定工作计划，分解目标任务，层层落实责任，加强督促检查。卫生部、国务院医改办是公立医院改革试点的牵头单位，要加强全国改革试点工作的统筹协调、组织实施和检查指导，卫生部要整合内部力量，研究设立专门的临时性公立医院改革工作机构。中央编办、发展改革委、财政部、人力资源社会保障部、中医药局等部门要按职责分工密切配合，加强对各地工作的指导和督促检查。

（二）强化支持保障。各级政府要加大投入，认真落实公立医院财政补助政策，积极支持建立公立医院与基层医疗卫生机构分工协作机制、公立医院体制机制综合改革、住院医师规范化培训和医院信息化建设。要加强财政资金使用的管理，提高资金使用效益。各有关部门要深入开展调查研究，密切跟踪工作进展，积极制定完善有关配套政策。

（三）积极宣传引导。加强对医务人员的宣传动员工作，使广大医务人员拥护改革，积极参与改革，发挥改革主力军作用。要广泛宣传公立医院改革试点的政策措施和取得的成效，加强政策解读，使全社会理解、配合和支持改革，为公立医院改革试点营造良好环境。

044

关于做好2012年公立医院改革工作的通知

卫医管发〔2012〕53号

各省、自治区、直辖市医改领导小组、卫生厅局、编办、财政厅局、人力资源社会保障（人事、劳动保障）厅局，新疆生产建设兵团及各计划单列市医改领导小组、卫生局、编办、财政局、人力资源社会保障（人事、劳动保障）局：

根据《国务院关于印发“十二五”期间深化医药卫生体制改革规划暨实施方案的通知》（国发〔2012〕11号）、《国务院办公厅关于印发深化医药卫生体制改革2012年主要工作安排的通知》（国办发〔2012〕20号）、《国务院办公厅印发关于县级公立医院综合改革试点意见的通知》（国办发〔2012〕33号）和《关于公立医院改革试点的指导意见》（卫医管发〔2010〕20号），为在继续深入贯彻落实《国务院办公厅关于印发2011年公立医院改革试点工作安排的通知》（国办发〔2011〕10号）的基础上，做好2012年公立医院改革工作，经商发展改革委同意，现将有关事项通知如下：

一、试点城市以破除以药补医机制为重点，进一步推进“四个分开”等体制机制综合改革

（一）破除以药补医，完善公立医院补偿机制。2012年所有公立医院改革国家联系试点城市（以下简称国家联系试点城市）均要探索采取调整医药价格、改革医保支付方式和落实政府办医责任等综合措施和联动政策，破除以药补医机制。将公立医院补偿由服务收费、药品加成收入和财政补助三个渠道改为服务收费和财政补助两个渠道。

发挥医保的补偿和控费作用。同步推进总额预付、按人头付费、按病种付费等复合支付方式，加强付费总额控制，通过购买服务对医疗机构给予及时合理补偿，引导医疗机构主动控制成本、规范诊疗行为、提高服务质量。严格考核基本医保药品目录使用率及自费药品控制率等指标，控制或降低群众个人负担。积极推动建立医保经办机构与医疗机构的谈判机制和购买服务的付费机制，通过谈判确定服务范围、支付方式、支付标准和服务质量要求。要按照临床路径和诊疗规范加强对诊疗行为的监督管理，防范减少服务内容、降低服务标准、服务提供不足、推诿重症患者等行为。各地要积极推行支付方式改革，逐步覆盖统筹区域内医保定点机构，国家联系试点城市要加快步伐、加大力度

推进支付方式改革。

合理调整医疗服务价格。按照总量控制、结构调整的原则，降低药品和高值医用耗材价格，降低大型医用设备检查价格，合理提高诊疗费、护理费、手术费等医疗服务价格，体现医疗服务合理成本和医务人员技术劳务价值。调整后的医疗技术服务收费按规定纳入医保支付范围。要在价格调整方面给予国家联系试点城市一定自主权。

落实政府办医责任。政府负责公立医院基本建设和设备购置、重点学科发展、人才培养补助、符合国家规定的离退休人员费用、政策性亏损补贴、承担公共卫生任务和紧急救治、支边、支农等公共服务任务补助等。

（二）创新体制机制，建立现代医院管理制度。合理区分医疗服务监管职能与医疗机构举办职能。深化公立医院管理体制改革，理顺公立医院所有者和管理者责权。落实公立医院经营管理自主权和用人自主权，全面推行聘用制度和岗位管理制度，按照相关规定，坚持按需设岗、竞聘上岗、按岗聘用、合同管理，建立能进能出、能上能下的灵活用人机制；新进人员实行公开招聘，择优聘用。探索建立理事会等多种形式的公立医院法人治理结构。建立严格有效的医疗服务监管体系，加强监管能力建设。

推进院长专业化、职业化建设。建立完善院长负责制和任期目标责任考核制度，探索建立院长任职资格管理制度，完善院长选拔、任用、考核、薪酬、奖惩等制度。开展院长专业化、职业化培训，不断提高院长管理水平。

建立健全对公立医院的绩效考核制度。国家层面制订意见，指导建立以公益性为核心的公立医院绩效考核体系，体现医院服务能力、运行绩效、患者满意度等，将考核结果与院长任免、奖惩和医院财政补助、工作人员平均收入水平等挂钩，促进医院持续改善服务、提高效率。2012 年所有国家联系试点城市要制订绩效考核方案，开展绩效考核工作。

二、以改革促发展，大力推进县级医院综合改革试点

在全国选择 300 个左右的县（市）开展县级医院综合改革试点。以破除“以药补医”机制为关键环节，以改革补偿机制和落实医院自主经营管理权为切入点，统筹推进管理体制、补偿机制、人事分配、价格机制、医保支付制度、采购机制、监管机制等综合改革。试点县级医院要取消药品加成政策，医院由此减少的合理收入，通过调整医疗技术服务价格和增加政府投入等途径予以补偿，发挥医疗保险补偿和控费作用。完善人事分配制度，建立现代医院管理制度。

深化城市三级医院对口支援县级医院工作。结合县域群众医疗服务需求和县级医院实际水平，有计划地开展支援工作，建立城市三级医院向县级医院轮

换派驻医师和管理人员制度。加强卫生行政部门对对口支援工作的日常管理和监督考核。积极探索以多种方式建立县级医院与乡镇卫生院长期稳定的分工协作机制。

加强县级医院以人才、技术、重点专科为核心的能力建设，力争使县域内就诊率提高到90%左右，基本实现大病不出县。政府在每个县重点办好1～2所县级医院（含县中医院），30万人口以上的县（市）至少有一所医院达到二级甲等水平。县级医院每年选派不少于3名医师到三级医院进修学习。经批准可在县级医院设立特设岗位引进急需高层次人才。推广应用适宜医疗技术，适当放宽二、三类相对成熟技术的机构准入条件。编制县级医院重点专科发展规划，按规划加强专科建设。

三、继续在全国范围内实施一批通过改革试点取得成熟经验的政策措施

（一）继续推行便民惠民措施，加强医院内部管理。以病人为中心，以服务为导向，巩固便民惠民措施成果。继续推进“三好一满意”、“医疗质量万里行”和抗菌药物临床应用专项整治活动。进一步开展预约诊疗活动，全国所有三级医院和有条件的二级医院广泛开展通过网络、电话、短信等方式的预约挂号工作，积极推进区域统一预约挂号平台建设。优化门急诊服务和流程，实行“一站式”服务和自助服务，提供方便快捷的检查结果查询服务，全国有条件的三级医院普遍开展双休日及节假日门诊，充实门诊力量。扎实推进优质护理服务，全国所有三级医院优质护理服务覆盖60%以上的病房，三级甲等医院实现全院覆盖，60%的地（市）级二级医院和30%的县级二级医院开展优质护理服务。临床一线护士占全院护士比例不低于95%，病房实际护床比不低于0.4∶1，工作量大、危重患者多的病房要增加护士配备。建立健全医疗纠纷第三方调解机制和医疗责任保险制度，实现医疗纠纷人民调解制度县级以上全覆盖。

以临床路径管理和信息化建设为抓手，提升医院管理的科学化、精细化、专业化水平。所有三级医院和有条件的二级医院都开展临床路径管理试点，所有三级甲等医院和至少40%的二级甲等医院实行临床路径管理，病种数分别不少于每家医院15个和5个。进一步完善与区域信息平台衔接、以电子病历建设和医院管理为重点的医院信息化网络，探索将医院信息化系统与基本医疗保障经办机构和医疗服务监管信息系统相连接。

推进医院内部组织结构和决策机制的科学化设置。精简医院内部行政机构。强化财务、内部审计，保障医院经济运行安全有序。三级医院要按照医院财务制度的有关规定尽快设立总会计师。进一步推进后勤社会化管理。推进重大决策的科学化、民主化进程，探索建立以理事会为主要形式的决策监督机构，建立决

策、执行、监督相互分工、相互制衡的权力运行机制。

（二）充分调动医务人员积极性。完善医院内部分配激励机制。加强人员绩效考核，将医务人员工资收入与医疗服务技术水平、质量、数量、成本控制、医德医风、群众满意度等考核结果挂钩，做到多劳多得、优绩优酬、同工同酬。收入分配向临床一线医务人员倾斜。提高医院人员经费支出占业务支出的比例，提高医务人员待遇。

建立健全住院医师规范化培训制度，制定制度框架和政策体系。在 2011 年培训的基础上，扩大培训规模。继续推进医师多点执业，扩大试点范围。

（三）优化医疗服务体系，建立分工协作机制。加强对医疗服务体系的规划调控。各省（区、市）要修订完善区域卫生规划和区域医疗机构设置规划。各国家联系试点城市要完成区域卫生规划和区域医疗机构设置规划的制订工作，明确医院的种类、数量、规模、布局。每千常住人口医疗卫生机构床位数达到 4 张的，原则上不再扩大公立医院规模。加强区域卫生规划等规划的刚性约束，控制中心城区医疗资源增长，控制大型医疗机构单体规模扩张，严格控制建设标准、规模和设备配备。加强薄弱区域和薄弱领域能力建设，大力发展护理院、康复医院等医疗机构。完善中医医院服务体系。

建立健全公立医院与基层医疗卫生机构的分工协作机制。公立医院重点加强对基层医疗卫生机构人才、技术和管理的支持指导。建立通过基层医疗卫生机构预约公立医院门诊的绿色通道。

（四）多管齐下，控制医药费用不合理上涨。加强对医疗服务行为和医疗费用的监管控制。各地要合理确定控费目标，各级卫生行政部门将次均费用和总费用增长率、平均住院日及药占比等控制管理目标纳入公立医院目标管理责任制和绩效考核范围。加强对费用增长速度较快疾病诊疗行为的重点监控。强化医保对医疗服务的监控作用。

加强医院内部成本控制管理。加强医院财务管理，实行成本核算与控制。促进公立医院优先配备、优先使用基本药物，广泛使用适宜技术。逐步实行同级医疗机构检查、检验结果互认。创新服务方式，通过开展日间手术、延伸护理服务等，降低医药费用。

四、大力发展非公立医疗机构，加快形成多元办医格局

完善鼓励社会资本举办医疗机构的政策措施。各地要尽快制订鼓励社会资本举办发展医疗机构的实施细则，落实价格、税收、医保定点、土地、重点学科建设、职称评定等方面政策，支持举办发展一批非公立医疗机构。进一步开放医疗服务市场，放宽社会资本举办医疗机构的准入范围，积极引进有实力的企业、境外优质医疗资源、社会慈善力量、基金会、商业保险机构等举办医疗机构，对举

办发展非营利性医疗机构给予优先支持。新增医疗卫生资源在符合准入标准的条件下，优先考虑由社会资本举办医疗机构。加强对民营医疗机构的监管，建立健全不同经营性质医疗机构管理制度，促进民营医疗机构健康持续发展。国家联系试点城市要细化措施，加大力度，落实对社会资本举办医疗机构的支持政策，"十二五"期间力争提前实现非公立医疗机构床位数和服务量达到总量20%左右的目标。

五、有关工作安排

（一）做好国家联系试点城市的评估工作。通过评估全面了解地方改革进展、评价试点成效、总结改革经验、发现存在问题，形成向全国推广的公立医院改革基本路子。

（二）总结推广地方的成熟改革经验。围绕深入推进试点城市体制机制综合改革、开展县级医院综合改革试点、开展便民惠民措施并建立长效机制三方面，对地方成熟经验予以推广。

（三）促进国家联系试点城市之间的交流沟通。依托公立医院改革试点工作协作组，加强试点城市的交流，深化地方对公立医院改革重点任务的认识。充分发挥试点城市的示范引领作用，推动公立医院改革由"局部试点"转向"全面推进"。

（四）加强政策培训。围绕公立医院改革的重要政策和2012年改革的重点任务，组织针对政府领导、相关部门的政策培训工作。组织开展各级卫生行政部门的技术能力培训，提高设计和推进改革的能力。开展公立医院院长专业化、职业化培训，提高院长管理水平。

六、有关要求

各地要制订推进2012年公立医院改革的工作方案。加强改革工作的统筹协调、组织实施和检查指导，及时发现问题、解决问题，总结推广改革的先进做法和成熟经验。

各有关部门要根据职责分工密切配合，强化政策保障。卫生部门和医改部门作为公立医院改革的牵头部门，要加强对改革工作的统筹协调、组织实施和检查指导。财政部门要切实落实财政投入政策。发展改革（物价）等部门根据改革需要，在定价、药品采购等方面给予试点地区一定自主权。各级人力资源社会保障部门要指导和支持公立医院按照有关规定落实用人自主权和内部分配权，落实住院医师规范化培训对象培训期间的待遇。机构编制部门要建立机构编制动态调整机制。

积极宣传引导。大力宣传公立医院改革试点政策措施、成效和经验，客观反映改革的长期性和艰巨性，营造全社会理解支持公立医院改革的舆论氛围。

卫生部

国务院深化医药卫生体制改革领导小组办公室

中央编办

财政部

人力资源社会保障部

二〇一二年八月一日

045

国务院办公厅印发关于县级公立医院综合改革试点意见的通知

国办发〔2012〕33号

各省、自治区、直辖市人民政府，国务院有关部门：

《关于县级公立医院综合改革试点的意见》已经国务院同意，现印发给你们，请结合实际，认真组织实施。

国务院办公厅

二〇一二年六月七日

关于县级公立医院综合改革试点的意见

国务院办公厅

2012年6月7日

根据《中共中央国务院关于深化医药卫生体制改革的意见》（中发〔2009〕6号）、《中共中央国务院关于分类推进事业单位改革的指导意见》（中发〔2011〕5号）、《国务院关于印发“十二五”期间深化医药卫生体制改革规划暨实施方案的通知》（国发〔2012〕11号）和《国务院办公厅关于印发2011年公立医院改革试点工作安排的通知》（国办发〔2011〕10号），为积极稳妥推进县级公立医院（指县及县级市公立医院，以下简称县级医院）改革试点，现提出如下意见。

一、总体要求

按照保基本、强基层、建机制的要求，遵循上下联动、内增活力、外加推力的原则，围绕政事分开、管办分开、医药分开、营利性和非营利性分开的改革要求，以破除“以药补医”机制为关键环节，以改革补偿机制和落实医院自主经营管理权为切入点，统筹推进管理体制、补偿机制、人事分配、价格机制、医保支付制度、采购机制、监管机制等综合改革，建立起维护公益性、调动积极性、保障可持续的县级医院运行机制。坚持以改革促发展，加强以人才、技术、重点专科为核心的能力建设，统筹县域医疗卫生体系发展，力争使县域内就诊率提高到90％左右，基本实现大病不出县。

二、明确功能定位

县级医院是县域内的医疗卫生中心和农村三级医疗卫生服务网络的龙头，并与城市大医院分工协作。主要为县域居民提供基本医疗服务，包括运用适宜医疗技术和药物，开展常见病、多发病诊疗，危急重症病人救治，重大疑难疾病接治转诊；推广应用适宜医疗技术，为农村基层医疗卫生机构人员提供培训和技术指导；承担部分公共卫生服务，以及自然灾害和突发公共卫生事件医疗救治等工作。

三、改革补偿机制

改革“以药补医”机制，鼓励探索医药分开的多种形式。取消药品加成政策，将试点县级医院补偿由服务收费、药品加成收入和政府补助三个渠道改为服务收费和政府补助两个渠道。医院由此减少的合理收入，通过调整医疗技术服务价格和增加政府投入等途径予以补偿。提高诊疗费、手术费、护理费收费标准，体现医疗技术服务合理成本和医务人员技术劳务价值。医疗技术服务收费按规定纳入医保支付政策范围，并同步推进医保支付方式改革。增加的政府投入由中央财政给予一定补助，地方财政要按实际情况调整支出结构，切实加大投入。

（一）发挥医疗保险补偿和控费作用。县级医院要提供与基本医疗保险保障范围相适应的适宜技术服务，控制基本医疗保障范围外的医药服务。医保基金通过购买服务对医院提供的基本医疗服务予以及时补偿。缩小医保基金政策范围内报销比例与实际报销比例的差距。改革医保支付制度。充分发挥医保合理控制费用和医疗服务质量的作用。落实医保基金收支预算管理，建立医保对统筹区域内医疗费用增长的控制机制，制定医保基金支出总体控制目标并分解到定点医疗机构，将医疗机构次均（病种）医疗费用增长控制和个人负担定额控制情况列入分级评价体系。推行总额预付、按病种、按人头、按服务单元等付费方式，加强总额控制。科学合理测算和确定付费标准，建立完善医保经办机构和医疗机构的谈判协商机制与风险分担机制，逐步由医保经办机构与公立医院通过谈判方式确定服务范围、支付方式、支付标准和服务质量要求。医保支付政策进一步向基层倾斜，鼓励使用中医药服务，引导群众合理就医，促进分级诊疗制度形成。

（二）调整医疗服务价格。按照总量控制、结构调整的原则，降低药品和高值医用耗材价格，降低大型医用设备检查、治疗价格，政府出资购置的大型医用设备按不含设备折旧的合理成本制订检查治疗价格，已贷款或集资购买的大型设备原则上由政府回购，回购有困难的限期降低价格。严禁医院贷款或集资购买大型医用设备。合理提高中医和体现医务人员技术劳务价值的诊疗、护理、手术等项目价格，使医疗机构通过提供优质服务获得合理补偿。价格调整要与医保支付政策衔接。改革医疗服务以项目为主的定价方式，积极开展按病种收费试点，病种数量不少于50个。

（三）规范药品采购供应。坚持质量优先、价格合理的原则，建立药品（含高值医用耗材）量价挂钩、招采合一的集中招标采购机制。调动企业生产供应药品的积极性，大力发展现代医药物流，减少和规范流通环节，降低配送成本。各地可在探索省级集中采购的基础上，积极探索能够有效保障药品及耗材供应及时、质量可靠、价格合理的采购供应办法。坚决治理药品及耗材方面的商业贿赂。完善鼓励使用基本药物的政策措施，县级医院应当优先配备、使用基本药物，提高基本药物使用比例。

（四）落实和完善政府投入政策。全面落实对公立医院基本建设及大型设备购置、重点学科发展、人才培养、符合国家规定的离退休人员费用、政策性亏损补贴、承担公共卫生任务和紧急救治、支边、支农等公共服务的政府投入政策。县级政府对所办医院履行出资责任，禁止县级医院举债建设。

对位于地广人稀和边远地区的县级医院，可探索实行收支两条线，政府给予必要的保障，医院平均工资水平与当地事业单位平均工资水平相衔接。

四、改革人事分配制度

（一）创新编制和岗位管理。根据县级医院功能、工作量和现有编制使用情况等因素，科学合理确定人员编制。鼓励有条件的地方在制订和完善编制标准的基础上，探索实行县级医院编制备案制，建立动态调整机制。

县级医院按国家确定的通用岗位类别、等级和结构比例，在编制规模或备案编制内按照有关规定自主确定岗位。逐步变身份管理为岗位管理，医院对全部人员实行统一管理制度。

（二）深化用人机制改革。落实县级医院用人自主权，全面推行聘用制度，坚持竞聘上岗、按岗聘用、合同管理，建立能进能出、能上能下的灵活用人机制；新进人员实行公开招聘，择优聘用。结合实际妥善安置未聘人员。推进县级医院医务人员养老等社会保障服务社会化。完善县级医院卫生人才职称评定标准，突出临床技能考核。

（三）完善医院内部收入分配激励机制。提高医院人员经费支出占业务支出的比例，逐步提高医务人员待遇。加强人员绩效考核，健全以服务质量、数量和患者满意度为核心的内部分配机制，做到多劳多得、优绩优酬、同工同酬，体现医务人员技术服务价值。收入分配向临床一线、关键岗位、业务骨干、作出突出贡献等人员倾斜，适当拉开差距。严禁把医务人员个人收入与医院的药品和检查收入挂钩。

五、建立现代医院管理制度

（一）建立和完善法人治理结构。推进政事分开、管办分开。合理界定政府和公立医院在资产、人事、财务等方面的责权关系，建立决策、执行、监督相互分工、相互制衡的权力运行机制，落实县级医院独立法人地位和自主经营管理权。县级卫生行政部门负责人不得兼任县级医院领导职务。明确县级医院举办主体，探索建立以理事会为主要形式的决策监督机构。县级医院的办医主体或理事会负责县级医院的发展规划、财务预决算、重大业务、章程拟订和修订等决策事项，院长选聘与薪酬制订，其他按规定负责的人事管理等方面的职责，并监督医院运行。院长负责医院日常运行管理。建立院长负责制，实行院长任期目标责任考核制度，完善院长收入分配激励和约束机制。

（二）优化内部运行管理。健全医院内部决策执行机制。鼓励探索建立医疗和行政相互分工协作的运行管理机制。建立以成本和质量控制为中心的管理模式。严格执行医院财务会计制度，探索实行总会计师制，建立健全内部控制制度，实施内部和外部审计。

（三）完善绩效考核。建立以公益性质和运行效率为核心的公立医院绩效考核体系。各地要制定具体绩效考核指标，建立严格的考核制度。由政府办医主体或理事会与院长签署绩效管理合同。把控制医疗费用、提高医疗质量和服务效率，以及社会满意度等作为主要量化考核指标。考核结果与院长任免、奖惩和医院财政补助、医院总体工资水平等挂钩。

六、提升基本医疗服务能力

（一）合理配置医疗资源。针对县域群众主要健康问题，根据人口数量和分布、地理交通等因素，制订县域卫生规划和医疗机构设置规划，合理确定县域内医院的数量、布局、功能、规模和标准。政府在每个县（市）重点办好 1～2 所县级医院（含中医医院）。按照“填平补齐”原则完成县级医院标准化建设，30 万人口以上的县（市）至少有一所医院达到二级甲等水平。以县级医院为中心完善县域急救服务体系，建立县域院前急救体系。严格控制县级医院建设规模和大型设备配置。鼓励资源集约化，探索成立检查检验中心，推行检查检验结果医疗机构互认，以及后勤服务外包等。鼓励有条件的地区探索对医疗资源进行整合、重组和改制，优化资源配置。落实支持和引导社会资本办医政策。

（二）提高技术服务水平。编制县级医院重点专科发展规划，按规划支持县级医院专科建设。近期重点加强重症监护、血液透析、新生儿、病理、传染、急救、职业病防治和精神卫生，以及近三年县外转诊率排名前 4 位的病种所在临床专业科室的建设。开展好宫颈癌、乳腺癌、终末期肾病血液透析等重大疾病的救治和儿童白血病、先天性心脏病等复杂疑难疾病的筛查转诊工作。推广应用适宜医疗技术，适当放宽二三类相对成熟技术的机构准入条件。各地卫生和医保管理部门要组织县级医院根据本地实际情况和按病种付费的要求，制订实施适应基本医疗需求、符合县级医院实际、采用适宜技术的临床路径，病种数量不少于50个，规范医疗行为。

（三）加强信息化建设。按照统一标准，建设以电子病历和医院管理为重点的县级医院信息系统，功能涵盖电子病历、临床路径、诊疗规范、绩效考核及综合业务管理等，与医疗保障、基层医疗卫生机构信息系统衔接，逐步实现互联互通。发展面向农村基层及边远地区的远程诊疗系统，逐步实现远程会诊、远程（病理）诊断和远程教育等。建设医疗健康信息网。

（四）提高县域中医药服务能力。针对地方主要疾病，积极利用当地中医药资源，充分发挥中医简便验廉的特点和优势，提高辩证论治水平，并加强对基层医疗卫生机构的支持和指导，促进中医药进基层、进农村，为群众防病治病。加强县级医院中医服务能力建设，落实对中医医院的投入倾斜政策。

（五）加强人才队伍建设。引导经过住院医师规范化培训的医生到县级医院就业，并为其在县级医院长期工作创造条件。逐步实现新进入县级医院的医务人员，必须具备相应执业资格。临床医师应当进行住院医师规范化培训。建立健全继续教育制度。积极培养或引进县域学科带头人。增强护理人员力量，医护比不低于1∶2。建立城市三级医院向县级医院轮换派驻医师和管理人员制度，加强对三级医院派驻情况的考核。可以从城市三级医院选聘一批有管理经验的业务骨干到对口支援的县级医院担任院长、副院长或科主任。鼓励和引导城市大医院在职或退休的骨干医师到县级医院执业。通过政府给予政策支持、职称晋升、荣誉授予等措施，吸引和鼓励优秀人才到县级医院长期执业。经批准可在县级医院设立特设岗位引进急需高层次人才，合理确定财政补助标准，由中央和省级财政支持，招聘优秀卫生技术人才到县级医院工作。

（六）开展便民惠民服务。建立以病人为中心的服务模式，实行预约挂号，优化服务流程，改善服务态度和质量，推广优质护理服务，实行基本医疗保障费用即时结算。完善患者投诉机制，加强医患沟通。

七、加强上下联动

积极探索以多种方式建立县级医院与基层医疗卫生机构、城市三级医院长期稳定的分工协作机制。县级医院要发挥县域医疗中心和农村三级医疗卫生服务网络龙头作用，加强对基层医疗卫生机构的技术帮扶指导和人员培训，探索建立县级医院向乡镇卫生院轮换派驻院长和骨干医师制度，通过开展纵向技术合作、人才流动、管理支持等多种形式，提高农村医疗卫生服务体系整体效率，形成优质医疗资源流动的长效机制，使一般常见病、慢性病、康复等患者下沉到基层医疗卫生机构，逐步形成基层首诊、分级医疗、双向转诊的医疗服务模式。支持县级医院对乡镇卫生院和村卫生室医务人员进行专项培训和定期轮训。县级医院要与城市三级医院开展危重病例远程会诊、重大疑难病例转诊等工作。

八、完善监管机制

加强卫生行政部门对医疗质量、安全、行为等的监管，开展县级医院医药费用增长情况监测与管理。及时查处为追求经济利益的不合理用药、用材和检查等行为。建立以安全质量为核心的专业化医院评审体系；依托省级或地（市）级医疗质量控制评价中心，建立健全县级医院医疗质量安全控制评价体系。

建立医保对医疗机构的激励与惩戒并重的约束机制。充分发挥医保机构对医疗服务行为和费用的调控引导和监督制约作用，逐步将医保对医疗机构医疗服务的监管延伸到对医务人员医疗服务行为的监管。采用基本医保药品目录药品使用率及自费药品控制率、药占比、次均费用、住院率、平均住院日等指标考核，加强实时监控，结果与基金支付等挂钩。完善定点医疗机构管理办法，实行分级管理，促进诚信服务。加强对县级医院履行功能定位和发展建设、投融资行为的监管，强化预算、收支、资产、成本等财务管理的监管。加强医疗服务收费和药品价格监督检查。各相关部门要加强协作联动，加大对违法违规行为的查处力度。加强行业自律和监督，建立诚信制度和医务人员考核档案。实施公正、透明的群众满意度评价办法，加强社会监督。推进县级医院信息公开，及时向社会公开县级医院年度财务报告以及质量安全、费用和效率等信息。

九、积极稳妥推进改革试点

（一）加强试点组织领导。在全国选择 300 个左右县（市）作为改革试点。省级政府负总责，县级政府抓落实。试点省（区、市）要制订改革试点实施意见，细化分工，落实责任。试点县（市）要结合本地实际制订实施方案，鼓励因地制宜探索创新具体措施，精心组织，周密部署，扎实推进。卫生、编制、发展改革（物价）、财政、人力资源社会保障、中医药等有关部门要按照职责分工密切配合，并加强对地方的工作督导。要加强对改革试点进展情况和效果的监测评估、考核，及时协调解决试点中遇到的问题。力争 2013 年上半年总结评估，形成基本路子，为 2015 年实现县级医院阶段性改革目标打好基础。

（二）加大支持保障力度。根据工作需要，在改革政策和措施的落实方面给予试点地区一定自主权。县级政府要落实投入政策，积极调整财政支出结构，支持县级医院综合改革。将所需政府投入纳入预算，并及时拨付到位。省级政府要切实负起责任，确保规定的政府投入落实到位。中央及省、地市级政府要加大对试点县（市）的投入力度，给予相应补助。

（三）做好宣传引导。深入细致地做好对医务人员的宣传动员，使广大医务人员成为改革主力军。宣传和解读改革的政策措施和目标，争取社会理解、配合和支持，营造良好环境。

七 基本药物

046

关于印发《关于建立国家基本药物制度的实施意见》的通知

卫药政发〔2009〕78号

各省、自治区、直辖市和新疆生产建设兵团卫生厅（局）、发展改革委、物价局、工业和信息化主管部门、监察厅（局）、财政厅（局）、人力资源社会保障厅（局）、商务厅（局）、食品药品监管局、中医药局：

为加快建立国家基本药物制度，卫生部、国家发展改革委、工业和信息化部、监察部、财政部、人力资源社会保障部、商务部、食品药品监管局、中医药局制定了《关于建立国家基本药物制度的实施意见》，已经国务院深化医药卫生体制改革领导小组同意。现印发给你们，请遵照执行。

卫生部　国家发展和改革委员会
工业和信息化部　监察部
财政部　人力资源和社会保障部
商务部　国家食品药品监督管理局
国家中医药管理局
二〇〇九年八月十八日

关于建立国家基本药物制度的实施意见

卫生部　国家发展和改革委员会
工业和信息化部　监察部
财政部　人力资源和社会保障部
商务部　国家食品药品监督管理局
国家中医药管理局
2009年8月18日

为保障群众基本用药，减轻医药费用负担，根据《中共中央　国务院关于深化医药卫生体制改革的意见》和《国务院关于印发医药卫生体制改革近期重点实施方案（2009—2011年）的通知》，现就建立国家基本药物制度提出以下意见：

一、基本药物是适应基本医疗卫生需求，剂型适宜，价格合理，能够保障供应，公众可公平获得的药品。政府举办的基层医疗卫生机构全部配备和使用基本药物，其他各类医疗机构也都必须按规定使用基本药物。

国家基本药物制度是对基本药物的遴选、生产、流通、使用、定价、报销、监测评价等环节实施有效管理的制度，与公共卫生、医疗服务、医疗保障体系相衔接。

二、国家基本药物工作委员会负责协调解决制定和实施国家基本药物制度过程中各个环节的相关政策问题，确定国家基本药物制度框架，确定国家基本药物目录遴选和调整的原则、范围、程序和工作方案，审核国家基本药物目录。委员会由卫生部、国家发展和改革委员会、工业和信息化部、监察部、财政部、人力资源和社会保障部、商务部、国家食品药品监督管理局、国家中医药管理局等部门组成。办公室设在卫生部，承担国家基本药物工作委员会的日常工作。

三、制定和发布国家基本药物目录。在充分考虑我国现阶段基本国情和基本医疗保障制度保障能力的基础上，按照防治必需、安全有效、价格合理、使用方便、中西药并重、基本保障、临床首选的原则，结合我国用药特点和基层医疗卫生机构配备的要求，参照国际经验，合理确定我国基本药物品种（剂型）和数量。2009年公布国家基本药物目录。

四、在保持数量相对稳定的基础上，实行国家基本药物目录动态调整管理。根据经济社会的发展、医疗保障水平、疾病谱变化、基本医疗卫生需求、科学技术进步等情况，不断优化基本药物品种、类别与结构比例。国家基本药物目录原则上每3年调整一次。必要时，国家基本药物工作委员会适时组织调整。

五、在政府宏观调控下充分发挥市场机制作用，规范基本药物的生产流通，完善医药产业政策和行业发展规划，推动医药企业提高自主创新能力和医药产业结构优化升级，发展药品现代物流和连锁经营，促进药品生产企业、流通企业的整合。

六、政府举办的医疗卫生机构使用的基本药物，由省级人民政府指定以政府为主导的药品集中采购相关机构按《招标投标法》和《政府采购法》的有关规定，实行省级集中网上公开招标采购。由招标选择的药品生产企业、具有现代物流能力的药品经营企业或具备条件的其他企业统一配送。药品配送费用经招标确定。其他医疗机构和零售药店基本药物采购方式由各地确定。

七、各地应重点结合企业的产品质量、服务和保障能力，具体制定参与投标的基本药物生产、经营企业资格条件。药品招标采购要坚持“质量优先、价格合理”的原则，坚持全国统一市场，不同地区、不同所有制企业平等参与、公平竞争。充分依托现有资源，逐步形成全国基本药物集中采购信息网络。

八、完善国家药品储备制度，确保临床必需、不可替代、用量不确定、企业不常生产的基本药物生产供应。

九、加强基本药物购销合同管理。生产企业、经营企业和医疗卫生机构按照《合同法》等规定，根据集中采购结果签订合同，履行药品购销合同规定的责任和义务。合同中应明确品种、规格、数量、价格、回款时间、履约方式、违约责任等内容。各级卫生行政部门要会同有关部门督促检查。

十、国家发展改革委制定基本药物全国零售指导价格。制定零售指导价格要加强成本调查监审和招标价格等市场购销价格及配送费用的监测，在保持生产企业合理盈利的基础上，压缩不合理营销费用。基本药物零售指导价格原则上按药品通用名称制定公布，不区分具体生产经营企业。

十一、在国家零售指导价格规定的幅度内，省级人民政府根据招标形成的统一采购价格、配送费用及药品加成政策确定本地区政府举办的医疗卫生机构基本药物具体零售价格。鼓励各地在确保产品质量和配送服务水平的前提下，探索进一步降低基本药物价格的采购方式，并探索设定基本药物标底价格，避免企业恶性竞争。

十二、实行基本药物制度的县（市、区），政府举办的基层医疗卫生机构配备使用的基本药物实行零差率销售。各地要按国家规定落实相关政府补助政策。

十三、建立基本药物优先和合理使用制度。政府举办的基层医疗卫生机构全部配备和使用国家基本药物。在建立国家基本药物制度的初期，政府举办的基层医疗卫生机构确需配备、使用非目录药品，暂由省级人民政府统一确定，并报国家基本药物工作委员会备案。配备使用的非目录药品执行国家基本药物制度相关政策和规定。其他各类医疗机构也要将基本药物作为首选药物并达到一定使用比例，具体使用比例由卫生行政部门确定。

医疗机构要按照国家基本药物临床应用指南和基本药物处方集，加强合理用药管理，确保规范使用基本药物。

十四、政府举办的基层医疗卫生机构增加使用非目录药品品种数量，应坚持防治必需、结合当地财政承受能力和基本医疗保障水平从严掌握。具体品种由省级卫生行政部门会同发展改革（价格）、工业和信息化、财政、人力资源社会保障、食品药品监管、中医药等部门组织专家论证，从国家基本医疗保险药品目录（甲类）范围内选择，确因地方特殊疾病治疗必需的，也可从目录（乙类）中选择。增加药品应是多家企业生产品种。

民族自治区内政府举办的基层医疗卫生机构配备使用国家基本药物目录以外的民族药，由自治区人民政府制定相应管理办法。

十五、患者凭处方可以到零售药店购买药物。零售药店必须按规定配备执业药师或其他依法经资格认定的药学技术人员为患者提供购药咨询和指导，对处方的合法性与合理性进行审核，依据处方正确调配、销售药品。

十六、基本药物全部纳入基本医疗保障药品报销目录，报销比例明显高于非基本药物。具体办法按医疗保障有关规定执行。

十七、加强基本药物质量安全监管。完善基本药物生产、配送质量规范，对基本药物定期进行质量抽检，并向社会及时公布抽检结果。加强和完善基本药物不良反应监测，建立健全药品安全预警和应急处置机制，完善药品召回管理制度，保证用药安全。

十八、加强基本药物制度绩效评估。统筹利用现有资源，完善基本药物采购、配送、使用、价格和报销信息管理系统，充分发挥行政监督、技术监督和社会监督的作用，对基本药物制度实施情况进行绩效评估，发布监测评估报告等相关信息，促进基本药物制度不断完善。

十九、2009 年，每个省（区、市）在 30%的政府办城市社区卫生服务机构和县（基层医疗卫生机构）实施基本药物制度，包括实行省级集中网上公开招标采购、统一配送，全部配备使用基本药物并实现零差率销售；到 2011 年，初步建立国家基本药物制度；到 2020 年，全面实施规范的、覆盖城乡的国家基本药物制度。

二十、国家基本药物制度是一项全新的制度，要加强合理用药舆论宣传与教育引导工作，提高全民对基本药物的认知度和信赖度，营造良好社会氛围。

各地要根据医药卫生体制改革的总体要求，落实政府责任，切实履行职责，坚持改革与投入并重，结合当地实际，积极稳妥地建立和实施国家基本药物制度。

047

国务院办公厅关于巩固完善基本药物制度和基层运行新机制的意见

国办发〔2013〕14号

各省、自治区、直辖市人民政府，国务院各部委、各直属机构：

巩固完善基本药物制度和基层运行新机制是“十二五”期间深化医药卫生体制改革的重点，是实现2020年人人享有基本医疗卫生服务目标的重要基础。医改实施三年多来，基层医疗卫生机构综合改革全面推进，初步建立了基本药物制度，构建了维护公益性、调动积极性、保障可持续的基层运行新机制。为进一步深化改革，扩大医改成果，现就巩固完善基本药物制度和基层运行新机制提出如下意见。

一、总体要求

深入贯彻落实《中共中央国务院关于深化医药卫生体制改革的意见》（中发〔2009〕6号）和《“十二五”期间深化医药卫生体制改革规划暨实施方案》，坚持保基本、强基层、建机制，着力解决基层医改面临的新问题，不断完善政策体系，健全长效机制；巩固基本药物制度，深化基层医疗卫生机构管理体制、补偿机制、药品供应、人事分配等方面的综合改革；完善绩效考核办法，创新监管方式，强化监督管理；加强基层医疗卫生服务体系建设，不断提升服务能力和水平，筑牢基层医疗卫生服务网底。

二、完善基本药物采购和配送

（一）稳固基本药物集中采购机制。全面贯彻《国务院办公厅关于印发建立和规范政府办基层医疗卫生机构基本药物采购机制指导意见的通知》（国办发〔2010〕56号），坚持以省（区、市）为单位网上集中采购，落实招采合一、量价挂钩、双信封制、集中支付、全程监控等制度。对经多次采购价格基本稳定的基本药物试行国家统一定价；对独家品种试行国家统一定价，也可探索以省（区、市）为单位，根据采购数量、区域配送条件等，直接与生产企业议定采购数量和采购价格；对少数基层必需但用量小、市场供应短缺的基本药物，采取招标定点生产等方式确保供应。

基本药物采购遵循质量优先、价格合理的原则。进一步完善“双信封”评价办法。在经济技术标评审中，对药品质量、生产企业的服务和信誉等进行全面审查，将企业通过《药品生产质量管理规范（2010年版）》（GMP）认证作为质量评价的重要指标；在商务标评审中，对竞标价格明显偏低的药品进行综合评估，避免恶性竞争。优先采购达到国际水平的仿制药，激励企业提高基本药物质量。

（二）保障基本药物供应配送和资金支付。基本药物配送原则上由中标生产企业自行委托药品批发企业配送或直接配送。要做好偏远、交通不便地区的药品配送服务。充分发挥邮政等物流行业服务网络覆盖面广的优势，支持其在符合规定的条件下参与药品配送。基本药物采购机构对基层医疗卫生机构基本药物货款统一支付，鼓励通过设立省级基本药物采购周转资金等方式优化支付流程，确保货款及时足额支付。省级卫生部门负责监督基本药物货款支付情况，严厉查处拖延付款行为，并向社会公布。

（三）定期调整国家基本药物目录。按照防治必需、安全有效、价格合理、使用方便、中西药并重的原则，结合实际使用情况遴选调整国家基本药物目录，保持合理数量，优化品种结构。国家基本药物目录原则上每三年调整一次。省级人民政府统一增补本省（区、市）目录外药品品种，增补品种严格执行国家基本药物各项政策。要从严控制增补数量，不得将权限下放到市（地）、县（市、区）或基层医疗卫生机构。在增补品种时，要充分考虑基层常见病、慢性病用药与当地公立医院用药的衔接问题。

（四）严格执行诚信记录和市场清退制度。对在采购过程中提供虚假证明文件、蓄意抬高价格或恶意竞价、不按合同规定及时配送或供应质量不达标药品，以及向采购机构、医疗机构或个人进行贿赂或变相贿赂的企业，一律记录在案，依照有关法律法规严肃查处，并定期向社会公布查处结果。对于违反法律法规、被司法机关及行政机关查处的企业，两年内不得参与药品招标采购。

三、加强基本药物使用和监管

（五）引导基层医务人员规范使用基本药物。加强基层医务人员基本药物知识培训，将其作为基层医务人员竞聘上岗、执业考核的重要内容，保证临床用药合理、安全、有效、价廉。加大宣传力度，引导群众转变用药习惯，促进临床首选、合理使用基本药物。

（六）鼓励非政府办基层医疗卫生机构使用基本药物。在没有政府办基层医疗卫生机构的乡镇和社区，采取政府购买服务方式落实基本药物制度，确保每个乡镇、社区都有实施基本药物制度的基层医疗卫生机构。政府购买服务的范围、内容等，由各地结合实际确定。将符合条件的非政府办基层医疗卫生机构纳入基本医保定点，对其提供的基本公共卫生服务给予足额补偿。农垦、林业等系统和国有企事业单位（含公立医院）所属基层医疗卫生机构实施基本药物制度后，可参照执行政府办基层医疗卫生机构政策，具体办法另行制定。

（七）加强药品质量安全监管。强化政府监管责任，严格基本药物研究、生产、流通、使用、价格、广告监管，依法查处不合格生产企业，规范流通秩序，严厉打击制售假冒伪劣药品行为。对基本药物实行全品种覆盖抽验和从生产出厂到使用全程电子监管，加大对重点品种的监督抽验力度，抽验结果定期向社会发布。严格基本药物上市审批。完善中成药质量标准。

四、深化编制、人事和收入分配改革

（八）深化编制和人事改革。以县（市、区）为单位，根据城镇化进程和城市规模的变化，综合考虑服务人口、地理交通状况等因素，合理核定基层医疗卫生机构编制总量，实行统筹安排、动态调整；合理配置公共卫生、医疗服务人员，适当提高基层医疗卫生机构护理人员比例。明确基层医疗卫生机构的法人主体地位，落实其用人自主权。全面推行聘用制度和岗位管理制度，坚持竞聘上岗、按岗聘用、合同管理，建立能上能下、能进能出的竞争性用人机制，实行定编定岗不固定人员，变固定用人为合同用人，变身份管理为岗位管理。对未聘人员采取多途径妥善安置。基层医疗卫生机构工作人员按规定参加社会保险。

（九）加强对基层医疗卫生机构的考核。创新考核制度，将服务质量数量、患者满意度、任务完成情况和城乡居民健康状况等作为主要考核内容，考核结果向社会公开，与绩效工资总量、财政补助、医保支付等挂钩。依托信息化手段，强化量化考核、效果考核。

（十）实行基层医疗卫生机构负责人任期目标责任制。基层医疗卫生机构负责人一律采取公开选拔、择优聘任方式产生。实行任期目标责任制，由基层医疗卫生机构主管部门对负责人进行考核，考核结果与其收入和任免挂钩。严禁将负责人的收入与基层医疗卫生机构的经济收入挂钩。

（十一）提高基层医疗卫生机构人员待遇。基层医疗卫生机构在核定的收支结余中可按规定提取职工福利基金、奖励基金。各地要从实际出发，在平稳实施绩效工资的基础上，结合医务人员工作特点，适当提高奖励性绩效工资比例，合理拉开收入差距，体现多劳多得、优绩优酬。基层医疗卫生机构负责聘用人员的考核与奖惩，根据考核结果及时发放绩效工资。收入分配向工作一线、关键岗位、业务骨干、贡献突出等人员倾斜，严禁将医务人员收入与药品和医学检查收入挂钩。对在基层医疗卫生机构工作的对口支援医务人员，地方政府给予周转房等生活保障，在职称晋升、社会荣誉等方面予以倾斜；对到艰苦边远地区基层医疗卫生机构服务的医务人员，按规定落实津补贴政策；对在农村地区长期从医、贡献突出的医务人员，按国家规定给予奖励。

五、完善稳定长效的多渠道补偿机制

（十二）落实财政对基层医疗卫生机构的专项补助经费。政府举办的基层医疗卫生机构，基本建设和设备购置等发展建设支出由政府根据基层医疗卫生机构发展建设规划足额安排，人员经费（包括离退休人员经费）、人员培训和人员招聘等所需支出由财政部门根据政府卫生投入政策、相关人才培养规划和人员招聘规划合理安排补助。

（十三）完善财政对基层医疗卫生机构运行的补助政策。中央财政已建立基本药物制度实施后对地方的经常性补助机制并纳入财政预算，支持地方完善财政对基层医疗卫生机构运行的补助政策。中央财政对各省（区、市）补助标准主要根据基层医疗卫生机构服务人口，并统筹考虑地方财力状况确定，补助标准随着经济社会发展相应提高。各省（区、市）要统筹使用中央财政补助资金，落实对基层医疗卫生机构运行的财政补助政策，将基层医疗卫生机构经常性收支差额补助纳入财政预算并及时足额落实到位，加大对困难地区财政转移支付力度。鼓励各地探索按服务数量或服务人口定额补偿的方式落实补助资金。有条件的地区可以实行收支两条线，基层医疗卫生机构的收入全额上缴，开展基本医疗和公共卫生服务所需经常性支出由政府核定并全额安排。加强财政补助资金的绩效考核和监督管理，提高资金使用效益。

（十四）保障基本公共卫生服务经费。各级财政要及时足额下拨基本公共卫生服务经费，确保专款专用，不得截留、挪用、挤占。基本公共卫生服务经费先预拨后考核结算，并随着经济社会发展相应提高保障标准。基层医疗卫生机构承担突发公共卫生事件处置任务由财政按照服务成本核定补助。

（十五）全面实施一般诊疗费。各地结合实际合理确定基层医疗卫生机构一般诊疗费标准，原则上10元左右。要严格落实一般诊疗费医保支付政策，将其纳入基本医保门诊统筹支付范围，按规定比例支付。

（十六）发挥医保支付的补偿作用。扩大门诊统筹范围，合理确定医保支付范围和支付标准。医保支付比例向基层医疗卫生机构倾斜，鼓励使用中医药服务。推进医保支付方式改革，逐步建立激励与约束并重的支付制度。采取购买服务方式对基层医疗卫生机构提供的基本医疗服务给予补偿。

六、进一步提升基层医疗卫生服务能力

（十七）明确基层医疗卫生机构基本功能。以维护辖区居民健康为中心，使用适宜技术、适宜设备和基本药物（包括增补药品），大力推广包括民族医药在内的中医药服务，综合提供公共卫生和基本医疗服务。基层医疗卫生机构诊疗科目、床位数量、科室设置、人员配备、基础设施建设和设备配置要与其功能定位

相适应。乡镇卫生院受县级卫生部门委托，承担辖区内卫生管理职能，对村卫生室和乡村医生进行技术指导、药品器械配送管理和绩效考核。考核结果经县级卫生部门审核后公示，作为财政补助经费核算和乡村医生聘用的依据。鼓励有条件的地方探索推进乡村卫生服务一体化管理。

（十八）支持基层医疗卫生机构标准化建设。在充分利用现有资源的基础上，做好城镇化和行政区划调整过程中基层医疗卫生机构的规划布局和建设。政府在每个乡镇办好一所卫生院。坚持政府主导，原则上每个街道办事处或 3 万～10 万居民设置 1 所社区卫生服务中心。“十二五”期间，按照填平补齐的原则，继续加大对基层医疗卫生机构建设投入，重点支持边远山区、地广人稀的农村地区、少数民族地区乡镇卫生院建设，到 2015 年使基层医疗卫生机构达标率达到 95 %以上。实施基层中医药服务能力提升工程，加强基层医疗卫生机构中医科、中药房建设。

（十九）加强基层医疗卫生机构人才培养。加快推行全科医生制度，加强师资和培养培训基地建设，实施全科医生规范化培养和欠发达农村地区助理全科医生培训。继续做好全科医生转岗培训、农村订单定向医学生免费培养，实施全科医生特岗项目，确保如期实现基层医疗卫生机构全科医生配备目标。采取有效措施，鼓励高校医学毕业生到农村基层服务，志愿到中西部地区乡镇卫生院工作 3 年及以上的高校医学毕业生，其学费（助学贷款）由国家补助（代偿）。加大对农村医务人员的继续教育，加强中医药知识与技能培训，对乡镇卫生院人员每 5 年进行一次全员岗位培训，将培训结果作为岗位聘用与绩效考核的重要内容。严格执行城市医院和疾病预防控制机构医师晋升主治医师或副主任医师职称前到农村服务累计一年以上的政策。深化对口协作，加强上级医院与基层医疗卫生机构之间的人才合作交流，建立定期巡诊和轮训机制。

（二十）转变基层医疗卫生服务模式。鼓励基层医务人员根据居民健康需求，主动服务，上门服务，开展慢性病管理、健康管理、巡回医疗等。积极推进全科医生执业方式和服务模式改革试点，各地可结合实际合理确定到 2015 年全科医生签约人数与服务人口比例，逐步推行全科医生（团队）与城乡居民建立稳定的契约服务关系，提供连续的公共卫生和基本医疗服务。卫生等部门要加快制定分级诊疗规范，推进基层首诊负责制，建立健全分级诊疗、双向转诊制度，明显提高基层医疗卫生机构门急诊量占门急诊总量的比例。

（二十一）推进信息化建设。以省（区、市）为单位，统一组织规划推进基层医疗卫生机构信息系统建设，逐步覆盖乡镇卫生院、社区卫生服务机构和有条件的村卫生室。将基本药物供应使用、居民健康管理、公共卫生服务、基本医疗服务、绩效考核等作为信息系统建设的重要内容，统一技术规范和标准。强化信息系统在绩效考核和服务监管中的运用，提高基层医疗卫生机构服务规范化水平。通过建立区域卫生信息平台，逐步实现基层医疗卫生机构与区域内大医院、公共卫生机构、医保管理经办机构等信息互联互通，实现资源共享。

（二十二）积极做好化解债务工作。地方政府是化解债务的主体，要多渠道筹措落实化债资金，按时完成债务化解工作。省级、市（地）级人民政府要加大对财政困难县（市、区）化解债务工作的资金支持力度。

七、稳定和优化乡村医生队伍

（二十三）提高村卫生室服务水平。采取公建民营、政府补助等方式，支持村卫生室房屋建设和设备购置，原则上每个行政村要建有村卫生室，每个村卫生室要配备合格的乡村医生。对村卫生室主要通过购买服务的方式进行合理补助。制定乡村医生培养规划，建立在村卫生室执业的乡村医生定期免费培训制度，鼓励采取本地人员定向培养等方式充实、优化乡村医生队伍，新进乡村医生应当具备执业助理医师或以上资格，力争到 2020 年乡村医生总体具备执业助理医师或以上资格。各地可结合实际建立乡村医生退出机制。

（二十四）全面落实乡村医生补偿政策。明确村卫生室和乡镇卫生院的基本公共卫生服务任务分工和资金分配比例，原则上将 40%左右的基本公共卫生服务任务交由村卫生室承担，考核后将相应的基本公共卫生服务经费拨付给村卫生室，不得挤占、截留和挪用。各地要将符合条件的村卫生室纳入新农合定点，在综合考虑新农合筹资能力和不增加群众负担的前提下，合理制定村卫生室一般诊疗费标准，并确定新农合支付标准和办法，充分发挥新农合对村卫生室的补偿作用。中央财政已建立村卫生室实施基本药物制度补助机制，地方各级财政要采取定额补助的方式给予专项补助，财政补助总体水平与当地村干部的补助标准相衔接；鼓励地方进一步提高对在偏远、艰苦地区执业的乡村医生补助水平。各地要积极探索降低乡村医生执业风险、调解医患纠纷的有效措施。

（二十五）合理解决乡村医生养老问题。支持乡村医生参加城乡居民社会养老保险，按规定领取养老金。鼓励有条件的地方采取多种方式适当提高乡村医生的养老待遇。地方政府可以采取补助等多种形式，妥善解决好老年乡村医生的保障和生活困难问题，具体办法由地方政府制定。

八、加强基层医疗卫生服务监管

（二十六）加强卫生行业监管。县级卫生部门要加强对基层医疗卫生机构、村卫生室和乡村医生的行业管理，加大执法检查监督力度。对有过度医疗、不合理使用抗生素、推诿病人、虚报公共卫生服务等违规行为的机构及人员，严格按规定予以通报、罚款乃至给予辞退、吊销执业证书等处罚；严厉查处没有按照规定实行基本药物零差率销售的基层医疗卫生机构。建立问责制，对监管不力的，严格追究相关责任人的责任。各地要设立监督举报电话，加强社会监督。

（二十七）推行院（中心）务公开。基层医疗卫生机构要定期公开医疗服务信息、财务收支状况、医疗服务价格、基本公共卫生服务项目、政府专项资金使用和绩效考核情况等，主动接受社会监督。

（二十八）发挥医保和价格的监督制约作用。医保经办机构对医疗服务行为和费用要实行实时监控，加大奖惩力度，严厉查处骗保行为。价格部门应加强对基层医疗卫生机构的收费检查，严厉查处乱收费、违规加价等行为。

（二十九）加强医德医风建设。建立诚信制度和医务人员医德医风档案。重视对基层医务人员的人文素质培养和职业素质教育，大力弘扬救死扶伤精神，促进基层医务人员与城乡居民建立和谐关系。

九、组织实施

（三十）落实目标责任。各省（区、市）政府要尽快制订实施方案，并报国务院医改办公室、卫生部、财政部、人力资源社会保障部备案。各有关部门要抓紧制订出台相关配套文件。各地、各有关部门要严格落实责任制，建立强有力的工作推进机制，提高执行力。

（三十一）加强督导考核。各地要将基层医改任务完成情况纳入政府目标考核管理。各有关部门要加强协调配合，督促指导地方工作。国务院医改办公室要会同有关部门定期开展督导检查，及时通报进展情况，对工作滞后的进行约谈，确保各项政策落到实处。

（三十二）加强宣传培训。大力宣传基层医改政策，开展对从事医改的各级领导干部和基层医务人员的政策培训，进一步统一思想，凝聚共识，形成全社会支持医改、参与医改的良好氛围。

国务院办公厅

二〇一三年二月十日

048

关于印发《国家基本药物目录管理办法（暂行）》的通知

卫药政发〔2009〕79号

各省、自治区、直辖市和新疆生产建设兵团卫生厅（局）、发展改革委、物价局、工业和信息化主管部门、监察厅（局）、财政厅（局）、人力资源社会保障厅（局）、商务厅（局）、食品药品监管局、中医药局：

为贯彻落实《中共中央　国务院关于深化医药卫生体制改革的意见》，根据《国务院关于印发医药卫生体制改革近期重点实施方案（2009—2011年）的通知》，卫生部、国家发展改革委、工业和信息化部、监察部、财政部、人力资源社会保障部、商务部、食品药品监管局、中医药局制定了《国家基本药物目录管理办法（暂行）》。现印发给你们，请遵照执行。

卫生部　国家发展和改革委员会
工业和信息化部　监察部
财政部　人力资源和社会保障部
商务部　国家食品药品监督管理局
国家中医药管理局
二〇〇九年八月十八日

国家基本药物目录管理办法（暂行）

卫生部　国家发展和改革委员会
工业和信息化部　监察部
财政部　人力资源和社会保障部
商务部　国家食品药品监督管理局
国家中医药管理局
2009年8月18日

为落实《中共中央国务院关于深化医药卫生体制改革的意见》和《国务院关于印发医药卫生体制改革近期重点实施方案（2009—2011年）的通知》精神，建立国家基本药物目录遴选调整管理机制，制定本办法。

第一条 基本药物是适应基本医疗卫生需求，剂型适宜，价格合理，能够保障供应，公众可公平获得的药品。政府举办的基层医疗卫生机构全部配备和使用基本药物，其他各类医疗机构也都必须按规定使用基本药物。

第二条 国家基本药物目录中的药品包括化学药品、生物制品、中成药。化学药品和生物制品主要依据临床药理学分类，中成药主要依据功能分类。

第三条 国家基本药物工作委员会负责协调解决制定和实施国家基本药物制度过程中各个环节的相关政策问题，确定国家基本药物制度框架，确定国家基本药物目录遴选和调整的原则、范围、程序和工作方案，审核国家基本药物目录，各有关部门在职责范围内做好国家基本药物遴选调整工作。委员会由卫生部、国家发展和改革委员会、工业和信息化部、监察部、财政部、人力资源和社会保障部、商务部、国家食品药品监督管理局、国家中医药管理局组成。办公室设在卫生部，承担国家基本药物工作委员会的日常工作。

第四条 国家基本药物遴选应当按照防治必需、安全有效、价格合理、使用方便、中西药并重、基本保障、临床首选和基层能够配备的原则，结合我国用药特点，参照国际经验，合理确定品种（剂型）和数量。

国家基本药物目录的制定应当与基本公共卫生服务体系、基本医疗服务体系、基本医疗保障体系相衔接。

第五条 国家基本药物目录中的化学药品、生物制品、中成药，应当是《中华人民共和国药典》收载的，卫生部、国家食品药品监督管理局颁布药品标准的品种。除急救、抢救用药外，独家生产品种纳入国家基本药物目录应当经过单独论证。

化学药品和生物制品名称采用中文通用名称和英文国际非专利药名中表达的化学成分的部分，剂型单列；中成药采用药品通用名称。

第六条 下列药品不纳入国家基本药物目录遴选范围：

（一）含有国家濒危野生动植物药材的；

（二）主要用于滋补保健作用，易滥用的；

（三）非临床治疗首选的；

（四）因严重不良反应，国家食品药品监督管理部门明确规定暂停生产、销售或使用的；

（五）违背国家法律、法规，或不符合伦理要求的；

（六）国家基本药物工作委员会规定的其他情况。

第七条 按照国家基本药物工作委员会确定的原则，卫生部负责组织建立国家基本药物专家库，报国家基本药物工作委员会审核。专家库主要由医学、药学、药物经济学、医疗保险管理、卫生管理和价格管理等方面专家组成，负责国家基本药物的咨询和评审工作。

第八条 卫生部会同有关部门起草国家基本药物目录遴选工作方案和具体的遴选原则，经国家基本药物工作委员会审核后组织实施。制定国家基本药物目录的程序：

（一）从国家基本药物专家库中，随机抽取专家成立目录咨询专家组和目录评审专家组，咨询专家不参加目录评审工作，评审专家不参加目录制订的咨询工作；

（二）咨询专家组根据循证医学、药物经济学对纳入遴选范围的药品进行技术评价，提出遴选意见，形成备选目录；

（三）评审专家组对备选目录进行审核投票，形成目录初稿；

（四）将目录初稿征求有关部门意见，修改完善后形成送审稿；

（五）送审稿经国家基本药物工作委员会审核后，授权卫生部发布。

第九条 国家基本药物目录在保持数量相对稳定的基础上，实行动态管理，原则上 3 年调整一次。必要时，经国家基本药物工作委员会审核同意，可适时组织调整。调整的品种和数量应当根据以下因素确定：

（一）我国基本医疗卫生需求和基本医疗保障水平变化；

（二）我国疾病谱变化；

（三）药品不良反应监测评价；

（四）国家基本药物应用情况监测和评估；

（五）已上市药品循证医学、药物经济学评价；

（六）国家基本药物工作委员会规定的其他情况。

第十条 属于下列情形之一的品种，应当从国家基本药物目录中调出：

（一）药品标准被取消的；

（二）国家食品药品监督管理部门撤销其药品批准证明文件的；

（三）发生严重不良反应的；

（四）根据药物经济学评价，可被风险效益比或成本效益比更优的品种所替代的；

（五）国家基本药物工作委员会认为应当调出的其他情形。

第十一条 国家基本药物目录的调整应当遵循本办法第四条、第五条、第六条、第九条的规定，并按照本办法第八条规定的程序进行。属于第十条规定情形的品种，经国家基本药物工作委员会审核，调出目录。

第十二条 国家基本药物目录遴选调整应当坚持科学、公正、公开、透明。建立健全循证医学、药物经济学评价标准和工作机制，科学合理地制定目录。广泛听取社会各界的意见和建议，接受社会监督。

第十三条 中药饮片的基本药物管理暂按国务院有关部门关于中药饮片定价、采购、配送、使用和基本医疗保险给付等政策规定执行。

第十四条 鼓励科研机构、医药企业、社会团体等开展国家基本药物循证医学、药物经济学评价工作。

第十五条 本办法由卫生部负责解释。

第十六条 本办法自发布之日起施行。

049

国家发展改革委关于公布国家基本药物零售指导价格的通知

发改价格〔2009〕2498号

各省、自治区、直辖市发展改革委、物价局：

根据《关于建立国家基本药物制度的实施意见》、《药品政府定价办法》等有关规定，我委制定了国家基本药物零售指导价格，现予公布，请遵照执行。现就有关事项通知如下：

一、附表所列药品价格为按通用名称制定的国家基本药物零售指导价格。各级各类医疗卫生机构、社会零售药店及其他药品生产经营单位经营基本药物，其销售价格不得超过附表所列价格。

二、国家发展改革委及各省（区、市）价格主管部门按照规定权限制定公布的价格，凡标注特定企业生产供应，以及"水、电解质平衡调节药物"中标注"软袋双阀、软袋双阀双层无菌包装、塑料安瓿"的药品和滴眼剂中标注"含玻璃酸钠"的药品，在我委重新调整价格前，暂按原定价格执行；作为基本药物，其零售价格不得超过附表中同剂型规格品的价格。

三、附表未列的同种药品其他剂型或规格品（剂型仅指国家基本药物规定的剂型），暂由各省、自治区、直辖市价格主管部门按照药品差比价规则制定公布零售指导价格。附表按最小计量单位公布零售价格的药品，同剂型其他包装数量规格品，按公布的最小计量单位价格乘以实际包装数量计算价格。

四、国家发展改革委《关于制定第一批城市社区和农村基本用药定点生产的处方药品最高零售价格的通知》（发改价格〔2007〕2877号）、国家发展改革委办公厅《关于制定第一批城市社区和农村基本用药定点生产的非处方药品最高零售价格指导意见的通知》（发改办价格〔2008〕1560号）中有关药品，凡与本通知附表所列药品属同品种的，按本通知规定价格执行。

五、附表标注执行临时价格的药品，零售指导价格有效期为一年；有效期结束后，我委将重新核定价格。

六、各地根据《关于建立国家基本药物制度的实施意见》增补的药品，属国家发展改革委定价范围的，暂按国家现行规定零售指导价格执行；属于地方定价或市场调节价范围的，由各省（区、市）价格主管部门制定零售指导价格。

七、各地价格主管部门要加强对国家基本药物市场购销价格的监测和分析，发现问题，及时报告，我委将根据成本及市场价格变化情况适时调整零售指导价格；要加强对国家基本药物价格执行情况的监督检查，对药品生产经营单位违反本通知规定的价格行为，要依法严肃查处。

本通知附表所列价格自2009年10月22日起执行。

附表：

一、国家基本药物零售指导价格表（化学药品和生物制品部分）（略）

二、国家基本药物零售指导价格表（中成药部分）（略）

国家发展改革委

二〇〇九年九月二十八日

050

国家食品药品监督管理局
关于印发加强基本药物质量监督管理规定的通知

国食药监法〔2009〕632号

各省、自治区、直辖市食品药品监督管理局（药品监督管理局）：

为贯彻落实《中共中央 国务院关于深化医药卫生体制改革的意见》和《国务院关于印发医药卫生体制改革近期重点实施方案（2009—2011年）的通知》，加强基本药物质量监督管理，保证基本药物质量，依据《药品管理法》、《药品管理法实施条例》等法律法规，国家局组织制定了《关于加强基本药物质量监督管理的规定》。现予以印发，请遵照执行。

附件：关于加强基本药物质量监督管理的规定

国家食品药品监督管理局
二〇〇九年九月二十二日

附件：

关于加强基本药物质量监督管理的规定

国家食品药品监督管理局
2009年9月22日

第一条　为贯彻落实《中共中央 国务院关于深化医药卫生体制改革的意见》和《国务院关于印发医药卫生体制改革近期重点实施方案（2009—2011年）的通知》，加强基本药物质量监督管理，保证基本药物质量，依据《药品管理法》、《药品管理法实施条例》等法律法规，制定本规定。

第二条　国家食品药品监督管理局负责组织协调、监督指导全国基本药物质量监督管理工作；省级食品药品监督管理部门负责组织实施和指导协调本辖区内基本药物质量监督管理工作；省以下食品药品监督管理部门负责具体实施基本药物生产、配送和使用环节的质量监督管理工作。

各级食品药品监督管理部门应当按照职责分工和属地管理的原则，各负其责，切实加强基本药物质量监督管理，确保基本药物质量。

第三条 省级食品药品监督管理部门之间应当相互配合，加强沟通协调，建立和完善信息通报机制，强化基本药物质量监督管理。

第四条 地方各级食品药品监督管理部门应当进一步加强对城市社区和农村基本药物质量监督管理，充分发挥农村药品监督网在保证基本药物质量监督管理中的作用。

第五条 本规定所称基本药物生产企业和配送企业是指在省级人民政府指定的机构组织的基本药物生产、配送公开招标采购中中标的药品生产和经营企业。

第六条 基本药物生产企业应当主动开展药品标准研究和修订工作，完善和提高药品标准。

国家食品药品监督管理局组织对基本药物的标准逐一进行评估，加快推进基本药物标准提高工作。对需要完善标准的，基本药物生产企业应当按照要求完成标准的修订工作；对同一药品存在不同标准的，国家食品药品监督管理局按照标准先进性的原则予以统一提高。

卫生部将基本药物的标准优先纳入《中华人民共和国药典》。

第七条 基本药物生产企业应当根据基层医疗卫生机构和其他不同层级医疗机构的用药特点，在确保基本药物质量的前提下，采用适宜包装，方便使用。

改变基本药物剂型和规格必须严格按照《药品注册管理办法》的规定办理。

第八条 基本药物生产企业应当对处方和工艺进行自查，针对基本药物生产规模大、批次多的特点，严格按照《药品生产质量管理规范》组织生产，建立和实施质量受权人制度，完善质量管理、强化风险控制体系建设，对原辅料采购、投料、工艺控制及验证、产品检验、放行等环节加强管理，确保药品质量。

第九条 省级食品药品监督管理部门应当组织对基本药物生产企业进行处方和工艺核查，建立基本药物生产核查品种档案，核查结果不符合要求的，企业不得组织生产。

第十条 省级食品药品监督管理部门应当根据生产企业的诚信记录、既往监督检查的情况，合理安排监管资源，提高监管效率，加强对本辖区内基本药物生产企业的监督检查，每年组织常规检查不得少于两次。对检查中发现的问题，及时督促企业整改。对存在违法行为的，依法予以查处，并将查处结果通报本省基本药物招标采购机构。

第十一条 国家鼓励和推动基本药物配送企业兼并重组、整合配送资源，发展现代物流，提高药品配送能力。

基本药物的配送企业应当严格按照《药品经营质量管理规范》的要求，加强对基本药物进货、验收、储存、出库、运输等环节的管理。对农村、偏远地区的药品配送，必须根据药品包装及道路、天气状况等采取相应措施，防止运输过程中不良因素对药品质量造成影响。

第十二条　省级食品药品监督管理部门应当加强对基本药物配送企业的监督管理，对在监督检查中发现的违法行为，依法予以查处，并将查处结果通报本省基本药物招标采购机构。

第十三条　医疗机构和零售药店必须按照规定加强对基本药物进货、验收、储存、调配等环节的管理，保证基本药物质量。零售药店应当充分发挥执业药师等药学技术人员的作用，指导患者合理用药。食品药品监督管理部门应当加强对医疗机构和零售药店基本药物质量的日常监督检查，对违法行为要依法予以查处，对医疗机构的查处结果应当及时通报同级卫生行政部门。

第十四条　国家对基本药物实行全品种覆盖抽查检验，并及时向社会公布抽验结果。

国家食品药品监督管理局组织基本药物的评价抽验，在年度药品抽验计划中加大对基本药物的抽验比例。

省级食品药品监督管理部门应当制定基本药物的监督抽验年度计划，统一组织、统筹协调辖区内基本药物的监督抽验，每年至少对辖区内基本药物生产企业生产的基本药物进行一次抽验。县级以上食品药品监督管理部门应当结合本辖区实际，加强对辖区内基本药物经营企业和使用单位的监督抽验。

第十五条　基本药物生产、配送企业以及医疗机构和零售药店应当建立健全药品不良反应报告、调查、分析、评价和处理制度，主动监测、及时分析、处理和上报药品不良反应信息，对存在安全隐患的，应当按规定及时召回。

各级食品药品监督管理部门应当进一步加强药品不良反应报告与监测工作，及时分析评价基本药物不良反应病例报告，完善药品安全预警和应急处置机制。

第十六条　国家食品药品监督管理局组织开展基本药物品种的再评价工作，并将再评价结果及时通报卫生部。

第十七条　国家逐步将基本药物品种纳入药品电子监管。具体实施步骤由国家食品药品监督管理局另行规定。

第十八条　省级食品药品监督管理部门应当及时将本辖区内基本药物生产企业名录及其生产的基本药物品种、基本药物配送企业名录报国家食品药品监督管理局。企业及产品名录应当在政府相关网站上予以公布。

第十九条　本规定自发布之日起施行。

051

卫生部办公厅 工业信息化部办公厅关于印发《关于做好传染病治疗药品和急救药品类基本药物供应保障工作的意见》的通知

卫办药政发〔2011〕139号

各省、自治区、直辖市和新疆生产建设兵团卫生厅局、工业和信息化主管部门：

为贯彻落实《中共中央 国务院关于深化医药卫生体制改革的意见》，保障国家基本药物制度顺利推进实施，加快建立以国家基本药物制度为基础的药品供应保障体系，指导各地及时、有效做好短缺传染病治疗药品和急救药品类基本药物的供应保障工作，确保群众基本用药，卫生部、工业和信息化部共同制定了《关于做好传染病治疗药品和急救药品类基本药物供应保障工作的意见》。现印发给你们，请遵照执行。

卫生部办公厅　工业和信息化部办公厅

二〇一一年十月三十一日

关于做好传染病治疗药品和急救药品类基本药物供应保障工作的意见

卫生部办公厅

工业和信息化部办公厅

2011年10月31日

《中共中央 国务院关于深化医药卫生体制改革的意见》（中发〔2009〕6号）提出“加快建立以国家基本药物制度为基础的药品供应保障体系，保障人民群众安全用药”。随着国家基本药物制度的推进，药品供应保障体系建设取得了明显成效。但仍有一些问题尚未得到有效解决，突出表现在一些地区部分传染病治疗药品和急救药品类基本药物的供应难以满足需要。为指导各地及时、有效做好短缺传染病治疗药品和急救药品类基本药物（以下简称短缺药品）的供应保障工作，确保群众基本用药，现提出以下意见。

一、汇总供应短缺药品信息

省级卫生行政部门要结合本省（区、市）传染病发病情况以及急救药品使用和基本药物供应的实际情况，协调市、县级卫生行政部门，结合医疗机构意见，汇总分析和综合研判后，提出短缺药品品种（含名称、剂型、规格等）和需求数量，会同省级工业和信息化主管部门分别报送卫生部和工业和信息化部备案。

二、建立短缺药品信息平台

省级卫生行政部门要会同工业和信息化主管部门充分利用现有药品集中采购平台，进一步拓展服务功能，增设动态更新的短缺药品信息功能，主动发布短缺药品品种、企业生产经营情况、省内库存和储备等信息，充分利用短缺药品现有市场资源，互通有无，保障临床用药需求。

三、调整优化医疗机构药品库存

医疗机构特别是负责传染病预防和治疗的医疗机构要结合自身治疗需要，调整优化药品尤其是短缺药品的库存，保证临床用药。对于医疗机构没有库存或难以采购到的临时急需药品，省级卫生行政部门要积极协调向其他医疗机构调剂使用，做到程序便捷、急用急调、保证使用。

四、加快研究建立常态化短缺药品储备

省级工业和信息化主管部门要会同有关部门结合本省（区、市）内医疗机构短缺药品需求情况，对用量不确定、企业不常生产和本区域经常性供应短缺的品种，加快建立省级常态化的短缺药品储备。对于当前医疗机构急需的短缺药品，省级卫生行政部门要商医药储备主管部门根据有关规定积极协调调用应急医药储备，尽最大可能保障药品供应。

五、探索短缺药品定点生产和省际联合采购

对用量小、企业生产不盈利的短缺品种，研究通过定点生产或省际联合采购方式集中生产，以稳定药品供应。卫生部将对定点生产的品种进行严格遴选，限定为市场需求量小但又难以替代的少数药品，汇总各省（区、市）年度使用需求数量，配合有关部门遴选定点企业，其他药品仍通过集中采购机制引导生产销售。各地采购机构按照汇总的数量与选定生产企业签订采购合同，严格按照合同约定采购并及时付款，生产企业严格按照合同约定保质保量按时供应。

六、加强生产供应监测和协调

省级工业和信息化主管部门要会同卫生行政部门加强短缺药品生产供应监测。及时掌握生产动态，加强产需衔接，重点监测紧缺原料药和中药材等供应情

况。采取有力措施，积极协调解决原料供应不足等企业生产经营存在的突出问题，提高短缺药品生产能力，保障临床需求。

七、加大组织实施力度

省级卫生行政部门、工业和信息化主管部门要本着为人民群众及时、充分提供安全有效药品的原则，强化属地责任，切实做好短缺药品的供应保障工作。

052

关于印发国家基本医疗保险、工伤保险和生育保险药品目录的通知

人力资源和社会保障部 2009年11月27日

各省、自治区、直辖市人力资源社会保障（劳动保障）厅（局），新疆生产建设兵团劳动保障局：

为贯彻落实《中共中央国务院关于深化医药卫生体制改革的意见》（中发〔2009〕6号）、《国务院关于印发医药卫生体制改革近期重点实施方案（2009—2011年）的通知》（国发〔2009〕12号）精神，重点做好与加快医疗保障体系建设、初步建立国家基本药物制度、加强医疗服务监管和探索建立医疗保险谈判机制4方面政策的衔接，我部按照《医药卫生体制五项重点改革2009年工作安排》（国办函〔2009〕75号）的要求，以及《城镇职工基本医疗保险用药范围管理暂行办法》（劳社部发〔1999〕15号）和《工伤保险条例》的规定，经过组织专家进行药品遴选，制定了《国家基本医疗保险、工伤保险和生育保险药品目录（2009年版）》（以下简称《药品目录》），现印发各地，请遵照执行。

一、调整制定2009年版《药品目录》，是贯彻落实党中央、国务院深化医药卫生体制改革文件的重要举措，对于完善医疗、工伤、生育保险制度，提高群众的保障水平，逐步实现人人享有基本医疗保障的目标，具有重要的意义。各省（自治区、直辖市）人力资源社会保障部门要统一思想，提高认识，认真做好《药品目录》的组织实施工作。

二、2009年版《药品目录》在保持参保人员用药政策相对稳定连续的基础上，根据临床医药科技进步与参保人员用药需求变化，适当扩大了用药范围和提高了用药水平。本版《药品目录》适用于基本医疗保险、工伤保险和生育保险，是基本医疗保险、工伤保险和生育保险基金支付参保人员药品费用和强化医疗保险医疗服务管理的政策依据及标准。

三、《药品目录》分西药、中成药和中药饮片3部分。其中，西药部分和中成药部分用准入法，规定基金准予支付费用的药品，基本医疗保险支付时区分甲、乙类，工伤保险和生育保险支付时不分甲、乙类；中药饮片部分用排除法，规定基金不予支付费用的药品。参保人员使用目录内西药、中成药和目录外中药饮片所发生的费用，具体给付标准按基本医疗保险、工伤保险和生育保险的有关规定执行。

四、《国家基本药物目录》内的治疗性药品已全部列入《药品目录》甲类药品。统筹地区对于甲类药品，要按照基本医疗保险的规定全额给付，不得再另行设定个人自付比例。对于乙类药品可根据基金承受能力，先设定一定的个人自付比例，再按基本医疗保险的规定给付。对于国家免费提供的抗艾滋病病毒药物和国家基本公共卫生项目涉及的抗结核病药物、抗疟药物和抗血吸虫病药物，参保人员使用且符合公共卫生支付范围的，基本医疗保险、工伤保险和生育保险基金不予支付；不符合公共卫生支付范围的，基本医疗保险、工伤保险和生育保险基金按规定支付。

五、各地要分步做好《药品目录》的组织实施工作。甲类药品，各省（自治区、直辖市）不再进行调整，各统筹地区应于今年 12 月份开始执行使用。乙类药品，各省（自治区、直辖市）可按规定进行调整后，再由所辖统筹地区执行使用。民族药和中药饮片部分，各地按现有政策继续执行。各省（自治区、直辖市）应于 2010 年 3 月 31 日前发布本地基本医疗保险、工伤保险和生育保险药品目录，各统筹地区要在 2010 年 6 月 30 日前完成计算机信息管理系统药品数据库的更新工作。

六、各省（自治区、直辖市）调整乙类药品时，不得要求企业申报，不得以任何名目向企业收取费用。对国家基本药物和仅限工伤保险的品种，不得将其从目录中调出。对《药品目录》规定的药品限定支付范围，可以进行调整但不得取消。对药品名称不得使用或标注商品名。各省（自治区、直辖市）乙类药品调整品种应按规定报我部备案，调整品种总数（含调入、调出和调整限定支付范围的药品品种）不得超过 243 个。

七、各统筹地区要严格执行本省（自治区、直辖市）基本医疗保险、工伤保险和生育保险药品目录，并按照有关规定更新定点医疗机构纳入基金支付范围的医院制剂清单，但不得以任何名义调整《药品目录》或另行制订药品目录。要根据辖区内医疗机构和零售药店药品使用情况，做好《药品目录》内药品名称的对应工作，及时更新信息管理系统的药品数据库，有条件的省（自治区、直辖市）可统一更新药品数据库。要按照药品通用名称支付参保人员药品费用，不得按商品名进行限定，不能以药品数据库没有更新为由拒付参保人员费用。

八、各地要加强《药品目录》使用情况的监测与分析。通过统一药品代码，完善分析指标，逐步建立药品使用情况的监测分析体系。要充分利用药品使用情况基础数据，对参保人员各类药品用量和各项保险费用支出情况进行分析，加强对用量大、费用支出多药品的重点监测，有重点、有针对性地采取监管措施，以加强对医疗过程中药品滥用等不良行为的控制。

九、各地要加强定点医疗机构和零售药店使用《药品目录》的管理。医师开具西药处方须符合西医疾病诊治原则，开具中成药处方须遵循中医辩证施治原则和理法方药，对于每一最小分类下的同类药品原则上不宜叠加使用。对按西医诊断开具中成药、按中医诊断开具西药等不合理用药、重复用药和药物滥用等，要明确相应的处罚措施并纳入定点协议管理。要采取措施鼓励医师按照先甲类后乙类、先口服制剂后注射制剂、先常释剂型后缓（控）释剂型等原则选择药品，鼓励药师在调配药品时首先选择相同品种剂型中价格低廉的药品。

十、各地要参照卫生等有关部门制定的处方管理办法、临床技术操作规范、临床诊疗指南和药物临床应用指导原则等，加强对临床用药合理性的监督检查，进一步明确药品限定支付范围，完善药品费用审核办法，严格药品费用支付管理。要将定点医疗机构和定点零售药店执行使用《药品目录》的情况，纳入定点服务协议管理和定点服务考核范围，并进一步完善管理考核指标，加大监督检查力度。

十一、各地要进一步完善医疗保险用药分类支付管理办法。对于《药品目录》内同一品种剂型规格的药品，可探索设定最高支付限额标准。对乙类药品中主要起辅助治疗作用的药品，可适当加大个人自付比例，拉开与其他乙类药品的支付比例档次。对临床紧急抢救与特殊疾病治疗所必需的目录外药品，要建立定点医疗机构申报制度并明确相应的审核管理办法。对于《药品目录》内可用于自我药疗的药品，原则上规定为，参保人员住院使用时由基本医疗保险统筹基金支付；门诊使用时限个人帐户支付。对于未列入《药品目录》但由目录内西药品种组成的复合药（包括含药大输液），如果其价格不高于其所组成药品价格之和的，可视同乙类药品按规定予以支付，具体管理办法由各地制订。

十二、做好药品目录管理与医疗服务项目管理和费用结算管理的衔接。本版《药品目录》未列入的放射性同位素类药物，将纳入医疗服务项目范围进行管理，各地在具体办法出台前仍可按原有政策执行。对于《药品目录》内的影像诊断用药，要结合医疗服务项目管理，加强费用的审核支付。对实行按总额、按病种、按定额等结算办法的地区，要从保障参保人员获得必需药品的角度出发，探索完善相应的考核管理措施，以确保在控制费用、强化管理和建立风险共担机制的同时，保障参保人员的基本权益。

十三、本次发布的《药品目录》中未包括谈判准入的药品。我部将会同有关部门研究制订药品谈判机制的有关规则，建立相应的工作组织体系，确定谈判准入的药品类别，组织社会保险经办机构与药品供应商，对临床疗效确切有重大创新价值但价格昂贵可能对基金产生风险的部分药品品种及其费用支付方式和标准进行谈判。具体办法另行发布。

十四、各地在《药品目录》调整工作和组织实施过程中，如有重大问题，要及时报告。

053

关于印发做好常用低价药品供应保障工作意见的通知

国卫药政发〔2014〕14号

各省、自治区、直辖市和新疆生产建设兵团卫生计生委（卫生厅局）、发展改革委（物价局）、工业和信息化主管部门、财政厅（局）、人力资源社会保障厅（局）、商务厅（局）、食品药品监管局、中医药局：

为保障人民群众常用低价药品供应，国家卫生计生委、国家发展改革委、工业和信息化部、财政部、人力资源社会保障部、商务部、食品药品监管总局、中医药局制定了《关于做好常用低价药品供应保障工作的意见》，已经国务院深化医药卫生体制改革领导小组同意。现印发给你们，请遵照执行。

国家卫生计生委　国家发展改革委
工业和信息化部　财政部
人力资源社会保障部　商务部
食品药品监管总局　国家中医药局
二〇一四年四月一日

关于做好常用低价药品供应保障工作的意见

国家卫生计生委　国家发展改革委
工业和信息化部　财政部
人力资源社会保障部　商务部
食品药品监管总局　国家中医药局
2014年4月1日

保障群众基本用药、安全用药，维护人民健康权益是深化医药卫生体制改革的重要目标和任务，是重大民生工程。一直以来，部分常用低价药品出现供应不足甚至断供的情况，不能满足患者用药需求。为做好常用低价药品供应保障工作，现提出以下意见。

一、加强部门协作

做好常用低价药品供应保障工作涉及面广、政策性强，需要多部门协作配合。国家建立由国家卫生计生委、工业和信息化部、发展改革委、财政部、人力资源社会保障部、商务部、食品药品监管总局、中医药局等部门共同参加的工作协调机制，明确任务分工，各司其职，及时研究解决常用低价药品供应保障工作中存在的问题，防止和避免药品供应不及时甚至断供情况的发生。各有关部门从原料生产、注册审批、价格管理、采购供应、临床使用、医保支付、质量监管、监督检查等多个环节，健全和完善常用低价药品供应保障政策，调动企业和医疗机构生产供应、配备使用常用低价药品的积极性。地方政府相关部门也要建立相应的工作协调机制，做好本地区常用低价药品供应保障工作。

二、改进价格管理

国家发展改革委从政府定价范围内遴选确定国家低价药品清单，并实行动态调整。改进低价药品价格管理方式，取消针对每一个具体品种的最高零售限价，允许生产经营者在日均费用标准（另行制定）内，根据药品生产成本和市场供求状况自主制定或调整零售价格，保障合理利润。各地可根据日均费用标准，确定本省（区、市）定价范围内的低价药品清单。对因成本上涨或用法、用量发生变化导致日均费用突破低价药品控制标准的，要退出低价药品清单，重新制定最高零售指导价格。对用量小、市场供应短缺的药品试点国家定点生产、统一定价。

三、完善采购办法

对纳入低价药品清单的药品实行以省（区、市）为单位的集中采购。省级药品集中采购机构将具备相应资质条件的生产企业直接挂网，由医疗机构网上采购交易。优先从通过《药品生产质量管理规范（2010年版）》（GMP）认证的企业采购药品。生产企业应当从符合资质的配送企业中选择规模大、覆盖面广、配送率高、服务好的企业承担统一配送任务，保证配送企业经营利益。对纳入国家定点生产的药品，要加强政策引导，提高配送集中度。各地要定期在采购平台上公布本地区注册的药品配送企业名单，包括通过新修订《药品经营质量管理规范》（GSP）认证、供货能力、配送到位率和信誉等指标，为药品购销双方选择和评价配送企业提供服务，完善社会监督。

四、建立常态短缺药品储备

进一步完善医药储备制度，建立中央和地方两级常态短缺药品储备。中央医药储备以用量不确定的短缺药品为主，地方医药储备以用量确定的短缺药品为主。卫生计生、工业和信息化、财政、中医药等部门组织筛选储备品种、合理确定储备数量，安排收储资金，保障短缺药品储备及时到位。

五、加大政策扶持

工业和信息化部门积极引导常用低价药品生产企业进行技术改造，提高供应保障能力，加快通过新版 GMP 认证。食品药品监管总局对批准数量不足的临床急需的仿制药注册申请予以优先审评。卫生计生和中医药管理部门要采取措施，鼓励各级医疗机构提高常用低价药品使用量，并将使用情况纳入绩效考核内容。人力资源社会保障、卫生计生部门应当加快推进医保付费方式改革，调动医疗机构和医务人员主动节约成本、优先使用低价药品的积极性。

六、开展短缺药品动态监测

各级卫生计生部门会同工业和信息化、商务等部门，整合现有资源，加快推进药品供应保障信息化建设，以全民健康保障信息化工程为支撑，进一步拓展省级药品集中采购平台功能，建立常用低价药品从生产、流通、库存到使用全过程实时更新、动态监测和分析的药品生产供应信息系统，重点监测易短缺药品原料和制剂生产供应情况，及时分析研判药品供应保障形势，做好供需衔接。各省（区、市）卫生计生部门应当建立健全短缺药品信息报告制度，完善低价药品短缺预警机制，确保信息共享，互联互通。国家卫生计生委协调相关部门对不能保证临床需求的药品及时组织生产、保障供应。

七、加强综合监管

各级卫生计生部门要强化低价药品采购、配送、使用和支付监管，严格执行诚信记录和市场清退制度，确保配送及时，合理使用。各级价格主管部门要加强市场价格行为监管，做好低价药品生产成本及实际购销价格监测工作，对违法违规企业、医疗机构加大惩处力度。各级食品药品监管部门要对低价药品进行全品种电子监管，保证用药安全。其他相关部门应当根据职责分工，加强对低价药品生产流通、医保支付等环节的监督管理。

八、做好社会宣传

做好常用低价药品供应保障工作，关系广大人民群众切身利益，必须坚持正确的舆论导向，通过电视、广播、报刊、网络等多种形式，广泛宣传做好常用低价药品供应保障工作的重要意义和主要政策措施，积极回应社会关切，取得社会各方的理解和支持，努力营造良好舆论氛围。

八 药品采购机制

054

关于印发《医疗机构药品集中招标采购监督管理暂行办法》的通知

国纠办发〔2001〕17号

各省、自治区、直辖市人民政府纠风办、物价局（计委）、经贸委、卫生厅（局）、工商局、药品监管局、中医药局：

为加强对医疗机构药品集中招标采购的监督管理，促进药品集中招标采购工作规范有序地开展，国务院纠风办、国家计委、国家经贸委、卫生部、国家工商总局、国家药品监管局和国家中医药局共同研究制定了《医疗机构药品集中招标采购监督管理暂行办法》，现发给你们。各地要根据本办法狠抓落实，切实做好药品集中招标采购的监督管理工作。

国务院纠风办　国家计委
国家经贸委　卫生部
工商总局　药品监管局　中医药局
二〇〇一年十一月十二日

医疗机构药品集中招标采购监督管理暂行办法

国务院纠风办　国家计委
国家经贸委　卫生部
工商总局　药品监管局　中医药局
2001年11月12日

第一章　总　　则

第一条　为贯彻落实国务院《关于城镇医药卫生体制改革的指导意见》和配套文件，以及《医疗机构药品集中招标采购工作规范（试行）》，加强对医疗机构药品集中招标采购的监督管理，遏制药品购销中的不正之风，保证医疗机构药品集中招标采购工作规范有序进行，依据国家有关法律法规，制定本办法。

第二条 对医疗机构药品集中招标采购进行监督管理，适用本办法。

本办法所称医疗机构是指：县及县以上人民政府、国有企业（含国有控股企业）等举办的非营利性医疗机构。

第三条 医疗机构药品集中招标采购必须遵循公开、公平、公正和诚实信用的原则，接受政府有关部门、社会和舆论的监督。

第四条 药品集中招标采购当事人必须严格遵守医疗机构药品集中招标采购相关法规政策和工作规范。

第二章 监督机构及职责

第五条 对医疗机构药品集中招标采购的监督，实行监察机关和纠风机构与价格、经贸、卫生、工商、药监、中医药等部门各司其职、齐抓共管的联合监督工作机制，并建立相应的监督组织。其职责是协调各职能部门根据分工依照有关法律法规监督药品集中招标采购当事人的行为，并对药品集中招标采购的全过程依法进行监督，受理当事人的投诉，纠正和查处药品集中招标采购中的各种违法违纪行为。

第六条 药品集中招标采购的监督组织形式，由各地根据实际情况确定。

第七条 监察机关和纠风机构依照《行政监察法》等有关法律法规履行以下职责：

（一）会同有关部门制定药品集中招标采购的监督管理办法，协调有关部门对药品集中招标采购的监督管理；

（二）受理有关药品集中招标采购的检举和控告；

（三）负责对政府有关部门及其工作人员、由国家行政机关任命的其他人员在药品集中招标采购中履行职责、执行法律法规和政策的情况进行监督，依法对其不作为、违规行政和执法、包庇纵容和参与违法活动，违规干预或参与药品集中招标采购过程、谋取单位和个人利益，以及贪污、受贿等行为进行查处，依法作出《监察决定》或向有关部门提出《监察建议》；构成犯罪的，移交司法机关。

第八条 卫生行政部门负责对医疗机构的药品集中招标采购行为进行监督，依照《执业医师法》和《药品管理法》等有关法律法规，对医疗机构及有关人员违反规定的行为进行纠正和查处。与药品监督管理部门共同依照《招标投标法》和《药品招标代理机构资格认定及监督管理办法》（以下简称代理机构监督办法），对药品招标中介代理机构的行为进行监督。

第九条 中医药行政管理机构负责对中医医院的药品集中招标采购行为进行监督，并依照《执业医师法》和《药品管理法》等有关法律法规，对中医医院及有关人员违反规定的行为进行纠正和查处。

第十条　价格主管部门负责对药品集中招标采购有关当事人的价格、收费行为进行监督管理，并依照《价格法》、《价格违法行为行政处罚规定》等有关规定，对价格违法行为进行纠正和查处。

第十一条　经济贸易部门负责依照《招标投标法》等有关法律法规，对药品集中招标采购活动中投标企业的行为进行监督管理。

第十二条　药品监督管理部门负责对药品集中招标采购中标药品的质量进行监督管理；依照《招标投标法》和《药品管理法》等有关法律法规，对参加药品集中招标采购的生产和批发企业进行监督，并对药品生产和批发企业违反规定的有关行为进行查处；与卫生行政部门共同依照《招标投标法》和《代理机构监督办法》，对药品招标中介代理机构的行为进行监督。

第十三条　工商行政管理部门负责对通过药品集中招标采购所签合同的行政监管，依照《反不正当竞争法》、《招标投标法》、《药品管理法》、《合同法》和《关于禁止商业贿赂行为的暂行规定》等有关法律法规，对药品集中招标采购当事人的不正当竞争行为，购销双方的合同欺诈及其他利用合同危害国家利益、社会公共利益的违法行为进行纠正和查处。

第十四条　负责对药品集中招标采购进行监督管理的有关部门，应当公开办事程序，接受社会监督，及时受理和查处举报的问题，维护药品集中招标采购各方当事人的合法权益。

第三章　监督管理

第十五条　医疗机构有下列行为之一的，由卫生（中医）行政部门依照药品集中招标采购等有关规定，视其情节给予批评或通报批评；情节严重的，对有关领导和责任人给予处分：

（一）不按规定参加药品集中招标采购、不按规定的药品品种进行集中招标采购，或以其他任何方式规避药品集中招标采购；

（二）在发布中标通知书后擅自改变中标结果；

（三）发出中标通知后，无正当理由不按时、不如实或拒绝与中标企业签订合同。

第十六条　医疗机构或医疗机构负责人、药品采购人员、医师、药师等有关人员收受药品生产和批发企业或其代理人给予的财物或其他利益的，分别由工商行政管理部门和卫生行政部门依照有关规定处理。

第十七条　医疗机构不按规定时间、定价原则调整中标药品零售价格；不按实际成交价如实开据发票，不如实记帐；在集中招标采购中自定项目、自定标准乱收费；其他价格违法行为。有上述行为之一的，由价格主管部门依照有关规定处理。

第十八条 医疗机构无正当理由不按购销合同采购中标药品或另设附加条件，不按合同规定的时间付款，以及有其他违约行为。有上述行为之一的，依照《合同法》有关规定处理。

第十九条 医疗机构有下列行为之一的，由工商行政管理部门依照有关规定处理：

（一）向他人透露已获取招标文件的潜在投标人的名称、数量或者可能影响公平竞争的有关招标投标的其他情况，侵犯他人商业秘密；

（二）从购销合同规定的采购渠道之外购进中标药品或擅自采购非中标药品替代中标药品；

（三）不按规定要求与中标方签订药品购销合同，或在药品购销合同签订后又与中标方订立背离合同实质性内容的其他协议。

第二十条 由医疗机构联合组成的药品集中招标采购经办机构的牵头单位有下列行为之一的，由价格主管部门依照有关规定处理：

（一）不按规定及时向价格主管部门进行中标药品价格备案；

（二）不执行国家有关药品集中招标采购收费规定，自立项目、自定标准乱收费。

第二十一条 医疗机构委托不具有药品招标代理资格的机构进行药品集中招标采购的，招标无效，其经济损失全部由医疗机构自行承担。同时，由工商行政管理部门依照有关规定对非法代理药品招标采购的机构进行处理。

第二十二条 药品生产和批发企业提供虚假资质证明、药品批准证明文件、药品检验证明文件和其他有关证明资料的，由药品监督管理部门依照有关规定处理。

第二十三条 药品生产和批发企业有下列行为之一的，由价格主管部门或工商行政管理部门依照有关规定处理：

（一）相互之间或与经办机构和采购方串通投标、报价，排斥其他药品供应商的公平竞争，损害采购方或者其他药品供应商合法利益；

（二）借联合招标之机相互串通抬价、操纵投标价格或搞价格垄断。

第二十四条 药品生产和批发企业以低于成本的报价竞标，排挤竞争对手的，其中标无效，并由价格主管部门或工商行政管理部门依照有关规定处理。

第二十五条 药品生产和批发企业有下列行为之一的，中标无效，并由工商行政管理部门依照有关规定处理：

（一）以向招标人、经办机构、专家、政府官员等有关人员行贿的手段谋取中标；

（二）以他人名义投标或者以其他方式弄虚作假，骗取中标。

第二十六条 药品生产和批发企业在中标后采用不正当竞争手段进行临床促

销的，由工商行政管理部门依照有关规定处理。

第二十七条 药品生产和批发企业签订购销合同后，不按合同要求配送药品的，依照《合同法》和《招标投标法》有关规定处理。

第二十八条 药品生产和批发企业在开标后投标有效期内撤销投标或有违规行为的，要在评标过程中酌情扣减其信誉分；有严重违法违规行为的，取消本次投标资格，已经中标的，中标无效，并且各地医疗机构在两年内不接受该企业对药品集中招标采购的投标。

药品生产和批发企业中标后不在规定期限内签订药品购销合同或不履行合同义务的，由有关部门做专门记录和公布，并在以后的药品招标评标中，酌情扣减其信誉分。

第二十九条 药品招标代理机构有下列行为之一的，由卫生行政部门和药品监督管理部门依照有关规定处理：

（一）对投标人应提交的各种证明文件未进行审核、未保证文件齐全的；

（二）违反药品集中招标采购程序和工作规范；

（三）不按有关部门规定提供备案资料。

第三十条 药品招标代理机构有下列行为之一的，由卫生行政部门、药品监督管理部门和工商行政管理部门分别依照有关规定处理：

（一）涂改、转让其资格证书；

（二）接受无《医疗机构执业许可证》单位的委托，并为其代理药品招标业务，或接受医疗机构的委托，与无《药品生产许可证》、《药品经营许可证》的单位进行药品招标代理活动；

（三）利用行贿等不正当手段牟取药品招标代理权和其他非法利益。

第三十一条 药品招标代理机构有下列行为之一的，由工商行政管理部门依照有关规定处理，或由卫生行政部门和药品监督管理部门依照有关规定处理：

（一）以不合理条件限制或者排斥潜在投标人，对潜在投标人实行歧视待遇，限制投标人之间公开、公平、公正竞争；

（二）串通采购方、供应商弄虚作假，损害他人合法权益，或者泄露投标人的商业秘密和评标过程的秘密，泄露应当保密的与招标投标活动有关的可能影响招标公正的情况和资料。

第三十二条 招标代理机构有垄断行为，限制其他中介机构公平竞争的，由工商行政管理部门依照有关规定处理。

第三十三条 招标代理机构从事药品经营活动的，由药品监督管理部门依照有关规定处理。

第三十四条 招标代理机构不执行国家有关药品招标采购收费规定，自立项目、自定标准乱收费，不按规定及时向价格主管部门进行中标药品价格备案的，由价格主管部门依照有关规定处理。

第三十五条 评标委员会成员有下列行为之一的，取消其评标委员会成员资格，并由工商行政管理部门、卫生行政部门和药品监督管理部门分别依照有关规定处理：

（一）私下接触投标人，接受药品生产和批发企业资助的可能有碍公正的参观考察、礼物馈赠和宴请，索取或收受药品生产和批发企业的钱物或其它好处；

（二）利用职务之便为配偶、子女及亲友谋取私利；

（三）泄露与医疗机构药品集中招标采购相关的商业秘密。

第三十六条 评标委员会成员有下列行为之一的，取消其评标委员会成员资格，并由卫生行政部门和药品监督管理部门分别依照有关规定处理：

（一）从事药品生产、批发活动或兼职取酬；

（二）从事涉及医疗机构药品集中招标采购的有偿中介活动；

（三）有其他有损于药品集中招标采购公正性的行为。

第三十七条 药品集中招标采购当事人有其他违反法律法规行为的，由有关部门依照有关规定处理。

第三十八条 有关部门对药品集中招标采购当事人的违规行为进行处理的同时，要分别建立对监督对象违规行为的登记制度和在指定媒体通报的制度，并由当地药品集中招标采购监督组织对招标采购当事人的违规行为进行统一、定期的通报。

第三十九条 有关部门在履行监督职能时，被检查的单位和人员拒绝按规定提供监督检查所需资料、情况和说明或提供虚假资料、情况和说明，转移、篡改、毁灭证据的，由有关部门依照有关规定处理。

第四章 附 则

第四十条 对药品集中议价采购的监督管理参照本办法执行。有特殊要求和规定的除外。

第四十一条 对军队、武警部队医疗机构药品集中招标采购进行监督管理执行本办法的具体办法，由中国人民解放军卫生主管部门制定。

第四十二条 本办法自发布之日起施行。

055

药品集中采购监督管理办法

国纠办发〔2010〕6号

各省、自治区、直辖市人民政府纠风办、卫生厅（局）、发展改革委、物价局、监察厅（局）、财政厅（局）、工商局、食品药品监管局，新疆生产建设兵团纠风办、卫生局、发展改革委、物价局、监察局、财政局：

现将《药品集中采购监督管理办法》印发给你们，请结合实际，认真贯彻执行。

国务院纠正行业不正之风办公室
卫生部　国家发展和改革委员会
监察部　财政部 国家工商行政管理总局
国家食品药品监督管理局
二〇一〇年六月二日

药品集中采购监督管理办法

第一章　总　　则

第一条　为加强对以政府为主导，以省、自治区、直辖市为单位的网上药品集中采购工作的监督管理，规范药品集中采购行为，依据有关法律法规，制定本办法。

第二条　药品集中采购监督管理工作遵循实事求是、依法办事、惩防结合、预防为主的原则，坚持加强监督与规范管理相结合。

第三条　药品集中采购监督管理工作实行分级负责、以省级为主，相关职能部门按照法定权限各负其责、密切配合的领导体制和工作机制。

第四条　药品集中采购监督管理机构应当公开监督管理制度，明确办事程序，自觉接受社会监督。

第二章　监督管理机构及职责

第五条　纠正医药购销和医疗服务中不正之风部际联席会议负责全国药品集

中采购监督管理的组织协调，依法监督药品集中采购工作联席会议成员单位正确履行职责，督促下级人民政府及相关部门认真落实上级关于药品集中采购的决策部署，检查药品集中采购政策和规章制度的贯彻落实情况，调查处理药品集中采购中的违法违规问题。各省、自治区、直辖市可根据本地区实际，确定药品集中采购监督管理机构的组织形式和基本职责。

第六条 监察机关和纠风办负责对药品集中采购工作参与部门履行职责的情况进行监察，对药品集中采购工作中的行政机关公务员以及由国家行政机关任命或选聘的其他人员的行为进行监督，对违反行政纪律的行为进行查处。

第七条 卫生行政部门负责监督管理医疗机构执行入围结果、采购用药及履行合同等行为。

第八条 价格管理部门负责监督管理药品集中采购过程中的价格、收费行为。

第九条 财政部门负责组织实施相应的财政监督。

第十条 工商行政管理部门负责查处药品集中采购中的商业贿赂、非法促销、虚假宣传等不正当竞争行为。

第十一条 食品药品监督管理部门负责审查参与药品集中采购的药品生产经营企业资质，依法对集中采购的药品质量进行监督管理。

第三章　监督管理的对象、内容和方式

第十二条 药品集中采购监督管理的对象是：

（一）组织药品集中采购的政府部门和公务员；

（二）实施药品集中采购的单位及其工作人员和选聘人员；

（三）参与药品集中采购的医疗机构、药品生产经营企业及其工作人员。

第十三条 药品集中采购监督管理的主要内容是：

（一）相关部门依法履行职责、执行上级部署、相互协作配合的情况；

（二）执行医疗机构药品集中采购有关规定的情况；

（三）坚持公开、公平、公正和“质量优先、价格合理”原则的情况；

（四）相关单位和个人遵纪守法和廉洁从政从业的情况；

（五）医疗机构参与药品集中采购并按照合同约定使用入围药品的情况；

（六）药品生产经营企业依法参与竞标和履行采购配送合同的情况。

第十四条 药品集中采购监督管理的主要方式是：

（一）组织网上监管、专项检查和重点督查；

（二）受理投诉、申诉和举报；

（三）纠正、查处违法违规行为和问题，通报典型案件；

（四）推动有关部门建立健全监督管理有关规章制度。

药品集中采购监督管理机构在履行监督管理职责时，可以依法查阅、复制相关文件、资料、账目、电子信息数据等，要求有关单位或人员就相关问题作出解释说明，商请有关职能部门或者专业机构给予协助。

第四章　违法违规问题的处理

第十五条　负责组织药品集中采购的政府部门、公务员及工作人员，有下列行为之一的，由监察机关和纠风办会同有关部门依法给予处理：

（一）拒不执行上级机关依法作出的决策部署的；

（二）违反以政府为主导，以省、自治区、直辖市为单位规定组织开展药品集中采购的；

（三）违反决策程序和规定，决定药品集中采购重大事项的；

（四）违法违规进行行政委托，或者设置歧视性规定、条款的；

（五）违反回避规定，或者操纵、干预药品集中采购的；

（六）泄露药品集中采购工作秘密，或者误导、欺骗领导和公众的；

（七）违规设定收费项目、收费标准或者摊派的；

（八）索取或收受钱物，谋取单位或个人不正当利益的；

（九）其他违法违规行为。

第十六条　负责实施药品集中采购的政府部门、单位及其工作人员和选聘人员，有下列行为之一的，由监察机关和纠风办督促有关部门依法给予处理：

（一）违反药品集中采购方式、程序、时限要求和信息发布等有关规定实施药品集中采购的；

（二）在文件材料审核、药品评审遴选等方面疏于监管或设置歧视性条件的；

（三）违反规定建设、管理和使用专家库的；

（四）违反有关信息维护和安全保障规定，或者谎报、瞒报、擅自更改药品采购数据信息的；

（五）对医疗机构和药品生产经营企业的违约情况调查处理不及时的；

（六）接受可能有碍公正的参观、考察、学术研讨交流等，索取或收受钱物，谋取单位或个人不正当利益的；

（七）其他违法违规行为。

第十七条　参与药品集中采购的医疗机构及其工作人员有下列行为之一的，由卫生行政、工商行政管理等部门依法给予处理：

（一）规避药品集中采购，擅自采购非入围药品，或者不按规定程序组织选购药品的；

（二）提供虚假药品采购信息的；

（三）不按规定签订采购合同，或者不按时回款的；

（四）不执行集中采购药品价格，二次议价、变相压价，或者与企业再签订背离合同实质性内容的补充性条款和协议的；

（五）在药品采购、销售、使用和回款等过程中收受回扣或者谋取不正当利益的；

（六）其他违法违规行为。

第十八条 参与药品集中采购的药品生产经营企业及其工作人员有下列行为之一的，由价格管理、工商行政管理、食品药品监督管理等部门依法给予处理：

（一）提供虚假证明文件或者以其他方式弄虚作假的；

（二）采取串通报价、操纵价格等手段妨碍公平竞争，或者以非法促销、商业贿赂、虚假宣传等手段进行不正当竞争的；

（三）公布药品采购品种后，非因不可抗力撤标或拒绝与医疗机构签订采购合同的；

（四）不通过药品集中采购平台交易的；

（五）在采购周期内，擅自涨价或者变相涨价的；

（六）擅自配送非入围药品，不按合同约定配送药品，或者违反有关规定配送的；

（七）其他违法违规行为。

第十九条 政府部门、单位和医疗机构违反本办法的，应当责令其纠正错误并通报批评，情节严重的依纪依法对有关领导和责任人进行责任追究。

行政机关公务员、由国家行政机关任命或选聘的相关人员、医务人员违反本办法的，依照有关规定给予批评教育、组织处理、党纪政纪处分，涉嫌犯罪的，移送司法机关处理。

药品生产经营企业及其工作人员违反本办法的，依照有关规定给予行政处罚，涉嫌犯罪的，移送司法机关处理。

第五章 附 则

第二十条 各省、自治区、直辖市药品集中采购监督管理机构可以依据本办法，结合本地区实际，制定实施细则。

第二十一条 本办法由国务院纠正行业不正之风办公室会同有关部门负责解释。

第二十二条 本办法自发布之日起施行。《医疗机构药品集中招标采购监督管理暂行办法》（国纠办发〔2001〕17号）同时废止。

056

关于印发《进一步规范医疗机构药品集中采购工作的意见》的通知

卫规财发〔2009〕7号

各省、自治区、直辖市卫生厅局、纠风办、发展改革委（物价局）、工商行政管理局、食品药品监管局（药品监管局）、中医药局：

为规范和推动新形势下医疗机构药品集中采购工作，我们制定了《关于进一步规范医疗机构药品集中采购工作的意见》。现印发给你们，请遵照执行。

卫生部　国务院纠正行业不正之风办公室
国家发展和改革委员会　国家工商行政管理总局
国家食品药品监督管理局　国家中医药管理局
二〇〇九年一月十七日

关于进一步规范医疗机构药品集中采购工作的意见

卫生部　国务院纠正行业不正之风办公室
国家发展和改革委员会　国家工商行政管理总局
国家食品药品监督管理局　国家中医药管理局
2009年1月17日

近几年来，各地结合实际，积极推行医疗机构药品集中采购工作，进行了有益探索，取得了明显成效，但也存在各地发展不平衡、采购政策不统一、采购办法不完善、中介服务成本高等突出问题。为进一步规范医疗机构药品集中采购工作，使其在保证药品质量、控制虚高药价、整顿购销秩序、治理商业贿赂、纠正不正之风、减轻人民群众医药费用负担等方面发挥重要作用，根据中央纪委第十七届三次全会精神和国务院对纠风工作的要求，现提出以下意见：

一、全面实行政府主导、以省（自治区、直辖市）为单位的网上药品集中采购工作

药品是维护人民健康的特殊商品，与群众利益密切相关。各级政府对药品集

中采购工作要切实加强领导，积极发挥主导作用。各省（区、市）人民政府负责组织建立药品集中采购工作领导机构、工作机构和非营利性的药品集中采购平台，确保采购平台功能完善、设施齐全，并对药品集中采购工作机构的人员编制、经费补助等给予积极支持。有条件的地区可建立财政全额补助的集中采购机构，具体负责药品集中采购的实施工作，形成政府组织推动、医疗机构和药品生产流通企业通过采购平台直接免费交易的购销方式。

医疗机构药品集中采购工作，要以省（区、市）为单位组织开展。县及县以上人民政府、国有企业（含国有控股企业）等所属的非营利性医疗机构，必须全部参加药品集中采购。鼓励其他医疗机构参加药品集中采购活动。药品集中采购要充分考虑各级各类医疗机构的临床用药需求特点。集中采购周期原则上一年一次。

全面推行网上集中采购，提高医疗机构药品采购透明度。医疗机构按申报集中采购药品的品种、规格、数量，通过药品采购平台采购所需的药品。

二、规范集中采购药品目录和采购方式

各省（区、市）要制定药品集中采购目录。列入国家基本药物目录的药品，按照国家基本药物制度规定执行。国家实行特殊管理的第二类精神药品、医疗用毒性药品和放射性药品等少数品种以及中药材和中药饮片等可不纳入药品集中采购目录，麻醉药品和第一类精神药品不纳入药品集中采购目录。除上述药品外，医疗机构使用的其他药品原则上必须全部纳入集中采购目录。

对纳入集中采购目录的药品，实行公开招标、网上竞价、集中议价和直接挂网（包括直接执行政府定价）采购。对经过多次集中采购、价格已基本稳定的药品，可采取直接挂网采购的办法，具体品种由省级集中采购管理部门确定。

三、建立科学的药品采购评价办法

集中采购药品要建立科学的评价办法，坚持“质量优先、价格合理”的原则，合理划分药品类别，加大质量分权重，并考虑临床疗效、质量标准、科技水平等因素，对药品的质量、价格、服务和信誉等进行综合评价。省级卫生行政部门要汇总提出本地区有关医疗机构集中采购药品的品种、规格和数量，保证医疗机构的临床用药，满足人民群众多样化的用药需求。进一步做好专家库建设和专业分类管理工作。

四、减少药品流通环节

药品集中采购由批发企业投标改为药品生产企业直接投标。由生产企业或委

托具有现代物流能力的药品经营企业向医疗机构直接配送，原则上只允许委托一次。如被委托企业无法向医疗机构直接配送时，经省级药品集中采购管理部门批准，可委托其他企业配送。

五、认真履行药品购销合同

医疗机构要与中标（入围）药品生产企业或其委托的批发企业签订药品购销合同，明确品种、规格、数量、价格、回款时间、履约方式、违约责任等内容。合同采购数量要以医疗机构上年度的实际药品使用数量为基础，适当增减调整后确定。

药品企业和医疗机构必须严格按照《合同法》等规定，履行药品购销合同规定的责任和义务，合同周期一般不低于1年。医疗机构必须按照药品购销合同确定的品种、数量、价格和供货渠道采购使用药品，不得擅自采购非中标（入围）药品；必须严格按照合同约定的时间及时回款，回款时间从货到之日起最长不超过60天。药品企业未按合同生产供应药品或医疗机构未按合同规定采购药品以及逾期不能回款的，都应支付一定比例的违约金（具体比例由省级药品集中采购机构确定）。情节严重的要公示警告并依法追究责任。积极探索采用银行承兑汇票等多种方式规范医疗机构货款结算。

六、规范医疗机构合理用药

医疗机构要加强处方开具和药品使用的规范化管理，提高处方质量，规范医务人员用药行为，纠正为追求经济利益而滥用药物的问题。强化监督检查，推行医疗机构药品用量动态监测、超常预警、处方点评等制度，坚决查处大处方等损害群众利益的行为，保障患者用药安全。

对于部分常用药、廉价药，医疗机构可按照政府规定的最高零售价格销售，具体品种由省级集中采购管理部门确定。

七、落实部门责任，严格监督管理

各地区有关部门要密切协作，加大监管力度。卫生行政部门牵头组织药品集中采购工作，并负责对医疗机构执行中标（入围）结果和履行合同情况进行监督检查；物价管理部门负责对收费行为、中标（入围）药品零售价格的核定及执行情况进行监督检查；工商行政管理部门负责对药品集中采购及招投标过程中的商业贿赂等不正当竞争行为进行监督检查；药监部门负责药品企业的资质认定，并对中标（入围）药品的质量和配送情况进行监督检查；纠风部门负责对药品集中采购的全过程进行监督，受理有关药品集中采购的检举和投诉，并对违纪违法行为进行调查处理。各部门要加强协调配合，及时研究解决药品集中采购工作中出现的重大问题。

各地区有关部门要通过采购平台，对医疗机构采购药品的品种、数量、价格、加价率、回款、使用和药品企业参与投标、供应药品等情况进行动态监管，使药品采购全过程公开透明。要定期检查，发现问题及时解决。要及时受理并认真调查处理有关投诉。对在药品集中采购中违反有关政策和规定的机构和有关人员，一经发现，要严肃追究责任。

本意见自印发之日起施行。以前所发药品集中采购文件与本意见不一致的，按本意见规定执行。

057

关于印发《进一步规范医疗机构药品集中采购工作的意见》有关问题说明的通知

卫规财发〔2009〕59号

各省、自治区、直辖市卫生厅（局）、纠风办、发展改革委（物价局）、工商行政管理局、食品药品监管局（药品监管局）、中医药局：

2009年1月17日，卫生部、国务院纠风办、发展改革委、工商总局、食品药品监管局、中医药局联合印发了《进一步规范医疗机构药品集中采购工作的意见》（卫规财发〔2009〕7号，以下称《意见》）。为进一步贯彻落实《意见》精神，我们研究制定了《关于〈进一步规范医疗机构药品集中采购工作的意见〉有关问题的说明》。现印发给你们，请遵照执行。

卫生部 国务院纠正不正之风办公室
国家发展和改革委员会 国家工商行政管理总局
国家食品药品监督管理局 国家中医药管理局
二○○九年六月十九日

关于《进一步规范医疗机构药品集中采购工作的意见》有关问题的说明

卫生部 国务院纠正不正之风办公室
国家发展和改革委员会 国家工商行政管理总局
国家食品药品监督管理局 国家中医药管理局
2009年6月19日

2009年1月17日，卫生部、国务院纠风办、发展改革委、工商总局、食品药品监管局、中医药局联合印发了《进一步规范医疗机构药品集中采购工作的意见》（卫规财发〔2009〕7号），要求全面实行以政府为主导、以省（自治区、直辖市）为单位的网上药品集中采购工作。按照《中共中央、国务院关于深化医药卫生体制改革的意见》和国务院《医药卫生体制改革近期重点实施方案（2009—2011年）》确定的原则，现就有关问题作出以下说明。

一、关于坚持政府主导

坚持政府主导是深化医药卫生体制改革的要求，是建立健全药品供应保障体系的需要，是安全有效使用医疗卫生公共资金的保证。

在药品集中采购中坚持政府主导，主要体现在以下三个方面。一是政府加强组织领导。各省（区、市）人民政府应当组织和健全由相关部门组成的药品集中采购工作领导机构、管理机构和工作机构，并给予人、财、物等方面的保障。二是政府建立非营利性采购交易平台。各地应当建立政府非营利性的药品集中采购交易平台，并确保政府拥有平台的所有权和使用权，这是坚持政府主导的核心标志。这个平台不仅要承担包括国家基本药物在内的各种药品的采购工作，也要承担高值医用耗材的采购工作，还要承担省级管理的乙类大型医用设备的采购工作。采购交易平台要做到安全可靠、功能完善、数据齐全、监管严密。目前采购交易仍收取一定费用的，应当向政府提供经费支持、医疗机构和医药企业免费采购交易的方式转变。三是政府要对采购交易全过程加强监督管理。地方各级政府应当按照国家关于深化医药卫生体制改革总体部署及有关文件的要求，结合本地实际情况，制定完善辖区内药品集中采购实施细则，规范医疗机构和医药企业在医药购销活动中的行为，保证药品集中采购活动公开、公平、公正。

二、关于以省（区、市）为单位集中采购

实行以省（区、市）为单位集中采购所形成的价格，是医药企业向省（区、市）内所有参加药品集中采购医疗机构的供应价格。实行以省（区、市）为单位集中采购，有利于集中省内专家的集体智慧，选购优质药品，保证用药安全；有利于节约政府部门、医疗机构和医药企业的人力、物力和财力，有效降低采购成本；有利于发挥集中采购的规模效益，降低采购价格。

实行以省（区、市）为单位集中采购，要合理划分省、市（地）、县管理事权。省级负责集中采购的组织和实施，市（地）、县级负责本级集中采购的监管。

三、关于实行网上集中采购

网上集中采购，就是要求集中采购的全过程要通过网上运行来实现。要充分利用网络的优势，使医疗机构与医药企业通过互联网开展采购和销售，为政府监督和决策提供有力的支持。各医疗机构与医药企业的购销活动必须在采购平台上“阳光操作”，使药品采购切实做到招标公开、价格公开、采购公开和使用公开。

四、关于建立科学的药品采购评价办法

要合理划分药品类别。划分过粗，可能使部分疗效确切、质量较好的药品难

以中标；划分过细，则可能影响药品有效竞争，不易降低药品采购价格。要注意兼顾药品质量、企业标准、生产工艺、科技水平等方面因素，加大质量分权重。保证中标药品质优价廉，促进优质企业发展。

五、关于组织专家评标议标

要做好专家库建设和专业分类管理工作。进行专业分类的目的是为了更好地保证入围品种和价格的合理性。在具体品种议价和谈判时，根据不同品种类型抽取不同的类别专家，保证谈判结果更加合理。

要严格把好专家评议关。评标专家要随机抽取，进行全封闭式评标议标；对投标品种的安全性、疗效、副作用、企业规模、品牌知名度、企业服务等指标，进行综合评价；评议意见要以药品疗效和安全性为依据，并记录在案，严禁以专家个人意愿确定中标品种。

六、关于合理控制中标率

确定集中采购药品的中标率，必须全面分析投标品种数量，考虑省（区、市）内各地区的社会经济发展差异，把握本省（区、市）地域范围大小。合理确定中标率，有利于规范采购秩序，促进企业开展合理的价格竞争。

七、关于减少药品流通环节

药品集中采购实行医药生产企业直接投标。投标人须持有生产企业证明文件。生产企业设立的仅销售本公司产品的商业公司、进口产品国内总代理可视同生产企业。中标药品配送到全省（区、市）参加集中采购的医疗机构的费用，包含在中标价格之中。中标的生产企业负责全省（区、市）的配送，中标企业可以自行配送，也可以委托其他具有现代物流能力的医药经营企业进行配送，如果本地区尚无具有现代物流能力的医药经营企业，可以委托其他大型医药经营企业配送。原则上每种药品只允许委托一次，但在一个地区可以委托多家进行配送。如果被委托企业完成不了配送任务，需要再委托另一家医药企业配送的，应当由中标企业提出申请，经省（区、市）医药采购领导小组管理部门审查批准，但不得提高中标药品的采购价格。列入国家基本药物目录的药品，按照国家基本药物制度规定执行。

八、关于认真履行药品购销合同

合同是规范医药购销双方行为的法律依据，医药购销双方必须按照规定内容如实签订，依法执行。

各医疗机构必须按照至少不低于上年度实际使用量的 80%，向省（区、市）

药品集中采购领导小组管理部门申报当年采购数量，并只能购买中标药品；遇有特殊情况需要购买中标以外药品时，需报经省（区、市）药品集中采购领导小组管理部门审批同意。医疗机构和医药企业必须按照药品购销合同购销药品，不得进行“二次议价”。严格对药品采购发票进行审核，防止标外采购、违价采购或从非规定渠道采购。

九、关于规范医疗机构合理用药

规范医疗机构合理用药，要从因病施治抓起，规范诊疗行为；要抓好医疗机构经济运行管理，严格成本核算，加强成本控制；要严格对药品的采购、使用情况进行监管，建立医药购销行为公示、“阳光用药”等管理制度。

十、关于落实部门责任

药品采购工作涉及范围广，管理部门多，各部门应当履行各自职责，切实加强监督管理，防止因采购集中度的提高，出现新形式的腐败问题。

要充分认识加强药品采购管理工作对于深化医药卫生体制改革、整顿医药购销秩序、规范医疗服务行为、解决群众看病就医问题的重要意义，从维护人民群众根本利益的高度出发，兼顾各方利益，建设科学的药品供应保障体制。要按照有关规定，针对实际情况，完善药品集中采购工作中财政保障、医保支付、价格调整等相关政策，相互配合，协同行动。要不断地研究新情况，采取新措施，解决新问题，确保以政府为主导、以省（区、市）为单位的网上药品集中采购工作顺利进行。

058

卫生部关于印发《关于建立医药购销领域商业贿赂不良记录的规定》的通知

卫政法发〔2007〕28号

各省、自治区、直辖市卫生厅局，新疆生产建设兵团卫生局，卫生部直属单位，部机关各司局：

为加强医疗机构的管理，规范医疗机构采购药品、医用设备和医用耗材行为，制止非法交易活动，打击商业贿赂行为，根据《中华人民共和国反不正当竞争法》、《中华人民共和国招标投标法》和有关规定，卫生部制定了《关于建立医药购销领域商业贿赂不良记录的规定》，现印发给你们，请认真贯彻执行。

附件：关于建立医药购销领域商业贿赂不良记录的规定

卫生部

二〇〇七年一月十九日

附件：

关于建立医药购销领域商业贿赂不良记录的规定

卫生部

2007年1月19日

为加强医疗机构管理，规范医疗机构采购药品、医用设备和医用耗材，制止非法交易活动，打击商业贿赂行为，根据《中华人民共和国反不正当竞争法》、《中华人民共和国招标投标法》和有关规定，特制定本规定：

一、各省级卫生行政部门应当建立本行政区域医药购销领域商业贿赂不良记录（以下简称商业贿赂不良记录），商业贿赂不良记录在卫生行政部门网站上公布。

二、药品生产、经营企业或者其代理人给予采购与使用其药品、医用设备、医用耗材的医疗机构的负责人、药品采购人员、医务人员以财物或者其他利益，有下列情形之一的，应当列入商业贿赂不良记录：

（一）经人民法院判决认定构成行贿犯罪，或者犯罪情节轻微，依照刑法规定不需要判处刑罚，人民检察院作出不起诉决定的；

（二）由纪检监察机关以贿赂立案调查，并依法作出处理的；

（三）因行贿行为被工商行政管理部门、财政部门或者食品药品监督管理部门作出行政处罚的；

（四）省级卫生行政部门规定的其他情形。

三、省级卫生行政部门在将药品生产、经营企业列入商业贿赂不良记录前，应当告知当事人。当事人对被列入商业贿赂不良记录有异议的，可以要求听证，但听证内容不包括有关部门作出的处理决定。

四、对列入当地商业贿赂不良记录的药品生产、经营企业，医疗机构在两年内不得以任何名义、任何形式购入其药品、医用设备和医用耗材。

五、总公司被列入商业贿赂不良记录的，其具有法人资格的子公司不与总公司共同承担相应责任；具有法人资格的子公司被列入商业贿赂不良记录的，总公司不共同承担相应责任。

六、任何单位和个人发现医疗机构负责人、药品采购人员、医务人员收受药品生产、经营企业或者其代理人给予财物或者其他利益的，有权向卫生行政部门举报，卫生行政部门应当根据职责及时调查核实。

七、医疗机构负责人、药品采购人员、医务人员收受药品生产、经营企业或者其代理人给予财物或者其他利益的，由卫生行政部门按照《药品管理法》第九十一条第二款的规定，没收违法所得；对违法行为情节严重的执业医师，吊销其执业证书；构成犯罪的，依法追究刑事责任。

所在医疗机构对收受财物或者其他利益的医疗机构负责人、药品采购人员和医务人员，必须给予处分。

八、卫生行政部门应当与司法机关和监察、工商、财政、药品等相关行政部门建立沟通机制，互相通报医药购销领域商业贿赂案件信息和查处结果。

九、卫生行政部门应当加强对医疗机构执行本规定情况的监督检查。

十、本规定自公布之日起施行。各省级卫生行政部门可根据需要制定具体实施办法。

059

国务院办公厅关于印发建立和规范政府办基层医疗卫生机构基本药物采购机制指导意见的通知

国办发〔2010〕56号

各省、自治区、直辖市人民政府，国务院各部委、各直属机构：

《建立和规范政府办基层医疗卫生机构基本药物采购机制的指导意见》已经国务院同意，现印发给你们，请结合实际认真贯彻执行。

国务院办公厅

二〇一〇年十一月十九日

建立和规范政府办基层医疗卫生机构基本药物采购机制的指导意见

国务院办公厅

2010年11月19日

建立国家基本药物制度是惠及民生的重大制度创新，是近期医药卫生体制改革的重点和难点。该项制度启动实施以来，取得了明显进展和初步效果，但也出现了一些新情况、新问题，突出表现在基本药物招标采购不够规范，采购价格没有有效合理降低，一些地区部分药品供应配送不及时，影响了基本药物制度实施效果和群众受益程度。为确保基本药物制度顺利实施，现就建立和规范政府办基层医疗卫生机构基本药物采购机制提出以下指导意见：

一、建立和规范基本药物采购机制的总体思路

对实施基本药物制度的政府办基层医疗卫生机构使用的基本药物（包括各省区市增补品种，下同）实行以省（区、市）为单位集中采购、统一配送；坚持政府主导与市场机制相结合，发挥集中批量采购优势，招标和采购结合，签订购销合同，一次完成采购全过程，最大限度地降低采购成本，促进基本药物生产和供应。通过建立和规范基本药物采购机制，实现基本药物安全有效、品质良好、价格合理、供应及时，逐步建立起比较完善的基层用基本药物供应保障体系，使群众真正得到实惠。

二、建立和规范基本药物采购机制的主要措施

（一）明确基本药物采购的相关责任主体。政府举办的基层医疗卫生机构使用的基本药物在政府组织和调控下，通过市场竞争进行采购。省级卫生行政部门是本省（区、市）基本药物集中采购的主管部门，负责搭建省级集中采购平台，确定具备独立法人及采购资格的采购机构开展基本药物采购工作，并对基本药物集中采购过程中采购机构和基层医疗卫生机构进行管理和监督，协调解决采购中出现的问题。各省（区、市）应充分利用现有药品集中采购平台和药品集中采购机构开展基本药物采购工作。市（地）及以下不设采购平台，不指定采购机构。

基本药物集中采购平台为政府建立的非营利性网上采购系统，面向基层医疗卫生机构、药品生产和经营企业提供药品采购、配送、结算服务。省级卫生行政部门确定的采购机构利用基本药物集中采购平台开展基本药物采购工作，负责平台的使用、管理和维护。基层医疗卫生机构与采购机构签订授权或委托协议。采购机构作为采购的责任主体，负责定期汇总本省（区、市）基本药物采购需求，编制基本药物采购计划，实施基本药物采购，并与药品供应企业签订购销合同，负责合同执行。采购机构在提供服务过程中不得向企业和基层医疗卫生机构收取费用，采购机构必要的工作经费列入政府预算。卫生、监察等相关部门要切实加强对采购机构的监管。

基层医疗卫生机构按照协议定期向采购机构提出基本药物用药需求，并按协议约定及时付款。

（二）合理编制基本药物采购计划。采购机构定期汇总基层医疗卫生机构基本药物需求，编制基本药物集中采购计划，按照临床必需和基层实际确定基本药物采购的具体剂型、规格、质量要求，明确采购数量。要兼顾成人和儿童用药需要。各省（区、市）卫生行政部门要加强指导和协调。

暂无法确定采购数量的省（区、市）可以通过单一货源承诺方式进行采购，即对每种基本药物（具体到剂型和规格）只选择一家企业采购，使该企业获得供货区域内该药品全部市场份额，该供货区域内的所有政府办基层医疗卫生机构使用的基本药物（具体到剂型和规格）只由这一家企业供应。

（三）加强基本药物市场价格调查。各省（区、市）卫生行政和价格主管等相关部门要对基本药物近三年市场实际购销价格进行全面调查，包括社会零售药店零售价格以及基本药物制度实施前基层医疗卫生机构的实际进货价格。市场实际购销价格应作为基本药物采购的重要依据，原则上集中采购价格不得高于市场实际购销价格。卫生部和国家发展改革委要收集汇总各地市场价格调查情况，建立基本药物价格信息库。

采购机构通过集中采购确定的采购价格（包括配送费用）即为基层医疗卫生

机构实际销售价格。

（四）明确基本药物供货主体。原则上用量大（具体标准由各省区市自行确定）的基本药物直接向生产企业采购，由生产企业自行委托经营企业进行配送或直接配送；用量小的基本药物可以集中打包向药品批发企业采购（含配送）。也可以向代理生产企业销售药品的批发企业采购。无论采取哪种方式，供货主体都要对药品的质量和供应一并负责。

（五）区别情况分类采购。区分基本药物的不同情况，采取不同的采购方式：

——对独家生产的基本药物，采取与生产或批发企业单独议价的方式进行采购。

——对基层必需但用量小的特殊用药、急救用药，采用邀请招标、询价采购或定点生产的方式采购。

——对临床常用且价格低廉（建议为日平均使用费用在3元以下的基本药物，具体标准由各省区市自行确定），或者经多次采购价格已基本稳定的基本药物，采取邀请招标或询价采购的方式采购。

——对基本药物中的麻醉药品、精神药品、免费治疗的传染病和寄生虫病用药、免疫规划用疫苗、计划生育药品及中药饮片，仍按国家现有规定采购。

——其他基本药物均应进行公开招标采购。招标中如出现企业投标价格均高于市场实际购销价格，采购机构应与投标企业依次进行单独议价，均不能达成一致的，即宣布废标。

——对通过以上方式均未能采购到的基本药物，经省级卫生行政部门同意，采购机构可以寻找替代剂型、规格重新采购，或者委托有资质的企业定点生产，并及时上报卫生部和国务院深化医药卫生体制改革领导小组办公室（以下简称国务院医改办公室）备案。鼓励各地探索省际联合采购等多种方式，进一步降低基本药物价格、保障供应。

（六）坚持质量优先、价格合理。基本药物采购要遵循质量优先、价格合理的原则。鼓励各地采用“双信封”的招标制度，即在编制标书时分别编制经济技术标书和商务标书，企业同时投两份标书。经济技术标书主要对企业生产规模、配送能力、销售额、行业排名、市场信誉，以及GMP（GSP）资质认证、药品质量抽验抽查历史情况、电子监管能力等指标进行评审，保证基本药物质量。只有经济技术标书评审合格的企业才能进入商务标书评审，商务标书评审由价格最低者中标。各地也可以通过设立资质条件的方式，对投标企业进行筛选；还可以根据基本药物质量和价格等要素设计评分指标体系，对投标企业进行综合评分。由省级卫生行政部门会同采购机构根据供货主体和实际情况，合理设计本省（区、市）的具体招标办法。

采购机构确定供货企业后，供货企业要将拟供货的药品样品送省级食品药品监管部门备案。省级食品药品监管部门要加强对基本药物质量的抽验，必要时将抽检样品与备案样品进行比对，对质量出现问题的按照有关规定惩处，并及时向社会公布。

（七）充分听取基层医疗卫生机构意见。要发挥基层医疗卫生机构管理者和医务工作者在基本药物采购中的积极作用。在采购计划制定、评标、谈判等重要环节，要有相当比例的基层医疗卫生机构管理者和医务人员代表参与，具体由各省级卫生行政部门会同采购机构根据实际情况确定。

（八）签订基本药物购销合同。采购机构代表基层医疗卫生机构与供货企业签订购销合同，明确品种、剂型、规格、数量、价格、供货时间和地点、付款时间、履约方式、违约责任等，并负责合同的执行。如合同约定的采购数量不能满足临床用药需要，基层医疗卫生机构可以提出申请，由采购机构与供货企业签订追加合同，各供货企业原则上不得拒绝。卫生部会同相关部门要制定并推行标准合同文本。

（九）严格基本药物采购付款制度。各地要建立完善的基本药物采购付款制度，并在购销合同中明确付款程序和时间。供货企业按照合同要求将药品配送到基层医疗卫生机构后，基层医疗卫生机构进行交货验收并出具签收单，采购机构根据签收单付款，原则上从交货验收合格到付款不得超过30日（具体天数要在合同中约定）。未能按时付款的，采购机构要向企业支付违约金。采购机构要设立专用账户，制定具体付款流程和办法，对各基层医疗卫生机构基本药物货款进行统一支付。各地可以设立一定的基本药物采购周转资金，确保基本药物货款及时足额支付。

（十）建立严格的诚信记录和市场清退制度。对采购过程中提供虚假证明文件，蓄意抬高价格或恶意压低价格，中标后拒不签订合同，供应质量不达标的药品，未按合同规定及时配送供货，向采购机构、基层医疗卫生机构和个人进行贿赂或变相贿赂的，一律记录在案并按以下规定进行处罚：一次违规严厉警告，并限期纠正或整改；逾期不改或二次违规的，由省级卫生行政部门将违法违规企业和法人代表名单及违法违规情况向社会公布，全国所有省（区、市）两年内不得允许该企业及其法人代表参与本省（区、市）任何药品的招标采购。违反相关法律法规的，要依法惩处。

卫生等有关部门要对参与以上违法违规行为的采购机构、医疗卫生机构及相关人员按有关规定予以严惩，并公开其不良记录，接受社会监督。

（十一）完善基本药物电子监管和供应的信息系统。国家食品药品监管局要完善全国统一的基本药物信息条形码（电子监管码）和药品电子监管平台，对基本药物进行全品种电子监管。2011年4月1日起，各省（区、市）不得采购未入药品电子监管网及未使用基本药物信息条形码统一标识的企业供应的基本药物。

鼓励各省（区、市）进一步拓展基本药物集中采购平台的功能，打通卫生行政部门、基本药物生产及批发企业和基层医疗卫生机构之间的信息通道，建立起基本药物从出厂到使用全过程实时更新的供应信息系统，动态监管和分析药品生产、流通、库存和使用情况。鼓励有条件的地方开展电子交易，节约交易成本，提高交易透明度。

（十二）规范基本药物质量标准和包装规格。国家食品药品监管局要逐步提高基本药物质量标准。卫生部要逐步规范基层医疗卫生机构使用的基本药物剂型和规格，根据基层用药的实际需求，确定基本药物的标准剂型、标准规格和标准包装。在国家未出台规范的基本药物剂型和规格之前，各省（区、市）每种基本药物采购的剂型原则上不超过 3 种，每种剂型对应的规格原则上不超过 2 种。

（十三）建立基本药物采购信息公开制度。各省级卫生行政部门必须在采购结束 3 日内主动向社会公布基层医疗卫生机构基本药物采购价格、采购数量和中标企业，接受社会监督，同时报卫生部备案并抄国务院医改办公室。鼓励新闻媒体等社会各界监督基本药物采购过程，建立有奖举报制度，营造公开、公平、公正的采购环境。

（十四）建立基本药物指导价格动态调整机制。价格主管部门要加强对基本药物成本调查和市场购销价格监测，进一步完善基本药物定价方式，动态调整基本药物指导价格水平，指导各地合理确定集中采购价格。对独家品种以及经多次集中采购价格已基本稳定且供应充足的基本药物，要探索实行国家统一定价。各省（区、市）价格主管部门要加强对基本药物价格执行情况的监督检查，依法查处各种价格违法行为。

（十五）促进基层医务人员合理用药。各地区、各有关部门要利用建立和规范基本药物采购机制的契机，引导和规范基层医务人员用药行为。加强基层医务人员的培训和考核，尽快推进基本药物临床应用指南和处方集在基层普遍使用，鼓励各地利用信息系统对基层医疗卫生机构和医务人员的用药行为进行监管。加大宣传力度，引导群众转变用药习惯，促进临床首选和合理使用基本药物。

三、建立和规范基本药物采购机制的工作要求

（一）狠抓工作落实。建立和规范基本药物采购机制涉及多方利益调整，将会遇到多种困难和阻力，各地区、各有关部门要切实提高认识，坚定信心，精心组织实施。要加强宣传培训，争取药品生产流通行业、基层医疗卫生机构及社会各界的理解和支持。要密切跟踪研究新情况、新问题，妥善处理因基本药物集中采购产生的矛盾，不断完善政策措施。各省（区、市）医改领导小组要按照本意见精神，抓紧研究制定本省（区、市）政府办基层医疗卫生机构基本药物采购的具体办法，原则上应在本指导意见印发后 30 个工作日内出台，并抄报国务院医

改办公室和卫生部备案。经省（区、市）医改领导小组批准，计划单列市和副省级省会城市基本药物采购工作可以单独组织实施。各地要力争 2010 年 12 月底前按照本意见规定的采购办法完成一个采购周期的基本药物采购。

（二）落实各方责任。各省（区、市）人民政府对本省（区、市）基本药物采购负总责。采购机构对基本药物采购直接负责，要严格按照有关规定开展采购，保障基本药物的质量和供应，合理有效降低采购价格。卫生行政部门要加强对采购机构以及基层医疗卫生机构的监管和指导，开展定期评估，确保基本药物采购工作顺利实施。发展改革（医改办公室、价格）、财政、社会保障、商务、工业和信息化、监察等有关部门也要各司其职、密切配合，加大支持力度，并加强对采购主体和采购全过程的监督。

（三）鼓励积极探索。各地区、各有关部门要进一步探索降低基本药物采购价格、保障供应和质量的有效措施，确保基层医疗卫生机构按照实际购进价格销售基本药物。鼓励通过发展现代物流等多种手段，进一步降低药品流通成本，实现药品流通公开化、透明化，引导药品生产经营企业兼并重组，加快结构调整，规范基本药物生产流通秩序，促进药品生产流通行业健康发展。各地要坚持全国统一市场，维护公平竞争环境，反对各种形式的地方保护主义。

（四）加强考核评估。国务院医改办公室要会同有关部门把基本药物采购情况作为医改工作评估的核心指标之一，对各地基本药物采购情况进行考核，并与资金补助挂钩。要选择部分省（区、市）进行重点联系指导，及时总结和推广先进经验。各省（区、市）医改领导小组要于 2010 年 12 月底前将贯彻落实本意见情况报国务院医改办公室。

九 电子监管

060

关于印发《药品电子监管工作实施方案》的通知

食药监办〔2008〕72号

各省、自治区、直辖市食品药品监督管理局（药品监督管理局）：

为进一步贯彻落实《关于实施药品电子监管工作有关问题的通知》（国食药监办〔2008〕165号）要求，加快推进药品电子监管工作，国家局制定了《药品电子监管工作实施方案》，现印发你们，请认真遵照执行。

国家食品药品监督管理局办公室

二〇〇八年五月八日

药品电子监管工作实施方案

国家食品药品监督管理局办公室

2008年5月8日

按照《关于实施药品电子监管工作有关问题的通知》（国食药监办〔2008〕165号）要求，为进一步推进药品电子监管工作的实施，国家局研究制定了本实施方案：

一、工作目标

2008年10月31前，完成疫苗、中药注射液、血液制品、第二类精神药品（以下简称："四大类"药品）生产、经营企业入网、培训、实施工作；完成全国药监系统相关部门入网、培训、实施工作。实现对"四大类"药品的生产、流通、库存等实时监控。

二、组织领导和责任分工

药品电子监管实施工作由国家局信息办牵头负责，安监司、市场司配合，统一组织落实具体实施工作。

各省局指定一位分管局领导负责，并指定牵头处室和具体联系人，负责本辖区具体实施工作。

三、实施步骤

（一）入网阶段

生产、经营“四大类”药品的企业和各级药监部门须在规定时间内办理药品电子监管网入网手续。

建议药品生产、经营企业分别在国家局组织的生产、经营企业培训班开始前7个工作日完成入网手续办理。

药品生产、经营企业参加培训时，需携带数字证书服务费，在培训现场缴纳并领取数字证书。

省级药监部门应当督促辖区内的药品生产、经营企业以及药监部门尽快办理入网。

（二）培训阶段（5月7日—7月31日）

国家局将组织省级药监部门和生产、经营“四大类”药品的企业，进行药品电子监管网的培训。

省级、副省级药监部门由国家局组织集中培训；省级以下药监部门由各省药监部门负责培训；生产企业由国家局组织统一培训；经营企业由各省分别组织培训（培训场地要求见附件1）。

（三）实施阶段（6月12日—10月31日）

药品生产企业应按期完成入网和监管码赋码工作，并通过药品电子监管网进行数据采集和报送。

药品经营企业应按要求配备监管码采集设备，对所经营的药品通过药品电子监管网进行数据采集和报送。

各级药监部门应对药品电子监管网的入网管理、企业信息、药品信息等基础数据维护，并对药品数量和流向进行实时监控。

四、工作要求

（一）各省局应将药品电子监管工作的实施要求以及相关规定及时通知相关企业。

（二）各省局应督促辖区内相关企业及时入网并按时参加培训。

（三）各省局应督促辖区内相关企业完成有关实施工作。凡2008年10月31日后生产的未入网赋码的“四大类”药品，一律不得销售。

（四）各省局于2008年5月12日前将分管局领导、牵头处室负责人和具体联系人员名单、联系方式（见附件2），报国家局信息办。

在实施过程中如有问题或者建议，请及时联系和反馈。

附件：
1. 经营企业培训场地要求（略）
2. 药品电子监管工作联系表（略）

061

关于实施药品电子监管工作有关问题的通知

国食药监办〔2008〕165 号

各省、自治区、直辖市食品药品监督管理局（药品监督管理局）：

为贯彻落实《国务院关于加强食品等产品安全监督管理的特别规定》和《国务院办公厅关于进一步加强药品安全监管工作的通知》（国办发〔2007〕18 号），加快建立重点药品安全追溯体系，强化药品质量安全监管，确保公众用药安全，国家局决定，在特殊药品监控信息网络基础上，进一步加强药品电子监管，完善药品标识制度，建立全国统一的药品电子监督管理网络（以下简称药品电子监管网），分类分批对药品实施电子监管。现将有关事项通知如下：

一、工作目标

（一）2008 年，在全国范围内实现对血液制品、疫苗、中药注射剂及第二类精神药品等重点药品的生产、经营情况实施电子监管。

（二）从 2009 年起，逐步将已批准注册的药品和医疗器械的生产、经营纳入电子监管。

二、工作方法及实施步骤

（一）国家局制定、公布《入网药品目录》和实施办法，按照全面规划、分步实施、逐步推进的原则，分类、分批将已批准注册的药品列入《入网药品目录》，并统一纳入药品电子监管。

（二）凡生产、经营《入网药品目录》中药品的企业，必须在规定的时间内加入药品电子监管网。《入网药品目录》中的品种上市前，必须在产品最小销售包装上加贴统一标识的药品电子监管码（监管码标识见附件 1）。

（三）首批《入网药品目录》（见附件 2）为血液制品、疫苗、中药注射剂及第二类精神药品。

（四）凡生产列入《入网药品目录》药品的企业，在申请药品注册并获得药品注册生产批件时，必须同时办理该药品电子监管网入网手续并具备药品电子监管码赋码条件；已获得药品注册生产批件的，应于 2008 年 10 月 31 日前完成赋码入网。

（五）新开办药品经营企业，如需经营《入网药品目录》药品的，在申请

《药品经营许可证》时，应当办理药品电子监管网入网手续并配备药品电子监管码采集设备；已取得《药品经营许可证》的企业，如需经营《入网药品目录》药品的，应在2008年10月31日前完成入网和相关设施的配备，并同时利用网络进行数据报送。

（六）对列入《入网药品目录》的药品品种，未入网及未使用药品电子监管码统一标识的，一律不得销售。药品生产、经营企业不得伪造和冒用药品电子监管码。

三、工作要求

（一）各省（区、市）局要充分认识实施药品电子监管网络对加强药品监管、提高监管效率的重要性，按照全国一盘棋的要求，建设好全国统一的药品电子监管网络。各省（区、市）局的主要负责人要亲自抓，并有专人负责，做好相关工作。要明确责任，周密安排，狠抓落实，严格按照国家局的工作部署，在规定的时限内完成相关工作，确保药品电子监管网实施工作顺利进行。

（二）要按照国家局的统一要求，认真组织辖区内的有关药品生产、经营企业，做好相关人员的组织培训工作，保证药品电子监管网工作培训的效果与质量。

（三）要督促辖区内的有关药品生产、经营企业，按照规定时限完成药品电子监管网入网、赋码、扫码工作，及时、准确地采集和上报信息。

（四）药品电子监管网的技术服务机构及运营维护管理机构，必须确保网络的正常运行和数据信息的安全、可靠，积极主动地做好企业入网、产品赋码、核注核销、消费查询、监管追溯、通报预警等各个环节的技术服务工作，以及对入网企业的技术指导和培训工作，各地食品药品监管部门要予以积极配合。

在实施过程中，如有问题或工作建议，可及时与国家局信息办联系。

附件：

1. 中国药品电子监管码标识样本（略）

2. 入网药品目录（2008年5月20日更正第二类精神药品目录）（略）

国家食品药品监督管理局

二〇〇八年四月十日

062

关于实施药品电子监管工作有关问题的补充通知

食药监办〔2008〕153号

各省、自治区、直辖市食品药品监督管理局（药品监督管理局）：

根据《关于实施药品电子监管工作有关问题的通知》（国食药监办〔2008〕165号）和《关于印发〈药品电子监管工作实施方案〉的通知》（食药监办〔2008〕72号）要求，全国药品电子监管工作已全面开展。为确保在规定的时限内完成相关工作，促进药品电子监管网实施工作顺利进行，现将有关事项通知如下：

一、关于数字证书年服务费（密钥费）问题

（一）药品监管部门数字证书年服务费由各省（区、市）局承担，在国家局已下拨的专项工作经费中列支；

（二）麻醉药品、一类精神药品的生产企业、经营企业数字证书年服务费自2008年起由企业自行支付，已到期欠款企业应尽快补交。

请各省（区、市）局通知辖区内相关企业。

二、关于药品电子监管码标识问题

凡进入药品电子监管网《入网药品目录》的品种上市前，必须在产品外标签上加印（加贴）统一标识的药品电子监管码（样式和印刷规范见附件），企业可根据药品包装大小的实际情况自主选择（A、B、C三种样式中可任选一种，为利于监管、方便公众查询，推荐使用样式B或C）。请各省（区、市）局督促相关企业按药品电子监管码印刷规范执行。

三、关于“四大类”药品生产企业培训问题

由国家局组织的“四大类”药品生产企业集中培训已经完成。为保证药品电子监管工作的顺利进行，国家局委托中信21世纪（中国）科技有限公司在北京设立培训教室，请各省（区、市）局督促未能参加集中培训的相关生产企业报名参加培训（具体目录请查询国家局业务专网网站，不生产、销售上述品种的企业可以不参加）。培训期间的交通、食宿等费用自理。

联系单位：中信21世纪运营中心

联系电话：9500－1111（未开通的区域使用010－9500－1111）

电子邮箱：sfdaservice@95001111.com。

四、关于与《药品说明书和标签管理规定》（局令第24号）衔接问题

凡进入药品电子监管网《入网药品目录》的品种，在产品外标签上加印（加贴）药品电子监管码标识的无须备案。

五、关于包装问题

根据药品包装情况进行各级包装的赋码，原则上凡进行单独流通的包装（含单独流通的过渡包装）都应赋码，以方便流通中的扫描识别。

六、关于查询方式

各级药品监管部门要采取多种方式，加大宣传，促进药品电子监管工作的开展。

为便于公众监督，药品电子监管码设置了相关查询方式：

电话查询：9500－1111　（未开通的区域使用010－9500－1111）

短信查询：10－6695001111

网站查询：www.drugadmin.com

七、关于进度检查

各省（区、市）局应对辖区内有关药品生产、经营企业的情况进行跟踪检查，国家局将适时派专人进行督促检查。

各省（区、市）局应当尽快将文件转发至辖区内药品监管部门和药品生产、经营企业，并督促执行。

在实施过程中如有问题或建议，请及时反馈。

国家局信息化办公室

联 系 人：王迎利、苑微

联系电话：(010) 8833－0305；8833－1947

传　　真：(010) 8833－1937

电子邮箱：yuanwei@sda.gov.cn

中信21世纪（中国）科技有限公司

联 系 人：中信21世纪运营中心

联系电话：（010）5825－9123
传　　真：（010）5825－9111
电子邮箱：sfdaservice@95001111.com

附件：药品电子监管码印刷规范（略）

国家食品药品监督管理局办公室
二〇〇八年九月三日

063

关于进一步加强药品电子监管工作的通知

国食药监办〔2009〕809号

各省、自治区、直辖市食品药品监督管理局（药品监督管理局）：

为理顺管理体制，进一步加强药品电子监管工作，促进药品电子监管网的管理和使用，按照《关于保障药品电子监管网运行管理事项的通知》（国食药监办〔2008〕585号）的要求，现将国家局有关药品电子监管的工作机制、管理职能等事项通知如下：

一、工作机制

国家局信息办会同信息中心负责药品电子监管网的规划、建设和运行维护，相关司局配合；

国家局药品安全监管司负责药品电子监管网的管理和使用。

二、职责分工

（一）药品安全监管司承担以下职责

1. 将电子监管网作为药品电子监管的工作平台，组织开展培训，加强工作指导；

2. 负责电子监管网药品生产、经营企业基本信息的审定；

3. 按照国食药监办〔2008〕585号文件要求，检查督促省级药品监督管理部门对辖区内药品电子监管网的日常监管和预警信息处理。

（二）信息办会同信息中心承担以下职责

1. 负责应用系统的规划、建设和运用；

2. 配合药品安全监管司明确药品电子监管各项业务需求，承担技术培训，完善系统功能；

3. 按照国食药监办〔2008〕585号文件要求，做好技术保障和技术服务工作，确保网络平台的正常运行和数据信息的安全、可靠，保障药品电子监管网的系统、网络等运行顺畅；

4. 根据药品监管的新需求，按照国家局党组的要求，组织开展新入网药品电子监管建设；

5. 指导中信21世纪有限公司，做好药品电子监管网络平台运行工作。

三、有关工作要求

（一）血液制品、疫苗、中药注射剂及第二类精神药品的电子监管工作已完成并正常运行，自 2010 年 1 月 1 日起，按照上述职责分工进行管理。

（二）基本药物目录品种将按照“总体实施、限期完成、分步到位”的要求实施电子监管。信息办将会同信息中心、有关司局、中信 21 世纪有限公司做好规划、建设等工作，建设完成后，按照上述职责分工进行管理。

（三）各省（区、市）局应尽快调整相关处室工作职责，严格按照国食药监办〔2008〕585 号文件要求，做好职责范围内各项工作，确保药品电子监管工作取得实效。

国家食品药品监督管理局

二〇〇九年十一月三十日

064

国家食品药品监督管理局关于印发药品电子监管工作指导意见的通知

国食药监办〔2012〕283号

各省、自治区、直辖市食品药品监督管理局（药品监督管理局）：

为进一步规范药品电子监管工作，提高工作效能，确保完成《国家药品安全“十二五”规划》确定的“推进国家药品电子监管系统建设，完善覆盖全品种、全过程、可追溯的药品电子监管体系”的工作目标，国家局依据药品电子监管工作的相关规定，在《药品电子监管技术指导意见》基础上，组织制定了《药品电子监管工作指导意见》，现予印发。请结合实际，督促指导辖区内各级药品监管部门、药品生产企业、经营企业做好药品电子监管相关工作。

国家食品药品监督管理局

二〇一二年九月二十日

药品电子监管工作指导意见

国家食品药品监督管理局

2012年9月20日

一、药品监督管理部门

（一）建立和完善组织机构

1. 组织机构。各级药品监督管理部门应加强药品电子监管工作组织机构建设，明确药品电子监管工作分管领导、指定牵头部门、明确各部门在药品电子监管工作中的分工、指定专人具体负责本辖区药品电子监管各项工作。

2. 工作职责。

（1）各级药品监督管理部门应将中国药品电子监管网（以下简称电子监管网）作为药品电子监管的工作平台，对药品的流向进行追溯和监管，并组织相应的培训和开展必要的指导工作。

（2）国家局负责电子监管网药品品种信息的维护与更新，检查督促省级药品监督管理部门（以下简称省局）对辖区内电子监管网的日常监督管理和预警信息处理工作，并对重大预警事件提出处理指导意见。

(3) 省局负责辖区内药品生产、经营企业基础信息的维护与更新，检查督促下级药品监督管理部门对辖区内预警信息的处理，发生重大预警事件时书面报告国家局。对药品生产、经营企业未按照相关规范和流程使用电子监管网报送相关信息，造成相关业务数据异常的，省局应责令企业整改，必要时进行现场检查，督促整改。

(二) 加强日常监督管理（具体操作规范见附件1）

3. 入网管理。省局负责辖区内各级药品监督管理部门和辖区内企业与进口药品代理机构的入网审核工作。

4. 基础信息维护。在相关资料齐备的情况下，限期完成以下信息审核和维护工作：

(1) 药品信息维护。国家局负责电子监管网的药品注册信息和进口药品代理机构备案信息维护。维护工作在三个工作日内完成。

(2) 企业入网审核。省局负责审核辖区内入网企业的合法性和信息准确性，审核工作在三个工作日内完成。

(3) 企业变更名称审核。省局负责审核辖区内入网企业变更名称的合法性，审核工作在三个工作日内完成。

(4) 企业证书信息维护。省局负责及时在电子监管网维护辖区内企业的药品生产许可证、药品经营许可证以及《药品生产质量管理规范》(GMP) 和《药品经营质量管理规范》(GSP) 认证信息，维护工作在三个工作日内完成。

(5) 特殊包装赋码审批。对于药品最小包装体积过于狭小或属于异型瓶等特殊情况，无法在药品最小包装上加印（贴）统一标识药品电子监管码的品种，可在最小包装的上一级包装上加印（贴）统一标识的药品电子监管码。具体品种由药品生产企业向企业所在地的省局提出申请，由省局负责严格审查，有效杜绝有条件在最小包装赋码但申请中包装或大包装作为最小包装进行赋码的情况出现，审批工作须在五个工作日内完成。

5. 生产环节监管。各级药品监督管理部门应加强辖区内生产企业和代理机构所代理境外制药厂商药品电子监管实施工作，检查督促生产企业和境外制药厂商按照国家局的统一部署加入电子监管网，做好药品电子监管码赋码、核注核销工作。

6. 经营环节监管。各级药品监督管理部门应加强辖区内经营企业药品电子监管实施工作，督促企业按照国家局的统一部署加入电子监管网，做好药品电子监管核注核销工作。

7. 特殊药品监管。国家局维护麻醉药品、第一类精神药品生产和收购计划信息。各级药品监督管理部门加强药品电子监管与特殊药品日常监管的结合，提出特殊药品电子监管的功能需求。

8. 预警管理。各级药品监督管理部门应当及时处理电子监管网产生的预警，高风险预警（药品已过有效期、批准文号已过有效期、企业证书已过有效期、特药相关预警）必须在一个工作日内完成处理工作。

9. 监管应用。结合本地信息化建设工作，加强药品电子监管与日常监管的融合，积极提出数据共享、资源利用、业务深化等功能需求，提高日常监管效能。

（三）信息安全管理

10. 数据共享。为方便国家局和各省局日常监管工作的开展，电子监管网将与各省级药品监管系统进行数据共享（数据共享方案另行制定）。逐步实现国家药品电子监管系统与有关部门以及企业信息化系统对接。

11. 数字证书权限。各级药品监督管理部门应加强数字证书管理，明确数字证书的权限。

12. 数据安全。各级药品监督管理部门对药品电子监管工作的相关信息负有保密责任，应当加强数据安全保障措施，确保药品电子监管信息安全。

（四）培训与技术服务

13. 培训。各级药品监督管理部门会同电子监管网本地技术服务部门，加强培训、业务咨询、技术咨询等服务，提高监管部门、药品企业和进口药品代理机构相关人员工作水平。

14. 信息化技术服务。各级药品监督管理部门加强信息化建设，提高药品电子监管工作水平，促进辖区内药品电子监管工作顺利开展。

15. 药品电子监管工作评价。国家局根据药品电子监管的整体工作要求、实施目标，制定药品电子监管工作评价指标，按年度以省为单位进行考评，并在国家局专网公布（工作评价指标另行制定）。鼓励各级药品监督管理部门积累、总结、分享药品电子监管工作经验。

二、药品生产企业（含进口药品制药厂商）

（一）建立和完善组织机构

16. 组织机构。药品生产企业应建立与药品电子监管相适应的组织机构，建立管理制度，配备相应管理和操作人员，药品电子监管相关人员应当明确并理解自己的职责，熟悉与其职责相关的要求，并接受必要的培训。

17. 工作职责。

（1）药品生产企业应当按照国家局有关规定，对纳入电子监管的药品进行入网登记。

（2）药品生产企业应当根据生产的药品品种、规格和生产需求申请药品电子监管码。进口药品制药厂商也可委托其境内代理机构申请药品电子监管码。

（3）药品生产企业对药品电子监管码的印刷、加贴等应当执行《药品电子监管码编码与应用标准》（附件 2）的相关技术要求。

（4）药品生产企业应当指定专人负责本企业生产药品的电子监管信息维护与更新，核注核销，并确保上报信息及时、完整、准确。

（5）药品生产企业不得伪造、冒用或重复使用药品电子监管码，药品电子监管码如有剩余应做到安全保存；如有和印刷包装材料一起丢失或者泄露，应当及时以书面形式上报当地药品监督管理部门，同时抄报国家局。

（二）日常操作管理（具体操作规范见附件 1）

18. 入网管理。凡生产列入电子监管药品品种的药品生产企业，应当按照有关规定办理电子监管网入网手续。进口药品制药厂商也可委托其境内代理机构办理。

19. 信息管理。在保障企业信息、药品信息、往来单位信息的完整性、准确性和唯一性的基础上，药品生产企业的企业信息、药品信息、往来单位信息和进口药品相关信息等发生变化时，必须及时在电子监管网进行修改。需药品监督管理部门审核的信息应提供相应齐备资料。

20. 预警管理。药品生产企业应当及时处理电子监管网产生的预警。进口药品制药厂商也可委托其境内代理机构处理。

（三）设备与设施要求

21. 企业设施。药品生产企业应当具有药品电子监管实施的场所和硬（软）件设备。

（1）建立能够满足核注核销全过程要求的计算机系统，计算机系统配置应符合药品电子监管技术要求；

（2）有稳定、安全的网络环境，有固定接入互联网的方式；

（3）数据采集设备的选择和使用应符合药品电子监管技术要求；

（4）计算机系统内须安装电子监管网企业客户端软件；

（5）进口药品应在《进口药品注册证》载明的生产厂或包装厂设置上述设施，不得在其他地点进行打开大包装的赋码操作。

（四）赋码要求

22. 药品赋码总体要求。根据国家局文件要求，纳入电子监管的药品应按照《药品电子监管码编码与应用标准》（附件 2）在各级销售包装上加印（贴）统一标识的药品电子监管码。

23. 特殊包装药品赋码要求。对于产品最小销售包装体积过于狭小或属于异型瓶等特殊情况，无法在产品最小包装上加印（贴）统一标识药品电子监管码的品种，可在最小包装的上一级包装上加印（贴）统一标识的药品电子监管码。具体品种由药品生产企业向企业所在地的省局提出申请，由省局负责审查，并在电子监管网中确认。

24. 药品电子监管码标识安全管理要求。药品生产企业可以委托包材供应商直接将药品电子监管码标识制作在包材上，可以将企业下载并解密后的药品电子监管码数据提供给包材供应商委托印刷。在制作药品电子监管码标识时，企业应遵循：

（1）药品生产企业应对承接其药品电子监管码标识制作的包材供应商进行技术及管理能力考察，对达到药品电子监管码标识制作技术及管理要求的，方可与其签订药品电子监管码标识委托制作协议，协议须对药品电子监管码标识的印刷质量作出明确说明。包材供应商应当保证所印制的药品电子监管码标识达到《药品电子监管码编码与应用标准》（附件 2）中所规定的要求。

（2）承制药品电子监管码标识的包材供应商应具备相关业务资质，具备健全的验证、登记、管理、交付、残次品销毁等管理制度。包材供应商应保证入网药品企业的药品电子监管码数据在印制环节中的数据安全，保证数据不外流。

（3）药品生产企业应建立相应的印刷品、药品电子监管码管理制度，制定药品电子监管码标识印刷品的出入库数量登记及处理管理规定。

25. 药品电子监管码标识质量管理要求。药品生产企业的药品电子监管码标识必须满足《药品电子监管码编码与应用标准》（附件 2），企业应将其印制质量纳入药品包材和成品检验管理工作中，保证药品包材上的药品电子监管码标识须在生产和流通的各个环节正常使用。

（五）生产线赋码关联要求

26. 技术要求。生产线赋码关联系统必须能够准确建立各级包装上药品电子监管码的关联关系。根据《中国药品电子监管网接口标准》生成关联关系文件，在销售出库前上传关联关系文件，激活药品电子监管码。

27. 实施要求。药品生产企业应依据《中国药品电子监管网接口标准》，根据企业自身的实际情况，完成企业生产线赋码关联系统的改造。

（六）药品核注核销要求

28. 药品电子监管码采集要求。药品生产企业应依据《中国药品电子监管网接口标准》采集赋码药品外包装上的药品电子监管码。

29. 核注与核销要求。药品生产企业必须按照规定开展核注核销工作。

（1）企业生产的药品入出库必须扫描包装上的药品电子监管码，并上传药品电子监管码流向数据，在发生境外网络问题情况下，进口药品生产厂商可委托境内代理机构上传；

（2）核注核销工作应在药品入出库的当日或次日完成。

30. 库存管理。药品生产企业应保证在线库存与实际库存一致。

三、药品经营企业

（一）建立和完善组织机构

31. 组织机构。药品经营企业应建立与药品电子监管相适应的组织机构，建立管理制度，配备相应管理和操作人员，药品电子监管相关人员应当明确并理解自己的职责，熟悉与其职责相关的要求，并接受必要的培训。

32. 工作职责。药品经营企业应当指定专人负责本企业电子监管信息的维护与更新，核注核销，并确保上报信息及时、完整、准确。

（二）日常操作管理（具体操作规范见附件 1）

33. 入网管理。凡纳入药品电子监管的经营企业，应按照有关规定办理电子监管网入网手续。

34. 信息管理。在保障企业信息、药品信息、往来单位信息的完整性、准确性和唯一性的基础上，药品经营企业的企业信息、药品信息、往来单位信息等发生变化时，必须及时在电子监管网进行修改。需药品监督管理部门审核的信息应提供相应齐备资料。

35. 预警管理。药品经营企业应当及时处理电子监管网产生的预警。

（三）设备与设施要求

36. 企业设施。药品经营企业应具备药品电子监管码采集及核注核销的硬（软）件设备。

（1）建立能够满足核注核销全过程要求的计算机系统，计算机系统配置符合药品电子监管技术要求；

（2）有稳定、安全的网络环境，有固定接入互联网的方式；

（3）数据采集设备的选择和使用应符合药品电子监管技术要求；

（4）计算机系统内须安装电子监管网企业客户端软件。

（四）药品核注核销要求

37. 药品电子监管码采集要求。药品经营企业应依据《中国药品电子监管网接口标准》采集赋码药品外包装上的药品电子监管码。

38. 核注与核销要求。药品经营企业必须按照规定开展核注核销工作。

（1）企业经营药品入出库（包括：采购、销售、退货、抽检、销毁等）时，必须遵守“见码就扫”的原则，扫描包装上的药品电子监管码，并上传药品电子监管码流向数据；

（2）核注核销工作应在药品入出库的当日或次日完成。

39. 库存管理。药品经营企业应保证在线库存与实际库存一致。

四、电子监管网升级与服务

40. 电子监管网升级。电子监管网应根据实际运行情况，不断升级完善，做好后续的相关服务支持，包括在线培训视频、常见问题解答、资料下载等的更新。

41. 电子监管网服务。为了给用户提供更好的服务，电子监管网除设立 7×24 小时的话务服务、企业 QQ 在线服务、网站在线服务系统外，还设有地方服务机构，全国共分为 7 个大区就近支持 31 个省份药品监督管理部门和企业的本地服务。地方服务机构及客户服务中心的联系方式可登录电子监管网进行查询。

附件：

1. 药品电子监管工作操作规范（略）
2. 药品电子监管码编码与应用标准（略）

065

关于基本药物进行全品种电子监管工作的通知

国食药监办〔2010〕194号

各省、自治区、直辖市食品药品监督管理局（药品监督管理局）：

国务院办公厅《关于印发医药卫生体制五项重点改革2010年度主要工作安排的通知》（国办函〔2010〕67号）明确要求对基本药物进行全品种电子监管。为配合推进医药卫生体制改革和药品安全专项整治工作，加强基本药物质量监管，现将有关事宜通知如下：

一、实施方法和步骤

（一）凡生产基本药物品种的中标企业，应在2011年3月31日前加入药品电子监管网，基本药物品种出厂前，生产企业须按规定在上市产品最小销售包装上加印（贴）统一标识的药品电子监管码（标识样式见附件，监管码印刷规范参见《关于实施药品电子监管工作有关问题的补充通知》食药监办〔2008〕153号），并通过监管网进行数据采集和报送；凡经营基本药物品种的企业，须按规定进行监管码信息采集和报送。

（二）2011年4月1日起，对列入基本药物目录的品种，未入网及未使用药品电子监管码统一标识的，一律不得参与基本药物招标采购。

（三）对未中标的基本药物目录品种生产企业的电子监管工作，要按照国家局的部署逐步完成。

（四）按照已公布的《国家基本药物目录》，各省（区、市）局负责统计和核实辖区内的相关生产企业名单，培训工作由国家局统一部署，各省（区、市）局具体承办。培训方案另行通知。

二、工作要求

（一）进一步提高对基本药物进行全品种电子监管重要性的认识。对基本药物进行全品种电子监管，是贯彻落实国务院深化医药卫生体制改革的具体要求，是实践科学发展观、践行科学监管理念、保障人民群众饮食用药安全的重要举措，也是利用现代化手段转变监管方式、提高监管效能的迫切需要。各省（区、市）局要高度重视，周密安排，明确责任，狠抓落实，严格按照国家局的工作部署，在规定的时限内完成相关工作任务，确保基本药物全品种电子监管工作顺利进行。

（二）国家局基本药物全品种电子监管实施工作由局信息办牵头，统一组织具体实施工作；政策法规司、药品注册司、药品安全监管司、稽查局、信息中心配合。各省（区、市）局要明确分管领导，指定牵头部门和联系人，具体负责本辖区基本药物全品种电子监管实施工作。

（三）认真总结药品电子监管前期工作的成功经验，严格按照《关于保障药品电子监管网运行管理事项的通知》（国食药监办〔2008〕585号）和《关于进一步加强药品电子监管工作的通知》（国食药监办〔2009〕809号）要求，强化各级药品监督管理部门、药品生产企业、药品经营企业以及电子监管网技术服务机构的责任和义务。

（四）药品电子监管网的技术服务机构及运营维护管理机构必须确保网络的正常运行和数据的安全、可靠，积极主动做好企业入网、赋码、核注核销、监管追溯等各个环节的技术服务工作，以及对入网企业的技术指导和培训工作。各地药品监督管理部门应予以积极配合。

三、其他事宜

（一）2010年各省（区、市）局已入网和本次入网的药品生产、经营企业数字证书年服务费（密钥费：300元/把/家企业）由国家局支付，企业所发生的其他相关费用，由企业自行承担。

（二）请各省（区、市）局于2010年5月20日前，将本单位药品电子监管工作牵头部门及联系人、联系方式，辖区内相关生产企业名单文本版、电子版同时报送国家局信息办。

在实施过程中如有问题或建议，请与国家局信息办及时联系。

国家食品药品监督管理局

二〇一〇年五月十一日

附件：

中国药品电子监管码印刷规范

中国药品电子监管码

09612 01700 00010 00001

样式A

中国药品电子监管码

09612 01700 00010 00001

电话查询：95001111

短信查询：106695001111

网站查询：www.drugadmin.com

样式B

中国药品电子监管码

电话查询：95001111

短信查询：106695001111

网站查询：www.drugadmin.com

09612 01700 00010 00001

样式C

066

国家食品药品监督管理局关于进口药品实施电子监管有关事宜的通知

国食药监安〔2013〕23 号

各省、自治区、直辖市食品药品监督管理局（药品监督管理局），各口岸药品监督管理局，有关单位：

为落实国家食品药品监督管理局《关于印发 2011—2015 年药品电子监管工作规划的通知》（国食药监办〔2012〕64 号）和《关于做好 2012 年度药品电子监管工作的通知》（食药监办〔2012〕85 号），现将进口药品实施电子监管有关事宜通知如下：

一、境外制药厂商（即《进口药品注册证》或《医药产品注册证》“公司名称”项下企业）应对其进口到我国药品的电子监管实施工作负总责，按国家食品药品监督管理局规定品种和期限实施药品电子监管，并应在我国境内指定一家药品生产企业、药品批发企业、其在境内设立的子公司或办事机构，作为其药品电子监管工作的代理机构（以下简称电子监管代理机构）。

二、境外制药厂商应授权委托其电子监管代理机构作为同我国药品监督管理部门和相关机构的固定联系单位，协助其在境内办理实施药品电子监管有关事务，并可协助境外工厂进行电子监管码申请、数据上传及相关的药品召回等具体工作。

三、电子监管代理机构应将其信息和受托事项按附件 1 格式与要求报告国家食品药品监督管理局行政受理服务中心。上述信息、事项变更或委托关系终止的，亦应在 5 个工作日内报告。

四、境外制药厂商及其《进口药品注册证》或《医药产品注册证》载明的生产厂（或包装厂）、电子监管代理机构加入中国药品电子监管网的入网手续可由境外制药厂商委托其电子监管代理机构统一办理，取得数字证书。入网登记格式与要求见附件 2，首次登记入网应将《进口药品企业入网登记表》随《进口药品电子监管工作代理机构报告表》一并报送国家食品药品监督管理局行政受理服务中心。

五、境外制药厂商应按国家食品药品监督管理局《药品电子监管工作指导意见》和《药品电子监管技术指导意见》要求开展进口药品电子监管实施工作。赋码工作（包括建立各级药品包装的关联关系）应在进口药品注册证书载明的生产厂或包装厂内完成。获得批准在境内分包装的品种，可在批准的分包装企业内赋码。禁止在其他场所将已完成大包装的产品拆箱赋码。因互联网通讯等问题，在境外访问中国药品电子监管网存在困难时，可委托电子监管代理机构代为申请电子监管码，上传赋码、关联关系数据以及药品入库、出库数据，进行核注核销。

六、进口单位申请药品进口备案时，应在《药品进口管理办法》第十三条第一款第七项规定的备案资料中增附已赋码药品各个批号各级包装实物样本或其照片，证实该批号药品已加印或加贴药品电子监管码统一标识。所提供照片应能在一个画面内清晰呈现上述信息。

七、应在 2013 年 12 月 31 日前实施电子监管的进口药品，其电子监管代理机构应在 2013 年 2 月 28 日前提交报告，并将相关机构加入中国药品电子监管网。此前已入网进口企业，亦应按《进口药品企业入网登记表》要求补报所需信息。

2013 年 1 月 1 日以后新增补的国家和地方基本药物，其境外制药厂商未指定电子监管代理机构的应及时指定，并按本通知要求报告信息、办理入网登记，在新目录发布后 12 个月内完成相关进口药品的赋码，并开展核注核销等工作。

八、省级药品监督管理部门应根据国家食品药品监督管理局网站公开的进口药品电子监管代理机构名单和进口药品数据，将该代理机构及所代理境外制药厂商注册的全部进口药品纳入本级药品电子监管监督实施工作范围，对电子监管代理机构开展培训、指导，督促其境外制药厂商按规定时限、品种和要求完成电子监管相关工作。对违反规定拆箱赋码的应责令其立即改正。

九、口岸药品监督管理局要按照国家食品药品监督管理局规定的电子监管品种实施时限，在进口备案审查时对应实施电子监管品种按其标示生产日期查验产品赋码情况，未按要求赋码者不予办理进口备案，并通报其电子监管代理机构所在地省级药品监督管理部门。

十、口岸药品监督管理局对应于 2013 年 12 月 31 日前实施电子监管的品种，自 2014 年 1 月 1 日开始查验。此日期后生产的产品须按规定赋码，方可办理进口备案；此日期前已生产的未赋码产品最迟应于 2014 年 4 月 30 日前完成进口备案，逾期不予办理。

各省级药品监督管理部门和口岸药品监督管理局应高度重视，落实工作职责和制度，严格按照本通知要求做好各项工作。相关工作中遇到新的问题，请及时反馈国家食品药品监督管理局药品安全监管司。

附件：

1. 进口药品电子监管工作代理机构报告格式与要求（略）

2. 进口药品企业入网登记格式与要求（略）

国家食品药品监督管理局

二○一三年一月二十九日

067

关于进一步加强基本药物电子监管工作的补充通知

食药监办〔2010〕142号

各省、自治区、直辖市食品药品监督管理局（药品监督管理局）：

《关于基本药物进行全品种电子监管工作的通知》（国食药监办〔2010〕194号）和《关于做好基本药物全品种电子监管实施工作的通知》（国食药监办〔2010〕237号）已对基本药物实施全品种电子监管工作进行了全面部署。为推动该项工作的深入开展，解决当前实施过程中存在的有关问题，现就有关事宜补充通知如下：

一、加强中标的基本药物进口品种的电子监管

凡中标的基本药物进口品种，应按照国食药监办〔2010〕194号、国食药监办〔2010〕237号文件要求，积极做好相关品种的入网、赋码工作。在国内分包装的中标的基本药物进口品种，分包装生产企业应于2011年3月31日前在最小销售包装上加印（贴）统一标识的药品电子监管码；在原产地包装的中标的基本药物进口品种，相关企业应于2011年3月31日前在大包装上加印（贴）统一标识的药品电子监管码，2011年12月31日前在最小销售包装上加印（贴）统一标识的药品电子监管码。上述企业应按照国家局要求做好入网、赋码和核注核销工作。

进口生产企业培训由国家局统一组织。进口生产企业2010年数字证书年服务费（密钥费：300元/把/家企业）由所在省（区、市）局负责统一支付。企业如需增加数字证书，由企业自行承担费用。企业所发生的其他相关费用，由企业自行承担。

二、规范部分最小包装印（贴）药品电子监管码的管理

按照《关于实施药品电子监管工作有关问题的补充通知》（食药监办〔2008〕153号）附件中“药品电子监管码印刷规范”要求，对于产品最小包装体积过于狭小或属于异型瓶等特殊情况，无法在产品最小包装上加印（贴）统一标识药品电子监管码的品种，可在最小包装的上一级包装上加印（贴）统一标识的电子监管码。具体品种由药品生产企业向企业所在地的省局提出申请，由省局负责审

查，并在系统中确认。

在原产地包装的中标的基本药物进口品种，如属于前款所规定的情形，由其驻中国境内的办事机构或者由其委托的中国境内代理机构向所在地的省局提出申请，由省局负责审查，并在系统中确认。

三、做好药品电子监管生产企业系统集成改造的指导工作

药品电子监管中，生产企业系统集成对保障基本药物全品种电子监管工作的顺利完成具有重要作用，请各省局引导辖区内企业，根据实际情况，综合考虑企业自身的规模、财力和企业资源计划（ERP）系统现状，设计好技术改造方案，因地制宜、实事求是地自由选择合适并可信赖的系统集成商；敦促药品生产企业做好生产线改造和与国家局系统平台的联调测试工作，确保基本药物全品种电子监管工作的按期完成。

四、加强各省增补的基本药物品种等的药品电子监管

各省增补基本药物品种入网由各省局自行管理，企业向中国药品电子监管网申请电子监管码。

鼓励未中标基本药物生产企业自愿加入中国药品电子监管网。凡自愿加入中国药品电子监管网的未中标基本药物生产企业，由各省局自行管理，企业向中国药品电子监管网申请电子监管码。

对加入药品电子监管网的品种，经营批发企业均应对该产品进行核注核销，以确保网络的正常运行和数据的完整、可靠。

五、进一步加大培训和技术指导工作力度

各省局信息管理部门要切实承担起对辖区内的生产、经营批发企业以及药品监督管理部门工作人员的药品电子监管培训工作，充分发挥信息管理部门的技术优势，协调并做好所在地的电子监管技术服务工作。

请各省局进一步加大推进基本药物全品种电子监管的工作力度，尽快将上述要求通知本辖区内有关药品生产、经营批发企业，并按要求做好相关工作，工作中如有任何问题和建议，请及时向国家局报告。

国家食品药品监督管理局办公室
二〇一〇年十二月二十二日

068

关于印发药品电子监管技术指导意见的通知

国食药监办〔2010〕489 号

各省、自治区、直辖市食品药品监督管理局（药品监督管理局）：

为贯彻落实《国务院办公厅关于印发医药卫生体制五项重点改革2010年度主要工作安排的通知》（国办函〔2010〕67 号）精神，严格按照《关于基本药物进行全品种电子监管工作的通知》（国食药监办〔2010〕194 号）要求，做好基本药物全品种电子监管实施工作，国家食品药品监督管理局组织制定了《药品电子监管技术指导意见》，现予印发。请督促辖区内的药品生产、经营批发企业结合实际，完成药品电子监管的各项工作。

国家食品药品监督管理局

二〇一〇年十二月二十四日

药品电子监管技术指导意见

国家食品药品监督管理局

2010 年 12 月 24 日

目　录

一、药品电子监管工作的基本要求

二、监管部门操作指南

三、生产企业操作指南

四、经营批发企业操作指南

五、中国药品电子监管网客户服务

附件：

1. 中国药品电子监管网入网手册——监管部门（略）
2. 中国药品电子监管网操作手册——监管部门（略）

3. 中国药品电子监管网数据共享实施方案（略）
4. 中国药品电子监管网入网手册——企业用户（略）
5. 中国药品电子监管网接口标准——简易版（略）
6. 中国药品电子监管网操作手册——生产企业（略）
7. 中国药品电子监管网操作手册——经营企业（略）

069

国家食品药品监督管理局
关于印发2011—2015年药品电子监管工作规划的通知

国食药监办〔2012〕64号

各省、自治区、直辖市食品药品监督管理局（药品监督管理局）：

《2011—2015年药品电子监管工作规划》已经国家食品药品监督管理局信息化工作领导小组审议通过，现印发你们，请认真贯彻执行。

国家食品药品监督管理局

二〇一二年二月二十七日

2011—2015年药品电子监管工作规划

国家食品药品监督管理局

2012年2月27日

为进一步加强药品电子监管工作，不断提高公众用药安全水平，促进社会和谐稳定，实现药品全品种全过程监管，现依据党中央、国务院有关方针政策和《国家药品安全"十二五"规划》，制定本规划。

一、药品电子监管现状

国家局从2006年开始实施药品电子监管工作，至2012年2月底，已分三期将麻醉药品、精神药品、血液制品、中药注射剂、疫苗、基本药物全品种纳入电子监管。第一期，将麻醉药品、第一类精神药品制剂和小包装原料药自2007年11月1日起全部纳入电子监管，涉及药品生产企业19家，药品批准文号72个，全国性批发企业3家，区域性批发企业599家。第二期，将第二类精神药品、中药注射剂、血液制品、疫苗自2008年11月1日起全部纳入电子监管，涉及药品生产企业568家，药品批准文号2471个；药品批发企业（含非法人）1.3万家。第三期，将国家基本药物全品种于2012年2月底前全部纳入电子监管，涉及药品生产企业近2800多家，药品批准文号约5.4万个。同时已于2011年12月31日前将含麻黄碱类复方制剂、含可待因复方口服溶液、含地芬诺酯复方制剂三类药品纳入电子监管，涉及药品生产企业近600家，药品批准文号近2000个。截至2012年2月底，已纳入电子监管药品涉及批准文号5.6万个。按照国家局《关于实施药品电子监管工作有关问题的通知》（国食药监办〔2008〕165号）中“逐步将已批准注册的药品和医疗器械的生产、经营纳入电子监管”的工作要求，剩余尚未纳入电子监管的药品制剂批准文号共计11.9万个，已入网药品制剂占全部药品制剂的32%；药品制剂生产企业约4600家，其中已入网生产企业2900多家，占生产企业总数的63%；药品批发企业已全部入网。

二、指导思想

以邓小平理论和“三个代表”重要思想为指导，认真落实科学发展观，全面履行政府社会管理和公共服务的职责，加强药品监管基础设施建设，完善技术标准体系，大力提高监管技术水平，创新监管机制，规范监管行为，提升监管能力和水平，保障公众用药安全，为全面建设小康社会和构建社会主义和谐社会做出贡献。

三、工作目标

总体目标：2015年年底前实现药品全品种全过程电子监管，保障药品在生产、流通、使用各环节的安全，最有力地打击假劣药品行为、最快捷地实现问题药品的追溯和召回、最大化地保护企业的合法利益，确保人民群众用药安全。

具体目标包括：

（一）在当前已实施的麻醉药品、精神药品、血液制品、中药注射剂、疫苗、基本药物全品种电子监管的基础上，逐步推广到其他药品制剂，实现药品电子监管的全品种覆盖；适时启动高风险医疗器械电子监管试点工作，并探索原料药实施电子监管。

（二）在当前已实现的药品生产、批发环节电子监管基础上，推广到药品零售和使用环节，从而实现覆盖生产企业、批发企业、零售药店、医疗机构的药品生产、流通和使用全过程可追溯。

按照卫生部的总体部署，开展医疗机构药品电子监管工作。

（三）拓展药品电子监管系统的深度应用，充分利用药品电子监管数据，为各级政府和监管部门提供决策支持服务，为广大社会公众提供药品信息检索、监管码查询、真伪鉴别等服务，探索电子监管系统与医保卡系统互联互通的可行性。

四、主要任务

（一）制定推进药品电子监管工作的法规文件

落实《国家药品安全“十二五”规划》，在《药品管理法》等相关法律法规的修订中进一步明确药品电子监管的必要性。总结药品电子监管实施工作中出现的问题，配合整体工作部署，制定配套的政策法规文件，明确政策要求和管理规范，及时组织宣贯和培训，确保每项具体工作内容和任务推进落实。

（二）制定标准规范体系

标准规范体系是使药品电子监管工作各参与方在统一的管理和技术框架下开展工作的重要保障。进一步制定和完善统一的药品电子监管相关的标准规范体系，包括业务规范、数据标准规范、信息安全标准规范等，以保障药品电子监管工作的顺利进行，确保合理开发和利用药品监管信息资源，确保药品电子监管信息系统与其他信息系统互联、互通和共享。

1. 业务规范。包括基于统一的身份认证与授权服务的业务系统访问、数据采集和上报操作、数据利用规范等。

2. 数据标准规范。包括数据编码规范、数据接口标准、数据交换格式标准、信息分类与代码标准、元数据标准等。

3. 信息安全标准规范。主要包括信息系统安全等级保护规范、安全管理规范、网络安全规范、应用安全规范、数据安全规范和物理安全规范等。

（三）完善药品电子监管的基础设施

进一步完善药品电子监管的基础设施，提高系统的可靠性、实用性、易用性、可扩展性和管理性，完成国家发展改革委批复的国家药品监管信息系统一期工程中有关药品电子监管信息平台的建设。主要内容包括：

1. 对药品电子监管信息平台进行完善和优化，构建高性能、分布式、集约化的药品电子监管信息平台，提供安全、受控、基于身份认证的访问和服务。

2. 充分利用国家电子政务内外网资源，进一步完善药品电子监管网络环境，实现各级各类政府部门、企业和社会公众依照安全等级和权限划分，按需从互联网和专网接入药品电子监管系统，共享药品电子监管信息资源。

3. 进一步强化信息安全保障体系建设，依据国家关于加强信息系统安全保护的要求，根据药品电子监管工作实际需要，建设涵盖药品电子监管工作物理环境、网络、系统、应用和管理等各方面的信息安全体系，为药品电子监管工作提供统一、稳定、高效的安全保障体系。

（四）建设药品电子监管信息资源数据中心

以药品电子监管数据库为基础，按照统一的数据标准，建设由网络、存储、数据库、数据仓库等构成的药品电子监管信息资源数据中心，实现信息资源的整合，实现信息资源充分共享和合理利用。

主要建设内容包括：覆盖药品生产企业、经营企业、医疗机构等相关单位和消费者的药品流通数据中心，药品召回和应急调配数据中心，支撑药品电子监管数据统计分析与决策支持的数据分析中心，数据交换和共享中心。

（五）建设药品电子监管数据备份中心

药品电子监管系统和数据是药品电子监管工作正常运作的核心，为保证药品电子监管业务的可靠性、可用性和连续性，逐步建立中央级同城和异地灾备中心；同时依托地方局实现药品电子监管数据的二级备份，建设各省、自治区、直辖市行政区域内的药品电子监管数据备份，对突发事件和灾难及时应急响应和恢复。

（六）建设电子监管服务体系

纳入电子监管的企业和机构数量日益庞大，为保证药品电子监管平台的服务质量，建设以呼叫中心、短信平台和即时通讯平台等为核心的配套服务体系，及时响应各级监管部门、生产企业、经营企业、医疗机构以及社会公众在使用药品电子监管系统过程中的日常咨询和问题投诉，收集和处理相关建议和反馈。

（七）完善电子监管应用系统功能

随着药品电子监管工作向纵深发展，需要进一步拓展药品电子监管应用系统的监督、服务和辅助决策功能，以应对日益复杂的药品监管形势。主要建设内容包括：

1. 进一步完善药品流通监管系统，以支持对药品全品种全过程的监管，完整保存药品流通痕迹，保证非法药品无法进入合法流通渠道。

2. 建设数据共享和交换系统，实现药品电子监管数据的有效共享，方便各级食品药品监管部门延伸监管。

3. 扩建移动执法系统，为执法人员现场稽查提供及时的信息支持，提高执法的便捷性，增加执法力度。

4. 以药品流通监管系统为基础，建设社会应急系统。进一步完善药品召回功能，一旦发生药品安全事件，能尽快召回问题药品，控制事态发展，最大限度地减少药品安全事件给人民生命健康带来的损失。进一步实现药品调配功能，一旦发生突发性灾难，可快速进行药品库存定位和统一调配。

5. 建设辅助决策支持系统，能够对药品电子监管工作状态和运作情况进行统计分析，为完善药品监管政策提供辅助决策支持。

6. 建设药品电子监管公众服务平台，为社会公众提供药品信息检索、监管码查询、真伪鉴别等服务，确保公众用药安全。

五、工作安排

（一）2012 年完成国家药品电子监管平台建设

根据国家发展改革委关于国家药品监管信息系统一期工程的批复，进行药品电子监管平台的建设，利用信息技术，辅助解决在药品生产、流通、使用各环节中存在的安全问题，确保人民群众用药安全有效。

1. 2012 年上半年完成药品电子监管平台建设相关软硬件系统的招标工作；

2. 2012 年年底前完成信息资源数据中心和异地及同城备份中心的建设；

3. 2012 年年底前完成药品电子监管平台的建设，完善药品电子监管的基础设施，进一步建设和完善药品电子监管应用系统的功能。

（二）2012—2015 年实现药品制剂（含进口药品）全品种电子监管

1. 2012 年 2 月 29 日前完成基本药物全品种电子监管实施工作；

2. 2013 年 2 月 28 日前完成地方增补基本药物电子监管实施工作，并启动药品制剂全品种电子监管；

3. 2015 年年底前完成药品制剂全品种电子监管。

（三）2015 年年底前实现全过程电子监管

在生产企业和批发企业已实现电子监管的基础上，向零售药店、医疗机构等末端流通使用环节延伸。

1. 批发企业药品电子监管工作安排

2012 年年底前，所有批发企业按规定开展药品电子监管实施工作，对所有赋码药品进行核注核销，做到“见码必扫”。

2. 零售药店电子监管工作安排

（1）2012 年上半年完成西部 12 省部分零售药店（共 47595 家）药品电子监管软硬件设备的统一招标和配备工作；

（2）2012 年年底前完成西部 12 省部分零售药店的电子监管实施工作；

（3）2013 年年底前在总结零售药店试点工作的基础上，扩大零售药店试点范围；

（4）2015 年年底前完成全国所有零售药店电子监管的实施工作。

3. 医疗机构电子监管工作安排

按照卫生部的总体部署，开展医疗机构电子监管工作。

（四）适时启动高风险医疗器械电子监管试点工作，并探索原料药实施电子监管

六、保障措施

（一）组织机构保障

在国家局信息化工作领导小组的领导下，信息办负责电子监管部署、规划、检查等工作；系统运营单位具体负责药品电子监管网的建设、运行维护和日常工作；相关司局按照职能负责药品电子监管网的管理和使用，加强药品电子监管与药品日常监管工作融合，提出电子监管网的应用需求；各级食品药品监管部门根据国家局的总体部署和工作安排，做好行政区域内药品电子监管的实施、管理、应用和扩展。为保障药品电子监管工作的科学性，成立专家咨询组，由国内知名

业务专家、技术专家组成，主要任务是研究提出实施药品电子监管工作的意见和建议，论证评议有关重要政策和重要事项。

（二）资金保障

药品电子监管工作需要足够的资金，保障药品电子监管网的建设、运营、推广培训以及日常工作的开展。建设资金用于药品电子监管工作相关的建设工程、软硬件设备购置、系统集成等项目。运营资金用于药品电子监管网的技术运维、呼叫中心客服支持以及为入网机构配备数字证书（密钥）。推广培训资金用于药品电子监管推广工作中所需开展的相关培训。日常工作经费用于国家局和各省局开展电子监管相关工作。

以上各项资金由国家局结合各地区的不同情况，与各地相关部门协调，采用多种方式解决。在药品电子监管工作推进过程中，将根据“专款专用，审计督查”的原则，接受审计部门和纪检部门对资金使用情况的监督。

（三）技术保障

药品电子监管网的规划、分析、设计、实施、运营、维护、培训均需要提供全面的技术保障措施。国家局统筹规划，组织专家进行总体规划、需求分析、系统可行性研究和系统设计；地方局需指派专人配合相关技术保障措施在行政区域内的执行；国家局委托有资历的专业化公司负责系统的实施、运营和维护等技术保障服务，并提供专业培训。

070

关于做好 2012 年度药品电子监管工作的通知

食药监办〔2012〕85 号

各省、自治区、直辖市食品药品监督管理局（药品监督管理局）：

为认真贯彻《关于印发国家食品药品监管局深化医药卫生体制改革 2012 年度主要工作安排的通知》（国食药监法〔2012〕120 号）和《关于印发 2011—2015 年药品电子监管工作规划的通知》（国食药监办〔2012〕64 号）要求，切实做好 2012 年度药品电子监管工作，现将有关事宜通知如下：

一、全面实施有关药品品种入网

为推进药品电子监管工作，地方已增补的基本药物品种及药品类易制毒化学品单方制剂（附件）应于 2013 年 2 月 28 日前完成入网，今后新增补的国家和地方基本药物均应在目录发布后 8 个月内完成入网。产品出厂前，生产企业须按规定在其各级销售包装上加印（贴）统一标识的药品电子监管码［参见《关于印发药品电子监管技术指导意见的通知》（国食药监办〔2010〕489 号）］，并通过药品电子监管网进行数据采集和报送。请各省（区、市）局于 2012 年 7 月 20 日前将地方基本药物增补品种目录及其生产企业信息（含企业名称、是否入网、是否已实施情况）文本版及电子版报国家局信息办。

二、对部分进口药品实施电子监管

按照工作部署，2012 年度对进口药品中的麻醉药品、精神药品、血液制品、疫苗、中药注射剂及基本药物增补品种实施电子监管。在境内分包装的进口品种，分包装生产企业应于 2013 年 2 月 28 日前在各级销售包装上加印（贴）统一标识的药品电子监管码；在境外包装的进口品种，相关企业应于 2013 年 2 月 28 日前在大包装上加印（贴）统一标识的药品电子监管码，并于 2013 年 12 月 31 日前在其他各级销售包装上加印（贴）统一标识的药品电子监管码。上述企业应按照国家局要求做好入网、赋码和核注核销工作。

三、切实加强相关企业药品电子监管实施工作

药品生产企业应当保证电子监管码的印刷质量，在产品出厂时应当扫描全部电子监管码并上传。2013 年 2 月 28 日前，麻醉药品、第一类精神药品生产企业

须完成 20 位标识的药品电子监管码改换工作，逾期不得继续使用原 16 位监管码。鼓励生产企业对已纳入电子监管的品种未设中包装的应增加中包装并赋电子监管码，鼓励生产企业主动对其他药品品种实施电子监管。新修订药品 GMP 正在实施中，生产企业特别是注射剂企业要结合 GMP 改造，同步增加符合药品电子监管工作的硬件条件。

药品经营企业应当做到见码必扫，对所有赋码药品无论其中标与否，均须按照药品电子监管工作的相关规定，进行电子监管码的核注核销，并及时上传数据。

四、推进零售药店药品电子监管试点

请西部 12 省根据《关于国家药品监管信息系统一期工程药品流通监管系统西部药店试点工作有关事宜的通知》（食药监办〔2012〕65 号）要求，做好零售药店药品电子监管试点工作。

五、积极配合医疗机构实施药品电子监管

《卫生部办公厅关于做好医疗卫生机构药品（疫苗）电子监管系统建设工作的通知》（卫办综函〔2012〕434 号）已印发，请配合各地卫生厅（局）做好医疗机构药品电子监管实施工作。

六、进一步做好监督检查和技术指导工作

各省（区、市）局要将药品电子监管工作与日常监管、GMP 检查、GSP 检查相结合，检查企业药品电子监管执行情况，特别是督促药品经营企业及时核注核销，同时积极利用药品电子监管平台，在线检查辖区内企业生产经营情况，发现异常情况立即处理。国家局将适时开展督查。

各省（区、市）局要进一步做好辖区内的新增企业（含进口企业）以及药品监管部门工作人员的药品电子监管培训工作，协调并做好所在地的电子监管技术服务工作。

请各省（区、市）局尽快将上述要求通知本辖区内有关药品生产、经营企业，并按要求做好相关工作，如有任何问题和建议，请及时向国家局报告。

附件：药品类易制毒化学品单方制剂品种名单（略）

国家食品药品监督管理局办公室

二〇一二年六月二十八日

071

关于做好2011年度基本药物电子监管工作的通知

食药监办〔2011〕100号

各省、自治区、直辖市食品药品监督管理局（药品监督管理局）：

国家局《关于印发加强基本药物质量监管2011年度主要工作安排的通知》（国食药监法〔2011〕121号）以及2011年3月国家局与省（区、市）局签署的《加强基本药物质量监管2011年度主要工作任务责任书》中已明确要求，2012年2月底前，所有生产企业生产的基本药物品种必须赋码，所有基本药物配送企业必须通过电子监管网实现数据上传，不能开展基本药物品种核注核销的企业不得承担基本药物配送工作。为认真贯彻上述文件要求，切实做好基本药物电子监管工作，现将有关事宜补充通知如下：

一、高度重视，周密安排

各省（区、市）局要高度重视基本药物电子监管工作，切实加强监督管理，凡基本药物生产企业（含未中标的基本药物生产企业）、基本药物配送企业未在上述规定期限内实施电子监管的，一律不得承担基本药物生产与配送工作。各省（区、市）局要切实强调组织领导，制订详细工作方案，并将工作方案于2011年7月29日前上报国家局信息办。

二、加强增补基本药物的药品电子监管

为保证药品电子监管政策的统一与协调，各省（区、市）增补的基本药物品种，如果某企业该品种在一个省份中标并实施电子监管，不管其在其他省份中标与否，该企业向其他省份供应的该品种也一律进行赋码，药品经营批发企业均应对该产品进行核注核销，以保证网络的正常运行和数据的完整、可靠。

三、进一步加大培训和技术指导工作力度

各省（区、市）局要进一步做好辖区内的生产、经营批发企业以及药品监管部门工作人员的药品电子监管培训工作，协调并做好所在地的电子监管技术服务工作。

请各省（区、市）局尽快将上述要求通知本辖区内有关药品生产、经营批发

企业，并按要求做好相关工作，工作中如有任何问题和建议，请及时向国家局报告。

国家食品药品监督管理局办公室

二〇一一年六月三十日

十 互联网销售

072

食品药品监管总局关于加强互联网药品销售管理的通知

食药监药化监〔2013〕223号

各省、自治区、直辖市食品药品监督管理局：

为规范互联网售药行为，落实《关于印发打击互联网非法售药行动工作方案的通知》（食药监药化监〔2013〕123号，以下简称《工作方案》）的工作部署，确保药品“两打两建”行动取得实效，现将有关工作要求通知如下：

一、加强药品交易网站资质的管理

药品生产企业、药品经营企业在自设网站进行药品互联网交易，或第三方企业为药品生产企业、药品经营企业提供药品互联网交易服务，必须按照原国家食品药品监督管理局印发的《互联网药品交易服务审批暂行规定》（国食药监市〔2005〕480号，以下简称《暂行规定》），申请取得《互联网药品交易服务资格证书》后方可开展业务。按该证书服务范围仅可与其他企业和医疗机构进行药品交易的网站或提供药品互联网交易服务的网站，不得擅自超范围提供面向个人消费者的药品交易服务。零售单体药店不得开展网上售药业务。各省级食品药品监督管理部门应加强药品生产和经营企业网上售药监督监测，发现违反上述规定的药品交易网站（包括自设网站和提供交易服务的网站，下同），应对设立企业按照《暂行规定》和《工作方案》要求依法严肃查处，直至移送通信管理部门关闭其网站。

二、加强药品交易网站销售含麻黄碱类复方制剂的管理

药品零售企业销售含麻黄碱类复方制剂，必须按原国家食品药品监督管理局、公安部、原卫生部联合印发的《关于加强含麻黄碱类复方制剂管理有关事宜的通知》（国食药监办〔2012〕260号）要求，查验和登记购买者合法有效的身份证件。鉴于目前互联网药品交易尚不能查验购买者身份证件，药品零售连锁企业一律不得在药品交易网站展示或向个人消费者销售含麻黄碱类复方制剂。发现

违反规定的，由所在地食品药品监督管理部门按照《国务院关于加强食品等产品安全监督管理的特别规定》第三条有关规定进行处罚，造成严重后果的吊销许可证照，构成犯罪的依法移送公安机关追究刑事责任；对提供交易服务网站的企业应按照《暂行规定》第二十九条第二种情形和《工作方案》要求依法严肃查处，直至移送通信管理部门关闭其网站。

三、加强药品交易网站销售处方药的管理

《暂行规定》要求药品零售连锁企业通过药品交易网站只能销售非处方药，一律不得在网站交易相关页面展示和销售处方药。发现违反上述规定的，对企业自设网站由所在地食品药品监督管理部门按照《药品流通监督管理办法》第四十二条处罚；对提供交易服务网站由所在地食品药品监督管理部门按照《工作方案》要求依法责令停业整顿，限期整改。上述企业拒不改正或情节严重的，吊销其《互联网药品交易服务资格证书》，并移送通信管理部门关闭其网站。

在药品交易网站的非交易相关页面展示处方药名称、图片、说明书等信息的，必须在该页面上部加框标示“药品监管部门提示：如发现本网站有任何直接或变相销售处方药行为，请保留证据，拨打 12331 举报，举报查实给予奖励。”所在地省级食品药品监督管理部门应予督促和检查，对违规网站的设立企业，应参照《暂行规定》第二十九条第一种情形和《工作方案》要求依法查处，直至移送通信管理部门关闭其网站。

四、加强网售药品配送环节的管理

药品零售连锁企业通过互联网销售药品时，应当使用本企业符合《暂行规定》等文件要求的药品配送系统自行配送，且符合《药品经营质量管理规范》的有关要求，保证在售药品的质量安全。发现药品零售连锁企业违反规定的，由所在地食品药品监督管理部门参照《暂行规定》第二十九条第二种情形和《工作方案》要求依法查处。

五、加大对互联网非法售药的查处力度

各级食品药品监督管理部门要按照《工作方案》的部署，严格落实以上规定，开展监督检查和监测，规范互联网药品交易的主体和行为，严厉打击互联网违法销售药品等行为，切实将各种违法案件查处到位。对违反上述规定被责令整改的企业，11 月 15 日前必须完成整改，否则按照《工作方案》的要求从严处理。对需要予以关闭的网站，应及时移送通信管理部门关闭；对监督检查和监测发现的触犯刑律的案件，应及时移送司法机关依法追究刑事责任。

对打击互联网非法售药行动中涉事企业的整顿处理结果，省级食品药品监督

管理部门要按照药品“两打两建”工作要求按期报送总局。对总局投诉举报中心移交的违法违规销售药品的网站，省级食品药品监督管理部门要按时将查处结果及时反馈总局投诉举报中心。任何单位和个人如发现从事互联网药品交易服务的企业违反上述规定，均可向食品药品监督管理部门举报（举报电话 12331）。

国家食品药品监督管理总局

二〇一三年十月二十九日

073

食品药品监管总局关于开展互联网第三方平台药品网上零售试点工作的批复

食药监药化监函〔2014〕93号

广东省食品药品监督管理局：

你局《关于开展互联网第三方平台药品网上零售试点工作的请示》（粤食药监通〔2014〕40号）收悉。经研究，现批复如下：

一、同意你局以广州八百方信息技术有限公司为试点单位，开展互联网第三方平台上的药品网上零售试点相关工作。你局应当不断完善并严格实施试点方案，督促和指导广州八百方信息技术有限公司规范运营，认真分析和总结试点工作运行情况，为总局研究制定相关规定提供实践经验。

二、你局应当负责做好试点单位及其交易平台试点整体工作的监督管理，并对平台上所发生互联网药品交易行为进行监督，平台上所交易的药品质量监管工作仍由各药品零售连锁企业所在地食品药品监管部门承担。你局应当要求入驻平台药品零售企业在入驻合同签订后15日内向其《药品互联网交易服务资格证书》发证部门进行书面报告，并予以督促检查。

三、未经总局批准，试点单位不得扩大试点范围和内容。试点期间总局如有政策调整或发布有关规定，你局应当监督试点单位严格执行。试点工作为期一年，期中要将试点进展情况定期报告总局，期满应提交全面总结报告。遇到新情况、新问题应及时报告，并提出意见和建议。

国家食品药品监督管理总局

二〇一四年七月七日

074

国家食品药品监督管理局令

第9号

《互联网药品信息服务管理办法》于2004年5月28日经国家食品药品监督管理局局务会议审议通过，现予公布。本规定自公布之日起施行。

国家食品药品监督管理局

二〇〇四年七月八日

互联网药品信息服务管理办法

第一条 为加强药品监督管理，规范互联网药品信息服务活动，保证互联网药品信息的真实、准确，根据《中华人民共和国药品管理法》、《互联网信息服务管理办法》，制定本办法。

第二条 在中华人民共和国境内提供互联网药品信息服务活动，适用本办法。

本办法所称互联网药品信息服务，是指通过互联网向上网用户提供药品（含医疗器械）信息的服务活动。

第三条 互联网药品信息服务分为经营性和非经营性两类。

经营性互联网药品信息服务是指通过互联网向上网用户有偿提供药品信息等服务的活动。

非经营性互联网药品信息服务是指通过互联网向上网用户无偿提供公开的、共享性药品信息等服务的活动。

第四条 国家食品药品监督管理局对全国提供互联网药品信息服务活动的网站实施监督管理。

省、自治区、直辖市（食品）药品监督管理局对本行政区域内提供互联网药品信息服务活动的网站实施监督管理。

第五条 拟提供互联网药品信息服务的网站，应当在向国务院信息产业主管部门或者省级电信管理机构申请办理经营许可证或者办理备案手续之前，按照属地监督管理的原则，向该网站主办单位所在地省、自治区、直辖市（食品）药品监督管理部门提出申请，经审核同意后取得提供互联网药品信息服务的资格。

第六条　各省、自治区、直辖市（食品）药品监督管理局对本辖区内申请提供互联网药品信息服务的互联网站进行审核，符合条件的核发《互联网药品信息服务资格证书》。

第七条　《互联网药品信息服务资格证书》的格式由国家食品药品监督管理局统一制定。

第八条　提供互联网药品信息服务的网站，应当在其网站主页显著位置标注《互联网药品信息服务资格证书》的证书编号。

第九条　提供互联网药品信息服务网站所登载的药品信息必须科学、准确，必须符合国家的法律、法规和国家有关药品、医疗器械管理的相关规定。

提供互联网药品信息服务的网站不得发布麻醉药品、精神药品、医疗用毒性药品、放射性药品、戒毒药品和医疗机构制剂的产品信息。

第十条　提供互联网药品信息服务的网站发布的药品（含医疗器械）广告，必须经过（食品）药品监督管理部门审查批准。

提供互联网药品信息服务的网站发布的药品（含医疗器械）广告要注明广告审查批准文号。

第十一条　申请提供互联网药品信息服务，除应当符合《互联网信息服务管理办法》规定的要求外，还应当具备下列条件：

（一）互联网药品信息服务的提供者应当为依法设立的企事业单位或者其它组织；

（二）具有与开展互联网药品信息服务活动相适应的专业人员、设施及相关制度；

（三）有两名以上熟悉药品、医疗器械管理法律、法规和药品、医疗器械专业知识，或者依法经资格认定的药学、医疗器械技术人员。

第十二条　提供互联网药品信息服务的申请应当以一个网站为基本单元。

第十三条　申请提供互联网药品信息服务，应当填写国家食品药品监督管理局统一制发的《互联网药品信息服务申请表》，向网站主办单位所在地省、自治区、直辖市（食品）药品监督管理部门提出申请，同时提交以下材料：

（一）企业营业执照复印件（新办企业提供工商行政管理部门出具的名称预核准通知书及相关材料）；

（二）网站域名注册的相关证书或者证明文件。从事互联网药品信息服务网站的中文名称，除与主办单位名称相同的以外，不得以“中国”、“中华”、“全国”等冠名；除取得药品招标代理机构资格证书的单位开办的互联网站外，其它提供互联网药品信息服务的网站名称中不得出现“电子商务”、“药品招商”、“药品招标”等内容；

（三）网站栏目设置说明（申请经营性互联网药品信息服务的网站需提供收

费栏目及收费方式的说明）；

（四）网站对历史发布信息进行备份和查阅的相关管理制度及执行情况说明；

（五）（食品）药品监督管理部门在线浏览网站上所有栏目、内容的方法及操作说明；

（六）药品及医疗器械相关专业技术人员学历证明或者其专业技术资格证书复印件、网站负责人身份证复印件及简历；

（七）健全的网络与信息安全保障措施，包括网站安全保障措施、信息安全保密管理制度、用户信息安全管理制度；

（八）保证药品信息来源合法、真实、安全的管理措施、情况说明及相关证明。

第十四条 省、自治区、直辖市（食品）药品监督管理部门在收到申请材料之日起 5 日内做出受理与否的决定，受理的，发给受理通知书；不受理的，书面通知申请人并说明理由，同时告知申请人享有依法申请行政复议或者提起行政诉讼的权利。

第十五条 对于申请材料不规范、不完整的，省、自治区、直辖市（食品）药品监督管理部门自申请之日起 5 日内一次告知申请人需要补正的全部内容；逾期不告知的，自收到材料之日起即为受理。

第十六条 省、自治区、直辖市（食品）药品监督管理部门自受理之日起 20 日内对申请提供互联网药品信息服务的材料进行审核，并作出同意或者不同意的决定。同意的，由省、自治区、直辖市（食品）药品监督管理部门核发《互联网药品信息服务资格证书》，同时报国家食品药品监督管理局备案并发布公告；不同意的，应当书面通知申请人并说明理由，同时告知申请人享有依法申请行政复议或者提起行政诉讼的权利。

国家食品药品监督管理局对各省、自治区、直辖市（食品）药品监督管理部门的审核工作进行监督。

第十七条 《互联网药品信息服务资格证书》有效期为 5 年。有效期届满，需要继续提供互联网药品信息服务的，持证单位应当在有效期届满前 6 个月内，向原发证机关申请换发《互联网药品信息服务资格证书》。原发证机关进行审核后，认为符合条件的，予以换发新证；认为不符合条件的，发给不予换发新证的通知并说明理由，原《互联网药品信息服务资格证书》由原发证机关收回并公告注销。

省、自治区、直辖市（食品）药品监督管理部门根据申请人的申请，应当在《互联网药品信息服务资格证书》有效期届满前作出是否准予其换证的决定。逾期未作出决定的，视为准予换证。

第十八条 《互联网药品信息服务资格证书》可以根据互联网药品信息服务

提供者的书面申请，由原发证机关收回，原发证机关应当报国家食品药品监督管理局备案并发布公告。被收回《互联网药品信息服务资格证书》的网站不得继续从事互联网药品信息服务。

第十九条 互联网药品信息服务提供者变更下列事项之一的，应当向原发证机关申请办理变更手续，填写《互联网药品信息服务项目变更申请表》，同时提供下列相关证明文件：

（一）《互联网药品信息服务资格证书》中审核批准的项目（互联网药品信息服务提供者单位名称、网站名称、IP 地址等）；

（二）互联网药品信息服务提供者的基本项目（地址、法定代表人、企业负责人等）；

（三）网站提供互联网药品信息服务的基本情况（服务方式、服务项目等）。

第二十条 省、自治区、直辖市（食品）药品监督管理部门自受理变更申请之日起 20 个工作日内作出是否同意变更的审核决定。同意变更的，将变更结果予以公告并报国家食品药品监督管理局备案；不同意变更的，以书面形式通知申请人并说明理由。

第二十一条 省、自治区、直辖市（食品）药品监督管理部门对申请人的申请进行审查时，应当公示审批过程和审批结果。申请人和利害关系人可以对直接关系其重大利益的事项提交书面意见进行陈述和申辩。依法应当听证的，按照法定程序举行听证。

第二十二条 未取得或者超出有效期使用《互联网药品信息服务资格证书》从事互联网药品信息服务的，由国家食品药品监督管理局或者省、自治区、直辖市（食品）药品监督管理部门给予警告，并责令其停止从事互联网药品信息服务；情节严重的，移送相关部门，依照有关法律、法规给予处罚。

第二十三条 提供互联网药品信息服务的网站不在其网站主页的显著位置标注《互联网药品信息服务资格证书》的证书编号的，国家食品药品监督管理局或者省、自治区、直辖市（食品）药品监督管理部门给予警告，责令限期改正；在限定期限内拒不改正的，对提供非经营性互联网药品信息服务的网站处以 500 元以下罚款，对提供经营性互联网药品信息服务的网站处以 5000 元以上 1 万元以下罚款。

第二十四条 互联网药品信息服务提供者违反本办法，有下列情形之一的，由国家食品药品监督管理局或者省、自治区、直辖市（食品）药品监督管理部门给予警告，责令限期改正；情节严重的，对提供非经营性互联网药品信息服务的网站处以 1000 元以下罚款，对提供经营性互联网药品信息服务的网站处以 1 万元以上 3 万元以下罚款；构成犯罪的，移送司法部门追究刑事责任：

（一）已经获得《互联网药品信息服务资格证书》，但提供的药品信息直接撮合药品网上交易的；

（二）已经获得《互联网药品信息服务资格证书》，但超出审核同意的范围提供互联网药品信息服务的；

（三）提供不真实互联网药品信息服务并造成不良社会影响的；

（四）擅自变更互联网药品信息服务项目的。

第二十五条 互联网药品信息服务提供者在其业务活动中，违法使用《互联网药品信息服务资格证书》的，由国家食品药品监督管理局或者省、自治区、直辖市（食品）药品监督管理部门依照有关法律、法规的规定处罚。

第二十六条 省、自治区、直辖市（食品）药品监督管理部门违法对互联网药品信息服务申请作出审核批准的，原发证机关应当撤销原批准的《互联网药品信息服务资格证书》，由此给申请人的合法权益造成损害的，由原发证机关依照国家赔偿法的规定给予赔偿；对直接负责的主管人员和其他直接责任人员，由其所在单位或者上级机关依法给予行政处分。

第二十七条 省、自治区、直辖市（食品）药品监督管理部门应当对提供互联网药品信息服务的网站进行监督检查，并将检查情况向社会公告。

第二十八条 本办法由国家食品药品监督管理局负责解释。

第二十九条 本办法自公布之日起施行。国家药品监督管理局令第 26 号《互联网药品信息服务管理暂行规定》同时废止。

十一　药品价格

075

关于印发改革药品和医疗服务价格形成机制的意见的通知

发改价格〔2009〕2844 号

各省、自治区、直辖市及计划单列市发展改革委、物价局、卫生厅（局）、人力资源社会保障（劳动保障）厅（局）：

根据《中共中央、国务院关于深化医药卫生体制改革的意见》（中发〔2009〕6 号）和《国务院关于印发医药卫生体制改革近期重点实施方案（2009—2011 年）的通知》（国发〔2009〕12 号）的有关精神，我们研究制定了《改革药品和医疗服务价格形成机制的意见》，现印发你们，请按照执行。

附件：改革药品和医疗服务价格形成机制的意见

国家发展改革委
卫生部
人力资源社会保障部
二〇〇九年十一月九日

附件：

改革药品和医疗服务价格形成机制的意见

国家发展改革委
卫生部
人力资源社会保障部
2009 年 11 月 9 日

为贯彻落实《中共中央、国务院关于深化医药卫生体制改革的意见》（中发〔2009〕6 号）和《国务院关于印发医药卫生体制改革近期重点实施方案（2009—2011 年）的通知》（国发〔2009〕12 号）的精神，现就改革药品和医疗服务价格形成机制，提出以下意见：

一、改革的指导思想、基本原则和目标任务

（一）指导思想。

按照贯彻落实科学发展观和构建社会主义和谐社会的要求，从我国医药产业发展现状和医疗服务特点出发，充分发挥价格杠杆调节作用，合理调控药品和医疗服务价格水平，促进卫生事业和医药产业健康发展，满足人民群众不断增长的医疗卫生需求。

（二）基本原则。

一是坚持政府调控和市场调节相结合。按照建立社会主义市场经济的要求，根据卫生事业公益性特点，在强化政府对医药价格监管的同时，注意充分发挥市场机制作用，促进生产经营企业和医疗机构加强管理、提高效率，形成公开、公平、公正和有序竞争的药品和医疗服务市场。

二是鼓励研发创新与使用基本药物和适宜技术并重。医药价格制定要有利于激发企业和医疗机构提高创新能力和动力，研究开发新产品和新技术，保护和扶持中医药发展，提高医药行业整体竞争能力，同时要兼顾经济发展水平、基本医疗保障水平和群众承受能力，鼓励使用基本药物和适宜技术，减轻群众不合理的医药费用负担。

三是促进企业和医疗机构不断提高产品质量和服务水平。政府制定药品和医疗服务价格，要体现质量差别，鼓励企业提升产品质量，促进医疗机构改善医疗服务条件和提高诊疗技术，满足群众多层次的用药及医疗服务需求。

四是医药价格改革与医药卫生体制改革协调推进。医药价格改革要有利于促进医药卫生体制改革，与相关政策协调配套，同步推进。价格调整要充分考虑社会各方面利益和群众承受能力，统筹兼顾，逐步疏导矛盾。

（三）目标任务。

到 2011 年，政府管理医药价格方法进一步完善，企业和医疗机构价格行为比较规范，市场价格秩序逐步好转，药品价格趋于合理，医疗服务价格结构性矛盾明显缓解。

到 2020 年，建立健全政府调控与市场调节相结合，符合医药卫生事业发展规律的医药价格形成机制；医药价格能够客观及时反映生产服务成本变化和市场供求；医药价格管理体系完善，调控方法科学；医药价格秩序良好，市场竞争行为规范。

2009—2011 年的主要任务：

——完善医药价格管理政策。调整政府管理药品及医疗服务价格范围，改进价格管理方法，进一步完善价格决策程序，提高价格监管的科学性和透明度。

——合理调整药品价格。在全面核定政府管理的药品价格基础上，进一步降低偏高的药品价格，适当提高临床必需的廉价药品价格。科学制定国家基本药物价格。

——进一步理顺医疗服务比价关系。在规范医疗服务价格项目的基础上，适当提高临床诊疗、护理、手术以及其他体现医务人员技术劳务价值的医疗服务价格，同时降低大型医用设备检查和治疗价格。加强对植（介）入类等高值医疗器械价格的监管。

——强化成本价格监测和监督检查。完善药品成本价格监测制度，加强药品价格形势分析，公开市场价格信息，发挥社会舆论监督作用。定期开展医药价格检查，规范生产经营企业、医疗机构价格行为。进一步健全医疗机构医药费用清单制度，提高收费透明度。

二、改革药品价格管理

（四）调整政府管理药品价格范围。政府管理药品价格的重点是国家基本药物、国家基本医疗保障用药及生产经营具有垄断性的特殊药品。其他药品实行市场调节价，对其中临床使用量大面广的处方药品，要通过试点逐步探索加强价格监管的有效方法。

（五）药品价格实行分级管理。国务院价格主管部门负责制定药品价格的政策、原则和方法；制定国家基本药物、国家基本医疗保障用药中的处方药及生产经营具有垄断性的特殊药品价格。

各省、自治区、直辖市价格主管部门根据国家统一政策，负责制定国家基本医疗保障用药中的非处方药（不含国家基本药物）、地方增补的医疗保障用药价格。非营利性医疗机构自配的药物制剂价格，由各省、自治区、直辖市根据本地实际情况确定价格管理权限、形式和内容。

（六）政府制定公布药品指导价格，生产经营单位自主确定实际购销价格。纳入政府价格管理范围的药品，除国家免疫规划和计划生育药具实行政府定价外，其他药品实行政府指导价。麻醉药品、一类精神药品由政府定价形式改为政府指导价，并对流通环节按全国性批发和区域性批发分别制定进销差价率的上限标准。

实行政府指导价的药品，生产经营单位在不突破政府规定价格的前提下，根据市场供求情况自主确定实际购销价格。

（七）政府制定药品价格原则上按照通用名称制定统一价格。政府制定药品价格，一般情况下不区分具体生产经营企业，按照药品通用名称制定统一的指导价格。已针对特定企业制定的价格，与统一指导价有较大价差的，要加大调整力度，逐步缩小价差。今后对于符合国家鼓励扶持发展政策且具有明显不同质量标准的药品，可以依据按质论价的原则，实行有差别的价格政策。

（八）政府制定药品价格以社会平均成本为基础，综合考虑其他相关因素。政府制定药品价格，应遵循“补偿成本、合理盈利、反映供求”的基本原则，同时考虑社会经济发展水平、基本医疗保障水平、群众承受能力、国家宏观调控及产业发展政策、药品临床价值等因素。对于临床必需但市场不能保证供应的普通药品，可以适当提高价格。

（九）科学确定药品之间的差比价关系。进一步完善药品差价比价规则，合理确定同种药品中代表剂型规格品及价格，其他剂型规格品价格按照规定差价或比价关系制定。对可替代药品和创新药品定价逐步引入药物经济性评价方法，促进不同种类药品保持合理比价关系。

（十）鼓励药品研发创新。在合理审核药品成本基础上，根据药品创新程度，对销售利润实行差别控制。允许创新程度较高的药品在合理期限内保持较高销售利润率，促进企业研制开发创新药品。

（十一）引导仿制药品有序生产和竞争。对今后国内首先仿制上市的药品，价格参照被仿制药品价格制定；被仿制药品在国内尚未上市的，首先仿制药品的价格依据其合理成本制定。再仿制上市的药品，价格按照低于首先仿制药品价格的一定比例制定。同种仿制药品生产企业达到一定数量时，应根据社会平均成本等情况制定统一价格。

（十二）鼓励基本药物生产供应。按照通用名称合理制定基本药物零售指导价格，不区分具体生产经营企业。核定基本药物零售价格，要严格控制营销费用，压缩流通环节差价率。保持基本药物价格相对稳定，保障国家基本药物正常生产和供应。

（十三）控制药品流通环节差价率。逐步降低政府指导价药品的流通差价率，对流通环节差价率（额）实行上限控制，并对高价和低价药品实行差别差率控制，低价药品差价率从高，高价药品差价率从低，利用价格杠杆促进药品流通领域兼并重组，扩大规模，集约经营，降低成本，减少流通费用。

（十四）改革医疗卫生机构药品销售加成政策。按照“医药分开”的要求，改革医疗机构补偿机制，逐步取消医疗机构销售药品加成。改革过渡期间，要逐步降低医疗机构药品加价率，在总体不突破15%的前提下，可按价格高低实行差别加价政策。必要时对高价药品实行最高加价额限制。中药饮片加价率标准适当放宽。

鼓励地方结合公立医院试点改革，统筹开展公立医院销售药品零差率改革。公立医院取消药品加成后减少的收入，可通过增加财政补助，提高医疗服务价格和设立“药事服务费”项目等措施进行必要补偿。

（十五）规范药品市场交易价格行为。药品生产经营单位应按照诚实守信的原则合理制定购销价格，要加强行业自律，公开价格信息，提高价格形成的透明度，禁止价格欺诈、价格垄断、价格歧视及其他损害消费者合法权益的行为。

三、改革医疗服务价格管理

（十六）医疗服务价格实行政府指导价和市场调节价相结合的管理方式。非营利性医疗机构提供的基本医疗服务，实行政府指导价；营利性医疗机构提供的各种医疗服务和非营利性医疗机构提供的特需医疗服务实行市场调节价。

（十七）医疗服务价格实行统一政策、分级管理。国务院价格主管部门商相关部门制定医疗服务价格政策及项目、定价原则和方法，加强对地方制定医疗服务价格的指导和协调。基本医疗服务的指导价格，由省或市级价格主管部门会同同级卫生、人力资源社会保障部门制定。

（十八）基本医疗服务价格要体现公益性质。基本医疗服务价格要按照"合理补偿成本、兼顾群众和基本医疗保障承受能力"的原则核定。制定基本医疗服务价格所依据的合理成本，按照扣除财政补助、医疗机构销售药品和医疗器械（耗材）差价收益核算。

（十九）改革医疗服务定价方式。根据医疗技术发展和临床诊疗需要，完善医疗服务价格项目规范，合理设立医疗服务价格项目。从严控制简单以新设备、新试剂、新方法等名义新增医疗检查检验项目，进一步规范医疗服务价格项目名称和服务内容。逐步改革医疗服务以项目为主的定价方式，积极探索有利于控制费用、公开透明、方便操作的医疗服务定价方式。社区、乡镇卫生院等基层医疗机构开展的便民个性化服务，可以按照服务时间、服务次数等方式制定价格。

（二十）合理制定不同级别医疗机构和不同职级医师的服务价格。根据医疗机构等级、医师级别和市场需求等因素，对医疗服务可以制定不同的指导价格。要逐步拉开价格差距，促进患者合理分流。

（二十一）提高体现技术和劳务价值的医疗服务价格。按照医疗服务补偿合理成本的要求，结合政府财政投入情况，合理调整非营利性医疗机构基本医疗服务价格，逐步提高中医和体现医务人员技术劳务价值的诊疗、手术、护理等项目价格。

（二十二）降低大型医用设备检查和治疗价格。加强医用检查和治疗设备价格监测。完善服务成本审核方法，医用检查和治疗设备折旧费用按额定工作量测算。降低偏高的医用设备检查和治疗价格，促进医用检查和治疗设备集约化使用。

（二十三）加强医疗器械价格管理。合理控制医疗服务价格项目外单独收费的医疗器械范围。对单独收费的品种，要建立目录进行管理。对高值特别是植（介）入类医疗器械，可通过限制流通环节差价率、发布市场价格信息等措施，引导价格合理形成。

四、建立健全制度，加强基础工作

（二十四）加强价格评审，健全成本调查和价格监测体系。完善药品和医疗服务价格评审制度，加强价格评审专家队伍建设，健全药品和医疗服务成本核算方法。建立和完善医药市场价格调查、监测和信息采集分析系统。

（二十五）进一步完善价格决策程序。公开政府定价程序和方法，增强价格决策透明度。建立药品和医疗服务价格动态调整制度。完善地区间医药价格信息交流协调机制。制定和调整价格要广泛听取生产经营企业、医疗服务单位、医疗保险经办机构、消费者以及相关部门的意见，充分调动社会各方面参与药品和医疗服务价格管理的积极性。

（二十六）积极探索建立医药费用供需双方谈判机制。在政府制定药品和医疗服务价格的基础上，改革医疗保险支付方式，逐步实行按病种付费、按服务单元付费和总额预付。积极探索医疗保险经办机构与医疗机构（医院协会）、药品供应商通过协商谈判，合理确定医药费用及付费方式。鼓励有条件的地方开展支付方式和费用谈判机制的试点。

（二十七）加强价格监督检查。进一步强化医药价格明码标价工作，全面推行医疗机构医疗服务、医疗器械和药品价格公示及住院费用“一日清单”等制度。定期开展医药价格专项检查工作。研究探索建立医药价格监督的长效机制，规范生产经营企业、医疗卫生机构价格行为。

076

国家发展改革委关于公布国家基本药物零售指导价格的通知

发改价格〔2009〕2498 号

各省、自治区、直辖市发展改革委、物价局：

根据《关于建立国家基本药物制度的实施意见》、《药品政府定价办法》等有关规定，我委制定了国家基本药物零售指导价格，现予公布，请遵照执行。现就有关事项通知如下：

一、附表所列药品价格为按通用名称制定的国家基本药物零售指导价格。各级各类医疗卫生机构、社会零售药店及其他药品生产经营单位经营基本药物，其销售价格不得超过附表所列价格。

二、国家发展改革委及各省（区、市）价格主管部门按照规定权限制定公布的价格，凡标注特定企业生产供应，以及“水、电解质平衡调节药物”中标注“软袋双阀、软袋双阀双层无菌包装、塑料安瓿”的药品和滴眼剂中标注“含玻璃酸钠”的药品，在我委重新调整价格前，暂按原定价格执行；作为基本药物，其零售价格不得超过附表中同剂型规格品的价格。

三、附表未列的同种药品其他剂型或规格品（剂型仅指国家基本药物规定的剂型），暂由各省、自治区、直辖市价格主管部门按照药品差比价规则制定公布零售指导价格。附表按最小计量单位公布零售价格的药品，同剂型其他包装数量规格品，按公布的最小计量单位价格乘以实际包装数量计算价格。

四、国家发展改革委《关于制定第一批城市社区和农村基本用药定点生产的处方药品最高零售价格的通知》（发改价格〔2007〕2877 号）、国家发展改革委办公厅《关于制定第一批城市社区和农村基本用药定点生产的非处方药品最高零售价格指导意见的通知》（发改办价格〔2008〕1560 号）中有关药品，凡与本通知附表所列药品属同品种的，按本通知规定价格执行。

五、附表标注执行临时价格的药品，零售指导价格有效期为一年；有效期结束后，我委将重新核定价格。

六、各地根据《关于建立国家基本药物制度的实施意见》增补的药品，属国家发展改革委定价范围的，暂按国家现行规定零售指导价格执行；属于地方定价或市场调节价范围的，由各省（区、市）价格主管部门制定零售指导价格。

七、各地价格主管部门要加强对国家基本药物市场购销价格的监测和分析，发现问题，及时报告，我委将根据成本及市场价格变化情况适时调整零售指导价格；要加强对国家基本药物价格执行情况的监督检查，对药品生产经营单位违反本通知规定的价格行为，要依法严肃查处。

本通知附表所列价格自 2009 年 10 月 22 日起执行。

附表：

一、国家基本药物零售指导价格表（化学药品和生物制品部分）（略）

二、国家基本药物零售指导价格表（中成药部分）（略）

国家发展改革委

二〇〇九年九月二十八日

077

国家发展改革委
关于印发《药品差比价规则（试行）》的通知

发改价格〔2005〕9号

各省、自治区、直辖市，计划单列市及副省级省会城市发展改革委、物价局：

为进一步提高药品定价科学性和透明度，规范药品价格行为，促进企业公平竞争，我们研究制定了《药品差比价规则（试行）》，现印发你们，请贯彻执行，并将有关问题通知如下：

一、本通知发布后，各地应加紧研究制定具体实施细则，并最迟于2005年3月底以前执行。

二、《药品差比价规则（试行）》执行后，价格主管部门在制定调整药品价格，以及医疗机构在制定中标的政府定价和政府指导价药品零售价格时，须按照《药品差比价规则（试行）》执行。

三、我委已制定公布的药品价格，我委将在重新制定和调整价格时，按照《药品差比价规则（试行）》进行调整。地方已制定公布的补充剂型规格品价格，各地可结合本地实际情况进行调整。

附件：《药品差比价规则（试行）》

国家发展改革委
二〇〇五年一月七日

附件：

药品差比价规则（试行）

国家发展改革委
2005年1月7日

第一条　为规范药品定价行为，提高药品定价科学性和透明度，制定本规则。

第二条　本规则适用于政府定价、政府指导价药品（指药品制剂）。

第三条　本规则对政府定价、政府指导价药品，按照价格管理的需要进行了归类。

实行政府定价或政府指导价的西药，凡中文通用名或英文国际非专利药名（INN）中表达的化学成份相同的药品制剂，归类为同种药品（化学成份相同，命名中的盐基、酸根及溶媒不同的，归类为同种药品）；

实行政府定价或政府指导价的中成药，国家标准规定的正式品名中剂型前部分的名称相同且国家标准规定的处方相同的药品制剂，归类为同种药品（处方相同正式品名不同的，归类为同种药品）。

第四条 本规则所称的剂型、规格及药用包装材料定义，以国家食品药品监督管理局有关规定为依据。

第五条 本规则所称药品差比价，是指同种药品因剂型、规格或包装材料的不同而形成的价格之间的差额或比值。

第六条 本规则所称代表品，是指同种药品中临床常用的剂型、规格品种。

第七条 确定药品差比价关系考虑的主要因素为：平均生产成本、生产技术水平、临床应用效果、使用方便程度以及治疗费用等。

第八条 剂型差比价，是指同种药品在单位含量相同的前提下，不同剂型之间价格的差额或比值。未标识有效成份含量的中成药剂型，以相同日服用数量为前提计算剂型差比价。常用剂型差比价见附表一。

第九条 规格差比价，是指同种药品同一剂型由于规格（包括含量、装量、重量、包装数量或药品性状等）不同而形成的价格差额或比值。

（一）本规则所称含量，是指一种药品制剂中包含的国家标准规定的有效成份的数量。

（二）本规则所称装量，是指单位容器内药品制剂的容量。

（三）本规则所称重量，是指最小计量单位的药品的重量。

（四）本规则所称包装数量，是指零售包装内包含的按最小计量单位计算的药品制剂数量；零售包装指最小零售包装（不包括医院住院药房拆零出售的包装）。

（五）本规则所称药品性状，是指药品制剂的物理特性或形态。

第十条 规格差比价中的含量差比价关系。

以代表品价格为基础，其他条件相同，含量增加 1 倍（或减少 50%），价格相应乘以（或除以）1.7。两种以上有效成份的含量变化幅度，以有效成份的市场平均价格为权重加权平均计算。

非整倍数关系的含量差比价计算公式为：$K=1.7\log 2\ X$（K＝比价值，X＝待定规格品含量÷代表规格品含量）。

葡萄糖、氯化钠等调节电解质类的输液，暂不适用上述含量比价。

第十一条 规格差比价中的装量或重量差比价关系。

第十二条 以代表品价格为基础，其他条件相同，装量或重量增加 1 倍（或减少 50%），价格相应乘以（或除以）1.9。

非整倍数关系的装量（重量）差比价计算公式为：K=1.9 log 2 X（K=比价值，X=待定规格品装量或重量÷代表规格品装量或重量）。

有含量标识的注射液，溶液（剂）装量在 10ml（含 10ml）以下的，在价格上不予区分；10ml 以上的，溶液（剂）装量每增（减）10ml，价格加（减）0.05 元。

第十三条　规格差比价中的包装数量差比价关系。

以代表品价格为基础，其他条件相同，包装数量增加 1 倍（或减少 50%），价格相应乘以（或除以）1.95。

非整倍数关系的包装数量差比价计算公式为：K=1.95log 2 X（K=比价值，X=待定规格品包装数量÷代表规格品包装数量）

常用含量、装量、重量和包装数量差比价系数见附表二。

第十四条　规格差比价中的药品性状差比价关系。

注射剂型中，在其他条件相同情况下，普通粉针在小水针基础上每支加 1 元，冻干粉针、溶媒粉针价格在小水针价格基础上每支加 3 元（中成药注射剂暂不适用）。

药品其它性状，原则上不考虑差比价。

第十五条　包装材料差比价，是指同种药品相同剂型和规格，因使用不同的包装材料而形成的价格之间的差额或比值。本规则所称包装材料，是指药品最小零售单位的药用包装材料。

盒装（指内包装为板装的）口服固体制剂，在价格上不区分包装材料差异；瓶装口服固体和液体制剂，在价格上不区分容器类型和材料差别；颗粒剂在价格上不区别包装袋材料差别。

小容量注射液在价格上不区分容器类型和材料差别；大容量注射液，以同容量规格玻璃瓶为基础，塑料瓶最高加 2 元，软袋最高加 4 元。

第十六条　按差比价计算零售价格时，尾数按以下原则取舍：百元以上零售价格尾数保留到元；百元以下、一元以上零售价格尾数保留到角；一元以下零售价格尾数保留到分。

第十七条　本规则未明确规定具体差比价系数的，可由省级价格主管部门按本规则确定的有关原则制定差比价并暂行，同时抄报国家发展改革委。

第十八条　国家发展改革委将根据市场和技术发展变化情况，不定期调整、补充有关差比价系数。

本规则由国家发展和改革委员会负责解释。

附表一：常用西药剂型差比价表（略）

附表二：常用含量、装量、重量和包装数量差比价系数（略）

078

国家发展改革委关于印发《国家发展改革委定价药品目录》的通知

发改办价格〔2005〕1205号

各省、自治区、直辖市及计划单列市、副省级省会城市发展改革委（计委）、物价局：

根据《中华人民共和国价格法》、《中华人民共和国药品管理法》、《药品管理法实施条例》、《血液制品管理条例》等法律法规的规定，我们重新修订了《国家发展改革委定价药品目录》，并对有关问题做了进一步明确，经报请国务院同意，现印发你们，请贯彻执行，并就有关事项通知如下：

一、国家发展改革委定价的药品范围

（一）列入2004年版《国家基本医疗保险和工伤保险药品目录》（以下简称《医保目录》）的西药，按标明的药品中文名称划分品种（第178、665号除外），各品种属于处方药的剂型，含属于处方药但未列入《医保目录》的剂型，均纳入我委定价范围。

（二）列入《医保目录》的中成药（不含民族药），按标明的药品名称和剂型划分品种，属于处方药的剂型，纳入我委定价范围。

（三）《医保目录》以外的麻醉药品（包括按麻醉药品管理的药品，下同）、一类精神药品、按国家指令性计划生产并由国家统一收购的避孕药具和计划免疫药品、处于中国药品物质专利保护期内的药品，纳入我委定价范围。

（四）《医保目录》以外的血液制品（指各种人血浆蛋白制品），纳入我委（会同卫生部）定价范围。

二、国家发展改革委定价药品的定价形式和内容

（一）列入国家发展改革委定价目录的麻醉药品、一类精神药品、避孕药具、计划免疫药品，实行政府定价形式，定价内容为出厂（口岸）价格。

（二）列入国家发展改革委定价目录的其他药品实行政府指导价形式，定价内容为零售价格。具体定价形式为最高零售价格，即经营者可以向下浮动价格，幅度不限，上浮幅度为零。

三、省、自治区、直辖市价格主管部门定价的药品范围、定价形式和内容

（一）《医保目录》内属于非处方药的剂型，以及各地调剂进入地方医疗保险报销范围的品种，纳入省、自治区、直辖市价格主管部门定价范围。定价形式为政府指导价，定价内容为零售价格。具体定价形式为最高零售价格。

非处方药剂型，以国家食品药品监督管理局公布的非处方药品目录为准。为便于价格管理，对既可作为非处方药品又可作处方药品（“双跨”）的剂型，以及部分规格属于非处方药、部分规格属于处方药的剂型，其所有规格品纳入各省、自治区、直辖市价格主管部门定价范围。

（二）麻醉药品、一类精神药品的批发价格、零售价格，由各省、自治区、直辖市价格主管部门按照规定办法制定公布。

（三）医院制剂、《医保目录》所列民族药和中药饮片，由各省、自治区、直辖市价格主管部门根据本地情况确定具体定价权限、形式和内容。

四、其他有关问题

（一）对我委定价的药品，我委或省、自治区、直辖市价格主管部门已制定公布过价格的，可继续按公布价格执行。未制定公布价格的政府指导价药品，在我委定价前，暂授权各省、自治区、直辖市价格主管部门制定公布在本地执行的临时价格，并及时抄报我委；在各省、自治区、直辖市价格主管部门未制定公布价格前，经营者可暂按市场实际价格执行。

在我委制定政府指导价的药品中，凡在国内首次上市销售、尚无市场价格的品种或剂型，生产（进口代理）企业应在上市销售前向当地省、自治区、直辖市价格主管部门申报价格。在价格主管部门未制定公布价格前，申报企业可按价格主管部门公布的药品差比价规则自行制定价格执行；价格主管部门没有规定具体差比价关系的，可由生产经营者制定试销价格。生产经营者应及时将自定的新产品价格报送当地省、自治区、直辖市价格主管部门，并由省、自治区、直辖市价格主管部门抄报我委。

（二）我委定价范围内实行政府指导价的药品，在我委重新调整价格前，各省、自治区、直辖市价格主管部门可根据本地市场实际购销价格等情况，本着公正合理，有利于减轻群众负担的原则，报经我委同意后，临时降低在本地执行的最高零售价格。

（三）对列入我委定价范围的药品，国家发展改革委将根据价格管理的需要，适时调整定价内容。定价内容是指生产流通各环节的价格，分为出厂（口岸）价格、批发价格或零售价格等。

（四）我委将根据国家食品药品监督管理局公布的处方药与非处方药转换情况，每年公布一次由省、自治区、直辖市价格主管部门定价的非处方药品目录。

（五）对列入省、自治区、直辖市价格主管部门定价范围的药品，我委不再提出价格指导意见。《医保目录》内同品种非处方药剂型应与处方药剂型保持合理差比价关系，地区之间价格矛盾比较突出时，我委将进行必要的协调。

（六）各省、自治区、直辖市价格主管部门制定或修订本地药品定价目录后，应及时上报我委审定。我委在 20 个工作日内未予正式答复的，视为审定同意。

（七）未列入我委和各省、自治区、直辖市价格主管部门定价范围的药品，由经营者自主制定价格。

（八）《医保目录》品种范围发生变化时，相关药品自动进入或退出价格主管部门的定价目录。进入或退出定价目录的具体时间，以价格主管部门公布的日期为准。

上述规定自 2005 年 8 月 1 日起执行，此前有关规定与本通知相抵触的，一律以本通知为准。

附件：

一、国家发展改革委定价药品目录（略）

二、省、自治区、直辖市价格主管部门定价的《医保目录》内非处方药剂型目录（略）

二〇〇五年六月二十七日

079

国家发展改革委关于调整《国家发展改革委定价药品目录》等有关问题的通知

发改价格〔2010〕429号

各省、自治区、直辖市发展改革委、物价局：

我委2005年印发了《国家发展改革委定价药品目录》（发改价格〔2005〕1205号），对合理划分药品定价权限，规范市场价格行为发挥了积极作用。2009年11月，我委会同卫生部和人力资源社会保障部联合印发了《改革药品和医疗服务价格形成机制的意见》（发改价格〔2009〕2844号），同时，人力资源社会保障部重新修订了国家基本医疗保险药品目录。根据有关法规及政策规定，我委重新调整了《国家发展改革委定价药品目录》，现印发你们，请贯彻执行，并就有关事项通知如下：

一、新增进入2009年版《国家基本医疗保险、工伤保险和生育保险药品目录》（以下简称《医保目录》）药品通用名称项下的所有处方药剂型，以及所有国家基本药物，增补进入我委定价药品目录。退出《医保目录》的药品（以通用名称划分），从我委定价药品目录中删除。

我委定价的药品价格管理形式和内容，按发改价格〔2005〕1205号文件的有关规定执行。其中，麻醉药品和一类精神药品从政府定价调整为政府指导价，由我委制定最高出厂价格和最高零售价格。

列入我委定价范围的具体药品或种类，见本通知所附《国家发展改革委定价药品目录》。

二、退出我委定价药品目录的药品，纳入各省、自治区、直辖市价格主管部门定价目录的，由各省、自治区、直辖市价格主管部门重新制定价格；未纳入各省、自治区、直辖市价格主管部门定价目录的，实行市场调节价，由企业自主制定价格。

三、列入我委定价范围的药品，已上市销售但我委尚未制定价格的，暂由生产经营单位根据现行市场情况自行制定价格；在国内首次上市销售的品种，生产（进口代理）企业应在上市销售前向当地省、自治区、直辖市价格主管部门申请制定临时价格，各省、自治区、直辖市价格主管部门制定临时价格后应及时抄送我委（价格司及药品价格评审中心）。在各省、自治区、直辖市价格主管部门制定临时价格前，生产（进口代理）企业可制定试销价格。上述品种，我委将根据有关政策规定适时制定公布价格。

四、列入我委定价范围的药品，我委已制定公布价格的，各省、自治区、直辖市价格主管部门不得擅自调整。因市场供求、生产成本等发生较大变化，各省、自治区、直辖市价格主管部门可向我委提出调价建议，未经我委批准，不得自行按照拟调价格暂行。广东省根据《国家发展改革委关于广东省开展医疗服务和药品价格管理体制改革试点的批复》（发改价格〔2007〕1368 号）及有关规定执行。

五、各省、自治区、直辖市价格主管部门，应根据发改价格〔2005〕1205 号、发改价格〔2009〕2844 号及有关地方法规调整本地药品定价目录，并报我委备案。

纳入各省、自治区、直辖市价格主管部门定价的《医保目录》中的非处方药剂型，我委组织进行必要的价格协调，保持地区间同种药品价格水平大体衔接。

六、我委已公布标注使用“天然麝香”的安宫牛黄丸，以及以“天然麝香”、“天然牛黄”入药的其他中成药，未纳入各省、自治区、直辖市价格主管部门定价目录的，自本通知执行后，实行市场调节价。

本通知自 2010 年 4 月 1 日起执行，此前有关规定与本通知相抵触的，以本通知为准。

附件：

一、国家发展改革委定价药品目录（略）

二、纳入各省、自治区、直辖市价格主管部门定价范围的非处方药剂型目录（略）

国家发展改革委

二〇一〇年三月五日

080

国家计委关于印发药品政府定价办法的通知

计价格〔2000〕2142 号

各省、自治区、直辖市及计划单列市计委、物价局：

为规范药品政府定价行为，明确政府定价原则、方法和程序，根据国家计委《关于改革药品价格管理的意见》，我们制定了《药品政府定价办法》（附后），现印发给你们，请按照执行。

本办法自 2000 年 12 月 25 日起执行。各地在执行中遇到的情况和问题请及时告我委（价格司）。

药品政府定价办法

第一条　为规范药品政府定价行为，明确政府定价原则、方法和程序，根据国家计委《关于改革药品价格管理的意见》制定本办法。

第二条　政府定价要综合考虑国家宏观调控政策、产业政策和医药卫生政策，并遵循以下原则：

（一）生产经营者能够弥补合理生产成本并获得合理利润；

（二）反映市场供求；

（三）体现药品质量和疗效的差异；

（四）保持药品合理比价；

（五）鼓励新药的研制开发。

第三条　药品政府定价，要综合考虑其合理生产经营成本、利润，同类药品或替代药品的价格，必要时要参考国际市场同种药品价格。

第四条　药品政府定价原则上要按照社会平均成本制定。对市场供大于求的药品，要按能满足社会需要量的社会先进成本定价。

第五条　同种条件生产的同一种药品，不同剂型、规格和包装之间要以单位有效成份的价格为基础保持合理的比价关系。

第六条　区别 GMP 与非 GMP 药品、原研制与仿制药品、新药和名优药品与普通药品定价，优质优价。其中，剂型规格相同的同一种药品，GMP 药品比非 GMP 药品，针剂差价率不超过 40%，其他剂型差价率不超过 30%；已过发明国专利保护期的原研制药品比 GMP 企业生产的仿制药品，针剂差价率不超过

35%，其他剂型差价率不超过30%。

第七条 企业生产经营的政府定价药品，其产品有效性和安全性明显优于或治疗周期和治疗费用明显低于其他企业生产的同种药品的，可以向定价部门申请单独定价。药品单独定价按照规定的论证办法进行。

第八条 国产药品和进口分装药品的零售价格由生产企业的出厂价和流通差价构成，含税出厂价格由制造成本、期间费用、利润和税金构成；进口药品的零售价格由口岸价和流通差价构成，含税口岸价由到岸价、口岸地费用（包括报关费、检疫费、药检费、运杂费、仓储费等）和税金构成。药品流通差价由商业批发和零售企业的期间费用、利润和税金构成。

药品零售价的计算公式为：

零售价＝含税出厂价（口岸价）×（1＋流通差价率）

国产和进口分装药品出厂价的计算公式为：

含税出厂价＝（制造成本＋期间费用）÷（1－销售利润率）×（1＋增值税率）

进口药品口岸价的计算公式为：

含税口岸价＝到岸价×（1＋关税率）×（1＋增值税率）＋口岸地费用

第九条 按照国家财务会计制度有关规定审核药品制造成本和期间费用。制造成本和期间费用应以企业正常生产条件下实际发生水平为基础进行核定，对因非正常原因造成制造成本和期间费用过高的，应作适当调减。

第十条 根据各类药品的不同情况，实行有差别的销售费用率（指药品销售费用占销售收入的比重，下同）。各类药品的最高销售费用率详见附表一。

第十一条 根据各类药品创新程度的不同，实行有差别的最高销售利润率（指销售利润占销售收入的比重，下同）。各类药品的销售利润率详见附表一。

第十二条 根据药品批发和零售企业正常经营费用和利润核定药品流通差价率，并实行差别差价率，高价格的药品差价率从低，低价格的药品差价率从高。药品适用的流通差价率，按药品正常零售包装量的价格确定。各类药品的最高流通差价率详见附表二。

第十三条 医院制剂零售价格按保本微利原则制定。零售价格由制造成本加不超过5%的利润构成。其计算公式为：

零售价格＝制造成本×（1＋制造成本利润率）

医院制剂的原料损耗，中药最高不得超过20%，西药最高不得超过5%。

调剂购进的医院制剂，医疗单位以实际购进价格为基础加不超过5%的利润制定零售价格。

第十四条 中药饮片的出厂、批发实行同价，无税价与增值税分开。中药饮片出厂价的计算公式为：

含税出厂价格（含税批发价格）＝［原药实际进货价/（1－损耗率）＋辅料

费＋各项费用］×（1＋成本利润率）×（1＋增值税率）

其中，损耗率、各项费用标准在不突破饮片现行价格水平的前提下，根据饮片生产经营企业的实际情况具体确定；成本利润率为5％。

中药饮片零售价的计算公式为：

零售价＝含税出厂价×（1＋流通差价率）

第十五条　麻醉药品和一类精神药品流通环节作价办法按《麻醉药品销售价格作价办法》（原国家医药管理局国药财〔1988〕579号）的规定执行。国家计委调整麻醉药品和一类精神药品出厂价格后，各地可按上述作价办法确定流通环节的销售价格。出厂价格未作调整时，流通环节的销售价格不得调整。

第十六条　对已制定并公布的政府定价，根据药品实际流通差率、市场供求变化等情况进行调整。

第十七条　药品政府定价的制定或调整，按规定的申报审批办法进行。

附表一：

国产药品最高销售费用率和最高销售利润率表　（％）

最高销售费用率		最高销售利润率	
一类新药	30	一类新药	45
二类新药	20	二类新药	25
三类新药	18	三类新药	18
四类新药	15	四类新药	15
五类新药	12	五类新药	12
普通药品	10	普通药品	10

注：专利药品和进口分装药品的最高销售费用率、最高销售利润率比照上表执行。

附表二：

药品最高流通差别差价率（差价额）表

项目	流通差价率（差价额）	
含税出厂（口岸）价	按出厂（口岸）价顺加计算	按零售价倒扣计算
0～5.00	50％	33％
5.01～6.25	2.50	2.50
6.26～10.00	40％	29％
10.01～12.50	4.00	4.00

续　表

项目	流通差价率（差价额）	
12.51～50.00	32%	24%
50.01～57.14	16.00	16.00
57.15～100.00	28%	22%
100.01～112.00	28.00	28.00
112.01～500.00	25%	20%
500.01 以上	15%＋50.00	13%＋43.50

081

国家发展改革委
关于印发《药品出厂价格调查办法（试行）》的通知

发改价格〔2011〕2403号

各省、自治区、直辖市发展改革委、物价局：

为加强药品价格管理，规范药品出厂价格调查工作，明确调查原则、内容、方法和程序，根据《中华人民共和国价格法》、《中华人民共和国药品管理法》及《中华人民共和国药品管理法实施条例》等法律法规，我们制定了《药品出厂价格调查办法（试行）》（附后），现印发给你们，请遵照执行。各地在执行中遇到的情况和问题请及时报告我委。

附件：药品出厂价格调查办法（试行）

国家发展改革委
二〇一一年十一月九日

附件：

药品出厂价格调查办法（试行）

国家发展改革委
2011年11月9日

第一条　为加强药品价格管理，规范药品出厂价格调查工作，根据《中华人民共和国价格法》、《中华人民共和国药品管理法》及《中华人民共和国药品管理法实施条例》等法律法规，制定本办法。

第二条　国家发展改革委组织对本级定价范围内药品开展的出厂价格调查工作适用本办法。

第三条　国家发展改革委组织的药品出厂价格调查工作由药品价格评审中心具体实施或委托省级价格主管部门实施。

第四条　药品出厂价格调查是对在我国境内生产或进口分装药品实际出厂价格等情况进行实地调查的行为，是国家发展改革委依法开展价格调查工作的重要形式。

第五条 药品出厂价格调查工作应当遵循客观公正、科学严谨、公开透明的原则。

第六条 国家发展改革委根据药品价格制定和调整工作的需要，在本级定价范围内选取部分药品对其生产企业调查指定期间内的出厂价格等情况。

第七条 药品出厂价格调查的内容包括药品出厂价格及销售等有关情况。

第八条 药品生产企业应按照调查要求如实填报《生产企业及药品基本情况调查表》（附件一）和《药品出厂价格调查表》（附件二）并提供以下资料：

（一）企业声明书，对提供的相关资料合法性和真实性承担法律责任的声明。

（二）有关法律文书，包括企业营业执照、药品注册批件、劳动合同等。

（三）药品研发创新相关资料，包括新药证书、专利证书、国家奖项证书等。

（四）销售政策相关资料，包括销售合同或协议等。

（五）财务核算资料，包括企业财务报告、销售明细账、销售发票等会计凭证、“收存发”记录、发运凭证、职工名册、工资发放记录等。

（六）调查需要的其他有关资料。

第九条 调查人员应根据企业提供的有关资料，核对药品和企业基本情况以及整体财务指标等信息。

第十条 调查人员应根据企业实际生产情况核实调查药品规格，并选取具有代表性的1～2个规格开展调查。

第十一条 调查人员应根据价格主管部门或企业定价文件等，核对调查药品现行零售价格水平。

第十二条 调查人员应根据企业销售政策相关资料，按以下情形区分调查药品的销售方式：

（一）自主销售。是指药品生产企业自行组织对零售单位开展药品销售推广活动。

（二）代理销售。是指药品经营企业代理药品生产企业对零售单位开展销售推广活动。

（三）委托加工。是指生产企业接受委托加工生产药品，由委托方开展药品销售推广活动。

（四）其他方式。不同于上述情况的其他销售方式。

第十三条 调查人员应通过审查销售明细账、“收存发”记录、发运凭证等，核对调查药品的销售数量和收入；通过审查职工名册、工资发放记录和劳动合同等核对调查药品销售人员数量。

第十四条 调查人员应根据销售明细账核对调查药品的最高和最低出厂价格，按调查期间内所有出厂价格的加权平均值核算平均出厂价格，并通过抽查销售发票等会计凭证的方式核查出厂价格的真实性和准确性。

第十五条 调查人员应根据调查审核情况填写《生产企业及药品基本情况审核表》（附件三）和《药品出厂价格审核表》（附件四），对审核情况与企业填报情况的差异进行分析说明，并在调查表上签字。

第十六条 调查人员应就调查情况及结论听取企业意见。企业持有异议或有特殊情况需要说明的，可提交说明材料。

第十七条 调查药品未销售、生产方式或生产企业变更的，调查人员应对有关情况进行核实并要求企业提供说明材料；对未分品种核算且采取手工记账方式的企业，可选取销售数量较大月份对有关情况进行审核。

第十八条 实地调查结束时，调查人员应以被调查企业为单位整理下列材料：

（一）企业填报的《生产企业及药品基本情况调查表》和《药品出厂价格调查表》。

（二）经审核确认的《生产企业及药品基本情况审核表》和《药品出厂价格审核表》。

（三）调查药品销售明细账复印件和电子文件。

（四）抽查的销售发票等会计凭证复印件。

（五）销售政策相关资料复印件。

（六）药品注册批件、新药证书、专利证书等相关资料复印件。

（七）其他说明材料，包括企业对调查情况及结论的意见、特殊情况说明等。

第十九条 调查工作结束后调查人员应提交以下材料：

（一）调查工作报告。主要包括调查人员负责调查的药品及企业基本情况、相关问题和建议等。

（二）本办法第十八条规定的各项调查材料。

第二十条 受委托开展药品出厂价格调查的单位，应对调查人员提交的材料进行整理汇总，填写《药品出厂价格调查汇总表》（附件五），对本单位承担的所有药品调查工作情况进行总结后形成书面材料，并与本办法第十九条规定的各项材料一并提交国家发展改革委。

第二十一条 调查人员在调查工作期间应遵守以下纪律：

（一）客观、公正的开展调查工作，对有疑问的数字或情况要当面核实准确。调查人员与具体调查工作存在利害关系的应予以回避。

（二）不得要求企业提供与调查无关的资料；不得复印、持有调查资料供个人使用；不得对外披露调查企业任何资料和数据。

（三）不得利用执行业务之便谋取不正当利益。

第二十二条 调查人员存在违反本办法有关规定，或滥用职权、徇私舞弊、玩忽职守、索贿受贿等情况的，将视情节轻重给予处分；构成犯罪的，交司法部门依法追究刑事责任。

第二十三条 对调查企业采取拒报、虚报、瞒报等方式不配合调查的价格违法行为，按法律的有关规定处理。

第二十四条 省、自治区、直辖市价格主管部门可参照本办法组织开展本级政府定价权限范围内的药品出厂价格调查工作，也可根据实际情况和价格管理工作需要，制定本级价格主管部门药品出厂价格调查办法。

第二十五条 本办法自二〇一一年十二月一日起施行。

附件：

一、《生产企业及药品基本情况调查表》（略）

二、《药品出厂价格调查表》（略）

三、《生产企业及药品基本情况审核表》（略）

四、《药品出厂价格审核表》（略）

五、《药品出厂价格调查汇总表》（略）

082

关于推进县级公立医院医药价格改革工作的通知

发改价格〔2012〕2787 号

各省、自治区、直辖市发展改革委、物价局、卫生厅（局）、人力资源社会保障厅（局）：

为贯彻落实国务院办公厅《关于县级公立医院综合改革试点意见的通知》（国办发〔2012〕33 号）精神，现就推进县级公立医院医药价格改革工作通知如下：

一、总体要求

按照建机制、控费用、调结构、强监管的原则，积极稳妥推进县级公立医院医药价格改革。要通过取消药品加成、调整医疗服务价格、改革收付费方式和落实政府办医责任等综合措施和联动政策，破除"以药补医"机制，降低群众医药费用负担，为 2015 年实现县级公立医院阶段性改革目标打好基础。

二、取消试点医院药品加成政策

（一）按照县级公立医院改革试点的要求，取消试点公立医院的药品加成政策，试点公立医院要将药品销售价格向社会进行公示。取消药品加成政策后减少的合理收入，通过增加政府投入、调整医疗服务价格等途径予以补偿。试点公立医院要加强内部管理，提高服务质量和运行效率，降低医疗成本。取消药品加成政策后，要确保试点公立医院的药品价格降低 15%左右，鼓励各地探索有效办法进一步降低药品价格。

（二）在推进县级公立医院改革过程中，要坚持公立医院公益性质，切实加大财政投入，落实政府对公立医院基本建设、设备购置、重点学科发展、人才培养、符合国家规定的离退休人员费用、政策性亏损补贴、公共卫生服务以及紧急救治、支边、支农等公共服务的投入责任。

三、合理调整医疗服务价格

（一）各地要按照县级公立医院改革试点工作的总体部署，加快医疗服务价格改革步伐，坚持"总量控制、结构调整"的原则，合理调整医疗服务价格，并与取消药品加成政策、增加政府投入同步推进；调整后的医疗技术服务收费要按规定纳入医保支付范围，确保改革后群众医药费用负担有所减轻。

（二）各地要综合考虑经济发展水平、群众承受能力和基本医疗保障承受能力等因素，合理确定本地区医药费用总量控制水平，具体可参照本地区改革前三年实际医药总费用、医保基金和城乡居民个人医疗费支出等情况综合测算，并以适当方式向社会发布。

（三）调整医疗服务价格，要结合财政补偿和医保支付水平的具体情况，补偿取消药品加成政策后减少的合理收入；在此基础上，逐步理顺医疗服务项目比价关系。要切实提高体现医务人员技术劳务价值的诊疗、手术、护理以及中医特色服务等医疗服务项目价格，对确实偏低的床位费可作适当调整；同时降低大型医用设备检查治疗和检验类价格。调整医疗服务价格，要切实做好医疗服务成本分摊测算工作。制定和调整大型医用设备检查治疗价格不得区分设备产地和型号；政府出资购置的大型医用设备按不含设备折旧的合理成本制定价格。制定和调整检验类项目价格不得区分试剂或方法。

（四）在改革试点期间，各地可授权县（市、区）级政府在规定的原则范围内研究调整医疗服务价格；省级价格主管部门要会同卫生、人力资源社会保障部门加强指导和监督，做好不同地区之间、不同级别医院之间价格水平的衔接工作，以促进患者合理分流。

四、积极推进医疗服务定价方式改革

（一）改革医疗服务以项目为主的定价方式，积极开展按病种、按服务单元等收费试点工作，逐步建立起多种收费方式相互补充衔接的医疗服务价格体系，医疗服务价格调整要与医保支付政策衔接。各地要按照国家发展改革委、卫生部《关于开展按病种收费方式改革试点有关问题的通知》（发改价格〔2011〕674号）精神，进一步总结经验，扩大县级公立医院按病种收费试点的范围和病种。

（二）要研究制定适应基本医疗需求的常见病、多发病的临床路径，加强按病种收费质量控制工作，并不断提高医疗服务质量。各地可探索在合理确定次均门诊、住院费用、年诊疗人次数量等指标的前提下，由医疗机构自主调整医疗服务价格项目比价关系。推进医疗服务定价方式改革，要加强与相关改革政策措施的衔接，切实保障医疗服务质量，控制医药费用不合理增长。

五、加强医药价格监管

（一）各地要切实采取措施，降低药品和高值医用耗材价格。要按照国家发展改革委办公厅《关于加强药品出厂价格调查和监测工作的通知》（发改办价格〔2012〕693号）的规定，加强药品出厂价格调查和监测。对流通环节加价过大的，各地可通过限制实际加价水平、公开出厂价格信息等方式，引导市场价格的合理形成。

（二）各地要结合医疗服务价格项目规范和按病种收费工作，严格控制单独收费医用耗材品种目录，严禁自立名目向患者收取医用耗材费用。价格主管部门要从规范市场价格行为入手，采取监测出厂（口岸）价格、控制流通差率、开展价格专项调查和价格公示等方式，加强单独收费的医用耗材特别是植（介）入类医用耗材价格监管。各地要积极推进以省为单位的高值医用耗材特别是植（介）入类医用耗材集中采购工作。

（三）各地要严格执行取消药品加成的相关政策措施，严厉打击医药购销中各种回扣和非法折扣行为。各地价格主管部门要加强价格执行情况的监督检查，对违反价格法律法规和政策规定的，要依法严肃查处，对典型案例要公开曝光。

六、强化医药费用控制

（一）各地要加强医疗机构诊疗行为管理，抑制不合理使用药械以及过度检查和诊疗行为。要通过合理确定费用控制、工作效率、服务质量和群众满意度等指标，建立科学合理的考核奖惩制度，强化医药费用控制。严禁通过不合理调整用药结构、分解处方、增加自费药品使用等方式加重患者实际费用负担。

（二）各地要将门（急）诊次均费用、住院床日费用、出院者平均医疗费用、药占比、总费用增长率等纳入县级公立医院目标管理责任制和绩效考核目标。对未达到考核目标要求的，各地要认真分析原因，研究制定具体的处理办法，限期整改。

鉴于推进医药价格改革是县级公立医院改革试点工作的重要内容，各地要加强组织领导，密切关注各项改革进展情况，及时开展政策评估，不断完善改革措施，确保改革取得实效，群众得到实惠。工作中遇到的新情况和新问题，要及时报告。

国家发展改革委
卫生部
人力资源社会保障部
二〇一二年九月三日

十二 药品流通统计

083

商务部关于印发《药品流通统计制度（2010—2012年年报和2011—2013年定期报表）》的通知

商务部

2011年1月11日

各省、自治区、直辖市、计划单列市及新疆建设兵团商务主管部门，相关行业协会，相关药品批发和零售企业：

我部制定的《药品流通统计制度（2010—2012年年报和2011—2013年定期报表）》（以下简称《制度》）已经国家统计局批准，从2010年年报和2011年1季报开始实施。现将《制度》印发给你们，请遵照执行，并就有关事项通知如下：

一、提高对药品流通统计工作的认识

药品是关系人民生命健康的特殊商品，药品流通行业是我国医药卫生事业的重要组成部分，在维护人民群众健康权益、改善民生、增加就业、促进经济社会和谐发展等方面发挥着重要作用。开展药品流通行业统计工作是药品流通行业主管部门履行职能的基础，是完善有关法律法规，制定行业政策、发展规划和相关标准的重要参考依据，是促进药品流通行业科学发展必不可少的工作支撑。各地主管部门和相关协会、企业要充分认识药品流通行业统计工作的重要性，认真组织《制度》的学习和贯彻落实，把药品流通统计工作抓实抓好。

二、加强组织领导和分工协作

各地主管部门要加强对药品流通行业统计工作的领导，强化统计职责，指定专人承担统计工作，做好统计报表的组织落实和督导检查工作；要加强与相关行业协会的沟通联系和协作配合，充分调动企业的积极性，切实将统计工作落到实处。相关行业协会要主动协助主管部门做好统计数据的组织报送、汇总和分析工

作（工作分工安排见附件 3）。

三、做好新旧制度衔接

为进一步掌握行业发展情况和跟踪了解医药卫生体制改革对行业的影响，根据国家统计局的意见，在工业和信息化部《医药统计报表制度（2007—2009 年年报和 2008—2010 年定期报表）》的基础上，《制度》主要进行了两方面调整：一是调整了填报对象。统计报表由企业和地方主管部门共同填报。其中，企业报表的填报对象由限额以上批发和零售企业调整为典型药品批发和零售企业，典型企业的选取由地方主管部门和相关行业协会推荐，并经我部核准后确定。二是调整了统计内容。新增典型药品零售企业经营情况年报表、典型药品批发企业经营情况年报表、典型药品批发和零售企业国家基本药物经营情况季报表和国家基本药物制度实施进展半年报表等（其他调整变化说明详见附件 2）。

各地药品流通行业主管部门有调整的，新主管部门应主动与原部门沟通，做好工作衔接。

四、做好典型企业数据报送工作

典型企业是药品流通统计工作的基础，各地主管部门要加强与典型企业的联系，重点抓好典型企业数据报送工作。典型企业数据将通过网上填报系统直接报送我部，典型企业的主要负责同志要高度重视统计工作，对企业的销售和财务等数据进行规范和整合，指派专人负责统计业务，做到及时、准确报送。

五、广泛动员其他企业参与统计工作

为更全面掌握行业情况，根据《制度》要求，药品批发和零售企业商品购进、销售、库存额综合报表由各地主管部门组织典型企业之外的药品流通企业进行填报并将汇总数据上报我部。请各地主管部门广泛动员，加强指导，发挥行业协会作用，认真做好《制度》的宣传贯彻和培训工作，争取更多的企业参与。

六、做好 2010 年年报填报工作

我部设计的药品流通网上填报系统网站将于 2011 年 3 月正式开通。2010 年年报是药品流通统计系统运行后的第一项重要工作，各地主管部门和相关协会、企业要高度重视，预做准备，确保 2010 年年报填报工作的顺利开展。

《制度》执行过程中出现的问题，请及时与我部联系。随文附件请到商务部市场秩序司网站（http：//sczxs. mofcom. gov. cn）药品流通行业管理栏目下载。

附件：

1. 药品流通统计报表制度（略）
2.《药品流通统计报表制度》变化说明（略）
3. 关于药品流通统计工作分工安排（略）
4. 药品流通行业统计直报填报模板（略）

商务部

二〇一一年一月十一日

084

商务部办公厅关于进一步加强药品流通行业统计工作的通知

商务部办公厅
2013 年 7 月 26 日

经国家统计局批准，我部修订的《药品流通统计报表制度》（以下简称《制度》）于 2013 年开始执行。在各地商务主管部门、相关行业协会和药品流通统计直报企业的共同努力下，药品流通行业统计工作进展顺利，2013 年 5 月，我部发布了《2012 年药品流通行业运行统计分析报告》。为完善行业统计体系，做好下一阶段药品流通行业统计工作，现将有关事项通知如下：

一、做好 2012 年统计工作总结

请各地商务主管部门对照《各地商务主管部门 2012 年统计报表报送情况》（见附件 1）进行认真总结，查找不足，切实改进。同时参照《商务部办公厅关于表扬 2012 年药品流通行业统计工作开展较好的单位的通报》（商办秩函〔2013〕93 号）并结合工作实际，对本地行业统计填报工作表现突出的直报企业、非直报企业、相关行业协会和个人给予表扬，对未较好完成填报工作的企业进行重点督促，督促后仍无改进的，可向我部申请取消该企业直报资格。

二、发布年度统计报告

各地商务主管部门应全面掌握本地药品流通行业发展情况，发布本地年度药品流通行业运行统计分析报告，增强信息数据对行业发展的引导作用。请从 2014 年起，在每年 4 月底前将本地上年度统计报告初稿报我部（市场秩序司）预审，待全国统计报告发布后择机发布。为做好地方统计报告发布的准备工作，请各地商务主管部门编写 2012 年度本地统计报告并于 2013 年 8 月 30 日前报我部（电子版请发电子邮箱，已通过商贸流通统计系统报送统计报告的，无需重复报送）。

三、加强统计数据审核工作

各地商务主管部门要将药品流通行业统计数据的催报、审核和确认工作落到实处，提高本地直报企业数据填报的及时性和准确性。我部将做好药品流通网上

直报系统（http：//yplt. mofcom. gov. cn）的升级改造，进一步完善企业催报和数据汇总、分析、对比等功能，保障数据审核工作顺利进行。

四、继续扩大直报企业比重

各地商务主管部门要参照《建议增加的直报企业名单》（见附件2）主动联系有关企业及本地其他具备规模代表性、地区代表性和经济类型代表性并能长期稳定发展的药品流通企业（特别是药品零售企业），促其加入统计直报系统。同时要利用现有渠道，请相关行业协会和统计系统内大型集团企业母公司动员其会员企业和子公司参加直报。

2012年年报中，非直报企业销售额占全省销售总额比重较大的省份（见附件3）的商务主管部门，请于2013年8月30日前，将上述非直报企业名单及其销售额报我部（市场秩序司），并动员这些企业加入直报系统。

五、加大行业统计培训工作力度

各地商务主管部门应充分利用印发的《制度》、培训资料和统计系统网站，通过培训会议、发放材料、网络交流等多种方式，抓紧对本地各级商务主管部门、药品流通企业和行业协会负责药品流通行业统计的人员开展培训。跟踪做好对新加入直报企业的培训，以及相关单位统计人员发生变动时的工作衔接。

工作中的问题和建议，可及时向我部（市场秩序司）反映。

附件：

1. 各地商务主管部门报送2012年统计报表情况（略）
2. 建议增加的直报企业名单（略）
3. 非直报企业销售额在全省销售总额中占比较大的省市名单（略）

商务部办公厅

二〇一三年七月二十六日

十三　药品安全

085

国务院办公厅
关于进一步加强药品安全监管工作的通知

国办发〔2007〕18号

各省、自治区、直辖市人民政府，国务院各部委、各直属机构：

经过连续几年的药品（含医疗器械）专项整治，人民群众反应强烈的制售假劣药品的违法犯罪活动得到有效遏制，药品市场秩序总体好转。但是，期间发生的大案和药害事件特别是郑筱萸等人严重违纪违法案件，暴露出药品安全监管工作中存在着突出问题和薄弱环节。因此，必须有针对性地进一步加强药品安全监管工作，切实保障人民群众用药安全。经国务院同意，现就有关问题通知如下：

一、树立正确的指导思想

（一）按照科学发展观的要求，牢固树立正确的药品监管指导思想和科学监管理念，准确把握工作定位，正确处理政府与企业、监管与服务、公众利益与商业利益的关系，依法履行监管职责，维护政府药品安全监管的公信力，让人民群众用上安全有效的药品。

二、落实地方政府的责任

（二）地方各级人民政府要对本地区药品安全工作负总责。要加强组织领导，把药品安全工作纳入重要议事日程，切实担负起保障本地区药品安全的责任。要定期评估和分析本地区药品安全状况，针对主要问题和薄弱环节，研究采取相应措施。支持药品监管部门依法履行职责，创造良好的执法环境，不得要求药品监管部门承担经济发展指标和行业发展任务，更不得干扰药品监管部门正常监管执法。

（三）地方各级人民政府要完善重大药品安全事件应急机制。一旦本行政区域内发生药品安全事件，要组织协调有关部门积极应对，有效处置，消除危害；正确引导舆论，稳定群众情绪，防止事态蔓延。

（四）严格实施药品安全行政领导责任制和责任追究制。对于因领导不力、疏于监管导致发生重大药品安全事件的地区，要依纪依法追究相关负责人的责任。

三、抓住关键环节和突出问题

（五）加强药品研制、生产、流通、使用等关键环节的管理，打击虚假申报行为，严格审评审批药品，建立健全药品市场准入和退出制度，把好市场准入关。全面检查《药品生产质量管理规范》（GMP）执行情况，加强对药品生产企业的动态监管，推进中药材生产质量管理规范化。规范药品经营主体行为，提高临床合理用药水平。加快实施药品安全科技行动计划。

（六）各地区、各部门要按照《国务院办公厅关于印发全国整顿和规范药品市场秩序专项行动方案的通知》（国办发〔2006〕51号）的要求，深入开展药品安全专项整治，巩固和扩大整治成果，扭转药品生产和流通等领域监督和管理不力的局面，最大限度防控和减少药害事件发生。

（七）认真清理药品批准文号，重点清理1999—2002年地方标准升国家标准品种，坚决淘汰安全性、有效性得不到保证的品种。同时，加快完善药品审评审批制度，科学制订药品标准，规范新药品、仿制药品的申报资料要求，坚决纠正药品注册申报秩序混乱、研制资料弄虚作假等问题。

（八）进一步强化企业作为药品安全第一责任人的责任。要规范企业生产经营行为，教育和引导企业守法经营，强化自律意识，完善内部管理制度，坚决杜绝不合格原料、药品进厂进店，不合格产品出厂出店。加强对药品质量的监督抽验工作，凡是在企业成品库待出厂的药品，经抽查检验达不到国家药品标准，并经复检后仍不合格的，加大处罚和曝光力度。同时，采取措施支持诚信企业扩大生产规模，提高管理和技术水平，健全质量保障体系。建立企业诚信档案，推进企业诚信体系建设。要充分发挥行业协会自律作用，引导和约束企业诚信生产经营。

（九）高度重视农村药品安全工作，建立健全农村药品监督网和供应网，鼓励药品生产批发企业面向农村配送药品，支持零售企业向农村延伸网点。加强农村药房规范化建设，规范农村医疗机构药品购销渠道，提高农民安全用药水平。

四、加强基础设施和技术能力建设

（十）结合实施《国家食品药品安全“十一五”规划》，充分利用现有资源和基础，加强药品检验、药品再评价、药品不良反应监测等方面的技术能力建设，不断提高药品安全监测分析、信息通报和公共服务水平。完善相关标准和认证体系。

（十一）运用计算机网络等现代科技手段，加强药品安全信息管理和综合利用，构建地区和部门间信息沟通平台，建立和完善覆盖全国的药品安全监管信息系统，实现监管信息互联互通和监管资源综合利用，使药品安全问题早发现、早整治、早解决。

（十二）增加对药品安全监管基础设施建设资金投入，加快药品监管部门技术支撑体系建设，改善基层监督执法条件。加大对药品安全监管工作经费的投入，逐步提高经费保障水平。

五、完善制度保障

（十三）加快完善药品安全法律法规体系。在查找监管漏洞的基础上，有计划地推进药品安全监管法律法规和规章制度的制订、修订工作，重点抓好药品审评审批、药品分类管理、医疗器械监督以及中药品种保护等行政法规和部门规章的制订和修订工作。

（十四）深化药品审批制度改革，进一步完善受理、审评、审批“三分离”制度，建立健全有效监督审批权力的机制。实行审评主审集体负责制，审评人员公示制和审评审批责任追究制，加快信息化建设，逐步实行审批事项的网上受理、网上审批，建立健全审评审批权力的内外部监督制约机制。

（十五）强化权力监督和制约，研究建立结构合理、配置科学、程序严密、监督有效的权力运行机制，做到用制度管权、按制度办事、靠制度管人，防止滥用权力和以权谋私现象发生。

六、加强队伍建设

（十六）加强药品安全监管有关部门领导干部廉洁自律教育和干部队伍建设，严格要求、严格教育、严格管理和严格监督，不断提高队伍的整体素质。

（十七）加强对药品安全监管重点岗位干部的选拔任用管理，实行定期交流，并形成制度；对监管人员的监督、管理、培养、使用要实行民主决策，做到公开透明。要强化主要负责人作为党风廉政建设第一责任人的责任，层层落实党风廉政责任制和责任追究制。

七、加强部门协作

（十八）各有关部门要认真履行职责，密切配合，加强协作，不断提高人民群众用药安全水平。药品监管部门要切实加强药品研制、生产、流通、使用全过程的监管，依法严厉查处各种违法违规行为。卫生部门要严格医疗机构药品使用管理，促进合理用药。工商部门要严厉查处发布虚假违法药品广告行为。有关行政执法部门要及时向公安机关移送涉嫌犯罪的制售假劣药品案件，公安机关要加大对制售假劣药品违法犯罪活动的打击力度。监察部门要严厉查处有关部门和行业滥用职权、玩忽职守、徇私舞弊等违法乱纪现象，严肃追究相关人员的行政责任。新闻宣传部门要做好加强药品安全新闻宣传和舆论引导工作。

国务院办公厅

二○○七年三月三十一日

086

国务院关于印发国家药品安全“十二五”规划的通知

国发〔2012〕5号

各省、自治区、直辖市人民政府，国务院各部委、各直属机构：

现将《国家药品安全“十二五”规划》印发给你们，请认真贯彻执行。

国务院

二〇一二年一月二十日

国家药品安全“十二五”规划

国务院

2012年1月20日

药品安全是重大的民生和公共安全问题，事关人民群众身体健康和社会和谐稳定。为进一步提高我国药品安全水平，维护人民群众健康权益，促进医药产业持续健康发展，依据《中华人民共和国国民经济和社会发展第十二个五年规划纲要》和党中央、国务院有关方针政策，制定本规划。

一、药品安全形势

（一）取得的成绩。“十一五”时期，国家出台了一系列政策措施，加大了政府投入，形成了较为完备的药品生产供应体系，基本建立了覆盖药品研制、生产、流通和使用全过程的安全监管体系，药品安全状况明显改善，药品安全保障能力明显提高。

1. 药品安全状况明显改善。全国药品评价性抽验总合格率显著提高，化学药品、中药、生物制品的抽验合格率大幅提高，药品质量总体上保持较好水平。《药品注册管理办法》2007年修订施行后，提升了注册审批标准，严格了药品生产准入，新上市仿制药质量明显提高。药品不良反应监测、特殊药品滥用监测网络预警作用加强，药品安全事件应急处置能力大幅提升，药品安全事件逐渐减少。

2. 公众用药需求基本满足。实施国家基本药物制度，保障公众基本用药权益。新药创制能力进一步提高，药品现代物流体系建设稳步推进，覆盖城乡的药品供应网络基本建成，公众日常用药需求基本得到满足。建立了国家药品储备制度，提高了应对重大疫情灾害的药品保障能力。

3. 药品安全监管能力大幅提高。建立了较为完整的国家、省、市、县四级行政监管体系，构建了以药品注册审评、标准制定、检验检测、不良反应监测为重点的技术支撑体系，健全了以《中华人民共和国药品管理法》和《医疗器械监督管理条例》为核心的法律法规体系，形成了以《中华人民共和国药典》为核心的国家药品标准管理体系。进一步健全了药品质量管理规范，加强了药品全过程监管。药品监管信息化建设取得阶段性成果，特殊药品的电子监管顺利推进。药品监管基础设施明显改善，队伍素质显著提高。

（二）存在的问题。药品生产企业研发投入不足，创新能力不强，部分仿制药质量与国际先进水平存在较大差距。现行药品市场机制不健全，药品价格与招标机制不完善，一些企业片面追求经济效益，牺牲质量生产药品。医疗机构以药养医状况未明显改善，临床用药监督有待进一步加强，零售药店和医院药房执业药师配备和用药指导不足，不合理用药较为严重。不法分子制售假药现象频出，利用互联网、邮寄等方式售假日益增多，有些假药甚至进入药品正规流通渠道，药品安全风险仍然较大。同时，药品安全法制尚不完善，技术支撑体系不健全，执法力量薄弱，药品监管能力仍相对滞后。

“十二五”时期是我国全面建设小康社会的关键时期，也是促进医药产业健康快速发展的重要机遇期。随着我国经济社会进一步发展，居民生活质量改善，人民群众对药品的安全性、可及性要求不断提高。人口老龄化、疾病谱改变、新发传染性疾病频发等，对药品安全提出了新的挑战。同时，医药产业快速发展，产业结构调整，高新技术在医药产业的广泛应用，都对药品安全监管提出了更高的要求。必须进一步加强药品安全工作，为人民群众健康提供有力保障。

二、指导思想、基本原则与发展目标

（一）指导思想

以邓小平理论和“三个代表”重要思想为指导，深入贯彻落实科学发展观，结合深化医药卫生体制改革，全面提高药品标准，进一步提高药品质量，完善药品监管体系，规范药品研制、生产、流通和使用，落实药品安全责任，加强技术支撑体系建设，提升药品安全保障能力，降低药品安全风险，确保人民群众用药安全。

（二）基本原则

1. 坚持安全第一，科学监管。以确保人民群众用药安全为根本目的，以提高药品标准和药品质量为工作重心，完善监管体制，创新监管机制，依法科学实施监管。

2. 坚持从严执法，规范秩序。建立健全科学、公正、公开、高效的药品安全执法体系，严厉打击制售假劣药品行为，严肃追究药品安全责任，促进药品市场秩序和安全形势持续向好。

3. 坚持强化基础，提升能力。加强药品安全保障基础建设，健全药品监管技术支撑体系，充实监管力量，提升队伍素质，提高监管效能。

4. 坚持统一协调，分工负责。强化各级政府药品安全责任，落实部门职责分工，建立统一协调的部门联动机制，联合执法，齐抓共管，实现药品安全各领域、各环节的全面有效监管。

（三）发展目标

1. 总体目标

经过 5 年努力，药品标准和药品质量大幅提高，药品监管体系进一步完善，药品研制、生产、流通秩序和使用行为进一步规范，药品安全保障能力整体接近国际先进水平，药品安全水平和人民群众用药安全满意度显著提升。

2. 规划指标

（1）全部化学药品、生物制品标准达到或接近国际标准，中药标准主导国际标准制定。医疗器械采用国际标准的比例达到 90 %以上。

（2）2007 年修订的《药品注册管理办法》施行前批准生产的仿制药中，国家基本药物和临床常用药品质量达到国际先进水平。

（3）药品生产 100%符合 2010 年修订的《药品生产质量管理规范》要求；无菌和植入性医疗器械生产 100%符合《医疗器械生产质量管理规范》要求。

（4）药品经营 100%符合《药品经营质量管理规范》要求。

（5）新开办零售药店均配备执业药师。2015 年零售药店和医院药房全部实现营业时有执业药师指导合理用药。

三、主要任务与重点项目

（一）全面提高国家药品标准

实施国家药品标准提高行动计划。参照国际标准，优先提高基本药物及高风险药品的质量标准。提高中药（材）、民族药（材）质量标准与炮制规范。药品生产必须严格执行国家标准，达不到国家标准的，一律不得生产、销售和使用。加强国家药品标准研究，重点加强安全性指标研究。

实施国家医疗器械标准提高行动计划。优先提高医疗器械基础通用标准，提高高风险产品及市场使用量大产品的标准。加强医疗器械检测技术和方法研究，增强标准的科学性。加快医疗器械标准物质研究和参考测量实验室建设。

全面提高仿制药质量。对 2007 年修订的《药品注册管理办法》施行前批准的仿制药，分期分批与被仿制药进行质量一致性评价，其中，纳入国家基本药物目录、临床常用的仿制药在 2015 年前完成，未通过质量一致性评价的不予再注册，注销其药品批准证明文件。药品生产企业必须按《药品注册管理办法》要求，将其生产的仿制药与被仿制药进行全面对比研究，作为申报再注册的依据。

健全以《中华人民共和国药典》为核心的国家药品标准管理体系。制修订药品、医疗器械标准管理办法，健全药品、医疗器械标准制定、修订、发布、实施、废止程序，建立标准评估、淘汰机制。加强医疗器械标准管理机构建设。建立政府主导，企业、检验机构、高校和科研机构共同参与的标准提高机制，引导和鼓励企业通过技术进步提升质量标准。

专栏一　国家药品、医疗器械标准提高行动计划

提高药品标准：完成 6500 个药品标准提高工作，其中化学药 2500 个、中成药 2800 个、生物制品 200 个、中药材 350 个、中药饮片 650 个。提高 139 个直接接触药品的包装材料标准，制订 100 个常用直接接触药品的包装材料标准。提高 132 个药用辅料标准，制订 200 个药用辅料标准。

完善医疗器械标准：完成医用电气设备标准 150 项、无源医疗器械产品标准 250 项、诊断试剂类产品标准 100 项。完成对医用电气设备通用安全性标准（第三版）、电磁兼容标准的制（修）订工作。完善标准物质研究工作机制，研制 15 项医疗器械标准物质。

（二）强化药品全过程质量监管

严格药品研制监管。完善药品研制规范，制修订药品研制技术指导原则和数据管理标准，促进数据国际互认。建立健全药物非临床安全性评价实验室、药物临床试验机构监督检查体系和监管机制，探索建立分级分类监督管理制度。提高药物临床试验现场检查覆盖率，加强药物临床试验安全数据的监测。所有新药申请的非临床研究数据必须来源于符合《药物非临床研究质量管理规范》的机构。鼓励罕见病用药和儿童适宜剂型研发。加强受试者保护，提高药物临床试验的社会参与度和风险管理水平。加强医疗器械临床试验管理，制订质量管理规范。加强医疗器械产品注册技术审查指导原则制订工作，统一医疗器械审评标准，提高审评能力。

严格药品生产监管。加强药品生产监管制度建设，着力推进生产质量管理规范认证工作，建立健全药品生产风险监管体系。鼓励开展常用中药材规范化生产技术研究，推动实施中药材生产质量管理规范，鼓励中药生产企业按照要求建立药材基地。完善医疗器械质量管理体系，编制重点品种医疗器械质量管理规范实施指南。加强对药品、医疗器械生产企业执行生产质量管理规范情况的经常性检查，严肃查处违规企业。加强进口药品监管，建立健全境外检查工作机制和规范，探索建立出口药品监管制度，推动药品进出口与海关的联网核销系统建设，建立和完善进出口医疗器械分类管理、出入境验证和风险管理制度。

严格药品流通监管。完善药品经营许可制度、药品经营质量管理规范认证体系。完善药品流通体系，规范流通秩序，鼓励药品生产企业直接配送，并与药品零售机构直接结算。发展药品现代物流和连锁经营，制订药品冷链物流相关标准。探索建立中药材流通追溯体系。制订实施高风险医疗器械经营质量管理规范，提高医疗器械经营企业准入门槛，完善退出机制。完善农村基本药物供应网，建立健全短缺药品供应保障协调机制，确保基本药物和短缺药品质量安全、公平可及。

严格药品使用监管。完善药品使用环节的质量管理制度，加强医疗机构和零售药店药品质量管理，发挥执业药师的用药指导作用，规范医生处方行为，切实减少不合理用药。加强在用医疗器械监管工作，完善在用医疗器械管理制度。开展药品安全宣传教育活动，普及药品安全常识，提高公众安全用药意识，促进合理用药。

（三）健全药品检验检测体系

完善药品抽验工作机制，扩大抽验覆盖面和抽验品种范围，增加抽验频次。药品抽验必须做到检验标准、检验程序公开，检验结果及时公告。对抽验不合格产品，及时依法处置。

提高药品检验能力。到“十二五”末，省级药品检验机构、口岸药品检验机构具备依据法定标准对化学药品和中药的全项检验能力，市级药品检验机构具备85％以上项目的检验能力。强化生物制品批签发检验能力，授权部分省级药品检验机构承担生物制品批签发任务，被授权的机构必须具备授权品种的独立全项检验能力。开展药品关键检验技术、药品快速检验技术和补充检验技术研究，搭建检验技术共享平台。

提高医疗器械检测能力，重点提高植入性医疗器械等高风险产品和电气安全、电磁兼容、生物安全性的检测能力。加强医疗器械检测机构资格认可和监督评审，建立退出机制。到“十二五”末，国家级医疗器械检测机构具备对所有归口产品的检测能力，省级医疗器械检测机构具备对95％以上常用医疗器械的检测能力。

（四）提升药品安全监测预警水平

加强基层药品不良反应监测，健全重点监测与日常监测相结合的监测机制，强化对药品不良反应和医疗器械不良事件的评价与预警。完善药品安全新闻发布制度，及时发布药品安全预警信息。

加强特殊药品滥用监测。完善监测网络和制度，建立敏感人群用药调查监测机制，为特殊药品监管提供技术服务和保障。

健全药品上市后再评价制度。开展药品安全风险分析和评价，重点加强基本药物、中药注射剂、高风险药品的安全性评价。完善药品再评价的技术支撑体系。经再评价认定疗效不确切、存在严重不良反应、风险大于临床效益危及公众健康的药品，一律注销药品批准证明文件。建立医疗器械再评价制度，组织开展高风险医疗器械再评价工作。

专栏二　药品上市后不良反应监测和安全性再评价工程

医疗器械不良事件监测与再评价：选取100个品种，开展重点监测，制订监测技术规范，完成上市后安全风险分析报告。

健全药品医疗器械监测机构：加强市级和县级监测机构建设。药品不良反应病例县（市、区）报告比例达到80%以上，药品不良反应报告数达到400份/百万人。医疗器械不良事件县（市、区）报告比例达到70%以上，医疗器械不良事件报告数达到100份/百万人。

（五）依法严厉打击制售假劣药品行为

深入开展药品安全专项整治。完善打击生产销售假药部际协调联席会议制度，健全部门打假协作机制，加快行政执法与刑事司法衔接的信息平台建设。完善药品检验鉴定机制，提高假劣药品检验鉴定时效。加强行政执法监督，规范执法行为，对制售假劣药品的生产经营企业，依法撤销批准证明文件。完善联合挂牌督办案件制度，加大案件查处力度，重点打击生产假劣药品以及利用互联网、邮寄、挂靠等方式销售假劣药品违法犯罪行为，坚决打击进出口假劣药品违法犯罪行为。研究解决生产销售假劣药品的定罪量刑过低问题，加大对生产销售假劣药品违法犯罪行为的惩处力度。以乡（镇）、村为重点，加大基层打假治劣力度，严厉打击流动药贩。规范药材边贸交易。

严厉打击发布违法药品广告行为。严格广告审批，完善广告监测网络，强化广告发布前规范指导、发布中动态监督、发布后依法查处。规范网上药品信息服务与广告发布行为，重点打击利用互联网发布虚假广告和虚假宣传行为。加强药品电子商务特别是网上药品零售市场监管，严格互联网药品交易服务网站资格审批，促进互联网药品交易服务健康发展。

（六）完善药品安全应急处置体系

完善药品、医疗器械突发事件应急预案，规范处置程序。强化应急平台、应急检验等技术支撑体系建设，加强国家药品安全应急演练基地和国家食品药品监督管理局投诉举报中心建设，强化应急管理培训，提高应急处置能力和水平。健全重大突发事件应急药品扩产改造和申报审批工作机制，保障应急药品的及时有效供应。

专栏三 应急管理体系建设工程

应急演练基地建设：加强国家级药品、医疗器械安全应急演练基地建设，开展应急知识和技能培训，组织应急演练。

配备应急处置装备：为国家级、省级应急队伍配备必要的应急装备。

（七）加强药品监管基础设施建设

加快实施药品安全基础设施建设工程，加强技术审评、检查认证、监测预警基础设施建设，进一步改善国家、省、市三级药品检验机构实验室条件，加强省级医疗器械检测中心基础设施建设。按标准建设药品行政监管机构办公业务用房，配备执法装备。加快推进药品快速检验技术在基层的应用，配置快速检验设备。

专栏四 药品安全基础设施建设工程

加强基础设施建设：加强药品行政监管机构业务用房建设，改善国家、省级（含口岸）、市级药品检验机构实验室条件，配备检验设备，提升基层快速检验能力。建设省级医疗器械检测机构、市级药品不良反应监测机构基础设施。

加强执法装备配备：按照配备标准，为市、县两级药品行政监管机构配备必要的执法装备。

（八）加快监管信息化建设

推进国家药品电子监管系统建设，完善覆盖全品种、全过程、可追溯的药品电子监管体系。整合信息资源，统一信息标准，提高共享水平，逐步实现国家药品电子监管系统与有关部门以及企业信息化系统对接。采取信息化手段实现药品研究和生产过程的非现场监管。建立健全医疗器械监管信息系统，启动高风险医疗器械国家统一编码工作。完成国家药品监管信息系统一期工程，启动二期工程建设。

专栏五 国家药品监管信息系统二期工程

应用平台建设：扩建行政执法、监测分析、政务公开、社会应急、内部管理等五类应用平台，建设数据中心，增建辅助决策信息平台。

信息系统建设：建立药物非临床研究、药物临床试验、药品生产质量管理监管信息系统，开展广告监督、医疗机构合理用药监督、药品安全性评估以及医疗器械监管试点。

信息资源安全建设：完善药品监管信息资源保障和配套环境建设。

（九）提升人才队伍素质

制订药品监管中长期人才发展规划，建立严格的人员准入、培训和管理制度。加强药品监管部门专业技术人员培训，加快高层次监管人才和急需紧缺专门人才培养，形成一支规模适当、结构合理、素质优良的药品监管专业队伍。建设国家食品药品监督管理局高级研修学院，逐步形成国家和省两级培训架构，建设覆盖全系统的网络教育培训平台。加强药品监管部门领导干部和基层一把手培训，提高监管水平。到“十二五”末，各级药品监管队伍大学本科以上学历人员达到75%以上，药学、医疗器械、医学、法学等相关专业人员达到75%以上。

专栏六　人才队伍素质提高工程

人才队伍基础工程：加强国家食品药品监督管理局高级研修学院基础设施建设。分批确认符合条件的机构作为全国食品药品监管系统干部教育培训基地。建设药品监管学科、课程、师资、网络培训体系。

专业技术人员培训工程：加强技术审评、检查认证、检验检测、监测预警、应急管理、政策研究队伍建设和人员培训，完成新一轮省、市两级技术支撑机构主要负责人国家级轮训。

行政监管人员培训工程：完成新一轮省级食品药品监管机构领导班子成员和市、县两级行政监管机构主要负责人国家级轮训。

四、保障措施

（一）完善保障药品安全的配套政策。完善医药产业政策，提高准入门槛，严格控制新开办企业数量，引导企业兼并重组，促进资源向优势企业集中；支持生物医药、医疗器械产业健康、快速发展；大力扶持中药、民族药发展，促进继承和创新。研究完善药品经济政策，对已达到国际水平的仿制药，在药品定价、招标采购、医保报销等方面给予支持，形成有利于提高药品质量、保障药品安全的激励机制。完善加强药品安全的科技政策，强化科技对药品安全的支撑作用。实施重大新药创制等国家科技重大专项和国家科技计划，支持和鼓励企业科技创新，提高药品、医疗器械的创新能力。以企业为主体、产学研相结合，推进药品安全研究工作。

（二）完善药品安全法律法规。推动制订执业药师法，修订《中华人民共和国药品管理法》。修订《医疗器械监督管理条例》、《放射性药品管理办法》等法规和规章。研究制订处方药和非处方药分类管理条例。

（三）加强药品安全监管能力建设。创新药品安全执法体制机制，推进专职化的药品检查员队伍建设。充实国家和省两级药品审评评价、检查认证、监测预警力量，确保药品再评价、再注册等工作顺利开展。深化药品行政审批制度改革，严格审批标准，规范审批程序。各级政府要将药品安全监管经费纳入财政预算，加大经费投入。加强基层、边远地区和民族地区药品安全保障能力建设，改善基层执法条件。加强与国际组织、国外监管机构和民间机构的交流与合作，借鉴国际先进监管经验，不断提高监管能力和水平。

（四）全面落实药品安全责任。按照“地方政府负总责，监管部门各负其责，企业是第一责任人”的要求，进一步健全药品安全责任体系。企业要切实履行药品安全主体责任，完善质量管理制度，严格执行质量管理规范，禁止不合格药品出厂、销售，及时召回问题药品和退市药品。开展企业信用等级评价工作，建立从业人员诚信档案，对严重违规和失信的企业和从业人员实行行业禁入。监管部门要认真履行监管职责，加强对药品研制、生产、流通、使用的全过程监管，监督企业严格按照国家法律法规和质量规范生产、销售药品，监测药品不良反应，及时进行风险提示，严格查处违法违规行为，确保用药安全。地方各级政府负责本行政区域的药品安全工作，将药品安全列入政府考核测评体系，建立考核评价和责任追究制度。健全各级药品监管机构和农村药品监督网络，确保药品监管机构依法独立开展工作。

（五）完善执业药师制度。配合深化医药卫生体制改革，制订实施执业药师业务规范，严格执业药师准入，推进执业药师继续教育工程，提高执业药师整体素质，推动执业药师队伍发展。加大执业药师配备使用力度，自 2012 年开始，新开办的零售药店必须配备执业药师；到“十二五”末，所有零售药店法人或主要管理者必须具备执业药师资格，所有零售药店和医院药房营业时有执业药师指导合理用药，逾期达不到要求的，取消售药资格。

（六）加强对规划实施工作的组织领导。地方各级政府要根据本规划确定的发展目标和主要任务，将药品安全工作纳入重要议事日程和本地区经济社会发展规划。各有关部门要按照职责分工，细化目标，分解任务，制订具体实施方案，做好相关任务的实施工作。2013 年年中和 2015 年年底，国家食品药品监督管理局牵头对规划执行情况进行中期评估和终期考核，评估和考核结果向国务院报告。

087

国务院办公厅
关于印发《国家食品药品安全“十一五”规划》的通知

国办发〔2007〕24号

各省、自治区、直辖市人民政府，国务院各部委、各直属机构：

《国家食品药品安全“十一五”规划》已经国务院同意，现印发给你们，请认真组织实施。

国务院办公厅

二〇〇七年四月十七日

国家食品药品安全“十一五”规划

国务院办公厅

2007年4月17日

为进一步加强对食品、药品、餐饮卫生等的监管工作，不断提高公众饮食用药安全水平，促进社会和谐稳定，依据《中华人民共和国国民经济和社会发展第十一个五年规划纲要》和党中央、国务院有关方针政策，制订本规划。

一、指导思想与基本原则

（一）指导思想

以邓小平理论和“三个代表”重要思想为指导，认真落实科学发展观，全面履行政府社会管理和公共服务的职责，加强食品药品监管设施建设，完善技术标准体系，大力提高检测技术水平，创新监管机制，规范监管行为，提升监管能力和水平，保障公众饮食用药安全，为全面建设小康社会和构建社会主义和谐社会做出应有贡献。

（二）基本原则

一是坚持以人为本，服务大局。必须把保障公众饮食用药安全作为全部工作的出发点和落脚点，确保食品药品安全监管工作与经济社会发展相适应、与全面建设小康社会的总体目标相适应、与国家行政管理体制改革相适应。

二是坚持科学监管，创新机制。必须树立科学监管理念，完善技术支撑体系，提高食品药品安全监管能力和水平，创新监管制度，建立起适应国情和社会主义市场经济体制要求的监管新机制。

三是坚持全程监管，依法行政。必须依法加强食品药品安全监管，继续完善食品药品安全监管的法律法规，严格执法，规范监管行为，实现食品药品各环节的全程动态、规范有效地监管。

四是坚持统筹兼顾，整合资源。必须立足于充分利用现有资源，优化资源配置，充分发挥食品药品监管各领域、各环节的作用，建立协同作战、齐抓共管的食品药品安全监管机制，促使有效资源发挥最大效益。

五是坚持加强基层，强化基础。必须将食品药品安全监管的基层和基础工作作为重中之重，组织动员足够的资金、技术和人才充实到基层和基础工作，促使食品药品安全监管的基层建设和基础工作明显加强。

二、发展目标

经过五年左右的努力，食品药品监管体制和机制逐步完善；法律法规体系较为完备；监管队伍素质全面提高，依法行政能力进一步提升；基础设施建设加强，技术装备进一步改善，食品药品安全标准建设和检测技术水平显著提高；食品药品生产经营秩序明显好转；生产、销售假冒伪劣食品药品违法犯罪活动得到有效遏制，食品药品安全事故大幅减少。

（一）到“十一五”末期，食品安全保障体系基本建立

——食品安全信息监测覆盖面达到90%；

——大中城市批发市场、大型农贸市场和连锁超市的鲜活农产品的抽检质量安全合格率达到95%；

——重大食品安全事故处理率达到100%；

——食品召回覆盖面达到80%；

——食品生产企业全国专项检查覆盖面达到90%。

（二）到“十一五”末期，药品监管水平明显提高

——农村药品监督网覆盖率达到100%，农村药品供应网覆盖率保持在80%以上；

——对于现有国家药品标准的独立全项检验能力，省级药品检验机构和口岸药品检验机构达到100%，市（地）级药品检验机构达到80%；

——国家级医疗器械检验机构对归口产品检验能力达到100%，省级医疗器械检验机构对市场常规产品检验能力达到95%以上；

——药品监督抽验覆盖面由现在的30%提高到80%。

三、主要任务

（一）食品安全

1. 加强食品安全监测

制订食用农产品产地区划。建立农产品产地环境安全监管体系，系统调查农产品产地污染状况，开展重点地区、典型农产品产地环境质量安全监控。强化对农业投入品的质量和环境安全管理。建立国家农兽药残留监控制度，农产品质量安全例行监测由目前的37个城市扩展到全国所有大中城市。建立原粮污染监控制度，开展原粮质量安全和卫生监测，建设粮食质量安全和原粮卫生监测网络。开展非食品原料风险监测，系统调查非食品原料污染情况，建立重点食品强制性标准全国专项检查制度，实施电子标签管理制度，建立和规范食品召回监督管理制度。完善食品安全卫生质量抽查和例行监测制度，建立食品质量监测直报点。完善国家食品污染物和食源性疾病监测网络。

专栏一　食品安全监测

环境监测监控加强全国重点城市“菜篮子”基地环境监测监控，对环渤海地区、珠江三角洲、长江三角洲进行农产品产地环境安全性区划与重点污染源监控。建立重点城市农产品产地环境监测网点，建设全国农产品产地环境质量数据库共享平台。

市场质量监测监控完善市场例行监测制度，在大中城市批发市场、大型农贸市场和连锁超市建立鲜活农产品质量监测监控点。

食品污染物和食源性疾病监测完善以省（区、市）为监控单位，下设市、县监测点的食品污染物和食源性疾病监测网。

基地建设建立基于循环经济模式的农产品、食品示范基地；加快无公害食品（农产品）、良好农业规范、绿色食品、有机食品基地建设。

非食品原料监测和食品召回完善省、市、县三级非食品原料污染监测网，对重点地区、重点产品、重点物质开展非食品原料风险监测工作。对肉制品、乳制品、饮料、粮食加工品、食用植物油等高风险食品开展食品召回工作。

2. 提升食品安全检验检测水平

整合并充分利用现有食品检验检测资源，严格实验室资质管理，初步建立协调统一、运行高效的食品安全检验检测体系，实现检测资源共享，满足食品生产、流通、消费全过程安全监管的需要，力争使国家级食品安全检测机构技术水平达到国际先进水平。促进检验检测机构社会化，积极鼓励和发展第三方检测机构。

专栏二　食品安全检测能力建设重点

农产品质量安全检验检测　在整合现有资源的基础上，建设国家级农产品质量标准与检测技术研究中心、专业性农产品质检中心、区域性质检中心、省级综合性农产品质检中心和县级农产品检测站。

食品质量安全检测　加强国家级食品质量监督检验中心和市县产品质量检验机构食品质量安全检测能力的建设。

食品污染物和食源性疾病检测　推广餐饮业常见危害因素的检测技术，完善餐饮业10种常见化学性和生物污染因素的快速检测技术。

快速检测　根据需要为食品安全监督管理部门逐步配备必要的快速检测设备和快速检测车。

3. 完善食品安全相关标准

进一步加大食品安全标准的制订修订工作的力度，基本建立统一、科学的食品安全标准体系。推动我国食品安全标准采用国际标准和国外先进标准的进程，积极参与国际标准制订修订。根据我国食品生产、加工和流通领域具体情况，制订具有可操作性的过渡标准或分级标准。

专栏三　食品安全相关标准制订重点

环境污染控制标准制订以粮食作物、蔬菜、畜产品和水产品产地环境为重点的污染控制标准。

食品安全相关标准制订无公害农产品、良好农业规范、有机食品、绿色食品认证和监管所需的产地环境标准，粮食及主要农产品标准，农药、化肥合理使用标准，转基因生物安全标准，动物疫病防治标准；完成约500项农药、兽药、有害重金属元素限量和检验方法等方面标准制订和修订；完成生物毒素、有害微生物限量和检验方法等方面标准的制订和修订；完成营养标识、食品容器和包装材料卫生标准、食品污染物基础卫生标准和检验方法、食品产品卫生标准、食品添加剂使用卫生标准制订和修订；制订鲜活食品冷链物流温度及操作规程等储运及流通安全相关标准。

标准化示范建立大宗鲜活农产品、优势农产品和出口农产品质量安全标准化示范体系和国家级农业标准化示范区。

4. 构建食品安全信息体系

充分利用现有信息资源和基础设施，建立国家食品安全信息平台，形成包括国家、省、市、县四级的食品安全信息网络和国家对重点企业的食品安全要素的直报网络；建立高性能、易管理、安全性强的食品安全动态信息数据库；建设国家食品安全基础信息共享系统，形成服务于食品安全监测分析、信息通报、事件预警、应急处理和食品安全科研及社会公众服务的网络协同工作环境。加快建立食品安全信息统一发布制度。

专栏四　食品安全信息化建设重点工程

食品安全信息监测网络　建立并完善食品安全信息监测网络，逐步形成统一、科学的食品安全信息评估和预警体系。

电子监管　逐步建立食品生产加工、流通环节电子监管网，实现食品生产加工、经营企业条件和产品质量电子监管。

食品安全信息中心　以食品安全信息网络为基础，在整合现有资源的基础上，建立食品安全信息中心，对食品安全信息进行分类、筛选，综合分析和监测；对食品安全状况做出评价和预警。

5. 提高食品安全科技支撑能力

开展食品安全科学的基础研究、高技术研究、关键技术研究和食品安全科研基础数据共享平台建设，加强应用技术和相关战略研究。跟踪研究国际食品法典委员会标准、主要贸易国食品安全监管手段以及世界贸易组织《实施卫生与植物卫生措施协定》和《技术性贸易壁垒协定》通报评议。加强食品安全技术能力建设，初步建成既有自主创新能力又与国际接轨、开放的食品安全科研体系。加强食品安全人才队伍和学科建设。

专栏五　食品安全科技研究重点

跟踪研究包括国际食品法典、主要贸易国食品安全管理体系和政策、法律法规与标准、安全保证技术措施、关键检测技术等内容。

评价技术研究涉及食品新原料、新技术和新工艺以及转基因食品、食品添加剂、食品接触材料。

风险评估技术研究涉及病原微生物、农兽药残留、新资源食品、化学性（含生物毒素）危害物等；建立食源性危害的危险性评估模式和方法；提出高风险食品目录和危险性控制措施。

应用技术研究包括食品品种特征溯源技术、食品产地图谱技术、食品产地标签和条码示踪技术、农产品质量安全溯源技术和检验检测技术、食品加工、流通过程中检测技术、食品制假售假检测技术、食品安全快速检测技术、实验室确证技术、检测技术规范和安全性验证方法、食品安全突发事件预警技术以及食品生产、加工和运输过程中的食品安全控制技术研究。

6. 加强食品安全突发事件和重大事故应急体系建设

完善食品安全应急反应机制，建立实施食品安全快速反应联动机制。加强应急指挥决策体系、应急监测、报告和预警体系、应急检测技术支撑系统、应急队伍和物资保障体系，以及培训演练基地、现场处置能力建设，提升政府应急处置能力。全面加大食品安全重大事故的督查督办力度，健全食品安全事故查处机制，建立食品安全重大事故回访督查制度和食品安全重大事故责任追究制度，逐步完善国家食品安全监察专员制度。

专栏六　食品安全应急体系建设要点

应急反应与处理　逐步建立食品安全突发事件和重大事故应急反应联动网络平台，加强应急指挥决策体系建设。

食物中毒快速反应　建立餐饮业食物中毒举报投诉系统和餐饮业食物中毒快速反应处理系统，提高食物中毒处理和溯源能力。

食品加工、流通环节快速反应　建立食品生产加工、流通环节突发事件应急快速反应处理系统。

7. 建立食品安全评估评价体系

逐步建立食品安全风险评估评价制度和体系，研究食品可能发生的危害后果及其严重性，以及危害发生的概率，并据此划分食品的风险等级，其动态评估结果作为政府食品安全决策和管理的基础。

专栏七　食品安全评价评估

调查评价对畜禽、果蔬、水产品、酒类、乳制品、婴幼儿食品、粮油及制品、调味品、方便食品、豆制品、饮用水、食品添加剂、食品包装材料的安全性和企业食品安全监管制度建设及落实情况进行调查、评价。

风险评估开展农兽药残留、有毒有害物质污染、食品添加剂、食品包装材料、食品加工工艺和设备对食品安全危害程度的风险评估。

重点食品专项检查每年对 15 大类重点食品组织实施全国专项检查，对生产加工企业产品开展强制性标准的检测，年度滚动实施。

8. 完善食品安全诚信体系

进一步增强全社会食品安全诚信意识，营造食品安全诚信环境，创造食品安全诚信文化。初步建立食品安全诚信运行机制，全面发挥食品安全诚信体系对食品安全工作的规范、引导、督促功能。逐步建立企业食品安全诚信档案，推行食品安全诚信分类监管。完善“食品安全工作地方政府负总责，企业是食品安全第一责任人”制度，加强行业自律，建立食品企业红黑榜制度。

专栏八　食品安全诚信

食品安全诚信分类监管　建立食品生产经营主体登记档案信息系统和食品生产经营主体诚信分类数据库，广泛收集食品生产经营主体准入信息、食品安全监管信息、消费者申诉举报信息等，完善食品生产经营主体诚信分类监管制度。

量化分级管理　全面推行食品卫生监督量化分级管理，强化食品卫生许可和监督管理。

9. 继续开展食品安全专项整治

严厉打击生产经营假冒伪劣食品行为，重点开展高风险食品安全专项整治，进一步提高与公众日常生活密切相关的粮、肉、蔬菜、水果、奶制品、豆制品、水产品等重点品种和种植养殖、生产加工、流通及消费重点环节的食品安全水平。完善食品安全区域监管责任制，进一步加强和改进对食品企业日常监管措施，探索农村小型食品生产加工、经营企业的有效监管模式，有效遏制使用非食品原料、滥用食品添加剂和无证照生产加工食品的违法行为。进一步加强食品市场监管力度，继续整顿和规范食品广告，重点整治中小城市食品广告。结合社会主义新农村建设，全面加强农村食品安全监管工作，指导和开展农村食品安全专项整治，建设农村食品现代流通网、社会监督网和监管责任网，全面提升农村食品安全保障能力。

专栏九　食品安全专项行动

农村食品安全专项加强种植养殖业农兽药残留、畜禽产品违禁药物滥用、水产品药物残留专项整治。逐步建立农村食品安全综合监管网。建立并推广农村小型食品及农产品加工企业质量安全控制体系。开展农村及城乡结合部食品市场专项整治。加强农村小餐馆和群体性聚餐的监督管理，建立申报指导制度。

畜禽屠宰加工行业整治专项严厉打击私屠滥宰，建立病害肉无害化处理保障制度。

高风险食品生产加工业整治专项对高风险食品每年确定重点，在生产加工业开展全面检查检测，实施专项整治。

标签标识管理加强食品、食品添加剂、食品包装材料的标签标识管理。

安全保障实施 2008 年北京奥运会、2010 年上海世博会食品安全保障工程。

示范项目组织实施食品生产加工质量安全专项整治和小企业、小作坊专项监管示范工程；组织实施食品市场建立健全自律制度示范工程；建设“食品安全供应链示范项目”、“百家放心肉示范厂”培育工程、“百家绿色市场”。

10. 完善食品安全相关认证

建立健全“从农田到餐桌”全过程的全国统一的食品认证体系，完善认证制度。建立农产品产地认定和产品认证制度，积极开展有机食品、绿色食品等认证工作，加大推进无公害农产品认证和饲料产品质量认证力度。对农业投入品生产企业、农产品加工企业、农业生产过程进行管理体系认证。完善良好农业规范、良好生产规范、良好储藏和运输规范、危害分析和关键控制点、绿色市场认证，提高食品企业自身管理能力。加快我国食品认证的国际互认进程。

11. 加强进出口食品安全管理

建立和完善进口食品质量安全准入制度，制订科学合理、与国际接轨的准入程序。在对食品风险分析的基础上实施分类管理，提高进口食品检验检疫的有效性。完善进口食品查验制度，重点对食品中农兽药、食品添加剂、致病微生物、有毒有害物质、标签标识进行查验。建立和完善“一个模式，十项制度”（即“公司＋基地＋标准化”管理模式，种植养殖基地备案管理等十项管理制度）的出口食品安全管理体系。充分运用世界贸易组织《技术性贸易壁垒协定》和《实施卫生和植物卫生措施协定》规则，建立完善的食品安全技术性贸易措施体系。制定进出口食品质量安全控制规范，制订、修订与食品检测相关的检验检疫行业标准。

专栏十　进出口食品安全管理重点

完善进出口食品安全质量管理体系　开展风险分析，建立和完善进口食品的检验检疫准入程序以及各类食品的准入要求；实施进口食品质量安全监控计划。建立出口食品疫情疫病、农兽药残留监控体系，对出口食品生产加工企业实施电子监管。推行出口食品质量追溯和召回制度，构建风险预见与快速反应体系，发布进出口食品红黑企业名单。

提高进出口食品检验检疫技术保障能力　加强进出口食品检测能力和专家队伍建设，完善进出口食品安全信息系统。

12. 开展食品安全宣传、教育和培训

制订食品安全宣传教育纲要。加强食品安全法律法规、政策和标准的宣传报道，普及食品安全基础知识，提高全社会食品安全意识，增强消费者的自我保护和参与监督能力。加快建设食品安全培训体系，对政府管理人员、执法者、企业管理与工作人员、新闻工作者、消费者进行多形式、多途径的食品安全教育和培训。

专栏十一　食品安全宣传、教育和培训

食品安全宣传和教育开展“食品安全进农村”、“食品安全进社区”、“食品安全进校园”活动。开展“绿色消费”理念和食品安全知识普及教育。

食品安全监管人员素质提升工程对食品安全监管的行政执法人员和专业技术人员进行必要的食品安全相关知识培训，强化食品安全意识，提高监管水平。

食品安全第一责任人素质提升工程加强食品生产经营企业、企业法人代表及负责人的培训教育，强化食品安全意识，提高食品安全保障能力。

（二）药品安全

13. 提升药品安全监管水平

（1）构建科学的药品评价体系。加强药品注册管理法规建设，制订药物研究开发技术指导原则。整合药品注册管理资源，深化药品注册审评机制改革，严格药品注册审批程序，建立高效运转、成本经济的药品注册管理体制。加强对药物临床研究及临床前的过程监督检查，全面实现我国药物非临床试验和药物临床试验在《药物非临床试验质量管理规范》和《药物临床试验质量管理规范》的条件下进行。开展药品评价技术方法学研究，强化和规范我国创新药物与进口药物的安全性评价技术，引导和鼓励创新药物研发。强化药品标准管理，实施“提高国家药品标准行动计划”。建立完善生物技术产品科学评价体系。完善药用辅料和直接接触药品的包装材料和容器的国家标准体系。建立完善保健食品注册检验评价体系。

（2）加强药品生产质量监管。进一步完善《药品生产质量管理规范》认证制度，修订《药品生产质量管理规范》，提高《药品生产质量管理规范》的实施水平，逐步与发达国家《药品生产质量管理规范》接轨；强化药品生产的动态监管，保证药品生产质量，促进制药工业健康发展；推行《医疗机构制剂配制质量管理规范》；加强中药源头监管，完善《中药材生产质量管理规范》实施管理体系，推行《中药材生产质量管理规范》，保证中药材生产质量；加强对药用辅料和直接接触药品的包装材料和容器的监管。

（3）完善上市后药品监管体系。完善药品不良反应监测网络，规范药品不良反应和报告监测制度，强化药品不良反应报告责任。制定实施《药品再评价管理办法》，制订配套的技术规范与指南，对已上市药品分期分批开展再评价研究。建立并完善上市后药品监测、预警、应急、撤市、淘汰的风险管理长效机制。加强药品不良反应监测机构建设，完善药品不良反应监测体系，提高市（地）、县级药品不良反应监测能力。进一步完善处方药与非处方药分类管理制度，配合医药体制改革，全面实施处方药与非处方药分类管理，推动处方药与非处方药分类管理立法工作。进一步规范药品包装和说明书。修订《药品经营质量管理规范》认证标准，完善《药品经营质量管理规范》认证管理办法及跟踪检查制度，制定实施《药品流通监督管理办法》，促进现代物流发展。建立和完善药物滥用监测网络及特殊药品监管网络，对特殊药品实现每一针、每一片流向的监管。建立麻醉药品、精神药品流弊和滥用突发事件的监测报告和预警制度，完善麻醉药品、精神药品依赖性和药物滥用潜力的评价方法和评价标准。

（4）完善药品检验体系建设。规范各级药品检验机构职能；合理配置药品检验资源；加强药品检验检测方法研究，搭建药检系统技术平台，普及快速检测技术；建立与完善全国药品技术检验信息管理和数据交换系统；完善送检、抽检、批批检相结合的药检制度，改革药品监督抽验机制，提高药品抽验资金的使用效率。

（5）建立完善中药标准规范和技术评价体系。建立完善中药管理分类系统，制订相应管理规范和技术评价标准；研究构建具有中国特色、符合中医药规律的中药标准规范和技术评价体系基本框架，制订完善中药材种质标准、中药材标准、中药饮片标准和中成药标准，建立中药材种质资源收集、繁育技术规范、地道药材种质特性鉴定技术规范；进一步完善生产加工中药材、中药饮片、中成药过程中的标准和规范；制订地道药材质量保证体系；制订中药上市前技术审评标准和上市后再评价标准；制订中药对照物质研究指导原则，建立国家中药标准物质库。加大对民族药的扶持和监管力度。积极倡导建立传统药物国际协调机制。

专栏十二　药品监管

提高国家药品标准行动计划　完成中成药部颁标准4000个品种、化学药部颁标准500个品种、早期新药转正标准300个品种的标准提高，制订常用药用辅料标准223种，完成1000种中药材和500种中药饮片的国家标准制订修订。

药品上市后再评价重点工程　建立药品再评价数据库和信息交流平台，提供批准上市药品的安全信息，对中药注射液等重点品种开展药品再评价。

科技创新和人才培训工程　推进以生物技术产品、中药质量标准化、组织工程及干细胞医疗产品及质控标准、安全评价新技术及新模型和检测技术研究为主要内容的科技创新工程。开发远程教育体系，开展药品医疗器械管理、技术和业务培训，完成省、市、县三级药品监管机构领导示范培训。

14. 规范医疗器械安全监管

（1）建立健全医疗器械监管法规体系。完善医疗器械法规体系，适时修订《医疗器械监督管理条例》，制定实施《医疗器械流通监督管理办法》，制定修订《医疗器械注册管理办法》、《体外诊断试剂注册管理办法》、《医疗器械标准管理办法》、《医疗器械分类目录》、《医疗器械临床试验规定》等规章。

（2）加强医疗器械标准体系建设。完善医疗器械标准体系，制订修订医疗器械国家和行业标准500项；加强与国际标准化组织合作，提高国际标准采标率；建立医疗器械有关标准物质研制和试验验证工作机制。

（3）加强医疗器械检测体系能力建设。加强国家和省级医疗器械检测能力建设。充分利用社会资源，扩大检验机构的资格认可；提高医疗器械电气安全性、电磁安全性和生物安全性的检测能力；加强对高风险医疗器械的检测。建立医疗器械的监督抽验和评价性抽验的工作机制和工作体系，拓展检验项目和检验范围，规范抽验行为，加大抽验力度。

（4）加强医疗器械审评审批体系建设。建立并完善国家和省级医疗器械技术审评体系，建立审评专家咨询队伍，搭建医疗器械技术审评信息沟通交流平台；建立和完善统一的技术审评规范；规范医疗器械注册审批行为。严格新型医疗器械和高风险医疗器械的临床前研究的技术要求。健全医疗器械临床试验机构，开展符合医疗器械专业特点的临床试验机构资格认定工作。建立新型医疗器械和高风险医疗器械的临床审批制度。

（5）加强医疗器械质量体系管理。制订并分步实施医疗器械质量体系管理规范总则和无菌医疗器械、植入性医疗器械、有源医疗器械、无源医疗器械、有源非接触医疗器械、体外诊断试剂实施指南和检查员工作指南。开展医疗器械质量体系管理规范相关培训，强化检查员队伍建设。逐步对第二、三类医疗器械生产企业实施医疗器械质量体系管理规范进行检查，促进生产企业达到规范要求。

（6）加强医疗器械不良事件监测和再评价体系建设。制定实施《医疗器械不良事件监测和再评价管理办法》和《医疗器械召回管理办法》，并制订相应技术指南和工作规范，建立健全报告体系，强化企业的报告责任和义务。搭建上市后医疗器械风险效益评价的技术平台，建立预警、召回等制度。

（7）加强对在用医疗器械的监管。加强在用医疗器械调研，制定在用医疗器械监管制度。加强对医疗器械使用年限、产品报废标准的技术研究，建立在用医疗器械监管评价方法，提高在用医疗器械监管效率。

专栏十三　医疗器械监管

医疗器械标准国际标准的采标率达到80%。完成医用电气设备标准200项、医用无源产品标准200项、诊断试剂类产品标准100项，完成医用电气设备通用安全性标准（第2版）和电磁兼容等基础性标准的制订修订工作。

医疗器械检测体系能力建设工程加强国家医疗器械生物学性能试验实验室建设，完善医疗器械检测体系。

15. 强化药品、医疗器械市场监管

（1）严厉打击制售假冒伪劣药品、医疗器械行为。集中力量重点查处涉及面广、影响大、公众反应强烈的制售假劣药品、医疗器械大案要案，对构成犯罪的，及时移交司法机关依法追究刑事责任。加强中药材专业市场、中药材和中药饮片监管，深入整顿和规范其市场流通秩序。

（2）继续整顿和规范药品、医疗器械广告。加强广告审批队伍素质建设，严格按照标准审查广告内容，建立广告监测网络，加大监测力度。加强有关药品、医疗器械广告管理法律、法规的宣传，增强公众对违法广告的辨别能力，积极发挥社会监督作用。引导广告主、广告经营者、广告发布者依法规范发布广告，堵塞违法发布渠道。对严重违法发布广告的药品、医疗器械生产经营企业，依法予以严肃查处。逐步建立综合治理机制。

（3）推进药品、医疗器械诚信体系建设。完善药品诚信分类管理，建立健全行政相对人诚信档案系统；建立医疗器械生产企业诚信管理制度，加强质量诚信评价体系和诚信信息公示建设，建立和完善医疗器械生产企业诚信监管档案，初步建立医疗器械诚信运行机制；建立涉及药品、医疗器械产品审评、企业审批、认证检查等专家和部门内部“信誉档案”。

（4）深入推进农村药品监督网和供应网建设。总结农村药品监督网和供应网建设经验，建立健全运行机制。建设农村药品监督网和供应网要与建设社会主义新农村，特别是建立新型农村合作医疗制度相结合。制定符合农村药品供应实际的引导政策和监管措施，鼓励和引导建设符合现代物流发展方向的药品供应网，支持指导农村基层医疗机构自采、自种、自用中药材，保证农民用药安全有效、方便及时。

专栏十四　农村药品安全监管

农村药品监督网和供应网建设　通过政策引导、鼓励和支持合法药品经营企业集中配送进乡入村，建立符合要求的农村药店。扶持农村监督员、信息员，加强农村药品监管，向农民普及基本用药常识，建立起“运行良好、监管有效”的农村药品监督网络和供应网络，从源头、流通和使用等环节的监管来保障农村用药安全，实现农村药品监督网覆盖率达到100%，供应网覆盖率达到80%。

16. 加强药品、医疗器械突发性群体不良事件应急能力建设

加强药品、医疗器械突发性群体不良事件监测、预警网络建设，提高应对药品、医疗器械突发性群体不良事件的协调指挥和快速响应能力；提高重点地区的药品、医疗器械检验机构应对突发事件的应急检测能力。按照就地就近原则，强化对假冒伪劣药品和医疗器械进行无害化处理。积极探索药害事件赔偿制度。

专栏十五　药品、医疗器械安全应急能力建设

应急建设重点加强国家级药品、医疗器械不良事件应急处理培训演练基地建设，提高应急队伍素质，配备必要的应急处置装备，开展应急知识和技能培训，组织定期应急演练，提高应急处置能力。

17. 推进药品、医疗器械监管信息化进程

实施“3511”工程，促进互联互通和信息共享，实现部门间业务协同，提升监管效率和水平。加快药品和医疗器械的注册、审评、企业认证、稽查等核心业

务系统建设。拓展和完善公共服务系统，加快药品、医疗器械监管政务公开建设步伐，不断提高对企业和公众服务水平。

专栏十六　药品、医疗器械监管信息化

"3511"工程　依托现有国家统一政务网络，建立和完善覆盖国家、省、市（地）三级药品监管信息系统。在整合现有资源的基础上，建立三个平台（信息基础设施平台、信息安全平台、应用支撑平台），五大应用系统（行政准入管理系统、综合执法管理系统、重大事件快速反应系统、药品和医疗器械检验检测系统、公共服务系统），一个中心（药监信息资源中心）和一个标准体系（国家食品药品监督管理局信息化建设标准化体系）。

18. 改善药品、医疗器械监管基础设施

统筹规划，改善行政执法机构办公和装备条件，建设办公业务用房，配备必要的执法装备，经过五年左右建设，行政执法机构的办公业务用房和执法装备基本满足执法需要，经济发达地区可以适度超前。整合现有检验检测资源，合理布局，改善实验条件，配备仪器设备，整体提高技术支撑的硬件水平。

专栏十七　药品、医疗器械监管基础设施

基础设施建设项目加强地方食品药品监管行政执法机构办公业务用房建设，改造省、市两级药品检验机构，配备基本执法装备和仪器设备；改造国家口岸药品检验机构和国家级医疗器械检验机构；继续加强药品不良反应监测网络建设；实施中国药品生物制品检定所迁址建设项目。

四、保障措施

（一）树立科学监管理念，创新监管体制机制

落实科学发展观，按照国家行政管理体制改革的具体要求，积极探索，创新监管体制和机制。在食品安全监管方面，加强制度建设，进一步理顺有关监管部门的职责，逐步建立与科学发展观相适应的职责清晰、运转高效的监管体制，避免监管执法部门职能交叉和多头执法，避免监管空缺，加强综合执法和相关部门联合执法；积极探索，创新和完善食品安全监管体制，逐步建立食品安全监管长效机制。在药品监管方面，推进体制改革，完善集中决策、统一协调、行政区域监管机制；完善药品审批机制和药品抽验机制；深化行政执法体制改革，规范行政执法行为，创新层级监管机制，保障执法到位；妥善处理和解决发展中出现的新问题，提高监管能力和水平。

（二）完善安全责任体系，强化企业责任意识

按照“地方政府负总责，监管部门各负其责，企业作为第一责任人”的要求，建立健全食品药品安全责任体系。地方政府要加强组织领导，定期分析评估本地食品药品安全状况，制订监管措施，加强监督检查，有效处置食品药品安全事件。各部门要密切配合，相互衔接，形成完整的监管链。生产经营企业要强化自律意识和守责意识，建立健全企业责任制度和自律制度，完善内部管理，提高企业诚信度，积极履行和承担食品药品安全责任。

（三）健全法律法规体系，大力推进依法行政

适时推进涉及食品卫生的法律制订、修订工作，组织实施《中华人民共和国农产品质量安全法》，建立健全有关食品安全法律法规体系；严格贯彻实施《中华人民共和国药品管理法》和《中华人民共和国药品管理法实施条例》，在“十一五”期间初步形成完整的食品药品安全法律法规体系。进一步深化行政审批制度改革，创新审批方式，规范审批程序，推进政务公开。建立食品药品监管重大决策的听证、论证制度。加强行政复议工作。创新行政执法监督机制，加强行政执法监督，建立和完善责任追究制，提高行政监管效能。强化基层执法队伍的法律法规培训，提高队伍整体素质和依法行政的能力。

（四）加大政府投入力度，提供必要财政保障

各级政府要加大投入，对所提出的规划项目均应结合实际，本着实事求是、量力而行的原则，在充分利用和合理配置现有资源的基础上，给予必要的支持，提供资金保障，支持食品药品安全基础设施建设，提高食品药品安全监管能力，保证监管执法工作顺利开展。

（五）发挥社会监督作用，营造良好舆论氛围

充分发挥食品药品安全相关行业协会、学会、中介组织在诚信建设、行业自律以及推进食品药品安全方面的积极作用。鼓励组建各种食品药品安全专业性组织，充分发挥决策咨询作用。加强食品药品安全法律法规宣传和普法教育，加强食品药品安全正面报道，及时发布食品药品安全信息，增强公众消费信心，引导公众消费选择，鼓励新闻媒体依法开展舆论监督，为政府监管创造有利条件。充分发挥消费者的监督作用，进一步完善消费者投诉信息收集渠道，建立公众参与的市场流通监管体系，健全食品药品安全领域政府与消费者的沟通机制。

（六）加强国际合作交流，促进监管水平的提升

通过对外交流和政府间合作，积极宣传我国食品药品安全监管法律法规和政策，扩大食品药品安全监管工作的国际影响力，提高国际地位。利用多种交流方式提高公务人员的业务素质和国际化水平。积极参与世界贸易组织的有关活动，完善国际食品药品安全合作与磋商机制，保持和发展与相关国际组织、发达国家的食品药品安全监管机构和技术机构的合作与工作交流，学习先进的食品药品监

管理念和模式、科学的标准体系、先进的检验检测方法和安全管理方式，不断提升我国食品药品安全监管水平。

（七）建立规划实施机制，确保规划目标实现

本规划是指导“十一五”期间全国食品药品安全监管工作的纲领性文件，规划的顺利实施是切实履行政府职能的具体体现。食品药品监管部门负责综合协调，各部门按照职责分工，在各自职责范围内负责规划相关领域工作任务并组织实施。各有关部门在规划实施过程中，应切实加强领导，立足当前，着眼长远，全面推进，重点突破。同时，做好细化工作，对规划目标和任务逐项分解，与年度工作安排紧密结合，提出要求，落实具体措施。要加强督促检查和评估，并适时提出规划滚动调整意见，做好规划实施的衔接与补充，保证规划实施到位。

088

关于严厉查处药品生产经营企业制售假药违法犯罪行为的通知

国食药监电〔2011〕10号

各省、自治区、直辖市食品药品监督管理局（药品监督管理局）：

在近期公安部统一指挥开展的打击制售假药犯罪集群战役中，食品药品监管部门积极配合，并核查发现个别药品生产企业和少数药品经营企业涉嫌制售假药。为严厉查处药品生产经营企业制售假药违法犯罪行为，现将有关要求通知如下：

一、各级食品药品监管部门对已经查证属实药品生产企业生产销售假药的，依照《药品管理法》第七十四条的规定，一律撤销药品批准证明文件。其中，有使用非法化工原料生产、违法委托生产、已停产企业参与生产假药情形的，一律按照情节严重依法撤销药品批准证明文件，并吊销《药品生产许可证》。

对已查证属实药品经营企业出租转让证照票据经营假药的、明知渠道不清或手续不全仍然购销假药等情形的，一律按照情节严重依法吊销《药品经营许可证》。

对生产销售假药的药品生产经营企业，一律公开予以曝光；对涉嫌犯罪的，一律移送公安机关追究刑事责任。

二、各级食品药品监管部门应结合制售假药违法犯罪活动的特点，对行政区域内药品生产企业进行检查，重点检查原料药使用情况、委托生产加工情况、出租厂房设备生产情况等；对经营企业重点检查购销渠道情况、证照票据管理情况等。凡是发现有违法违规行为的，依照《药品管理法》严厉查处，并予以曝光，情节严重的，吊销《药品生产许可证》或《药品经营许可证》。对制售假药的，按照本通知要求依法严厉查处。

各级食品药品监管部门应高度重视，对违法违规行为决不姑息。对姑息迁就、查处不力的，应严肃追究相关部门和责任人的责任。各省级食品药品监管部门应将查处工作情况和结果及时报告国家局。国家局将对重点案件督查督办。

国家食品药品监督管理局

二〇一一年十二月十日

089

国家食品药品监督管理局
关于印发药品安全“黑名单”管理规定（试行）的通知

国食药监办〔2012〕219号

各省、自治区、直辖市食品药品监督管理局（药品监督管理局），新疆生产建设兵团食品药品监督管理局：

为进一步加强药品和医疗器械安全监督管理，推进诚信体系建设，完善行业禁入和退出机制，督促和警示生产经营者全面履行质量安全责任，依据《药品管理法》、《行政许可法》、《医疗器械监督管理条例》、《政府信息公开条例》以及其他相关法律、行政法规，国家食品药品监督管理局制定了《药品安全“黑名单”管理规定（试行）》，现予印发，请遵照执行。

国家食品药品监督管理局

二〇一二年八月十三日

药品安全“黑名单”管理规定（试行）

国家食品药品监督管理局

2012年8月13日

第一条 为进一步加强药品和医疗器械安全监督管理，推进诚信体系建设，完善行业禁入和退出机制，督促生产经营者全面履行质量安全责任，增强全社会监督合力，震慑违法行为，依据《药品管理法》、《行政许可法》、《医疗器械监督管理条例》、《政府信息公开条例》以及其他相关法律、行政法规，制定本规定。

第二条 省级以上食品药品监督管理部门应当按照本规定的要求建立药品安全“黑名单”，将因严重违反药品、医疗器械管理法律、法规、规章受到行政处罚的生产经营者及其直接负责的主管人员和其他直接责任人员（以下简称责任人员）的有关信息，通过政务网站公布，接受社会监督。

第三条 本规定所称生产经营者是指在中华人民共和国境内从事药品和医疗器械研制、生产、经营和使用的企业或者其他单位。

第四条 国家食品药品监督管理局负责全国药品安全“黑名单”管理工作，各省（区、市）食品药品监督管理部门负责本行政区域内药品安全“黑名单”管理工作。

第五条 药品安全“黑名单”应当按照依法公开、客观及时、公平公正的原则予以公布。

第六条 省级以上食品药品监督管理部门应当在其政务网站主页的醒目位置设置“药品安全‘黑名单’专栏”，并由专人管理、及时更新。

国家食品药品监督管理局依照本规定将其查办的重大行政处罚案件涉及的生产经营者、责任人员在“药品安全‘黑名单’专栏”中予以公布。

各省（区、市）食品药品监督管理部门在其政务网站“药品安全‘黑名单’专栏”中公布本行政区域内纳入药品安全“黑名单”的生产经营者、责任人员，并报国家食品药品监督管理局。国家食品药品监督管理局“药品安全‘黑名单’专栏”转载各省（区、市）食品药品监督管理部门公布的药品安全“黑名单”。

第七条 符合下列情形之一、受到行政处罚的严重违法生产经营者，应当纳入药品安全“黑名单”：

（一）生产销售假药、劣药被撤销药品批准证明文件或者被吊销《药品生产许可证》、《药品经营许可证》或《医疗机构制剂许可证》的；

（二）未取得医疗器械产品注册证书生产医疗器械，或者生产不符合国家标准、行业标准的医疗器械情节严重，或者其他生产、销售不符合法定要求医疗器械造成严重后果，被吊销医疗器械产品注册证书、《医疗器械生产企业许可证》、《医疗器械经营企业许可证》的；

（三）在申请相关行政许可过程中隐瞒有关情况、提供虚假材料的；

（四）提供虚假的证明、文件资料样品或者采取其他欺骗、贿赂等不正当手段，取得相关行政许可、批准证明文件或者其他资格的；

（五）在行政处罚案件查办过程中，伪造或者故意破坏现场，转移、隐匿、伪造或者销毁有关证据资料，以及拒绝、逃避监督检查或者拒绝提供有关情况和资料，擅自动用查封扣押物品的；

（六）因药品、医疗器械违法犯罪行为受到刑事处罚的；

（七）其他因违反法定条件、要求生产销售药品、医疗器械，导致发生重大质量安全事件的，或者具有主观故意、情节恶劣、危害严重的药品、医疗器械违法行为的。

生产销售假药及生产销售劣药情节严重、受到十年内不得从事药品生产、经营活动处罚的责任人员，也应当纳入药品安全“黑名单”。

第八条 在公布药品安全“黑名单”时，对具有下列情形之一的生产经营者，应当按照行政处罚决定一并公布禁止其从事相关活动的期限：

（一）有本规定第七条第一款第（三）项情形的生产经营者，食品药品监督管理部门对其提出的行政许可申请不予受理或者不予行政许可，生产经营者在一年内不得再次申请该行政许可，但是根据《药品管理法实施条例》第七十条作出行政处罚决定的，三年内不受理其申请；

（二）有本规定第七条第一款第（四）项情形的生产经营者，食品药品监督管理部门除吊销或者撤销其许可证、批准证明文件或者其他资格外，生产经营者在三年内不得再次申请该行政许可，但是根据《药品管理法》第八十三条和《麻醉药品和精神药品管理条例》第七十五条作出行政处罚决定的，五年内不受理其申请。

符合本规定第七条第二款情形的责任人员，药品生产经营者十年内不得聘用其从事药品生产、经营活动。

第九条　对按照本规定第七条纳入药品安全“黑名单”的，国家食品药品监督管理局或者省（区、市）食品药品监督管理部门应当在行政处罚决定生效后十五个工作日内，在其政务网站上公布。国家食品药品监督管理局应当在接到省（区、市）食品药品监督管理部门上报的药品安全“黑名单”后五个工作日内，在其政务网站上予以转载。

第十条　公布事项包括违法生产经营者的名称、营业地址、法定代表人或者负责人以及本规定第七条第二款规定的责任人员的姓名、职务、身份证号码（隐去部分号码）、违法事由、行政处罚决定、公布起止日期等信息。

第十一条　在“药品安全‘黑名单’专栏”中公布违法生产经营者、责任人员的期限，应当与其被采取行为限制措施的期限一致。法律、行政法规未规定行为限制措施的，公布期限为两年。期限从作出行政处罚决定之日起计算。

公布期限届满，“药品安全‘黑名单’专栏”中的信息转入“药品安全‘黑名单’数据库”，供社会查询。

第十二条　食品药品监督管理部门在办理药品、医疗器械相关行政许可事项时，应当对照“药品安全‘黑名单’专栏”中的信息进行审查，对申请人具有本规定第八条所列情形的不予许可。

食品药品监督管理部门在监督检查中发现有违反本规定第八条的，应当及时依法予以纠正。

第十三条　对“药品安全‘黑名单’专栏”中公布的违法生产经营者，食品药品监督管理部门应当记入监管档案，并采取增加检查和抽验频次、责令定期报告质量管理情况等措施，实施重点监管。

第十四条　食品药品监督管理部门除公布药品安全“黑名单”外，还应当按照《政府信息公开条例》和《国务院关于加强食品等产品安全监督管理的特别规定》的要求，建立生产经营者违法行为记录制度，对所有违法行为的情况予以记录并公布，推动社会诚信体系建设。

第十五条　食品药品监管人员违反本规定，滥用职权、徇私舞弊、玩忽职守的，由监察机关或者任免机关依法对其主要负责人、直接负责的主管人员和其他直接责任人员给予处分。

第十六条　鼓励社会组织或者个人对列入药品安全“黑名单”的单位和个人进行监督，发现有违法行为的，有权向食品药品监督管理部门举报。

第十七条　各省（区、市）食品药品监督管理部门可以根据本规定，结合本地实际制定药品安全“黑名单”管理规定实施细则。

第十八条　本规定自 2012 年 10 月 1 日起施行。

附件：

1. 药品安全“黑名单”公示信息格式（略）

2. 药品安全“黑名单”公示信息报送表（略）

090

中华人民共和国卫生部令

第 81 号

《药品不良反应报告和监测管理办法》已于 2010 年 12 月 13 日经卫生部部务会议审议通过，现予以发布，自 2011 年 7 月 1 日起施行。

部长　陈竺

二〇一一年五月四日

药品不良反应报告和监测管理办法

第一章　总　　则

第一条　为加强药品的上市后监管，规范药品不良反应报告和监测，及时、有效控制药品风险，保障公众用药安全，依据《中华人民共和国药品管理法》等有关法律法规，制定本办法。

第二条　在中华人民共和国境内开展药品不良反应报告、监测以及监督管理，适用本办法。

第三条　国家实行药品不良反应报告制度。药品生产企业（包括进口药品的境外制药厂商）、药品经营企业、医疗机构应当按照规定报告所发现的药品不良反应。

第四条　国家食品药品监督管理局主管全国药品不良反应报告和监测工作，地方各级药品监督管理部门主管本行政区域内的药品不良反应报告和监测工作。各级卫生行政部门负责本行政区域内医疗机构与实施药品不良反应报告制度有关的管理工作。

地方各级药品监督管理部门应当建立健全药品不良反应监测机构，负责本行政区域内药品不良反应报告和监测的技术工作。

第五条　国家鼓励公民、法人和其他组织报告药品不良反应。

第二章　职　　责

第六条　国家食品药品监督管理局负责全国药品不良反应报告和监测的管理

工作，并履行以下主要职责：

（一）与卫生部共同制定药品不良反应报告和监测的管理规定和政策，并监督实施；

（二）与卫生部联合组织开展全国范围内影响较大并造成严重后果的药品群体不良事件的调查和处理，并发布相关信息；

（三）对已确认发生严重药品不良反应或者药品群体不良事件的药品依法采取紧急控制措施，作出行政处理决定，并向社会公布；

（四）通报全国药品不良反应报告和监测情况；

（五）组织检查药品生产、经营企业的药品不良反应报告和监测工作的开展情况，并与卫生部联合组织检查医疗机构的药品不良反应报告和监测工作的开展情况。

第七条 省、自治区、直辖市药品监督管理部门负责本行政区域内药品不良反应报告和监测的管理工作，并履行以下主要职责：

（一）根据本办法与同级卫生行政部门共同制定本行政区域内药品不良反应报告和监测的管理规定，并监督实施；

（二）与同级卫生行政部门联合组织开展本行政区域内发生的影响较大的药品群体不良事件的调查和处理，并发布相关信息；

（三）对已确认发生严重药品不良反应或者药品群体不良事件的药品依法采取紧急控制措施，作出行政处理决定，并向社会公布；

（四）通报本行政区域内药品不良反应报告和监测情况；

（五）组织检查本行政区域内药品生产、经营企业的药品不良反应报告和监测工作的开展情况，并与同级卫生行政部门联合组织检查本行政区域内医疗机构的药品不良反应报告和监测工作的开展情况；

（六）组织开展本行政区域内药品不良反应报告和监测的宣传、培训工作。

第八条 设区的市级、县级药品监督管理部门负责本行政区域内药品不良反应报告和监测的管理工作；与同级卫生行政部门联合组织开展本行政区域内发生的药品群体不良事件的调查，并采取必要控制措施；组织开展本行政区域内药品不良反应报告和监测的宣传、培训工作。

第九条 县级以上卫生行政部门应当加强对医疗机构临床用药的监督管理，在职责范围内依法对已确认的严重药品不良反应或者药品群体不良事件采取相关的紧急控制措施。

第十条 国家药品不良反应监测中心负责全国药品不良反应报告和监测的技术工作，并履行以下主要职责：

（一）承担国家药品不良反应报告和监测资料的收集、评价、反馈和上报，以及全国药品不良反应监测信息网络的建设和维护；

（二）制定药品不良反应报告和监测的技术标准和规范，对地方各级药品不良反应监测机构进行技术指导；

（三）组织开展严重药品不良反应的调查和评价，协助有关部门开展药品群体不良事件的调查；

（四）发布药品不良反应警示信息；

（五）承担药品不良反应报告和监测的宣传、培训、研究和国际交流工作。

第十一条 省级药品不良反应监测机构负责本行政区域内的药品不良反应报告和监测的技术工作，并履行以下主要职责：

（一）承担本行政区域内药品不良反应报告和监测资料的收集、评价、反馈和上报，以及药品不良反应监测信息网络的维护和管理；

（二）对设区的市级、县级药品不良反应监测机构进行技术指导；

（三）组织开展本行政区域内严重药品不良反应的调查和评价，协助有关部门开展药品群体不良事件的调查；

（四）组织开展本行政区域内药品不良反应报告和监测的宣传、培训工作。

第十二条 设区的市级、县级药品不良反应监测机构负责本行政区域内药品不良反应报告和监测资料的收集、核实、评价、反馈和上报；开展本行政区域内严重药品不良反应的调查和评价；协助有关部门开展药品群体不良事件的调查；承担药品不良反应报告和监测的宣传、培训等工作。

第十三条 药品生产、经营企业和医疗机构应当建立药品不良反应报告和监测管理制度。药品生产企业应当设立专门机构并配备专职人员，药品经营企业和医疗机构应当设立或者指定机构并配备专（兼）职人员，承担本单位的药品不良反应报告和监测工作。

第十四条 从事药品不良反应报告和监测的工作人员应当具有医学、药学、流行病学或者统计学等相关专业知识，具备科学分析评价药品不良反应的能力。

第三章 报告与处置

第一节 基本要求

第十五条 药品生产、经营企业和医疗机构获知或者发现可能与用药有关的不良反应，应当通过国家药品不良反应监测信息网络报告；不具备在线报告条件的，应当通过纸质报表报所在地药品不良反应监测机构，由所在地药品不良反应监测机构代为在线报告。

报告内容应当真实、完整、准确。

第十六条 各级药品不良反应监测机构应当对本行政区域内的药品不良反应报告和监测资料进行评价和管理。

第十七条　药品生产、经营企业和医疗机构应当配合药品监督管理部门、卫生行政部门和药品不良反应监测机构对药品不良反应或者群体不良事件的调查，并提供调查所需的资料。

第十八条　药品生产、经营企业和医疗机构应当建立并保存药品不良反应报告和监测档案。

第二节　个例药品不良反应

第十九条　药品生产、经营企业和医疗机构应当主动收集药品不良反应，获知或者发现药品不良反应后应当详细记录、分析和处理，填写《药品不良反应/事件报告表》（见附表1）并报告。

第二十条　新药监测期内的国产药品应当报告该药品的所有不良反应；其他国产药品，报告新的和严重的不良反应。

进口药品自首次获准进口之日起5年内，报告该进口药品的所有不良反应；满5年的，报告新的和严重的不良反应。

第二十一条　药品生产、经营企业和医疗机构发现或者获知新的、严重的药品不良反应应当在15日内报告，其中死亡病例须立即报告；其他药品不良反应应当在30日内报告。有随访信息的，应当及时报告。

第二十二条　药品生产企业应当对获知的死亡病例进行调查，详细了解死亡病例的基本信息、药品使用情况、不良反应发生及诊治情况等，并在15日内完成调查报告，报药品生产企业所在地的省级药品不良反应监测机构。

第二十三条　个人发现新的或者严重的药品不良反应，可以向经治医师报告，也可以向药品生产、经营企业或者当地的药品不良反应监测机构报告，必要时提供相关的病历资料。

第二十四条　设区的市级、县级药品不良反应监测机构应当对收到的药品不良反应报告的真实性、完整性和准确性进行审核。严重药品不良反应报告的审核和评价应当自收到报告之日起3个工作日内完成，其他报告的审核和评价应当在15个工作日内完成。

设区的市级、县级药品不良反应监测机构应当对死亡病例进行调查，详细了解死亡病例的基本信息、药品使用情况、不良反应发生及诊治情况等，自收到报告之日起15个工作日内完成调查报告，报同级药品监督管理部门和卫生行政部门，以及上一级药品不良反应监测机构。

第二十五条　省级药品不良反应监测机构应当在收到下一级药品不良反应监测机构提交的严重药品不良反应评价意见之日起7个工作日内完成评价工作。

对死亡病例，事件发生地和药品生产企业所在地的省级药品不良反应监测机构均应当及时根据调查报告进行分析、评价，必要时进行现场调查，并将评价结果报省级药品监督管理部门和卫生行政部门，以及国家药品不良反应监测中心。

第二十六条 国家药品不良反应监测中心应当及时对死亡病例进行分析、评价，并将评价结果报国家食品药品监督管理局和卫生部。

第三节 药品群体不良事件

第二十七条 药品生产、经营企业和医疗机构获知或者发现药品群体不良事件后，应当立即通过电话或者传真等方式报所在地的县级药品监督管理部门、卫生行政部门和药品不良反应监测机构，必要时可以越级报告；同时填写《药品群体不良事件基本信息表》（见附表 2），对每一病例还应当及时填写《药品不良反应/事件报告表》，通过国家药品不良反应监测信息网络报告。

第二十八条 设区的市级、县级药品监督管理部门获知药品群体不良事件后，应当立即与同级卫生行政部门联合组织开展现场调查，并及时将调查结果逐级报至省级药品监督管理部门和卫生行政部门。

省级药品监督管理部门与同级卫生行政部门联合对设区的市级、县级的调查进行督促、指导，对药品群体不良事件进行分析、评价，对本行政区域内发生的影响较大的药品群体不良事件，还应当组织现场调查，评价和调查结果应当及时报国家食品药品监督管理局和卫生部。

对全国范围内影响较大并造成严重后果的药品群体不良事件，国家食品药品监督管理局应当与卫生部联合开展相关调查工作。

第二十九条 药品生产企业获知药品群体不良事件后应当立即开展调查，详细了解药品群体不良事件的发生、药品使用、患者诊治以及药品生产、储存、流通、既往类似不良事件等情况，在 7 日内完成调查报告，报所在地省级药品监督管理部门和药品不良反应监测机构；同时迅速开展自查，分析事件发生的原因，必要时应当暂停生产、销售、使用和召回相关药品，并报所在地省级药品监督管理部门。

第三十条 药品经营企业发现药品群体不良事件应当立即告知药品生产企业，同时迅速开展自查，必要时应当暂停药品的销售，并协助药品生产企业采取相关控制措施。

第三十一条 医疗机构发现药品群体不良事件后应当积极救治患者，迅速开展临床调查，分析事件发生的原因，必要时可采取暂停药品的使用等紧急措施。

第三十二条 药品监督管理部门可以采取暂停生产、销售、使用或者召回药品等控制措施。卫生行政部门应当采取措施积极组织救治患者。

第四节 境外发生的严重药品不良反应

第三十三条 进口药品和国产药品在境外发生的严重药品不良反应（包括自

发报告系统收集的、上市后临床研究发现的、文献报道的），药品生产企业应当填写《境外发生的药品不良反应/事件报告表》（见附表 3），自获知之日起 30 日内报送国家药品不良反应监测中心。国家药品不良反应监测中心要求提供原始报表及相关信息的，药品生产企业应当在 5 日内提交。

第三十四条　国家药品不良反应监测中心应当对收到的药品不良反应报告进行分析、评价，每半年向国家食品药品监督管理局和卫生部报告，发现提示药品可能存在安全隐患的信息应当及时报告。

第三十五条　进口药品和国产药品在境外因药品不良反应被暂停销售、使用或者撤市的，药品生产企业应当在获知后 24 小时内书面报国家食品药品监督管理局和国家药品不良反应监测中心。

第五节　定期安全性更新报告

第三十六条　药品生产企业应当对本企业生产药品的不良反应报告和监测资料进行定期汇总分析，汇总国内外安全性信息，进行风险和效益评估，撰写定期安全性更新报告。定期安全性更新报告的撰写规范由国家药品不良反应监测中心负责制定。

第三十七条　设立新药监测期的国产药品，应当自取得批准证明文件之日起每满 1 年提交一次定期安全性更新报告，直至首次再注册，之后每 5 年报告一次；其他国产药品，每 5 年报告一次。

首次进口的药品，自取得进口药品批准证明文件之日起每满一年提交一次定期安全性更新报告，直至首次再注册，之后每 5 年报告一次。

定期安全性更新报告的汇总时间以取得药品批准证明文件的日期为起点计，上报日期应当在汇总数据截止日期后 60 日内。

第三十八条　国产药品的定期安全性更新报告向药品生产企业所在地省级药品不良反应监测机构提交。进口药品（包括进口分包装药品）的定期安全性更新报告向国家药品不良反应监测中心提交。

第三十九条　省级药品不良反应监测机构应当对收到的定期安全性更新报告进行汇总、分析和评价，于每年 4 月 1 日前将上一年度定期安全性更新报告统计情况和分析评价结果报省级药品监督管理部门和国家药品不良反应监测中心。

第四十条　国家药品不良反应监测中心应当对收到的定期安全性更新报告进行汇总、分析和评价，于每年 7 月 1 日前将上一年度国产药品和进口药品的定期安全性更新报告统计情况和分析评价结果报国家食品药品监督管理局和卫生部。

第四章　药品重点监测

第四十一条　药品生产企业应当经常考察本企业生产药品的安全性，对新药监测期内的药品和首次进口5年内的药品，应当开展重点监测，并按要求对监测数据进行汇总、分析、评价和报告；对本企业生产的其他药品，应当根据安全性情况主动开展重点监测。

第四十二条 省级以上药品监督管理部门根据药品临床使用和不良反应监测情况，可以要求药品生产企业对特定药品进行重点监测；必要时，也可以直接组织药品不良反应监测机构、医疗机构和科研单位开展药品重点监测。

第四十三条 省级以上药品不良反应监测机构负责对药品生产企业开展的重点监测进行监督、检查，并对监测报告进行技术评价。

第四十四条 省级以上药品监督管理部门可以联合同级卫生行政部门指定医疗机构作为监测点，承担药品重点监测工作。

第五章 评价与控制

第四十五条 药品生产企业应当对收集到的药品不良反应报告和监测资料进行分析、评价，并主动开展药品安全性研究。

药品生产企业对已确认发生严重不良反应的药品，应当通过各种有效途径将药品不良反应、合理用药信息及时告知医务人员、患者和公众；采取修改标签和说明书，暂停生产、销售、使用和召回等措施，减少和防止药品不良反应的重复发生。对不良反应大的药品，应当主动申请注销其批准证明文件。

药品生产企业应当将药品安全性信息及采取的措施报所在地省级药品监督管理部门和国家食品药品监督管理局。

第四十六条 药品经营企业和医疗机构应当对收集到的药品不良反应报告和监测资料进行分析和评价，并采取有效措施减少和防止药品不良反应的重复发生。

第四十七条 省级药品不良反应监测机构应当每季度对收到的药品不良反应报告进行综合分析，提取需要关注的安全性信息，并进行评价，提出风险管理建议，及时报省级药品监督管理部门、卫生行政部门和国家药品不良反应监测中心。

省级药品监督管理部门根据分析评价结果，可以采取暂停生产、销售、使用和召回药品等措施，并监督检查，同时将采取的措施通报同级卫生行政部门。

第四十八条 国家药品不良反应监测中心应当每季度对收到的严重药品不良反应报告进行综合分析，提取需要关注的安全性信息，并进行评价，提出风险管理建议，及时报国家食品药品监督管理局和卫生部。

第四十九条 国家食品药品监督管理局根据药品分析评价结果，可以要求企业开展药品安全性、有效性相关研究。必要时，应当采取责令修改药品说明书，暂停生产、销售、使用和召回药品等措施，对不良反应大的药品，应当撤销药品批准证明文件，并将有关措施及时通报卫生部。

第五十条　省级以上药品不良反应监测机构根据分析评价工作需要，可以要求药品生产、经营企业和医疗机构提供相关资料，相关单位应当积极配合。

第六章　信息管理

第五十一条　各级药品不良反应监测机构应当对收到的药品不良反应报告和监测资料进行统计和分析，并以适当形式反馈。

第五十二条　国家药品不良反应监测中心应当根据对药品不良反应报告和监测资料的综合分析和评价结果，及时发布药品不良反应警示信息。

第五十三条　省级以上药品监督管理部门应当定期发布药品不良反应报告和监测情况。

第五十四条　下列信息由国家食品药品监督管理局和卫生部统一发布：

（一）影响较大并造成严重后果的药品群体不良事件；

（二）其他重要的药品不良反应信息和认为需要统一发布的信息。

前款规定统一发布的信息，国家食品药品监督管理局和卫生部也可以授权省级药品监督管理部门和卫生行政部门发布。

第五十五条　在药品不良反应报告和监测过程中获取的商业秘密、个人隐私、患者和报告者信息应当予以保密。

第五十六条　鼓励医疗机构、药品生产企业、药品经营企业之间共享药品不良反应信息。

第五十七条　药品不良反应报告的内容和统计资料是加强药品监督管理、指导合理用药的依据。

第七章　法律责任

第五十八条　药品生产企业有下列情形之一的，由所在地药品监督管理部门给予警告，责令限期改正，可以并处五千元以上三万元以下的罚款：

（一）未按照规定建立药品不良反应报告和监测管理制度，或者无专门机构、专职人员负责本单位药品不良反应报告和监测工作的；

（二）未建立和保存药品不良反应监测档案的；

（三）未按照要求开展药品不良反应或者群体不良事件报告、调查、评价和处理的；

（四）未按照要求提交定期安全性更新报告的；

（五）未按照要求开展重点监测的；

（六）不配合严重药品不良反应或者群体不良事件相关调查工作的；

（七）其他违反本办法规定的。

药品生产企业有前款规定第（四）项、第（五）项情形之一的，按照《药品注册管理办法》的规定对相应药品不予再注册。

第五十九条 药品经营企业有下列情形之一的，由所在地药品监督管理部门给予警告，责令限期改正；逾期不改的，处三万元以下的罚款：

（一）无专职或者兼职人员负责本单位药品不良反应监测工作的；

（二）未按照要求开展药品不良反应或者群体不良事件报告、调查、评价和处理的；

（三）不配合严重药品不良反应或者群体不良事件相关调查工作的。

第六十条 医疗机构有下列情形之一的，由所在地卫生行政部门给予警告，责令限期改正；逾期不改的，处三万元以下的罚款。情节严重并造成严重后果的，由所在地卫生行政部门对相关责任人给予行政处分：

（一）无专职或者兼职人员负责本单位药品不良反应监测工作的；

（二）未按照要求开展药品不良反应或者群体不良事件报告、调查、评价和处理的；

（三）不配合严重药品不良反应和群体不良事件相关调查工作的。

药品监督管理部门发现医疗机构有前款规定行为之一的，应当移交同级卫生行政部门处理。

卫生行政部门对医疗机构作出行政处罚决定的，应当及时通报同级药品监督管理部门。

第六十一条 各级药品监督管理部门、卫生行政部门和药品不良反应监测机构及其有关工作人员在药品不良反应报告和监测管理工作中违反本办法，造成严重后果的，依照有关规定给予行政处分。

第六十二条 药品生产、经营企业和医疗机构违反相关规定，给药品使用者造成损害的，依法承担赔偿责任。

第八章 附 则

第六十三条 本办法下列用语的含义：

（一）药品不良反应，是指合格药品在正常用法用量下出现的与用药目的无关的有害反应。

（二）药品不良反应报告和监测，是指药品不良反应的发现、报告、评价和控制的过程。

（三）严重药品不良反应，是指因使用药品引起以下损害情形之一的反应：

1. 导致死亡；

2. 危及生命；

3. 致癌、致畸、致出生缺陷；

4. 导致显著的或者永久的人体伤残或者器官功能的损伤；

5. 导致住院或者住院时间延长；

6. 导致其他重要医学事件，如不进行治疗可能出现上述所列情况的。

（四）新的药品不良反应，是指药品说明书中未载明的不良反应。说明书中已有描述，但不良反应发生的性质、程度、后果或者频率与说明书描述不一致或者更严重的，按照新的药品不良反应处理。

（五）药品群体不良事件，是指同一药品在使用过程中，在相对集中的时间、区域内，对一定数量人群的身体健康或者生命安全造成损害或者威胁，需要予以紧急处置的事件。

同一药品：指同一生产企业生产的同一药品名称、同一剂型、同一规格的药品。

（六）药品重点监测，是指为进一步了解药品的临床使用和不良反应发生情况，研究不良反应的发生特征、严重程度、发生率等，开展的药品安全性监测活动。

第六十四条　进口药品的境外制药厂商可以委托其驻中国境内的办事机构或者中国境内代理机构，按照本办法对药品生产企业的规定，履行药品不良反应报告和监测义务。

第六十五条　卫生部和国家食品药品监督管理局对疫苗不良反应报告和监测另有规定的，从其规定。

第六十六条　医疗机构制剂的不良反应报告和监测管理办法由各省、自治区、直辖市药品监督管理部门会同同级卫生行政部门制定。

第六十七条　本办法自 2011 年 7 月 1 日起施行。国家食品药品监督管理局和卫生部于 2004 年 3 月 4 日公布的《药品不良反应报告和监测管理办法》（国家食品药品监督管理局令第 7 号）同时废止。

附表：

1. 药品不良反应/事件报告表（略）

2. 群体不良事件基本信息表（略）

3. 境外发生的药品不良反应/事件报告表（略）

091

关于贯彻落实《药品不良反应报告和监测管理办法》的通知

国食药监安〔2011〕287号

各省、自治区、直辖市食品药品监督管理局（药品监督管理局）、卫生厅局，新疆生产建设兵团食品药品监督管理局、卫生局：

新修订的《药品不良反应报告和监测管理办法》（以下简称《办法》）（卫生部令第81号）已经卫生部发布，自2011年7月1日起施行。这对于建立健全药品不良反应报告和监测工作体系，推动药品不良反应报告和监测工作发展，落实药品安全监管责任，保证公众用药安全，具有重要的意义。为做好《办法》的学习、贯彻和落实工作，现就有关事宜通知如下：

一、各级食品药品监督管理部门和卫生行政部门要高度重视《办法》的贯彻落实工作，充分认识药品不良反应监测工作在保障公众用药安全中的重要性，并按照《办法》要求，加强对药品不良反应报告和监测工作的领导，促进基层药品不良反应监测机构和监测能力建设，推动基层药品不良反应报告与监测工作的深入开展，提高药品不良反应报告和监测的管理水平。

二、各级食品药品监督管理部门和卫生行政部门要加强协调与合作，不断建立健全药品不良反应监测处置联合工作机制，加强沟通和信息交流，强化药品群体不良事件的报告、调查、处理等工作，确保工作有力、有序、有效，及时控制药品群体不良事件，保证公众用药安全。

三、各级食品药品监督管理部门要按照《办法》和医改相关要求，加强药品不良反应报告与监测体系建设，进一步完善药品不良反应监测体系。各级药品不良反应监测机构要配备专业技术人员、保障工作条件，确保药品不良反应监测工作顺利开展，要特别做好基本药物的不良反应监测工作。要按照《办法》要求，围绕病例报告的上报、分析、评价、信息反馈和预警应急等环节，进一步建立健全药品不良反应监测工作的制度和程序，细化监测工作的实施细则、操作流程和工作标准，提高监测工作的制度化、规范化和科学化水平。

四、各级食品药品监督管理部门应加强信息化建设，按照《国家药品不良反应监测体系建设项目》的总体规划，做好药品不良反应监测网络系统的改造和升级工作，加强网络系统的应用、维护与管理，做好新旧系统的衔接工作，保障网络系统安全、有效运转。

五、各级食品药品监督管理部门和卫生行政部门要加大监督检查力度，督促药品生产、经营企业和医疗机构加强药品不良反应监测工作，主动监测、报告、分析和评价药品不良反应，特别是药品生产企业应主动开展药品重点监测，积极采取风险管理措施控制药品风险。国家食品药品监督管理局将组织制定药品不良反应重点监测相关技术指导原则，指导重点监测工作的开展。

六、疑似预防接种异常反应是药品不良反应报告和监测的重要内容，必须给予高度重视。各级食品药品监督管理部门和药品不良反应监测机构应当与同级卫生行政部门和疾病预防控制机构密切配合，按照《办法》和《全国疑似预防接种异常反应监测方案》（卫办疾控发〔2010〕94号）的规定，切实加强疑似预防接种异常反应病例的收集和分析；各级医疗机构和接种单位在实施预防接种的同时，应当严密监测所用疫苗可能出现的不良反应，发现疑似预防接种异常反应病例应当及时报告和处理；疫苗生产企业也应当按照规定报告所生产的疫苗发生的不良反应。

七、2011年，各级食品药品监督管理部门和卫生行政部门要结合新修订《办法》的颁布实施工作，结合实际、精心策划、统筹安排，开展以药品生产、经营企业和医疗机构为主要对象的宣传培训活动，促进药品生产、经营企业和医疗机构自觉学习和落实《办法》的有关要求，自觉开展药品不良反应监测工作，按照要求报告药品不良反应。国家食品药品监督管理局将会同卫生部统一编制培训教材，同时组织对各省（区、市）食品药品监督管理部门和卫生行政部门相关负责人、省级药品不良反应监测机构负责人及相关技术骨干、部分医疗机构及药品生产经营企业药品不良反应报告与监测负责人进行培训，并对各地培训进行指导。各级食品药品监督管理部门和卫生行政部门要组织做好辖区内药品监管人员、药品不良反应监测人员、医疗机构及药品生产经营企业药品不良反应监测负责人的培训工作。

各级食品药品监督管理部门和卫生行政部门要结合本辖区实际情况，做好《办法》的贯彻落实工作，确保各项工作落到实处。

国家食品药品监督管理局
中华人民共和国卫生部
二〇一一年六月二十九日

092

关于印发食品药品投诉举报管理办法（试行）的通知

国食药监办〔2011〕505号

各省、自治区、直辖市食品药品监督管理局（药品监督管理局），新疆生产建设兵团食品药品监督管理局，国家食品药品监督管理局各司局、各直属单位：

为规范全国食品药品投诉举报管理工作，加大对食品药品违法行为的打击力度，保障公众饮食用药安全，国家食品药品监督管理局制定了《食品药品投诉举报管理办法（试行）》。现印发给你们，请遵照执行。

国家食品药品监督管理局

二〇一一年十二月十九日

食品药品投诉举报管理办法（试行）

第一章 总 则

第一条 为规范全国食品药品投诉举报管理工作，加大对食品药品违法行为的打击力度，保障公众饮食用药安全，根据《中华人民共和国药品管理法》及其实施条例、《中华人民共和国食品安全法》及其实施条例、《医疗器械监督管理条例》、《化妆品卫生监督条例》等相关法律法规的规定，制定本办法。

第二条 本办法所称的食品药品投诉举报，是指自然人、法人或者其他组织采用信件、电话、互联网、传真等形式，向各级食品药品监督管理部门反映药品、医疗器械、保健食品、化妆品在研制、生产、流通、使用环节违法行为以及餐饮服务环节食品安全违法行为。

第三条 投诉举报管理工作应坚持属地管理、统一领导、分级负责的原则，坚持公开、公平、公正的原则，坚持依法、及时、就地解决问题与疏导教育相结合的原则，坚持依靠群众、服务群众、方便群众的原则。

第四条 各级食品药品监督管理部门主管本行政区域食品药品投诉举报工作。

国家食品药品监督管理局投诉举报中心具体承担全国食品药品投诉举报管理工作。

省、自治区、直辖市食品药品监督管理部门应具备食品药品投诉举报工作管理机构（以下简称投诉举报机构），具体承担本行政区域食品药品投诉举报管理工作。

设区的市级、县级食品药品监督管理部门应具备投诉举报机构或指派专门机构和人员，具体承担本行政区域食品药品投诉举报管理工作。

第五条　投诉举报机构应履行以下主要职责：

（一）统一受理投诉举报；

（二）负责上报、转办、交办和转送投诉举报；

（三）负责跟踪、督促、审查重要投诉举报办理情况；

（四）负责协调重要投诉举报办理工作并反馈办理结果；

（五）开展投诉举报信息的汇总、处理、分析、通报和回访；

（六）指导协调下级投诉举报机构工作。

第六条　全国开通统一的食品药品监督管理部门投诉举报电话“12331”，建立一体化的投诉举报网络信息管理系统。

第二章　投诉举报受理

第七条　食品药品监督管理部门投诉举报机构负责统一受理通过信件、电话、互联网、传真、走访、手机短信等方式接收的食品药品投诉举报。

投诉举报人提出投诉举报应当客观真实，对其提供材料的真实性负责。

第八条　各级食品药品监督管理部门均应向社会公布投诉举报渠道及相关投诉举报工作管理规定。

第九条　投诉举报符合下列条件的，应予受理：

（一）有明确的投诉举报对象及违法行为；

（二）被投诉举报的对象或违法行为在本投诉举报机构所属的行政区域内。

第十条　投诉举报具有下列情形之一的，不予受理：

（一）不属于食品药品监督管理部门监管职责范围的；

（二）无明确的投诉举报对象或违法行为的；

（三）应当依法通过行政复议、诉讼、仲裁等法定途径解决的；

（四）已经受理或者正在办理的投诉举报，投诉举报人在规定期限内向受理机构、承办单位的上级机关再提出同一投诉举报的，该上级机关不予受理。

第十一条　投诉举报涉及两个以上行政区域的，由涉及的投诉举报机构协商决定受理机构；受理有争议的，由其共同的上一级投诉举报机构决定受理机构。

第十二条　投诉举报机构收到投诉举报后应予统一编码管理，专人负责，并于收到之日起5日内作出是否受理的决定。

经审查符合受理条件的，应当自受理之日起15日内，以书面形式或其他适当方式告知投诉举报人；不符合受理条件的，应当自作出不予受理决定之日起15日内，以书面形式或其他适当方式告知投诉举报人，并说明理由；联系方式不详的除外。

第十三条 对不属于食品药品监督管理部门监管职责范围的投诉举报，投诉举报机构应及时转送有管辖权部门办理，并告知投诉举报人。

第三章 投诉举报办理

第十四条 投诉举报机构对已受理的投诉举报按重要投诉举报和一般投诉举报分类办理。

有下列情形之一的，为重要投诉举报：

（一）可能涉及国家利益或引发重大社会影响的；

（二）声称已造成致人死亡或多人伤残等严重后果的；

（三）对麻醉药品、精神药品、医疗用毒性药品、放射性药品、血液制品、疫苗等高风险产品的投诉举报；

（四）有主流新闻媒体关注的；

（五）投诉举报机构认为重要的其他投诉举报。

不符合上述情形的，为一般投诉举报。

第十五条 国家食品药品监督管理局投诉举报中心受理重要投诉举报后，应依据属地管理原则和监管职责划分，立即交办有关省级食品药品监督管理部门，或立即上报国家食品药品监督管理局。

第十六条 地方各级食品药品监督管理部门投诉举报机构受理重要投诉举报后，应立即上报本级食品药品监督管理部门，并报上一级投诉举报机构。

第十七条 各级食品药品监督管理部门投诉举报机构受理一般投诉举报后，应依据属地管理原则和监管职责划分以及投诉举报办理的相关规定，及时转办或交办有关单位。能够即时办理的，投诉举报机构应当场办理。

第十八条 投诉举报机构应建立健全多部门沟通协调机制，加强研究并及时办理投诉举报。

对涉及多部门监管职责的投诉举报，投诉举报机构应提出拟办意见，并协调相关部门办理。

第十九条 投诉举报承办单位自收到投诉举报机构上报、转办、交办的投诉举报后，应自收到之日起30日内调查核实，依法办理，并将办理结果及时告知投诉举报机构。

第二十条 投诉举报机构及投诉举报承办单位的工作人员应遵守下列工作准则：

（一）与投诉举报内容或投诉举报人有直接利害关系的，应当回避；

（二）应当听取投诉举报人陈述事实及理由，必要时可以向有关组织和人员调查核实情况，避免激化矛盾；

（三）不得将投诉举报信息透露给被投诉举报对象，不得将本单位办理投诉举报的内部研究情况透露给投诉举报人，不得与无关人员谈论投诉举报内容。

第二十一条　投诉举报机构应对投诉举报的办理结果进行审查。对办理不当的，应指导协调投诉举报承办单位重新办理。

第二十二条　投诉举报承办单位应当以适当方式将办理结果及时反馈投诉举报人，也可以由投诉举报机构反馈投诉举报人。

第二十三条　投诉举报的受理、办理、协调、审查、反馈等环节，一般应当自受理之日起 60 日内全部办结；情况复杂的，经投诉举报承办单位负责人批准，可适当延长办理期限，但延长期限不得超过 30 日，并告知投诉举报人和有关投诉举报机构延期理由。法律、行政法规、规章另有规定的，从其规定。

第二十四条　投诉举报机构根据工作需要，可以对部分投诉举报办理情况进行回访，听取投诉举报人的意见和建议，并如实记录回访结果。

第二十五条　投诉举报机构及投诉举报承办单位应建立健全投诉举报档案，立卷归档，留档备查。

归档范围应包括投诉举报涉及的全部有查考价值的文字、音像等资料。

第四章　投诉举报跟踪督促

第二十六条　投诉举报机构对已受理的投诉举报应跟踪了解办理情况，必要时可采取听取汇报、查阅资料、实地察看、专访调查、座谈等方式了解情况。投诉举报承办单位应予协助配合。

第二十七条　对发现有下列情形之一的，投诉举报机构应及时督促投诉举报承办单位，并提出改进建议：

（一）无正当理由未按规定办理期限办结投诉举报的；

（二）未按规定反馈办理结果的；

（三）办理投诉举报推诿、敷衍、拖延的；

（四）无正当理由不执行投诉举报机构转办、交办意见的；

（五）投诉举报机构认为投诉举报办理不当的；

（六）投诉举报机构认为应予督促的其他情形。

投诉举报承办单位收到改进建议后，应当在 30 日内书面反馈情况；未采纳改进建议的，应当说明理由。

第二十八条　各级投诉举报机构应自觉接受社会监督，接受食品药品监督管理系统内部监督。

第五章　投诉举报分析处理

第二十九条　投诉举报机构应对投诉举报信息定期进行汇总、分析和处理。通过对信息的深度挖掘，找出风险信号，发现薄弱环节，提出预防预警措施和建议。对热点、难点和具有规律性、普遍性的问题，应及时形成监管建议，上报本级食品药品监督管理部门和上一级投诉举报机构。

第三十条　各级投诉举报机构应以适当方式定期对投诉举报情况进行通报。通报内容一般包括：投诉举报信息统计分析结果、承办单位办理投诉举报工作情况以及下一级投诉举报机构工作情况等。

第六章　附　　则

第三十一条　省、自治区、直辖市食品药品监督管理部门可以结合本地区实际，制定实施办法。

第三十二条　本办法中有关期限的规定是指工作日。

第三十三条　本办法由国家食品药品监督管理局负责解释。

第三十四条　本办法自发布之日起施行。

093

国家食品药品监督管理局令

第 29 号

《药品召回管理办法》于 2007 年 12 月 6 日经国家食品药品监督管理局局务会审议通过，现予公布，自公布之日起施行。

局长　邵明立

二〇〇七年十二月十日

药品召回管理办法

第一章　总　　则

第一条　为加强药品安全监管，保障公众用药安全，根据《中华人民共和国药品管理法》、《中华人民共和国药品管理法实施条例》、《国务院关于加强食品等产品安全监督管理的特别规定》，制定本办法。

第二条　在中华人民共和国境内销售的药品的召回及其监督管理，适用本办法。

第三条　本办法所称药品召回，是指药品生产企业（包括进口药品的境外制药厂商，下同）按照规定的程序收回已上市销售的存在安全隐患的药品。

第四条　本办法所称安全隐患，是指由于研发、生产等原因可能使药品具有的危及人体健康和生命安全的不合理危险。

第五条　药品生产企业应当按照本办法的规定建立和完善药品召回制度，收集药品安全的相关信息，对可能具有安全隐患的药品进行调查、评估，召回存在安全隐患的药品。药品经营企业、使用单位应当协助药品生产企业履行召回义务，按照召回计划的要求及时传达、反馈药品召回信息，控制和收回存在安全隐患的药品。

第六条　药品经营企业、使用单位发现其经营、使用的药品存在安全隐患的，应当立即停止销售或者使用该药品，通知药品生产企业或者供货商，并向药品监督管理部门报告。

第七条　药品生产企业、经营企业和使用单位应当建立和保存完整的购销记录，保证销售药品的可溯源性。

第八条 召回药品的生产企业所在地省、自治区、直辖市药品监督管理部门负责药品召回的监督管理工作，其他省、自治区、直辖市药品监督管理部门应当配合、协助做好药品召回的有关工作。

国家食品药品监督管理局监督全国药品召回的管理工作。

第九条 国家食品药品监督管理局和省、自治区、直辖市药品监督管理部门应当建立药品召回信息公开制度，采用有效途径向社会公布存在安全隐患的药品信息和药品召回的情况。

第二章 药品安全隐患的调查与评估

第十条 药品生产企业应当建立健全药品质量保证体系和药品不良反应监测系统，收集、记录药品的质量问题与药品不良反应信息，并按规定及时向药品监督管理部门报告。

第十一条 药品生产企业应当对药品可能存在的安全隐患进行调查。药品监督管理部门对药品可能存在的安全隐患开展调查时，药品生产企业应当予以协助。药品经营企业、使用单位应当配合药品生产企业或者药品监督管理部门开展有关药品安全隐患的调查，提供有关资料。

第十二条 药品安全隐患调查的内容应当根据实际情况确定，可以包括：

（一）已发生药品不良事件的种类、范围及原因；

（二）药品使用是否符合药品说明书、标签规定的适应症、用法用量的要求；

（三）药品质量是否符合国家标准，药品生产过程是否符合 GMP 等规定，药品生产与批准的工艺是否一致；

（四）药品储存、运输是否符合要求；

（五）药品主要使用人群的构成及比例；

（六）可能存在安全隐患的药品批次、数量及流通区域和范围；

（七）其他可能影响药品安全的因素。

第十三条 药品安全隐患评估的主要内容包括：

（一）该药品引发危害的可能性，以及是否已经对人体健康造成了危害；

（二）对主要使用人群的危害影响；

（三）对特殊人群，尤其是高危人群的危害影响，如老年、儿童、孕妇、肝肾功能不全者、外科病人等；

（四）危害的严重与紧急程度；

（五）危害导致的后果。

第十四条 根据药品安全隐患的严重程度，药品召回分为：

（一）一级召回：使用该药品可能引起严重健康危害的；

（二）二级召回：使用该药品可能引起暂时的或者可逆的健康危害的；

（三）三级召回：使用该药品一般不会引起健康危害，但由于其他原因需要收回的。

药品生产企业应当根据召回分级与药品销售和使用情况，科学设计药品召回计划并组织实施。

第三章　主动召回

第十五条　药品生产企业应当对收集的信息进行分析，对可能存在安全隐患的药品按照本办法第十二条、第十三条的要求进行调查评估，发现药品存在安全隐患的，应当决定召回。进口药品的境外制药厂商在境外实施药品召回的，应当及时报告国家食品药品监督管理局；在境内进行召回的，由进口单位按照本办法的规定负责具体实施。

第十六条　药品生产企业在作出药品召回决定后，应当制定召回计划并组织实施，一级召回在 24 小时内，二级召回在 48 小时内，三级召回在 72 小时内，通知到有关药品经营企业、使用单位停止销售和使用，同时向所在地省、自治区、直辖市药品监督管理部门报告。

第十七条　药品生产企业在启动药品召回后，一级召回在 1 日内，二级召回在 3 日内，三级召回在 7 日内，应当将调查评估报告和召回计划提交给所在地省、自治区、直辖市药品监督管理部门备案。省、自治区、直辖市药品监督管理部门应当将收到一级药品召回的调查评估报告和召回计划报告国家食品药品监督管理局。

第十八条　调查评估报告应当包括以下内容：

（一）召回药品的具体情况，包括名称、批次等基本信息；

（二）实施召回的原因；

（三）调查评估结果；

（四）召回分级。

召回计划应当包括以下内容：

（一）药品生产销售情况及拟召回的数量；

（二）召回措施的具体内容，包括实施的组织、范围和时限等；

（三）召回信息的公布途径与范围；

（四）召回的预期效果；

（五）药品召回后的处理措施；

（六）联系人的姓名及联系方式。

第十九条　省、自治区、直辖市药品监督管理部门可以根据实际情况组织专家对药品生产企业提交的召回计划进行评估，认为药品生产企业所采取的措施不能有效消除安全隐患的，可以要求药品生产企业采取扩大召回范围、缩短召回时间等更为有效的措施。

第二十条　药品生产企业对上报的召回计划进行变更的，应当及时报药品监督管理部门备案。

第二十一条　药品生产企业在实施召回的过程中，一级召回每日，二级召回每3日，三级召回每7日，向所在地省、自治区、直辖市药品监督管理部门报告药品召回进展情况。

第二十二条　药品生产企业对召回药品的处理应当有详细的记录，并向药品生产企业所在地省、自治区、直辖市药品监督管理部门报告。必须销毁的药品，应当在药品监督管理部门监督下销毁。

第二十三条　药品生产企业在召回完成后，应当对召回效果进行评价，向所在地省、自治区、直辖市药品监督管理部门提交药品召回总结报告。

第二十四条　省、自治区、直辖市药品监督管理部门应当自收到总结报告之日起10日内对报告进行审查，并对召回效果进行评价，必要时组织专家进行审查和评价。审查和评价结论应当以书面形式通知药品生产企业。

经过审查和评价，认为召回不彻底或者需要采取更为有效的措施的，药品监督管理部门应当要求药品生产企业重新召回或者扩大召回范围。

第四章　责令召回

第二十五条　药品监督管理部门经过调查评估，认为存在本办法第四条所称的安全隐患，药品生产企业应当召回药品而未主动召回的，应当责令药品生产企业召回药品。

必要时，药品监督管理部门可以要求药品生产企业、经营企业和使用单位立即停止销售和使用该药品。

第二十六条　药品监督管理部门作出责令召回决定，应当将责令召回通知书送达药品生产企业，通知书包括以下内容：

（一）召回药品的具体情况，包括名称、批次等基本信息；

（二）实施召回的原因；

（三）调查评估结果；

（四）召回要求，包括范围和时限等。

第二十七条　药品生产企业在收到责令召回通知书后，应当按照本办法第十六条、第十七条的规定通知药品经营企业和使用单位，制定、提交召回计划，并组织实施。

第二十八条　药品生产企业应当按照本办法第二十条、第二十一条、第二十二条、第二十三条的规定向药品监督管理部门报告药品召回的相关情况，进行召回药品的后续处理。药品监督管理部门应当按照本办法第二十四条的规定对药品生产企业提交的药品召回总结报告进行审查，并对召回效果进行评价。经过审查和评价，认为召回不彻底或者需要采取更为有效的措施的，药品监督管理部门可以要求药品生产企业重新召回或者扩大召回范围。

第五章　法律责任

第二十九条　药品监督管理部门确认药品生产企业因违反法律、法规、规章规定造成上市药品存在安全隐患，依法应当给予行政处罚，但该企业已经采取召回措施主动消除或者减轻危害后果的，依照《行政处罚法》的规定从轻或者减轻处罚；违法行为轻微并及时纠正，没有造成危害后果的，不予处罚。

药品生产企业召回药品的，不免除其依法应当承担的其他法律责任。

第三十条　药品生产企业违反本办法规定，发现药品存在安全隐患而不主动召回药品的，责令召回药品，并处应召回药品货值金额3倍的罚款；造成严重后果的，由原发证部门撤销药品批准证明文件，直至吊销《药品生产许可证》。

第三十一条　药品生产企业违反本办法第二十五条规定，拒绝召回药品的，处应召回药品货值金额3倍的罚款；造成严重后果的，由原发证部门撤销药品批准证明文件，直至吊销《药品生产许可证》。

第三十二条　药品生产企业违反本办法第十六条规定，未在规定时间内通知药品经营企业、使用单位停止销售和使用需召回药品的，予以警告，责令限期改正，并处3万元以下罚款。

第三十三条　药品生产企业违反本办法第十九条、第二十四条第二款、第二十八条第二款规定，未按照药品监督管理部门要求采取改正措施或者召回药品的，予以警告，责令限期改正，并处3万元以下罚款。

第三十四条　药品生产企业违反本办法第二十二条规定的，予以警告，责令限期改正，并处3万元以下罚款。

第三十五条　药品生产企业有下列情形之一的，予以警告，责令限期改正；逾期未改正的，处2万元以下罚款：

（一）未按本办法规定建立药品召回制度、药品质量保证体系与药品不良反应监测系统的；

（二）拒绝协助药品监督管理部门开展调查的；

（三）未按照本办法规定提交药品召回的调查评估报告和召回计划、药品召回进展情况和总结报告的；

（四）变更召回计划，未报药品监督管理部门备案的。

第三十六条　药品经营企业、使用单位违反本办法第六条规定的，责令停止销售和使用，并处1000元以上5万元以下罚款；造成严重后果的，由原发证部门吊销《药品经营许可证》或者其他许可证。

第三十七条 药品经营企业、使用单位拒绝配合药品生产企业或者药品监督管理部门开展有关药品安全隐患调查、拒绝协助药品生产企业召回药品的，予以警告，责令改正，可以并处2万元以下罚款。

第三十八条 药品监督管理部门及其工作人员不履行职责或者滥用职权的，按照有关法律、法规规定予以处理。

第六章 附 则

第三十九条 本办法由国家食品药品监督管理局负责解释。

第四十条 本办法自公布之日起施行。

094

中国的药品安全监管状况

中华人民共和国国务院新闻办公室

2008 年 7 月

药品是人类用于预防、治疗、诊断疾病的特殊商品，对药品实施有效监管，关系到广大消费者的用药安全，关系到公众生命健康权益的维护和保障。中国政府一贯高度重视药品安全监管，多年来以强化药品安全监管、保障公众用药安全为目标，逐步建立健全药品安全监管体制与法制，不断完善药品供应体系，稳步提高药品质量安全保障水平，积极维护公众用药权益，努力提高公众的健康水平。

一、药品供应和质量安全概况

中国政府为医药产业发展积极创造开放公平的市场环境，大力推动医药产业实现持续快速健康发展。经过新中国成立近 60 年特别是改革开放 30 年来的不懈努力，中国不仅改变了缺医少药的局面，而且药品质量安全保障水平得到了明显提高。

目前，中国可生产原料药 1500 种，且多个药物品种产量位居世界第一，如青霉素、维生素 C 等。一批植物药和天然药物，如抗感染的黄连素、抗肿瘤的秋水仙碱等，已经在国内大量生产和广泛应用。抗生素、维生素、激素、解热镇痛药、氨基酸、生物碱等产品在国际医药市场上占有相当的份额。中国生产的青蒿素产品，在国际上被广泛使用，为防治疟疾作出了重要贡献。现今中国可以生产预防 26 种病毒、病菌感染的 41 种疫苗，年产量超过 10 亿个剂量单位，其中，用于预防乙肝、脊髓灰质炎、麻疹、百日咳、白喉、破伤风等常见传染病的疫苗产量达 5 亿人份。国产疫苗在满足国内居民防病需求的同时，已开始向世界卫生组织提供，用于其他国家的疾病预防。在医疗器械方面，中国可生产 3000 多个品种，其中，数字 X 光机、磁共振、超声、CT 等技术含量高的诊断治疗类产品在市场上占据了一定份额。截至 2007 年底，中国共有药品生产企业（含中药饮片和医用氧生产企业）6913 家，其中原料药和制剂生产企业 4682 家；医疗器械生产企业 12591 家。

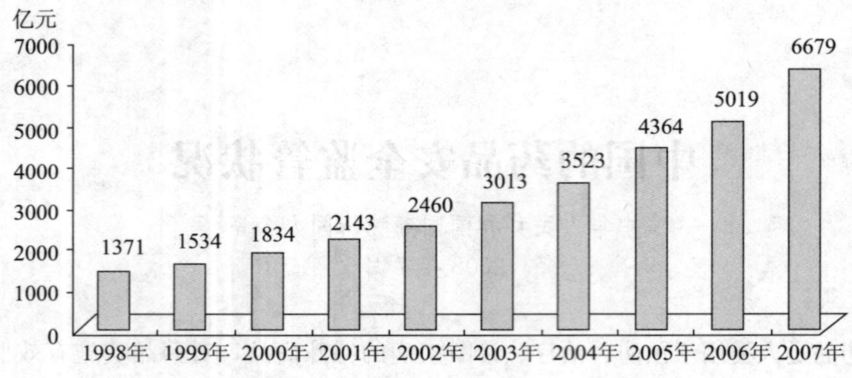

图 1　医药工业总产值（七大子行业，现价）变化

近年来，中国医药工业总产值和医药贸易大幅度增加。按照中成药、中药饮片、化学原料药、化学药品制剂、生物制品、医疗器械、卫生材料等七大类统计，中国医药工业总产值由 1998 年的 1371 亿元人民币上升到 2007 年的 6679 亿元人民币。医药贸易出口额 1998 年为 34 亿美元，2007 年为 246 亿美元；进口额 1998 年为 15 亿美元，2007 年为 140 亿美元。

为防止仿制药无偿利用新药开发研究数据，损害新药开发的原动力，中国认真履行加入世界贸易组织的承诺，实施药品数据保护制度。2002 年，修订《中华人民共和国药品管理法实施条例》，规定对获得生产或者销售含有新型化学成分药品许可的生产者或者销售者提交的自行取得且未披露的试验数据和其他数据，给予 6 年保护期限。

国家实施特别审评审批程序，鼓励创制新药和研发治疗疑难危重疾病的新药。适用特别程序的新药包括：未在国内上市销售的从植物、动物、矿物等物质中提取的有效成分及其制剂；新发现的药材及其制剂；未在国内外获准上市的化学原料药及其制剂、生物制品；治疗艾滋病、恶性肿瘤、罕见病等疾病且具有明显临床治疗优势的新药；治疗尚无有效治疗手段的疾病的新药。从 1998 年到 2007 年底，共有 78 个一类新药获得批准。制药企业的技术水平与生产工艺有了大幅度改进，首创了一批新工艺、新技术、新方法，如维生素 C 二步发酵、黄连素合成、高纯度尿激酶生产方法和装置等。青霉素孢子高单位菌种选育和相应发酵、头孢菌素 C 发酵等新工艺达到世界先进水平。中国不仅能够生产供出口的中型医疗设备，在可穿载技术、生物医学材料和组织工程等方面的研究，也正逐步进入世界前列。

国家加快了现代医药物流和连锁药店建设，有效保障公众用药的可获得性。截至 2007 年底，全国共有药品批发企业 1.3 万家，药品零售企业和门店经营企业 34.1 万家，农村药品供应网点 55.4 万个，极大地方便了广大公众的用药需求。随着生活水平的不断提高，中国人均药品消费水平稳步增长，2006 年达到人均 332 元人民币。

中国建立了药品不良反应报告和监测网络。1998 年，中国正式加入世界卫生组织国际药品监测合作中心。2004 年，国家发布《药品不良反应报告和监测管理办法》，明确实行药品不良反应报告和监测制度。到 2002 年底，全国 31 个省、自治区、直辖市都建立了省级药品不良反应监测机构，建立了 200 多个省级以下的药品不良反应监测中心或监测站，国家药品不良反应监测信息网络覆盖全国，实现了电子报告和在线实时报告。自 2000 年以来，中国药品不良反应报告工作取得明显进展，2007 年的药品不良反应病例报告数量为每百万人口 400 多份，接近发达国家的监测报告率，表明中国药品不良反应监测和预警能力有了较大提高。药品监管部门及时汇总、评价和发布药品不良反应报告信息，截至 2008 年 6 月底已发布药品不良反应信息通报 13 期，涉及 44 个品种。

药品监管部门积极探索推进药品再评价工作，对部分上市后品种开展安全性观察试验试点和回顾性分析调查。通过评价分析，修改了葛根素注射液、穿琥宁注射液、莲必治注射液等品种的说明书，取消了关木通药用标准，取消了乙双吗啉的生产许可，对一些品种采取了暂停销售使用的措施。

国家积极推进建立医疗器械不良事件监测和再评价体系。2004 年，在全国推行医疗器械不良事件监测工作。截至 2006 年底，全国 31 个省、自治区、直辖市建立了省级医疗器械不良事件监测机构，初步建立了医疗器械不良事件监测组织框架。依据不良事件监测和再评价结果，药品监管部门分别对聚丙烯酰胺水凝胶、体外循环管道、透析粉等产品采取了撤销产品注册证、责令召回、重新注册等措施。

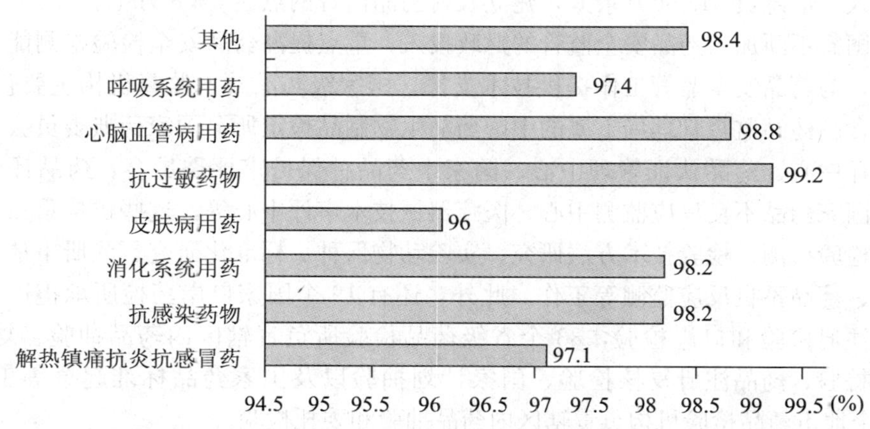

图 2　2007 年药品评价性抽验合格率情况

国家不断加大对已上市药品的质量监督抽验力度，促进药品质量安全水平稳步提高。2007 年，国家对中成药、化学药品、生物制品等开展了评价性抽验，共抽验 13595 批次，总体合格率为 98.0%。其中，化学药品抽验 7398 批次，合格率为 98.0%；抗生素抽验 2586 批次，合格率为 98.1%；中成药抽验 3611 批次，合格率为 97.6%。流感疫苗的抽验合格率，连续两年为 100%。对抽验不合格的药品、医疗器械，药品监管部门采取了责令召回、撤市以及行政控制等措施，依法进行处理。同时，国家采取一系列措施严厉打击制售假冒伪劣药品行为，确保公众用药安全。

二、药品安全监管的体制与法制

多年来，中国政府不断建立健全药品安全监管体制，完善药品安全监管技术支撑体系和药品安全监管法律法规体系，为药品安全监管提供体制和法制保障。

1998 年中国组建了国家药品监督管理局，并于 2003 年成立国家食品药品监督管理局，负责对药品（包括中药材、中药饮片、中成药、化学原料药及其制剂、抗生素、生化药品、放射性药品、血清、疫苗、血液制品和诊断药品等）以及医疗器械的研究、生产、流通、使用进行行政监督和技术监督。目前，中国已建成了中央政府统一领导、省以下垂直管理的药品监管行政机构。截至 2007 年底，全国有药品监管行政机构 2692 个，其中，省级药品监管行政机构 31 个，市（地）级药品监管行政机构 339 个，县（市）级（含直辖市区县）药品监管行政机构 2321 个。建立药品监管技术监督机构 1000 余个。全国共有监管人员 6.4 万人。在广大农村地区，通过聘请药品安全协管员、信息员，维护农村药品安全，推进药品安全监督网建设。截至 2007 年底，全国共聘请农村药品安全协管员 9.7 万余人、信息员 51. 4 万余人，建立农村药品监督网点达 57.8 万个。

国家不断加大药品安全监管的财政投入，重点提高药品安全检验检测能力和水平，为药品安全监管工作提供技术支撑。国家级药品技术监督机构主要包括：国家食品药品监督管理局下属的中国药品生物制品检定所、国家药典委员会、药品审评中心、药品认证管理中心、国家中药品种保护审评委员会、药品评价中心、国家药品不良反应监测中心、医疗器械技术审评中心等。这些机构重点承担日常检验检测、检验技术方法研究、实验动物保种、标准化研究、注册申请技术审评、药品不良反应监测等工作。此外，还有 19 个国家口岸药检所承担进口药品的注册检验和口岸检验，33 个省级药品检验所负责辖区内药品抽验、复验、委托检验、药品注册复核检验、国家计划抽验以及国家药品标准起草等工作，325 个地市药品检验机构负责辖区内药品抽验和委托检验。

在医疗器械监管方面，初步建立起由国家和省两级机构组成的医疗器械技术检测体系。其中，国家级医疗器械质量监督检验中心有 10 个，主要承担境内第三类医疗器械、进口医疗器械产品注册检验和国家医疗器械产品质量抽验；省级医疗器械检验机构有 30 个，主要承担辖区内医疗器械监督抽验和部分医疗器械产品注册检验；具有专业特长的高等院校、科研机构设立的医疗器械检测机构有 9 个，作为医疗器械检测能力的补充。还有 22 个不同专业的医疗器械专业标准化技术委员会，负责不同专业范围的医疗器械标准化工作。

中国重视药品安全监管的法律法规体系建设。1984 年，全国人大常委会审议通过《中华人民共和国药品管理法》，第一次以法律的形式对药品研制、生产、经营和使用环节进行规定，明确了生产、销售假劣药品的法律责任，标志着中国药品监管工作进入了法制化轨道。该法于 2001 年进行修订，修订的主要内容包括：统一药品标准，取消了地方标准；加重了生产、销售假劣药品的法律责任；将药品生产、经营质量管理规范作为法定要求予以明确。《中华人民共和国药品管理法》以及相关法律法规，为加强药品监管，保证药品质量，维护人民群众用药权益提供了法律保障。

截至目前，国务院共颁布了 17 部与药品相关的行政法规，主要包括《关于加强食品等产品安全监督管理的特别规定》、《中华人民共和国药品管理法实施条例》、《麻醉药品和精神药品管理条例》、《放射性药品管理办法》、《血液制品管理条例》、《疫苗流通和预防接种管理条例》、《反兴奋剂条例》、《易制毒化学品管理条例》、《中药品种保护条例》等。

根据《中华人民共和国药品管理法》，国家药品监管部门制定了 29 个规章，主要包括《药品召回管理办法》、《药品注册管理办法》、《药物非临床研究质量管理规范》、《药物临床试验质量管理规范》、《药品生产监督管理办法》、《药品经营许可证管理办法》、《药品流通监督管理办法》等。药品监管部门还与卫生、工商、海关等部门联合发布了《药品不良反应报告和监测管理办法》、《药品广告审查发布标准》、《药品广告审查办法》、《药品进口管理办法》、《蛋白同化制剂、肽类激素进出口管理办法（暂行）》等规章。

中国政府重视医疗器械管理法规的制定。2000 年，国务院颁布《医疗器械监督管理条例》。根据该条例，国家药品监管部门制定了 10 个规章，主要包括《医疗器械注册管理办法》、《医疗器械的分类规则》、《医疗器械标准管理办法》、《医疗器械临床试验规定》、《医疗器械生产监督管理办法》、《医疗器械生产企业质量体系考核办法》、《医疗器械说明书、标签和包装标识管理规定》等。药品监管部门还与工商部门联合发布了《医疗器械广告审查标准》、《医疗器械广告审查办法》。

目前中国已形成了以《中华人民共和国药典》和局颁标准为核心的国家药品标准体系。药品标准和部分医疗器械质量标准属于国家强制性标准。中国现有国家药品标准总计 1.5 万余种；医疗器械标准 686 项，其中，国家标准 155 项，行业标准 531 项。

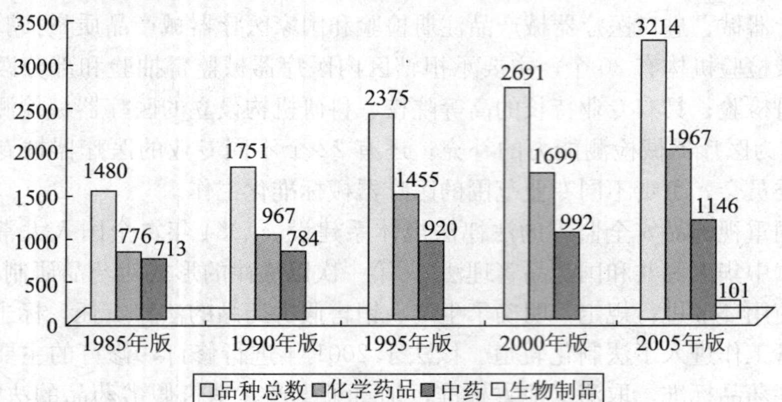

图 3　中国药典的品种收载情况

早在 1953 年，中国政府有关部门就编印发行了《中华人民共和国药典》，截至目前，共颁布了 8 版，现行版为 2005 年版。2005 年版药典收载的品种较以往有较大幅度增加，并且扩大了现代分析技术的应用，更加重视药品安全性指标，对制剂通则、分析检验方法和指导原则等进行了增修订。2005 年版药典一部收载中药材及饮片、植物油脂和提取物、成方和单味制剂等，共 1146 种；2005 年版药典二部收载化学药品、抗生素、生化药品、放射性药品以及药用辅料等，共 1967 种；2005 年版药典三部收载生物制品，共 101 种。

中国重视国家药品标准的提高和规范，鼓励企业制订和执行高于国家标准的注册标准。政府有关部门正在分期分批对现行国家药品标准进行规范和提高，使国家药品标准的检测技术逐步达到国际先进水平。

三、药品安全监管的政策措施

中国从国情出发，借鉴国际先进经验，围绕提高药品安全性、有效性和质量可控性，制定政策措施，建立了涵盖药品研究、生产、流通、使用各环节的重要监管制度。

药品市场准入制度

为了从源头保障药品质量安全，国家对药品品种、药品生产经营企业以及相关涉药人员实行审批和资格认证制度。

——实行药品注册。对上市的新药、仿制药和进口药品，实行严格的技术审评和行政审批。在中国境内，只有取得药品批准文号或进口药品注册证书（医药产品注册证）的，方可生产或销售。根据各类药品申请的研究内容和技术要求特点，国家药品监管部门陆续制定并颁布实施了 54 项药品研究技术指导原则，基本建立了符合中国实际的药品注册技术审评体系。

——实行药品企业市场准入。对所有申请生产、经营药品的企业进行审核，重点审核人员资质、厂房环境、设备设施、营业场所、仓储条件、质量管理机构等，符合条件的发放生产或经营许可证。自药品生产、经营许可证制度实施以来，药品监管部门通过定期检查、换证工作，对药品生产经营企业进行清理。对原料药生产企业同样实行许可管理，只有获得许可的企业，才能生产经营原料药。

——实行生物制品批签发管理。国家对规定范围内的每批生物制品在出厂上市或者进口时进行强制性检验、审核，检验不合格或者审核不被批准者，不得上市或者进口。从 2001 年开始，国家分阶段对疫苗、血液制品、用于血源筛查的体外诊断试剂等生物制品实施国家批签发。2006 年 1 月 1 日起，对所有预防用疫苗类制品实施批签发。2008 年 1 月 1 日起，对所有血液制品实施批签发。生物制品批签发制度的实施，在控制艾滋病等传染性疾病传播，保障公众健康等方面发挥了重要作用。

——实行药品包装材料、标签和说明书审批管理。包装、标签、说明书是公众获取药品信息的重要渠道。在中国，直接接触药品的包装容器和材料必须符合药用标准，同时，药品包装也必须印有或者贴有标签并附有说明书。药品监管部门按照《药品说明书和标签的管理规定》，对药品包装、标签和说明书进行备案审核。

——实行执业药师资格认证。对企业药学专业技术人员实行资格考试、注册管理和继续教育的岗位准入控制，以保证药品质量和药学服务质量。自执业药师资格制度实施以来，药品监管部门逐步组建了考试、注册管理机构，规范了继续教育，形成了比较完善的组织工作体系。截至 2007 年底，全国 15 万余人取得执业药师资格。

药品质量管理规范

国家对药品研究、生产、流通等环节实行质量管理规范认证制度，从全过程加强药品质量安全控制。

——推行药物非临床研究质量管理规范（简称药物 GLP）认证。为了提高药物非临床研究的质量，确保实验资料真实、完整、可靠，1999 年国家颁布了《药物非临床研究质量管理规范》，并从 2007 年 4 月起实施药物 GLP 认证。目前共有 27 家药物非临床研究机构通过了药物 GLP 认证。自 2007 年 1 月 1 日起，未在国内上市销售的化学原料药及其制剂、生物制品，未在国内上市销售的从植物、动物、矿物等物质中提取的有效成分、有效部位及其制剂，从中药、天然药物中提取的有效成分及其制剂，以及中药注射剂的新药非临床安全性评价研究，都必须在通过药物 GLP 认证的实验室进行。

——推行药物临床试验质量管理规范（简称药物 GCP）资格认定。为了保障药物临床试验中受试者权益和临床试验结果的科学性、可靠性，1999 年国家颁布了《药品临床试验质量管理规范》，并从 2004 年 3 月 1 日起实施药物 GCP 资格认定。截至 2007 年底，通过药物 GCP 资格认定的临床试验机构共计 178 家。药物 GCP 资格认定工作推动了中国药物临床试验质量大幅度提高，越来越多的国际多中心临床试验在中国开展。

——实行药品生产质量管理规范（简称药品 GMP）认证。为保证药品生产质量可控，改革开放之初，中国引进药品 GMP 的概念，1988 年颁布了药品 GMP 并于 1995 年开始受理认证申请，现行药品 GMP 是 1998 年的修订版。结合国情，国家按药品剂型类别分步实施药品 GMP。1998 年完成对血液制品生产企业的药品 GMP 认证；2000 年完成对粉针剂、冻干粉针剂、大容量注射剂和基因工程产品生产企业的药品 GMP 认证；2002 年完成对小容量注射剂生产企业的药品 GMP 认证。2004 年实现化学原料药和全部药品制剂在符合药品 GMP 的条件下组织生产的目标，未通过认证的企业全部强制停产。从 2006 年 1 月 1 日起，分阶段实现了体外生物诊断试剂、医用气体、中药饮片在符合药品 GMP 条件下组织生产的目标。通过全面实施药品 GMP 认证，淘汰了不达标的企业，促进了企业质量管理水平提升和医药产业结构调整。

——实行药品经营质量管理规范（简称药品 GSP）认证。为了控制药品在流通环节可能发生质量事故的因素，消除质量事故隐患，2000 年国家颁布了《药品经营质量管理规范》。药品 GSP 认证工作经过了 2001 年认证试点、2002 年正式受理以及 2003 年各省（自治区、直辖市）药品监管部门组织辖区内药品经营企业认证等三个阶段。通过实施药品 GSP 认证，中国药品经营企业的整体水平有了较大提高，经营条件得到了很大改善，一批不规范经营的企业被淘汰。

药品分类管理制度

从 1995 年起，中国开始探索药品分类管理工作。1999 年，颁布了《处方药与非处方药分类管理办法（试行）》，逐步对处方药与非处方药进行分类管理。遴选和审批非处方药品种，开展处方药与非处方药的转换工作，先后公布了 4610 种非处方药（含中成药）。规范非处方药管理，制定非处方药说明书范本和说明书规范细则，公布了非处方药专有标识。药品监管部门将药品分类管理与药品零售企业 GSP 认证工作紧密结合，出台了处方药与非处方药分柜摆放、处方药不得开架自选销售、零售药店分类管理等规定。近年来，国家不断加大处方药监管力度，逐步加强处方药广告管理，停止了处方药在大众媒介的广告发布。稳步推行处方药凭处方销售管理制度，先后出台注射剂、抗菌药、激素等 11 类处方药必须凭处方销售的强制性规定。通过开展宣传和培训，提高公众对药品分类管理必要性的认识和理解。

特殊管理药品监管制度

中国政府历来重视麻醉药品、精神药品等特殊管理药品和易制毒化学品、兴奋剂等的监管工作，严防流入非法渠道。作为《1961 年麻醉品单一公约》、《1971 年精神药物公约》、《联合国禁止非法贩运麻醉药品和精神药物公约》和《反对在体育运动中使用兴奋剂国际公约》的缔约国，国家制定了麻醉药品、精神药品、易制毒化学品、兴奋剂等的管理法规和相应规章，并且制定和完善管理目录，建立了各部门协作的全面监管体系，积极强化特殊管理药品的监管。多年来，国家规范麻醉药品、精神药品和易制毒化学品的生产、流通秩序；建立监控信息网络，对特殊管理药品流向和数量实施动态监控；建立健全药物滥用监测网络，对药物滥用情况及其变化趋势进行监测，对麻醉药品和精神药品安全管理突发事件进行预警。针对近年出现的咖啡因贩毒案件、冰毒案件、氯胺酮滥用案件等，国家组织对咖啡因市场进行专项检查，加强冰毒前体麻黄素的监管，调整麻醉药品、精神药品目录，将有关物质纳入目录管理范围。

医疗器械监管制度

2000 年中国发布实施《医疗器械监督管理条例》，初步建立了以产品上市前审批、上市后监督和警戒以及对生产企业监管为核心的医疗器械监管体系。其中，警戒主要包括不良事件监测、再评价和预警召回等制度；对生产企业监管的主要手段包括质量监督抽验、日常监管、专项检查和生产质量管理体系检查等。国家对医疗器械实施注册管理，注册审查包括产品检测、临床试验、生产质量管理体系现场审查等内容。根据风险程度的不同，将医疗器械产品分为一类、二类、三类，其中，三类医疗器械是指植入人体，用于支持、维持生命，对人体具有潜在危险，对其安全性、有效性必须严格控制的医疗器械。境内三类医疗器械和境外医疗器械产品的注册技术审评工作，由国家级医疗器械技术审评机构完成。境内一类和二类医疗器械的注册技术审评工作，由省级医疗器械技术审评机构完成。现行的《医疗器械分类目录》中，按照一类管理的医疗器械有 108 种，按照二类管理的医疗器械有 127 种，按照三类管理的医疗器械有 71 种。

国家基本药物制度

中国把基本药物制度作为保证“人人享有初级卫生保健”的重要基础，积极建立并完善国家基本药物制度，先后两次系统地遴选基本药物，四次调整基本药物目录。中国的基本药物目录涵盖了西药和中药。2006 年 7 月，国家启动城市社区和农村基本用药工作，陆续公布了“首批城市社区、农村基本用药目录”、第一批基本用药定点生产企业名单、第一批定点生产的基本用药品种，并对定点生产的药品品种实行单独定价，引导药品生产企业为城市社区、农村医疗机构提供最常用的廉价药品。基本药物制度相关工作的开展，对满足广大人民群众基本用药需求，引导公众合理用药发挥了积极作用。

四、中药和民族药的监管

中药和民族药是中国医学科学的特色与优势，是中华民族优秀文化的重要组成部分。目前，国家批准上市的中成药共有9000多种，约计5.8万个批准文号。2007年，中药工业总产值达1772亿元人民币，占整个医药工业总产值的26.53%。中国政府高度重视中药在医疗预防保健中的作用，制定一系列行政法规和政策，不断完善中药监管，推动中药质量水平的稳步提高。

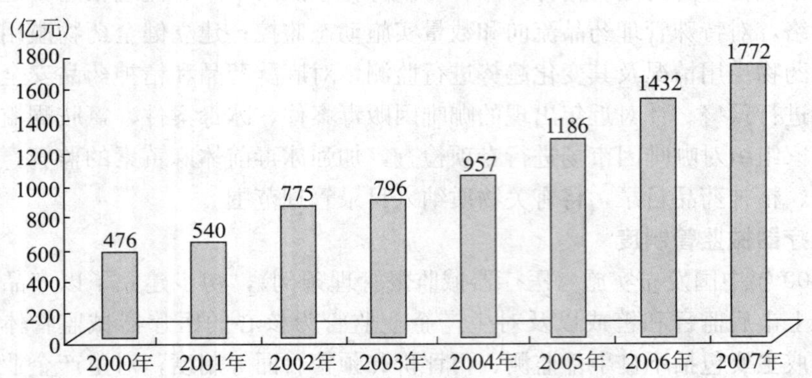

图4　2000—2007年中药工业总产值走势图

不断完善国家中药标准体系。现行的中药国家标准有7014个。其中，2005年版《中华人民共和国药典》收载中药材、中药饮片、油脂及提取物582个，中成药564个；部局颁标准收载中药材、中药饮片438个，中成药4690个，民族药材308个，民族成药432个。为确保中药注射剂的安全性和有效性，建立有效的质量控制方法，国家加强了中药注射剂标准化工作，2000年启动"已批准生产的中药注射剂质量标准的提高完善及指纹图谱工作"，发布了《中药注射剂指纹图谱研究技术要求》。目前，国家正在全面提高123种已上市中药注射剂的安全性与质量控制方法和指标，督促中药注射剂生产必须固定药材产地，严格控制原料药材、中间体和成品质量，实现对生产加工的全程质量控制。

实行中药品种保护制度。1992年，国家颁布实施《中药品种保护条例》，鼓励研制开发临床有效的中药品种，对质量稳定、疗效确切的中药品种实行分级保护。中药品种保护制度推动了中药整体质量水平的提高和科技进步，提高了中药生产的集约化水平。截至2007年底，先后公布2469个国家中药保护品种。

加强中药材管理。中药材直接影响中药饮片和中成药的质量。国家采取综合措施加强中药材管理，保护中药种质和遗传资源，加强优选优育和中药种源研究，从源头提升中药质量。目前，初步建立起中药数据库和种质资源库，并开展了珍稀濒危中药资源保护研究，全面禁止犀角、虎骨等珍稀濒危动物入药使用，限制天然麝香、天然牛黄等珍稀中药资源的使用范围，开展珍稀濒危中药资源的替代品研究。中药饮片、中成药的主要原料药材已实现人工栽培，正在逐步发展规范化种植和产业化生产。2002年，国家颁布实施《中药材生产质量管理规范(试行)》(简称中药材GAP)，目前已在全国范围内试行中药材GAP认证。药品监管部门对提出认证申请的企业进行了现场检查，截至2007年底，有48家企业通过了中药材GAP认证。

提高中药饮片生产规范水平。中药饮片炮制是中药生产的特色工艺，具有地域差异性。中药饮片质量标准包括《中华人民共和国药典》、《全国中药材炮制规范》和地方中药材炮制规范。从2004年开始，国家推行中药饮片GMP认证，促进中药饮片现代化。截至2007年底，已有343家企业通过了中药饮片GMP认证。自2008年1月1日起，所有中药饮片生产企业必须在符合GMP的条件下生产。

五、药品安全监管的国际交流与合作

中国高度重视并积极参与各类国际药品安全活动，不断拓宽对外交流合作的渠道和领域，并认真履行国际义务，为维护世界各国消费者用药安全发挥积极作用。

中国药品监管部门积极开展国家间的交流与合作，已同美国、加拿大、法国、英国、欧盟、意大利、澳大利亚、古巴、巴西、韩国、新加坡、泰国等国家和地区的药品监管当局签署了合作协议或备忘录。2007年，中国与美国就药品、医疗器械安全合作签署了合作协议，包括建立两国药品监管部门高层领导人会晤机制、加强对原料药（活性药物成分）的进出口监管等重要内容，为国家间合作解决进出口药品和医疗器械质量安全问题提供了有效途径。中国与美国、加拿大、法国、欧盟、意大利、澳大利亚、新加坡、泰国等国家和地区在传统药物等领域的合作取得重要成果，20个中药材品种进入法国植物药用药手册目录，7个中药材标准进入法国药典，4个中药材标准由法国推荐进入了欧洲药典。中国与日本合作实施中日友好药物安全评价监测中心合作项目，建成了基本符合国际GLP规范的“国家新药安全评价监测中心”。中国与英国、俄罗斯等国家利用经贸合作联委会机制，在进出口药品和市场准入等方面进行了交流合作，促进了药品贸易的正常开展。

中国积极巩固和发展与世界卫生组织的合作关系。中国先后执行了基本药物制度建立、打击假药、监控抗生素的使用、提高药物可获得性、药品法规比较研究、生物制品安全性、信息建设等世界卫生组织计划内项目，以及药品不良反应（ADR）监测、GCP、疫苗GMP检查员培训等计划外项目。积极参加世界卫生组织在药品领域组织的各类重要活动，在质量标准等方面进行了广泛交流。中国积极承办各种国际会议，通过与国际组织的合作与交流，进一步了解国际药品监管现状和动向，汲取先进经验，为提升监管水平和参与国际协调发挥了积极作用。

近年来，中国与其他国家和地区在药品领域的非官方交流与合作日益活跃。中国药品生物制品检定所和国家药典委员会分别与美国药典会、欧洲药典会签署了合作备忘录，与英国国家生物制品检定所签署了合作协议。中国医药国际交流中心先后与 20 多个国家和地区的民间团体、学术组织等建立合作关系。中国药学会每年派团参加世界药学大会，并与美国药师协会、日本药学会等建立了日常工作联系。中国还积极开展与国际行业协会、学会、驻华商会的交流，推动中外医药界的广泛交流与合作。中国医药保健品进出口商会与日本、韩国、俄罗斯等 20 多个国家和地区的政府机构、行业组织建立了协作关系，促进药品知识产权保护，倡导药品进出口企业自律经营。

通过多年持续不懈地努力，中国的药品安全监管工作取得了显著进展。但是，作为世界上最大的发展中国家，中国的药品安全监管还面临着许多困难和问题。在医药产业结构调整和增长方式的转变、药品安全监管体制的改革、药品研制和创新能力的提升、药品安全风险的防控等方面，还有许多工作要做。今后，中国政府将深入贯彻落实科学发展观，坚持以人为本，进一步加强药品安全监管工作，努力促进广大公众健康水平的不断提高。中国将继续加强药品领域的国际交流与合作，同世界各国一道，为各国消费者提供安全、有效、质量可控的药品，为人类健康事业作出贡献。

十四 附 录

095

2013年药品流通行业运行统计分析报告

一、药品流通行业发展概况

（一）发展概述

2013年国家医药卫生体制改革继续向纵深推进，在《全国药品流通行业发展规划纲要（2011—2015年）》的指导下，行业结构调整效果逐步显现，发展方式不断优化，行业集中度和流通效率均有所提升，企业基于现代医药物流和互联网技术的创新业务取得新突破，药品流通行业销售规模与经济效益稳步增长，总体呈现持续向好的发展态势。

（二）运行分析

1. 整体规模

2013年，药品流通市场规模稳步提高。全年药品流通行业销售总额13036亿元，同比增长16.7%，增速较上年同期下降1.8个百分点，其中药品零售市场2607亿元，扣除不可比因素同比增长12%，增幅回落4个百分点。

截至2012年年底，全国共有药品批发企业1.63万家；药品零售连锁企业3107家，下辖门店15.26万个；零售单体药店27.11万个；零售药店门店总数达42.37万个 。

2. 效益情况

2013年，全国药品流通直报企业主营业务收入9873亿元，同比增长17%，增幅回落3个百分点；实现利润总额202亿元，同比增长16%，增幅回落0.5个百分点；平均毛利率6.7%，同比下降0.2个百分点；平均费用率5.1%，同比下降0.1个百分点；平均利润率1.7%，同比下降0.2个百分点。

3. 销售品类与对象结构

按销售品类分类，药品类销售居主导地位，销售额占七大类医药商品销售总额的73.8%；其次为中成药类，占15.2%；中药材类占3.6%，医疗器械类占3.3%，化学试剂类占1.2%，玻璃仪器类占0.1%，其他类占2.8%。

根据中国医药商业协会典型样本城市零售药店2013年品类销售统计，零售药店销售额中的药品（包括化学药品、中成药和中药饮片）销售占主导地位，占零售总额的77.6%；非药品销售占22.4%。

按销售对象分类，2013年对批发企业销售额为5620亿元，占销售总额的43.1%，比上年降低2个百分点；纯销（包含对医疗终端、零售终端和居民的销售）为7415亿元，占销售总额的56.9%，比上年增加2个百分点。

4. 销售区域结构

2013年，全国六大区域销售总额比重分别为：华东39.2%、华北18.7%、中南20.7%、西南12.4%、东北5.3%、西北3.7%；其中华东、华北、中南三大区域销售额占到行业销售总额的78.6%，同比下降0.8个百分点。

2013年，销售额居前10位的省市依次为：北京、上海、广东、江苏、浙江、安徽、山东、重庆、天津和四川，10省市销售额占全国销售总额的64.6%，同比下降1.6个百分点。

5. 所有制结构

规模以上药品流通企业中，国有及国有控股企业主营业务收入6246亿元，占药品流通直报企业主营业务总收入的63.3%，实现利润115亿元，占直报企业利润总额的57.1%；股份制企业主营业务收入2546亿元，占直报企业主营业务总收入的25.8%，实现利润59亿元，占直报企业利润总额的29.3%。此两项数字说明，国有及国有控股企业、股份制企业占居行业发展的主导地位。

6. 配送结构

2013年，药品批发直报企业商品配送货值8087亿元，其中，自有配送中心配送额占80.2%，非自有配送中心配送额占19.8%，非自有配送中心配送额同比增加1.6个百分点；物流费用96亿元，其中，自主配送物流费用占81.9%，委托配送物流费用占18.1%，委托配送物流费用占比与上年基本持平。物流费用占企业三项费用（营业费用、管理费用、财务费用）总额的16.4%，与上年相比降低了1.5个百分点，占营业费用的比例为30.5%，与上年相比增加了0.7个百分点。

7. 行业资本运作情况

药品流通企业虽属于传统行业，但由于未来存在巨大的整合空间，所以资本市场也给予了较高的估值水平，剔除海王星辰、桐君阁和南京医药三家市盈率较高的公司之后，其余十二家公司的市盈率平均在35倍左右。

按照2013年最后一个交易日的收盘价计算，15家药品流通上市公司的市值总和为1885.04亿元，其中，百亿市值以上的企业有6家，分别是国药控股、上海医药、九州通、国药一致、华东医药和中国医药，其中国药控股和上海医药的市值超过400亿元。

2013年，药品流通上市公司的投资并购活动仍然十分活跃，并购企业数量达到66个，涉及金额54亿元，在医药类上市公司兼并重组数量上连续4年居首位。

8. 对GDP、税收和就业的贡献

2013年全国社会消费品零售总额为23.44万亿元，第三产业增加值为26.22万亿元。全年，药品流通行业销售总额占社会消费品零售总额的5.6%，占第三产业增加值的5.0%，均同比增长0.2个百分点。

2013年全国药品流通直报企业纳税额48.96亿元，全行业从业人数约为500万人。

二、药品流通行业发展的主要特点

（一）药品流通市场规模增速趋稳

2013年全国总人口持续增长，自然增长率为4.92‰，60周岁及以上人口占比达14.9%，人口结构的变化为药品流通市场的增长提供了稳定的市场环境。同时，2013年各级政府对城镇居民医保和新农合参保者的每人每年补助标准由2012年的240元提高到280元，扩大了对这部分经济支付弱势人群的医疗保障程度，为药品使用提供了增长基础。基层医改在实施基本药物制度的同时进行了配套的综合改革，初步建立了基层医疗卫生机构运行新机制，有利于医药行业的健康发展。

同时，医保对医药卫生支出的控制政策更加严格，基层医疗机构用药规模的增幅也逐步趋于稳定，药品终端销售将处于平稳增长的阶段。2010—2013年药品销售市场规模总体虽呈增长态势，但增速已从24.6%逐步递减到13.7%。

（二）大型药品批发企业主营业务收入增长较快

从增长速度来看，前100位药品批发企业主营业务收入同比增长20.1%，其中，前10位企业主营业务收入同比增长22.9%，前50位企业主营业务收入同比增长20.9%，均超过行业增长的平均水平。

年度主营业务收入100亿元以上的药品批发企业有12家，比上年增加2家；50亿～100亿元的有11家，比上年增加4家；10亿～50亿元的有75家，比上年增加1家。

从行业市场占有率来看，2013年前100位药品批发企业主营业务收入占同期全国医药市场总规模为64.3%，比上年提高0.3个百分点，其中，前三位药品批发企业占29.7%，比上年提高0.9个百分点；主营业务收入100亿元以上的批发企业占同期全国医药市场总规模的44.5%，比上年提高3个百分点，50亿～100亿元的批发企业占6.4%，与上年基本持平，10亿～50亿元的批发企业占13.1%，比上年下降3个百分点。

（三）药品零售市场结构调整缓慢

2013年药品零售市场规模总体呈现增长态势，但由于更多医疗机构实施药品零加成政策削弱药店价格优势、医院药房社会化低于预期、医药电商快速增长挤压市场空间等原因，使得药店传统业务增长空间收窄，零售市场规模扩张放缓。

据统计，2013 年前 100 位药品零售企业销售额占零售市场总额的 28.3%。其中，前 5 位企业占 9.0%，前 10 位企业占 14.4%，前 20 位企业占 18.5%，前 5 位企业、前 10 位企业、前 20 位企业以至前 100 位企业占零售市场总额比重较上年均有不同程度下降。前 100 位药品零售企业的销售额底线为 1.32 亿元，销售额超过 10 亿元的企业有 16 家，其中，销售额超过 50 亿元的有 3 家，30 亿～40 亿元的有 4 家，20 亿～30 亿元的有 3 家，10 亿～20 亿元的有 6 家。零售药店连锁率为 36.01%，比上年提高 1.4 个百分点。

（四）现代医药物流建设投入持续扩大

随着相关政府主管部门先后颁布医药物流的行业标准和新版 GSP，2013 年各药品流通企业继续加大在物流建设上的投入，加快发展现代物流和第三方物流业务。据统计，直报企业自有配送中心数量同比增长 8.4%，自有配送中心仓储面积同比增长 9.9%。一些最新物联网技术和高位货架、PTL（Picking to Light，电子标签拣货系统）、自动分拣系统等高科技产品得到广泛应用。以中国医药集团总公司、华润医药商业集团公司、上海医药集团股份有限公司、九州通医药集团有限公司为代表的一批大型企业，逐步建立起全国医药物流分销配送网络；一批区域性龙头企业也同样拥有了区域物流中心枢纽及区域配送中心网络，最后一公里药品供应保障体系进一步得以完善。

（五）创新型业务模式呈现多样化

面对市场高度同质化的竞争局面，药品流通企业勇于创新，积极探索发展多种营销及服务模式。对上游供应商，提供个性化和差异化服务，与其共同开发市场；对下游客户，开展医院药品供应链创新服务，采取提供增值服务、二维条码建设、药房合作等模式。同时，自身也发展了专业分销、高端药品直送、深度分销等商业模式。

据统计，2013 年在全国药品流通直报企业中，具有第三方医药物流资质的批发企业有 80 家；具有食品药品监管部门颁发的开展第三方药品物流业务确认文件的专业医药物流企业有 62 家；开展物流延伸服务的企业有 51 家；承接药房托管的企业有 48 家；承接医院药库外设的企业有 14 家。2013 年 8 月，商务部组织专家遴选了 47 个代表性较强、效果较好的医药物流服务延伸项目，作为第一批医药物流服务延伸示范项目向全行业推广，引导医药物流服务延伸向更高层次发。

（六）电子商务平台发展迅速

2013 年是药品电子商务平台加速发展的一年。具有条件的一些公司借助电子商务平台整合业务渠道，向供应链客户提供更多的增值服务，降低运营成本、提高交易效率，实现了线上与线下业务经营的共同发展。

据统计，截至2013年年底，全国具有互联网交易资质的企业共有202家，与上年末相比增加85家，其中，B2B（与其他企业进行药品交易）53家、B2C（向个人消费者提供药品）138家，第三方平台11家。药品流通直报企业中，拥有互联网药品交易服务资格证书的有53家，2013年网上交易额超过一亿元，其中B2B交易额占比超过90%。

三、2014年药品流通行业发展趋势预测

进入2014年，国内外宏观经济环境均面临增长放缓的压力，预测药品流通行业销售增幅将继续趋缓，行业微利化的特征将成为常态；但政府对医药卫生投入加大、全民医保、人口老龄化、单独二胎放开、慢病需求增大、人均用药水平提高以及大健康领域消费升级等利好因素，都会对药品流通行业发展起到支撑作用。2014年，药品流通行业销售总额保持持续增长的基本面没有发生变化，大中企业将继续加快兼并重组的步伐，批零一体化药品流通业态结构逐渐主导医药市场。同时，伴随着医药物流和互联网技术的不断发展，药品电子商务模式与传统商业模式融合的速度将会加快。医药市场高度同质化的竞争局面，将倒逼药品流通行业发展进入全面提升软实力的时代。

（一）企业的兼并重组仍将持续

2014年结构调整仍是行业改革发展的主线。药品流通行业主管部门以贯彻落实《国务院关于进一步优化企业兼并重组市场环境的意见》（国发〔2014〕14号文）为契机，将继续鼓励企业兼并重组、做大做强，提高行业集中度，鼓励药品流通企业利用产业基金、上市融资、引进外资等多种方式加快兼并重组步伐，努力提高行业组织化水平，实现规模化、集约化经营。

同时，2013年6月1日起实施的新版《药品经营质量管理规范》（GSP），既提高了对企业经营质量管理要求，增强了流通环节药品质量风险控制能力，又推动了大型医药批发和零售连锁企业对小散企业的兼并重组。一些小散企业将被兼并，或被削减经营范围，或转型为生活性、生产性服务企业，或被淘汰出局，使得药品流通领域中散、小、乱等现象得到一定的遏制。

（二）现代医药物流网络将进一步健全

在商务部《全国药品流通行业发展规划纲要（2011—2015年）》的引导下，随着行业集中度的进一步提高和新版GSP的全面实施，现代医药物流进入建立体系、形成网络的发展阶段。具有实力的企业将继续加大在物流建设方面的投入，广泛采用先进物流设备与技术，提高流通效率，提升物流服务能力；一些全国性集团公司或区域性龙头企业将逐渐形成现代医药物流体系及多仓协同配送网

络，全力打造现代医药物流升级版的管理模式。同时，药品流通行业与信息、金融、交通运输、设备制造等行业的跨界融合将筑就新的药品流通生态系统，开展医药产业链之间的服务延伸与合作，共同向安全、快捷、可及的现代医药物流保障体系和创新经营服务模式转型；第三方医药物流将快速发展，体现出专业化管理特色。

（三）零售企业面临新的市场机遇和挑战

公立医院改革破除“以药养医”，取消药品加成，降低终端药价，将使零售企业价格方面的优势进一步弱化。而社区医疗与新农合这两大医改重点投入的医疗保障项目，也挤占了零售企业相当一部分市场。为在激烈的医药市场竞争中求得生存和发展，医药零售连锁企业不断挖掘市场潜力，顺应消费升级时代消费者对品牌产品价值认同的理性回归潮流，各类零售企业加大品牌产品营销力度，不断创新服务内涵，着力加强个性化药学服务和高值药品直送服务，提高顾客满意度。同时，围绕大健康产业开展多元化经营与服务也为今后零售企业的发展提供了空间。

（四）电子商务将对行业格局产生较大影响

目前，互联网药品电子商务呈现快速发展态势。各大药品流通企业普遍构建或整合集分销、物流、电子商务集成服务模式以及数据处理的现代化智能化服务平台，成为推动药品流通增值服务的新载体。在零售药店领域中，除网上药店销售逐年扩大外，移动互联网技术的普及和应用，正在促进电子商务与传统零售药店服务模式的相互融合。

为支持互联网药品销售，国家食品药品监督管理总局正在研究出台《互联网食品药品经营监督管理办法》，将为互联网药品电子商务和传统药品零售业态的发展和格局调整带来较大的影响。

（五）人才队伍配备结构将出现相应变化

药品流通行业兼并重组和转型升级步伐的不断加快，行业人才需求的结构将出现相应调整与变化。从整体上看，行业人才队伍将向高素质、高技能、复合型的人才配备模式转变。药品批发企业在传统的岗位构成基础上，将大大增加对现代物流管理人才，特别是药品冷链物流管理人才的需求，并更加青睐具有供应链管理意识的职业经理人、采购经理人和提供智能化解决方案的网络信息处理技术人才。药品零售业态在继续吸引和培养大批执业药师从事药店专业工作的同时，开始注重营养师、护理师等专业技术人员的配备，为开展多元化经营和为广大健康消费群体提供有价值的人才储备。

096

2012年药品流通行业运行统计分析报告

一、药品流通行业发展概况

（一）发展概述

2012年，中国药品流通行业发展势头良好。伴随着国家新医改的深入推进和各项行业政策、标准的出台，在《全国药品流通行业发展规划纲要（2011—2015年）》的引导下，相关主管部门大力支持行业结构调整和发展方式转型升级，鼓励企业兼并重组，提高行业集中度；药品流通企业不断提升流通效率和管理水平，创新业务和服务模式，拓展基层医疗市场。行业规模和效益稳步增长，呈现持续、健康的转型发展趋势。

（二）运行分析

1. 整体规模

2012年药品流通市场规模仍维持较快增长，但增速趋缓。全年药品流通行业销售总额达11174亿元，首次突破万亿元，同比增长18.5%，增幅比去年回落4.5个百分点，其中，药品零售市场销售总额2225亿元，同比增长16%，增幅回落4个百分点。

截至2011年年底，全国共有药品批发企业1.39万家；药品零售连锁企业2607家，下辖门店14.67万个；零售单体药店27.71万个；零售药店门店总数达42.38万个。截至2012年年底，全国具有互联网药品交易服务资格的企业有117家。

2. 效益情况

2012年全国药品流通直报企业主营业务收入7942亿元，同比增长20%，增幅回落3个百分点；实现利润总额164亿元，同比增长16.5%，增幅回落0.5个百分点；平均毛利率6.9%，同比下降0.3个百分点；平均费用率5.2%，同比下降0.1个百分点；平均利润率1.9%，同比下降0.3个百分点。

3. 销售结构

按销售品类分类，药品类销售居主导地位，销售额占七大类医药商品销售总额的70.5%；其次为中成药类，占16.8%；中药材类占4.5%，医疗器械类占3.4%，化学试剂类占1.2%，玻璃仪器类占0.1%，其他类占3.5%。

据中国医药商业协会典型样本城市零售药店2012年品类销售统计，零售药店销售额中，药品（包括化学药品、中成药和中药饮片）销售占主导地位，占零售总额的73%；非药品销售占27%。

按销售对象分类，2012年对批发企业销售额为5035亿元，占销售总额的45.1%，纯销（包含对医疗终端、零售终端和居民的销售）为6139亿元，占销售总额的54.9%，与上年基本持平。

4. 区域销售比重结构

2012年全国六大区域销售总额比重分别为：华东40.5%、华北18.9 %、中南20.0%、西南12.0%、东北5.0%、西北3.6%；其中华东、华北、中南三大区域销售额占到行业销售总额的79.4%。

2012年销售额居前10位的省市依次为：上海、北京、广东、江苏、安徽、浙江、山东、重庆、天津和河南，10省市销售额占全国销售总额的66.2%。

5. 所有制结构

规模以上药品流通企业中，国有及国有控股企业主营业务收入4908亿元，占药品流通直报企业主营业务总收入的61.8%，实现利润92亿元，占直报企业利润总额的56.3%；股份制企业主营业务收入2283亿元，占直报企业主营业务总收入的28.7%，实现利润54亿元，占直报企业利润总额的32.9%。国有及国有控股企业、股份制企业占行业发展的主导地位。

6. 配送结构

2012年，药品批发直报企业商品配送货值6641亿元，其中，自有配送中心配送额占81.8%，非自有配送中心配送额占18.2%，非自有配送中心配送额同比增加4.3个百分点；物流费用74亿元，其中，自主配送物流费用占81.0%，委托配送物流费用占19.0%，委托配送物流费用同比上升0.8个百分点。物流费用占企业三项费用（营业费用、管理费用、财务费用）总额的17.9%，占营业费用的29.8%，与上年基本持平。

药品流通企业在物流建设和信息化建设中的投入继续提升，自有配送中心数量增长幅度为3.0%；自有配送中心仓储面积增长幅度为22.5%；自有配送车辆数增长幅度为9.9%；信息系统建设投入增长幅度为21.3%。跨省集团公司兼并重组活跃，对信息系统整合投入加大，是行业信息化建设投入持续快速增长的主要原因。

7. 对GDP、税收和就业的贡献

2012年全国社会消费品零售总额为20.72万亿元，第三产业增加值为23.16万亿元。药品流通行业销售总额占社会消费品零售总额的5.4%，同比增长0.3个百分点；占第三产业增加值的4.8%，同比增长0.2个百分点。

2012年全国药品流通直报企业纳税额42.1亿元，固定资产投资40.9亿元，占全国第三产业投资的0.02%。全行业从业人数约为480万人。

二、药品流通行业发展的主要特点

（一）国家新医改拉动基层用药规模增长

2012年，中国医药卫生体制改革取得阶段性成果，基本医疗保障水平大幅提升，城镇居民医保和新农合政府补助标准从2011年的每人每年200元提高到240元，基本药物制度已覆盖全国所有政府办基层医疗机构和74.6%的村卫生室。在"强基层"的医改政策推动下，基层医疗机构用药水平持续提升，用药规模快速增长，已成为备受行业青睐、成长性最好的市场。据统计，2012年国家基本药物销售增幅较快，参与国家基本药物配送的药品批发直报企业的国家基本药物配送总额为947亿元，比去年增长23%；全国药品流通企业对一级及一级以下医院销售为808.5亿元，同比增长34.0%，占行业销售总额的7.2%，比去年上升0.8个百分点。

（二）药品批发市场集中度呈现结构性变化

2012年，前100位药品批发企业主营业务收入占同期全国市场总规模的64%，比去年提高1个百分点。其中，前3位企业占28.8%，比去年增长2.2个百分点；前10位企业占41.9%，增长2.3个百分点；前20位企业占49.3%，增长近2个百分点。前20位企业成为行业市场集中度提升的主要推动力。

从主营业务收入10亿元以上的药品批发企业发展情况来看，整体出现向两端集中的趋势。100亿元以上的企业有10家，比去年增加2家，50亿～100亿元的有7家，比去年下降2家，10亿～50亿元的有74家，比去年增加10家。主营业务收入100亿元以上的企业发展较快，全国市场份额同比增长5个百分点，50亿～100亿元的企业市场份额同比下降2个百分点，10亿～50亿元的企业市场份额与去年持平。

（三）药品零售市场规模继续扩大，但连锁率仍较低

2012年，药品零售市场规模总体呈现增长，但增速减缓。前100位药品零售企业销售额占零售市场销售总额的34.3%。其中，前5位企业占9.6%，前10位企业占16.3%，前20位企业占22.9%，均与上年基本持平。前100位药品零售企业的销售额底线为1.35亿元，销售额超过10亿元的企业有19家。其中，销售额超过40亿元的有3家，30亿～40亿元的有5家，20亿～30亿元的有3家，10亿～20亿元的有8家。零售药店连锁率为34.62%，与去年基本持平，但较2008年下降了0.76个百分点。

零售药店在面临来自宏观政策及市场竞争的双重压力下，加快了抱团结盟的速度。截至2012年年底，全国共成立15家省级药店联盟，覆盖19个省（自治区、直辖市），年度销售总额达355.57亿元，比去年增长26.1%，约占全国药品零售市场总额的五分之一。

（四）药品流通服务模式创新取得新突破

面对医药分开、公立医院改革、基层医疗崛起、市场营销扁平化等行业新趋势，以往的商业服务方式和盈利模式受到严峻挑战。全行业围绕医改带来的契机，进一步发挥业态创新、技术创新优势，推进供应链管理应用，不断创新服务模式，多元化服务趋势日益展现，在开展对医院院内药品物流延伸服务、进行医院物流管理系统（SPD）试点、承接药房托管、承接医院药库外设管理以及药店承担社区医疗机构药房功能试点等新型服务模式方面尤为突出。据统计，2012年全国药品流通直报企业中，具有第三方医药物流资质的批发企业有56家；具有食品药品监管部门颁发的开展第三方药品物流业务确认文件的专业医药物流企业有43家；开展物流延伸服务的企业有41家；承接药房托管的企业有29家；承接医院药库外设的企业有11家。

（五）行业微利化运行特征更加明显

2012年，多种因素导致药品流通环节盈利空间受到压缩。一是药品降价的压力，2012年国家发展改革委进行了两次较大规模的药品降价，主要涉及消化类、抗肿瘤类、免疫和血液制品等药物的价格调整，平均降价幅度在17%左右。二是企业现金流的压力，各级医院承付药品货款时间的周期继续恶化，2012年药品流通直报企业的应收账款共计1480亿元，同比增长29.2%；另据中国医药商业协会典型调查，2012年药品批发企业对医疗机构的平均应收账款周转天数为142天，比去年增加11天，医疗机构拖欠药品批发企业货款时间过长问题进一步加剧，企业生存和发展空间受到严重挤压。另外，药品使用、监管及招标采购政策改变导致的市场变化也对企业盈利带来较大压力。

（六）药品流通类上市公司在资本市场表现较弱

药品流通行业上市公司数量较少，市值与国外相差悬殊，零售业态占比较小。截至2012年12月31日，国内以药品流通为主业的上市公司共有15家（整个医药类上市公司总数200多家），市值总和为1474.41亿元（当日美国麦克森公司市值为226亿美元，按汇率6.2365计算，折合人民币约1408亿元），其中，市值最高的国药控股不足500亿元，市值最低的海王星辰不足10亿元；主营业务收入总和为3307亿元，其中流通业务收入总和为3098亿元，占主营业务收入的94%。除已上市企业外，国内大部分药品流通企业主要通过传统的债权、私募股权、控股权变卖等方式进行融资。

三、药品流通行业发展趋势预测

世界经济的发展、人口总量的增长和社会老龄化程度的提高，导致药品需求呈上升趋势，全球医药市场近年来持续快速增长。据国际权威医药咨询机构IMS统计，2010—2011年全球药品销售增长速度已超过全球GDP增长速度，2010—

2014 年新兴医药市场预计将以 14%～17%的速度增长，而主要发达医药市场增长率将仅为 3%～6%。中国是全球最大的新兴医药市场，到 2020 年将成为全球仅次于美国的第二大市场，全球市场份额将从 3%上升到 7.5%。在宏观经济保持平稳的环境下，随着国家新医改的继续推进和行业管理后续政策及标准的出台，药品流通行业将保持稳步增长的发展趋势，并加快转型升级的速度。

（一）药品流通市场的增长将趋于平稳

2013 年是我国医药卫生体制改革继续向纵深发展的一年。随着全民医保体系制度框架基本建成以及基本药物制度和基层医疗机构运行新机制的完善、城乡基层医疗卫生服务体系进一步健全、基本公共卫生服务均等化水平明显提高和公立医院改革试点有序推进，药品市场需求将继续扩大，药品流通行业仍将保持增长。但受国内经济增长总体放缓的影响，在药品价格持续下降、药品流通企业经营成本快速上涨的压力下，行业的增长速度将继续趋缓。

（二）结构调整仍是行业改革发展的主线

2013 年，国家将加快推进药品流通领域的改革步伐。按照医改“十二五”规划的要求，药品流通行业改革发展政策将陆续出台。2012 年新修订的《药品经营质量管理规范》将于 2013 年 6 月份开始实施，这是对药品流通监管政策的一次较大调整，实施企业计算机管理信息系统，控制药品购销渠道和仓储温湿度，加强票据管理、冷链管理和药品运输环节监管等规定全面提升了药品流通企业的软硬件标准和要求，提高了准入门槛，将对行业发展带来深刻影响。随着《全国药品流通行业发展规划纲要（2011—2015 年）》的深入贯彻实施，商务部将继续鼓励企业兼并重组、做大做强，提高行业集中度；支持发展现代医药物流和连锁经营，进一步提升药品流通效率和现代化水平。

（三）行业服务模式加快向全产业链服务转变

随着新医改配套措施的贯彻落实和市场竞争的加剧，行业毛利率会进一步受到挤压，传统的商业购销模式面临巨大挑战。创新业务与服务模式、推广信息技术在企业管理上的应用、开展供应链管理，已成为药品流通企业增强核心竞争力的关键。一批有实力的企业积极探索向医疗机构和生产企业提供现代医药物流增值服务，已在行业内产生了良好的示范效应。更多企业将学习效仿，不断丰富和深化服务内容，建立与上游供应商和下游客户的新型合作关系，有效整合资源，实现互利共赢，从而带动药品流通行业从商业购销模式向全产业链服务模式转变。

（四）采用资本运作的企业将不断增多

除现有 15 家上市公司外，一批药品流通企业已启动上市计划，如华润医药、云南鸿翔一心堂、广西柳州医药、厦门鹭燕集团、湖南老百姓大药房、湖南益丰大药房、江西开心人大药房、浙江珍诚医药、四川医药集团等。预计未来将有更多规模以上跨区域或区域性的主要药品流通企业成为上市公司，采用资本运作的方式促进企业做大做强，不断增强市场竞争力，药品流通类上市公司将成为医药板块的重要组成部分。

097

2011 年药品流通行业运行统计分析报告

一、药品流通行业发展概况

（一）发展概述

2011 年全球医药市场继续保持增长态势。在国家“十二五”开局之年，中国宏观经济环境总体平稳，中国医药经济在医改的带动下发展势头良好，为药品流通行业改革与发展奠定了坚实基础。

2011 年，商务部印发了《全国药品流通行业发展规划纲要（2011—2015 年）》（以下简称《规划纲要》）。在《规划纲要》引导下，药品流通行业积极推进经济结构调整和发展方式转型升级，企业兼并重组提速，市场集中度、流通效率和管理现代化水平进一步提升，药品批发企业主动由传统的药品批发商向医药健康产业服务提供商转型，药品零售企业着力进行战略调整，积极应对困难和挑战，加快发展连锁经营，有效促进了市场竞争力的增强和经济效益的改善。全行业总体态势为转型发展期，并且在保增长、调结构、促改革、惠民生方面做出了不懈的努力，进一步提升了对宏观经济增长的贡献率。

（二）运行分析

1. 整体规模

2011 年药品流通市场需求活跃，行业购销稳步增长。全年药品流通行业销售总值达到 9426 亿元①，扣除不可比因素，同比增长 23%。其中，药品零售市场销售规模达 1885 亿元，增幅稳定在 20%左右。

2011 年全国药品流通直报企业主营业务收入为 6568 亿元，同比增长 23%；实现利润总额 152 亿元，同比增长 17%；平均毛利率 7.2%，同比下降 0.4 个百分点；平均利润率 2.2%，与上年持平（平均净利润率为 1.6%，同比下降 0.3 个百分点）；平均费用率为 5.3%，同比下降 0.2 个百分点。

截至 2010 年年底，全国共有药品批发企业 1.35 万家；零售药店门店总数 39.9 万多个，其中药品零售连锁企业 2310 家，下辖门店 13.7 万个，零售单体药店 26.2 万个②。

---

① 销售总值含七大类医药商品。

② 数据来源：国家食品药品监督管理局，由于尚未公布 2011 年数据，故引用 2010 年数据。

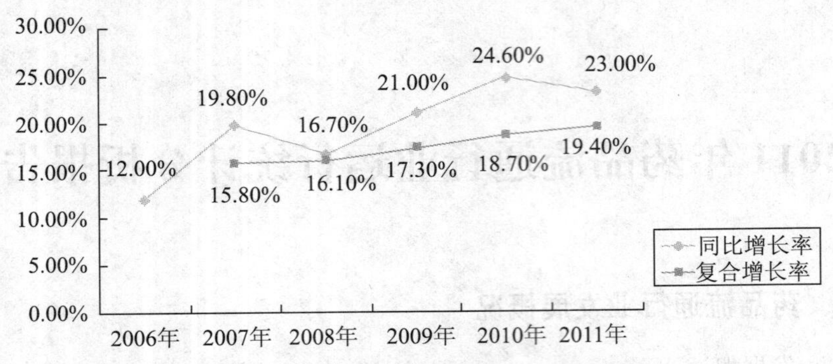

图1　2006—2011年药品流通行业销售趋势

2. 销售结构

药品类[①]销售占主导地位。在七大类医药商品销售中，药品类占销售总额的76.2%；其次为中成药类，占15.2%；中药材类占2.9%；医疗器械类占2.7%；化学试剂类占0.5%；玻璃仪器类占0.1%；其他类占2.4%（详见附录表1至表5）。

按销售对象分类。2011年，对批发企业销售额为4147亿元，占销售总额的44.0%，与上年基本持平；纯销（包含对医疗终端、零售终端和居民的销售）5279亿元，占销售总额的56.0%，与上年基本持平。

国家基本药物销售增幅较快。2011年参与国家基本药物配送的药品批发直报企业国家基本药物配送总额为583亿元，比上年增长24%，增速比去年提高4个百分点。

农村市场稳步增长。2011年全国七大类医药商品销售中，对农村销售额为1461亿元，扣除不可比因素，比上年同期增长27%，增幅提高了约4个百分点，农村用药需求进一步增加。

3. 区域销售比重结构

2011年区域销售比重分别为：华东42.0%、华北19.3%、中南19.1%、西南11.6%、东北5.0%、西北3.0%。其中：华东、华北、中南三大区域占到市场总额的80.4%。

2011年销售额居前10位的省市依次为上海、北京、安徽、浙江、江苏、山东、广东、重庆、天津、湖北。10省市销售额占全国销售总额的67.0%。

① 药品类包括化学原料药及其制剂、抗生素、生化药品、放射性药品、血清、疫苗、血液制品和诊断药品等。

4. 所有制结构

规模以上药品流通企业①中，国有及国有控股企业主营业务收入为3909.1亿元，占药品流通直报企业主营业务总收入的59.5%，实现利润82.4亿元，占直报企业利润总额的54.2%；股份制企业主营业务收入为1499亿元，占直报企业主营业务总收入的22.8%，实现利润40.8亿元，占直报企业利润总额的26.8%。国有及国有控股企业、股份制企业占行业发展的主导地位。

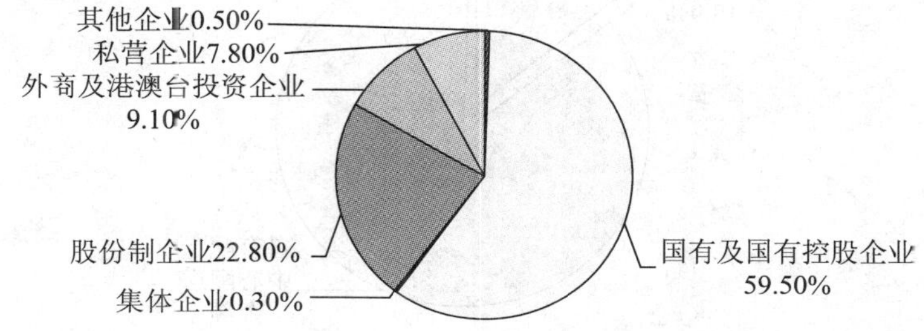

图2　2011年规模以上药品流通直报企业主营业务收入所有制结构分布

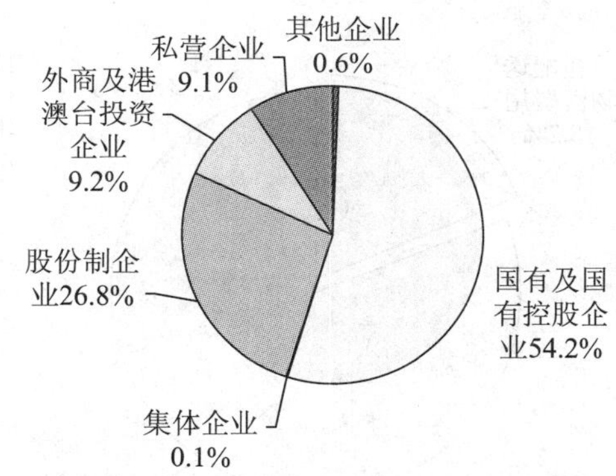

图3　2011年规模以上药品流通直报企业利润总额所有制结构分布

5. 配送结构

2011年，药品批发直报企业商品配送货值为4725亿元，其中，自有配送中心配送金额占86.1%，非自有配送中心配送金额占13.9%，自有配送中心配送金额同比增加6.5个百分点；药品批发直报企业物流费用为47亿元，其中，自主配送物流费用占81.8%，委托配送物流费用占18.2%，自主配送物流费用同比降低5.2个百分点。物流费用占三项费用（营业费用、管理费用、财务费用）

① 指药品流通行业统计直报系统中，销售额超过5000万元的批发企业和销售额超过2000万元的零售企业。

总额的 17.3%，占营业费用的 29.3%，与去年费用占比基本持平。

药品流通企业在物流建设和信息化建设中的投入提升，自有配送中心数量增长幅度为 11.7%，信息系统建设投入较上年增长 34.8%，跨省集团公司收购重组活跃，信息系统整合投入加大，是企业信息化建设投入快速增长的主要原因。

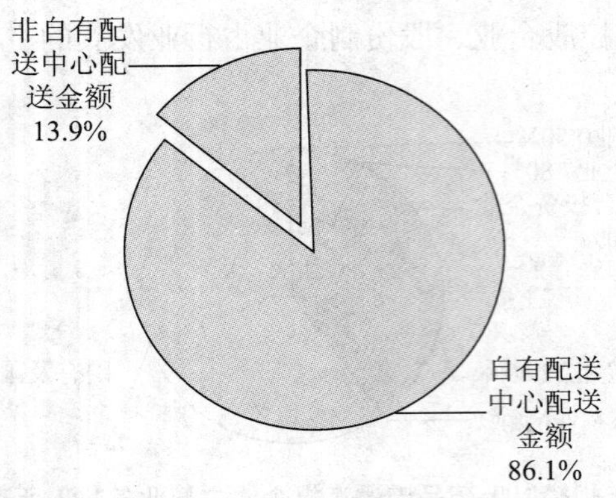

图 4　2011 年药品批发直报企业商品配送总额结构

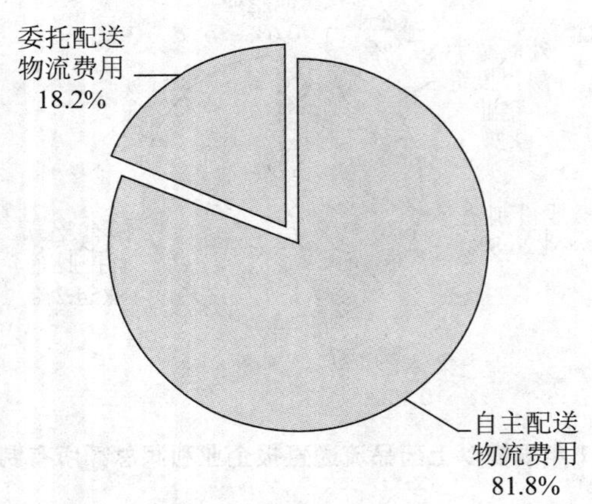

图 5　2011 年药品批发直报企业物流费用结构

6. 对 GDP、税收和就业的贡献

2011 年全国社会消费品零售总额 183919 亿元，第三产业增加值 203260 亿元[①]。药品流通行业销售总额占社会消费品零售总额的 5.1%，占第三产业增加值的 4.6%，同比均增长 0.5 个百分点。

① 数据来源：国家统计局。

2011 年，药品流通直报企业纳税额 47.16 亿元，固定资产投资 36.02 亿元，占第三产业投资的 0.02%。全行业从业人数约为 470 万人。

二、药品流通行业发展的主要特点

（一）国家医改为行业较快发展提供了市场机遇

经过近三年的努力，我国医药卫生体制改革取得了重大阶段性成效。全民医保基本建立，全国城乡参保人数超过 13 亿人，覆盖率达到 95%以上。基本医疗保障水平大幅提升，城镇居民医保和新农合政府补助标准从 2008 年每人每年 80 元提高到 2011 年的 200 元。基本药物制度在基层实现全覆盖，基层医疗卫生服务体系显著加强，基层医疗卫生机构就诊人次明显增加。国家医改释放了医疗需求，带动了药品需求的增长。

（二）市场集中度呈进一步上升趋势

2011 年，前 100 位药品批发企业主营业务收入占同期全国市场总规模的 73%①，比上年提高 3 个百分点。前 3 位集团企业主营业务收入占百强的 42.0%，其中：中国医药集团主营业务收入已率先突破千亿元大关，上海医药集团、华润医药控股双双规模超过 400 亿元。三大集团市场占有率快速提升，占百强主营业务收入比重同比提高了 7.6 个百分点；前 10 位企业主营业务收入占百强的 62.5%，同比提升 7.9 个百分点；前 20 位企业主营业务收入占百强的 74.2%，同比提高了 6.2 个百分点。前 20 位企业呈现快速发展的态势，成为全行业市场集中度提升的主要推动力。

从零售连锁前 100 位企业销售情况看，销售额 30 亿元以上的有 5 家、20 亿元以上的有 9 家、10 亿元以上的有 20 家。药品零售行业集中度进一步提升：前 5 位企业销售额占百强销售总额的 26%，同比增长 2 个百分点；前 10 位企业销售额占百强的 44%，同比增长 3 个百分点；前 20 位销售额占百强的 61%，同比增长 3 个百分点。

2011 年行业结构调整提速，跨区域兼并重组方兴未艾，大企业向二、三线城市和基层医疗市场扩张迅速，初步形成了以中国医药集团、上海医药集团、华润医药控股、九州通医药集团为代表的全国性药品流通企业集团。南京医药股份有限公司、广州医药有限公司、重庆医药（集团）股份有限公司、华东医药股份有限公司、四川科伦医药贸易有限公司、浙江英特药业有限责任公司等企业已经初步确立了区域市场的领军地位。一批药品流通企业成功上市，借助产业政策和资本的力量，极大增强了竞争实力，进一步促进了行业集中度的提高。

---

①　2011 年药品流通行业统计已剔除所含工业数据，故对 2010 年相关数据及比重进行修正，调整为可比同口径。

（三）现代医药物流和延伸服务加速发展

在现代医药物流建设方面，全国性物流配送网络已经进入密集建设期。大中型药品流通企业在加快省级物流中心布局的同时，将重要节点放在了具有战略地位的地级市上，快捷、可及、安全供给的现代医药物流服务保障体系正在形成。

在现代物流信息化建设方面，一是全力推进数据编码的统一，实现商品编码和客户编码的唯一性；二是全力推进物流专业化管理模式，以及干线运输和专业冷链管理网络化建设；三是全力推进多仓协同运营和物流按动作计费考核等专业手段，在供应链服务的标准化、规范化、模块化方面展现出良好的发展势头。

在现代物流服务方面，部分药品流通企业主动提供供应链一体化解决方案，搭建与各供应链环节的互动平台。推进分销商内容管理系统（CMS）与医院信息系统（HIS）的前路对接，实现中心药库的自动补货和相对零库存管理。支持和参与医院药事管理现代化，以及药房自动化和院内物流延伸服务，提高了医院药品流转效率、降低了药品损耗和物流成本，使医院的药师可专注于药事服务。如中国医药集团、九州通医药集团与医疗机构合作的供应链管理实践，北京医药股份与北京天坛医院合作的物流服务延伸项目，天津太平医药公司与天津市红桥医院合作的医院物流系统（SPD）项目，都是运用现代信息技术，大胆探索医商合作的新服务模式。

（四）外资进入药品流通领域步伐加快

目前国外领先企业本土市场占有率已接近饱和，纷纷看好中国这个庞大的市场，希望从中找到新的增长机会。近年来，外资医药巨头在华投资也不再局限于制药工业，而是逐渐向产业链的其它环节渗透，从药品制造延伸到药品分销和零售终端等环节，如美国知名医疗保健服务商康德乐集团收购永裕医药（中国）公司，英国博姿集团也扩大在中国的投资。

（五）药品零售连锁经营有所发展，但仍面临较大困难

2011 年大型药品零售连锁企业通过收购、控股等方式在零售药店终端扩张规模，但零售连锁企业总体发展仍较为缓慢，年销售额均未突破 40 亿元。阻碍发展的主要原因：一是来源于医疗机构的处方少和医保定点药店少的局面仍未改善；二是医保覆盖面扩大、报销比例提高，更多的人到医院就诊开药，零售药店客流减少；三是一些地方相继下达“限售令”、“禁售令”，限制医保定点药店开展多元化经营。此外，零售药店还面临房租、人力、物流等经营成本快速上涨的压力。在多种因素的影响下，零售企业开始抱团结盟。截至 2011 年底，全国共成立了 14 家省级药店联盟，覆盖 17 个省份，参与的连锁企业数量达 549 家，涉及门店 17700 多个，年销售额达 282 亿元，成为药品零售业中规模最大的经济联盟体。

（六）医疗机构拖欠药品批发企业货款问题突出

2011年，药品批发直报企业资产负债率高达74.1%。中国医药商业协会对25个省市44家药品批发企业2011年应收账款情况开展典型调查的数据显示：药品批发企业对公立医疗机构的平均应收账款周转天数为131天，应收账款总额434.7亿元，占对公立医疗机构营业收入36.3%。医疗机构严重占压批发企业资金，不仅导致依靠银行贷款采购药品的批发企业承担着沉重的财务费用负担，而且严重影响了整个药品流通行业现金流状况，制约了流通效率的进一步提高（详见附录表7）。

三、药品流通行业发展趋势预测

未来5年，全球药品市场将保持增长态势，市场规模预计年均增长8%左右，全球药品流通行业集中度和流通效率将继续提高。“十二五”时期是我国药品流通体制改革、结构调整、行业升级和转变流通方式的攻坚时期。在宏观经济平稳增长的环境下，随着国家医改推进和行业管理各项政策及标准的出台，药品流通行业将加快转型发展。

（一）药品流通市场规模将继续扩大

2012年是我国医药卫生体制改革继续向纵深发展的一年。随着全民医保体系的进一步建立以及基本药物制度、基层运行机制建设和公立医院改革的推进，药品市场需求将出现结构性扩大。同时，按照医改“十二五”规划的要求，药品流通行业改革发展政策将陆续出台，行业主管部门也正在酝酿出台行业管理相关政策和标准。政策和标准的制定与实施将有利于进一步规范和促进行业发展。

（二）行业结构调整步伐将进一步提速

按照《规划纲要》提出的目标，做强做大是药品流通行业发展的主题。行业内的重组将继续促进结构调整和集中度提高。各业态（批发、物流配送、零售连锁）要素资源的整合将加速推进。以上市公司为主体的大型企业集团间的竞争将更加激烈，从而进一步加快流通网络布局建设，促进区域市场经营品种结构的调整。中小药品流通企业或主动并入大型企业，共享大型企业的品牌资源；或采用联购分销、共同配送等方式结成合作联盟，以应对激烈的市场竞争。连锁药店的渠道控制力会得到增强，直营门店数量会相应增加，单体药店数量会相应减少，药店联盟将逐渐向规范化连锁药店方向发展，零售药店连锁率将进一步提升。

（三）行业服务模式与服务功能将不断创新升级

目前，行业内诸多企业还是以进销差价作为主要盈利来源，这一模式会受到国家基本药物制度、招标政策以及药品降价的挑战，行业毛利率会进一步压缩。因此药品分销企业必须有效控制费用，提高综合服务水平，不但要努力发展已有的增值服务业务（第三方物流、IT创新等），进一步提高服务品质，扩大服务半径，还要探究国际经验，挖掘上游供应商和下游客户的潜在需求，创新全方位的商业服务模式，向服务要效益，以应对行业整合、价格调控所带来的一系列冲击。

互联网药品电子商务呈快速发展态势。2010 年获得批准开展互联网药品交易服务的企业有 18 家，2011 年达 54 家①，服务范围包括：向个人消费者提供药品（B2C）、与其他企业进行药品交易（B2B）和第三方交易服务平台。预计今后一段时间，医药电子商务将是行业发展的热门话题。21 世纪是医药产业快速发展的时代，药品流通企业将积极推进管理技术、信息技术、服务功能的升级与创新，探索与医疗机构合作延伸服务、根据国家相关政策投资开办或并购医疗机构、在零售药店引入坐堂。

医生等方式，充分利用资源，提供专业化服务，开展多元化经营，建立品牌，提高竞争能力，创造企业核心价值。中国药品流通行业在高速发展的同时，将会进一步加快产业结构调整的进程，品牌化、规模化、专业化成为未来发展主要方向。

表 1　　2011 年区域总销售统计表

序号	地区	药品类 销售总额（万元）	区域销售比重（%）
	全国总计	71812783	100.00
1	上海市	6684905	9.31
2	北京市	6112666	8.51
3	安徽省	5682485	7.91
4	江苏省	5113906	7.12
5	浙江省	4962332	6.91
6	山东省	4917601	6.85
7	广东省	4097060	5.71
8	湖北省	3380450	4.71
9	天津市	3241839	4.51

① 数据来源：国家食品药品监督管理局。

续 表

序号	地区	药品类 销售总额（万元）	区域销售比重（%）
10	云南省	3136206	4.37
11	重庆市	2653184	3.69
12	河南省	2394431	3.33
13	湖南省	2333609	3.25
14	河北省	2193321	3.05
15	四川省	1917407	2.67
16	辽宁省	1803713	2.51
17	山西省	1595039	2.22
18	福建省	1535773	2.14
19	黑龙江省	1395968	1.94
20	江西省	1131086	1.58
21	广西壮族自治区	1024292	1.43
22	吉林省	774781	1.08
23	陕西省	754498	1.05
24	海南省	743864	1.04
25	新疆维吾尔自治区	710511	0.99
26	甘肃省	522854	0.73
27	贵州省	508720	0.71
28	内蒙古自治区	331011	0.46
29	宁夏回族自治区	115444	0.16
30	青海省	43827	0.06

表 2　　2011 年药品类区域销售统计表

	地区	药品类 销售总额（万元）	区域销售比重（%）
	全国总计	71812783	100.00
1	上海市	6684905	9.31
2	北京市	6112666	8.51

续 表

	地区	药品类 销售总额（万元）	区域销售比重（%）
3	安徽省	5682485	7.91
4	江苏省	5113906	7.12
5	浙江省	4962332	6.91
6	山东省	4917601	6.85
7	广东省	4097060	5.71
8	湖北省	3380450	4.71
9	天津市	3241839	4.51
10	云南省	3136206	4.37
11	重庆市	2653184	3.69
12	河南省	2394431	3.33
13	湖南省	2333609	3.25
14	河北省	2193321	3.05
15	四川省	1917407	2.67
16	辽宁省	1803713	2.51
17	山西省	1595039	2.22
18	福建省	1535773	2.14
19	黑龙江省	1395968	1.94
20	江西省	1131086	1.58
21	广西壮族自治区	1024292	1.43
22	吉林省	774781	1.08
23	陕西省	754498	1.05
24	海南省	743864	1.04
25	新疆维吾尔自治区	710511	0.99
26	甘肃省	522854	0.73
27	贵州省	508720	0.71
28	内蒙古自治区	331011	0.46
29	宁夏回族自治区	115444	0.16
30	青海省	43827	0.06

表 3　　2011 年中成药类区域销售统计表

序号	地区中成药类	销售总额（万元）	区域销售比重（%）
	全国总计	14278349	100.00
1	安徽省	1618860	11.34
2	重庆市	1371269	9.60
3	天津市	1223620	8.57
4	广东省	1204529	8.44
5	上海市	1005940	7.05
6	北京市	990732	6.94
7	浙江省	979362	6.86
8	山东省	974819	6.83
9	江苏省	929821	6.51
10	河北省	596696	4.18
11	河南省	376631	2.64
12	江西省	361960	2.54
13	山西省	358416	2.51
14	四川省	349645	2.45
15	湖南省	335765	2.35
16	辽宁省	275967	1.93
17	广西壮族自治区	247943	1.74
18	陕西省	148390	1.04
19	福建省	135910	0.95
20	湖北省	108316	0.76
21	云南省	106911	0.75
22	新疆维吾尔自治区	103726	0.73
23	贵州省	100240	0.70
24	甘肃省	88421	0.62
25	黑龙江省	84186	0.59
26	吉林省	62446	0.44
27	内蒙古自治区	50661	0.35
28	海南省	39727	0.28

续　表

序号	地区中成药类	销售总额（万元）	区域销售比重（%）
29	宁夏回族自治区	34128	0.24
30	青海省	13312	0.09

表 4　　　　2011 年中药材类区域销售统计表

序号	地区中药材类	销售总额（万元）	区域销售比重（%）
	全国总计	2715032	100.00
1	北京市	489453	18.03
2	上海市	393629	14.50
3	重庆市	325087	11.97
4	广东省	290692	10.71
5	浙江省	181006	6.67
6	四川省	164846	6.07
7	河南省	142782	5.26
8	江苏省	119695	4.41
9	湖北省	114692	4.22
10	甘肃省	92393	3.40
11	福建省	68770	2.53
12	山东省	67607	2.49
13	湖南省	64915	2.39
14	安徽省	44601	1.64
15	陕西省	30014	1.11
16	广西壮族自治区	25185	0.93
17	云南省	19168	0.71
18	江西省	17907	0.66
19	黑龙江省	14858	0.55
20	天津市	12638	0.47
21	吉林省	11272	0.42
22	河北省	8805	0.32
23	贵州省	4668	0.17

续　表

序号	地区中药材类	销售总额（万元）	区域销售比重（%）
24	青海省	3997	0.15
25	宁夏回族自治区	1964	0.07
26	新疆维吾尔自治区	1728	0.06
27	海南省	1164	0.04
28	山西省	881	0.03
29	内蒙古自治区	599	0.02
30	辽宁省	16	0.00

表 5　　2011 年医疗器械类区域销售统计表

序号	地区医疗器械类	销售总额（万元）	区域销售比重（%）
	全国总计	2535525	100.00
1	北京市	390392	15.40
2	河南省	303832	11.98
3	广东省	266366	10.51
4	安徽省	196633	7.76
5	黑龙江省	170247	6.71
6	浙江省	169180	6.67
7	上海市	154540	6.09
8	江苏省	148219	5.85
9	四川省	139037	5.48
10	河北省	111659	4.40
11	湖北省	87967	3.47
12	山东省	61302	2.42
13	重庆市	48324	1.91
14	陕西省	41646	1.64
15	山西省	38121	1.50
16	福建省	27941	1.10
17	辽宁省	20632	0.81

续 表

序号	地区医疗器械类	销售总额（万元）	区域销售比重（%）
18	江西省	19654	0.78
19	海南省	19546	0.77
20	广西壮族自治区	17778	0.70
21	甘肃省	17319	0.68
22	新疆维吾尔自治区	13872	0.55
23	天津市	13333	0.53
24	云南省	13227	0.52
25	吉林省	11068	0.44
26	贵州省	9525	0.38
27	内蒙古自治区	8727	0.34
28	宁夏回族自治区	6291	0.25
29	青海省	4940	0.19
30	湖南省	4207	0.17

表 6　　2011 年药品流通直报企业主要经济指标分类统计表

所有制分类	主营业务收入（亿元）	占比（%）	利润总额（亿元）	占比（%）
国有及国有控股企业	3909.1	59.5	82.4	54.2
集体企业	17.9	0.3	0.2	0.1
股份制企业	1499.4	22.8	40.8	26.8
外商及港澳台商投资企业	595.1	9.1	14.0	9.2
私营企业	514.9	7.8	13.8	9.1
其他企业	31.5	0.5	0.8	0.6

表 7　　2011 年药品批发企业应收帐款情况调查表

单位：亿元

应收账款相关指标	公立医疗机构	三级医院	二级医院	军队医院	基层医疗机构	合计
对公立医疗机构营业收入（不含税）		722.7	307.9	54	112.2	1196.7

续　表

应收账款相关指标	公立医疗机构	三级医院	二级医院	军队医院	基层医疗机构	合计
	合计	250.3	116	26.4	41.9	434.7
	90 天以内（含 90 天）	126.8	48.8	13.4	18.2	207.1
款帐龄 应收账	90～180（含 180 天）	69.5	31.2	9.4	11.2	121.3
结构	180～270（含 270 天）	8.1	4.7	0.9	1.2	14.8
270～360（含 360 天）		17.7	10.1	1.6	6	35.4
一年以上		28.3	21.2	1.2	5.4	56.1
平均应收帐款周转天数（天）		125	136	176	135	131

注：基层医疗机构包括公立一级医院和政府办社区医疗服务中心、乡镇卫生院、诊所等。

表 8　　2011 年批发企业主营业务收入前 100 位排序

序号	企业名称	主营业务收入（万元）
1	中国医药集团总公司	12456339
2	上海医药（集团）股份有限公司	4880000
3	华润医药控股有限公司	4122375
4	九州通医药集团有限公司	2479820
5	南京医药股份有限公司	2013727
6	广州医药有限公司	1751068
7	重庆医药（集团）股份有限公司	1290998
8	华东医药股份有限公司	1109572
9	四川科伦医药贸易有限公司	959840
10	浙江英特药业有限责任公司	874749
11	天津天士力医药营销集团有限公司	865200
12	哈药集团医药有限公司	729520
13	云南省医药有限公司	699500
14	中国医药保健品股份有限公司	688813

续 表

序号	企业名称	主营业务收入（万元）
15	上海永裕医药有限公司	666623
16	新龙药业集团	565314
17	山东海王银河医药有限公司	518879
18	重庆桐君阁股份有限公司	475253
19	天津医药集团太平医药有限公司	386643
20	四川省医药集团有限责任公司	385270
21	东北制药集团供销有限公司	370590
22	同济堂医药有限公司	356655
23	浙江省医药工业有限公司	342901
24	鹭燕（福建）药业股份有限公司	335522
25	天津中新药业集团股份有限公司医药公司	334120
26	广东省东莞国药集团有限公司	326516
27	中国北京同仁堂（集团）有限责任公司	326056
28	山东瑞康医药股份有限公司	319439
29	石药集团河北中诚医药有限公司	318551
30	广西柳州医药有限责任公司	267472
31	江西汇仁集团医药科研营销有限公司	249058
32	哈药集团三精医药商贸有限公司	229763
33	深圳中联广深医药（集团）股份有限公司	220913
34	天津天时力医药有限公司	220748
35	汕头市创美药业有限公司	219260
36	江西南华医药有限公司	218755
37	河北东盛英华医药有限公司	218533
38	常州药业股份有限公司	217995
39	陕西华远医药集团有限公司	212452
40	山西双鹤药业有限公司	210230

续　表

序号	企业名称	主营业务收入（万元）
41	江苏省医药公司	202389
42	河北德泽龙医药有限公司	200134
43	广州中山医医药有限公司	196769
44	南京华东医药有限责任公司	184132
45	山东宏济堂医药集团有限公司	182778
46	宁波海尔施医药股份有限公司	174496
47	安徽省医药（集团）股份有限公司	171621
48	广州采芝林药业有限公司	170874
49	浙江震元股份有限公司	168859
50	温州市生物药械供应有限公司	168200
51	山东瑞中医药有限公司	168140
52	江苏先声药业有限公司	164289
53	湖南博瑞新特药有限公司	155782
54	修正药业集团营销有限公司	151492
55	河南省医药有限公司	147416
56	辽宁省医药对外贸易公司	147097
57	浙江珍诚医药在线股份有限公司	145000
58	嘉事堂药业股份有限公司	142439
59	浙江嘉信医药股份有限公司	140549
60	河南省康信医药有限公司	138021
61	上海外高桥医药分销中心有限公司	136784
62	云南东骏药业有限公司	136280
63	苏州恒祥进出口有限公司	135757
64	山东康惠医药有限公司	135017
65	重庆科渝药品经营有限责任公司	134127
66	重庆长圣医药有限公司	131608
67	浙江医药股份有限公司	129566
68	上海市医药保健品进出口公司	129398
69	北京美康永正医药有限公司	128113

续 表

序号	企业名称	主营业务收入（万元）
70	福建省华侨实业集团有限责任公司	124518
71	辽宁省医药实业有限公司	122165
72	连云港康缘医药商业有限公司	119434
73	杭州凯仑医药股份有限公司	115817
74	湖北百惠医药有限公司	113937
75	中国永裕新兴医药有限公司	112875
76	山东新华医药贸易有限公司	112267
77	上海虹桥药业有限公司	109328
78	福建中鹭医药有限公司	108340
79	昆明制药集团医药商业有限公司	102442
80	合肥康丽药业有限责任公司	100649
81	广东广弘医药有限公司	100219
82	兰州西城药业有限责任公司	98895
83	宁波鄞州医药药材有限公司	98500
84	山西亚宝医药经销有限公司	98188
85	常熟建发医药有限公司	97891
86	湖南省瑞格医药有限公司	96901
87	陕西华信医药有限公司	94369
88	江苏省润天生化医药有限公司	94063
89	云南医药工业股份有限公司	91629
90	商丘新先锋药业有限公司	90075
91	浙江华通医药股份有限公司	89513
92	南通市医药经销有限公司	89119
93	云南省久泰药业有限责任公司	88237
94	上海康健进出口有限公司	87305
95	成都市蓉锦医药贸易有限公司	87298
96	上海复星药业有限公司	87180
97	回音必集团有限公司	85768
98	江西仁翔药业有限公司	85092

续　表

序号	企业名称	主营业务收入（万元）
99	兰州强生医药有限责任公司	84683
100	云南同丰医药有限公司	83737

表 9　　2011 年零售企业销售总额前 100 位排序

序号	企业名称	销售总额（万元）
1	国药控股国大药房有限公司	371800
2	重庆桐君阁药房连锁有限公司	369000
3	广东大参林连锁药店有限公司	367000
4	中国海王星辰连锁药店有限公司	362000
5	老百姓大药房连锁股份有限公司	357000
6	湖北同济堂药房有限公司	287885
7	成大方圆医药连锁投资有限公司	260000
8	云南鸿翔一心堂药业（集团）股份有限公司	258400
9	上海华氏大药房有限公司	249677
10	重庆和平药房连锁有限责任公司	192817
11	云南东骏药业有限公司	160000
12	成都百信医药连锁有限责任公司	150778
13	四川康贝大药房连锁有限公司	132568
14	深圳中联大药房控股有限公司	116000
15	哈药集团人民同泰医药连锁店	113485
16	云南健之佳健康连锁店股份有限公司	113000
17	吉林大药房药业股份有限公司	108000
18	浙江大生医药有限公司	106201
19	沈阳东北大药房连锁有限公司	105000
20	甘肃众友健康医药股份有限公司	105000
21	武汉马应龙大药房连锁有限公司	87158
22	四川德仁堂药业连锁有限公司	86422
23	南京国药医药有限公司	85396
24	上海第一医药股份有限公司	72500

续 表

序号	企业名称	销售总额（万元）
25	北京金象大药房医药连锁有限责任公司	71000
26	江西黄庆仁栈华氏大药房有限公司	63500
27	济南漱玉平民大药房有限公司	62000
28	安徽丰原大药房连锁有限公司	61108
29	益丰大药房连锁股份有限公司	60311
30	杭州九洲大药房连锁有限公司	59912
31	北京医保全新大药房有限责任公司	58656
32	中国北京同仁堂（集团）有限责任公司	58285
33	河南张仲景大药房股份有限公司	53000
34	上海复美益星大药房连锁有限公司	52573
35	广州健民医药连锁有限公司	49200
36	上海童涵春堂药业连锁经营有限公司	45249
37	深圳市万泽医药连锁有限公司	44000
38	石家庄新兴药房连锁有限公司	42059
39	昆明福林堂药业有限公司	41112
40	先声再康江苏药业有限公司	40180
41	西安藻露堂集团藻露堂药业连锁有限公司	39800
42	湖南千金金沙大药房连锁有限公司	38600
43	重庆华博健康药房连锁有限公司	38510
44	贵州一树连锁药业有限公司	37003
45	北京京卫元华医药科技有限公司	35934
46	张家口市华佗药房连锁有限公司	35000
47	石家庄乐仁堂医药连锁有限责任公司	35000
48	山东燕喜堂医药连锁有限公司	35000
49	华润山东医药有限公司	33767
50	广州采芝林药业连锁店	33338
51	北京德威治医药连锁有限责任公司	33000
52	衡水人康医药连锁有限公司	32586
53	云南白药大药房有限公司	32276

续　表

序号	企业名称	销售总额（万元）
54	广东国药医药连锁企业有限公司	32220
55	深圳市友和医药大药房连锁有限公司	31200
56	吉林省益和大药房有限公司	31108
57	黑龙江泰华医药连锁销售有限公司	30410
58	青海省新绿洲医药连锁有限公司	29845
59	上海雷允上药品连锁经营有限公司	29013
60	河北神威大药房连锁有限公司	28800
61	柳州桂中大药房连锁有限责任公司	28214
62	山东立健医药城连锁有限公司	28125
63	襄阳天济大药房连锁责任公司	26665
64	山西益源大药房连锁有限责任公司	26340
65	浙江震元医药连锁有限公司	26158
66	江西省萍乡市昌盛大药房连锁有限公司	25755
67	上海余天成药业连锁有限公司	25740
68	苏州礼安医药连锁总店有限公司	25607
69	上海养和堂药业连锁经营有限公司	24140
70	徐州市广济连锁药店有限公司	24109
71	上海汇丰大药房有限公司	22789
72	大庆医药福斯特医药连锁	22000
73	赤峰荣济堂大药房连锁有限公司	21825
74	四川杏林医药连锁有限责任公司	20620
75	北京永安复星医药股份有限公司	19241
76	西安怡康医药连锁有限责任公司	19165
77	福建惠好四海医药连锁有限责任公司	19048
78	贵州芝林大药房零售连锁有限公司	18516
79	宜兴市天健医药连锁有限公司	18513
80	新乡市佐今明大药房连锁有限责任公司	18300
81	廊坊市一笑堂医药零售连锁有限公司	18260
82	四川天诚大药房连锁有限责任公司	17934

续 表

序号	企业名称	销售总额（万元）
83	陕西众信医药超市有限公司	17800
84	重庆市万和药房连锁有限责任公司	17552
85	山西荣华大药房连锁有限公司	17547
86	宁波四明大药房有限责任公司	17193
87	北京嘉事堂连锁药店有限责任公司	17000
88	新疆康泰东方医药连锁有限公司	16000
89	赤峰人川大药房连锁有限公司	15663
90	昆山双鹤同德堂连锁大药房有限责任公司	14858
91	山东利民大药房连锁有限公司	14690
92	上海药房连锁有限公司	14621
93	浙江华通医药连锁有限公司	14501
94	哈尔滨宝丰医药连锁有限公司	14455
95	湖南国大民生堂药房连锁有限公司	14234
96	苏州粤海大药房有限公司	14168
97	大庆医药有限责任公司	14149
98	赤峰雷蒙大药房连锁有限公司	14085
99	上海一德大药房连锁经营有限公司	13519
100	无锡山禾集团健康参药连锁有限公司	13403

备注说明：

1. 为了解全国药品流通行业经营活动的基本情况，为各级政府部门制定行业发展政策和进行经济管理与宏观调控提供依据，商务部依据《中华人民共和国统计法》规定，结合药品流通行业的实际情况制订了药品流通行业统计制度，建立了网上直报统计系统。

2. 药品流通行业统计制度由地方商务主管部门、相关行业协会组织落实，并接受同级政府统计机构的业务指导。

3. 药品流通行业统计制度数据来源为地方商务主管部门、相关行业协会、药品批发和零售直报企业。2011 年，药品流通直报企业共 769 家，其中药品批发直报企业 488 家；青海、宁夏、云南、浙江、西藏、新疆、新疆兵团、上海、江苏、安徽、广东商务主管部门数据未填报完整。

4. 本报告中数据除特别说明外，均取自药品流通行业网上直报统计系统。

5. 行政区划。

华北地区：北京、天津、河北、山西、内蒙古；

东北地区：辽宁、吉林、黑龙江；

华东地区：上海、江苏、浙江、安徽、福建、江西、山东；

中南地区：河南、湖北、湖南、广东、广西、海南；

西南地区：重庆、四川、贵州、云南；

西北地区：陕西、甘肃、青海、宁夏、新疆。

098

2010 年药品流通行业运行统计分析报告

一、药品流通行业发展概况和评价

（一）国际国内经济环境及行业发展概述

1. 国际药品市场环境

全球药品市场 2010 年继续保持增长态势，但增速有所降低。据统计，2010 年全球药品销售金额达 8746 亿美元，同比增长 4.1%，2006—2010 年 4 年复合增长率为 6.2%。其中，美国药品销售金额达 3074 亿美元，同比增长 2.4%，明显低于 2009 年 5.1%的增幅；欧洲药品销售金额达 2532 亿美元，同比增长 2.4%，4 年复合增长率为 5.6%；日本药品销售金额达 1023 亿美元，同比增长 0.1%，4 年复合增长率为 2.6%①。

以美国为代表的全球药品供应链也呈现出几大趋势：政府在药品市场中的地位日益重要，并且将直接改变药品定价机制；全面进入非专利药时代，终端市场竞争加剧，拥有成本价格优势的供应商将最终胜出；专业型药品（自助式注射类、医师注射类药品）将占据更大市场份额（2020 年达到 40%），直接影响药品供应链的变化趋势；医疗改革催生新客户群，增加供应链收益的透明度，加速行业并购；收购案例持续增加，全球性供应链并购案例即将出现。

2. 国内药品市场环境

2010 年是我国深化医疗卫生体制改革的关键之年，一些具备条件的重大改革陆续实施，60%的城市社区卫生服务机构实施了基本药物制度，7 类重大公共卫生服务项目及医疗救助新政启动，基本医疗保障体系初步形成，公立医院改革试点向更深层次发展。国家新医改的逐步推进为药品流通行业提供了更广阔的发展空间。

3. 药品流通行业发展概述

2010 年，我国国民经济运行态势总体良好，国内生产总值同比增长 10.3%。在国家宏观经济环境总体向好和新医改推进的影响下，药品流通行业总体保持平稳较快发展，呈现出销售增势平稳、效益水平良好的发展格局。行业规模稳步扩大，行业结构有所改善，社会作用逐步加强，现代医药物流和连锁经营得到发

① 数据来源：IMS Health Market Prognosis。

展，行业集中度、流通效率和现代化水平有所提高，国际化发展趋势更加明显。

（二）药品流通行业发展评价

1. 药品流通行业发展整体规模

（1）行业规模平稳增长

截至2009年底，全国共有药品批发企业1.3万多家，同比增长2.3%。药品零售连锁企业2149家，同比增长8.3%；下辖门店13.5万多家，同比增长5.0%；零售单体药店25.3万多家，同比增长7.0%。零售药店门店总数达38.8万多家，同比增长6.1%[①]。

（2）销售规模保持较快增长

2010年我国药品流通行业销售总额达到7084亿元，比上年增长24.6%。

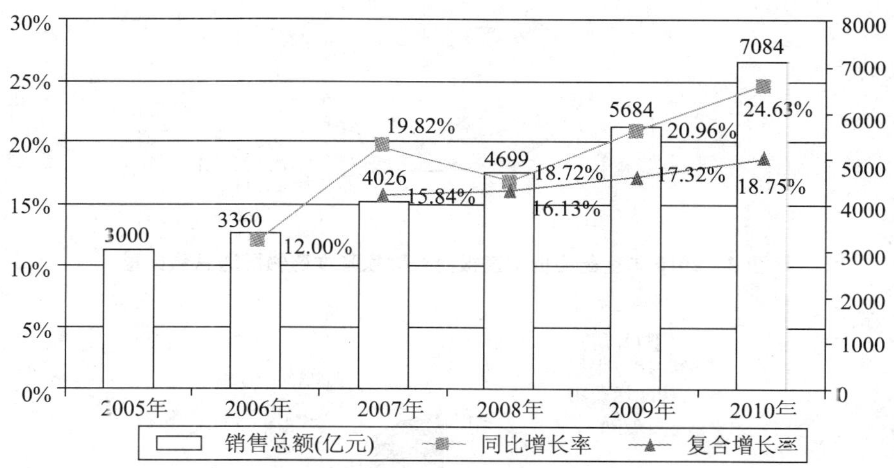

图1 2005—2010年药品流通行业销售规模及趋势

其中，2010年医药零售市场销售规模达1275亿元，增幅稳定在20%左右。

2. 药品流通行业发展结构

（1）销售结构

药品类[②]销售占主导地位。在七大类医药商品销售中，药品类占到销售总额的78.0%；其次为中成药类，占销售总额的13.8%；中药材类占销售总额的3.3%；医疗器械类占销售总额的2.6%；化学试剂类占销售总额的0.4%；玻璃仪器类占销售总额的0.1%；其他类占销售总额的1.8%（详见附录表1至表5）。

① 数据来源：国家食品药品监督管理局，由于尚未发布2010年数据，故引用2009年数据。

② 药品类包括化学原料药及其制剂、抗生素、生化药品、放射性药品、血清、疫苗、血液制品和诊断药品等。

农村消费市场稳步增长。2010 年全国七大类医药商品销售中，对农村销售额为 1063 亿元，比上年同期增长 23.2%，增幅提高了 5 个百分点，农村用药需求进一步增加。

国家基本药物销售增幅较快。2010 年直报药品批发企业（数据来自统计系统中 420 家直报企业）国家基本药物配送总额为 428 亿元，比上年增长 20% 左右。

药品批发直报企业对国家基本药物基层配送费用总额为 8 亿元，其中，城市社区卫生服务机构配送费用占 63%，县（基层）医疗卫生机构配送费用占 37%。

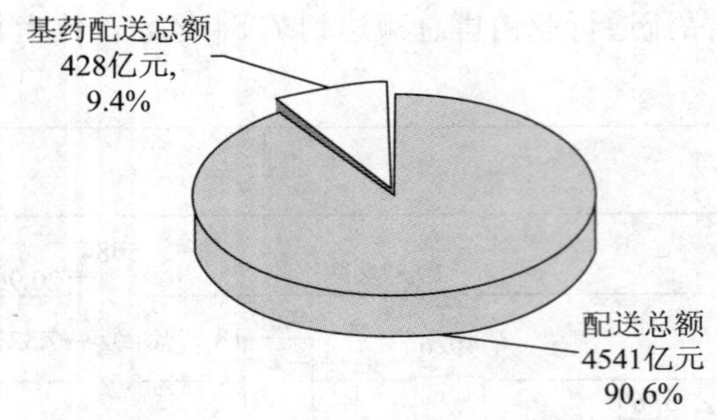

图 2　2010 年度药品批发直报企业国家基本药物配送总额比重

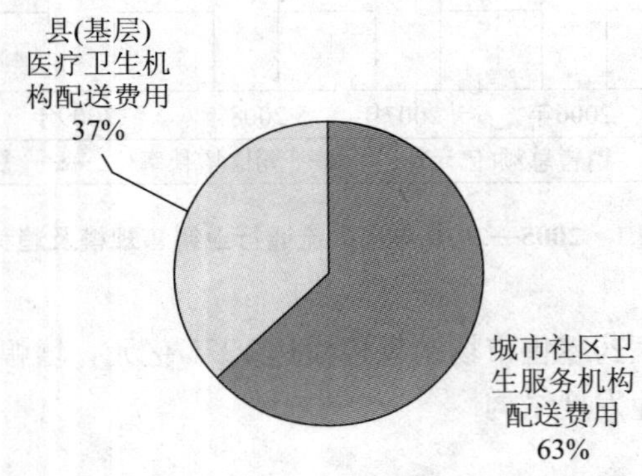

图 3　2010 年度药品批发直报企业国家基本药物基层配送费用分布

按销售对象分类。2010 年，对批发企业销售额为 3110 亿元，占销售总额的 43.9%，较上年增长 0.3 个百分点；纯销（包含对医疗终端、零售终端和居民的销售）3974 亿元，占销售总额的 56.1%，与上年基本持平。

（2）区域销售比重结构

2010 年区域销售比重分别为：华东 44.2%、华北 20.3%、华南 19.7%、西南 8.1%、东北 4.8%、西北 2.9%。其中：华东、华北、华南三大区域占到市场总额的 84.2%。

2010 年销售额居前 10 位的省市依次为上海、北京、江苏、浙江、山东、广东、安徽、天津、湖北、河北。10 省（市）销售总额占全国销售比重的 68.5%。

（3）所有制结构

规模以上药品流通企业[①]中，国有及国有控股企业主营业务收入为 3054.1 亿元，占药品流通行业主营业务总收入的 62.2%，同比增长 28.7%，实现利润总额 64.2 亿元，占药品流通行业利润总额的 58.9%，同比增长 17.1%；股份制企业主营业务收入为 1035 亿元，占药品流通行业主营业务总收入的 21.1%，同比增长 31.1%，实现利润总额 22.5 亿元，占药品流通行业利润总额的 20.7%，同比增长 45.4%。数据显示，国有及国有控股企业、股份制企业占行业发展的主导地位（详见附录表 6）。

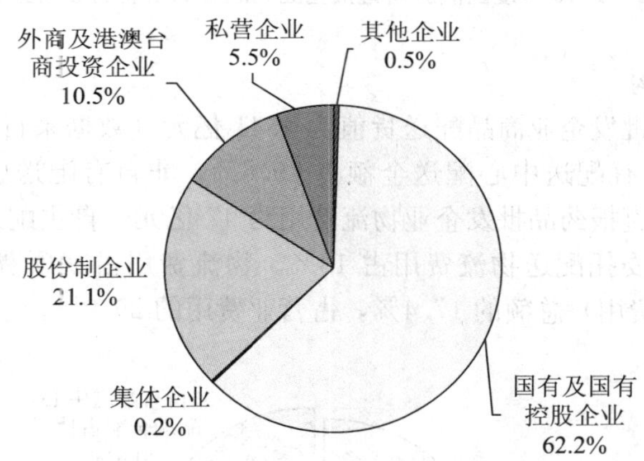

图 4　2010 年度药品流通直报企业主营业务收入所有制结构分布

（4）企业规模结构

2010 年，直报系统中 577 家企业的资产总额为 2365 亿元，负债总额为 1719 亿元，主营业务收入为 4907 亿元，实现利润总额 109 亿元，2010 年直报企业平均利润率 2.2%，毛利率 7.6%，费用率 5.5%。

主营业务收入 10 亿元以上的药品流通企业共 104 家，其平均利润率为 2.3%，平均毛利率为 7.8%，平均费用率为 4.8%，平均资产负债率为 76.8%。规模以上企业盈利能力不断增强，拉动了行业效益水平的平稳增长。

① 指药品流通行业统计直报系统中，销售额超过 5000 万元的批发型企业和销售额超过 2000 万元的零售型企业。

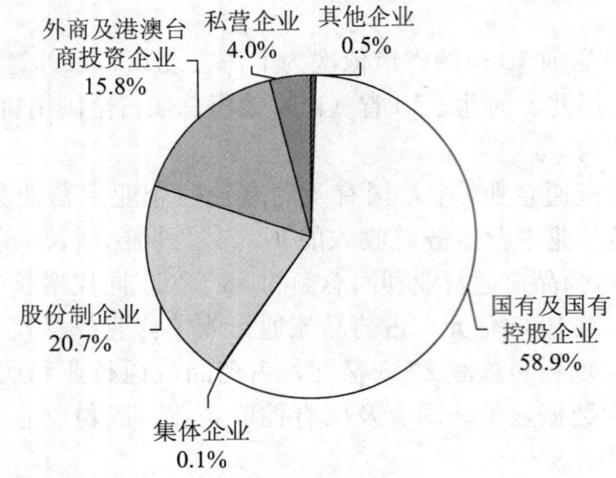

图 5 2010 年度药品流通直报企业利润总额所有制结构分布

（5）配送结构

2010 年药品批发企业商品配送货值为 4541 亿元（数据来自统计系统中 560 家直报企业），自有配送中心配送金额占 79.6%，非自有配送中心配送金额占 20.4%；2010 年直报药品批发企业物流费用为 47 亿元，自主配送物流费用占总配送费用 87%，委托配送物流费用占 13%。物流费用占三项费用（营业费用、管理费用、财务费用）总额的 17.4%，占营业费用的 29.9%。

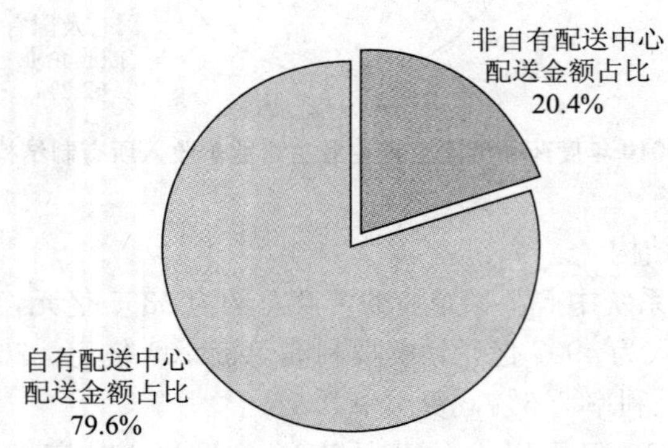

图 6 2010 年度药品批发直报企业商品配送总额结构

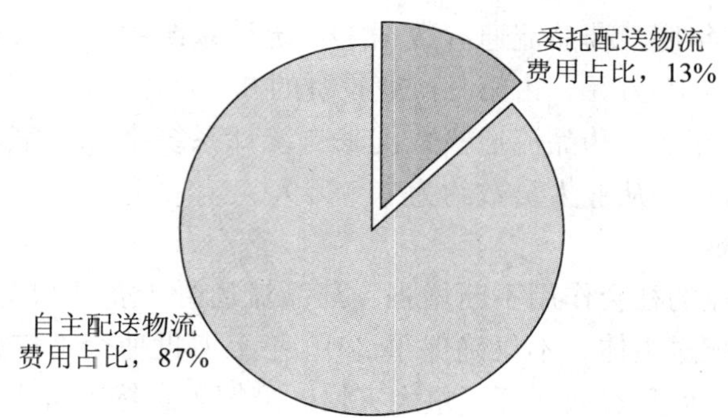

图7　2010年度药品批发直报企业物流费用结构

（6）零售连锁前100位企业销售浅析

从零售连锁前100位企业销售结构看，处方药、非处方药和非药品类各占三分之一左右。据统计，2010年前100位零售连锁企业销售总额中处方药占比为32%，比上年提高1个百分点；非处方药占比为38%，同比下降1个百分点；非药品类（含保健品）销售占比为30%，与上年相比基本持平①。

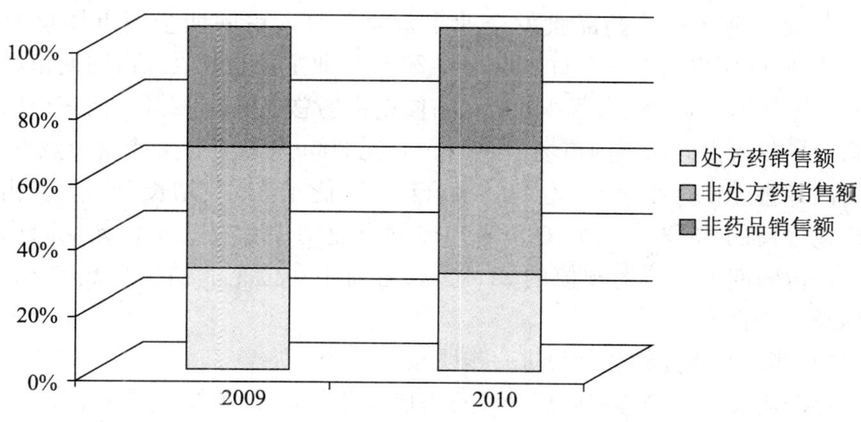

图8　2009—2010年零售连锁前100位企业销售结构统计

3. 药品流通行业贡献度

（1）对GDP、税收和就业的贡献

2010年全国社会消费品零售总额154554亿元，第三产业增加值171005亿元②。药品流通行业销售总额占社会消费品零售总额的4.6%，占第三产业增加值的4.1%。

① 部分数据取自中国医药商业协会。

② 数据来源：国家统计局。

截至2010年年底，药品流通（数据来自统计系统中589家直报企业）企业固定资产投资386019万元，占第三产业投资的0.03%。

截至2010年年底，药品流通（数据来自统计系统中577家直报企业）企业纳税额303847万元，从业人员数约为410万人。

（2）其他贡献

药品流通行业的社会作用不断增强。药品流通骨干企业成为基本药物配送、药品储备和应急配送主体，不仅确保了2010年上海世博会、广州亚运会等重大活动的药品需求，而且有效保证了重大灾情、疫情等自然灾害中的药品供应。各类药店服务约为138亿人次，同比增长5.4%，在方便百姓安全、便利购药方面发挥了重要作用。药品流通行业对软件开发、信息技术装备、交通运输、仓储设备等相关产业发展的带动性增强，在国民经济中的地位日益显现，为维护国家安全、社会稳定和人民群众利益做出了重大贡献。

二、药品流通行业发展的主要特点

（一）行业集中度进一步提高

2010年，第100位的药品批发企业主营业务收入由2009年的7.3亿元提升到9.3亿元。前100位药品批发企业主营业务收入占同期全国市场总规模的78%，比2009年提高近8个百分点；前20位企业主营业务收入占同期市场总规模的53%；前10位企业主营业务收入占同期市场总规模的42%。前三位医药集团主营业务收入占同期全国市场的26.7%，比2009年提高5.8个百分点①。

药品零售连锁企业前100位销售额合计679亿元，同比增长16.7%，占同期零售市场规模的53.3%。前10位零售连锁企业销售总额279亿元，同比增长18.3%，占同期零售市场规模的21.9%，占前100位企业销售总额的41.1%，同比增长1个百分点。②

（二）药品零售连锁化趋势进一步明显

零售药店连锁化趋势有所提升。直营店总数超过1000家的有6家，比2009年增加了1倍，直营门店总数最多的达2990家，比2009年增加了123家。前100位零售连锁企业中跨区域经营的连锁企业24家，其中排名前10位的企业全部为跨区域连锁企业。

2010年，全国连锁药店销售额超过30亿元的有5家。排名前10位的连锁药店年销售额均超过20亿元；销售额超过10亿元的有17家；年销售额超过5亿元的有36家。

---

① 数据已按同口径折合计算。

② 部分数据取自中国医药商业协会。

（三）现代医药物流发展较快

具有现代医药物流能力的企业，已将现代医药物流向医院延伸，建立了医院的物流信息管理系统。这一做法顺应了新医改方向，将提升医院药库和药房的管理水平及效率，降低管理费用，推动医药流通企业经济增长方式的转变。

加速现代医药物流业发展，完善基本药物目录品种的供应保障体系，有效利用邮政、仓储等社会物流资源，促进第三方医药物流发展，提高药品流通效率是药品流通行业转型的核心。据不完全统计，2010 年我国药品流通行业，直报企业药品配送总额比上年增长 25.4%，自主配送金额比上年增长 20.3%，非自主配送金额比上年增长 49.1%。药品流通企业在物流建设和企业信息化建设中的投入增加，自有配送中心数量增长幅度为 10.9%，信息系统建设较上年增长 29.8%（数据来自统计系统中 289 家直报企业）。

（四）行业发展仍存在一些问题

2010 年，药品流通行业发展态势良好，为今后医药经济持续平稳增长奠定了基础，但也存在一些矛盾和问题。一是流通组织化现代化水平较低。药品流通行业集中度低，发展水平不高，跨区域扩展缓慢。现代医药物流发展相对滞后，管理水平、流通效率和物流成本与发达国家存在较大差距。据统计，我国药品流通行业费用率高达 7%左右，美国和日本费用率只有 1%～1.5%。二是药品流通城乡发展不够平衡，发达地区和城市药品流通企业过度集中，农村和“老、少、边、岛、渔、牧”等偏远地区药品配送网络未能全面有效覆盖，药品可及性有待提高。三是药店连锁率仍然较低，盈利能力不强，同质化竞争明显，专业服务能力有待提升等问题不容忽视。四是流通秩序有待规范，药品购销领域各类违规经营现象比较突出，部分零售药店出售假劣、过期等不合格药品。

三、药品流通行业发展趋势预测

2011 年 5 月，商务部印发了《全国药品流通行业发展规划纲要（2011—2015 年）》，分析了行业发展面临的形势和挑战，明确了行业发展的指导思想和主要目标，提出了行业发展的主要任务和保障措施。规划纲要的印发，以及各级政府相关政策导向和市场竞争的加剧，将对行业未来发展产生重大影响。

（一）药品流通市场规模将继续增加

2011 年是我国继续深化医药卫生体制的关键一年，是落实五项重点改革三年实施方案的最后一年。全民医保的目标将继续推动，新农合和城镇居民医保的政府补贴标准由每人每年 120 元提高到 200 元，基本公共卫生服务经费标准由人均 15 元提高到 25 元，政策范围内住院报销比例由 60%提高到 70%左右。基本药物制度将在基层实现全覆盖。医改措施将释放相关医疗需求，同时带动药品需求的增加，使药品流通的市场规模继续扩大。

（二）行业结构调整步伐将进一步加快

企业借助资本力量进行并购重组将继续促进行业结构调整和行业集中度提高。一批以上市公司为主体的大型企业集团将成为兼并重组的发动机，大型企业集团间的竞争已拉开序幕；中小药品流通企业或主动并入大型企业，共享大型企业的品牌资源，或采用联购分销、共同配送等方式结成联盟，应对激烈的市场竞争。连锁药店的渠道控制力会增强，直营门店数量会相应增加，单体药店数量会减少，连锁率进一步提升。

（三）行业现代化水平将进一步提升

现代化的药品物流园区和配送中心建设将提速，利用现代科技手段和信息技术的医药物流水平将有较大提高。现代医药物流将继续向医疗机构和生产企业延伸，供应链建设和管理水平将继续提高。药品零售市场的电子商务等新型营销方式仍会在满足安全的前提下，稳步发展。企业间的竞争除在发展战略、基础管理、业务整合、客户服务和品牌经营能力等方面继续较量外，还将突出现代管理技术和物流技术应用能力、信息处理能力、业务流程再造与信息化结合能力等方面的竞争，将有力促进行业整体供应链管理现代化水平的提高。

（四）行业管理工作将呈现新局面

商务部将陆续出台落实规划纲要的配套措施，各省市也将制定发布具体的规划，并进一步完善行业管理的工作体系，这将彻底改变长期以来药品流通行业管理弱化的局面。行业统计制度的实施将进一步夯实行业管理的基础，统计信息的发布将有效引导市场，也会为增强行业凝聚力发挥作用。行业标准的陆续出台将促进行业规范发展。中高级职业人以及执业药师等相关从业人员培训的开展将大大提升行业职工队伍素质。行业诚信体系的建设，将有力促进行业自律机制的形成，使流通秩序得到进一步规范。

附录：

表 1　　　　2010 年度区域总销售统计表

序号	地 区	商品销售总额（万元）	药品类销售占比（%）	中成药类销售占比（%）	中药材类销售占比（%）
	全国总计	70844299	78.0	13.8	3.3
1	上海市	7027893	74.1	12.6	5.3
2	北京市	6893055	75.9	11.3	5.2
3	江苏省	5911905	77.2	15.3	3.4
4	浙江省	5638914	74.3	16.3	4.9

续　表

序号	地 区	商品销售总额（万元）	药品类销售占比（%）	中成药类销售占比（%）	中药材类销售占比（%）
5	山东省	5010876	74.7	12.9	2.5
6	广东省	5010799	76.7	17.4	2.6
7	安徽省	4705657	96.5	3.2	0.1
8	天津市	3088082	73.7	23.5	1.6
9	湖北省	2843883	83.2	3.4	2.4
10	河北省	2375449	83.1	11.0	2.4
11	湖南省	2315784	88.4	8.4	2.5
12	重庆市	2251208	66.7	24.9	4.0
13	河南省	2151698	80.0	11.3	2.8
14	辽宁省	1918952	83.0	14.0	1.0
15	四川省	1837054	66.9	16.8	9.9
16	山西省	1755654	78.1	19.4	1.1
17	福建省	1575663	85.1	8.0	3.2
18	江西省	1429131	71.9	21.9	0.6
19	云南省	1146958	90.6	3.7	1.3
20	黑龙江省	1050731	86.6	9.8	0.9
21	海南省	930817	89.8	7.9	0.6
22	陕西省	920212	60.4	34.7	3.6
23	广西壮族自治区	705693	65.4	27.6	4.0
24	甘肃省	534982	65.5	11.1	16.8
25	贵州省	520690	79.1	18.2	0.3
26	新疆维吾尔自治区	490790	81.9	16.5	0.3
27	吉林省	438888	65.3	27.3	0.6
28	内蒙古自治区	238694	81.7	11.9	1.7
29	宁夏回族自治区	87791	63.9	28.2	3.7
30	青海省	36396	70.5	20.5	4.6

表 2　　2010 年度药品类区域销售统计表

序号	地 区	药品类销售总额（万元）	区域销售比重（%）
	全国总计	55293593	100.00
1	北京市	5230941	9.46
2	上海市	5207297	9.42
3	江苏省	4561334	8.25
4	安徽省	4541146	8.21
5	浙江省	4189264	7.58
6	广东省	3841330	6.95
7	山东省	3741722	6.77
8	湖北省	2366204	4.28
9	天津市	2275657	4.12
10	湖南省	2047927	3.70
11	河北省	1973588	3.57
12	河南省	1720924	3.11
13	辽宁省	1593139	2.88
14	重庆市	1502078	2.72
15	山西省	1371755	2.48
16	福建省	1341498	2.43
17	四川省	1229357	2.22
18	云南省	1039696	1.88
19	江西省	1027838	1.86
20	黑龙江省	910101	1.65
21	海南省	836022	1.51
22	陕西省	555376	1.00
23	广西壮族自治区	461490	0.83
24	贵州省	411901	0.74
25	新疆维吾尔自治区	402060	0.73
26	甘肃省	350616	0.63
27	吉林省	286466	0.52

续 表

序号	地 区	药品类销售总额（万元）	区域销售比重（%）
28	内蒙古自治区	195067	0.35
29	宁夏回族自治区	56138	0.10
30	青海省	25655	0.05

表 3　　2010 年度中成药类区域销售统计表

序号	地 区	中成药类销售总额（万元）	区域销售比重（%）
	全国总计	9748122	100.00
1	浙江省	916585	9.40
2	江苏省	906237	9.30
3	上海市	885205	9.08
4	广东省	871861	8.94
5	北京市	777663	7.98
6	天津市	725403	7.44
7	山东省	648419	6.65
8	重庆市	560473	5.75
9	山西省	340311	3.49
10	陕西省	319591	3.28
11	江西省	313190	3.21
12	四川省	308747	3.17
13	辽宁省	268820	2.76
14	河北省	261753	2.69
15	河南省	244208	2.51
16	湖南省	195564	2.01
17	广西壮族自治区	195070	2.00
18	安徽省	150668	1.55
19	福建省	126009	1.29
20	吉林省	119843	1.23
21	黑龙江省	103042	1.06

续 表

序号	地 区	中成药类销售总额（万元）	区域销售比重（%）
22	湖北省	97765	1.00
23	贵州省	94929	0.97
24	新疆维吾尔自治区	81054	0.83
25	海南省	73097	0.75
26	甘肃省	59319	0.61
27	云南省	42724	0.44
28	内蒙古自治区	28324	0.29
29	宁夏回族自治区	24772	0.25
30	青海省	7475	0.08

表 4　　2010 年度中药材类区域销售统计表

序号	地 区	中药材类销售总额（万元）	区域销售比重（%）
	全国总计	2322976	100.00
1	上海市	369757	15.92
2	北京市	355993	15.32
3	浙江省	275908	11.88
4	江苏省	203366	8.75
5	四川省	182482	7.86
6	广东省	130352	5.61
7	山东省	127659	5.50
8	重庆市	90173	3.88
9	甘肃省	89841	3.87
10	湖北省	67568	2.91
11	河南省	59912	2.58
12	湖南省	56937	2.45
13	河北省	56639	2.44
14	福建省	50973	2.19
15	天津市	50241	2.16

续　表

序号	地 区	中药材类销售总额（万元）	区域销售比重（%）
16	陕西省	33227	1.43
17	广西壮族自治区	28249	1.22
18	辽宁省	19295	0.83
19	山西省	18571	0.80
20	云南省	14595	0.63
21	黑龙江省	9289	0.40
22	江西省	8846	0.38
23	海南省	5230	0.23
24	内蒙古自治区	3939	0.17
25	安徽省	3733	0.16
26	宁夏回族自治区	3223	0.14
27	吉林省	2502	0.11
28	青海省	1656	0.07
29	贵州省	1591	0.07
30	新疆维吾尔自治区	1228	0.05

表 5　　2010 年度医疗器械类区域销售统计表

序号	地 区	医疗器械类销售总额（万元）	区域销售比重（%）
	全国总计	1868808	100.00
1	山东省	436628	23.36
2	北京市	321681	17.21
3	湖北省	266478	14.26
4	江苏省	108129	5.79
5	浙江省	104559	5.59
6	上海市	102974	5.51
7	广东省	91614	4.90
8	河南省	71238	3.81
9	四川省	63798	3.41
10	河北省	54342	2.91

续 表

序号	地 区	医疗器械类销售总额（万元）	区域销售比重（%）
11	福建省	32743	1.75
12	重庆市	29512	1.58
13	甘肃省	20916	1.12
14	辽宁省	19403	1.04
15	云南省	19254	1.03
16	黑龙江省	14917	0.80
17	江西省	14266	0.76
18	山西省	14106	0.75
19	海南省	14102	0.75
20	广西壮族自治区	12112	0.65
21	天津市	11628	0.62
22	陕西省	9594	0.51
23	湖南省	8623	0.46
24	贵州省	7288	0.39
25	新疆维吾尔自治区	6446	0.34
26	内蒙古自治区	4351	0.23
27	安徽省	3518	0.19
28	宁夏回族自治区	2538	0.14
29	吉林省	1264	0.07
30	青海省	787	0.04

表 6　2010 年度药品流通直报企业主要经济指标分类统计表

所有制分类	主营业务收入（亿元）	占比（%）	同比增长（%）	利润总额（亿元）	占比（%）	同比增长（%）
国有及国有控股企业	3054.05	62.2	28.7	64.22	58.9	17.1
集体企业	9.48	0.2	−4.4	0.11	0.1	11.3
股份制企业	1035.00	21.1	31.1	22.54	20.7	45.4
外商及港澳台商投资企业	515.61	10.5	13.1	17.20	15.8	51.0
私营企业	270.94	5.5	27.6	4.40	4.0	65.2
其他企业	21.91	0.5	10.1	0.52	0.5	−3.9

表 7　　2010 年度批发企业主营业务收入前 100 位排序①

序号	企业名称	主营业务收入（万元）
1	中国医药集团总公司	8796728
2	上海医药集团股份有限公司	3301187
3	华润北药集团有限公司	3234991
4	九州通医药集团有限公司	2122121
5	南京医药股份有限公司	1525979
6	广州医药有限公司	1443980
7	天津医药集团有限公司	1070896
8	重庆医药股份有限公司	1070582
9	华东医药股份有限公司	897184
10	四川科伦医药贸易有限公司	860141
11	天津天士力医药营销集团有限公司	741964
12	浙江英特药业有限责任公司	663397
13	云南省医药有限公司	617205
14	中信药业实业有限公司	608715
15	上海永裕医药有限公司	603964
16	新龙药业集团	600849
17	哈药集团医药有限公司	600217
18	中国医药保健品股份有限公司	588624
19	乐仁堂医药集团股份有限公司	526891
20	健康元药业集团股份有限公司	441508
21	重庆桐君阁股份有限公司	433323
22	山东海王银河医药有限公司	428383
23	东北制药集团供销有限公司	374219
24	国药控股常州有限公司	358625
25	河北东盛英华医药有限公司	351843
26	四川省医药集团有限责任公司	319224
27	济南中信医药有限公司	312208

① 部分数据取自中国医药商业协会。

续 表

序号	企业名称	主营业务收入（万元）
28	上海市药材有限公司	306123
29	浙江省医药工业有限公司	304670
30	鹭燕（福建）药业股份有限公司	260272
31	天津中新药业集团股份有限公司医药公司	258368
32	石药集团河北中诚医药有限公司	257193
33	苏州礼安医药有限公司	252504
34	山西省医药集团有限责任公司	251139
35	中国北京同仁堂（集团）有限责任公司	246070
36	江西汇仁集团医药科研营销有限公司	241011
37	河南圣光集团医药物流有限责任公司	239472
38	山东瑞康医药股份有限公司	221299
39	深圳中联广深医药（集团）股份有限公司	220972
40	上海雷允上药业有限公司	220364
41	广西柳州医药有限责任公司	214319
42	全洲药业集团有限公司	207567
43	天津领先药业连锁集团有限公司	205775
44	汕头市创美药业有限公司	198691
45	天圣制药集团股份有限公司	195484
46	北京天星普信生物医药有限公司	194634
47	江苏省医药公司	186748
48	哈药集团三精医药商贸有限公司	185589
49	云南鸿翔药业有限公司	185016
50	南京华东医药有限责任公司	177086
51	天津天时力医药有限公司	173247
52	北京市京新龙医药销售有限公司	171451
53	山东康惠医药有限公司	170400
54	陕西华远医药集团有限公司	170387
55	广州中山医医药有限公司	166603

续 表

序号	企业名称	主营业务收入（万元）
56	常州药业股份有限公司	166260
57	浙江嘉信医药股份有限公司	164000
58	江苏先声药业有限公司	162236
59	山东瑞中医药有限公司	158668
60	罗欣医药集团有限公司	154846
61	回音必集团有限公司	153229
62	浙江震元股份有限公司	150328
63	北京普仁鸿医药销售有限公司	149890
64	温州市生物药械供应有限公司	149846
65	广州采芝林药业有限公司	149161
66	济南药业集团有限责任公司	146990
67	北京双鹤药业经营有限责任公司	146795
68	河南爱生医药物流有限公司	141701
69	湖南博瑞新特药有限公司	141441
70	河南省医药有限公司	134487
71	上海外高桥医药分销中心有限公司	128181
72	宁波海尔施医药股份有限公司	127739
73	台州上药医药有限公司	125351
74	上海市医药保健品进出口有限公司	123675
75	辽宁省医药对外贸易公司	120283
76	安徽省医药（集团）股份有限公司	119671
77	无锡山禾集团医药物流股份有限公司	118076
78	嘉事堂药业股份有限公司	116223
79	苏州恒祥进出口有限公司	115646
80	浙江医药股份有限公司商业公司	115398
81	北京美康永正医药有限公司	113426
82	云南东骏药业有限公司	113243
83	河南省康信医药有限公司	112940

续 表

序号	企业名称	主营业务收入（万元）
84	杭州凯仑医药股份有限公司	112273
85	北京金象复星医药股份有限公司	110886
86	上海第一医药股份有限公司	110208
87	上海康健进出口有限公司	109656
88	山东高密鸿生医药有限公司	109324
89	海南泰凌生物制品有限公司	109257
90	湖北百惠医药有限公司	108511
91	辽宁省医药实业有限公司	108500
92	浙江温岭医药药材有限公司	107220
93	重庆科渝药品经营有限责任公司	105615
94	山东新华医药贸易有限公司	104573
95	福建省华侨实业集团有限责任公司	103526
96	中国永裕新兴医药有限公司	102132
97	宁波市鄞州医药药材有限公司	97421
98	昆山双鹤医药有限责任公司	94127
99	上海虹桥药业有限公司	93309
100	湖南双舟医药有限责任公司	93000

备注说明：

1. 为了解全国药品流通行业经营活动的基本情况，为各级政府部门制定行业发展政策和进行经济管理与宏观调控提供依据，商务部依据《中华人民共和国统计法》规定，结合药品流通行业的实际情况制订了《药品流通行业统计报表制度》，建立了网上直报统计系统。

2. 本制度由地方商务主管部门、相关行业协会组织落实，并接受同级政府统计机构的业务指导。

3. 本制度数据来源为地方商务主管部门、相关行业协会、药品批发和零售业企业。由于部分地方商务部门尚未明确药品流通行业管理职能，故未能填报有关数据。参与直报的药品流通企业数量近600家。

4. 报告中所引用的行业数据和药品流通企业的相关数据依据《药品流通行业统计报表制度》，取自药品流通行业网上直报统计系统。

5. 报告引用的批零企业数量，取自国家食品药品监督管理局。（2010 年数据尚未公布）

6. 行政区划。

华北地区：北京、天津、河北、山西、内蒙古；

东北地区：辽宁、吉林、黑龙江；

华东地区：上海、江苏、浙江、安徽、福建、江西、山东；

中南地区：河南、湖北、湖南、广东、广西；

西南地区：重庆、四川、贵州、云南；

西北地区：陕西、甘肃、青海、宁夏、新疆。

099

药品流通与物流行业标准

01. SB/T 10763—2012　零售药店经营服务范围
中华人民共和国国内贸易行业标准　中华人民共和国商务部发布
2012 年 09 月 19 日发布　2012 年 12 月 01 日实施

02. SB/T 10764—2012　药品流通企业诚信经营准则
中华人民共和国国内贸易行业标准　中华人民共和国商务部发布
2012 年 09 月 19 日发布　2012 年 12 月 01 日实施

03. SB/T 10765—2012　药品流通行业职业经理人标准
中华人民共和国国内贸易行业标准　中华人民共和国商务部发布
2012 年 09 月 19 日发布　2012 年 12 月 01 日实施

04. SB/T 10766—2012　药品流通企业通用岗位设置规范
中华人民共和国国内贸易行业标准　中华人民共和国商务部发布
2012 年 09 月 19 日发布　2012 年 12 月 01 日实施

05. SB/T 10767—2012　药品批发企业物流服务能力评估指标
中华人民共和国国内贸易行业标准　中华人民共和国商务部发布
2012 年 09 月 19 日发布　2012 年 12 月 01 日实施

06. GB/T 28842—2012　药品冷链物流运作规范
中华人民共和国国家标准
中华人民共和国国家质量监督检验检疫总局　中国国家标准化管理委员会发布
2012 年 11 月 05 日发布　2012 年 12 月 01 日实施

医药流通关联网站

01. 商务部 http：//www. mofcom. gov. cn/
02. 国家食品药品监督管理总局 http：//www. sda. gov. cn/WS01/CL0001/
03. 国家中医药管理局 http：//www. satcm. gov. cn/
04. 国家卫生和计划委员会 http：//www. nhfpc. gov. cn/
05. 国家发展和改革委员会 http：//www. sdpc. gov. cn/
06. 商务部市场秩序司 http：//sczxs. mofcom. gov. cn/
07. 中国医药保健品进出口商会 http：//www. cccmhpie. org. cn/
08. 国家中药材流通追溯体系 http：//www. zyczs. gov. cn/
09. 中国食品药品检定研究院 http：//www. nicpbp. org. cn/CL0001/
10. 国家药典委员会 http：//www. chp. org. cn/cms/home/
11. 国家食品药品监督管理总局药品审评中心 http：//www. cde. org. cn/
12. 国家食品药品监督管理总局药品审核查验中心 http：//www. ccd. org. cn/
13. 国家中药品种保护审评委员会 http：//www. zybh. gov. cn/
14. 国家食品药品监督管理总局药品评价中心 http：//www. cdr. gov. cn/
15. 国家食品药品管理总局医疗器械技术审评中心 http：//www. cmde. org. cn/
16. 中国食品药品网 http：//www. cnpharm. com/
17. 中国医学科技出版社 http：//www. cmstp. com/
18. 中国食品药品国际交流中心 http：//www. ccpie. org/
19. 中国药学会 http：//www. cpa. org. cn/
20. 中国医药商业协会 http：//www. capc. org. cn/
21. 中国非处方医药协会 http：//www. cnma. org. cn/
22. 中国医药包装协会 http：//www. cnppa. org/
23. 中国医药物资协会 http：//www. cmpma. cn/
24. 中国医药企业管理协会 http：//www. cpema. org/home/
25. 中国医药质量管理协会 http：//www. cqap. cn/
26. 中国医药生物技术协会 http：//www. cmba. org. cn/
27. 中国医药报刊协会 http：//www. cpica. org. cn/
28. 健康报网 http：//www. jkb. com. cn/
29. 中国医药网 http：//www. pharmnet. com. cn/
30. 中国药网 http：//www. chinapharm. com. cn/

31. 中国医药教育协会 http：//www. cmea. org. cn/
32. 中国医药集团总公司 http：//www. sinopharm. com/
33. 华润医药集团有限公司 http：//www. crpharm. com/
34. 上海医药集团股份有限公司 http：//www. sphchina. com/
35. 广州医药集团有限公司 http：//www. gpc. com. cn/
36. 天津医药集团 http：//www. pharm. com. cn/
37. 哈药集团医药有限公司 http：//www. hayiyao. com/
38. 南京医药 http：//www. njyy. com/
39. 华北制药集团公司 http：//www. ncpc. com. cn/
40. 扬子江药业集团 http：//www. yangzijiang. com/
41. 太极集团有限公司 http：//www. taiji. com/
42. 山东鲁抗医药股份有限公司 http：//www. lkpc. com/
43. 国药集团一致药业股份有限公司 http：//www. szaccord. com. cn/
44. 国药集团药业股份有限公司 http：//www. cncm. com. cn/
45. 九州通医药集团 http：//www. jztey. com/
46. 华东医药集团有限公司 http：//www. eastchinapharm. com/
47. 嘉事堂药业有限责任公司 http：//www. cachet. com. cn/
48. 第一医药 http：//www. dyyy. com. cn/
49. 同仁堂 http：//www. tongrentang. com/
50. 胡庆余堂 http：//www. hqytgyh. com/
51. 雷允上 http：//www. lys. cn/
52. 陈李济 http：//www. gzclj. com. cn/
53. 云南白药 http：//www. yunnanbaiyao. com. cn/
54. 马应龙药业 http：//www. mayinglong. cn/
55. 潘高寿 http：//www. gzpgs. com/
56. 东阿阿胶 http：//www. dongeejiao. com/
57. 北京医药行业协会 http：//www. bppa. org. cn/
58. 海南省医药行业协会 http：//www. hn－medical. com/
59. 北京物资学院 http：//news. bwu. edu. cn/
60. 海南医学院 http：//www. hainmc. edu. cn/
61. 北京秦藤海南医药物流研究基地 http：//yywl. bjqtwl. com/